全国中级导游等级考试系列教材

导游知识专题

第2版

全国中级导游等级考试
教材编写组 编

旅游教育出版社

图书在版编目（CIP）数据

导游知识专题 / 全国中级导游等级考试教材编写组编. -- 2版. -- 北京 : 旅游教育出版社, 2022.8
全国中级导游等级考试系列教材
ISBN 978-7-5637-4252-3

Ⅰ. ①导… Ⅱ. ①全… Ⅲ. ①导游－资格考试－教材 Ⅳ. ①F590.63

中国版本图书馆CIP数据核字(2021)第084688号

全国中级导游等级考试系列教材
导游知识专题（第2版）
全国中级导游等级考试教材编写组　编

策　　划	丁海秀　黄明秋
责任编辑	李荣强
出版单位	旅游教育出版社
地　　址	北京市朝阳区定福庄南里1号
邮　　编	100024
发行电话	（010）65778403　65728372　65767462（传真）
本社网址	www.tepcb.com
E - mail	tepfx@163.com
排版单位	北京旅教文化传播有限公司
印刷单位	北京柏力行彩印有限公司
经销单位	新华书店
开　　本	710毫米×1000毫米　1/16
印　　张	30.25
字　　数	453千字
版　　次	2022年8月第2版
印　　次	2022年8月第1次印刷
定　　价	64.00元

（图书如有装订差错请与发行部联系）

出版说明

导游人员是旅游业的一线从业者和重要组成部分，也是推动旅游业发展的中坚力量。随着大旅游时代的来临，旅游已成为人民群众的日常消费内容，因此，旅游业对导游人员的要求在数量上和质量上都有所突破。加强导游人才队伍建设，促进旅游业长期向好发展势在必行。

全国中级导游等级考试旨在为国家和社会进一步选拔导游人才，考试分中文（普通话）和外语考试。中文（普通话）考试科目为《导游知识专题》和《汉语言文学知识》，外语考试科目为《导游知识专题》和《外语》，各类别考生考试科目均为两科。考查内容不仅涵盖导游日常工作所需的各方面知识，还有的放矢地对导游人员语言水平作了要求，有利于提升导游人员专业化和职业化程度。

旅游教育出版社作为旅游类图书的专业出版机构，一直是全国旅游教材的出版高地。我社致力于旅游专业教材和导游培训教材的出版，始终以服务旅游专业教育和导游人才培养为己任，力求为社会奉献高质量的旅游类出版物。在导游培训方面，我社除有权威的全国导游资格考试教材外，还有大量培养导游综合能力的相关教材。此次全国中级导游等级考试教材的出版，也进一步完善了我社导游考试培训教材体系，对帮助广大考生顺利通过考试有积极作用。

本套教材主要有以下特点：

第一，紧扣大纲，适合备考。本套教材根据文化和旅游部公布的《2022 年全国中级导游等级考试大纲》编写，体系完整、架构清晰、详略得当，高度契合大纲，真正做到了好学、好记、好用。

第二，专家编写，内容权威。本套教材编写组专家均来自旅游业的一线，有多年的旅游行政管理、旅游教学、导游人才培训和导游考试教材编写经验，理论知识扎实、实践丰富，对导游人才培养和导游考试理解透彻，能有效保证教材内容的权威性和准确性。

第三，与时俱进，贴合实际。本套教材直击旅游业发展对中级导游的新要求，充分体现时代特色，既能满足导游人员备考需要，又能满足实际工作需要，对导游人员扩充知识储备、增强语言能力、提高自身素质有极大帮助，对中级导游工作有一定的指导意义。

第四，体系全面，资源丰富。本套教材包括《导游知识专题》《汉语言文学知识》《英语》和《日语》。为帮助考生理解教材内容、梳理考点，《导游知识专题》《汉语言文学知识》配有考试大纲、随堂练等立体化教学资源。《英语》的每个写作题附有"写作技巧"，而《日语》的每篇课文则配有"参考译文"，读者可扫描封面或书中的二维码，轻松获得资源。同时，考生可以在"我是导游"App 平台上获得在线题库资源，利用碎片化时间高效能备考。

本套教材得到了编写专家、旅游院校教师和一线导游的大力支持，感谢所有对此套教材提出宝贵意见和建议的专家学者！我们将以扎实专业的知识、竭诚周到的态度服务好每一位考生，为国家导游人才队伍建设和培养事业略尽绵薄之力！

旅游教育出版社

目 录

专题一

政策与旅游法规

一、党的十九大报告相关内容

（一）习近平新时代中国特色社会主义思想

1. 党的十九大主题

2017 年 10 月 18 日，中国共产党第十九次全国代表大会开幕，大会主题是：不忘初心，牢记使命，高举中国特色社会主义伟大旗帜，决胜全面建成小康社会，夺取新时代中国特色社会主义伟大胜利，为实现中华民族伟大复兴的中国梦不懈奋斗。

2. 新时代我国社会主要矛盾

党的十九大明确指出，中国特色社会主义进入新时代，我国社会主要矛盾已经转化为人民日益增长的美好生活需要和不平衡不充分的发展之间的矛盾。

3. 中国特色社会主义进入新时代的重大意义

从中华民族复兴的历史进程看，中国特色社会主义进入新时代，意味着近代以来久经磨难的中华民族迎来了从站起来、富起来到强起来的伟大飞跃，迎来了实现中华民族伟大复兴的光明前景。

从科学社会主义发展进程看，中国特色社会主义进入新时代，意味着科学社会主义在 21 世纪的中国焕发出强大生机活力，在世界上高高举起了中国特色社会主义伟大旗帜。

从人类文明进程看，中国特色社会主义进入新时代，意味着中国特色社会主义道路、理论、制度、文化不断发展，拓展了发展中国家走向现代化的途径，给世界上那些既希望加快发展又希望保持自身独立性的国家和民族提供了全新选择，为解决人类问题贡献了中国智慧和中国方案。

4. 习近平新时代中国特色社会主义思想的丰富内涵

习近平新时代中国特色社会主义思想的精神实质和丰富内涵，集中体现在党的十九大报告精辟概括的“八个明确”。

(1)明确坚持和发展中国特色社会主义，总任务是实现社会主义现代化和中华民族伟大复兴，在全面建成小康社会的基础上，分两步走在本世纪中叶建成富强民主文明和谐美丽的社会主义现代化强国。

(2)明确新时代我国社会主要矛盾是人民日益增长的美好生活需要和不平衡不充分的发展之间的矛盾，必须坚持以人民为中心的发展思想，不断促进人的全面发展、全体人民共同富裕。

(3)明确中国特色社会主义事业总体布局是“五位一体”、战略布局是“四个全面”，强调坚定道路自信、理论自信、制度自信、文化自信。

(4)明确全面深化改革总目标是完善和发展中国特色社会主义制度、推进国家治理体系和治理能力现代化。

(5)明确全面推进依法治国总目标是建设中国特色社会主义法治体系、建设社会主义法治国家。

(6)明确党在新时代的强军目标是建设一支听党指挥、能打胜仗、作风优良的人民军队，把人民军队建设成为世界一流军队。

(7)明确中国特色大国外交要推动构建新型国际关系，推动构建人类命运共同体。

(8)明确中国特色社会主义最本质的特征是中国共产党领导，中国特色社会主义制度的最大优势是中国共产党领导，党是最高政治领导力量，提出新时代党的建设总要求，突出政治建设在党的建设中的重要地位。

5. 习近平新时代中国特色社会主义思想的历史地位

新时代中国特色社会主义思想，是对马克思列宁主义、毛泽东思想、邓小平理论、“三个代表”重要思想、科学发展观的继承和发展，是马克思主义中国化最新成果，是党和人民实践经验和集体智慧的结晶，是中国特色社会主义理论体系的重要组成部分，是全党全国人民为实现中华民族伟大复兴而奋斗的行动指南，必须长期坚持并不断发展。

(二)新时代中国共产党的历史使命

1. 实现中华民族的伟大复兴

新时代中国共产党的历史使命是实现中华民族的伟大复兴。实现中华民族伟大复兴的中国梦，必须进行伟大斗争、必须建设伟大工程、必须推进伟大事业。

伟大斗争，伟大工程，伟大事业，伟大梦想，紧密联系、相互贯通、相互作用，其中起决定性作用的是党的建设新的伟大工程。推进伟大工程，要结合伟大斗争、伟大事业、伟大梦想的实践来进行，确保党在世界形势深刻变化的历史进程中始终走在时代前列，在应对国内外各种风险和考验的历史进程中始终成为全国人民的主心骨，在坚持和发展中国特色社会主义的历史进程中始终成为坚强领导核心。

2.“两个一百年”奋斗目标和任务要求

（1）“两个一百年”奋斗目标

改革开放之后，我们党对我国社会主义现代化建设作出战略安排，提出“三步走”战略目标。解决人民温饱问题、人民生活总体上达到小康水平这两个目标已提前实现。在这个基础上，我们党提出，到建党一百年时建成经济更加发展、民主更加健全、科教更加进步、文化更加繁荣、社会更加和谐、人民生活更加殷实的小康社会，然后再奋斗三十年，到新中国成立一百年时，基本实现现代化，把我国建成社会主义现代化国家。

（2）任务要求

第一个阶段（2020—2035 年）。在全面建成小康社会的基础上，再奋斗 15 年，基本实现社会主义现代化。到那时，我国经济实力、科技实力将大幅跃升，跻身创新型国家前列；人民平等参与、平等发展权利得到充分保障，法治国家、法治政府、法治社会基本建成，各方面制度更加完善，国家治理体系和治理能力现代化基本实现；社会文明程度达到新的高度，国家文化软实力显著增强，中华文化影响更加广泛深入；人民生活更为宽裕，中等收入群体比例明显提高，城乡区域发展差距和居民生活水平差距显著缩小，基本公共服务均等化基本实现，全体人民共同富裕迈出坚实步伐；现代社会治理格局基本形成，社会充满活力又和谐有序；生态环境根本好转，美丽中国目标基本实现。

第二个阶段（2035 年到本世纪中叶）。在基本实现现代化的基础上，再奋斗 15 年，把我国建成富强民主文明和谐美丽的社会主义现代化强国。到那时，我国物质文明、政治文明、精神文明、社会文明、生态文明将全面提升，实现国家治理体系和治理能力现代化，成为综合国力和国际影响力领先的国家，全体人民共同富裕基本实现，我国人民将享有更加幸福安康的生活，中华民族将以更加昂扬的姿态屹立于世界民族之林。

（三）新时代中国特色社会主义建设的战略部署

1. 推动社会主义文化繁荣兴盛

（1）培育和践行社会主义核心价值观

（2）加强思想道德建设

（3）繁荣发展社会主义文艺

2. 加强社会保障和治理

（1）打赢脱贫攻坚战

（2）实施健康中国战略

3. 加快生态文明体制改革，建设美丽中国

（1）推进绿色发展

（2）着力解决突出环境问题

（3）加大生态系统保护力度

（4）改革生态环境监管体制

二、旅游方针政策

（一）关于文化和旅游工作的重要论述

本节为习近平总书记2021年1月至12月期间公开发表的关于文化和旅游工作的重要论述，为文化和旅游改革发展提供了根本遵循。

1. 坚持文化旅游融合发展

（1）加强文化遗产保护

2021年5月21日，习近平在中央全面深化改革委员会第十九次会议上的讲话中指出，要本着对历史负责、对人民负责的态度，建立分类科学、保护有力、管理有效的城乡历史文化保护传承体系。

2021年6月25日，习近平在中共中央政治局第三十一次集体学习时的讲话中指出，要用心用情用力保护好、管理好、运用好红色资源。要深入开展红色资源专项调查，加强科学保护。

2021年7月16日，习近平在致第44届世界遗产大会的贺信中指出，中国践行新发展理念，本着对历史负责、对人民负责的精神，认真履行《保护世界文化和自然遗产公约》，不断提高遗产保护能力和水平。中国愿同世界各国和联合国教科文组织一道，加强交流合作，推动文明对话，促进交流互鉴，支持世界遗产保护事业，共同守护好全人类的文化瑰宝和自然珍宝，推动构建人类命运共同体。

2021年8月23日至24日，习近平在河北承德考察时的讲话中指出，我国是世界文化和自然遗产大国。承德避暑山庄底蕴深厚，在民族交往交流交融、宗教与社会相适应、传统文化保护和传承、人与自然和谐相处等方面具有重要历史价值和时代意义。要保护好、传承好、利用好中华优秀传统文化，挖掘其丰富内涵，以利于更好坚定文化自信、凝聚民族精神。

2021年9月13日至14日，习近平在陕西榆林考察时的讲话中指出，绥德

是黄土文化的重要发源地之一，非物质文化遗产资源丰富，孕育发展了优秀民间艺术，展现了陕北人民的热情、质朴、豪迈。民间艺术是中华民族的宝贵财富，保护好、传承好、利用好老祖宗留下来的这些宝贝，对延续历史文脉、建设社会主义文化强国具有重要意义。要坚持以社会主义核心价值观为引领，坚持创造性转化、创新性发展，找到传统文化和现代生活的连接点，不断满足人民日益增长的美好生活需要。

2021年11月24日，习近平在中央全面深化改革委员会第二十二次会议上的讲话中指出，要加强文物保护利用和文化遗产保护传承，提高文物研究阐释和展示传播水平，让文物真正活起来，成为加强社会主义精神文明建设的深厚滋养，成为扩大中华文化国际影响力的重要名片。

（2）弘扬红色文化

2021年2月20日，习近平在党史学习教育动员大会上的讲话中强调，要在全社会广泛开展党史、新中国史、改革开放史、社会主义发展史宣传教育，普及党史知识，推动党史学习教育深入群众、深入基层、深入人心。要鼓励创作党史题材的文艺作品特别是影视作品。抓好青少年学习教育，让红色基因、革命薪火代代传承。要坚决克服形式主义、官僚主义，注意为基层减负。

2021年3月30日，习近平对革命文物工作作出指示，加强革命文物保护利用，弘扬革命文化，传承红色基因，是全党全社会的共同责任。各级党委和政府要把革命文物保护利用工作列入重要议事日程，加大工作力度，切实把革命文物保护好、管理好、运用好，发挥好革命文物在党史学习教育、革命传统教育、爱国主义教育等方面的重要作用，激发广大干部群众的精神力量，信心百倍为全面建设社会主义现代化国家、实现中华民族伟大复兴中国梦而奋斗。

2021年6月18日，习近平在参观"'不忘初心、牢记使命'中国共产党历史展览"时的讲话中指出，党的历史是最生动、最有说服力的教科书。我们党的一百年，是矢志践行初心使命的一百年，是筚路蓝缕奠基立业的一百年，是创造辉煌开辟未来的一百年。回望过往的奋斗路，眺望前方的奋进路，必须把党的历史学习好、总结好，把党的宝贵经验传承好、发扬好，铭记奋斗历程，担当历史使命，从党的奋斗历史中汲取前进力量。要教育引导广大党员、干部通过参观学习，更加自觉地不忘初心、牢记使命，增强"四个意识"，坚定"四个自信"，始终在思想上、政治上、行动上同党中央保持高度一致，坚定理想信念，学好用好党的创新理论，赓续红色血脉，发扬光荣传统，发挥先锋模范作用，团结带领全国各族人民，更好立足新发展阶段、贯彻新发展理念、构建新发展格局，全面做好改革发展稳定各项工作，汇聚起全面建设社会主义现代化国家、实现中华民族伟大复兴中国梦的磅礴力量。

2021 年 10 月 1 日，习近平在《求是》杂志发表题为《用好红色资源 赓续红色血脉 努力创造无愧于历史和人民的新业绩》的署名文章中指出，红色资源是我们党艰辛而辉煌奋斗历程的见证，是最宝贵的精神财富，一定要用心用情用力保护好、管理好、运用好。一是要加强科学保护。红色资源是不可再生、不可替代的珍贵资源，保护是首要任务。要本着对历史负责、对人民负责的态度，深入开展红色资源专项调查，加强红色遗址、革命文物保护工作，统筹好抢救保护和预防性保护、本体保护和周边保护、单点保护和集群保护等。二是要开展系统研究。统筹研究力量，强化研究规划，积极开展革命史料的抢救、征集和研究工作，加强革命历史研究，深入挖掘红色资源背后的思想内涵，准确把握党的历史发展的主题主线、主流本质，旗帜鲜明反对和抵制历史虚无主义。三是要打造精品展陈。坚持政治性、思想性、艺术性相统一，把好导向关、聚焦主题，用史实说话，着力打造高质量精品展陈，增强表现力、传播力、影响力，生动传播红色文化。四是要强化教育功能。围绕革命、建设、改革各个历史时期的重大事件、重大节点，研究确定一批重要标识地，讲好党的故事、革命故事、英雄故事，彰显时代特色，使之成为教育人、激励人、塑造人的大学校。要设计符合青少年认知特点的教育活动，建设富有特色的革命传统教育、爱国主义教育、青少年思想道德教育基地，引导他们从小在心里树立红色理想。

(3)倡导生态绿色发展

2021 年 2 月 3 日至 5 日，习近平在贵州看望慰问各族干部群众时的讲话中指出，要牢固树立绿水青山就是金山银山的理念，守住发展和生态两条底线，努力走出一条生态优先、绿色发展的新路子。

2021 年 3 月 7 日，习近平在参加十三届全国人大四次会议青海代表团审议时的讲话中指出，要优化国土空间开发保护格局，严格落实主体功能区布局，加快完善生态文明制度体系，正确处理发展生态旅游和保护生态环境的关系，坚决整治生态领域突出问题，在建立以国家公园为主体的自然保护地体系上走在前头，让绿水青山永远成为青海的优势和骄傲，造福人民、泽被子孙。

2021 年 6 月 7 日至 9 日，习近平在青海考察时的讲话中指出，要牢固树立绿水青山就是金山银山理念，切实保护好地球第三极生态。要把三江源保护作为青海生态文明建设的重中之重，承担好维护生态安全、保护三江源、保护“中华水塔”的重大使命。要继续推进国家公园建设，强化政策支持，探索更多可复制可推广经验。

2021年10月12日，习近平在《生物多样性公约》第十五次缔约方大会领导人峰会上发表题为《共同构建地球生命共同体》的主旨讲话中指出，为加强生物多样性保护，中国正加快构建以国家公园为主体的自然保护地体系，逐步把自然生态系统最重要、自然景观最独特、自然遗产最精华、生物多样性最富集的区域纳入国家公园体系。中国正式设立三江源、大熊猫、东北虎豹、海南热带雨林、武夷山等第一批国家公园，保护面积达23万平方公里，涵盖近30%的陆域国家重点保护野生动植物种类。

（4）全面实施乡村振兴

2021年2月25日，习近平在全国脱贫攻坚总结表彰大会上的讲话中指出，各行各业发挥专业优势，开展产业扶贫、科技扶贫、教育扶贫、文化扶贫、健康扶贫、消费扶贫。乡村振兴是实现中华民族伟大复兴的一项重大任务。要围绕立足新发展阶段、贯彻新发展理念、构建新发展格局带来的新形势、提出的新要求，坚持把解决好"三农"问题作为全党工作重中之重，坚持农业农村优先发展，走中国特色社会主义乡村振兴道路，持续缩小城乡区域发展差距，让低收入人口和欠发达地区共享发展成果，在现代化进程中不掉队、赶上来。全面实施乡村振兴战略的深度、广度、难度都不亚于脱贫攻坚，要完善政策体系、工作体系、制度体系，以更有力的举措、汇聚更强大的力量，加快农业农村现代化步伐，促进农业高质高效、乡村宜居宜业、农民富裕富足。

2021年3月22日至25日，习近平在福建考察时的讲话中指出，要加快推进乡村振兴，立足农业资源多样性和气候适宜优势，培育特色优势产业。要以实施乡村建设行动为抓手，改善农村人居环境，建设宜居宜业美丽乡村。要推进老区苏区全面振兴，倾力支持老区苏区特色产业提升、基础设施建设和公共服务保障等。

2021年4月25日至27日，习近平在广西考察时的讲话中指出，全面推进乡村振兴，要立足特色资源，因地制宜发展乡村旅游、休闲农业等新产业新业态，贯通产加销，融合农文旅，推动乡村产业发展壮大，让农民更多分享产业增值收益。

2021年8月23日至24日，习近平在河北承德考察时的讲话中指出，产业振兴是乡村振兴的重中之重，要坚持精准发力，立足特色资源，关注市场需求，发展优势产业，促进一二三产业融合发展，更多更好惠及农村农民。要加强农村基础设施和公共服务体系建设，加快补齐公共卫生服务这块短板，完善基层公共卫生设施，加强乡村精神文明建设，开展健康知识普及，倡导文明健康、绿色环保的生活方式。

2021年10月16日，习近平在《求是》杂志发表题为《扎实推动共同富裕》的署名文章中指出，要全面推进乡村振兴，加快农业产业化，盘活农村资产，增加农民财产性收入，使更多农村居民勤劳致富。要加强农村基础设施和公共服务体系建设，改善农村人居环境。

2. 促进文化旅游交流互鉴

(1)落实"一带一路"倡议

2021年1月26日，习近平在同白俄罗斯总统卢卡申科通电话时强调，双方要推动共建"一带一路"合作高质量发展，扎实推进中白工业园建设，在抗疫、经贸、教育、科技、文化、地方等领域开展更多合作。

2021年2月8日，习近平在同越共中央总书记、国家主席阮富仲通电话时强调，中方愿同越方加快"一带一路"倡议和"两廊一圈"战略对接，推动两国跨境经济合作区建设，探索在医疗卫生、数字经济、人文等领域的交流合作。

2021年2月25日，习近平在同哥伦比亚总统杜克通电话时强调，双方要继续相互支持，对接好共建"一带一路"倡议同"哥伦比亚—中国倡议"，在能源、基础设施、电信等传统合作基础上，积极拓展农牧业、新能源、数字经济、创意产业等新领域合作，深化文化、教育、体育、地方等领域交流合作。

2021年4月29日，习近平在同乌兹别克斯坦总统米尔济约耶夫通电话时强调，中方愿同乌方以明年庆祝两国建交30周年为契机，全面提升中乌合作规模、质量、水平，加强共建"一带一路"倡议和"新乌兹别克斯坦"规划对接，推进互联互通，深化贸易投资合作，扩大教育、文化、旅游、地方、体育等领域合作，继续加强疫苗合作。

2021年6月21日，习近平在同坦桑尼亚总统哈桑通电话时强调，中方愿同坦方加强政党交流合作和治国理政经验交流，将共建"一带一路"、落实中非合作论坛北京峰会成果同坦方发展战略对接，拓展农业、交通、通信、旅游、能源等领域合作，鼓励和支持更多中国企业赴坦桑尼亚投资兴业，加强抗疫合作，不断丰富中坦全面合作伙伴关系内涵。

2021年6月24日，习近平在同斐济总理姆拜尼马拉马通电话时强调，中方愿同斐方加强战略对接，共建"一带一路"，深化贸易投资、基础设施、交通通信、旅游等领域合作，继续实施好菌草、农业技术合作等项目，助力斐济经济社会发展。

2021年7月13日，习近平在同乌克兰总统泽连斯基通电话时强调，中方愿同乌方继续加强疫苗、中医药领域等合作，助力乌方战胜疫情。双方要以高质量共建"一带一路"为契机，推动基础设施、中欧班列等项目合作，加强农产品合作，扩大人文交流合作。

2021 年 9 月 7 日，习近平在同意大利总理德拉吉通电话时强调，中方愿同意方一道，把握好新时期中意全面战略伙伴关系正确发展方向，坚持相互尊重，维护中意友好，深化互利合作，为不同制度、不同文化国家发展关系树立榜样。双方应以共建“一带一路”合作为引领，推动各领域合作走深走实。双方应共同办好明年中意文化和旅游年活动，特别是要相互坚定支持办好北京冬奥会和 2026 年米兰冬奥会，以此为契机加强两国冰雪运动和产业合作。

（2）构建人类命运共同体

2021 年 1 月 1 日，习近平在《求是》杂志发表题为《共同构建人类命运共同体》的署名文章中指出，人类文明多样性是世界的基本特征，也是人类进步的源泉。世界上有 200 多个国家和地区、2500 多个民族、多种宗教。不同历史和国情，不同民族和习俗，孕育了不同文明，使世界更加丰富多彩。文明没有高下、优劣之分，只有特色、地域之别。文明差异不应该成为世界冲突的根源，而应该成为人类文明进步的动力。每种文明都有其独特魅力和深厚底蕴，都是人类的精神瑰宝。不同文明要取长补短、共同进步，让文明交流互鉴成为推动人类进步的动力、维护世界和平的纽带。

2021 年 7 月 6 日，习近平在中国共产党与世界政党领导人峰会上发表题为《加强政党合作　共谋人民幸福》的主旨讲话中指出，我们要担负起凝聚共识的责任，坚守和弘扬全人类共同价值。各国历史、文化、制度、发展水平不尽相同，但各国人民都追求和平、发展、公平、正义、民主、自由的全人类共同价值。我们要本着对人类前途命运高度负责的态度，做全人类共同价值的倡导者，以宽广胸怀理解不同文明对价值内涵的认识，尊重不同国家人民对价值实现途径的探索，把全人类共同价值具体地、现实地体现到实现本国人民利益的实践中去。

2021 年 9 月 26 日，习近平在致 2021 年世界互联网大会乌镇峰会的贺信中指出，中国愿同世界各国一道，共同担起为人民谋进步的历史责任，激发数字经济活力，增强数字政府效能，优化数字社会环境，构建数字合作格局，筑牢数字安全屏障，让数字文明造福各国人民，推动构建人类命运共同体。

2021 年 10 月 25 日，习近平在中华人民共和国恢复联合国合法席位 50 周年纪念会议上的讲话中指出，我们应该携手推动构建人类命运共同体，共同建设持久和平、普遍安全、共同繁荣、开放包容、清洁美丽的世界。人类是一个整体，地球是一个家园。任何人、任何国家都无法独善其身。人类应该和衷共济、和合共生，朝着构建人类命运共同体方向不断迈进，共同创造更加美好未来。

推动构建人类命运共同体，不是以一种制度代替另一种制度，不是以一种文明代替另一种文明，而是不同社会制度、不同意识形态、不同历史文化、不同发展水平的国家在国际事务中利益共生、权利共享、责任共担，形成共建美好世界的最大公约数。

2021 年 11 月 22 日，习近平在中国—东盟建立对话关系 30 周年纪念峰会上发表题为《命运与共 共建家园》的讲话中指出，要倡导和平、发展、公平、正义、民主、自由的全人类共同价值，深化文明交流互鉴，用好地区多元文化特色和优势。要积极考虑疫后有序恢复人员往来，继续推进文化、旅游、智库、媒体、妇女等领域交流，使双方民众更加相知、相亲、相融。

（3）其他国际交流活动

2021 年 1 月 25 日，习近平在世界经济论坛“达沃斯议程”对话会上的致辞中指出，各国历史文化和社会制度差异自古就存在，是人类文明的内在属性。没有多样性，就没有人类文明。多样性是客观现实，将长期存在。差异并不可怕，可怕的是傲慢、偏见、仇视，可怕的是想把人类文明分为三六九等，可怕的是把自己的历史文化和社会制度强加给他人。各国应该在相互尊重、求同存异的基础上实现和平共处，促进各国交流互鉴，为人类文明发展进步注入动力。

2021 年 2 月 9 日，习近平在中国—中东欧国家领导人峰会上的主旨讲话中指出，我们要加强文化、教育、旅游、体育、媒体、出版、智库、青年、地方等领域交流合作。中方愿以北京 2022 年冬奥会、冬残奥会为契机同中东欧国家深化体育合作。我们将在年内举行新一届教育政策对话和高校联合会会议，支持复旦大学在匈牙利开设校区。我们要加强特色旅游产品联合开发和旅游人才联合培养。

2021 年 5 月 26 日，习近平在同西班牙首相桑切斯通电话时指出，中方愿同西方扩大双边贸易往来，积极推进港口物流、智慧城市、清洁能源等合作项目，加强同拉美、非洲第三方合作，深化两国人文交流。

2021 年 7 月 5 日，习近平在同法国总统马克龙、德国总理默克尔举行视频峰会时的讲话中指出，扩大互利共赢合作。中方愿同欧方尽早举行第二十三次中欧领导人会晤，办好战略、经贸、人文、数字、气候领域高级别对话，推进中欧清单产品互认互保，为双方百姓日常生活带来更多实惠。

2021 年 11 月 17 日，习近平在同以色列总统赫尔佐格通电话时指出，中方愿同以方深化科技、农业、医疗卫生等领域合作，拓展文化、教育、旅游、体育等领域交流合作，厚植两国友好民意基础。

2021 年 11 月 29 日，习近平在中非合作论坛第八届部长级会议开幕式上发表题为《同舟共济，继往开来，携手构建新时代中非命运共同体》的主旨演讲中指出，中国愿支持所有非洲建交国成为中国公民组团出境旅游目的地国。在华举办非洲电影节，在非洲举办中国电影节。举办中非青年服务论坛和中非妇女论坛。

3. 建设社会主义文化强国

（1）坚定文化自信

2021 年 3 月 22 日，习近平在福建考察时的讲话中指出，我们走中国特色社会主义道路，一定要推进马克思主义中国化。如果没有中华五千年文明，哪里有什么中国特色？如果不是中国特色，哪有我们今天这么成功的中国特色社会主义道路？我们要特别重视挖掘中华五千年文明中的精华，弘扬优秀传统文化，把其中的精华同马克思主义立场观点方法结合起来，坚定不移走中国特色社会主义道路。

2021 年 4 月 19 日，习近平在清华大学考察时的讲话中指出，美术、艺术、科学、技术相辅相成、相互促进、相得益彰。要发挥美术在服务经济社会发展中的重要作用，把更多美术元素、艺术元素应用到城乡规划建设中，增强城乡审美韵味、文化品位，把美术成果更好服务于人民群众的高品质生活需求。要增强文化自信，以美为媒，加强国际文化交流。

2021 年 5 月 31 日，习近平在中共中央政治局第三十次集体学习时的讲话中指出，要加快构建中国话语和中国叙事体系，用中国理论阐释中国实践，用中国实践升华中国理论，打造融通中外的新概念、新范畴、新表述，更加充分、更加鲜明地展现中国故事及其背后的思想力量和精神力量。要加强对中国共产党的宣传阐释，帮助国外民众认识到中国共产党真正为中国人民谋幸福而奋斗，了解中国共产党为什么“能”、马克思主义为什么“行”、中国特色社会主义为什么“好”。要围绕中国精神、中国价值、中国力量，从政治、经济、文化、社会、生态文明等多个视角进行深入研究，为开展国际传播工作提供学理支撑。要更好推动中华文化走出去，以文载道、以文传声、以文化人，向世界阐释推介更多具有中国特色、体现中国精神、蕴藏中国智慧的优秀文化。要注重把握好基调，既开放自信也谦逊谦和，努力塑造可信、可爱、可敬的中国形象。

2021 年 11 月 11 日，习近平在党的十九届六中全会第二次全体会议上的讲话中指出，中国共产党人的历史自信，既是对奋斗成就的自信，也是对奋斗精神的自信。“看似寻常最奇崛，成如容易却艰辛。”回望百年，我们党什么样的困难没有经历过，什么样的挑战没有遇到过？大革命失败，已经发展到 6 万多党员的党只剩下了1万多党员。王明“左”倾错误造成的失败，给革命根据地和白区革命力量造成极大损失，革命成果几乎毁于一旦。“文化大革命”十年内乱，使党、国家、人民遭到新中国成立以来最严重的挫折和损失。但是，我们党在人民支持下，依靠自己的力量战胜困难、修正错误、走向光明，可以说是几度绝处逢生、几度柳暗花明。正是在这样的千锤百炼中，我们党愈益强大和成熟起来。学习和总结党的历史，就要从中增强道路自信、理论自信、制度自信、文化自信，咬定青山不放松，风雨无阻向前进。

（2）发展文化事业和文化产业

2021年10月16日，习近平在《求是》杂志发表题为《扎实推动共同富裕》的署名文章中指出，促进共同富裕与促进人的全面发展是高度统一的。要强化社会主义核心价值观引领，加强爱国主义、集体主义、社会主义教育，发展公共文化事业，完善公共文化服务体系，不断满足人民群众多样化、多层次、多方面的精神文化需求。要加强促进共同富裕舆论引导，澄清各种模糊认识，防止急于求成和畏难情绪，为促进共同富裕提供良好舆论环境。

2021年10月26日，习近平在致人民出版社成立100周年的贺信中指出，希望人民出版社赓续红色血脉，始终紧跟中国特色社会主义发展步伐，着力传播马克思主义和党的创新理论；始终坚持为人民出好书理念，着力展现党和国家发展历程、丰富人民群众精神文化生活；始终坚持高质量发展，着力深化改革创新，为推动社会主义文化繁荣发展、建设社会主义文化强国作出新的更大的贡献。

2021年11月6日，习近平在致新华社建社90周年的贺信中指出，在全面建设社会主义现代化国家新征程上，新华社要在党的领导下，把握正确政治方向，坚定理想信念，坚守人民情怀，赓续红色血脉，坚持守正创新，加快融合发展，加强对外传播，努力建成国际一流新型全媒体机构，为实现中华民族伟大复兴的中国梦、推动构建人类命运共同体作出新的更大的贡献。

2021年12月3日，习近平在致中国人民对外广播事业创建80周年的贺信中指出，80年来，在党的领导下，对外广播事业弘扬光荣传统、不忘初心使命，宣传党的主张，全面宣介中国发展，积极讲好中国故事、传播中国声音。希望你们不断开拓创新，加强国际传播能力建设，打造具有强大引领力、传播力、影响力的国际一流新型主流媒体，为实现中华民族伟大复兴的中国梦、推进人类命运共同体作出新的更大的贡献。

2021年12月14日，习近平在中国文联十一大、中国作协十大开幕式上的讲话中指出，中国文联、中国作协要发挥文联、作协系统的组织优势，创新工作体系，做好对新的文艺组织和新的文艺群体的教育引导工作，向基层文艺工作者倾斜，用事业激励人才，让人才成就事业，广泛组织动员各领域各层次各方面文艺工作者投身党的文艺事业。

（3）强化内部建设

2021 年 1 月 18 日至 20 日，习近平在北京、河北考察并主持召开北京 2022 年冬奥会和冬残奥会筹办工作汇报会上的讲话中指出，推动京津冀协同发展，努力在交通、环境、产业、公共服务等领域取得更多成果。要积极谋划冬奥场馆赛后利用，将举办重大赛事同服务全民健身结合起来，加快建设京张体育文化旅游带。

2021 年 3 月 5 日，习近平在参加十三届全国人大四次会议内蒙古代表团审议时的讲话中指出，内蒙古地广人稀，农牧民生活居住比较分散，生态环境脆弱，在巩固拓展脱贫攻坚成果、推进乡村振兴上难度大、挑战多，要坚决守住防止规模性返贫的底线。要发展优势特色产业，发展适度规模经营，促进农牧业产业化、品牌化，并同发展文化旅游、乡村旅游结合起来，增加农牧民收入。

2021 年 4 月 25 日至 27 日，习近平在广西考察时的讲话中指出，桂林是一座山水甲天下的旅游名城。这是大自然赐予中华民族的一块宝地，一定要呵护好。要坚持以人民为中心，以文塑旅、以旅彰文，提升格调品位，努力创造宜业、宜居、宜乐、宜游的良好环境，打造世界级旅游城市。

2021 年 7 月 21 日至 23 日，习近平在西藏考察时的讲话中指出，推动西藏高质量发展，要坚持所有发展都要赋予民族团结进步的意义，都要赋予改善民生、凝聚人心的意义，都要有利于提升各民族群众获得感、幸福感、安全感。要扬长避短，因地制宜，深化改革开放，加快铁路、公路及其他重大基础设施建设，发展特色产业，加快建设国家清洁能源基地，统筹发展和安全，走出一条符合西藏实际的高质量发展之路。

2021 年 8 月 27 日至 28 日，习近平在中央民族工作会议上的讲话中指出，民族地区要立足资源禀赋、发展条件、比较优势等实际，找准把握新发展阶段、贯彻新发展理念、融入新发展格局、实现高质量发展、促进共同富裕的切入点和发力点。要加大对民族地区基础设施建设、产业结构调整支持力度，优化经济社会发展和生态文明建设整体布局，不断增强各族群众获得感、幸福感、安全感。要支持民族地区实现巩固脱贫攻坚成果同乡村振兴有效衔接，促进农牧业高质高效、乡村宜居宜业、农牧民富裕富足。要完善沿边开发开放政策体系，深入推进固边兴边富民行动。

(4)弘扬时代精神

2021年2月3日至5日，习近平在贵州看望慰问各族干部群众时发表讲话，他指出要结合即将开展的党史学习教育，从长征精神和遵义会议精神中深刻感悟共产党人的初心和使命，落实新时代党的建设总要求，实事求是、坚持真理，科学应变、主动求变，咬定目标、勇往直前，走好新时代的长征路。要深入学习党的创新理论，加强党史学习教育，同时学习新中国史、改革开放史、社会主义发展史，不断提高政治判断力、政治领悟力、政治执行力。

2021年2月20日，习近平在党史学习教育动员大会上的讲话中强调，在一百年的非凡奋斗历程中，一代又一代中国共产党人顽强拼搏、不懈奋斗，涌现了一大批视死如归的革命烈士、一大批顽强奋斗的英雄人物、一大批忘我奉献的先进模范，形成了井冈山精神、长征精神、遵义会议精神、延安精神、西柏坡精神、红岩精神、抗美援朝精神、“两弹一星”精神、特区精神、抗洪精神、抗震救灾精神、抗疫精神等伟大精神，构筑了中国共产党人的精神谱系。我们党之所以历经百年而风华正茂、饱经磨难而生生不息，就是凭着那么一股革命加拼命的强大精神。这些宝贵精神财富跨越时空、历久弥新，集中体现了党的坚定信念、根本宗旨、优良作风，凝聚着中国共产党人艰苦奋斗、牺牲奉献、开拓进取的伟大品格，深深融入我们党、国家、民族、人民的血脉之中，为我们立党兴党强党提供了丰厚滋养。

2021年12月14日，习近平在中国文联十一大、中国作协十大开幕式上的讲话中指出，广大文艺工作者要树立大历史观、大时代观，眼纳千江水、胸起百万兵，把握历史进程和时代大势，反映中华民族的千年巨变，揭示百年中国的人间正道，弘扬以爱国主义为核心的民族精神和以改革创新为核心的时代精神，弘扬伟大建党精神，唱响昂扬的时代主旋律。

(二)关于实施乡村振兴战略

实施乡村振兴战略，是党的十九大作出的重大决策部署。中共中央、国务院于2018年1月2日发布了《关于实施乡村振兴战略的意见》(中发〔2018〕1号)。

1. 实施乡村振兴战略的总体要求

(1)指导思想

全面贯彻党的十九大精神，以习近平新时代中国特色社会主义思想为指导，加强党对“三农”工作的领导，坚持稳中求进工作总基调，牢固树立新发展理念，落实高质量发展的要求，紧紧围绕统筹推进“五位一体”总体布局和协调推进“四个全面”战略布局，坚持把解决好“三农”问题作为全党工作重中之重，坚持农业农村优先发展，按照产业兴旺、生态宜居、乡风文明、治理有效、生活富裕的总要求，建立健全城乡融合发展体制机制和政策体系，统筹推进农村经济建设、政治建设、文化建设、社会建设、生态文明建设和党的建设，加快推进乡村治理体系和治理能力现代化，加快推进农业农村现代化，走中国特色社会主义乡村振兴道路，让农业成为有奔头的产业，让农民成为有吸引力的职业，让农村成为安居乐业的美丽家园。

（2）目标任务

到 2020 年，乡村振兴取得重要进展，制度框架和政策体系基本形成。农业综合生产能力稳步提升，农业供给体系质量明显提高，农村一二三产业融合发展水平进一步提升；农民增收渠道进一步拓宽，城乡居民生活水平差距持续缩小；现行标准下农村贫困人口实现脱贫，贫困县全部摘帽，解决区域性整体贫困；农村基础设施建设深入推进，农村人居环境明显改善，美丽宜居乡村建设扎实推进；城乡基本公共服务均等化水平进一步提高，城乡融合发展体制机制初步建立；农村对人才吸引力逐步增强；农村生态环境明显好转，农业生态服务能力进一步提高；以党组织为核心的农村基层组织建设进一步加强，乡村治理体系进一步完善；党的农村工作领导体制机制进一步健全；各地区各部门推进乡村振兴的思路举措得以确立。

到 2035 年，乡村振兴取得决定性进展，农业农村现代化基本实现。农业结构得到根本性改善，农民就业质量显著提高，相对贫困进一步缓解，共同富裕迈出坚实步伐；城乡基本公共服务均等化基本实现，城乡融合发展体制机制更加完善；乡风文明达到新高度，乡村治理体系更加完善；农村生态环境根本好转，美丽宜居乡村基本实现。

到 2050 年，乡村全面振兴，农业强、农村美、农民富全面实现。

（3）基本原则

①坚持党管农村工作；

②坚持农业农村优先发展；

③坚持农民主体地位；

④坚持乡村全面振兴；

⑤坚持城乡融合发展；

⑥坚持人与自然和谐共生；

⑦坚持因地制宜、循序渐进。

2. 提升农业发展质量，培育乡村发展新动能

乡村振兴，产业兴旺是重点。必须坚持质量兴农、绿色兴农，以农业供给侧结构性改革为主线，加快构建现代农业产业体系、生产体系、经营体系，提高农业创新力、竞争力和全要素生产率，加快实现由农业大国向农业强国转变。

(1)夯实农业生产能力基础

(2)实施质量兴农战略

(3)构建农村一二三产业融合发展体系

(4)构建农业对外开放新格局

(5)促进小农户和现代农业发展有机衔接

3. 推进乡村绿色发展，打造人与自然和谐共生发展新格局

乡村振兴，生态宜居是关键。良好生态环境是农村最大优势和宝贵财富。必须尊重自然、顺应自然、保护自然，推动乡村自然资本加快增值，实现百姓富、生态美的统一。

(1)统筹山水林田湖草系统治理

(2)加强农村突出环境问题综合治理

(3)建立市场化多元化生态补偿机制

(4)增加农业生态产品和服务供给

4. 繁荣兴盛农村文化，焕发乡风文明新气象

乡村振兴，乡风文明是保障。必须坚持物质文明和精神文明一起抓，提升农民精神风貌，培育文明乡风、良好家风、淳朴民风，不断提高乡村社会文明程度。

(1)加强农村思想道德建设

(2)传承发展提升农村优秀传统文化

(3)加强农村公共文化建设

(4)开展移风易俗行动

5. 加强农村基层基础工作，构建乡村治理新体系

乡村振兴，治理有效是基础。必须把夯实基层基础作为固本之策，建立健全党委领导、政府负责、社会协同、公众参与、法治保障的现代乡村社会治理体制，坚持自治、法治、德治相结合，确保乡村社会充满活力、和谐有序。

(1)加强农村基层党组织建设

(2)深化村民自治实践

(3)建设法治乡村

(4)提升乡村德治水平

(5)建设平安乡村

6. 提高农村民生保障水平，塑造美丽乡村新风貌

乡村振兴，生活富裕是根本。要坚持人人尽责、人人享有，按照抓重点、补短板、强弱项的要求，围绕农民群众最关心最直接最现实的利益问题，一件事情接着一件事情办，一年接着一年干，把乡村建设成为幸福美丽新家园。

（1）优先发展农村教育事业

（2）促进农村劳动力转移就业和农民增收

（3）推动农村基础设施提挡升级

（4）加强农村社会保障体系建设

（5）推进健康乡村建设

（6）持续改善农村人居环境

7. 打好精准脱贫攻坚战，增强贫困群众获得感

乡村振兴，摆脱贫困是前提。必须坚持精准扶贫、精准脱贫，把提高脱贫质量放在首位，既不降低扶贫标准，也不吊高胃口，采取更加有力的举措、更加集中的支持、更加精细的工作，坚决打好精准脱贫这场对全面建成小康社会具有决定性意义的攻坚战。

（1）瞄准贫困人口精准帮扶

（2）聚焦深度贫困地区集中发力

（3）激发贫困人口内生动力

（4）强化脱贫攻坚责任和监督

8. 推进体制机制创新，强化乡村振兴制度性供给

实施乡村振兴战略，必须把制度建设贯穿其中。要以完善产权制度和要素市场化配置为重点，激活主体、激活要素、激活市场，着力增强改革的系统性、整体性、协同性。

（1）巩固和完善农村基本经营制度

（2）深化农村土地制度改革

（3）深入推进农村集体产权制度改革

（4）完善农业支持保护制度

9. 汇聚全社会力量，强化乡村振兴人才支撑

实施乡村振兴战略，必须破解人才瓶颈制约。要把人力资本开发放在首要位置，畅通智力、技术、管理下乡通道，造就更多乡土人才，聚天下人才而用之。

（1）大力培育新型职业农民

（2）加强农村专业人才队伍建设

（3）发挥科技人才支撑作用

（4）鼓励社会各界投身乡村建设

（5）创新乡村人才培育引进使用机制

10. 开拓投融资渠道，强化乡村振兴投入保障

实施乡村振兴战略，必须解决钱从哪里来的问题。要健全投入保障制度，创新投融资机制，加快形成财政优先保障、金融重点倾斜、社会积极参与的多元投入格局，确保投入力度不断增强、总量持续增加。

（1）确保财政投入持续增长

（2）拓宽资金筹集渠道

（3）提高金融服务水平

11. 坚持和完善党对“三农”工作的领导

实施乡村振兴战略是党和国家的重大决策部署，各级党委和政府要提高对实施乡村振兴战略重大意义的认识，真正把实施乡村振兴战略摆在优先位置，把党管农村工作的要求落到实处。

（1）完善党的农村工作领导体制机制

（2）研究制定中国共产党农村工作条例

（3）加强“三农”工作队伍建设

（4）强化乡村振兴规划引领

（5）强化乡村振兴法治保障

（6）营造乡村振兴良好氛围

（三）关于加快建设全国统一大市场

建设全国统一大市场是构建新发展格局的基础支撑和内在要求，为从全局和战略高度加快建设全国统一大市场，中共中央、国务院于 2022 年 3 月 25 日发布了《关于加快建设全国统一大市场的意见》。

1. 总体要求

（1）指导思想

以习近平新时代中国特色社会主义思想为指导，全面贯彻党的十九大和十九届历次全会精神，弘扬伟大建党精神，坚持稳中求进工作总基调，完整、准确、全面贯彻新发展理念，加快构建新发展格局，全面深化改革开放，坚持创新驱动发展，推动高质量发展，坚持以供给侧结构性改革为主线，以满足人民日益增长的美好生活需要为根本目的，统筹发展和安全，充分发挥法治的引领、规范、保障作用，加快建立全国统一的市场制度规则，打破地方保护和市场分割，打通制约经济循环的关键堵点，促进商品要素资源在更大范围内畅通流动，加快建设高效规范、公平竞争、充分开放的全国统一大市场，全面推动我国市场由大到强转变，为建设高标准市场体系、构建高水平社会主义市场经济体制提供坚强支撑。

（2）工作原则

①立足内需，畅通循环。

②立破并举，完善制度。

③有效市场，有为政府。

④系统协同，稳妥推进。

（3）主要目标

①持续推动国内市场高效畅通和规模拓展。

②加快营造稳定公平透明可预期的营商环境。

③进一步降低市场交易成本。

④促进科技创新和产业升级。

⑤培育参与国际竞争合作新优势。

2. 强化市场基础制度规则统一

（1）完善统一的产权保护制度

（2）实行统一的市场准入制度

（3）维护统一的公平竞争制度

（4）健全统一的社会信用制度

3. 推进市场设施高标准联通

（1）建设现代流通网络

（2）完善市场信息交互渠道

（3）推动交易平台优化升级

4. 打造统一的要素和资源市场

（1）健全城乡统一的土地和劳动力市场

（2）加快发展统一的资本市场

（3）加快培育统一的技术和数据市场

（4）建设全国统一的能源市场

（5）培育发展全国统一的生态环境市场

5. 推进商品和服务市场高水平统一

（1）健全商品质量体系

（2）完善标准和计量体系

（3）全面提升消费服务质量

6. 推进市场监管公平统一

（1）健全统一市场监管规则

（2）强化统一市场监管执法

（3）全面提升市场监管能力

7. 进一步规范不当市场竞争和市场干预行为

（1）着力强化反垄断

（2）依法查处不正当竞争行为

（3）破除地方保护和区域壁垒

（4）清理废除妨碍依法平等准入和退出的规定做法

（5）持续清理招标采购领域违反统一市场建设的规定和做法

8. 组织实施保障

（1）加强党的领导

（2）完善激励约束机制

（3）优先推进区域协作

（4）形成工作合力

（四）关于进一步激发文化和旅游消费潜力

为提升文化和旅游消费质量水平，增强居民消费意愿，国务院办公厅于 2019 年 8 月 23 日印发《国务院办公厅关于进一步激发文化和旅游消费潜力的意见》（国办发〔2019〕41 号）。

1. 总体目标

以习近平新时代中国特色社会主义思想为指导，顺应文化和旅游消费提质转型升级新趋势，深化文化和旅游领域供给侧结构性改革，从供需两端发力，不断激发文化和旅游消费潜力。努力使我国文化和旅游消费设施更加完善，消费结构更加合理，消费环境更加优化，文化和旅游产品、服务供给更加丰富。推动全国居民文化和旅游消费规模保持快速增长态势，对经济增长的带动作用持续增强。

2. 主要任务

（1）推出消费惠民措施

（2）提高消费便捷程度

（3）提升入境旅游环境

（4）推进消费试点示范

（5）着力丰富产品供给

（6）推动旅游景区提质扩容

（7）发展假日和夜间经济

（8）促进产业融合发展

（9）严格市场监管执法

3. **保障措施**

（1）强化政策保障

（2）加强组织领导

（五）关于促进消费扩容提质

为顺应居民消费升级趋势，加快完善促进消费体制机制，进一步改善消费环境，发挥消费基础性作用，助力形成强大国内市场，国家发展改革委等 23 部门于 2020 年 2 月 28 日联合印发《关于促进消费扩容提质加快形成强大国内市场的实施意见》（发改就业〔2020〕293 号）。

1. **大力优化国内市场供给**

（1）全面提升国产商品和服务竞争力

（2）加强自主品牌建设

（3）改善进口商品供给

（4）进一步完善免税业政策

2. **重点推进文旅休闲消费提质升级**

（1）丰富特色文化旅游产品

（2）改善入境旅游与购物环境

（3）创新文化旅游宣传推广模式

3. **着力建设城乡融合消费网络**

（1）结合区域发展布局打造消费中心

（2）优化城乡商业网点布局

（3）加强消费物流基础设施建设

4. **加快构建“智能 +”消费生态体系**

（1）加快新一代信息基础设施建设

（2）鼓励线上线下融合等新消费模式发展

（3）鼓励使用绿色智能产品

（4）大力发展“互联网 + 社会服务”消费模式

5. **持续提升居民消费能力**

（1）促进重点群体增收激发消费潜力

（2）稳定和增加居民财产性收入

6. 全面营造放心消费环境

(1)强化市场秩序监管

(2)积极推进消费领域信用体系建设

(3)畅通消费者维权渠道

三、新型冠状病毒肺炎疫情防控工作部署

(一)习近平总书记关于统筹推进新冠肺炎疫情防控和经济社会发展工作的重要讲话

2020年2月23日,中共中央召开统筹推进新冠肺炎疫情防控和经济社会发展工作部署会议,习近平总书记出席会议并发表重要讲话,就前一段疫情防控、当前疫情防控重点、统筹推进疫情防控和经济社会发展工作和加强党对统筹推进疫情防控和经济社会发展工作的领导等方面作了阐述。

1. 关于前一段疫情防控工作

习近平强调,新冠肺炎疫情发生后,党中央高度重视,迅速作出部署,全面加强对疫情防控的集中统一领导,要求各级党委和政府及有关部门把人民群众生命安全和身体健康放在第一位,采取切实有效措施,坚决遏制疫情蔓延势头。党中央审时度势、综合研判,及时提出坚定信心、同舟共济、科学防治、精准施策的总要求,及时制定疫情防控战略策略,把提高收治率和治愈率、降低感染率和病亡率作为突出任务来抓,把武汉和湖北作为全国主战场,加强对武汉和湖北防疫的统一指挥,统筹抓好其他地区防控工作,加强医用物资和生活必需品应急保供,切实维护社会稳定,加强宣传教育和舆论引导,积极争取国际社会支持。

习近平指出,在这场严峻斗争中,各级党组织和广大党员、干部冲锋在前、顽强拼搏,广大医务工作者义无反顾、日夜奋战,人民解放军指战员闻令而动、敢打硬仗,广大人民群众众志成城、守望相助,广大公安民警、疾控工作人员、社区工作人员等坚守岗位、日夜值守,广大新闻工作者不畏艰险、深入一线,广大志愿者真诚奉献、不辞辛劳,党和国家有关部门和人大、政协以及各人民团体等主动担责,社会各界和港澳台同胞、海外侨胞纷纷捐款捐物,为疫情防控作出了重大贡献。

习近平强调,这次新冠肺炎疫情,是新中国成立以来在我国发生的传播速度最快、感染范围最广、防控难度最大的一次重大突发公共卫生事件。对我们来说,这是一次危机,也是一次大考。经过艰苦努力,目前疫情防控形势积极向好的态势正在拓展。实践证明,党中央对疫情形势的判断是准确的,各项工

作部署是及时的，采取的举措是有力有效的。防控工作取得的成效，再次彰显了中国共产党领导和中国特色社会主义制度的显著优势。

2. 关于当前加强疫情防控重点工作

习近平强调，在充分肯定成绩的同时，各级党委和政府必须高度警惕麻痹思想、厌战情绪、侥幸心理、松劲心态，继续毫不放松抓紧抓实抓细各项防控工作，不获全胜决不轻言成功。习近平提出 7 点要求：第一，坚决打好湖北保卫战、武汉保卫战；第二，全力做好北京疫情防控工作；第三，科学调配医疗力量和重要物资；第四，加快科技研发攻关；第五，扩大国际和地区合作；第六，提高新闻舆论工作有效性；第七，切实维护社会稳定。

3. 关于统筹推进疫情防控和经济社会发展工作

习近平指出，新冠肺炎疫情不可避免会对经济社会造成较大冲击。越是在这个时候，越要用全面、辩证、长远的眼光看待我国发展，越要增强信心、坚定信心。综合起来看，我国经济长期向好的基本面没有改变，疫情的冲击是短期的、总体上是可控的。习近平就有序复工复产提出 8 点要求：第一，落实分区分级精准复工复产；第二，加大宏观政策调节力度；第三，全面强化稳就业举措；第四，坚决完成脱贫攻坚任务；第五，推动企业复工复产；第六，不失时机抓好春季农业生产；第七，切实保障基本民生；第八，稳住外贸外资基本盘。

4. 关于加强党对统筹推进疫情防控和经济社会发展工作的领导

习近平指出，打好、打赢这场疫情防控的人民战争、总体战、阻击战，必须加强党对统筹推进疫情防控和经济社会发展工作的领导。各级党组织要认真履行领导责任，特别是抓落实的职责，把党中央各项决策部署抓实抓细抓落地。各级干部特别是领导干部要增强必胜之心、责任之心、仁爱之心、谨慎之心，勇当先锋，敢打头阵，主动担当、积极作为。要在斗争一线考察识别干部，对表现突出的干部要大力褒奖、大胆使用，对不担当不作为、失职渎职的要严肃问责，对在斗争一线表现突出的先进集体和个人，要根据情况分层分级予以表彰和嘉奖。要关心关爱广大基层干部和深入基层的各级干部特别是湖北、武汉等疫情严重地区的干部群众，及时帮助他们解决遇到的实际困难和问题，坚决纠正形式主义、官僚主义做法。要推动防控资源和力量下沉，充分调动社会力量共同参与疫情防控。要针对这次应对疫情中暴露出的明显短板，总结经验、吸取教训，提高应对突发重大公共卫生事件的能力和水平。

（二）文化和旅游部关于新型冠状病毒肺炎疫情防控的工作部署

1. 科学精准实施跨省旅游“熔断”机制

2022 年 5 月，结合疫情形势和旅游市场实际情况，文化和旅游部发布《关

于加强疫情防控 科学精准实施跨省旅游“熔断”机制的通知》，调整了跨省旅游实施“熔断”机制的范围。

（1）对出现中高风险地区的县（市、区、旗）和直辖市的区（县），立即暂停旅行社及在线旅游企业经营进出该地的跨省团队旅游及“机票 + 酒店”业务。

（2）待无中高风险地区后，恢复旅行社及在线旅游企业经营进出该地的跨省团队旅游及“机票 + 酒店”业务。

（3）跨省团队旅游及“机票 + 酒店”业务暂停及恢复具体事宜由各省级文化和旅游行政部门通过门户网站及时公布。旅行社及在线旅游企业要密切关注各地疫情动态，及时调整旅游产品和团队行程。

（4）各地要深刻认识做好疫情防控工作的重要性，指导督促旅行社及在线旅游企业严格执行《旅行社新冠肺炎疫情防控工作指南（第四版）》，压实企业主体责任，强化关键环节管理，扎实做好疫情防控工作；要加强对旅行社及在线旅游企业疫情防控措施落实情况的督导检查，严肃查处违法违规经营活动。

2. 旅行社新冠肺炎疫情防控工作指南

为贯彻落实党中央、国务院关于疫情防控战略部署，统筹疫情防控和经济社会发展，切实做好旅行社疫情防控工作，结合当前疫情防控形势，文化和旅游部于 2022 年 5 月 31 日印发实施《旅行社新冠肺炎疫情防控工作指南（第四版）》。

（1）总体原则

坚持常态防控、坚持精准防控。

（2）行前管理

旅行社在行前要加强风险研判、控制组团规模、配备防护用品、加强宣传引导、加强行前排查。

（3）行程管理

旅行社在行程中要加强行程管理、落实防控措施、规范导游防护、倡导文明旅游。

（4）企业内部管理

旅行社要加强场所管理、做好员工监测、加强教育培训、建立工作台账。

（5）应急处置

旅行社应建立协同机制、做好应急处置。

（6）保障措施

各地文化和旅游行政部门要加强组织领导、加强监督检查、加强日常调度。

四、香港特别行政区维护国家安全法律制度

（一）总则

1. 香港特别行政区基本法的根本性条款

依据《香港特别行政区基本法》第 1 条和第 12 条规定，香港特别行政区是中华人民共和国不可分离的部分，是中华人民共和国的一个享有高度自治权的地方行政区域，直辖于中央人民政府。这是香港特别行政区基本法的根本性条款，香港特别行政区任何机构、组织和个人行使权利和自由，不得违背。

2. 中央人民政府及香港特别行政区维护国家安全的职责

《中华人民共和国香港特别行政区维护国家安全法》（以下简称《香港国安法》）第 3 条规定，中央人民政府对香港特别行政区有关的国家安全事务负有根本责任。香港特别行政区负有维护国家安全的宪制责任，应当履行维护国家安全的职责。香港特别行政区行政机关、立法机关、司法机关应当依据有关法律规定有效防范、制止和惩治危害国家安全的行为和活动。

3. 香港特别行政区居民享有的权利和自由

《香港国安法》第 4 条规定，香港特别行政区维护国家安全应当尊重和保障人权，依法保护香港特别行政区居民根据香港特别行政区基本法和《公民权利和政治权利国际公约》《经济、社会与文化权利的国际公约》适用于香港的有关规定享有的包括言论、新闻、出版的自由，结社、集会、游行、示威的自由在内的权利和自由。第 5 条规定，防范、制止和惩治危害国家安全犯罪，应当坚持法治原则。法律规定为犯罪行为的，依照法律定罪处刑；法律没有规定为犯罪行为的，不得定罪处刑。任何人未经司法机关判罪之前均假定无罪。保障犯罪嫌疑人、被告人和其他诉讼参与人依法享有的辩护权和其他诉讼权利。任何人已经司法程序被最终确定有罪或者宣告无罪的，不得就同一行为再予审判或者惩罚。

4. 香港特别行政区机构、组织和个人维护国家安全的义务

《香港国安法》第 6 条规定，维护国家主权、统一和领土完整是包括香港同胞在内的全中国人民的共同义务。在香港特别行政区的任何机构、组织和个人都应当遵守本法和香港特别行政区有关维护国家安全的其他法律，不得从事危害国家安全的行为和活动。香港特别行政区居民在参选或者就任公职时应当依法签署文件确认或者宣誓拥护中华人民共和国香港特别行政区基本法，效忠中华人民共和国香港特别行政区。

（二）香港特别行政区维护国家安全的职责和机构

1. 职责

（1）完善维护国家安全法律

《香港国安法》第 7 条规定，香港特别行政区应当尽早完成香港特别行政区基本法规定的维护国家安全立法，完善相关法律。

（2）切实执行维护国家安全法律

《香港国安法》第 8 条规定，香港特别行政区执法、司法机关应当切实执行本法和香港特别行政区现行法律有关防范、制止和惩治危害国家安全行为和活动的规定，有效维护国家安全。

（3）加强维护国家安全和防范恐怖活动

《香港国安法》第 9 条规定，香港特别行政区应当加强维护国家安全和防范恐怖活动的工作。对学校、社会团体、媒体、网络等涉及国家安全的事宜，香港特别行政区政府应当采取必要措施，加强宣传、指导、监督和管理。第 10 条规定，香港特别行政区应当通过学校、社会团体、媒体、网络等开展国家安全教育，提高香港特别行政区居民的国家安全意识和守法意识。

（4）香港特别行政区行政长官职责

《香港国安法》第 11 条规定，香港特别行政区行政长官应当就香港特别行政区维护国家安全事务向中央人民政府负责，并就香港特别行政区履行维护国家安全职责的情况提交年度报告。如中央人民政府提出要求，行政长官应当就维护国家安全特定事项及时提交报告。

2. 机构

（1）国家安全委员会

《香港国安法》第 12 条规定，香港特别行政区设立维护国家安全委员会，负责香港特别行政区维护国家安全事务，承担维护国家安全的主要责任，并接受中央人民政府的监督和问责。第 13 条规定，香港特别行政区维护国家安全委员会由行政长官担任主席，成员包括政务司长、财政司长、律政司长、保安局局长、警务处处长、本法第 16 条规定的警务处维护国家安全部门的负责人、入境事务处处长、海关关长和行政长官办公室主任。香港特别行政区维护国家安全委员会下设秘书处，由秘书长领导。秘书长由行政长官提名，报中央人民政府任命。第 14 条规定，香港特别行政区维护国家安全委员会的职责为：①分析研判香港特别行政区维护国家安全形势，规划有关工作，制定香港特别行政区维护国家安全政策；②推进香港特别行政区维护国家安全的法律制度和执行机制建设；③协调香港特别行政区维护国家安全的重点工作和重大行动。香港特别行政区维护国家安全委员会的工作不受香港特别行政区任何其他机构、组织和个人的干涉，工作信息不予公开。香港特别行政区维护国家安全委员会作出的决定不受司法复核。

（2）国家安全事务顾问

《香港国安法》第15条规定，香港特别行政区维护国家安全委员会设立国家安全事务顾问，由中央人民政府指派，就香港特别行政区维护国家安全委员会履行职责相关事务提供意见。国家安全事务顾问列席香港特别行政区维护国家安全委员会会议。

（3）警务处维护国家安全部门

《香港国安法》第16条规定，香港特别行政区政府警务处设立维护国家安全的部门，配备执法力量。警务处维护国家安全部门负责人由行政长官任命，行政长官任命前须书面征求本法第48条规定的机构的意见。警务处维护国家安全部门负责人在就职时应当宣誓拥护中华人民共和国香港特别行政区基本法，效忠中华人民共和国香港特别行政区，遵守法律，保守秘密。警务处维护国家安全部门可以从香港特别行政区以外聘请合格的专门人员和技术人员，协助执行维护国家安全相关任务。第17条规定，警务处维护国家安全部门的职责为：①收集分析涉及国家安全的情报信息；②部署、协调、推进维护国家安全的措施和行动；③调查危害国家安全犯罪案件；④进行反干预调查和开展国家安全审查；⑤承办香港特别行政区维护国家安全委员会交办的维护国家安全工作；⑥执行本法所需的其他职责。

（4）律政司国家安全犯罪案件检控部门

《香港国安法》第18条规定，香港特别行政区律政司设立专门的国家安全犯罪案件检控部门，负责危害国家安全犯罪案件的检控工作和其他相关法律事务。该部门检控官由律政司长征得香港特别行政区维护国家安全委员会同意后任命。律政司国家安全犯罪案件检控部门负责人由行政长官任命，行政长官任命前须书面征求本法第48条规定的机构的意见。律政司国家安全犯罪案件检控部门负责人在就职时应当宣誓拥护中华人民共和国香港特别行政区基本法，效忠中华人民共和国香港特别行政区，遵守法律，保守秘密。第19条规定，经行政长官批准，香港特别行政区政府财政司长应当从政府一般收入中拨出专门款项支付关于维护国家安全的开支并核准所涉及的人员编制，不受香港特别行政区现行有关法律规定的限制。财政司长须每年就该款项的控制和管理向立法会提交报告。

（三）中央人民政府驻香港特别行政区维护国家安全机构

《香港国安法》第48条规定，中央人民政府在香港特别行政区设立维护国家安全公署。中央人民政府驻香港特别行政区维护国家安全公署依法履行维护国家安全职责，行使相关权力。驻香港特别行政区维护国家安全公署人员由中央人民政府维护国家安全的有关机关联合派出。

1. 维护国家安全公署职责

《香港国安法》第49条规定，驻香港特别行政区维护国家安全公署的职责为：①分析研判香港特别行政区维护国家安全形势，就维护国家安全重大战略和重要政策提出意见和建议；②监督、指导、协调、支持香港特别行政区履行维护国家安全的职责；③收集分析国家安全情报信息；④依法办理危害国家安全犯罪案件。第50条规定，驻香港特别行政区维护国家安全公署应当严格依法履行职责，依法接受监督，不得侵害任何个人和组织的合法权益。驻香港特别行政区维护国家安全公署人员除须遵守全国性法律外，还应当遵守香港特别行政区法律。驻香港特别行政区维护国家安全公署人员依法接受国家监察机关的监督。第51条规定，驻香港特别行政区维护国家安全公署的经费由中央财政保障。

2. 维护国家安全公署工作机制

《香港国安法》第52条规定，驻香港特别行政区维护国家安全公署应当加强与中央人民政府驻香港特别行政区联络办公室、外交部驻香港特别行政区特派员公署、中国人民解放军驻香港部队的工作联系和工作协同。第53条规定，驻香港特别行政区维护国家安全公署应当与香港特别行政区维护国家安全委员会建立协调机制，监督、指导香港特别行政区维护国家安全工作。驻香港特别行政区维护国家安全公署的工作部门应当与香港特别行政区维护国家安全的有关机关建立协作机制，加强信息共享和行动配合。第54条规定，驻香港特别行政区维护国家安全公署、外交部驻香港特别行政区特派员公署会同香港特别行政区政府采取必要措施，加强对外国和国际组织驻香港特别行政区机构、在香港特别行政区的外国和境外非政府组织和新闻机构的管理和服务。

3. 维护国家安全公署管辖范围

《香港国安法》第55条规定，有以下情形之一的，经香港特别行政区政府或者驻香港特别行政区维护国家安全公署提出，并报中央人民政府批准，由驻香港特别行政区维护国家安全公署对本法规定的危害国家安全犯罪案件行使管辖权：①案件涉及外国或者境外势力介入的复杂情况，香港特别行政区管辖确有困难的；②出现香港特别行政区政府无法有效执行本法的严重情况的；③出现国家安全面临重大现实威胁的情况的。

4. 维护国家安全公署管辖案件的程序性规定

《香港国安法》第 56 条规定，根据本法第 55 条规定管辖有关危害国家安全犯罪案件时，由驻香港特别行政区维护国家安全公署负责立案侦查，最高人民检察院指定有关检察机关行使检察权，最高人民法院指定有关法院行使审判权。第 57 条规定，根据本法第 55 条规定管辖案件的立案侦查、审查起诉、审判和刑罚的执行等诉讼程序事宜，适用《中华人民共和国刑事诉讼法》等相关法律的规定。根据本法第 55 条规定管辖案件时，本法第 56 条规定的执法、司法机关依法行使相关权力，其为决定采取强制措施、侦查措施和司法裁判而签发的法律文书在香港特别行政区具有法律效力。对于驻香港特别行政区维护国家安全公署依法采取的措施，有关机构、组织和个人必须遵从。第 58 条规定，根据本法第 55 条规定管辖案件时，犯罪嫌疑人自被驻香港特别行政区维护国家安全公署第一次讯问或者采取强制措施之日起，有权委托律师作为辩护人。辩护律师可以依法为犯罪嫌疑人、被告人提供法律帮助。犯罪嫌疑人、被告人被合法拘捕后，享有尽早接受司法机关公正审判的权利。第 59 条规定，根据本法第 55 条规定管辖案件时，任何人如果知道本法规定的危害国家安全犯罪案件情况，都有如实作证的义务。

5. 维护国家安全公署及其人员的权利

《香港国安法》第 60 条规定，驻香港特别行政区维护国家安全公署及其人员依据本法执行职务的行为，不受香港特别行政区管辖。持有驻香港特别行政区维护国家安全公署制发的证件或者证明文件的人员和车辆等在执行职务时不受香港特别行政区执法人员检查、搜查和扣押。驻香港特别行政区维护国家安全公署及其人员享有香港特别行政区法律规定的其他权利和豁免。第 61 条规定，驻香港特别行政区维护国家安全公署依据本法规定履行职责时，香港特别行政区政府有关部门须提供必要的便利和配合，对妨碍有关执行职务的行为依法予以制止并追究责任。

（四）罪行和处罚

1. 分裂国家罪

《香港国安法》第 20 条规定，任何人组织、策划、实施或者参与实施以下旨在分裂国家、破坏国家统一行为之一的，不论是否使用武力或者以武力相威胁，即属犯罪：①将香港特别行政区或者中华人民共和国其他任何部分从中华人民共和国分离出去；②非法改变香港特别行政区或者中华人民共和国其他任何部分的法律地位；③将香港特别行政区或者中华人民共和国其他任何部分转归外国统治。犯前款罪，对首要分子或者罪行重大的，处无期徒刑或者10年以上有期徒刑；对积极参加的，处3年以上10年以下有期徒刑；对其他参加的，处3年以下有期徒刑、拘役或者管制。第21条规定，任何人煽动、协助、教唆、以金钱或者其他财物资助他人实施本法第20条规定的犯罪的，即属犯罪。情节严重的，处5年以上10年以下有期徒刑；情节较轻的，处5年以下有期徒刑、拘役或者管制。

2. 颠覆国家政权罪

《香港国安法》第22条规定，任何人组织、策划、实施或者参与实施以下以武力、威胁使用武力或者其他非法手段旨在颠覆国家政权行为之一的，即属犯罪：①推翻、破坏中华人民共和国宪法所确立的中华人民共和国根本制度；②推翻中华人民共和国中央政权机关或者香港特别行政区政权机关；③严重干扰、阻挠、破坏中华人民共和国中央政权机关或者香港特别行政区政权机关依法履行职能；④攻击、破坏香港特别行政区政权机关履职场所及其设施，致使其无法正常履行职能。犯前款罪，对首要分子或者罪行重大的，处无期徒刑或者10年以上有期徒刑；对积极参加的，处3年以上10年以下有期徒刑；对其他参加的，处3年以下有期徒刑、拘役或者管制。第23条规定，任何人煽动、协助、教唆、以金钱或者其他财物资助他人实施本法第22条规定的犯罪的，即属犯罪。情节严重的，处5年以上10年以下有期徒刑；情节较轻的，处5年以下有期徒刑、拘役或者管制。

3. 恐怖活动罪

《香港国安法》第24条规定，为胁迫中央人民政府、香港特别行政区政府或者国际组织或者威吓公众以图实现政治主张，组织、策划、实施、参与实施或者威胁实施以下造成或者意图造成严重社会危害的恐怖活动之一的，即属犯罪：①针对人的严重暴力；②爆炸、纵火或者投放毒害性、放射性、传染病病原体等物质；③破坏交通工具、交通设施、电力设备、燃气设备或者其他易燃易爆设备；④严重干扰、破坏水、电、燃气、交通、通讯、网络等公共服务和管理的电子控制系统；⑤以其他危险方法严重危害公众健康或者安全。犯前款罪，致人重伤、死亡或者使公私财产遭受重大损失的，处无期徒刑或者10年以上有期徒刑；其他情形，处3年以上10年以下有期徒刑。

第25条规定，组织、领导恐怖活动组织的，即属犯罪，处无期徒刑或者10年以上有期徒刑，并处没收财产；积极参加的，处3年以上10年以下有期徒刑，并处罚金；其他参加的，处3年以下有期徒刑、拘役或者管制，可以并处罚金。本法所指的恐怖活动组织，是指实施或者意图实施本法第24条规定的恐怖活动罪行或者参与或者协助实施本法第24条规定的恐怖活动罪行的组织。

第26条规定，为恐怖活动组织、恐怖活动人员、恐怖活动实施提供培训、武器、信息、资金、物资、劳务、运输、技术或者场所等支持、协助、便利，或者制造、非法管有爆炸性、毒害性、放射性、传染病病原体等物质以及以其他形式准备实施恐怖活动的，即属犯罪。情节严重的，处5年以上10年以下有期徒刑，并处罚金或者没收财产；其他情形，处5年以下有期徒刑、拘役或者管制，并处罚金。有前款行为，同时构成其他犯罪的，依照处罚较重的规定定罪处罚。

第27条规定，宣扬恐怖主义、煽动实施恐怖活动的，即属犯罪。情节严重的，处5年以上10年以下有期徒刑，并处罚金或者没收财产；其他情形，处5年以下有期徒刑、拘役或者管制，并处罚金。第28条规定，关于恐怖活动罪的规定不影响依据香港特别行政区法律对其他形式的恐怖活动犯罪追究刑事责任并采取冻结财产等措施。

4. 勾结外国或者境外势力危害国家安全罪

《香港国安法》第29条规定，为外国或者境外机构、组织、人员窃取、刺探、收买、非法提供涉及国家安全的国家秘密或者情报的；请求外国或者境外机构、组织、人员实施，与外国或者境外机构、组织、人员串谋实施，或者直接或者间接接受外国或者境外机构、组织、人员的指使、控制、资助或者其他形式的支援实施以下行为之一的，均属犯罪：①对中华人民共和国发动战争，或者以武力或者武力相威胁，对中华人民共和国主权、统一和领土完整造成严重危害；②对香港特别行政区政府或者中央人民政府制定和执行法律、政策进行严重阻挠并可能造成严重后果；③对香港特别行政区选举进行操控、破坏并可能造成严重后果；④对香港特别行政区或者中华人民共和国进行制裁、封锁或者采取其他敌对行动；⑤通过各种非法方式引发香港特别行政区居民对中央人民政府或者香港特别行政区政府的憎恨并可能造成严重后果。犯前款罪，处3年以上10年以下有期徒刑；罪行重大的，处无期徒刑或者10年以上有期徒刑。本条第1款规定涉及的境外机构、组织、人员，按共同犯罪定罪处刑。第30条规定，为实施本法第20条、第22条规定的犯罪，与外国或者境外机构、组织、人员串谋，或者直接或者间接接受外国或者境外机构、组织、人员的指使、控制、资助或者其他形式的支援的，依照本法第20条、第22条的规定从重处罚。

5. 其他处罚规定

（1）公司、团体等法人或者非法人组织实施危害国家安全罪行

《香港国安法》第31条规定，公司、团体等法人或者非法人组织实施本法规定的犯罪的，对该组织判处罚金。公司、团体等法人或者非法人组织因犯本

法规定的罪行受到刑事处罚的，应责令其暂停运作或者吊销其执照或者营业许可证。第 32 条规定，因实施本法规定的犯罪而获得的资助、收益、报酬等违法所得以及用于或者意图用于犯罪的资金和工具，应当予以追缴、没收。

（2）从轻、减轻和免除处罚的情形

《香港国安法》第 33 条规定，有以下情形的，对有关犯罪行为人、犯罪嫌疑人、被告人可以从轻、减轻处罚；犯罪较轻的，可以免除处罚：①在犯罪过程中，自动放弃犯罪或者自动有效地防止犯罪结果发生的；②自动投案，如实供述自己的罪行的；③揭发他人犯罪行为，查证属实，或者提供重要线索得以侦破其他案件的。被采取强制措施的犯罪嫌疑人、被告人如实供述执法、司法机关未掌握的本人犯有本法规定的其他罪行的，按前款第 2 项规定处理。

（3）不具有香港特别行政区永久性居民身份的人实施危害国家安全罪行

《香港国安法》第 34 条规定，不具有香港特别行政区永久性居民身份的人实施本法规定的犯罪的，可以独立适用或者附加适用驱逐出境。不具有香港特别行政区永久性居民身份的人违反本法规定，因任何原因不对其追究刑事责任的，也可以驱逐出境。

（4）犯危害国家安全罪行的其他法律后果

《香港国安法》第 35 条规定，任何人经法院判决犯危害国家安全罪行的，即丧失作为候选人参加香港特别行政区举行的立法会、区议会选举或者出任香港特别行政区任何公职或者行政长官选举委员会委员的资格；曾经宣誓或者声明拥护中华人民共和国香港特别行政区基本法、效忠中华人民共和国香港特别行政区的立法会议员、政府官员及公务人员、行政会议成员、法官及其他司法人员、区议员，即时丧失该等职务，并丧失参选或者出任上述职务的资格。前款规定资格或者职务的丧失，由负责组织、管理有关选举或者公职任免的机构宣布。

6. 效力范围

《香港国安法》第 36 条规定，任何人在香港特别行政区内实施本法规定的犯罪的，适用本法。犯罪的行为或者结果有一项发生在香港特别行政区内的，就认为是在香港特别行政区内犯罪。在香港特别行政区注册的船舶或者航空器内实施本法规定的犯罪的，也适用本法。第 37 条规定，香港特别行政区永久性居民或者在香港特别行政区成立的公司、团体等法人或者非法人组织在香港特别行政区以外实施本法规定的犯罪的，适用本法。第 38 条规定，不具有香港特别行政区永久性居民身份的人在香港特别行政区以外针对香港特别行政区实施本法规定的犯罪的，适用本法。第 39 条规定，本法施行以后的行为，适用本法定罪处刑。

五、英雄烈士保护法律制度

（一）英雄烈士的历史功勋

《中华人民共和国英雄烈士保护法》（以下简称《英雄烈士保护法》）第 2 条规定，国家和人民永远尊崇、铭记英雄烈士为国家、人民和民族作出的牺牲和贡献。近代以来，为了争取民族独立和人民解放，实现国家富强和人民幸福，促进世界和平和人类进步而毕生奋斗、英勇献身的英雄烈士，功勋彪炳史册，精神永垂不朽。

（二）英雄烈士的褒扬

《英雄烈士保护法》第 3 条规定，英雄烈士事迹和精神是中华民族的共同历史记忆和社会主义核心价值观的重要体现。国家保护英雄烈士，对英雄烈士予以褒扬、纪念，加强对英雄烈士事迹和精神的宣传、教育，维护英雄烈士尊严和合法权益。全社会都应当崇尚、学习、捍卫英雄烈士。第 4 条规定，各级人民政府应当加强对英雄烈士的保护，将宣传、弘扬英雄烈士事迹和精神作为社会主义精神文明建设的重要内容。县级以上人民政府负责英雄烈士保护工作的部门和其他有关部门应当依法履行职责，做好英雄烈士保护工作。军队有关部门按照国务院、中央军事委员会的规定，做好英雄烈士保护工作。县级以上人民政府应当将英雄烈士保护工作经费列入本级预算。

（三）英雄烈士的纪念缅怀活动

《英雄烈士保护法》第 5 条规定，每年 9 月 30 日为烈士纪念日，国家在首都北京天安门广场人民英雄纪念碑前举行纪念仪式，缅怀英雄烈士。县级以上地方人民政府、军队有关部门应当在烈士纪念日举行纪念活动。举行英雄烈士纪念活动，邀请英雄烈士遗属代表参加。第 6 条规定，在清明节和重要纪念日，机关、团体、乡村、社区、学校、企业事业单位和军队有关单位根据实际情况，组织开展英雄烈士纪念活动。

（四）人民英雄烈士纪念碑的法律地位

《英雄烈士保护法》第 7 条规定，国家建立并保护英雄烈士纪念设施，纪念、缅怀英雄烈士。矗立在首都北京天安门广场的人民英雄纪念碑，是近代以来中国人民和中华民族争取民族独立解放、人民自由幸福和国家繁荣富强精神的象征，是国家和人民纪念、缅怀英雄烈士的永久性纪念设施。人民英雄纪念碑及其名称、碑题、碑文、浮雕、图形、标志等受法律保护。

（五）弘扬传承英雄烈士精神

《英雄烈士保护法》第15条规定，国家鼓励和支持开展对英雄烈士事迹和精神的研究，以辩证唯物主义和历史唯物主义为指导认识和记述历史。第16条规定，各级人民政府、军队有关部门应当加强对英雄烈士遗物、史料的收集、保护和陈列展示工作，组织开展英雄烈士史料的研究、编纂和宣传工作。国家鼓励和支持革命老区发挥当地资源优势，开展英雄烈士事迹和精神的研究、宣传和教育工作。第17条规定，教育行政部门应当以青少年学生为重点，将英雄烈士事迹和精神的宣传教育纳入国民教育体系。教育行政部门、各级各类学校应当将英雄烈士事迹和精神纳入教育内容，组织开展纪念教育活动，加强对学生的爱国主义、集体主义、社会主义教育。第18条规定，文化、新闻出版、广播电视、电影、网信等部门应当鼓励和支持以英雄烈士事迹为题材、弘扬英雄烈士精神的优秀文学艺术作品、广播电视节目以及出版物的创作生产和宣传推广。第19条规定，广播电台、电视台、报刊出版单位、互联网信息服务提供者，应当通过播放或者刊登英雄烈士题材作品、发布公益广告、开设专栏等方式，广泛宣传英雄烈士事迹和精神。

（六）英雄烈士遗属抚恤优待

《英雄烈士保护法》第20条规定，国家鼓励和支持自然人、法人和非法人组织以捐赠财产、义务宣讲英雄烈士事迹和精神、帮扶英雄烈士遗属等公益活动的方式，参与英雄烈士保护工作。自然人、法人和非法人组织捐赠财产用于英雄烈士保护的，依法享受税收优惠。第21条规定，国家实行英雄烈士抚恤优待制度。英雄烈士遗属按照国家规定享受教育、就业、养老、住房、医疗等方面的优待。抚恤优待水平应当与国民经济和社会发展相适应并逐步提高。国务院有关部门、军队有关部门和地方人民政府应当关心英雄烈士遗属的生活情况，每年定期走访慰问英雄烈士遗属。

（七）英雄烈士名誉荣誉的法律保护及其相关法律责任

《英雄烈士保护法》第22条规定，禁止歪曲、丑化、亵渎、否定英雄烈士事迹和精神。英雄烈士的姓名、肖像、名誉、荣誉受法律保护。任何组织和个人不得在公共场所、互联网或者利用广播电视、电影、出版物等，以侮辱、诽谤或者其他方式侵害英雄烈士的姓名、肖像、名誉、荣誉。任何组织和个人不得将英雄烈士的姓名、肖像用于或者变相用于商标、商业广告，损害英雄烈士的名誉、荣誉。公安、文化、新闻出版、广播电视、电影、网信、市场监督管理、负责英雄烈士保护工作的部门发现前款规定行为的，应当依法及时处理。第23条规定，网信和电信、公安等有关部门在对网络信息进行依法监督管理工作中，发现发布或者传输以侮辱、诽谤或者其他方式侵害英雄烈士的姓名、肖像、名誉、荣誉的信息的，应当要求网络运营者停止传输，采取消除等处置措施和其他必要措施；对来源于中华人民共和国境外的上述信息，应当通知有关机构采取技术措施和其他必要措施阻断传播。网络运营者发现其用户发布前款规定的信息的，应当立即停止传输该信息，采取消除等处置措施，防止信息扩散，保存有关记录，并向有关主管部门报告。网络运营者未采取停止传输、消除等处置措施的，依照《中华人民共和国网络安全法》的规定处罚。第24条规定，任何组织和个人有权对侵害英雄烈士合法权益和其他违反本法规定的行为，向负责英雄烈士保护工作的部门、网信、公安等有关部门举报，接到举报的部门应当依法及时处理。

《英雄烈士保护法》第25条规定，对侵害英雄烈士的姓名、肖像、名誉、荣誉的行为，英雄烈士的近亲属可以依法向人民法院提起诉讼。英雄烈士没有近亲属或者近亲属不提起诉讼的，检察机关依法对侵害英雄烈士的姓名、肖像、名誉、荣誉，损害社会公共利益的行为向人民法院提起诉讼。负责英雄烈士保护工作的部门和其他有关部门在履行职责过程中发现第1款规定的行为，需要检察机关提起诉讼的，应当向检察机关报告。英雄烈士近亲属依照第1款规定提起诉讼的，法律援助机构应当依法提供法律援助服务。

《英雄烈士保护法》第26条规定，以侮辱、诽谤或者其他方式侵害英雄烈士的姓名、肖像、名誉、荣誉，损害社会公共利益的，依法承担民事责任；构成违反治安管理行为的，由公安机关依法给予治安管理处罚；构成犯罪的，依法追究刑事责任。

六、宗教事务管理法律制度

（一）总则

1. 公民宗教信仰自由

《宗教事务条例》第2条规定，任何组织或者个人不得强制公民信仰宗教或者不信仰宗教，不得歧视信仰宗教的公民（以下称信教公民）或者不信仰宗教的公民（以下称不信教公民）。信教公民和不信教公民、信仰不同宗教的公民应当相互尊重、和睦相处。

2. 宗教事务管理原则

《宗教事务条例》第3条规定，宗教事务管理坚持保护合法、制止非法、遏制极端、抵御渗透、打击犯罪的原则。

3. 国家依法保护正常的宗教活动原则

《宗教事务条例》第 4 条规定，国家依法保护正常的宗教活动，积极引导宗教与社会主义社会相适应，维护宗教团体、宗教院校、宗教活动场所和信教公民的合法权益。宗教团体、宗教院校、宗教活动场所和信教公民应当遵守宪法、法律、法规和规章，践行社会主义核心价值观，维护国家统一、民族团结、宗教和睦与社会稳定。任何组织或者个人不得利用宗教进行危害国家安全、破坏社会秩序、损害公民身体健康、妨碍国家教育制度，以及其他损害国家利益、社会公共利益和公民合法权益等违法活动。任何组织或者个人不得在不同宗教之间、同一宗教内部以及信教公民与不信教公民之间制造矛盾与冲突，不得宣扬、支持、资助宗教极端主义，不得利用宗教破坏民族团结、分裂国家和进行恐怖活动。

4. 宗教对外交往的原则

《宗教事务条例》第 5 条规定，各宗教坚持独立自主自办的原则，宗教团体、宗教院校、宗教活动场所和宗教事务不受外国势力的支配。宗教团体、宗教院校、宗教活动场所、宗教教职人员在相互尊重、平等、友好的基础上开展对外交往；其他组织或者个人在对外经济、文化等合作、交流活动中不得接受附加的宗教条件。

5. 宗教事务管理体制

《宗教事务条例》第 6 条规定，各级人民政府应当加强宗教工作，建立健全宗教工作机制，保障工作力量和必要的工作条件。县级以上人民政府宗教事务部门依法对涉及国家利益和社会公共利益的宗教事务进行行政管理，县级以上人民政府其他有关部门在各自职责范围内依法负责有关的行政管理工作。乡级人民政府应当做好本行政区域的宗教事务管理工作。村民委员会、居民委员会应当依法协助人民政府管理宗教事务。各级人民政府应当听取宗教团体、宗教院校、宗教活动场所和信教公民的意见，协调宗教事务管理工作，为宗教团体、宗教院校和宗教活动场所提供公共服务。

（二）宗教团体

1. 宗教团体的成立、变更和注销

《宗教事务条例》第 7 条规定，宗教团体的成立、变更和注销，应当依照国家社会团体管理的有关规定办理登记。宗教团体章程应当符合国家社会团体管理的有关规定。宗教团体按照章程开展活动，受法律保护。

2. 宗教团体的职能

《宗教事务条例》第 7 条规定，宗教团体具有下列职能：①协助人民政府贯彻落实法律、法规、规章和政策，维护信教公民的合法权益；②指导宗教教务，制定规章制度并督促落实；③从事宗教文化研究，阐释宗教教义教规，开展宗教思想建设；④开展宗教教育培训，培养宗教教职人员，认定、管理宗教教职人员；⑤法律、法规、规章和宗教团体章程规定的其他职能。

3. 其他规定

《宗教事务条例》第 9 条规定，全国性宗教团体和省、自治区、直辖市宗教团体可以根据本宗教的需要按照规定选派和接收宗教留学人员，其他任何组织或者个人不得选派和接收宗教留学人员。

《宗教事务条例》第 10 条规定，宗教院校、宗教活动场所和宗教教职人员应当遵守宗教团体制定的规章制度。

（三）宗教活动场所

1. 宗教活动场所的种类

《宗教事务条例》第 19 条规定，宗教活动场所包括寺观教堂和其他固定宗教活动处所。寺观教堂和其他固定宗教活动处所的区分标准由省、自治区、直辖市人民政府宗教事务部门制定，报国务院宗教事务部门备案。

2. 宗教活动场所的设立条件

《宗教事务条例》第 20 条规定，设立宗教活动场所，应当具备下列条件：①设立宗旨不违背本条例第 4 条、第 5 条的规定；②当地信教公民有经常进行集体宗教活动的需要；③有拟主持宗教活动的宗教教职人员或者符合本宗教规定的其他人员；④有必要的资金，资金来源渠道合法；⑤布局合理，符合城乡规划要求，不妨碍周围单位和居民的正常生产、生活。

3. 宗教活动场所的设立程序

（1）筹备设立的审批程序

《宗教事务条例》第 21 条规定，筹备设立宗教活动场所，由宗教团体向拟设立的宗教活动场所所在地的县级人民政府宗教事务部门提出申请。县级人民政府宗教事务部门应当自收到申请之日起 30 日内提出审核意见，报设区的市级人民政府宗教事务部门。设区的市级人民政府宗教事务部门应当自收到县级人民政府宗教事务部门报送的材料之日起 30 日内，对申请设立其他固定宗教活动处所的，作出批准或者不予批准的决定；对申请设立寺观教堂的，提出审核意见，报省、自治区、直辖市人民政府宗教事务部门审批。省、自治区、直辖市人民政府宗教事务部门应当自收到设区的市级人民政府宗教事务部门报送的材料之日起 30 日内，作出批准或者不予批准的决定。宗教活动场所的设立申请获批准后，方可办理该宗教活动场所的筹建事项。

（2）登记程序

《宗教事务条例》第22条规定，宗教活动场所经批准筹备并建设完工后，应当向所在地的县级人民政府宗教事务部门申请登记。县级人民政府宗教事务部门应当自收到申请之日起30日内对该宗教活动场所的管理组织、规章制度建设等情况进行审核，对符合条件的予以登记，发给《宗教活动场所登记证》。第23条规定，宗教活动场所符合法人条件的，经所在地宗教团体同意，并报县级人民政府宗教事务部门审查同意后，可以到民政部门办理法人登记。

（3）终止和变更登记程序

《宗教事务条例》第24条规定，宗教活动场所终止或者变更登记内容的，应当到原登记管理机关办理相应的注销或者变更登记手续。

4. 宗教活动场所组织管理制度

《宗教事务条例》第25条规定，宗教活动场所应当成立管理组织，实行民主管理。宗教活动场所管理组织的成员，经民主协商推选，并报该场所的登记管理机关备案。第26条规定，宗教活动场所应当加强内部管理，依照有关法律、法规、规章的规定，建立健全人员、财务、资产、会计、治安、消防、文物保护、卫生防疫等管理制度，接受当地人民政府有关部门的指导、监督、检查。

5. 宗教活动场所行政管理制度

（1）宗教事务部门的职责

《宗教事务条例》第27条规定，宗教事务部门应当对宗教活动场所遵守法律、法规、规章情况，建立和执行场所管理制度情况，登记项目变更情况，以及宗教活动和涉外活动情况进行监督检查。宗教活动场所应当接受宗教事务部门的监督检查。

（2）宗教活动场所经销宗教物品和开展活动的规定

《宗教事务条例》第28条规定，宗教活动场所内可以经销宗教用品、宗教艺术品和宗教出版物。第31条规定，有关单位和个人在宗教活动场所内设立商业服务网点、举办陈列展览、拍摄电影电视片和开展其他活动，应当事先征得该宗教活动场所同意。

（3）宗教活动场所防范重大事故或者事件的规定

《宗教事务条例》第29条规定，宗教活动场所应当防范本场所内发生重大事故或者发生违犯宗教禁忌等伤害信教公民宗教感情、破坏民族团结、影响社会稳定的事件。发生前款所列事故或者事件时，宗教活动场所应当立即报告所在地的县级人民政府宗教事务部门。

（4）修建大型露天宗教造像的规定

《宗教事务条例》第30条规定，宗教团体、寺观教堂拟在寺观教堂内修建大型露天宗教造像，应当由省、自治区、直辖市宗教团体向省、自治区、直辖市人民政府宗教事务部门提出申请。省、自治区、直辖市人民政府宗教事务部门应当自收到申请之日起30日内提出意见，报国务院宗教事务部门审批。国务院宗教事务部门应当自收到修建大型露天宗教造像报告之日起60日内，作出批准或者不予批准的决定。宗教团体、寺观教堂以外的组织以及个人不得修建大型露天宗教造像。禁止在寺观教堂外修建大型露天宗教造像。

（5）宗教活动场所建设及改建、新建、扩建、异地重建的规定

《宗教事务条例》第32条规定，地方各级人民政府应当根据实际需要，将宗教活动场所建设纳入土地利用总体规划和城乡规划。宗教活动场所、大型露天宗教造像的建设应当符合土地利用总体规划、城乡规划和工程建设、文物保护等有关法律、法规。第33条规定，在宗教活动场所内改建或者新建建筑物，应当经所在地县级以上地方人民政府宗教事务部门批准后，依法办理规划、建设等手续。宗教活动场所扩建、异地重建的，应当按照本条例第21条规定的程序办理。

（6）处理宗教活动场所与景区关系的规定

《宗教事务条例》第34条规定，景区内有宗教活动场所的，其所在地的县级以上地方人民政府应当协调、处理宗教活动场所与景区管理组织及园林、林业、文物、旅游等方面的利益关系，维护宗教活动场所、宗教教职人员和信教公民的合法权益，保护正常的宗教活动。以宗教活动场所为主要游览内容的景区的规划建设，应当与宗教活动场所的风格、环境相协调。

（7）临时活动地点的规定

《宗教事务条例》第35条规定，信教公民有进行经常性集体宗教活动需要，尚不具备条件申请设立宗教活动场所的，由信教公民代表向县级人民政府宗教事务部门提出申请，县级人民政府宗教事务部门征求所在地宗教团体和乡级人民政府意见后，可以为其指定临时活动地点。在县级人民政府宗教事务部门指导下，所在地乡级人民政府对临时活动地点的活动进行监管。具备设立宗教活动场所条件后，办理宗教活动场所设立审批和登记手续。临时活动地点的宗教活动应当符合本条例的相关规定。

（四）宗教活动

1. 信教公民集体宗教活动的规定

《宗教事务条例》第40条规定，信教公民的集体宗教活动，一般应当在宗教活动场所内举行，由宗教活动场所、宗教团体或者宗教院校组织，由宗教教

职人员或者符合本宗教规定的其他人员主持，按照教义教规进行。

2. 宗教活动的禁止性行为

《宗教事务条例》第 41 条规定，非宗教团体、非宗教院校、非宗教活动场所、非指定的临时活动地点不得组织、举行宗教活动，不得接受宗教性的捐赠。非宗教团体、非宗教院校、非宗教活动场所不得开展宗教教育培训，不得组织公民出境参加宗教方面的培训、会议、活动等。

3. 大型宗教活动的审批和管理

《宗教事务条例》第 42 条规定，跨省、自治区、直辖市举行超过宗教活动场所容纳规模的大型宗教活动，或者在宗教活动场所外举行大型宗教活动，应当由主办的宗教团体、寺观教堂在拟举行日的 30 日前，向大型宗教活动举办地的设区的市级人民政府宗教事务部门提出申请。设区的市级人民政府宗教事务部门应当自受理之日起 15 日内，在征求本级人民政府公安机关意见后，作出批准或者不予批准的决定。作出批准决定的，由批准机关向省级人民政府宗教事务部门备案。大型宗教活动应当按照批准通知书载明的要求依宗教仪轨进行，不得违反本条例第 4、第 5 条的有关规定。主办的宗教团体、寺观教堂应当采取有效措施防止意外事故的发生，保证大型宗教活动安全、有序进行。大型宗教活动举办地的乡级人民政府和县级以上地方人民政府有关部门应当依据各自职责实施必要的管理和指导。

4. 教育与宗教相分离原则的适用

《宗教事务条例》第 44 条规定，禁止在宗教院校以外的学校及其他教育机构传教、举行宗教活动、成立宗教组织、设立宗教活动场所。

5. 宗教出版物及印刷品管理

《宗教事务条例》第 45 条规定，宗教团体、宗教院校和寺观教堂按照国家有关规定可以编印、发送宗教内部资料性出版物。出版公开发行的宗教出版物，按照国家出版管理的规定办理。涉及宗教内容的出版物，应当符合国家出版管理的规定，并不得含有下列内容：①破坏信教公民与不信教公民和睦相处的；②破坏不同宗教之间和睦以及宗教内部和睦的；③歧视、侮辱信教公民或者不信教公民的；④宣扬宗教极端主义的；⑤违背宗教的独立自主自办原则的。第 46 条规定，超出个人自用、合理数量的宗教类出版物及印刷品进境，或者以其他方式进口宗教类出版物及印刷品，应当按照国家有关规定办理。

6. 互联网宗教信息服务管理

《宗教事务条例》第 47 条规定，从事互联网宗教信息服务，应当经省级以上人民政府宗教事务部门审核同意后，按照国家互联网信息服务管理有关规定办理。第 48 条规定，互联网宗教信息服务的内容应当符合有关法律、法规、规章和宗教事务管理的相关规定。互联网宗教信息服务的内容，不得违反本条例第 45 条第 2 款的规定。

（五）法律责任

1. 侵犯公民宗教信仰自由和信教公民合法权益的

《宗教事务条例》第 62 条规定，强制公民信仰宗教或者不信仰宗教，或者干扰宗教团体、宗教院校、宗教活动场所正常的宗教活动的，由宗教事务部门责令改正；有违反治安管理行为的，依法给予治安管理处罚。侵犯宗教团体、宗教院校、宗教活动场所和信教公民合法权益的，依法承担民事责任；构成犯罪的，依法追究刑事责任。

2. 宗教极端主义以及利用宗教从事违法犯罪活动的

《宗教事务条例》第 63 条规定，宣扬、支持、资助宗教极端主义，或者利用宗教进行危害国家安全、公共安全，破坏民族团结、分裂国家和恐怖活动，侵犯公民人身权利、民主权利，妨害社会管理秩序，侵犯公私财产等违法活动，构成犯罪的，依法追究刑事责任；尚不构成犯罪的，由有关部门依法给予行政处罚；对公民、法人或者其他组织造成损失的，依法承担民事责任。宗教团体、宗教院校或者宗教活动场所有前款行为，情节严重的，有关部门应当采取必要的措施对其进行整顿，拒不接受整顿的，由登记管理机关或者批准设立机关依法吊销其登记证书或者设立许可。

3. 擅自举行大型宗教活动或过程中发生违法行为的

《宗教事务条例》第 64 条规定，大型宗教活动过程中发生危害国家安全、公共安全或者严重破坏社会秩序情况的，由有关部门依照法律、法规进行处置和处罚；主办的宗教团体、寺观教堂负有责任的，由登记管理机关责令其撤换主要负责人，情节严重的，由登记管理机关吊销其登记证书。擅自举行大型宗教活动的，由宗教事务部门会同有关部门责令停止活动，可以并处 10 万元以上 30 万元以下的罚款；有违法所得、非法财物的，没收违法所得和非法财物。其中，大型宗教活动是宗教团体、宗教活动场所擅自举办的，登记管理机关还可以责令该宗教团体、宗教活动场所撤换直接负责的主管人员。

4. 宗教团体、院校、活动场所违反有关规定的

《宗教事务条例》第 65 条规定，宗教团体、宗教院校、宗教活动场所有下列行为之一的，由宗教事务部门责令改正；情节较重的，由登记管理机关或者批准设立机关责令该宗教团体、宗教院校、宗教活动场所撤换直接负责的主管人员；情节严重的，由登记管理机关或者批准设立机关责令停止日常活动，改组管理组织，限期整改，拒不整改的，依法吊销其登记证书或者设立许可；有违法所得、非法财物的，予以没收：①未按规定办理变更登记或者备案手续的；②宗教院校违反培养目标、办学章程和课程设置要求的；③宗教活动场所违反本条例第26条规定，未建立有关管理制度或者管理制度不符合要求的；④宗教活动场所违反本条例第54条规定，将用于宗教活动的房屋、构筑物及其附属的宗教教职人员生活用房转让、抵押或者作为实物投资的；⑤宗教活动场所内发生重大事故、重大事件未及时报告，造成严重后果的；⑥违反本条例第5条规定，违背宗教的独立自主自办原则的；⑦违反国家有关规定接受境内外捐赠的；⑧拒不接受行政管理机关依法实施的监督管理的。

《宗教事务条例》第66条规定，临时活动地点的活动违反本条例相关规定的，由宗教事务部门责令改正；情节严重的，责令停止活动，撤销该临时活动地点；有违法所得、非法财物的，予以没收。

《宗教事务条例》第67条规定，宗教团体、宗教院校、宗教活动场所违反国家有关财务、会计、资产、税收管理规定的，由财政、税务等部门依据相关规定进行处罚；情节严重的，经财政、税务部门提出，由登记管理机关或者批准设立机关吊销其登记证书或者设立许可。

《宗教事务条例》第69条规定，擅自设立宗教活动场所的，宗教活动场所已被撤销登记或者吊销登记证书仍然进行宗教活动的，或者擅自设立宗教院校的，由宗教事务部门会同有关部门予以取缔，有违法所得、非法财物的，没收违法所得和非法财物，违法所得无法确定的，处5万元以下的罚款；有违法房屋、构筑物的，由规划、建设等部门依法处理；有违反治安管理行为的，依法给予治安管理处罚。非宗教团体、非宗教院校、非宗教活动场所、非指定的临时活动地点组织、举行宗教活动，接受宗教性捐赠的，由宗教事务部门会同公安、民政、建设、教育、文化、旅游、文物等有关部门责令停止活动；有违法所得、非法财物的，没收违法所得和非法财物，可以并处违法所得1倍以上3倍以下的罚款；违法所得无法确定的，处5万元以下的罚款；构成犯罪的，依法追究刑事责任。

《宗教事务条例》第71条规定，为违法宗教活动提供条件的，由宗教事务部门给予警告，有违法所得、非法财物的，没收违法所得和非法财物，情节严重的，并处2万元以上20万元以下的罚款；有违法房屋、构筑物的，由规划、建设等部门依法处理；有违反治安管理行为的，依法给予治安管理处罚。

5. 涉及宗教的出版物和互联网宗教信息服务违反有关规定的

《宗教事务条例》第68条规定，涉及宗教内容的出版物或者互联网宗教信息服务有本条例第45条第2款禁止内容的，由有关部门对相关责任单位及人员依法给予行政处罚；构成犯罪的，依法追究刑事责任。擅自从事互联网宗教信息服务或者超出批准或备案项目提供服务的，由有关部门根据相关法律、法规处理。

6. 擅自组织公民出境参加宗教活动、擅自开展宗教教育培训、在国民教育学校传教的

《宗教事务条例》第 70 条规定，擅自组织公民出境参加宗教方面的培训、会议、朝觐等活动的，或者擅自开展宗教教育培训的，由宗教事务部门会同有关部门责令停止活动，可以并处 2 万元以上 20 万元以下的罚款；有违法所得的，没收违法所得；构成犯罪的，依法追究刑事责任。在宗教院校以外的学校及其他教育机构传教、举行宗教活动、成立宗教组织、设立宗教活动场所的，由其审批机关或者其他有关部门责令限期改正并予以警告；有违法所得的，没收违法所得；情节严重的，责令停止招生、吊销办学许可；构成犯罪的，依法追究刑事责任。

7. 违法修建大型露天宗教造像行为的

《宗教事务条例》第 72 条规定，违反本条例规定修建大型露天宗教造像的，由宗教事务部门会同国土、规划、建设、旅游等部门责令停止施工，限期拆除，有违法所得的，没收违法所得；情节严重的，并处造像建设工程造价 5% 以上 10% 以下的罚款。投资、承包经营宗教活动场所或者大型露天宗教造像的，由宗教事务部门会同工商、规划、建设等部门责令改正，并没收违法所得；情节严重的，由登记管理机关吊销该宗教活动场所的登记证书，并依法追究相关人员的责任。

8. 宗教教职人员有违法行为的

《宗教事务条例》第 73 条规定，宗教教职人员有下列行为之一的，由宗教事务部门给予警告，没收违法所得和非法财物；情节严重的，由宗教事务部门建议有关宗教团体、宗教院校或者宗教活动场所暂停其主持教务活动或者取消其宗教教职人员身份，并追究有关宗教团体、宗教院校或者宗教活动场所负责人的责任；有违反治安管理行为的，依法给予治安管理处罚；构成犯罪的，依法追究刑事责任：①宣扬、支持、资助宗教极端主义，破坏民族团结、分裂国家和进行恐怖活动或者参与相关活动的；②受境外势力支配，擅自接受境外宗教团体或者机构委任教职，以及其他违背宗教的独立自主自办原则的；③违反国家有关规定接受境内外捐赠的；④组织、主持未经批准的在宗教活动场所外举行的宗教活动的；⑤其他违反法律、法规、规章的行为。

9. 假冒宗教教职人员的

《宗教事务条例》第 74 条规定，假冒宗教教职人员进行宗教活动或者骗取钱财等违法活动的，由宗教事务部门责令停止活动；有违法所得、非法财物的，没收违法所得和非法财物，并处1万元以下的罚款；有违反治安管理行为的，依法给予治安管理处罚；构成犯罪的，依法追究刑事责任。

七、突发事件应对法律制度

（一）总则

1. 突发事件界定、种类和级别

（1）突发事件及其种类

《中华人民共和国突发事件应对法》（以下简称《突发事件应对法》）第3条第1款规定，突发事件是指突然发生，造成或者可能造成严重社会危害，需要采取应急处置措施予以应对的自然灾害、事故灾难、公共卫生事件和社会安全事件。

（2）级别

《突发事件应对法》第3条第2、第3款规定，按照社会危害程度、影响范围等因素，自然灾害、事故灾难、公共卫生事件分为特别重大、重大、较大和一般四级。法律、行政法规或者国务院另有规定的，从其规定。突发事件的分级标准由国务院或者国务院确定的部门制定。

2. 应急管理体制

《突发事件应对法》第4条规定，国家建立统一领导、综合协调、分类管理、分级负责、属地管理为主的应急管理体制。

3. 突发事件应对原则及风险评估

《突发事件应对法》第5条规定，突发事件应对工作实行预防为主、预防与应急相结合的原则。国家建立重大突发事件风险评估体系，对可能发生的突发事件进行综合性评估，减少重大突发事件的发生，最大限度地减轻重大突发事件的影响。

4. 社会动员机制

《突发事件应对法》第6条规定，国家建立有效的社会动员机制，增强全民的公共安全和防范风险的意识，提高全社会的避险救助能力。

5. 负责机关、应急管理机构及行政领导机关

《突发事件应对法》第7条规定，县级人民政府对本行政区域内突发事件的应对工作负责；涉及两个以上行政区域的，由有关行政区域共同的上一级人民政府负责，或者由各有关行政区域的上一级人民政府共同负责。突发事件发生后，发生地县级人民政府应当立即采取措施控制事态发展，组织开展应急救

援和处置工作，并立即向上一级人民政府报告，必要时可以越级上报。突发事件发生地县级人民政府不能消除或者不能有效控制突发事件引起的严重社会危害的，应当及时向上级人民政府报告。上级人民政府应当及时采取措施，统一领导应急处置工作。法律、行政法规规定由国务院有关部门对突发事件的应对工作负责的，从其规定；地方人民政府应当积极配合并提供必要的支持。

《突发事件应对法》第 8 条规定，国务院在总理领导下研究、决定和部署特别重大突发事件的应对工作；根据实际需要，设立国家突发事件应急指挥机构，负责突发事件应对工作；必要时，国务院可以派出工作组指导有关工作。县级以上地方各级人民政府设立由本级人民政府主要负责人、相关部门负责人、驻当地中国人民解放军和中国人民武装警察部队有关负责人组成的突发事件应急指挥机构，统一领导、协调本级人民政府各有关部门和下级人民政府开展突发事件应对工作；根据实际需要，设立相关类别突发事件应急指挥机构，组织、协调、指挥突发事件应对工作。上级人民政府主管部门应当在各自职责范围内，指导、协助下级人民政府及其相应部门做好有关突发事件的应对工作。

《突发事件应对法》第 9 条规定，国务院和县级以上地方各级人民政府是突发事件应对工作的行政领导机关，其办事机构及具体职责由国务院规定。

6. 及时公布决定、命令和合理措施原则

《突发事件应对法》第 10 条规定，有关人民政府及其部门作出的应对突发事件的决定、命令，应当及时公布。

《突发事件应对法》第 11 条规定，有关人民政府及其部门采取的应对突发事件的措施，应当与突发事件可能造成的社会危害的性质、程度和范围相适应；有多种措施可供选择的，应当选择有利于最大程度地保护公民、法人和其他组织权益的措施。公民、法人和其他组织有义务参与突发事件应对工作。

7. 其他相关规定

（1）财产征用

《突发事件应对法》第 12 条规定，有关人民政府及其部门为应对突发事件，可以征用单位和个人的财产。被征用的财产在使用完毕或者突发事件应急处置工作结束后，应当及时返还。财产被征用或者征用后毁损、灭失的，应当给予补偿。

（2）时效中止和程序中止

《突发事件应对法》第 13 条规定，因采取突发事件应对措施，诉讼、行政复议、仲裁活动不能正常进行的，适用有关时效中止和程序中止的规定，但法律另有规定的除外。

(3)武装力量参与应急

《突发事件应对法》第14条规定，中国人民解放军、中国人民武装警察部队和民兵组织依照本法和其他有关法律、行政法规、军事法规的规定以及国务院、中央军事委员会的命令，参加突发事件的应急救援和处置工作。

(4)国际交流与合作

《突发事件应对法》第15条规定，中华人民共和国政府在突发事件的预防、监测与预警、应急处置与救援、事后恢复与重建等方面，同外国政府和有关国际组织开展合作与交流。

(5)同级人大监督

《突发事件应对法》第16条规定，县级以上人民政府作出应对突发事件的决定、命令，应当报本级人民代表大会常务委员会备案；突发事件应急处置工作结束后，应当向本级人民代表大会常务委员会作出专项工作报告。

(二)突发事件预防与应急准备

1. 建立健全突发事件应急预案体系

《突发事件应对法》第17条规定，国家建立健全突发事件应急预案体系。国务院制定国家突发事件总体应急预案，组织制定国家突发事件专项应急预案；国务院有关部门根据各自的职责和国务院相关应急预案，制定国家突发事件部门应急预案。地方各级人民政府和县级以上地方各级人民政府有关部门根据有关法律、法规、规章、上级人民政府及其有关部门的应急预案以及本地区的实际情况，制定相应的突发事件应急预案。应急预案制定机关应当根据实际需要和情势变化，适时修订应急预案。应急预案的制定、修订程序由国务院规定。

《突发事件应对法》第18条规定，应急预案应当根据本法和其他有关法律、法规的规定，针对突发事件的性质、特点和可能造成的社会危害，具体规定突发事件应急管理工作的组织指挥体系与职责和突发事件的预防与预警机制、处置程序、应急保障措施以及事后恢复与重建措施等内容。

2. 制定、演练应急预案与排查、消除风险隐患义务

《突发事件应对法》第22条规定，所有单位应当建立健全安全管理制度，定期检查本单位各项安全防范措施的落实情况，及时消除事故隐患；掌握并及时处理本单位存在的可能引发社会安全事件的问题，防止矛盾激化和事态扩大；对本单位可能发生的突发事件和采取安全防范措施的情况，应当按照规定及时向所在地人民政府或者人民政府有关部门报告。

《突发事件应对法》第23条规定，矿山、建筑施工单位和易燃易爆物品、危险化学品、放射性物品等危险物品的生产、经营、储运、使用单位，应当制定具体应急预案，并对生产经营场所、有危险物品的建筑物、构筑物及周边环境开展隐患排查，及时采取措施消除隐患，防止发生突发事件。

《突发事件应对法》第24条规定，公共交通工具、公共场所和其他人员密集场所的经营单位或者管理单位应当制定具体应急预案，为交通工具和有关场所配备报警装置和必要的应急救援设备、设施，注明其使用方法，并显著标明安全撤离的通道、路线，保证安全通道、出口的畅通。有关单位应当定期检测、维护其报警装置和应急救援设备、设施，使其处于良好状态，确保正常使用。

《突发事件应对法》第64条规定，有关单位有下列情形之一的，由所在地履行统一领导职责的人民政府责令停产停业，暂扣或者吊销许可证或者营业执照，并处5万元以上20万元以下的罚款；构成违反治安管理行为的，由公安机关依法给予处罚：①未按规定采取预防措施，导致发生严重突发事件的；②未及时消除已发现的可能引发突发事件的隐患，导致发生严重突发事件的；③未做好应急设备、设施日常维护、检测工作，导致发生严重突发事件或者突发事件危害扩大的；④突发事件发生后，不及时组织开展应急救援工作，造成严重后果的。前款规定的行为，其他法律、行政法规规定由人民政府有关部门依法决定处罚的，从其规定。

3. 定期培训、应急救援队伍、救援人员保险、专门训练制度

《突发事件应对法》第25条规定，县级以上人民政府应当建立健全突发事件应急管理培训制度，对人民政府及其有关部门负有处置突发事件职责的工作人员定期进行培训。

《突发事件应对法》第26条规定，县级以上人民政府应当整合应急资源，建立或者确定综合性应急救援队伍。人民政府有关部门可以根据实际需要设立专业应急救援队伍。县级以上人民政府及其有关部门可以建立由成年志愿者组成的应急救援队伍。单位应当建立由本单位职工组成的专职或者兼职应急救援队伍。县级以上人民政府应当加强专业应急救援队伍与非专业应急救援队伍的合作，联合培训、联合演练，提高合成应急、协同应急的能力。

《突发事件应对法》第27条规定，国务院有关部门、县级以上地方各级人民政府及其有关部门、有关单位应当为专业应急救援人员购买人身意外伤害保险，配备必要的防护装备和器材，减少应急救援人员的人身风险。

《突发事件应对法》第28条规定，中国人民解放军、中国人民武装警察部队和民兵组织应当有计划地组织开展应急救援的专门训练。

4. 应急演练、宣传教育制度

《突发事件应对法》第29条规定，县级人民政府及其有关部门、乡级人民政府、街道办事处应当组织开展应急知识的宣传普及活动和必要的应急演练。居民委员会、村民委员会、企业事业单位应当根据所在地人民政府的要求，结合各自的实际情况，开展有关突发事件应急知识的宣传普及活动和必要的应急演练。新闻媒体应当无偿开展突发事件预防与应急、自救与互救知识的公益宣传。

《突发事件应对法》第 30 条规定，各级各类学校应当把应急知识教育纳入教学内容，对学生进行应急知识教育，培养学生的安全意识和自救与互救能力。教育主管部门应当对学校开展应急知识教育进行指导和监督。

5. 突发事件应对保障制度

《突发事件应对法》第 31 条规定，国务院和县级以上地方各级人民政府应当采取财政措施，保障突发事件应对工作所需经费。

《突发事件应对法》第 32 条规定，国家建立健全应急物资储备保障制度，完善重要应急物资的监管、生产、储备、调拨和紧急配送体系。设区的市级以上人民政府和突发事件易发、多发地区的县级人民政府应当建立应急救援物资、生活必需品和应急处置装备的储备制度。县级以上地方各级人民政府应当根据本地区的实际情况，与有关企业签订协议，保障应急救援物资、生活必需品和应急处置装备的生产、供给。

《突发事件应对法》第 33 条规定，国家建立健全应急通信保障体系，完善公用通信网，建立有线与无线相结合、基础电信网络与机动通信系统相配套的应急通信系统，确保突发事件应对工作的通信畅通。

《突发事件应对法》第 34 条规定，国家鼓励公民、法人和其他组织为人民政府应对突发事件工作提供物资、资金、技术支持和捐赠。

《突发事件应对法》第 35 条规定，国家发展保险事业，建立国家财政支持的巨灾风险保险体系，并鼓励单位和公民参加保险。

《突发事件应对法》第 36 条规定，国家鼓励、扶持具备相应条件的教学科研机构培养应急管理专门人才，鼓励、扶持教学科研机构和有关企业研究开发用于突发事件预防、监测、预警、应急处置与救援的新技术、新设备和新工具。

（三）监测与预警制度

1. 监测制度

（1）突发事件信息系统

《突发事件应对法》第 37 条规定，国务院建立全国统一的突发事件信息系统。县级以上地方各级人民政府应当建立或者确定本地区统一的突发事件信息系统，汇集、储存、分析、传输有关突发事件的信息，并与上级人民政府及其有关部门、下级人民政府及其有关部门、专业机构和监测网点的突发事件信息系统实现互联互通，加强跨部门、跨地区的信息交流与情报合作。

（2）突发事件信息收集

《突发事件应对法》第 38 条规定，县级以上人民政府及其有关部门、专业机构应当通过多种途径收集突发事件信息。县级人民政府应当在居民委员会、村民委员会和有关单位建立专职或者兼职信息报告员制度。获悉突发事件信息的公民、法人或者其他组织，应当立即向所在地人民政府、有关主管部门或者指定的专业机构报告。

（3）突发事件信息报送和报告

《突发事件应对法》第 39 条规定，地方各级人民政府应当按照国家有关规定向上级人民政府报送突发事件信息。县级以上人民政府有关主管部门应当向本级人民政府相关部门通报突发事件信息。专业机构、监测网点和信息报告员应当及时向所在地人民政府及其有关主管部门报告突发事件信息。有关单位和人员报送、报告突发事件信息，应当做到及时、客观、真实，不得迟报、谎报、瞒报、漏报。

（4）突发事件隐患和预警信息评估及报告

《突发事件应对法》第 40 条规定，县级以上地方各级人民政府应当及时汇总分析突发事件隐患和预警信息，必要时组织相关部门、专业技术人员、专家学者进行会商，对发生突发事件的可能性及其可能造成的影响进行评估；认为可能发生重大或者特别重大突发事件的，应当立即向上级人民政府报告，并向上级人民政府有关部门、当地驻军和可能受到危害的毗邻或者相关地区的人民政府通报。

（5）建立健全突发事件监测

《突发事件应对法》第 41 条规定，国家建立健全突发事件监测制度。县级以上人民政府及其有关部门应当根据自然灾害、事故灾难和公共卫生事件的种类和特点，建立健全基础信息数据库，完善监测网络，划分监测区域，确定监测点，明确监测项目，提供必要的设备、设施，配备专职或者兼职人员，对可能发生的突发事件进行监测。

2. 预警制度

突发事件的早发现、早报告、早预警，是及时做好应急准备、有效处置突发事件、减少人员伤亡和财产损失的前提。我国建立健全突发事件预警制度，目的在于及时向公众发布突发事件即将发生的信息，使公众为应对突发事件做好准备。

（1）突发事件预警级别

根据《突发事件应对法》第 42 条第 2 款规定，可以预警的自然灾害、事故灾难和公共卫生事件的预警级别，按照突发事件发生的紧急程度、发展势态和可能造成的危害程度分为一级、二级、三级和四级，分别用红色、橙色、黄色和蓝色标示，一级为最高级别。

(2)突发事件的发布和报告、通告

关于自然灾害、事故灾难或者公共卫生事件的预警。根据《突发事件应对法》第 43 条规定，可以预警的自然灾害、事故灾难或者公共卫生事件即将发生或者发生的可能性增大时，县级以上地方各级人民政府应当根据有关法律、行政法规和国务院规定的权限和程序，发布相应级别的警报，决定并宣布有关地区进入预警期，同时向上一级人民政府报告，必要时可以越级上报，并向当地驻军和可能受到危害的毗邻或者相关地区的人民政府通报。

社会安全事件的预警。根据《突发事件应对法》第 46 条规定，对即将发生或者已经发生的社会安全事件，县级以上地方各级人民政府及其有关主管部门应当按照规定向上一级人民政府及其有关主管部门报告，必要时可以越级上报。

根据《突发事件应对法》第 63 条规定，地方各级人民政府和县级以上各级人民政府有关部门违反本法规定，不履行法定职责的，由其上级行政机关或者监察机关责令改正；迟报、谎报、瞒报、漏报有关突发事件的信息，或者通报、报送、公布虚假信息造成后果的，根据情节对直接负责的主管人员和其他直接责任人员依法给予处分。

(3)突发事件发布应采取的措施

三级、四级预警应当采取的措施。根据《突发事件应对法》第 44 条规定，发布三级、四级警报，宣布进入预警期后，县级以上地方各级人民政府应当根据即将发生的突发事件的特点和可能造成的危害，采取下列措施：①启动应急预案；②责令有关部门、专业机构、监测网点和负有特定职责的人员及时收集、报告有关信息，向社会公布反映突发事件信息的渠道，加强对突发事件发生、发展情况的监测、预报和预警工作；③组织有关部门和机构、专业技术人员、有关专家学者，随时对突发事件信息进行分析评估，预测发生突发事件可能性的大小、影响范围和强度以及可能发生的突发事件的级别；④定时向社会发布与公众有关的突发事件预测信息和分析评估结果，并对相关信息的报道工作进行管理；⑤及时按照有关规定向社会发布可能受到突发事件危害的警告，宣传避免、减轻危害的常识，公布咨询电话。

一级、二级预警应当采取的措施。根据《突发事件应对法》第 45 条规定，发布一级、二级警报，宣布进入预警期后，县级以上地方各级人民政府除采取本法第 44 条规定的措施外，还应当针对即将发生的突发事件的特点和可能造成的危害，采取下列一项或者多项措施：①责令应急救援队伍、负有特定职责的人员进入待命状态，并动员后备人员做好参加应急救援和处置工作的准备；②调集应急救援所需物资、设备、工具，准备应急设施和避难场所，并确保其处于良好状态、随时可以投入正常使用；③加强对重点单位、重要部位和重要基础设施的安全保卫，维护社会治安秩序；④采取必要措施，确保交通、通信、供水、排水、供电、供气、供热等公共设施的安全和正常运行；⑤及时向社会发布有关采取特定措施避免或者减轻危害的建议、劝告；⑥转移、疏散或者撤离易受突发事件危害的人员并予以妥善安置，转移重要财产；⑦关闭或者限制使用易受突发事件危害的场所，控制或者限制容易导致危害扩大的公共场所的活动；⑧法律、法规、规章规定的其他必要的防范性、保护性措施。

根据《突发事件应对法》第63条规定，地方各级人民政府和县级以上各级人民政府有关部门违反本法规定，不履行法定职责的，由其上级行政机关或者监察机关责令改正；未按规定及时发布突发事件警报、采取预警期的措施，导致损害发生的，根据情节对直接负责的主管人员和其他直接责任人员依法给予处分。

（4）预警级别的调整及解除

《突发事件应对法》第47条规定，发布突发事件警报的人民政府应当根据事态的发展，按照有关规定适时调整预警级别并重新发布。有事实证明不可能发生突发事件或者危险已经解除的，发布警报的人民政府应当立即宣布解除警报，终止预警期，并解除已经采取的有关措施。

（四）应急处置与救援

《突发事件应对法》第48条规定，突发事件发生后，履行统一领导职责或者组织处置突发事件的人民政府应当针对其性质、特点和危害程度，立即组织有关部门，调动应急救援队伍和社会力量，依照本章的规定和有关法律、法规、规章的规定采取应急处置措施。

1. 应急处置措施

（1）自然灾害、事故灾难或者公共卫生事件应急处置措施

《突发事件应对法》第49条规定，自然灾害、事故灾难或者公共卫生事件发生后，履行统一领导职责的人民政府可以采取下列一项或者多项应急处置措施：①组织营救和救治受害人员，疏散、撤离并妥善安置受到威胁的人员以及采取其他救助措施；②迅速控制危险源，标明危险区域，封锁危险场所，划定警戒区，实行交通管制以及其他控制措施；③立即抢修被损坏的交通、通信、供水、排水、供电、供气、供热等公共设施，向受到危害的人员提供避难场所和

生活必需品，实施医疗救护和卫生防疫以及其他保障措施；④禁止或者限制使用有关设备、设施，关闭或者限制使用有关场所，中止人员密集的活动或者可能导致危害扩大的生产经营活动以及采取其他保护措施；⑤启用本级人民政府设置的财政预备费和储备的应急救援物资，必要时调用其他急需物资、设备、设施、工具；⑥组织公民参加应急救援和处置工作，要求具有特定专长的人员提供服务；⑦保障食品、饮用水、燃料等基本生活必需品的供应；⑧依法从严惩处囤积居奇、哄抬物价、制假售假等扰乱市场秩序的行为，稳定市场价格，维护市场秩序；⑨依法从严惩处哄抢财物、干扰破坏应急处置工作等扰乱社会秩序的行为，维护社会治安；⑩采取防止发生次生、衍生事件的必要措施。

（2）社会安全事件应急处置措施

《突发事件应对法》第50条规定，社会安全事件发生后，组织处置工作的人民政府应当立即组织有关部门并由公安机关针对事件的性质和特点，依照有关法律、行政法规和国家其他有关规定，采取下列一项或者多项应急处置措施：①强制隔离使用器械相互对抗或者以暴力行为参与冲突的当事人，妥善解决现场纠纷和争端，控制事态发展；②对特定区域内的建筑物、交通工具、设备、设施以及燃料、燃气、电力、水的供应进行控制；③封锁有关场所、道路，查验现场人员的身份证件，限制有关公共场所内的活动；④加强对易受冲击的核心机关和单位的警卫，在国家机关、军事机关、国家通讯社、广播电台、电视台、外国驻华使领馆等单位附近设置临时警戒线；⑤法律、行政法规和国务院规定的其他必要措施。严重危害社会治安秩序的事件发生时，公安机关应当立即依法出动警力，根据现场情况依法采取相应的强制性措施，尽快使社会秩序恢复正常。

（3）突发事件严重影响国民经济正常运行时的应急处置措施

《突发事件应对法》第51条规定，发生突发事件，严重影响国民经济正常运行时，国务院或者国务院授权的有关主管部门可以采取保障、控制等必要的应急措施，保障人民群众的基本生活需要，最大限度地减轻突发事件的影响。

（4）受突发事件影响或辐射的单位的应急处置措施

《突发事件应对法》第56条规定，受到自然灾害危害或者发生事故灾难、公共卫生事件的单位，应当立即组织本单位应急救援队伍和工作人员营救受害人员，疏散、撤离、安置受到威胁的人员，控制危险源，标明危险区域，封锁危险场所，并采取其他防止危害扩大的必要措施，同时向所在地县级人民政府报告；对因本单位的问题引发的或者主体是本单位人员的社会安全事件，有关单位应当按照规定上报情况，并迅速派出负责人赶赴现场开展劝解、疏导工作。突发事件发生地的其他单位应当服从人民政府发布的决定、命令，配合人民政府采取的应急处置措施，做好本单位的应急救援工作，并积极组织人员参加所在地的应急救援和处置工作。

2. 应急处置与救援的相关义务

（1）征用财产权、请求支援权及相应义务

《突发事件应对法》第 52 条规定，履行统一领导职责或者组织处置突发事件的人民政府，必要时可以向单位和个人征用应急救援所需设备、设施、场地、交通工具和其他物资，请求其他地方人民政府提供人力、物力、财力或者技术支援，要求生产、供应生活必需品和应急救援物资的企业组织生产、保证供给，要求提供医疗、交通等公共服务的组织提供相应的服务。履行统一领导职责或者组织处置突发事件的人民政府，应当组织协调运输经营单位，优先运送处置突发事件所需物资、设备、工具、应急救援人员和受到突发事件危害的人员。

（2）发布相关信息的义务

《突发事件应对法》第 53 条规定，履行统一领导职责或者组织处置突发事件的人民政府，应当按照有关规定统一、准确、及时发布有关突发事件事态发展和应急处置工作的信息。

（3）相关组织和公民的义务

《突发事件应对法》第 55 条规定，突发事件发生地的居民委员会、村民委员会和其他组织应当按照当地人民政府的决定、命令，进行宣传动员，组织群众开展自救和互救，协助维护社会秩序。

《突发事件应对法》第 57 条规定，突发事件发生地的公民应当服从人民政府、居民委员会、村民委员会或者所属单位的指挥和安排，配合人民政府采取的应急处置措施，积极参加应急救援工作，协助维护社会秩序。

（4）禁止编造、传播虚假信息

《突发事件应对法》第 54 条规定，任何单位和个人不得编造、传播有关突发事件事态发展或者应急处置工作的虚假信息。

八、旅行社法律制度

（一）旅行社的设立、变更与经营范围

1. 旅行社的设立

（1）设立条件

《中华人民共和国旅游法》（以下简称《旅游法》）第 28 条规定，设立旅行社，招徕、组织、接待旅游者，为其提供旅游服务，应当具备下列条件，取得旅游主管部门的许可，依法办理工商登记：①有固定的经营场所；②有必要的

营业设施；③有符合规定的注册资本；④有必要的经营管理人员和导游；⑤法律、行政法规规定的其他条件。

（2）设立程序

根据《旅行社条例》的规定，申请设立旅行社的程序为：①向旅游行政管理部门提出申请；②向受理申请的旅游行政管理部门提交相关申请文件；③受理申请的旅游行政管理部门审查申请并作出许可与否的决定。

《旅行社条例》第 6 条规定，申请经营国内旅游业务和入境旅游业务的，应当取得企业法人资格，并且注册资本不少于 30 万元。第 7 条规定，申请经营国内旅游业务和入境旅游业务的，应当向所在地省、自治区、直辖市旅游行政管理部门或者其委托的设区的市级旅游行政管理部门提出申请，并提交符合本条例第 6 条规定的相关证明文件。受理申请的旅游行政管理部门应当自受理申请之日起 20 个工作日内作出许可或者不予许可的决定。予以许可的，向申请人颁发旅行社业务经营许可证；不予许可的，书面通知申请人并说明理由。第 8 条规定，旅行社取得经营许可满两年，且未因侵害旅游者合法权益受到行政机关罚款以上处罚的，可以申请经营出境旅游业务。第 9 条规定，申请经营出境旅游业务的，应当向国务院旅游行政主管部门或者其委托的省、自治区、直辖市旅游行政管理部门提出申请，受理申请的旅游行政管理部门应当自受理申请之日起 20 个工作日内作出许可或者不予许可的决定。予以许可的，向申请人换发旅行社业务经营许可证；不予许可的，书面通知申请人并说明理由。

2. 旅行社分社的设立

《旅行社条例》第 10 条规定，旅行社设立分社的，应当向分社所在地的市场监督管理部门办理设立登记，并自设立登记之日起 3 个工作日内向分社所在地的旅游行政管理部门备案。旅行社分社的设立不受地域限制。分社的经营范围不得超出设立分社的旅行社的经营范围。

3. 旅行社服务网点的设立

《旅行社条例》第 11 条规定，旅行社设立专门招徕旅游者、提供旅游咨询的服务网点（以下简称旅行社服务网点）应当依法向市场监督管理部门办理设立登记手续，并向所在地的旅游行政管理部门备案。旅行社服务网点应当接受旅行社的统一管理，不得从事招徕、咨询以外的活动。

4. 旅行社的变更

《旅行社条例》第 12 条规定，旅行社变更名称、经营场所、出资人、法定代表人等登记事项或者终止经营的，应当到市场监督管理部门办理相应的变更登记或者注销登记，并在登记办理完成之日起 10 个工作日内，持已变更的企业法人营业执照或者注销文件向原许可的旅游主管部门备案，换领或者交回旅行社业务经营许可证。

5. 经营范围

《旅游法》第 29 条规定，旅行社可以经营下列业务：①境内旅游；②出境旅游；③边境旅游；④入境旅游；⑤其他旅游业务。

（二）旅行社的经营原则、规范与权利义务

1. 经营原则

《旅行社条例》第 4 条规定，旅行社在经营活动中应当遵循自愿、平等、公平、诚信的原则，提高服务质量，维护旅游者的合法权益。

2. 权利

（1）自主签订旅游合同

（2）收取合理旅游费用

（3）要求旅游者正确履行合同

①要求旅游者如实提供旅游所必需的个人信息，按时提交相关证明文件；②要求旅游者遵守旅游合同约定的旅游行程安排，妥善保管随身物品；③出现突发公共事件或者其他危急情形，以及旅行社因违反旅游合同约定采取补救措施时，要求旅游者配合处理防止扩大损失，以将损失降到最低限度；④拒绝旅游者提出的超出旅游合同约定的不合理要求；⑤制止旅游者违背旅游目的地的法律、风俗习惯的言行；⑥对于损害其合法权益的旅游者，有权要求赔偿其合理损失。

3. 经营规范与义务

（1）依法从事旅游经营活动

按照核定的业务范围开展经营活动。《旅游法》第 95 条规定，未经许可经营旅行社业务的，由旅游主管部门或者市场监督管理部门责令改正，没收违法所得，并处 1 万元以上 10 万元以下罚款；违法所得 10 万元以上的，并处违法所得 1 倍以上 5 倍以下罚款；对有关责任人员，处 2000 元以上 2 万元以下罚款。旅行社未经许可经营出境旅游、边境旅游业务的，除依照前款规定处罚外，并责令停业整顿；情节严重的，吊销旅行社业务经营许可证；对直接负责的主管人员，处 2000 元以上 2 万元以下罚款。

安排的旅游活动不得违法或违反社会公德。《旅游法》第 33 条规定，旅行社及其从业人员组织、接待旅游者，不得安排参观或者参与违反我国法律、法规和社会公德的项目或者活动。《旅行社条例》第 26 条规定，旅行社为旅游者安排或者介绍的旅游活动不得含有违反有关法律、法规规定的内容。《旅游法》第 101 条规定，旅行社安排旅游者参观或者参与违反我国法律、法规和社会公德的项目或者活动的，由旅游主管部门责令改正，没收违法所得，责令停业整顿，并处2万元以上20万元以下罚款；情节严重的，吊销旅行社业务经营许可证；对直接负责的主管人员和其他直接责任人员，处2000元以上2万元以下罚款，并暂扣或者吊销导游证。

选择合格的供应商。《旅游法》第34条规定，旅行社组织旅游活动应当向合格的供应商订购产品和服务。第97条规定，旅行社向不合格的供应商订购产品和服务的，由旅游主管部门或者有关部门责令改正，没收违法所得，并处5000元以上5万元以下的罚款；违法所得5万元以上的，并处违法所得1倍以上5倍以下罚款；情节严重的，责令停业整顿或者吊销旅行社业务经营许可证；对直接负责的主管人员和其他直接责任人员，处2000元以上2万元以下罚款。

依法委托旅游业务。①选择具有相应资质的旅行社。《旅行社条例》第36条规定，旅行社需要对旅游业务作出委托的，应当委托给具有相应资质的旅行社，征得旅游者的同意，并与接受委托的旅行社就接待旅游者的事宜签订委托合同，确定接待旅游者的各项服务安排及其标准，约定双方的权利、义务。第55条规定，旅行社将旅游业务委托给不具有相应资质的旅行社，由旅游主管部门责令改正，处2万元以上10万元以下罚款；情节严重的，责令停业整顿1个月至3个月。②支付合理的费用。第37条规定，旅行社将旅游业务委托给其他旅行社的，应当向接受委托的旅行社支付不低于接待和服务成本的费用；接受委托的旅行社不得接待不支付或者不足额支付接待和服务费用的旅游团队。接受委托的旅行社违约，造成旅游者合法权益受到损害的，作出委托的旅行社应当承担相应的赔偿责任。作出委托的旅行社赔偿后，可以向接受委托的旅行社追偿。接受委托的旅行社故意或者重大过失造成旅游者合法权益损害的，应当承担连带责任。第62条规定，违反费用支付规定的，由旅游行政管理部门责令改正，停业整顿1个月至3个月；情节严重的，吊销旅行社业务经营许可证。

（2）依法提供诚信服务

发布真实、准确的信息。《旅游法》第32条规定，旅行社为招徕、组织旅游者发布信息，必须真实、准确，不得进行虚假宣传，误导旅游者。第48条第2款规定，发布旅游经营信息的网站，应当保证其信息真实、准确。第97条规定，旅行社进行虚假宣传，误导旅游者的，由旅游主管部门或者有关部门责令改正，没收违法所得，并处5000元以上5万元以下罚款；违法所得5万元以上的，并处违法所得1倍以上5倍以下罚款；情节严重的，责令停业整顿或者吊销旅行社业务经营许可证；对直接负责的主管人员和其他直接责任人员，处2000元以上2万元以下罚款。

合理报价。《旅游法》第 35 条规定，旅行社不得以不合理的低价组织旅游活动，诱骗旅游者，并通过安排购物或者另行付费旅游项目获取回扣等不正当利益。旅行社组织、接待旅游者，不得指定具体购物场所，不得安排另行付费旅游项目。但是，经双方协商一致或者旅游者要求，且不影响其他旅游者行程安排的除外。旅行社若违反上述规定，旅游者有权在旅游行程结束后 30 日内，要求旅行社为其办理退货并先行垫付退货货款，或者退还另行付费旅游项目的费用。第 98 条规定，旅行社违反本法第 35 条规定的，由旅游主管部门责令改正，没收违法所得，责令停业整顿，并处 3 万元以上 30 万元以下罚款；违法所得 30 万元以上的，并处违法所得 1 倍以上 5 倍以下罚款；情节严重的，吊销旅行社业务经营许可证；对直接负责的主管人员和其他直接责任人员，没收违法所得，处 2000 元以上 2 万元以下罚款，并暂扣或者吊销导游证。

安排领队或者导游全程陪同。《旅游法》第 36 条规定，旅行社组织团队出境旅游或者组织、接待团队入境旅游，应当按照规定安排领队或者导游全程陪同。第 96 条规定，旅行社违反规定的，由旅游主管部门责令改正，没收违法所得，并处 5000 元以上 5 万元以下罚款；情节严重的，责令停业整顿或者吊销旅行社业务经营许可证；对直接负责的主管人员和其他直接责任人员，处 2000 元以上 2 万元以下罚款。

（3）依法履行警示、告知及协助义务

警示、告知义务。《旅行社条例》第 39 条规定，旅行社对可能危及旅游者人身、财产安全的事项，应当向旅游者作出真实的说明和明确的警示，并采取防止危害发生的必要措施。发生危及旅游者人身安全的情形时，旅行社及其委派的导游人员、领队人员应当采取必要的处置措施并及时报告旅游行政主管部门；在境外发生的，还应当及时报告中华人民共和国驻该国使领馆、相关驻外机构、当地警方。

报告及协助义务。《旅游法》第 55 条规定，旅游经营者组织、接待出入境旅游，发现旅游者从事违法活动；出境旅游者在境外非法滞留，随团出境的旅游者擅自分团、脱团；入境旅游者在境内非法滞留，随团入境的旅游者擅自分团、脱团；应当及时向公安机关、旅游主管部门或者我国驻外机构报告。第 99 条规定，旅行社未履行报告义务的，由旅游主管部门处 5000 元以上 5 万元以下罚款；情节严重的，责令停业整顿或者吊销旅行社业务经营许可证；对直接负责的主管人员和其他直接责任人员，处 2000 元以上 2 万元以下罚款，并暂扣或者吊销导游证。

提示义务。《旅游法》第 61 条规定，旅行社应当提示参加团队旅游的旅游者按照规定投保人身意外伤害保险。

(4)规范内部管理

维护导游、领队的合法权益。《旅游法》第 38 条规定，旅行社应当与其聘用的导游依法订立劳动合同，支付劳动报酬，缴纳社会保险费用。旅行社临时聘用导游为旅游者提供服务的，应当全额向导游支付导游服务费用。旅行社安排导游为团队旅游提供服务的，不得要求导游垫付或者向导游收取任何费用。第 96 条规定，旅行社未向临时聘用的导游支付导游服务费用或要求导游垫付或者向导游收取费用的，由旅游主管部门责令改正，没收违法所得，并处 5000 元以上 5 万元以下罚款；情节严重的，责令停业整顿或者吊销旅行社业务经营许可证；对直接负责的主管人员和其他直接责任人员，处 2000 元以上 2 万元以下罚款。

妥善保存旅游者信息。《旅行社条例实施细则》第 50 条规定，旅行社应当妥善保存招徕、组织、接待旅游者的各类合同及相关文件、资料，以备县级以上旅游行政管理部门核查。保存期应当不少于 2 年。旅行社不得向其他经营者或者个人，泄露旅游者因签订旅游合同提供的个人信息；超过保存期限的旅游者个人信息资料，应当妥善销毁。第 65 条规定，未妥善保存各类旅游合同及相关文件、资料，保存期不够 2 年，或者泄露旅游者个人信息的，由县级以上旅游行政管理部门责令改正，没收违法所得，处违法所得 3 倍以下但最高不超过 3 万元的罚款；没有违法所得的，处 1 万元以下的罚款。

(三)旅游服务质量保证金与旅行社责任保险

1. 旅游服务质量保证金制度

(1)存取

《旅行社条例》第 13 条规定，旅行社应当自取得旅行社业务经营许可证之日起 3 个工作日内，在国务院旅游行政主管部门指定的银行开设专门的质量保证金账户，存入质量保证金，或者向作出许可的旅游行政管理部门提交依法取得的担保额度不低于相应质量保证金数额的银行担保。经营国内旅游业务和入境旅游业务的旅行社，应当存入保证金 20 万元；经营出境旅游业务的旅行社，应当增存保证金 120 万元。质量保证金的利息属于旅行社所有。第 14 条规定，旅行社每设立一个经营国内旅游业务和入境旅游业务的分社，应当向其保证金账户增存 5 万元；每设立一个经营出境旅游业务的分社，应当向其保证金账户增存 30 万元。

(2)使用

《旅行社条例》第 15 条规定，有下列情形之一的，旅游行政管理部门可以使用旅行社的质量保证金：①旅行社违反旅游合同约定，侵害旅游者合法权益，经旅游行政管理部门查证属实的；②旅行社因解散、破产或者其他原因造成旅游者预交旅游费用损失的。第 16 条规定，人民法院判决、裁定及其他生效法律文书认定旅行社损害旅游者合法权益，旅行社拒绝或者无力赔偿的，人民法院可以从旅行社的质量保证金账户上划拨赔偿款。《旅游法》第 31 条规定，旅行社应当按照规定交纳旅游服务质量保证金，用于旅游者权益损害赔偿和垫付旅游者人身安全遇有危险时紧急救助的费用。

2. 旅行社责任保险制度

《旅游法》第 56 条规定，国家根据旅游活动的风险程度，对旅行社、住宿、旅游交通以及本法第47条规定的高风险旅游项目等经营者实施责任保险制度。《旅行社责任保险管理办法》（以下简称《办法》）第 2 条规定，在中华人民共和国境内依法设立的旅行社，应当投保旅行社责任保险。旅行社责任保险的保险期间为 1 年。

（1）保险责任

《办法》第 4 条规定，旅行社责任保险的保险责任，应当包括旅行社在组织旅游活动中依法对旅游者的人身伤亡、财产损失承担的赔偿责任和依法对受旅行社委派并为旅游者提供服务的导游或者领队人员的人身伤亡承担的赔偿责任。具体包括下列情形：①因旅行社疏忽或过失应当承担赔偿责任的；②因发生意外事故旅行社应当承担赔偿责任的；③国务院旅游行政主管部门会同中国保险监督管理委员会规定的其他情形。

（2）赔偿流程

《办法》第 18 条规定，旅行社在组织旅游活动中发生上述情形的，保险公司依法根据保险合同约定，在旅行社责任保险责任限额内予以赔偿。责任限额可以根据旅行社业务经营范围、经营规模、风险管控能力、当地经济社会发展水平和旅行社自身需要，由旅行社与保险公司协商确定，但每人人身伤亡责任限额不得低于 20 万元人民币。

《办法》第 20 条第 3 款规定，旅行社对旅游者、导游或者领队人员应负的赔偿责任确定的，根据旅行社的请求，保险公司应当直接向受害的旅游者、导游或者领队人员赔偿保险金。旅行社怠于请求的，受害的旅游者、导游或者领队人员有权就其应获赔偿部分直接向保险公司请求赔偿保险金。第 21 条规定，保险公司收到赔偿保险金的请求和相关证明、资料后，应当及时作出核定；情形复杂的，应当在 30 日内作出核定，但合同另有约定的除外。保险公司应当将核定结果通知旅行社以及受害的旅游者、导游、领队人员；对属于保险责任的，在与旅行社达成赔偿保险金的协议后10日内，履行赔偿保险金义务。

《办法》第23条规定，因第三者损害而造成保险事故的，保险公司自直接赔偿保险金或者先行支付抢救费用之日起，在赔偿、支付金额范围内代位行使对第三者请求赔偿的权利。旅行社以及受害的旅游者、导游或者领队人员应当向保险公司提供必要的文件和所知道的有关情况。

（四）旅游市场信用管理

1. 失信主体认定

文化和旅游市场失信主体分为严重失信主体和轻微失信主体。

（1）严重失信主体

认定情形：①因欺骗、故意隐匿、伪造、变造材料等不正当手段取得许可证、批准文件的，或者伪造、变造许可证、批准文件的；②发生重大安全事故，属于旅游市场主体主要责任的；③因侵害旅游者合法权益，造成游客滞留或者严重社会不良影响的；④受到文化和旅游主管部门吊销旅行社业务经营许可证、导游证行政处罚的；⑤未经许可从事旅游市场经营活动，特别是造成重大事故或者恶劣社会影响的；⑥其他应当认定为严重失信主体的情形。

认定程序：文化和旅游主管部门将旅游市场主体和从业人员认定为严重失信主体，应当遵守告知、陈述与申辩、认定、决定与送达程序。

（2）轻微失信主体

认定情形：①存在"捂票炒票"、虚假宣传、未履行相关义务、违反公序良俗等行为，造成不良社会影响的；②因故意或者重大过失严重损害旅游者合法权益，但尚不符合严重失信主体认定情形的；③在旅游经营活动中存在安全隐患，未在指定期限内整改完毕的；④拒不配合投诉处置、执法检查，拒不履行行政处罚决定，造成不良社会影响的；⑤12个月内受到文化和旅游主管部门两次较大数额罚款行政处罚，造成不良社会影响的；⑥其他应当认定为轻微失信主体的情形。12个月内第3次认定为轻微失信主体的，应当认定为严重失信主体。

认定程序：符合轻微失信主体认定标准的，由县级以上地方人民政府文化和旅游主管部门依法作出决定。认定部门应当向行政相对人出具《轻微失信主体认定决定书》并送达。

符合轻微失信主体认定标准的，在作出决定前，经文化和旅游主管部门约谈督促，改正违法行为、履行赔偿补偿义务、挽回社会不良影响的，可以不认定为轻微失信主体。

2. 信用管理措施

（1）守信良好主体

文化和旅游主管部门对守信情况良好的旅游市场主体和从业人员，可以采取加强宣传、公开鼓励、提供便利服务等激励措施。

（2）严重失信主体

文化和旅游主管部门对旅游市场严重失信主体实施期限为 3 年的信用管理措施：①适当提高抽查比例和频次，纳入重点监管对象；②将失信信息提供给有关部门查询，供其在相关行政管理、公共服务、评优评先等活动中参考使用；③将失信信息提供给各类市场主体查询，供其在市场活动中参考使用；④旅行社因被吊销旅行社业务经营许可证而被认定为严重失信主体的，其主要负责人 5 年内不得担任任何旅行社的主要负责人；⑤导游、领队因被吊销导游证而被认定为严重失信主体的，旅行社有关管理人员因旅行社被吊销旅行社业务经营许可证而被认定为严重失信主体的，自处罚之日起 3 年内不得重新申请导游证或者从事旅行社业务；⑥旅行社因侵犯旅游者合法权益受到罚款以上行政处罚而被认定为严重失信主体的，自处罚之日起 2 年内不得申请出境旅游业务；⑦法律、行政法规和党中央、国务院政策文件规定的其他管理措施。

（3）轻微失信主体

文化和旅游主管部门对轻微失信主体实施期限为 1 年的信用管理措施：①依据法律、行政法规和党中央、国务院政策文件，在审查行政许可、资质资格等时作为参考因素；②加大日常监管力度，提高随机抽查的比例和频次；③将失信信息提供给有关部门查询，供其在相关行政管理、公共服务等活动中参考使用；④在行政奖励、授予称号等方面予以重点审查；⑤法律、行政法规和党中央、国务院政策文件规定的其他管理措施。

九、导游领队法律制度

（一）导游执业许可制度

1. 从事导游服务、领队服务的条件

《导游人员管理条例》第 4 条规定，在中华人民共和国境内从事导游活动，必须取得导游证。《旅游法》第 39 条规定，从事领队业务，应当取得导游证，具有相应的学历、语言能力和旅游从业经历，并与委派其从事领队业务的取得出境旅游业务经营许可的旅行社订立劳动合同。

2. 导游证管理制度

(1)申请

《导游管理办法》第7条规定，取得导游人员资格证，并与旅行社订立劳动合同或者在旅游行业组织注册的人员，可以通过全国旅游监管服务信息系统向所在地旅游主管部门申请取得导游证。第8条规定，在旅游行业组织注册并申请取得导游证的人员，应当向所在地旅游行业组织提交下列材料：①身份证；②导游人员资格证；③本人近期照片；④注册申请。

(2)核发

《导游管理办法》第11条规定，所在地旅游主管部门对申请人提出的取得导游证的申请，应当依法出具受理或者不予受理的书面凭证。需补正相关材料的，应当自收到申请材料之日起5个工作日内一次性告知申请人需要补正的全部内容；逾期不告知的，收到材料之日起即为受理。所在地旅游主管部门应当自受理申请之日起10个工作日内，作出准予核发或者不予核发导游证的决定。不予核发的，应当书面告知申请人理由。

《导游管理办法》第12条规定，具有下列情形的，不予核发导游证：①无民事行为能力或者限制民事行为能力的；②患有甲类、乙类以及其他可能危害旅游者人身健康安全的传染性疾病的；③受过刑事处罚的，过失犯罪的除外；④被吊销导游证之日起未逾3年的。

(3)换发

《导游管理办法》第13条规定，导游证的有效期为3年。导游需要在导游证有效期届满后继续执业的，应当在有效期限届满前3个月内，通过全国旅游监管服务信息系统向所在地旅游主管部门提出申请，并提交规定的材料。旅行社或者旅游行业组织应当自导游提交申请之日起3个工作日内确认信息。所在地旅游主管部门应当自旅行社或者旅游行业组织核实信息之日起5个工作日内予以审核，并对符合条件的导游变更导游证信息。

(4)变更

《导游管理办法》第15条规定，导游应当自下列情形发生之日起10个工作日内，通过全国旅游监管服务信息系统提交相应材料，申请变更导游证信息：①姓名、身份证号、导游等级和语种等信息发生变化的；②与旅行社订立的劳动合同解除、终止或者在旅游行业组织取消注册后，在3个月内与其他旅行社订立劳动合同或者在其他旅游行业组织注册的；③经常执业地区发生变化的；④其他导游身份信息发生变化的。旅行社或者旅游行业组织应当自收到申请之日起3个工作日内对信息变更情况进行核实。所在地旅游主管部门应当自旅行社或者旅游行业组织核实信息之日起5个工作日内予以审核确认。

（5）撤销

《导游管理办法》第16条规定，有下列情形之一的，所在地旅游主管部门应当撤销导游证：①对不具备申请资格或者不符合法定条件的申请人核发导游证的；②申请人以欺骗、贿赂等不正当手段取得导游证的；③依法可以撤销导游证的其他情形。

（6）注销

《导游管理办法》第17条规定，有下列情形之一的，所在地旅游主管部门应当注销导游证：①导游死亡的；②导游证有效期届满未申请换发导游证的；③导游证依法被撤销、吊销的；④导游与旅行社订立的劳动合同解除、终止或者在旅游行业组织取消注册后，超过3个月未与其他旅行社订立劳动合同或者未在其他旅游行业组织注册的；⑤取得导游证后出现本办法第12条第①项至第③项情形的；⑥依法应当注销导游证的其他情形。导游证被注销后，导游符合法定执业条件需要继续执业的，应当依法重新申请取得导游证。

（二）导游执业管理制度

1. 导游的职责

《导游管理办法》第22条规定，导游在执业过程中应当履行下列职责：①自觉维护国家利益和民族尊严；②遵守职业道德，维护职业形象，文明诚信服务；③按照旅游合同提供导游服务，讲解自然和人文资源知识、风俗习惯、宗教禁忌、法律法规和有关注意事项；④尊重旅游者的人格尊严、宗教信仰、民族风俗和生活习惯；⑤向旅游者告知和解释文明行为规范、不文明行为可能产生的后果，引导旅游者健康、文明旅游，劝阻旅游者违反法律法规、社会公德、文明礼仪规范的行为；⑥对可能危及旅游者人身、财产安全的事项，向旅游者作出真实的说明和明确的警示，并采取防止危害发生的必要措施。

2. 导游执业禁止性行为

《导游管理办法》第23条规定，导游在执业过程中不得有下列行为：①安排旅游者参观或者参与涉及色情、赌博、毒品等违反我国法律法规和社会公德的项目或者活动；②擅自变更旅游行程或者拒绝履行旅游合同；③擅自安排购物活动或者另行付费旅游项目；④以隐瞒事实、提供虚假情况等方式，诱骗旅游者违背自己的真实意愿，参加购物活动或者另行付费旅游项目；⑤以殴打、弃置、限制活动自由、恐吓、侮辱、咒骂等方式，强迫或者变相强迫旅游者参加购物活动、另行付费等消费项目；⑥获取购物场所、另行付费旅游项目等相关经营者以回扣、佣金、人头费或者奖励费等名义给予的不正当利益；⑦推荐或者安排不合格的经营场所；⑧向旅游者兜售物品；⑨向旅游者索取小费；⑩未经旅行社同意委托他人代为提供导游服务；⑪法律法规规定的其他行为。

3. 纳入“旅游不文明行为记录”的有关规定

《国家旅游局关于旅游不文明行为记录管理暂行办法》第 3 条规定，纳入“旅游不文明行为记录”的旅游从业人员行为主要包括：①价格欺诈、强迫交易、欺骗诱导游客消费；②侮辱、殴打、胁迫游客；③不尊重旅游目的地或游客的宗教信仰、民族习惯、风俗禁忌；④传播低级趣味、宣传迷信思想；⑤国务院旅游主管部门认定的其他旅游不文明行为。

（三）导游的权利与义务

1. 权利

（1）人身权

《导游管理办法》第 26 条规定，导游在执业过程中，其人格尊严受到尊重，人身安全不受侵犯，合法权益受到保障。导游有权拒绝旅行社和旅游者的下列要求：①侮辱其人格尊严的要求；②违反其职业道德的要求；③不符合我国民族风俗习惯的要求；④可能危害其人身安全的要求；⑤其他违反法律、法规和规章规定的要求。

（2）劳动报酬权

《旅游法》第 38 条规定，旅行社应当与其聘用的导游依法订立劳动合同，支付劳动报酬，缴纳社会保险费用。旅行社临时聘用导游为旅游者提供服务的，应当全额向导游支付相关导游服务费用。

（3）履行职务权

《旅行社条例实施细则》第 49 条规定，旅行社及其委派的导游人员、领队人员在经营、服务中享有下列权利：①要求旅游者如实提供旅游所必需的个人信息，按时提交相关证明文件；②要求旅游者遵守旅游合同约定的旅游行程安排，妥善保管随身物品；③出现突发公共事件或者其他危急情形，以及旅行社因违反旅游合同约定采取补救措施时，要求旅游者配合处理防止扩大损失，以将损失降低到最低程度；④拒绝旅游者提出的超出旅游合同约定的不合理要求；⑤制止旅游者违背旅游目的地的法律、风俗习惯的言行。

（4）调整或变更接待计划权

《导游人员管理条例》第 13 条规定，导游人员应当严格按照旅行社确定的接待计划，安排旅游者的旅行、游览活动，不得擅自增加、减少旅游项目或者中止导游活动。导游人员在引导旅游者旅行、游览过程中，遇有可能危及旅游者人身安全的紧急情形时，经征得多数旅游者的同意，可以调整或者变更接待计划，但是应当立即报告旅行社。

（5）投诉举报和起诉权

《导游管理办法》第 27 条规定，旅行社有下列行为的，导游有权向劳动行政部门投诉举报、申请仲裁或者向人民法院提起诉讼：①不依法与聘用的导游订立劳动合同的；②不依法向聘用的导游支付劳动报酬、导游服务费用或者缴纳社会保险费用的；③要求导游缴纳自身社会保险费用的；④支付导游的报酬低于当地最低工资标准的。旅行社要求导游接待以不合理低价组织的旅游团队或者承担接待旅游团队的相关费用的，导游有权向旅游主管部门投诉举报。

2. 义务

（1）提供导游服务应当接受委派

《旅游法》第 40 条规定，导游和领队为旅游者提供服务必须接受旅行社委派，不得私自承揽导游和领队业务。第 102 条第 2 款规定，导游、领队违反规定，私自承揽业务的，由旅游主管部门责令改正，没收违法所得，处 1000 元以上 1 万元以下罚款，并暂扣或者吊销导游证。

（2）携带、佩戴有效执业证件

《旅游法》第 41 条第 1 款规定，导游和领队从事业务活动，应当佩戴导游证。《导游管理办法》第 20 条规定，导游在执业过程中应当携带电子导游证、佩戴导游身份标识，并开启导游执业相关应用软件。《导游人员管理条例》第 21 条规定，导游人员进行导游活动时未佩戴导游证的，由旅游行政部门责令改正；拒不改正的，处 500 元以下的罚款。

（3）不安排违反法律和社会公德的旅游活动

《导游管理办法》第 23 条第 1 项规定，导游在执业过程中，不得安排旅游者参观或者参与涉及色情、赌博、毒品等违反我国法律法规和社会公德的项目或者活动。

（4）严格执行旅游行程安排

《导游管理办法》第 23 条第 2 项规定，导游应当严格执行旅游行程安排，不得擅自变更旅游行程或者中止服务活动。《旅游法》第 100 条规定，在旅游行程中擅自变更旅游行程安排，严重损害旅游者权益的，由旅游主管部门对直接负责的主管人员和其他直接责任人员，处 2000 元以上 2 万元以下罚款，并暂扣或者吊销导游证。《导游人员管理条例》第 22 条规定，导游有擅自增加或者减少旅游项目的、擅自变更接待计划的、擅自中止导游活动情形之一的，由旅游行政部门责令改正，暂扣导游证 3~6 个月；情节严重的，由省、自治区、直辖市人民政府旅游行政部门吊销导游证并予以公告。

（5）不兜售物品及索要小费

《导游管理办法》第 23 条第 8、第 9 项规定，导游不得向旅游者兜售物品，不得向旅游者索要小费。《旅游法》第 102 条规定，导游向旅游者索要小费的，由旅游主管部门责令退还，处 1000 以上 1 万元以下罚款，情节严重的，并暂扣或者吊销导游证。《导游人员管理条例》第 23 条规定，导游向旅游者兜售物品或购买旅游者的物品，或者以明示或者暗示的方式向旅游者索要小费的，由旅游主管部门责令改正，处 1000 元以上 3 万元以下罚款；有违法所得的，并处没收违法所得；情节严重的，由省、自治区、直辖市人民政府旅游行政部门吊销导游证并予以公告；对委派该导游的旅行社予以警告，直至责令停业整顿。

（6）不诱导、欺骗、强迫或变相强迫消费

《导游管理办法》第 23 条第 3 至第 6 项规定，导游不得诱导、欺骗、强迫或者变相强迫旅游者购物或者参加另行付费旅游项目。《导游人员管理条例》第 24 条规定，导游进行导游活动，欺骗、胁迫旅游者消费或者与经营者串通欺骗、胁迫旅游者消费的，由旅游行政部门责令改正，处 1000 元以上 3 万元以下的罚款；有违法所得的，并处没收违法所得；情节严重的，由省、自治区、直辖市人民政府旅游主管部门吊销导游证并予以公告；对委派该导游的旅行社予以警告，直至责令停业整顿；构成犯罪的，依法追究其刑事责任。

（7）法律法规规定的其他义务

导游除了要遵守以上义务，还应遵守按期报告信息变更情况、申请变更导游证信息、申请更换导游身份标识、依规参加培训、提供真实材料及信息等法律法规规定的其他义务。

（四）导游执业保障与激励制度

1. 执业合同保障

《导游管理办法》第 28 条规定，旅行社应当与通过其取得导游证的导游订立不少于 1 个月期限的劳动合同，并支付基本工资、带团补贴等劳动报酬，缴纳社会保险费用。旅行社临时聘用在旅游行业组织注册的导游为旅游者提供服务的，应当依照旅游和劳动相关法律、法规的规定足额支付导游服务费用；旅行社临时聘用的导游与其他单位不具有劳动关系或者人事关系的，旅行社应当与其订立劳动合同。

2. 执业安全保障

《导游管理办法》第 26 条第 2 款规定，旅行社等用人单位应当维护导游执业安全、提供必要的职业安全卫生条件，并为女性导游提供执业便利、实行特殊劳动保护。第 29 条规定，旅行社应当提供设置“导游专座”的旅游客运车辆，安排的旅游者与导游总人数不得超过旅游客运车辆核定乘员数。导游应当在旅游车辆“导游专座”就坐，避免在高速公路或者危险路段站立讲解。

3. 教育培训保障

《导游管理办法》第 31 条规定，各级旅游主管部门应当积极组织开展导游培训，培训内容应当包括政策法规、安全生产、突发事件应对和文明服务等，培训方式可以包括培训班、专题讲座和网络在线培训等，每年累计培训时间不得少于 24 小时。培训不得向参加人员收取费用。

4. 星级评价激励

《导游管理办法》第 30 条规定，导游服务星级评价是对导游服务水平的综合评价，星级评价指标由技能水平、学习培训经历、从业年限、奖惩情况、执业经历和社会评价等构成。导游服务星级根据星级评价指标通过全国旅游监管服务信息系统自动生成，并根据导游执业情况每年度更新一次。

十、旅游者法律制度

（一）消费者权益及其保护

1. 消费者的权利

《消费者权益保护法》第 7 至 15 条规定了消费者的 9 项权利，包括安全保障权、知情权、自主选择权、公平交易权、获得赔偿权、结社权、获得有关知识权、受尊重权和监督批评权。

2. 经营者的义务

《消费者权益保护法》第 16 至 29 条规定了经营者的 14 项义务，包括履行法定或约定的义务、听取意见和接受消费者监督的义务、安全保障义务、提供真实信息的义务、标明真实名称和标记的义务、出具购物凭证或服务单据的义务、保证商品或服务质量的义务、承担售后服务的义务、不得以格式合同等方式限制消费者权利的义务、尊重消费者人格权的义务、召回缺陷商品的义务、无理由退货的义务、非现场购物信息披露的义务、个人信息保护的义务。

3. 国家对消费者合法权益的保护

（1）立法保护

《消费者权益保护法》第 30 条规定，国家制定有关消费者权益的法律、法规、规章和强制性标准，应当听取消费者和消费者协会等组织的意见。

（2）行政保护

《消费者权益保护法》第 31 条规定，各级人民政府应当加强领导，组织、协调、督促有关行政部门做好保护消费者合法权益的工作，落实保护消费者合法权益的职责。各级人民政府应当加强监督，预防危害消费者人身、财产安全行为的发生，及时制止危害消费者人身、财产安全的行为。

《消费者权益保护法》第32条规定，各级人民政府市场监督管理部门和其他有关行政部门应当依照法律、法规的规定，在各自的职责范围内，采取措施，保护消费者的合法权益。有关行政部门应当听取消费者和消费者协会等组织对经营者交易行为、商品和服务质量问题的意见，及时调查处理。

《消费者权益保护法》第33条规定，有关行政部门在各自的职责范围内，应当定期或者不定期对经营者提供的商品和服务进行抽查检验，并及时向社会公布抽查检验结果。有关行政部门发现并认定经营者提供的商品或者服务存在缺陷，有危及人身、财产安全危险的，应当立即责令经营者采取停止销售、警示、召回、无害化处理、销毁、停止生产或者服务等措施。第34条规定，有关国家机关应当依照法律、法规的规定，惩处经营者在提供商品和服务中侵害消费者合法权益的违法犯罪行为。

（3）司法保护

《消费者权益保护法》第35条规定，人民法院应当采取措施，方便消费者提起诉讼。对符合《中华人民共和国民事诉讼法》起诉条件的消费者权益争议，必须受理，及时审理。

（二）旅游者的权利与义务

1. 权利

（1）自主选择权

《旅游法》第9条规定，旅游者有权自主选择旅游产品和服务，有权拒绝旅游经营者的强制交易行为。第35条规定，旅行社以低价组织旅游活动，诱骗旅游者，并通过安排购物或者另行付费旅游项目获取回扣等不正当利益；旅行社未与旅游者协商一致或未经旅游者要求，指定购物场所、安排旅游者参加另行付费项目的，旅游者有权在旅游行程结束后30日内，要求旅行社为其办理退货并先行垫付退货货款，或者退还另行付费旅游项目的费用。

（2）知悉真情权

《旅游法》第9条规定，旅游者有权知悉其购买的旅游产品和服务的真实情况。

（3）要求履约权

《旅游法》第9条规定，旅游者有权要求旅游经营者按照约定提供产品和服务。

（4）被尊重权

《旅游法》第 10 条规定，旅游者的人格尊严、民族风俗习惯和宗教信仰应当得到尊重。旅游者有权要求旅游经营者应当依据《旅游法》第 52 条的规定，对在经营活动中知悉的旅游者个人信息予以保密。

（5）特殊群体的便利和优惠权

《旅游法》第 11 条规定，残疾人、老年人、未成年人等旅游者在旅游活动中依照法律、法规和有关规定享受便利和优惠。

（6）救助请求权

《旅游法》第 12 条规定，旅游者在人身、财产安全遇有危险时，有请求救助和保护的权利。

（7）其他权利

《旅游法》还在相关章节规定了旅游者的安全保障权、合同的任意解除权、合同的替换权、协助返程权、投诉举报权等权利，为旅游者参加旅游活动、实现旅游目的提供了保证。

2. 义务

（1）遵纪守法、文明旅游

《旅游法》第 13 条规定，旅游者在旅游活动中应当遵守公共秩序和社会公德，尊重当地风俗习惯、文化传统和宗教信仰，爱护旅游资源，保护生态环境，遵守旅游文明行为规范。

（2）不得损害他人合法权益

《旅游法》第 14 条规定，旅游者在旅游活动中或者在解决旅游纠纷时，不得损害当地居民的合法权益，不得干扰他人的旅游活动，不得损害旅游经营者和旅游从业人员的合法权益。

（3）安全配合

《旅游法》第 15 条规定，旅游者购买、接受旅游服务时，应当向旅游经营者如实告知与旅游活动相关的个人健康信息，遵守旅游活动中的安全警示规定。旅游者对国家应对重大突发事件暂时限制旅游活动的措施以及有关部门、机构或者旅游经营者采取的安全防范和应急处置措施，应当予以配合。

（4）不得非法滞留、擅自分团或脱团

《旅游法》第 16 条规定，出境旅游者不得在境外非法滞留，随团出境的旅游者不得擅自分团、脱团。入境旅游者不得在境内非法滞留，随团入境的旅游者不得擅自分团、脱团。

（三）旅游不文明行为记录管理制度

1. 纳入“旅游不文明行为记录”的主要行为

《国家旅游局关于旅游不文明行为记录管理暂行办法》（以下简称《办法》）第 2 条规定，旅游者不文明行为主要包括：①扰乱航空器、车船或者其他公共交通工具秩序；②破坏公共环境卫生、公共设施；③违反旅游目的地社会风俗、民族生活习惯；④损毁、破坏旅游目的地文物古迹；⑤参与赌博、色情、涉毒活动；⑥不顾劝阻、警示从事危及自身以及他人人身财产安全的活动；⑦破坏生态环境，违反野生动植物保护规定；⑧违反旅游场所规定，严重扰乱旅游秩序；⑨国务院旅游主管部门认定的造成严重社会不良影响的其他行为。因监护人存在重大过错导致被监护人发生旅游不文明行为，将监护人纳入“旅游不文明行为记录”。

2.“旅游不文明行为记录”管理制度

（1）记录信息

《办法》第 4 条规定，“旅游不文明行为记录”信息内容包括：①不文明行为当事人的姓名、性别、户籍省份；②不文明行为的具体表现、不文明行为所造成的影响和后果；③对不文明行为的记录期限。

（2）评审

《办法》第 8 条规定，“旅游不文明行为记录”形成前应经“旅游不文明行为记录评审委员会”评审通过。评审主要事项包括：①事件是否应当纳入“旅游不文明行为记录”；②确定记录的信息保存期限；③记录是否通报相关部门；④对已经形成的记录期限进行动态调整。

（3）动态管理

《办法》第 9 条规定，“旅游不文明行为记录”信息保存期限为 1~5 年，实行动态管理。①行为当事人违反刑法的，信息保存期限为 3~5 年；②行为当事人受到行政处罚或法院判决承担责任的，信息保存期限为 2~4 年；③行为未受到法律法规处罚，但造成严重社会影响的，信息保存期限为 1~3 年。“旅游不文明行为记录”形成后，根据被记录人采取补救措施挽回不良影响的程度、对文明旅游宣传引导的社会效果，经评审委员会审议后可缩短记录期限。

（4）申辩

《办法》第 11 条规定，“旅游不文明行为记录”形成后，旅游主管部门应当将相关信息通报或送达当事人本人，并告知其有申辩的权利；当事人在接到申辩通知后 30 个工作日内，有权利进行申辩。旅游主管部门在接到申辩后 30 个工作日内予以书面回复。申辩理由被采纳的，可依据当事人申辩的理由调整记录期限或取消记录。当事人申辩期间不影响信息公布。

（四）旅游者违反治安管理的行为及处罚制度

1. 扰乱公共秩序

《治安管理处罚法》第23条规定，扰乱公共汽车、电车、火车、船舶、航空器或者其他公共交通工具上的秩序的，处警告或者200元以下罚款；情节较重的，处5日以上10日以下拘留，可以并处500元以下罚款。

2. 妨害公共安全

《治安管理处罚法》第34条规定，盗窃、损坏、擅自移动使用中的航空设施，处10日以上15日以下拘留。在使用中的航空器上使用可能影响导航系统正常功能的器具、工具，不听劝阻的，处5日以下拘留或者500元以下罚款。

3. 侵犯他人人身权利

《治安管理处罚法》第43条规定，殴打他人的，或者故意伤害他人身体的，处5日以上10日以下拘留，并处200元以上500元以下罚款；情节较轻的，处5日以下拘留或者500元以下罚款。

4. 妨害社会管理

《治安管理处罚法》第63条规定，刻划、涂污或者以其他方式故意损坏国家保护的文物、名胜古迹的，处警告或者200元以下罚款；情节较重的，处5日以上10日以下拘留，并处200元以上500元以下罚款。

十一、旅游纠纷法律制度

（一）合同的订立、履行与违约责任

1. 订立的基本原则

合同订立的基本原则包括平等原则、自愿原则、公平原则、诚实信用原则、合法原则。

2. 合同的效力

（1）生效的一般规定

《民法典》合同编第502条规定，依法成立的合同，自成立时生效，但是法律另有规定或者当事人另有约定的除外。依照法律、行政法规的规定，合同应当办理批准等手续的，依照其规定。未办理批准等手续影响合同生效的，不影响合同中履行报批等义务条款以及相关条款的效力。应当办理申请批准等手续的当事人未履行义务的，对方可以请求其承担违反该义务的责任。依照法律、行政法规的规定，合同的变更、转让、解除等情形应当办理批准等手续的，适用前款规定。

(2)无权代理所订合同的效力

合同编第503条规定，无权代理人以被代理人的名义订立合同，被代理人已经开始履行合同义务或者接受相对人履行的，视为对合同的追认。

(3)超越权限所订合同的效力

合同编第504条规定，法人的法定代表人或者非法人组织的负责人超越权限订立的合同，除相对人知道或者应当知道其超越权限外，该代表行为有效，订立的合同对法人或者非法人组织发生效力。

(4)超越经营范围所订合同的效力

合同编第505条规定，当事人超越经营范围订立的合同的效力，应当依照本法第一编第六章第三节和本编的有关规定确定，不得仅以超越经营范围确认合同无效。

(5)免责条款的效力

合同编第506条规定，合同中的下列免责条款无效：造成对方人身损害的；因故意或者重大过失造成对方财产损失的。

(6)争议解决条款的效力

合同编第507条规定，合同不生效、无效、被撤销或者终止的，不影响合同中有关解决争议方法的条款的效力。

3. 合同的履行

(1)履行原则

合同编第509条规定，当事人应当按照约定全面履行自己的义务。当事人应当遵循诚信原则，根据合同的性质、目的和交易习惯履行通知、协助、保密等义务。当事人在履行合同过程中，应当避免浪费资源、污染环境和破坏生态。

(2)合同约定不明的处理

合同编第510条规定，合同生效后，当事人就质量、价款或者报酬、履行地点等内容没有约定或者约定不明确的，可以协议补充；不能达成补充协议的，按照合同有关条款或者交易习惯确定。第511条规定，当事人就有关合同的内容约定不明确，依照前条规定仍然不能确定的，适用下列规定：①质量要求不明确的，按照强制性国家标准履行；没有强制性国家标准的，按照推荐性国家标准履行；没有推荐性国家标准的，按照行业标准履行；②价款或者报酬不明确的，按照订立合同时履行地的市场价格履行；依法应当执行政府定价或者政府指导价的，按照规定履行；③履行地点不明确，给付货币的，在接受货币一方所在地履行；交付不动产的，在不动产所在地履行；其他标的，在履行义务一方所在地履行；④履行期限不明确的，债务人可以随时履行，债权人也可以随时请求履行，但是应当给对方必要的准备时间；⑤履行方式不明确的，按照有利于实现合同目的的方式履行；⑥履行费用的负担不明确的，由履行义务一方负担；因债权人原因增加的履行费用，由债权人负担。

（3）电子合同的履行

合同编第 512 条规定，通过互联网等信息网络订立的电子合同的标的为交付商品并采用快递物流方式交付的，收货人的签收时间为交付时间。电子合同的标的为提供服务的，生成的电子凭证或者实物凭证中载明的时间为提供服务时间；前述凭证没有载明时间或者载明时间与实际提供服务时间不一致的，以实际提供服务的时间为准。电子合同的标的物为采用在线传输方式交付的，合同标的物进入对方当事人指定的特定系统且能够检索识别的时间为交付时间。电子合同当事人对交付商品或者提供服务的方式、时间另有约定的，按照其约定。

（4）合同履行中特殊情况处理

①债权人分立、合并、变更住所。合同编第 529 条规定，债权人分立、合并或者变更住所没有通知债务人，致使履行债务发生困难的，债务人可以中止履行或者将标的物提存。

②提前履行债务。合同编第 530 条规定，债权人可以拒绝债务人提前履行债务，但是提前履行不损害债权人利益的除外。债务人提前履行债务给债权人增加的费用，由债务人负担。

③部分履行债务。合同编第 531 条规定，债权人可以拒绝债务人部分履行债务，但是部分履行不损害债权人利益的除外。债务人部分履行债务给债权人增加的费用，由债务人负担。

④当事人名称变更、承办人变动。合同编第 532 条规定，合同生效后，当事人不得因姓名、名称的变更或者法定代表人、负责人、承办人的变动而不履行合同义务。

⑤利用合同实施危害国家、社会利益的。合同编第 534 条规定，对当事人利用合同实施危害国家利益、社会公共利益行为的，市场监督管理和其他有关行政主管部门依照法律、行政法规的规定负责监督处理。

4. 违约责任

（1）构成要件

根据合同编第 577 条，当事人一方不履行合同义务或者履行合同义务不符合约定的，应当承担违约责任。

（2）承担方式

根据合同编第 577 条，违约责任的承担方式有继续履行、采取补救措施或者赔偿损失等。

5. 防止损失扩大的义务

合同编第 591 条规定，当事人一方违约后，对方应当采取适当措施防止损失的扩大；没有采取适当措施致使损失扩大的，不得就扩大的损失请求赔偿。当事人因防止损失扩大而支出的合理费用，由违约方负担。

（二）包价旅游合同的相关法律制度

1. 形式和内容

《旅游法》第 58 条规定，包价旅游合同应当采用书面形式，包括下列内容：①旅行社、旅游者的基本信息；②旅游行程安排；③旅游团成团的最低人数；④交通、住宿、餐饮等旅游服务安排和标准；⑤游览、娱乐等项目的具体内容和时间；⑥自由活动时间安排；⑦旅游费用及其交纳的期限和方式；⑧违约责任和解决纠纷的方式；⑨法律、法规规定和双方约定的其他事项。

2. 履行

《旅游法》第 69 条规定，旅行社应当按照包价旅游合同的约定履行义务，不得擅自变更旅游行程安排。经旅游者同意，旅行社将包价旅游合同中的接待业务委托给其他具有相应资质的地接社履行的，应当与地接社订立书面委托合同，约定双方的权利和义务，向地接社提供与旅游者订立的包价旅游合同的副本，并向地接社支付不低于接待和服务成本的费用。地接社应当按照包价旅游合同和委托合同提供服务。

3. 转让、解除及法律后果

（1）旅游者转让、解除包价旅游合同及法律后果

《旅游法》第 64 条规定，旅游行程开始前，旅游者可以将包价旅游合同中自身的权利义务转让给第三人，旅行社没有正当理由的不得拒绝，因此增加的费用由旅游者和第三人承担。第 65 条规定，旅游行程结束前，旅游者解除合同的，组团社应当在扣除必要的费用后，将余款退还旅游者。

（2）旅行社转让、解除合同权的行使及法律后果

因未达到约定成团人数不能出团而解除合同及法律责任。《旅游法》第 63 条规定，旅行社招徕旅游者组团旅游，因未达到约定人数不能出团的，组团社可以解除合同。但是，境内旅游应当至少提前 7 日通知旅游者，出境旅游应当至少提前 30 日通知旅游者。因未达到约定人数不能出团的，组团社经征得旅游者书面同意，可以委托其他旅行社履行合同。组团社对旅游者承担责

任，受委托的旅行社对组团社承担责任。旅游者不同意的，可以解除合同。因未达到约定的成团人数解除合同的，组团社应当向旅游者退还已收取的全部费用。

因旅游者原因导致合同解除及法律责任。《旅游法》第 66 条规定，旅游者有下列情形之一的，旅行社可以解除合同：①患有传染病等疾病，可能危害其他旅游者健康和安全的；②携带危害公共安全的物品且不同意交有关部门处理的；③从事违法或者违反社会公德的活动的；④从事严重影响其他旅游者权益的活动，且不听劝阻、不能制止的；⑤法律规定的其他情形。因前款规定情形解除合同的，组团社应当在扣除必要的费用后，将余款退还旅游者；给旅行社造成损失的，旅游者应当依法承担赔偿责任。

（3）包价旅游合同解除后旅行社的协助义务及费用承担

《旅游法》第 68 条规定，旅游行程中解除合同的，旅行社应当协助旅游者返回出发地或者旅游者指定的合理地点。由于旅行社或者履行辅助人的原因导致合同解除的，返程费用由旅行社承担。

4. 违约类型与法律责任

（1）旅行社违约

《旅游法》第 70 条规定，旅行社不履行包价旅游合同义务或者履行合同义务不符合约定的，应当依法承担继续履行、采取补救措施或者赔偿损失等违约责任；造成旅游者人身损害或者财产损失的，应当依法承担赔偿责任。在旅游者自行安排活动期间，旅行社未尽到安全提示、救助义务的，应当对旅游者的人身损害、财产损失承担相应责任。旅行社具备履行条件，经旅游者要求仍拒绝履行合同，造成旅游者人身损害、滞留等严重后果的，旅游者还可以要求旅行社支付旅游费用 1 倍以上 3 倍以下的赔偿金。由于旅游者自身原因导致包价旅游合同不能履行或者不能按照约定履行，或者造成旅游者人身损害、财产损失的，旅行社不承担责任。

（2）地接社、履行辅助人违约

《旅游法》第 71 条规定，由于地接社、履行辅助人的原因导致违约的，由组团社承担责任；组团社承担责任后可以向地接社、履行辅助人追偿。由于地接社、履行辅助人的原因造成旅游者人身损害、财产损失的，旅游者可以要求地接社、履行辅助人承担赔偿责任，也可以要求组团社承担赔偿责任；组团社承担责任后可以向地接社、履行辅助人追偿。但由于公共交通经营者的原因造成旅游者人身损害、财产损失的，由公共交通经营者依法承担赔偿责任，旅行社应当协助旅游者向公共交通经营者索赔。

（3）旅游者违约

《旅游法》第72条规定，旅游者在旅游活动中或者在解决纠纷时，损害旅行社、履行辅助人、旅游从业人员或者其他旅游者的合法权益的，依法承担赔偿责任。旅游者的不当行为主要表现为：①影响行程，阻碍合同的正常履行；②侵害他人的财产权；③侵害他人的人身权。

（三）电子商务经营者的经营规范及电子商务合同的订立与履行

1. 电子商务经营者的经营规范

（1）依法办理市场主体登记

《中华人民共和国电子商务法》（以下简称《电子商务法》）第10条规定，电子商务经营者应当依法办理市场主体登记。

（2）依法纳税

《电子商务法》第11条第1款规定，电子商务经营者应当依法履行纳税义务，并依法享受税收优惠。

（3）依法取得行政许可

《电子商务法》第12条规定，电子商务经营者从事经营活动，依法需要取得相关行政许可的，应当依法取得行政许可。第26条规定，电子商务经营者从事跨境电子商务，应当遵守进出口监督管理的法律、行政法规和国家有关规定。

（4）符合保障人身、财产安全的要求和环境保护要求

《电子商务法》第13条规定，电子商务经营者销售的商品或者提供的服务应当符合保障人身、财产安全的要求和环境保护要求，不得销售或者提供法律、行政法规禁止交易的商品或者服务。

（5）依法出具购货凭证或者服务单据

《电子商务法》第14条规定，电子商务经营者销售商品或者提供服务应当依法出具纸质发票或者电子发票等购货凭证或者服务单据。电子发票与纸质发票具有同等法律效力。

（6）首页显著位置公布营业信息

《电子商务法》第15条规定，电子商务经营者应当在其首页显著位置，持续公示营业执照信息、与其经营业务有关的行政许可信息、属于依照本法第10条规定的不需要办理市场主体登记情形等信息，或者上述信息的链接标识。前款规定的信息发生变更的，电子商务经营者应当及时更新公示信息。

《电子商务法》第16条规定，电子商务经营者自行终止从事电子商务的，应当提前30日在首页显著位置持续公示有关信息。

《电子商务法》第33条规定，电子商务平台经营者应当在其首页显著位置

持续公示平台服务协议和交易规则信息或者上述信息的链接标识，并保证经营者和消费者能够便利、完整地阅览和下载。

《电子商务法》第 34 条规定，电子商务平台经营者修改平台服务协议和交易规则，应当在其首页显著位置公开征求意见，采取合理措施确保有关各方能够及时充分表达意见。修改内容应当至少在实施前 7 日予以公示。平台内经营者不接受修改内容，要求退出平台的，电子商务平台经营者不得阻止，并按照修改前的服务协议和交易规则承担相关责任。

（7）保障消费者的知情权和选择权

《电子商务法》第 17 条规定，电子商务经营者应当全面、真实、准确、及时地披露商品或者服务信息，保障消费者的知情权和选择权。不得以虚构交易、编造用户评价等方式进行虚假或者引人误解的商业宣传，欺骗、误导消费者。

《电子商务法》第 18 条规定，电子商务经营者根据消费者的兴趣爱好、消费习惯等特征向其提供商品或者服务的搜索结果的，应当同时向该消费者提供不针对其个人特征的选项，尊重和平等保护消费者合法权益。电子商务经营者向消费者发送广告的，应当遵守《中华人民共和国广告法》的有关规定。

《电子商务法》第 19 条规定，电子商务经营者搭售商品或者服务，应当以显著方式提请消费者注意，不得将搭售商品或者服务作为默认同意的选项。

《电子商务法》第 37 条规定，电子商务平台经营者在其平台上开展自营业务的，应当以显著方式区分标记自营业务和平台内经营者开展的业务，不得误导消费者。电子商务平台经营者对其标记为自营的业务依法承担商品销售者或者服务提供者的民事责任。

《电子商务法》第 39 条规定，电子商务平台经营者应当建立健全信用评价制度，公示信用评价规则，为消费者提供对平台内销售的商品或者提供的服务进行评价的途径。电子商务平台经营者不得删除消费者对其平台内销售的商品或者提供的服务的评价。

《电子商务法》第 40 条规定，电子商务平台经营者应当根据商品或者服务的价格、销量、信用等以多种方式向消费者显示商品或者服务的搜索结果；对于竞价排名的商品或者服务，应当显著标明“广告”。

（8）按照承诺或者与消费者约定交付商品或者服务

《电子商务法》第 20 条规定，电子商务经营者应当按照承诺或者与消费者约定的方式、时限向消费者交付商品或者服务，并承担商品运输中的风险和责任。

（9）押金的收取和退还

《电子商务法》第 21 条规定，电子商务经营者按照约定向消费者收取押金的，应当明示押金退还的方式、程序，不得对押金退还设置不合理条件。消费者申请退还押金，符合押金退还条件的，电子商务经营者应当及时退还。

（10）不得滥用市场支配地位

《电子商务法》第 22 条规定，电子商务经营者因其技术优势、用户数量、对相关行业的控制能力以及其他经营者对该电子商务经营者在交易上的依赖程度等因素而具有市场支配地位的，不得滥用市场支配地位，排除、限制竞争。

（11）用户个人信息保护

《电子商务法》第 23 条规定，电子商务经营者收集、使用其用户的个人信息，应当遵守法律、行政法规有关个人信息保护的规定。第 24 条规定，电子商务经营者应当明示用户信息查询、更正、删除以及用户注销的方式、程序，不得对用户信息查询、更正、删除以及用户注销设置不合理条件。电子商务经营者收到用户信息查询或者更正、删除的申请的，应当在核实身份后及时提供查询或者更正、删除用户信息。用户注销的，电子商务经营者应当立即删除该用户的信息；依照法律、行政法规的规定或者双方约定保存的，依照其规定。第 25 条规范，有关主管部门依照法律、行政法规的规定要求电子商务经营者提供有关电子商务数据信息的，电子商务经营者应当提供。有关主管部门应当采取必要措施保护电子商务经营者提供的数据信息的安全，并对其中的个人信息、隐私和商业秘密严格保密，不得泄露、出售或者非法向他人提供。

（12）平台内经营者的管理

《电子商务法》第 27 条规定，电子商务平台经营者应当要求申请进入平台销售商品或者提供服务的经营者提交其身份、地址、联系方式、行政许可等真实信息，进行核验、登记，建立登记档案，并定期核验更新。电子商务平台经营者为进入平台销售商品或者提供服务的非经营用户提供服务，应当遵守本节有关规定。

《电子商务法》第 29 条规定，电子商务平台经营者发现平台内的商品或者服务信息存在违反本法第 12 条、第 13 条规定情形的，应当依法采取必要的处置措施，并向有关主管部门报告。第 32 条规定，电子商务平台经营者应当遵循公开、公平、公正的原则，制定平台服务协议和交易规则，明确进入和退出平台、商品和服务质量保障、消费者权益保护、个人信息保护等方面的权利和义务。

《电子商务法》第 35 条规定，电子商务平台经营者不得利用服务协议、交易规则以及技术等手段，对平台内经营者在平台内的交易、交易价格以及与其他经营者的交易等进行不合理限制或者附加不合理条件，或者向平台内经营者收取不合理费用。

《电子商务法》第36条规定，电子商务平台经营者依据平台服务协议和交易规则对平台内经营者违反法律、法规的行为实施警示、暂停或者终止服务等措施的，应当及时公示。第38条规定，电子商务平台经营者知道或者应当知道平台内经营者销售的商品或者提供的服务不符合保障人身、财产安全的要求，或者有其他侵害消费者合法权益行为，未采取必要措施的，依法与该平台内经营者承担连带责任。对关系消费者生命健康的商品或者服务，电子商务平台经营者对平台内经营者的资质资格未尽到审核义务，或者对消费者未尽到安全保障义务，造成消费者损害的，依法承担相应的责任。

（13）保障网络安全

《电子商务法》第30条规定，电子商务平台经营者应当采取技术措施和其他必要措施保证其网络安全、稳定运行，防范网络违法犯罪活动，有效应对网络安全事件，保障电子商务交易安全。电子商务平台经营者应当制定网络安全事件应急预案，发生网络安全事件时，应当立即启动应急预案，采取相应的补救措施，并向有关主管部门报告。

（14）记录保存商品和服务信息、交易信息

《电子商务法》第31条规定，电子商务平台经营者应当记录、保存平台上发布的商品和服务信息、交易信息，并确保信息的完整性、保密性、可用性。商品和服务信息、交易信息保存时间自交易完成之日起不少于3年；法律、行政法规另有规定的，依照其规定。

2. 电子商务合同的订立与履行

（1）合同的订立

《电子商务法》第48条规定，电子商务当事人使用自动信息系统订立或者履行合同的行为对使用该系统的当事人具有法律效力。在电子商务中推定当事人具有相应的民事行为能力。但是，有相反证据足以推翻的除外。第49条规定，电子商务经营者发布的商品或者服务信息符合要约条件的，用户选择该商品或者服务并提交订单成功，合同成立。当事人另有约定的，从其约定。电子商务经营者不得以格式条款等方式约定消费者支付价款后合同不成立；格式条款等含有该内容的，其内容无效。第50条规定，电子商务经营者应当清晰、全面、明确地告知用户订立合同的步骤、注意事项、下载方法等事项，并保证用户能够便利、完整地阅览和下载。电子商务经营者应当保证用户在提交订单前可以更正输入错误。

（2）合同的履行

①交付时间。《电子商务法》第51条规定，合同标的为提供服务的，生成的

电子凭证或者实物凭证中载明的时间为交付时间；前述凭证没有载明时间或者载明时间与实际提供服务时间不一致的，实际提供服务的时间为交付时间。

②支付方式。《电子商务法》第53条规定，电子商务当事人可以约定采用电子支付方式支付价款。电子支付服务提供者为电子商务提供电子支付服务，应当遵守国家规定，告知用户电子支付服务的功能、使用方法、注意事项、相关风险和收费标准等事项，不得附加不合理交易条件。电子支付服务提供者应当确保电子支付指令的完整性、一致性、可跟踪稽核和不可篡改。电子支付服务提供者应当向用户免费提供对账服务以及最近三年的交易记录。

《电子商务法》第54条规定，电子支付服务提供者提供电子支付服务不符合国家有关支付安全管理要求，造成用户损失的，应当承担赔偿责任。

《电子商务法》第55条规定，用户在发出支付指令前，应当核对支付指令所包含的金额、收款人等完整信息。支付指令发生错误的，电子支付服务提供者应当及时查找原因，并采取相关措施予以纠正。造成用户损失的，电子支付服务提供者应当承担赔偿责任，但能够证明支付错误非自身原因造成的除外。

《电子商务法》第56条规定，电子支付服务提供者完成电子支付后，应当及时准确地向用户提供符合约定方式的确认支付的信息。

《电子商务法》第57条规定，用户应当妥善保管交易密码、电子签名数据等安全工具。用户发现安全工具遗失、被盗用或者未经授权的支付的，应当及时通知电子支付服务提供者。未经授权的支付造成的损失，由电子支付服务提供者承担；电子支付服务提供者能够证明未经授权的支付是因用户的过错造成的，不承担责任。电子支付服务提供者发现支付指令未经授权，或者收到用户支付指令未经授权的通知时，应当立即采取措施防止损失扩大。电子支付服务提供者未及时采取措施导致损失扩大的，对损失扩大部分承担责任。

（四）侵权责任与侵权责任承担

1. 类型

以归责原则为标准，侵权纠纷分为一般侵权行为和特殊侵权行为。凡是适用过错责任原则的侵权行为属于一般侵权行为；适用作为例外的无过错责任、过错推定责任原则的侵权行为，则需要由法律作出特别的规定，因而称为特殊侵权行为。

2. 构成要件

侵权责任的构成要件：①加害行为；②损害；③因果关系；④过错。

3. 承担方式

《民法典》第179条规定，承担侵权责任的方式主要有：①停止侵害；

②排除妨碍；③消除危险；④返还财产；⑤恢复原状；⑥赔偿损失；⑦赔礼道歉；⑧消除影响、恢复名誉。法律规定惩罚性赔偿的，依照其规定。以上承担侵权责任的方式，可以单独适用，也可以合并适用。依据《民法典》第187条规定，侵权人因同一行为应当承担民事责任、行政责任和刑事责任的，承担行政责任或者刑事责任不影响承担侵权责任。因同一行为应当承担侵权责任和行政责任、刑事责任，侵权人的财产不足以支付的，优先用于承担民事责任。

4. 特殊侵权责任

（1）监护人责任

《民法典》侵权责任编第1188条规定，无民事行为能力人、限制民事行为能力人造成他人损害的，由监护人承担侵权责任。监护人尽到监护职责的，可以减轻其侵权责任。有财产的无民事行为能力人、限制民事行为能力人造成他人损害的，从本人财产中支付赔偿费用；不足部分，由监护人赔偿。第1189条规定，无民事行为能力人、限制民事行为能力人造成他人损害，监护人将监护职责委托给他人的，监护人应当承担侵权责任；受托人有过错的，承担相应的责任。第1169条第2款规定，教唆、帮助无民事行为能力人、限制民事行为能力人实施侵权行为的，应当承担侵权责任；该无民事行为能力人、限制民事行为能力人的监护人未尽到监护责任的，应当承担相应的责任。

（2）用人单位责任

侵权责任编第1191条规定，用人单位的工作人员因执行工作任务造成他人损害的，由用人单位承担侵权责任。用人单位承担侵权责任后，可以向有故意或者重大过失的工作人员追偿。劳务派遣期间，被派遣的工作人员因执行工作任务造成他人损害的，由接受劳务派遣的用工单位承担侵权责任；劳务派遣单位有过错的，承担相应的责任。第1192条规定，个人之间形成劳务关系，提供劳务一方因劳务造成他人损害的，由接受劳务一方承担侵权责任。接受劳务一方承担侵权责任后，可以向有故意或者重大过失的提供劳务一方追偿。提供劳务一方因劳务受到损害的，根据双方各自的过错承担相应的责任。提供劳务期间，因第三人的行为造成提供劳务一方损害的，提供劳务一方有权请求第三人承担侵权责任，也有权请求接受劳务一方给予补偿。接受劳务一方补偿后，可以向第三人追偿。

（3）经营者、管理者或者组织者责任

侵权责任编第1198条规定，宾馆、商场、银行、车站、机场、体育场馆、娱乐场所等经营场所、公共场所的经营者、管理者或者群众性活动的组织者，未尽到安全保障义务，造成他人损害的，应当承担侵权责任。因第三人的行为造成他人损害的，由第三人承担侵权责任；经营者、管理者或者组织者未尽到安全保障义务的，承担相应的补充责任。经营者、管理者或者组织者承担补充责任后，可以向第三人追偿。

（4）机动车交通事故责任

侵权责任编第1208条规定，机动车发生交通事故造成损害的，依照道路交通安全法律和本法的有关规定承担赔偿责任。《民法典》规定了机动车交通事故责任承担的几类情形：

①租赁、借用机动车时的责任承担。侵权责任编第1209条规定，因租赁、借用等情形机动车所有人、管理人与使用人不是同一人时，发生交通事故造成损害，属于该机动车一方责任的，由机动车使用人承担赔偿责任；机动车所有人、管理人对损害的发生有过错的，承担相应的赔偿责任。

②转让而未过户时的责任承担。侵权责任编第1210条规定，当事人之间已经以买卖或者其他方式转让并交付机动车但是未办理登记，发生交通事故造成损害，属于该机动车一方责任的，由受让人承担赔偿责任。

③机动车被盗窃、抢劫或者抢夺，以及盗开他人机动车时的责任承担。侵权责任编第1215条规定，盗窃、抢劫或者抢夺的机动车发生交通事故造成损害的，由盗窃人、抢劫人或者抢夺人承担赔偿责任。盗窃人、抢劫人或者抢夺人与机动车使用人不是同一人，发生交通事故造成损害，属于该机动车一方责任的，由盗窃人、抢劫人或者抢夺人与机动车使用人承担连带责任。保险人在机动车强制保险责任限额范围内垫付抢救费用的，有权向交通事故责任人追偿。第1212条规定，未经允许驾驶他人机动车，发生交通事故造成损害，属于该机动车一方责任的，由机动车使用人承担赔偿责任；机动车所有人、管理人对损害的发生有过错的，承担相应的赔偿责任，但是另有规定的除外。

④挂靠营运时的责任承担。侵权责任编第1211条规定，以挂靠形式从事道路运输经营活动的机动车，发生交通事故造成损害，属于该机动车一方责任的，由挂靠人和被挂靠人承担连带责任。

⑤转让拼装车、报废车造成损害时的承担。侵权责任编第1214条规定，以买卖或者其他方式转让拼装或者已经达到报废标准的机动车，发生交通事故造成损害的，由转让人和受让人承担连带责任。

（5）高度危险活动损害责任的规定

侵权责任编第1240条规定，从事高空、高压、地下挖掘活动或者使用高速轨道运输工具造成他人损害的，经营者应当承担侵权责任；但是，能够证明损害是因受害人故意或者不可抗力造成的，不承担责任。被侵权人对损害的发生有重大过失的，可以减轻经营者的责任。第1243条规定，未经许可进入高度危险活动区域或者高度危险物存放区域受到损害，管理人能够证明已经采取足够安全措施并尽到充分警示义务的，可以减轻或者不承担责任。

（五）旅游纠纷的解决

1. 解决途径

《旅游法》第92条规定，旅游者与旅游经营者发生纠纷，可以通过下列途径解决：①双方协商；②向消费者协会、旅游投诉受理机构或者有关调解组织申请调解；③根据与旅游经营者达成的仲裁协议提请仲裁机构仲裁；④向人民法院提起诉讼。

2. 最高人民法院关于民事诉讼证据的若干规定

（1）当事人举证

当事人起诉或反诉应提供符合起诉条件的证据。《关于民事诉讼证据的若干规定》（以下简称《民事证据规定》）第1条规定，原告向人民法院起诉或者被告提出反诉，应当提供符合起诉条件的相应的证据。

当事人自认的形式。①陈述或承认。《民事证据规定》第3条规定，在诉讼过程中，一方当事人陈述的于己不利的事实，或者对于己不利的事实明确表示承认的，另一方当事人无需举证证明。在证据交换、询问、调查过程中，或者在起诉状、答辩状、代理词等书面材料中，当事人明确承认于己不利的事实的，适用前款规定。②默示自认。《民事证据规定》第4条规定，一方当事人对于另一方当事人主张的于己不利的事实既不承认也不否认，经审判人员说明并询问后，其仍然不明确表示肯定或者否定的，视为对该事实的承认。③诉讼代理人自认。《民事证据规定》第5条规定，当事人委托诉讼代理人参加诉讼的，除授权委托书明确排除的事项外，诉讼代理人的自认视为当事人的自认。④共同诉讼人自认。《民事证据规定》第6条规定，普通共同诉讼中，共同诉讼人中一人或者数人作出的自认，对作出自认的当事人发生效力。必要共同诉讼中，共同诉讼人中一人或者数人作出自认而其他共同诉讼人予以否认的，不发生自认的效力。其他共同诉讼人既不承认也不否认，经审判人员说明并询问后仍然不明确表示意见的，视为全体共同诉讼人的自认。⑤限制自认。《民事证据规定》第7条规定，一方当事人对于另一方当事人主张的于己不利的事实有所限制或者附加条件予以承认的，由人民法院综合案件情况决定是否构成自认。

自认的限制和撤销。①自认的限制。《民事证据规定》第8条规定，《最高人民法院关于适用〈中华人民共和国民事诉讼法〉的解释》（以下简称《民诉法解释》)第96条第1款规定的事实,不适用有关自认的规定。自认的事实与已经查明的事实不符的,人民法院不予确认。人民法院认为审理案件需要的证据包括:涉及可能损害国家利益、社会公共利益的;涉及身份关系的;涉及《民事诉讼法》第55条规定诉讼的;当事人有恶意串通损害他人合法权益可能的;涉及依职权追加当事人、中止诉讼、终结诉讼、回避等程序性事项的。②自认的撤销。《民事证据规定》第9条规定,有下列情形之一,当事人在法庭辩论终结前撤销自认的,人民法院应当准许:经对方当事人同意的;自认是在受胁迫或者重大误解情况下作出的。人民法院准许当事人撤销自认的,应当作出口头或者书面裁定。

免证事实。《民事证据规定》第10条规定,下列事实,当事人无须举证证明:①自然规律以及定理、定律;②众所周知的事实;③根据法律规定推定的事实;④根据已知的事实和日常生活经验法则推定出的另一事实;⑤已为仲裁机构的生效裁决所确认的事实;⑥已为人民法院发生法律效力的裁判所确认的基本事实;⑦已为有效公证文书所证明的事实。前款第2项至第5项事实,当事人有相反证据足以反驳的除外;第6项、第7项事实,当事人有相反证据足以推翻的除外。

关于证据原件(物)的提交原则。《民事证据规定》第11条规定,当事人向人民法院提供证据,应当提供原件或者原物。如需自己保存证据原件、原物或者提供原件、原物确有困难的,可以提供经人民法院核对无异的复制件或者复制品。所谓"确有困难",《民诉法解释》第111条进行了具体规定,提交书证原件确有困难的情形包括:①书证原件遗失、灭失或者毁损的;②原件在对方当事人控制之下,经合法通知提交而拒不提交的;③原件在他人控制之下,而其有权不提交的;④原件因篇幅或者体积过大而不便提交的;⑤承担举证证明责任的当事人通过申请人民法院调查收集或者其他方式无法获得书证原件的。

电子数据和视听资料。①电子数据证据。《民事证据规定》第14条规定,电子数据包括下列信息、电子文件:网页、博客、微博客等网络平台发布的信息;手机短信、电子邮件、即时通信、通讯群组等网络应用服务的通信信息;用户注册信息、身份认证信息、电子交易记录、通信记录、登录日志等信息;文档、图片、音频、视频、数字证书、计算机程序等电子文件;其他以数字化形式存储、处理、传输的能够证明案件事实的信息。②视听资料与电子数据的原件原则。第15条规定,当事人以视听资料作为证据的,应当提供存储该视听资料的原始载体。当事人以电子数据作为证据的,应当提供原件。电子数据的制作者制作的与原件一致的副本,或者直接来源于电子数据的打印件或其他可以显示、识别的输出介质，视为电子数据的原件。

域外形成的证据和外文书证或资料。①域外形成的证据。《民事证据规定》第 16 条规定，当事人提供的公文书证系在中华人民共和国领域外形成的，该证据应当经所在国公证机关证明，或者履行中华人民共和国与该所在国订立的有关条约中规定的证明手续。中华人民共和国领域外形成的涉及身份关系的证据，应当经所在国公证机关证明并经中华人民共和国驻该国使领馆认证，或者履行中华人民共和国与该所在国订立的有关条约中规定的证明手续。当事人向人民法院提供的证据是在香港、澳门、台湾地区形成的，应当履行相关的证明手续。②外文书证或资料。第 17 条规定，当事人向人民法院提供外文书证或者外文说明资料，应当附有中文译本。

（2）证据的调查收集和保全

①关于调查取证的相关规定

对当事人申请调查收集证据和申请书内容的要求。《民事证据规定》第 20 条规定，当事人及其诉讼代理人申请人民法院调查收集证据，应当在举证期限届满前提交书面申请。申请书应当载明被调查人的姓名或者单位名称、住所地等基本情况、所要调查收集的证据名称或者内容、需要由人民法院调查收集证据的原因及其要证明的事实以及明确的线索。

调查收集书证的要求。《民事证据规定》第 21 条规定，人民法院调查收集的书证，可以是原件，也可以是经核对无误的副本或者复制件。是副本或者复制件的，应当在调查笔录中说明来源和取证情况。

调查收集物证的要求。《民事证据规定》第 22 条规定，人民法院调查收集的物证应当是原物。被调查人提供原物确有困难的，可以提供复制品或者影像资料。提供复制品或者影像资料的，应当在调查笔录中说明取证情况。

调查收集电子数据和视听资料的要求。《民事证据规定》第 23 条规定，人民法院调查收集视听资料、电子数据，应当要求被调查人提供原始载体。提供原始载体确有困难的，可以提供复制件。提供复制件的，人民法院应当在调查笔录中说明其来源和制作经过。人民法院对视听资料、电子数据采取证据保全措施的，适用前款规定。

证据调查收集的科学性要求。《民事证据规定》第 24 条规定，人民法院调查收集可能需要鉴定的证据，应当遵守相关技术规范，确保证据不被污染。

②关于证据保全的相关规定

证据保全的申请。《民事证据规定》第 25 条规定，当事人或者利害关系人根据《民事诉讼法》第 81 条的规定申请证据保全的，申请书应当载明需要保全的证据的基本情况、申请保全的理由以及采取何种保全措施等内容。当事人根据《民事诉讼法》第 81 条第 1 款的规定申请证据保全的，应当在举证期限届满前向人民法院提出。法律、司法解释对诉前证据保全有规定的，依照其规定办理。

证据保全的担保。《民事证据规定》第 26 条针对第 98 条如何具体操作作出了规定，当事人或者利害关系人申请采取查封、扣押等限制保全标的物使用、流通等保全措施，或者保全可能对证据持有人造成损失的，人民法院应当责令申请人提供相应的担保。担保方式或者数额由人民法院根据保全措施对证据持有人的影响、保全标的物的价值、当事人或者利害关系人争议的诉讼标的金额等因素综合确定。

证据保全的方法。《民事证据规定》第 27 条规定，人民法院进行证据保全，可以要求当事人或者诉讼代理人到场。根据当事人的申请和具体情况，人民法院可以采取查封、扣押、录音、录像、复制、鉴定、勘验等方法进行证据保全，并制作笔录。在符合证据保全目的的情况下，人民法院应当选择对证据持有人利益影响最小的保全措施。

证据保全的赔偿责任。《民事证据规定》第 28 条规定，申请证据保全错误造成财产损失，当事人请求申请人承担赔偿责任的，人民法院应予支持。

③关于鉴定的相关规定

当事人申请鉴定的期限及逾期后果。《民事证据规定》第 31 条规定，当事人申请鉴定，应当在人民法院指定期间内提出，并预交鉴定费用。逾期不提出申请或者不预交鉴定费用的，视为放弃申请。对需要鉴定的待证事实负有举证责任的当事人，在人民法院指定期间内无正当理由不提出鉴定申请或者不预交鉴定费用，或者拒不提供相关材料，致使待证事实无法查明的，应当承担举证不能的法律后果。

当事人单方自行委托鉴定的效力。《民事证据规定》第 41 条规定，对于一方当事人就专门性问题自行委托有关机构或者人员出具的意见，另一方当事人有证据或者理由足以反驳并申请鉴定的，人民法院应予准许。

3. 最高人民法院审理旅游纠纷案件适用法律的规定

（1）旅游者权益保护

①请求权竞合。《最高人民法院关于审理旅游纠纷案件适用法律若干问题的规定》（以下简称《规定》）第 3 条规定，因旅游经营者方面的同一原因造成旅游者人身损害、财产损失，旅游者选择请求旅游经营者承担违约责任或者侵权责任的，人民法院应当根据当事人选择的案由进行审理。

②霸王条款认定。《规定》第 6 条规定，旅游经营者以格式条款、通知、声明、店堂告示等方式作出排除或者限制旅游者权利、减轻或者免除旅游经营者责任、加重旅游者责任等对旅游者不公平、不合理的规定，旅游者依据《消费者权益保护法》第 26 条的规定请求认定该内容无效的，人民法院应予支持。

③合同转让。《规定》第 10 条规定，旅游经营者将旅游业务转让给其他旅游经营者，旅游者不同意转让，请求解除旅游合同、追究旅游经营者违约责任的，人民法院应予支持。旅游经营者擅自将其旅游业务转让给其他旅游经营者，旅游者在旅游过程中遭受损害，请求与其签订旅游合同的旅游经营者和实际提供旅游服务的旅游经营者承担连带责任的，人民法院应予支持。第 11 条规定，除合同性质不宜转让或者合同另有约定之外，在旅游行程开始前的合理期间内，旅游者将其在旅游合同中的权利义务转让给第三人，请求确认转让合同效力的，人民法院应予支持。因前款所述原因，旅游者请求旅游经营者退还减少的费用的，人民法院应予支持。

④单方解除合同。《规定》第 12 条规定，旅游行程开始前或者进行中，因旅游者单方解除合同，旅游者请求旅游经营者退还尚未实际发生的费用，人民法院应予支持。

⑤公共交通工具延误。《规定》第 16 条规定，因飞机、火车、班轮、城际客运班车等公共客运交通工具延误，导致合同不能按照约定履行，旅游者请求旅游经营者退还未实际发生的费用的，人民法院应予支持。合同另有约定的除外。

⑥证照纠纷。《规定》第 21 条规定，旅游经营者因过错致其代办的手续、证件存在瑕疵，或者未尽妥善保管义务而遗失、毁损，旅游者请求旅游经营者补办或者协助补办相关手续、证件并承担相应费用的，人民法院应予支持。因上述行为影响旅游行程，旅游者请求旅游经营者退还尚未发生的费用、赔偿损失的，人民法院应予支持。

⑦违约赔偿。《规定》第 15 条规定，旅游经营者违反合同约定，有擅自改变旅游行程、遗漏旅游景点、减少旅游服务项目、降低旅游服务标准等行为，旅游者请求旅游经营者赔偿未完成约定旅游服务项目等合理费用的，人民法院应予支持。

⑧欺诈赔偿。《规定》第 15 条第 2 款规定，旅游经营者提供服务时有欺诈行为，旅游者依据《消费者权益保护法》第 55 条第 1 款规定请求旅游经营者承担惩罚性赔偿责任的，人民法院应予支持。

⑨购物收费。《规定》第 20 条规定，旅游者要求旅游经营者返还下列费用的，人民法院应予支持：①因拒绝旅游经营者安排的购物活动或者另行付费的

项目被增收的费用；②在同一旅游行程中，旅游经营者提供相同服务，因旅游者的年龄、职业等差异而增收的费用。

（2）旅游经营者的责任与权益

责任：

①连带责任。《规定》第10条第2款规定，旅游经营者擅自将其旅游业务转让给其他旅游经营者，旅游者在旅游过程中遭受损害，请求与其签订旅游合同的旅游经营者和实际提供旅游服务的旅游经营者承担责任的，人民法院应予支持。第14条规定，旅游经营者准许他人挂靠其名下从事旅游业务，造成旅游者人身损害、财产损失，旅游者依据《民法典》第1168条的规定请求旅游经营者与挂靠人承担连带责任的，人民法院应予支持。

②地接社违约。《规定》第13条规定，签订旅游合同的旅游经营者将其部分旅游业务委托旅游目的地的旅游经营者，因受托方未尽旅游合同义务，旅游者在旅游过程中受到损害，要求作出委托的旅游经营者承担赔偿责任的，人民法院应予支持；旅游经营者委托除前款规定以外的人从事旅游业务，发生旅游纠纷，旅游者起诉旅游经营者的，人民法院应予受理。

③自行安排活动。《规定》第17条规定，旅游者在自行安排活动期间遭受人身损害、财产损失，旅游经营者未尽到必要的提示义务、救助义务，旅游者请求旅游经营者承担相应责任的，人民法院应予支持。同时，前款规定的自行安排活动期间，包括旅游经营者安排的在旅游行程中独立的自由活动期间、旅游者不参加旅游行程的活动期间以及旅游者经导游或者领队同意暂时离队的个人活动期间等。

④旅游者脱团。《规定》第18条规定，旅游者在旅游行程中未经导游或者领队许可，故意脱离团队，遭受人身损害、财产损失，请求旅游经营者赔偿损失的，人民法院不予支持。

⑤行李丢失。《规定》第19条规定，旅游经营者或者旅游辅助服务者为旅游者代管的行李物品损毁、灭失，旅游者请求赔偿损失的，人民法院应予支持。同时列举了四种除外情形：损失是由于旅游者未听从旅游经营者或者旅游辅助服务者的事先声明或者提示，未将现金、有价证券、贵重物品由其随身携带而造成的；损失是由于不可抗力造成的；损失是由于旅游者的过错造成的；损失是由于物品的自然属性造成的。

⑥“自由行”产品。《规定》第22条规定，旅游经营者事先设计，并以确定的总价提供交通、住宿、游览等一项或者多项服务，不提供导游和领队服务，由旅游者自行安排游览行程的旅游过程中，旅游经营者提供的服务不符合合同

约定，侵害旅游者合法权益，旅游者请求旅游经营者承担相应责任的，人民法院应予支持。

权益：

①第三人责任。《规定》第 4 条规定，因旅游辅助服务者的原因导致旅游经营者违约，旅游者仅起诉旅游经营者的，人民法院可以将旅游辅助服务者追加为第三人。

②免责情形。《规定》第 8 条第 2 款规定，旅游者未按旅游经营者、旅游辅助服务者的要求提供与旅游活动相关的个人健康信息并履行如实告知义务，或者不听从旅游经营者、旅游辅助服务者的告知、警示，参加不适合自身条件的旅游活动，导致旅游过程中出现人身损害、财产损失，旅游者请求旅游经营者、旅游辅助服务者承担责任的，人民法院不予支持。第 18 条规定，旅游者在旅游行程中未经导游或者领队许可，故意脱离团队，遭受人身损害、财产损失，请求旅游经营者赔偿损失的，人民法院不予支持。

③合同转让权。《规定》第 10 条规定，旅游经营者将旅游业务转让给其他旅游经营者，旅游者不同意转让，请求解除旅游合同、追究旅游经营者违约责任的，人民法院应予支持。这表明，《规定》并未禁止旅行社转团，但前提是必须事先征得旅游者同意。

④要求支付合理费用权。《规定》第 11 条第 2 款规定，在旅游行程开始前的合理期间内，因旅游者将其在旅游合同中的权利义务转让给第三人的原因，旅游经营者请求旅游者、第三人给付增加的费用，人民法院应予支持。第 12 条规定，旅游行程开始前或者进行中，因旅游者单方解除合同，旅游经营者请求旅游者支付合理费用的，人民法院应予支持。

专题二

中国共产党成立以来领导全国人民在革命、建设和改革进程中所取得的伟大成就

一、中国共产党成立及取得中国革命胜利的重大事件

（一）新文化运动

1915 年，陈独秀在其主编的《新青年》（原名《青年杂志》）上刊载文章，提倡民主与科学，反对封建文化，揭开了新文化运动的序幕。新文化运动代表人物有陈独秀、李大钊、鲁迅、胡适、蔡元培、钱玄同等，此次运动中民主和科学两面旗帜的树立，使中国的许多方面都发生了翻天覆地的变化，还创造了新思想、新理论广泛传播的大好机遇。新文化运动是中国近代史上一次空前的思想解放运动。它高举民主与科学的旗帜，对封建专制制度和封建思想文化进行了一次猛烈的扫荡，促进了中国人民特别是知识青年的觉醒，为马克思主义在中国的传播创造了条件，也为中国共产党的诞生作了思想准备。

（二）五四运动

1919 年 5 月 4 日，发生在北京的一场以青年学生为主，广大群众、市民、工商人士等阶层共同参与的，通过示威游行、请愿、罢工、暴力对抗政府等多种形式进行的爱国运动，是中国人民彻底的反对帝国主义、封建主义的爱国运动，又称“五四风雷”。五四运动具有伟大的历史意义，包含以下三个要点。第一，五四运动是一场伟大的群众爱国运动。它的斗争对象直指帝国主义和北洋军阀政府，表现出的反帝反封建的彻底性是前所未有的。它充分发动了群众，工、商、学联合起来，农民也有部分参加了，实际上揭开了全民族进行彻底的反帝反封建斗争的序幕。第二，五四运动是一场深刻的思想解放运动。它使中国人民进一步认识到帝国主义侵略的本质和军阀统治的黑暗，同时进一步提高了中国人民反帝反封建的决心和觉悟；促进了全国人民对改造中国的问题的反

思和探索，也促进了新思潮的蓬勃兴起和马克思主义的传播。第三，五四运动既揭开了新民主主义革命的序幕，又是中国新民主主义革命的开端。从此，无产阶级登上了政治舞台，民众的力量得到了广泛的发动等，这些不仅使五四运动本身具有新民主主义革命的基本内涵，还直接为中国共产党的成立创造了阶级上、思想上和干部上的条件。

（三）中国共产党成立

1920 年 8 月，陈独秀等在上海建立了中国第一个共产党早期组织，随后李大钊等也在北京建立共产党的早期组织。在李、陈二人所成立的共产党早期组织的联络推动下，各地党的早期组织纷纷建立，为中国共产党的成立奠定了基础。1921 年 7 月 23 日，中国共产党第一次全国代表大会在上海法租界望志路 106 号（今兴业路 76 号）召开。由于会场遭到暗探注意和法租界巡捕搜查，最后一天的会议转移到浙江嘉兴南湖的游船上举行。党的一大确定党的名称为“中国共产党”。大会通过了中国共产党第一个纲领，明确“革命军队必须与无产阶级一起推翻资本家阶级的政权”“承认无产阶级专政，直到阶级斗争结束”“消灭资本家私有制”，以及联合第三国际。中国共产党一经成立，就旗帜鲜明地把社会主义和共产主义规定为自己的奋斗目标，坚持用革命的手段实现这个目标。党的一大决定设立中央局作为中央的临时领导机构，选举产生了以陈独秀为书记的中央局。党的一大宣告中国共产党正式成立，中国革命面貌从此焕然一新。

（四）第一次国共合作

1923 年 6 月 12—20 日，中国共产党在广州召开第三次全国代表大会。大会正确地估计了孙中山和国民党的革命立场，决定共产党员以个人身份加入国民党，实现国共合作。三大还明确规定，在共产党员加入国民党时，党必须在政治上、思想上、组织上保持自己的独立性。1924 年 1 月 20—30 日，中国国民党第一次全国代表大会在广东召开。大会通过了新的党章，改组了国民党组织，选举了有共产党员参加的新一届中国国民党中央领导机构，重新解释了三民主义，确定了“联俄、联共、扶助农工”三大政策，实现了第一次国共合作。以国共两党合作为特征的革命统一战线的建立，加速了中国革命的进程，在中国革命历史上出现了轰轰烈烈的大革命。但是到了大革命后期，1927 年，由于蒋介石和汪精卫控制的国民党右派不顾以宋庆龄为代表的国民党左派的坚决反对，宣布与共产党决裂，发动了“四一二”“七一五”反革命政变，公开叛变革命，致使第一次国共合作破裂。

（五）南昌起义

1927年7月中旬，中共中央政治局临时常委会决定发动南昌起义。8月1日，根据中共中央的决定，在以周恩来为书记的中共中央前敌委员会和贺龙、叶挺、朱德、刘伯承等领导下，率领掌握和影响的国民革命军等武装两万余人，在南昌打响武装反抗国民党反动派的第一枪，并迅速占领南昌。南昌起义标志着中国共产党独立领导革命战争、创建人民军队和武装夺取政权的开始。

（六）八七会议

1927年8月7日，中共中央在汉口召开紧急会议，即八七会议。会议在中国革命的危急关头，总结了大革命失败的经验教训。会议着重批判了大革命后期以陈独秀为首的中央所犯的右倾机会主义错误，确定了土地革命和武装起义的方针，提出整顿队伍、纠正错误，"找到新的道路"的任务，选出以瞿秋白为首的新的中共中央临时政治局。八七会议是一个重要转折点，它给正处在思想混乱和组织涣散中的中国共产党指明了新的出路，中国革命从此开始由大革命失败到土地革命战争兴起的历史性转变。

（七）秋收起义

八七会议后，党派出许多干部分赴各地，恢复和整顿党组织，发动武装起义，中共中央临时政治局派毛泽东以中央特派员身份到湖南传达八七会议精神，改组省委，领导秋收起义。1927年9月9日，湘赣边界秋收起义爆发。由于强敌反扑，起义军在战斗中相继失利。毛泽东迅速命令起义部队第一、三团与第二团余部，到浏阳的文家市集中。9月19日，毛泽东在文家市召开前委会议，放弃攻打长沙的计划，决定部队转移到敌人力量薄弱的农村，寻找落脚点。从进攻大城市转向进攻农村，这是中国人民革命发展史上具有决定意义的新起点。

（八）井冈山革命根据地

井冈山革命根据地是土地革命战争时期，中国共产党在湖南、江西两省边界罗霄山脉中段创建的第一个农村革命根据地。1927年10月，毛泽东率领湘赣边界秋收起义的工农革命军到达罗霄山脉中段的井冈山地区，开展游击战争，进行土地革命，恢复和建立共产党的组织，建立革命政权和赤卫队。与此同时，经过团结、教育、改造工作。至1928年2月底，包括宁冈全县，遂川西北部，永新、酃县（今炎陵县）、茶陵等县部分地区的井冈山革命根据地初步建成。1928年4月底，朱德、陈毅率领南昌起义保存下来的部队和湘南农军到达井冈山，和毛泽东领导的工农革命军会师，成立了中国工农红军第四军。此后，红军粉碎了敌人的多次"围剿"，根据地不断扩大。井冈山革命根据地的建立，点燃了“工农武装割据”的星星之火，为中国革命的中心工作完成从城市到农村的伟大战略转移，走上农村包围城市、武装夺取政权的新道路。

（九）红军长征

由于“左”倾教条主义的错误，中央苏区第五次反“围剿”失败。1934 年 10 月至 1936 年 10 月，红军第一、第二、第四方面军和第二十五军，在党的领导下，血战湘江，四渡赤水，巧渡金沙江，强渡大渡河，飞夺泸定桥，鏖战独树镇，勇克包座，转战乌蒙山，击退上百万穷凶极恶的追兵阻敌，征服空气稀薄的冰山雪岭，穿越荒无人烟的沼泽草地，纵横十余省，长驱二万五千里，以非凡的智慧和大无畏的英雄气概，战胜千难万险，付出巨大牺牲，胜利完成震撼世界、彪炳史册的长征。

（十）遵义会议

1935 年 1 月 15—17 日，中共中央在遵义召开政治局扩大会议，会议批评第五次反“围剿”和长征以来中共中央在军事领导上的错误，肯定了毛泽东等关于红军作战的基本原则，增补毛泽东为中央政治局常委。3 月中旬，成立毛泽东、周恩来、王稼祥组成的新的三人小组负责军事行动。遵义会议结束了王明“左”倾教条主义在中共中央的统治，确立了毛泽东在党和红军中的领导地位。这次会议是中国共产党独立自主地运用马克思列宁主义基本原理解决自己的路线、方针和政策的会议。它在极端危险的时刻，挽救了党和红军，是中国共产党历史上一个生死攸关的转折点，标志着中国共产党从幼年达到成熟。

（十一）西北革命根据地建设

西北革命根据地（1935 年 2 月成立）是在土地革命战争后期由陕甘边革命根据地和陕北革命根据地合并创建的。创建初期它北靠长城，南至渭北平原，西倚六盘山麓，东临黄河。1935 年 2 月 5 日周家碱联席会议正式标志着西北革命根据地的形成，至 1937 年 2 月改为陕甘宁特区，7 月抗日战争爆发后，于 9 月 6 日成为陕甘宁边区的重要组成部分。西北革命根据地是土地革命战争时期全国仅存的比较完整的一块根据地，是中共中央和中央红军长征的落脚点。

（十二）卢沟桥事变

1937 年 7 月 7 日夜，卢沟桥的日本驻军在未通知中国地方当局的情况下，径自在中国驻军阵地附近举行所谓“军事演习”，并诡称有一名日军士兵失踪，要求进入北平西南的宛平县城（今卢沟桥镇）搜查，被中国驻军严词拒绝，日军随即向宛平城和卢沟桥发动进攻。中国驻军第 29 军 37 师 219 团奋起还击，进行了顽强的抵抗，“卢沟桥事变”爆发。日本由此开始了全面侵华战争，中国则展开了全民族抗战。

卢沟桥事变的第二天，中共中央通电全国，号召中国军民团结起来，共同抵抗日本侵略者。全国各族各界人民热烈响应，抗日救亡运动空前高涨。8月22日，红军改编为国民革命军第八路军（简称“八路军”）；接着，南方八省的红军游击队改编为国民革命军陆军新编第四军（简称“新四军”）。9月22日，国民党中央通讯社发表《中共中央为公布国共合作宣言》;23日，蒋介石发表谈话，实际承认共产党合法地位。中共中央的宣言和蒋介石的谈话，宣告国共第二次合作的实现和中国抗日民族统一战线的形成。

1940年8月20日至1941年1月24日，八路军总部在华北发动了一次对日军大规模进攻，史称“百团大战”。这次战役陆续参战的部队达到105个团，进行大小战斗1820余次，毙伤日伪军25 800余人，俘虏大批伪军和日军，破坏铁路474千米，公路1500多千米，车站、桥梁、隧洞260多处，摧毁了大量敌堡和据点。这次战役给日伪军很大打击，坚定了全国人民抗战胜利的信心，提高了中国共产党和党所领导的军队的威望，对坚持抗战、遏制妥协投降暗流、争取时局好转，起了积极作用。

（十三）抗日战争胜利

1945年8月15日，日本向同盟国无条件投降。中国战场是“二战”的主战场之一，中国人民的抗日战争是“二战”的重要组成部分。中国人民抗日战争，是中华民族历史上最伟大的卫国战争，是中国人民反抗日本帝国主义侵略的正义战争，是世界反法西斯战争的重要组成部分，也是中国近代以来抗击外敌入侵第一次取得完全胜利的民族解放战争。抗日战争胜利有重大意义，包含以下三个方面。第一，抗日战争的胜利彻底打败了日本侵略者，捍卫了中国的国家主权和领土完整。它消除了鸦片战争以来中国人民受帝国主义奴役和压迫的耻辱，极大推进了中国革命的历史进程，为中国新民主主义革命的最后胜利奠定了坚实的基础。第二，抗日战争的胜利，促进了中华民族的觉醒和团结，弘扬了以爱国主义为核心的伟大民族精神。爱国主义成为抗战的最强音和主旋律：国家和民族利益至上，誓死不当亡国奴，同仇敌忾、万众一心，勤劳勇敢，不畏强暴、血战到底，自强不息，开拓创新。第三，中国抗日战争是世界反法西斯战争的重要组成部分，是世界反法西斯战争的东方主战场。在世界反法西斯战争中，中国抗日战争开始时间最早，持续时间最长，抗击日军最多，付出代价最大，发挥了不可替代的巨大作用。中国抗战的胜利创造了半殖民地半封建的弱国打败帝国主义强国的奇迹，它鼓舞了殖民地半殖民地国家人民争取民族独立和解放的斗争。中国参与发起成立联合国并成为联合国安全理事会常任理事国，显著提高了中国的国际地位和国际影响，有力地维护了世界和平。

（十四）党的七大

1945 年 4 月 23 日至 6 月 11 日，中国共产党第七次全国代表大会在延安举行。大会通过毛泽东《论联合政府》政治报告、朱德《论解放区战场》军事报告和刘少奇《关于修改党章的报告》，选举产生新的中央委员会，确定“以马克思列宁主义的理论与中国革命的实践之统一的思想——毛泽东思想，作为自己一切工作的指针”。大会总结了武装斗争、统一战线和党的建设的经验，深刻地论述了进行新民主主义革命的“三大法宝”以及党的“三大作风”——理论和实际相结合、密切联系群众和自我批评（又称“批评与自我批评”）。大会通过了新党章规定，实现了马克思列宁主义基本原理同中国革命实际相结合过程中的第一次历史性飞跃。把毛泽东思想作为党的指导思想并写入党章，是七大的历史性贡献。七大是中国共产党建党以后民主革命时期最重要的一次代表大会，全党在马克思列宁主义、毛泽东思想的基础上达到了空前的团结，为新民主主义革命在全国的胜利奠定了基础。七大以“团结的大会、胜利的大会”载入史册。

（十五）三大战役

三大战役指 1948 年 9 月 12 日至 1949 年 1 月 31 日，中国人民解放军同国民党军进行的战略决战的辽沈战役、淮海战役、平津战役。三大战役历时 142 天，共争取起义、投诚、接受和平改编与歼灭国民党正规军 144 个师，非正规军 29 个师，合计共 154 万余人。三大战役的胜利，奠定了人民解放战争在全国胜利的基础。

（十六）解放战争的胜利

1949 年 4 月，解放军横渡长江，解放南京，基本宣告了国民党统治的覆灭。1949 年 10 月 1 日，在解放军向全国进军途中，中华人民共和国在北京宣告成立。到 1950 年 6 月，残存在东北、华东、中南、西南、西北战场上的国民党军被全部歼灭，仅有少量败走台湾。1951 年西藏和平解放。至此，解放军完成了解放全国大陆和近海岛屿的任务。解放战争的胜利，在中国大陆结束了极少数剥削者统治广大劳动人民的历史，结束了帝国主义、殖民主义奴役中国各族人民的历史。占人类四分之一的中国人民获得解放，改变了世界政治力量对比，对国际局势和世界人民革命斗争的发展具有伟大而深远的影响。解放战争的胜利，是中国人民革命的胜利，结束了一百多年来帝国主义勾结封建统治者剥削压迫中国各族人民和内外战乱频仍、国家四分五裂的局面，实现了梦寐以求的民族解放和国家独立。中国人民从此站立起来，中华民族以崭新的姿态屹立于世界民族之林。中国历史开始了新的纪元。

二、中华人民共和国成立之后重大事件——建国 73 年辉煌成就选录（1949—2022）

（一）中华人民共和国成立

1949 年 9 月 21 日至 30 日，中国人民政治协商会议第一届全体会议在北平举行，这次会议的召开，标志着新民主主义革命在全国的胜利。大会通过起临时宪法作用的《中国人民政治协商会议共同纲领》，选举毛泽东为中央人民政府主席。会议通过北平为中华人民共和国首都，改名为“北京”；决定采用公元纪年；以《义勇军进行曲》为代国歌；国旗为五星红旗。10 月 1 日，首都北京 30 万军民在天安门广场集会，隆重举行开国大典，毛泽东主席庄严宣告：“中华人民共和国中央人民政府今天成立了。”新中国的成立，开辟了中国历史的新纪元，从此，中国结束了一百多年来被侵略被奴役的屈辱历史，真正成为独立自主的国家，中国人民从此站起来了，成为国家的主人。

（二）抗美援朝

1950 年 6 月 25 日，朝鲜内战爆发。美国随即进行武装干涉，并派遣海军第七舰队侵入中国台湾海峡。28 日，中国政府发表声明，对美国侵略行径进行严厉谴责和抗议。10 月上旬中共中央作出“抗美援朝、保家卫国”的战略决策。10 月 8 日，毛泽东发布命令，将东北边防军组成中国人民志愿军，任命彭德怀为司令员兼政治委员。10 月 19 日，中国人民志愿军入朝作战。全国掀起大规模的抗美援朝运动。1953 年 7 月 27 日，《关于朝鲜军事停战的协定》在朝鲜板门店签订。至 1958 年 10 月，中国人民志愿军分三批全部撤出朝鲜回国。10 月 25 日为抗美援朝纪念日。抗美援朝战争的胜利，维护了亚洲和世界和平，巩固了中国新生的人民政权，打破了美帝国主义不可战胜的神话，顶住了美国侵略扩张的势头，使中国的国际威望空前提高，极大地增强了中国人民的民族自信心和自豪感，为国内经济建设和社会改革赢得了相对稳定的和平环境。

（三）三大改造

社会主义三大改造是指中华人民共和国成立初期，中国共产党在全国范围内组织的对于农业、资本主义工商业和手工业进行的社会主义改造。其中，对于资本主义工商业的改造是三大改造的重点。改造分为两个步骤：第一步是把资本主义转变为国家资本主义；第二步是把国家资本主义转变为社会主义。1955 年夏季以后，农业合作化运动形成猛烈发展的群众性浪潮，手工业、资本主义工商业的社会主义改造步伐也大大加快。1956 年底，我国基本完成了对生产资料私有制的社会主义改造，初步建立起公有制占绝对优势的社会主义经济制度。伴随着生产资料公有制的建立和发展，我国确立的社会主义政治制度及党和国家工作的各个方面也得到加强和改善。社会主义政治制度、经济制度的确立，为当代中国的一切发展和进步奠定了制度基础，这是中国共产党和中华人民共和国历史上一座重要里程碑。

（四）西藏民主改革

1959 年 3 月 10 日，西藏地方政府和上层反动集团撕毁关于和平解放西藏的“十七条协议”，发动武装叛乱。3 月 20 日，人民解放军驻藏部队奉命进行平叛作战。22 日，中共中央发出在平息叛乱中实行民主改革的指示。28 日，国务院发布命令，解散西藏地方政府，由西藏自治区筹备委员会行使地方政府职权。1960 年底，西藏民主改革基本完成，彻底摧毁了政教合一的封建农奴制度。这是西藏历史上最广泛、最深刻、最伟大的社会变革，西藏从此废除了黑暗的封建农奴制，建立起全新的社会制度，人民实现翻身解放，成为国家和社会的主人，开启了西藏人民当家作主的新时代，谱写了人类文明史上的光辉篇章。

（五）民族区域自治制度

民族区域自治制度，指在国家统一领导下，各少数民族聚居的地方实行区域自治，设立自治机关，行使自治权的制度。民族区域自治制度是我国的基本政治制度之一，是建设新时代中国特色社会主义政治的重要内容，它是我国为解决民族问题、处理民族关系、实现民族平等、团结各民族共同繁荣而建立的。《宪法》第 4 条第 3 款规定，各少数民族聚居的地方实行区域自治，设立自治机关，行使自治权。各民族自治地方都是中华人民共和国不可分离的部分。1947 年 5 月 1 日，党领导建立了我国第一个省一级的内蒙古自治区，为以后在其他民族地区实行民族区域自治指明了方向，积累了宝贵的经验。1949 年《中国人民政治协商会议共同纲领》中明确规定：“各少数民族聚居的地区，实行民族区域自治，按照民族聚居的人口多少和区域大小，分别建立各种民族自治机关。”后来，民族区域自治又明确载入历次宪法，成为我国的一项重要政治制度。

（六）“三线”建设

“三线”建设是中共中央于 20 世纪 60 年代中期作出的一项重大战略决策，它是在当时国际局势日趋紧张的情况下，为加强战备，逐步改变我国生产力布局的一次由东向西转移的战略大调整，建设的重点在西南、西北。“三线”建设为中西部地区建设了 45 个工业产品重大科研、生产基地，形成了包括煤炭、电力、冶金、化工、机械、核能、航空、航天、兵工、电子、船舶工业等门类比较齐全的战略后方基地。仅军工部门的工程技术人员就有 20 余万名。攀枝花、六盘水、十堰、德阳等一大批新兴工业城市，在荒原山沟里拔地而起，成都、重庆、西安、兰州、贵阳、安顺、遵义等一大批古老的城镇，在注入工业化能量后，拉近了与东部发达工业城市的差距。“三线”建设为新世纪的重大国家战略——西部大开发奠定了深厚的工业基础，至今仍是我国推行“一带一路”的基石，可以说“三线”建设就是西部大开发的“前奏曲”。

（七）大国外交

1949 年 10 月 2 日，苏联政府决定同中华人民共和国建立外交关系，并派遣大使。12 月 16 日，毛泽东抵达莫斯科对苏联进行为期两个月的访问。1950 年 2 月 14 日，中苏两国政府全权代表周恩来、维辛斯基签署《中苏友好同盟互助条约》。1954 年 4 月 26 日至 7 月 21 日，中华人民共和国首次以五大国之一的身份参加讨论和平解决朝鲜问题和恢复印度支那和平问题的日内瓦会议。会议实现了印度支那的停战。6 月 28 日、29 日，周恩来分别与印度总理尼赫鲁和缅甸总理吴努发表《联合声明》，共同倡导和平共处五项原则。

1971 年 10 月 25 日，第二十六届联合国大会以压倒多数的票数通过 2758 号决议，恢复中华人民共和国在联合国的一切合法权利，并立即把蒋介石集团的代表从联合国及其所属一切机构中驱逐出去。1972 年 2 月 21—28 日，美国总统尼克松访问中国。28 日，中美双方在上海发表《联合公报》，标志着两国关系正常化进程的开始。9 月 25—29 日，日本内阁总理大臣田中角荣应邀访问中国，谈判并解决中日邦交正常化问题。29 日，中日两国政府发表《联合声明》，宣布即日起建立外交关系。1978 年 12 月 16 日，中美建交联合公报发表，决定自 1979 年 1 月 1 日起两国建立外交关系。同日，美国宣布断绝同台湾的“外交关系”。

冷战结束后，尤其是进入 21 世纪以来，国际形势发生了广泛而深刻的变化，但和平与发展仍然是时代主题。中国仍然坚持独立自主的和平外交政策，把国家主权和安全放在第一位，坚定地维护我国的国家利益，反对任何国家损害我国的独立、主权、安全和尊严；从我国人民和世界人民的根本利益出发，对于一切国际事务，都要根据事情本身的是非曲直决定自己的立场和政策，秉持公道，伸张正义，不屈从于任何外来压力；坚持各国的事务应由本国政府和人民决定，世界上的事情应由各国政府和人民平等协商，反对一切形式的霸权主义和强权政治；主张和平解决国际争端和热点问题，反对动辄诉诸武力或以武力相威胁，反对颠覆别国合法政权，反对一切形式的恐怖主义。维护世界和平、促进共同发展，是中国外交政策的宗旨。中国倡导建立合作共赢的新型国际关系，核心是维护联合国宪章的宗旨和原则，维护不干涉别国内政和尊重国家主权、独立、领土完整等国际关系基本准则，维护联合国及其安理会对世界和平承担的首要责任。开展对话和合作，而不是对抗；实现双赢和共赢，而不是单赢。

（八）改革开放

1978年5月11日，《光明日报》头版发表特约评论员文章《实践是检验真理的唯一标准》，在全国范围内引发了一场关于真理标准问题的大讨论。1978年11月，安徽省凤阳县小岗村实行“分田到户，自负盈亏”的家庭联产承包责任制（大包干），拉开了中国对内改革的大幕。1979年7月15日，中央正式批准广东、福建两省在对外经济活动中实行特殊政策、灵活措施，迈开了改革开放的历史性脚步，对外开放成为中国的一项基本国策。1978年12月18—22日，党的十一届三中全会在北京举行。会议的主要任务是确定把全党工作重点转移到社会主义现代化建设上来。全会前召开了历时36天的中央工作会议，邓小平《解放思想，实事求是，团结一致向前看》重要讲话，实际上成为十一届三中全会的主题报告。十一届三中全会从根本上冲破了长期“左”倾错误的严重束缚，重新确立了马克思主义的思想路线、政治路线和组织路线，我国改革开放由此拉开了序幕，邓小平理论也逐步形成和发展起来，党和人民踏上建设中国特色社会主义的伟大征程。十一届三中全会作为一个伟大的转折点载入党的光辉史册。1992年南方谈话发布，中国改革进入了新的阶段。改革开放使中国发生了巨大的变化。2013年中国进入全面深化改革新时期。

（九）中国特色社会主义

中国特色社会主义，又称“具有中国特色的社会主义”。包括中国特色社会主义道路、理论、制度、文化。

中国特色社会主义道路，就是在中国共产党领导下，立足基本国情，以经济建设为中心，坚持四项基本原则，坚持改革开放，解放和发展社会生产力，建设社会主义市场经济、社会主义民主政治、社会主义先进文化、社会主义和谐社会、社会主义生态文明，促进人的全面发展，逐步实现全体人民共同富裕，建设富强、民主、文明、和谐、美丽的社会主义现代化强国，实现中华民族伟大复兴。

中国特色社会主义理论体系，就是包括邓小平理论、“三个代表”重要思想、科学发展观以及习近平新时代中国特色社会主义思想在内的科学理论体系。

中国特色社会主义制度，包括人民代表大会制度的根本政治制度，中国共产党领导的多党合作和政治协商制度、民族区域自治制度以及基层群众自治制度等基本政治制度，中国特色社会主义法律体系，公有制为主体，多种所有制经济共同发展，按劳分配为主体，多种分配方式并存，社会主义市场经济体制的基本经济制度，以及建立在这些制度基础上的经济体制、政治体制、文化体制、社会体制等各项具体制度。

中国特色社会主义文化，渊源于中华民族五千年文明史，又植根于有中国特色社会主义的实践，具有鲜明的时代特点。习近平总书记指出，中国特色社会主义文化，源自于中华民族五千多年文明历史所孕育的中华优秀传统文化，熔铸于党领导人民在革命、建设、改革中创造的革命文化和社会主义先进文化，植根于中国特色社会主义伟大实践。发展中国特色社会主义文化，就是以马克思主义为指导，坚守中华文化立场，立足当代中国现实，结合当今时代条件，发展面向现代化、面向世界、面向未来的，民族的科学的大众的社会主义文化，推动社会主义精神文明和物质文明协调发展。要坚持为人民服务、为社会主义服务，坚持百花齐放、百家争鸣，坚持创造性转化、创新性发展，不断铸就中华文化新辉煌。

（十）香港回归

1982 年 9 月，英国首相玛格丽特·撒切尔夫人访华，邓小平因香港前途问题与其进行谈判。邓小平提出，关于收回香港主权问题，可以用“一个国家，两种制度（一国两制）”的方案解决。他强调：“关于主权问题，中国在这个问题上没有回转余地。”中英双方经过两年多达 22 轮的谈判，最终在 1984 年 12 月 19 日正式签署了《中英联合声明》，决定从 1997 年 7 月 1 日起，中国在香港成立特别行政区，开始对香港岛、界限街以南的九龙半岛、新界等土地重新行使主权和治权。1997 年 7 月 1 日 0 时整，中华人民共和国国旗和香港特区区旗在香港升起，历经百年沧桑的香港回到祖国的怀抱，中国政府开始对香港恢复行使主权。

香港回到祖国的怀抱，洗刷了民族百年耻辱，完成了实现祖国完全统一的重要一步。香港回归祖国是彪炳中华民族史册的千秋功业。历史意义可从国内和国际两方面来看。对国内的意义：①有利于推进祖国的和平统一大业，促进我国的社会主义现代化建设；②有利于促进香港地区的繁荣稳定与发展；③香港回归是“一国两制”伟大构想的成功实践，通过香港回归的实践证明邓小平提出这一政策是英明正确的，同时为澳门问题的解决以及澳门的回归提供了实践的范本，最终也为解决台湾问题实现中国完全统一留下了一笔宝贵的财富。对国外的意义：香港的顺利回归不仅是给西方大国以有力的回击，而且香港回归的成功实践也为世界许多国家和地区解决类似问题提供了实例，对世界政治发展具有重大意义。

（十一）澳门回归

1985年5月，葡萄牙总统埃亚内斯应邀访问中国，访问结束后双方发表联合公报，决定就澳门问题于1986年上半年在北京进行谈判。1986年6月，中葡在北京就澳门问题举行首轮会谈。1987年4月13日，中葡两国政府签订了《中华人民共和国政府和葡萄牙共和国政府关于澳门问题的联合声明》，宣布澳门地区（包括澳门半岛、氹仔岛和路环岛）是中国的领土，中华人民共和国将于1999年12月20日对澳门恢复行使主权。1999年12月20日0时，中葡两国政府澳门政权交接仪式在澳门文化中心花园馆隆重举行。在雄壮的《义勇军进行曲》旋律中，中华人民共和国国旗和中华人民共和国澳门特别行政区区旗在这里庄严升起。从此，澳门回到祖国的怀抱，中国人民在完成祖国统一大业中又迈出重要的一步。

（十二）乡村振兴战略

乡村振兴战略是习近平总书记2017年10月18日在党的十九大报告中提出的战略。十九大报告指出，农业农村农民问题是关系国计民生的根本性问题，必须始终把解决好“三农”问题作为全党工作的重中之重，实施乡村振兴战略。

2018年1月2日，国务院公布了2018年中央一号文件，即《中共中央国务院关于实施乡村振兴战略的意见》。2018年3月5日，李克强总理在《政府工作报告》中明确，大力实施乡村振兴战略。2018年9月，中共中央、国务院印发了《乡村振兴战略规划（2018—2022年）》，并发出通知，要求各地区各部门结合实际认真贯彻落实。2021年2月21日，中央一号文件主题是“全面推进乡村振兴加快农业农村现代化”。

实施乡村振兴战略，要坚持党管农村工作，坚持农业农村优先发展，坚持农民主体地位，坚持乡村全面振兴，坚持城乡融合发展，坚持人与自然和谐共生，坚持因地制宜、循序渐进。巩固和完善农村基本经营制度，保持土地承包关系稳定并长久不变，第二轮土地承包到期后再延长三十年。确保国家粮食安全，把中国人的饭碗牢牢端在自己手中。加强农村基层基础工作，培养造就一支懂农业、爱农村、爱农民的“三农”工作队伍。全面建成小康社会和全面建设社会主义现代化强国，最艰巨最繁重的任务在农村，最广泛最深厚的基础在农村，最大的潜力和后劲也在农村。实施乡村振兴战略，是解决新时代我国社会主要矛盾、实现“两个一百年”奋斗目标和中华民族伟大复兴中国梦的必然要求，具有重大现实意义和深远历史意义。中国共产党是领导我们事业发展的核心，毫不动摇地坚持和加强党对农村工作的领导，确保党在农村工作中始终总揽全局、协调各方，为乡村振兴提供坚强有力的政治保障，是乡村振兴战略成功的关键。

（十三）脱贫攻坚战

2015 年 11 月 27—28 日，中央扶贫开发工作会议在北京召开。习近平总书记强调，消除贫困、改善民生、逐步实现共同富裕，是社会主义的本质要求，是中国共产党的重要使命。2017 年 10 月 18 日，他在十九大报告中指出，坚决打赢脱贫攻坚战。要动员全党全国全社会力量，坚持精准扶贫、精准脱贫，坚持中央统筹省负总责市县抓落实的工作机制，强化党政一把手负总责的责任制，坚持大扶贫格局，注重扶贫同扶志、扶智相结合，深入实施东西部扶贫协作，重点攻克深度贫困地区脱贫任务，确保到 2020 年我国现行标准下农村贫困人口实现脱贫，贫困县全部摘帽，解决区域性整体贫困，做到脱真贫、真脱贫。

2019 年 3 月 5 日，国务院总理李克强在发布的 2019 年国务院政府工作报告中提出，打好精准脱贫攻坚战。重点解决实现“两不愁三保障”（“两不愁”就是稳定实现农村贫困人口不愁吃、不愁穿；“三保障”就是保障其义务教育、基本医疗和住房安全）面临的突出问题，加大“三区三州”（“三区三州”是指西藏自治区和青海、四川、甘肃、云南四省藏区及南疆的和田地区、阿克苏地区、喀什地区、克孜勒苏柯尔克孜自治州四地区；“三州”是指四川凉山州、云南怒江州、甘肃临夏州）等深度贫困地区脱贫攻坚力度，落实对特殊贫困人口的保障措施。

2020 年 5 月 22 日，李克强在发布的 2020 年国务院政府工作报告中提出，2020 年要优先稳就业保民生，坚决打赢脱贫攻坚战，努力实现全面建成小康社会目标任务。开展消费扶贫行动，支持扶贫产业恢复发展。加强易地扶贫搬迁后续扶持。深化东西部扶贫协作和中央单位定点扶贫。强化兜底保障。搞好脱贫攻坚普查。接续推进脱贫与乡村振兴有效衔接，全力让脱贫群众迈向富裕。7 月，国务院扶贫开发领导小组开展 2020 年脱贫攻坚督查工作。11 月 23 日，贵州省宣布所有贫困县摘帽出列，至此，中国 832 个国家级贫困县全部脱贫摘帽。

2021 年 2 月 25 日，全国脱贫攻坚总结表彰大会在京隆重举行，习近平庄严宣告：“经过全党全国各族人民共同努力，在迎来中国共产党成立一百周年的重要时刻，我国脱贫攻坚战取得了全面胜利，现行标准下 9899 万农村贫困人口全部脱贫，832 个贫困县全部摘帽，12.8 万个贫困村全部出列，区域性整体贫困得到解决，完成了消除绝对贫困的艰巨任务，创造了又一个彪炳史册的人间奇迹！这是中国人民的伟大光荣，是中国共产党的伟大光荣，是中华民族的伟大光荣！”4 月 6 日，国务院新闻办公室发布《人类减贫的中国实践》白皮书。

（十四）全面建成小康社会

“小康社会”是由邓小平在20世纪70年代末80年代初在规划中国经济社会发展蓝图时提出的战略构想。随着中国特色社会主义建设事业的深入，其内涵和意义不断地得到丰富和发展。在20世纪末基本实现“小康”的情况下，中共十八大报告明确提出了“全面建成小康社会”。党的十八届五中全会顺应我国经济社会新发展和广大人民群众新期待，赋予“小康”更高的标准、更丰富的内涵，目标要求，包括以下几项：经济保持中高速增长、创新驱动成效显著、发展协调性明显增强、人民生活水平和质量普遍提高、国民素质和社会文明程度显著提高、生态环境质量总体改善、各方面制度更加成熟更加定型。习近平总书记在十九大报告中指出，我们既要全面建成小康社会、实现第一个百年奋斗目标，又要乘势而上开启全面建设社会主义现代化国家新征程，向第二个百年奋斗目标进军。党的十九大进一步明确了决胜全面建成小康社会的战略安排。2020年是全面建成小康社会决胜期，我们要深入贯彻习近平新时代中国特色社会主义思想和基本方略，紧扣社会主要矛盾的变化，综合施策、精准发力，突出抓重点、补短板、强弱项，赢得全面建成小康社会的最后胜利。2021年7月28日，《全面建成小康社会大事记》在《人民日报》上刊发。8月12日，国务院新闻办公室发表《全面建成小康社会：中国人权事业发展的光辉篇章》白皮书。9月28日，国务院新闻办公室发表《中国的全面小康》白皮书。

（十五）“一带一路”倡议

2013年，9月7日、10月3日，习近平主席分别在哈萨克斯坦纳扎尔巴耶夫大学、印度尼西亚国会发表演讲，先后提出共同建设“丝绸之路经济带”与“21世纪海上丝绸之路”，即“一带一路”倡议。2017年5月14—15日，首届“一带一路”国际合作高峰论坛在北京举行。国家主席习近平出席开幕式并发表主旨演讲，强调要将“一带一路”建成和平之路、繁荣之路、开放之路、创新之路、文明之路。15日，高峰论坛举行领导人圆桌峰会，习近平全程主持会议。2019年4月，“一带一路”国际合作高峰论坛在北京举行。截至2022年5月27日，中国已与150个国家、32个国际组织签署200多份共建“一带一路”合作文件。

中国政府倡议共建“一带一路”恪守联合国宪章的宗旨和原则，坚持开放合作、和谐包容、市场运作、互利共赢。秉持和平合作、开放包容、互学互鉴、互利共赢的理念，全方位推进务实合作，打造政治互信、经济融合、文化包容的利益共同体、命运共同体和责任共同体，以政策沟通、设施联通、贸易畅通、资金融通、民心相通为主要内容加强合作。“一带一路”建设对推动构建人类命运共同体具有重要的意义和作用。党的十九大提出，要以“一带一路”建设为重点，坚持引进来和走出去并重，遵循共商共建共享原则，加强创新能力开放合作，形成陆海内外联动、东西双向互济的开放格局。

（十六）人类命运共同体

2012年党的十八大明确提出“要倡导人类命运共同体意识，在追求本国利益时兼顾他国合理关切”。2017年10月18日，习近平总书记在十九大报告中提出，坚持和平发展道路，推动构建人类命运共同体。构建人类命运共同体思想，是一个科学完整、内涵丰富、意义深远的思想体系，其核心就是“建设持久和平、普遍安全、共同繁荣、开放包容、清洁美丽的世界”。构建人类命运共同体既是中国外交的崇高目标，也是世界各国的共同责任和历史使命。世界各国应携手合作，共同努力构建人类命运共同体，建设一个更加美好的世界。

（十七）“两弹一星”

“两弹一星”指核弹（原子弹、氢弹）、导弹和人造卫星。1960年11月5日，中国仿制的第一枚导弹发射成功。1964年10月16日中国第一颗原子弹爆炸成功，使中国成为第五个有原子弹的国家。1967年6月17日中国第一颗氢弹空爆试验成功。1970年4月24日中国第一颗人造卫星发射成功，使中国成为第五个发射人造卫星的国家。中国的“两弹一星”是20世纪下半叶中华民族创建的辉煌伟业。

（十八）北斗导航

中国北斗卫星导航系统（简称BDS）是中国自行研制的全球卫星导航系统，这是和美国全球定位系统（GPS）、俄罗斯格洛纳斯系统（GLONASS）、欧洲伽利略系统（GALILEO）并列的全球卫星导航系统。北斗卫星导航系统由空间段、地面段和用户段三部分组成，可在全球范围内全天候、全天时为各类用户提供高精度、高可靠定位、导航、授时服务，已经具备区域导航、定位和授时能力，定位精度为分米、厘米级别，测速精度0.2米/秒，授时精度10纳秒。北斗系统是党中央决策实施的国家重大科技工程。工程自1994年启动，2000年完成北斗一号系统建设，2012年完成北斗二号系统建设。2017年11月5日，北斗三号第一、二颗组网卫星以“一箭双星”方式成功发射，标志着北斗卫星导航系统全球组网的开始。2020年7月31日上午，北斗三号全球卫星导航系统正式开通。北斗三号全球卫星导航系统全面建成并开通服务，标志着工程“三步走”发展战略取得决战决胜。目前，全球已有120余个国家和地区使用北斗系统。

（十九）高速公路

1990年9月1日，中国大陆兴建最早的高速公路——沈大高速公路（沈阳至大连）正式通车，全长375千米。2000年12月18日，京沪高速公路（北京至上海）全线贯通，全长1262千米。截至2021年底，全国高速公路总里程16.91万千米，位居全球第一。

（二十）高速铁路

2008年8月1日，中国第一条拥有完全自主知识产权、具有世界一流水平的高速铁路——京津城际铁路通车运营。根据《高速铁路设计规范》（TB10621—2014）：中国高速铁路是设计速度每小时250千米（含预留）以上、列车初期运营速度每小时200千米以上的客运专线铁路。根据《中长期铁路网规划（2016年）》：中国高速铁路网由所有设计速度每小时250千米以上新线和部分经改造后设计速度达标每小时200千米以上的既有线铁路共同组成。2017年6月25日，中国标准动车组被命名为“复兴号”并于26日投入运行。中国高速动车组技术实现全面自主化。至2019年底，中国高速铁路营业总里程达到3.5万千米，居世界第一。截至2021年底，全国高速铁路营业里程达到4万千米。

（二十一）三峡水利工程

长江三峡水利枢纽工程，又称三峡水利工程。三峡水利工程的主体部分为三峡大坝，包括主体建筑物及导流工程两部分，全长约3335米，坝顶高程185米，工程总投资为954.6亿人民币，于1994年12月14日正式动工修建，2006年5月20日全线修建成功。三峡水电站2018年发电量突破1000亿千瓦时，创单座电站年发电量世界新纪录。三峡大坝建成后，形成长达600千米的水库，采取分期蓄水，成为世界罕见的新景观。水库正常蓄水位175米，防洪库容221.5亿立方米，总库容达393亿立方米，可充分发挥其长江中下游防洪体系中的关键性骨干作用，并将显著改善长江宜昌至重庆660千米的航道，同时还发挥发电、养殖、旅游、南水北调、供水灌溉等十大效益。

（二十二）南水北调工程

南水北调工程是我国的战略性工程，分东、中、西三条线路，东线工程起点位于江苏扬州江都水利枢纽；中线工程起点位于汉江中上游丹江口水库，供水区域为河南、河北、北京、天津四个省（市）。2002年12月27日，南水北调工程开工典礼在北京人民大会堂和江苏省、山东省施工现场同时举行。南水北调工程规划最终调水规模448亿立方米，其中东线148亿立方米，中线130亿立方米，西线170亿立方米，建设时间需40~50年。建成后将解决700多万人长期饮用高氟水和苦咸水的问题。2020年4月16日，黄河水利委员会组织南水北调西线工程综合查勘出征仪式，正式开始西线勘探。

（二十三）《中华人民共和国民法典》

《中华人民共和国民法典》被称为“社会生活的百科全书”，是新中国第一部以法典命名的法律，在法律体系中居于基础性地位，也是市场经济的基本法。2020 年 5 月 28 日，十三届全国人大三次会议表决通过了《中华人民共和国民法典》，自 2021 年 1 月 1 日起施行。婚姻法、继承法、民法通则、收养法、担保法、合同法、物权法、侵权责任法、民法总则同时废止。《中华人民共和国民法典》通篇贯穿以人民为中心的发展思想，着眼满足人民对美好生活的需要，对公民的人身权、财产权、人格权等作出明确翔实的规定，并规定侵权责任，明确权利受到削弱、减损、侵害时的请求权和救济权等，体现了对人民权利的充分保障，被誉为“新时代人民权利的宣言书”。

（二十四）抗击新型冠状病毒肺炎疫情

2019 年 12 月，国内暴发不明原因肺炎。2020 年 1 月确定为新型冠状病毒肺炎。在以习近平同志为核心的党中央坚强领导下，经过全国上下艰苦努力，自 2020 年 5 月以来，我国新型冠状病毒肺炎疫情防控向好态势进一步巩固，防控工作已从应急状态转为常态化。在这场同严重疫情的殊死较量中，中国人民和中华民族以敢于斗争、敢于胜利的大无畏气概，铸就了生命至上、举国同心、舍生忘死、尊重科学、命运与共的伟大抗疫精神。

专题三

中国传统文化概述

一、文化与中国传统文化

(一)文化概述

1. 文化的词源

在古汉语中，文化是“文”和“化”的复合词。《易·贲卦》记载：“刚柔交错，天文也。文明以止，人文也。观乎天文，以察时变；观乎人文，以化成天下。”在这里，天文与人文相对，天文是指天道自然，人文是指社会人伦。治理国家者必须观察天道自然的运行规律，以明耕作渔猎之时序；又必须把握现实社会中的人伦秩序，以明君臣、父子、夫妇、兄弟、朋友等等级关系，使人们的行为合乎文明礼仪，并由此而推及天下，以成“大化”。“文”“化”二字合用为一词，最早见于西汉刘向的《说苑·指武》：“圣人之治天下也，先文德而后武力。凡武之兴，为不服也；文化不改，然后加诛。”“文化”作为“文治教化”的缩写，在西汉以后已作为专用名词和常用名词使用。可见，我国古代文化的概念不外乎文治教化，强调用经典、礼制、道德来教化世人，基本属于精神文明（狭义文化）的范畴。这种理解在我国持续到近代。

2. 文化的概念与内涵

我们现代常用的“文化”一词与西方的“Culture”相对应，是一个内涵丰富而外延宽广的多维概念。英国人类学家爱德华·泰勒（Edward B. Tylor）最早将文化作为一个专业术语进行了界定。他认为“从最为广泛的民族意义上看，文化或文明是一个综合体系”。泰勒着眼于文化的整体性和精神性，把人类的知识、信仰、艺术、道德、法律、习俗等一切精神性创造物的整体界定为文化，较早地把文化归纳为整个生活方式的总和。这一定义对后世产生了重大的影响。此后，不同学科背景的学者从各自的研究视野出发，采用不同的方法对文化进行了广泛深入的阐述和研究。总体而言，文化的定义有广义与狭义之分。广义的文化是指人类在长期的生产生活过程中创造的一切物质产品和精神产品的总和。狭义的文化专指语言、文学、艺术及一切意识形态在内的精神产品。

（二）中国传统文化的概念

中国传统文化是指在长期的历史发展过程中形成和发展起来的、保留在中华民族中、具有稳定形态的中国文化。它是世界上最古老的文化之一，是中华民族在中国这块土地上经历几千年漫长的历史创造出来的文明成果，是汉族文化融汇吸收其他少数民族文化和外来文化的结果，是中国古代社会物质成果和精神成果的总和。它不仅记录了中华民族和中国文化发生、演变的历史，而且作为代代相传的思维方式、价值观念、行为准则、风俗习惯，具有强大的遗传性，渗透在每一个中国人的血液中，影响着今日中国人的行为方式和思维方式。

（三）中国传统文化产生的地理环境

任何一个民族的文化，都是在一定的地理环境即地理空间中经过一定的时间发展而形成的。不同的地理环境提供不同的自然条件或自然资源，从而使生活于其中的民族从事不同的物质生产方式，建立与其生产方式相一致的社会组织形态，最终便形成了具有鲜明地域特色的民族文化。中国传统文化产生的地理环境具有以下基本特征。

其一，相对封闭的地理环境。中国地处亚洲东部、太平洋西岸。除东南及东部面向海洋外，东北、北部、西北、西部、西南皆与欧亚大陆连接，却被河流、沙漠或高原所隔，形成了一个相对封闭的地理单元。因此四周都有天然阻隔、相对封闭便成为中国地理的第一大特点。一方面，相对封闭的地理环境成为中国传统文化的一个较为完备的天然隔离机制，使中国文化能在自己的疆域内自由而独立地成长和演进，较少受外来民族或外界强制力量的入侵和破坏，在一定程度上保证了中国文化的延续。但另一方面，相对封闭的地理环境为中国古代文化与其他民族和地区的交流制造了巨大的障碍，形成了中国古代相对内向、封闭的民族心理。中国东濒海洋，这成为中国与外界隔绝的又一天然屏障。在西方世界文明史上，海洋是走向世界的有利条件。然而对于中国来说，海洋的作用却似乎恰恰相反。它一方面在相当长的时间内阻遏中国文化通过海洋走向世界，妨碍了与外部世界的文化信息交流；另一方面，它也保护了中国文化在其发展过程中的自我成长。总的来说，中国人同海洋的关系是淡薄的，对海洋的看法是神秘的，对海洋的利用是“重义轻利”的。

其二，条件优越的农耕环境。从地形图上看，我国地貌的总体轮廓、总趋势为西高东低，自西向东逐级下降，构成巨大的阶梯状斜面。正是这种西高东低的地貌形势，使得黄河、长江等主要的河流自西向东流入大海，它们所携带的大量泥沙在中下游不断沉积，形成了我国东部一系列肥沃辽阔的大平原并哺育了中华民族光辉灿烂的古代文化。此外，中国古代农业文化的发达和兴旺还得益于适宜的气候条件。我国跨越的纬度范围巨大，气候带多样。尤其是温暖湿润的季风气候，成为发展农业生产的至关重要而又非常有利的条件。就气候环境而论，世界上几乎所有其他几个古典农业文明的源地，都没有中国文明发祥地这样优越的条件。中国古代发达的农业文明之所以形成并延绵不绝，还要感谢大自然特殊的地质构造的安排，尤其是青藏高原的隆起。它不仅改变了亚洲东部的大气环流形势，形成了东亚的季风气候，而且使我国长江流域摆脱了沙漠的困境。

其三，幅员辽阔的疆域。中国幅员辽阔，地大物博，其疆域范围几乎等于整个欧洲大陆。正是由于中国文化占有如此辽阔的领地，使得中国文化具有充分的回旋余地。无论是气候变迁带来的不利影响，还是北方游牧民族的入侵，都不至于将其逼入死角，总会寻找到新的适宜的立足之地。这对于保证中国文化历久不衰而言，是一个十分重要的地理因素。

二、中国古代思想流派

（一）中国古代思想流派简述

中国古代哲学思想可以追溯到史前时期神话传说，在尧舜禹时期形成了“禅让制”及其体现出的“公天下”思想，在夏代开始出现“家天下”的阶级社会思想并经商代延续到西周，史称“三代”。在这一时期，产生了两个极为重要的哲学思想体系，即“八卦易学体系”和“阴阳五行体系”。

《易经》是阐述天地世间关于万象变化的古老经典，是博大精深的辩证法哲学书。包括《连山》《归藏》《周易》三部易书，其中《连山》和《归藏》已经失传，后世人们熟悉的是《周易》，它分为《易经》和《易传》。《易经》分为《上经》三十卦，《下经》三十四卦。由于《易经》成书很早，大约在西周时期，文字含义随时代演变，《易经》的内容在春秋战国时便已不易读懂，因此春秋战国时代的人（孔子为代表人物之一）撰写了《十翼》，又称为《易传》，以解读《易经》。八卦是易学体系的基础，代表了早期中国的哲学思想，《周易·系辞下》曰：“古者包牺氏之王天下也，仰则观象于天，俯则观法于地，观鸟兽之文与地之宜，近取诸身，远取诸物，于是始作八卦，以通神明之德，以类万物之情。”八卦图据说最早出自伏羲根据燧人氏造设的“河图洛书”所创，其用阴爻和阳爻的组合来阐述天地中八种最原始的物质。所谓“太极生两仪（阴阳），两仪生四象（少阳、太阳、少阴、太阴），四象演八卦，八八六十四卦”，此为伏羲八卦，也叫“先天八卦”。八卦是整个世界万物的模拟图，最早用来代表天、地、雷、风、水、火、山、泽八种自然事物和现象，并表示健、顺、动、人、陷、丽、止、说八种性质，分别用乾坤、震巽、坎离、艮兑象征矛盾对立的天地、雷风、水火、山泽。

阴阳五行学说是中国古代哲学思想的结晶，是阴阳学说和五行学说的合称，蕴含着古代朴素的唯物主义哲学。阴阳学说认为，世界是物质性的整体，自然界的任何事物都包括阴和阳相互对立的两个方面，而对立的双方又是相互统一的。阴阳的对立统一运动，是自然界一切事物发生、发展、变化及消亡的根本原因。五行学说认为世界上的一切事物，都是由木、火、土、金、水五种基本物质之间的运动变化而生成的，这五种物质之间，存在着既相互滋生又相互制约的关系，在不断的相生相克运动中维持着动态的平衡。其中，五行相生是指金生水，水生木，木生火，火生土，土生金；五行相克是指金克木，木克土，土克水，水克火，火克金。

周代的第二个阶段是东周，分为春秋和战国两个时期，是奴隶社会瓦解和封建社会初步建立的社会转型时期，也是中国古代哲学思想流派的初步形成时期，诸子百家治学应运而生。西汉刘歆将其分为儒、墨、道、名、法、阴阳、农、纵横、杂、小说十家。其中影响最大的除了奠定中国传统文化基础的儒家和道家，还有墨家、兵家、法家等。

墨家创始人为墨翟。墨家与儒家并称“显学”，这一学派以“兼相爱，交相利”作为学说的基础，提出“兼爱”，主张爱不应有亲疏、上下、贵贱、等级的分别。政治上主张“尚贤”“尚同”，提倡选任贤才，消除阶级观念，使天下大治，主张“非攻”，反对一切侵略战争；经济上主张反对奢侈的生活，主张节俭，提出“节用”“节葬”“非乐”的思想；宇宙观上提出“非命”，认为命运不能主宰人的富贵贫贱，强调只要通过后天的努力就可以改变。为了求福避祸，他又主张尊天事鬼。墨家有严密的组织，成员多来自社会中下层，相传皆能赴火蹈刃，以自苦励志。其徒属从事谈辩者，称“墨辩”；从事武侠者，称“墨侠”；领袖称“巨（钜）子”。墨翟死后，分裂为三派。至战国后期，汇合成两支：一支注重认识论、逻辑学、数学、光学、力学等学科的研究，是谓“墨家后学”（亦称“后期墨家”）；另一支则转化为秦汉社会的游侠。

兵家主要代表人物有春秋时期孙武和战国时期的孙膑。春秋战国时代，诸侯之间不断爆发战争，从事军事的智谋有识之士，总结军事方面的经验教训，研究制胜的规律，这一类学者，古称之为“兵家”。今存兵家著作有《孙子兵法》《孙膑兵法》《六韬》《三略》等，兵家著作中含有丰富的朴素唯物论和辩证法思想，是我国古代宝贵的军事思想遗产。兵家集大成者是孙武的《孙子兵法》，对后代的军事实践活动与理论产生了深远的影响。孙武认为“兵者，国之大事”，提出“知彼知己，百战不殆”，注重了解情况，全面地分析敌我、众寡、强弱、虚实、攻守、进退等矛盾双方，并通过对战争客观规律的认识和掌握以克敌制胜。他还提出“兵无常势，水无常形，能因敌变化而取胜者，谓之神”，强调了战略战术上的“奇正相生”和灵活运用。孙膑继承和发展了孙武的军事理论，著有《孙膑兵法》，把“道”看作战争客观规律，提出了以寡胜众、以弱胜强的战法，主张以进攻为主的战略，根据不同地形，创造有利的进攻形势，重视对城邑的进攻和对阵法的运用。

法家因主张以法治国，“不别亲疏，不殊贵贱，一断于法”，故称之为法家。法家重视法律，反对儒家的“礼”，反对贵族垄断经济和政治利益的世袭特权，要求土地私有和按功劳与才干授予官职。春秋时期的管仲、子产是法家的先驱。战国初期，李悝、商鞅、申不害、慎到等开创了法家学派。至战国末期，韩非综合商鞅的“法”、慎到的“势”和申不害的“术”，成为法家集大成者，著《韩非子》一书，论述法与国家治理的思想，提出了“法”“术”“势”三位一体的理论体系，主张以法律为治理条例，以权术为手段，以权势为推行法令的保证，三者有机结合，从而使法制得以实施。

春秋战国时期的学术思想流派还有很多，如主张以农耕安身立命的农家学派，提出“白马非马”辩证命题的名家学派，主张“为我”的杨朱学派，主张“合纵”“连横”外交战略思想的纵横学派，系统阐述阴阳五行学说的阴阳学派，齐国著名的稷下学派，吕不韦及其门客的杂家思想流派等，在此不一一赘述。

（二）儒家哲学

儒家哲学是中国哲学文化的主干。形成于春秋时期百家争鸣文化环境中的儒家文化思想，自汉武帝“罢黜百家，独尊儒术”后，便一直占据着中国思想文化的统治地位，其基本精神贯穿于此后的中国历史长河，对中华民族的共同文化和共同心理的形成起了极其重要的作用。儒家哲学至今仍然以其强大的生命力深刻地影响着中国人的现实生活，“它既是今天中华民族走向现代化的不小包袱，又是中华民族走向未来的基本依据和创造新文明不可缺少的一份精神财富”。在整个中国文化思想、意识形态、风俗习惯上，处处都可以见到儒家思想的痕迹。

1. 儒家哲学的基本观念

儒家，是指春秋战国时期形成的以孔子为宗师的学派。这一学派以《诗》《书》《乐》《礼》《易》《春秋》为经典；提倡仁义，以此为行为准则；强调维护君臣、父子、夫妇、兄弟等伦常关系。儒家之所以称“儒”，据《汉书·艺文志》说：“儒家者流，盖出于司徒之官，助人君、顺阴阳、明教化者也。”“儒”本是古代专为贵族服务的巫、史、祝、卜之流，后来逐渐用来指具有一定文化知识的学者和教师。孔子便曾以“儒”为业,《史记·孔子世家》记载:“孔子以诗书礼乐教,弟子盖三千焉,身通六艺者七十有二人。”因此,以孔子为核心的这一学派后世称为“儒家”。儒家思想具有深厚的土壤、绵延的历史、众多的流派,从而构成了极为丰富和庞杂的思想文化体系。

从发展上看,儒家哲学历经不同时期形成不同的理论形态。但是,儒家作为一大思想文化学派,其哲学思想又有着共同的属性和一贯的道统。其中最核心的基本观念,在先秦时期便已形成,概括起来主要包括如下内容。

贵仁:“仁”是儒家学派道德规范的最高原则,也是孔子思想体系的理论核心。“仁”的最初含义是指人与人的一种亲善关系,在此基础上孔子将“仁”定义为“仁者,爱人”。孟子把“仁”进一步作为伦理道德的最高范畴,人格修养的理想境界和最高标准。“仁者,爱人”这一命题,客观上具有泛爱之义,在道德原则上的确具有普适性,这也是后人对这一思想极为重视的主要原因。

尊礼:“礼”是儒家政治哲学的核心。孔子说过,“克己复礼为仁”,这体现了“礼”与“仁”二者的密切关系。“礼”作为实现“仁”的政治保证,既是社会伦理原则,又是社会政治原则。作为伦理原则,它保证每个人都必须遵守伦理道德规范;作为政治原则,它保证人与人之间的关系的协调以及整个社会的秩序稳定。

重教:要达到“克己复礼”的理想结果,孔子以为是可以“学而知之”的。因此,为达到“克己复礼”的目的,儒家非常重视教育。孔子认为,教育在政治统治中和一个人的个人品质形成中均具有关键作用。在孔子看来,教育的重要任务不仅是传授知识,而且更要注意品行修养。儒家的重教思想在本质上仍然是服从其仁学思想的。

尚中:“中庸”是孔子对商周以来“中和”思想的继承和总结而提出的一个哲学范畴,被他称为“至德”,他说:“中庸之为德也,其至矣乎!”也就是说,中庸是至高无上的道德准则。中庸的基本原则是“允执其中”,要求把握适当的限度,以保持事物的平衡,使人符合于既定的道德标准。

2. 儒家哲学的发展演变

儒家哲学是一个历史的发展的概念,在古代中国,历经两千多年的演变,在不同时期形成不同的理论形态,从来不存在一个一成不变的儒家学说。从其哲学思想的发展演变过程来看,它主要经历了先秦、汉唐、宋明、清代四个阶段,反映了儒家哲学从形成、发展、鼎盛到衰微的整个过程。

(1)先秦儒学

先秦是儒学的形成期。孔子是儒家学说的开山建构者,正如前面所介绍的,他开创的礼仁一体的儒家思想体系,成为后世儒家学派最根本的思想原则。

孔子去世后，儒分八家。其中对儒学思想在理论上贡献最突出的是以孟子为首的“孟氏之儒”和以荀子为首的“孙氏之儒”。

孟子着重讲“仁”，在孔子仁学思想的基础上进一步深入探究人的本性，提出了“性善”理论。孟子确信人通过自我的努力可达至善，体现天道。在孟子的仁政主张中，贯穿着以民为本的思想，发出了“民为贵，社稷次之，君为轻”的著名论断，大力提倡制民之产、轻刑薄税、善教得民、听政于民、与民同乐等，充分体现了孟子思想进步的一面。孟子极大地拓展了孔子的仁学理论形成了整套较为完善的仁学思想体系，在儒学思想发展史上占有重要地位。

荀子思想的主要特色是综合百家、调和儒法。荀子继承孔子“礼”的思想，进一步提出礼法并重的理论。他认为人性本恶，只有通过后天的努力，去恶从善，才能达到道德品质的高尚境界。同时，他主张既隆礼，又重法，援法入礼。荀子还十分重视人与自然的关系，提出“明于天人之分”和“制天命而用之”的思想。这种在尊重自然规律的前提下充分肯定人在认识自然、改造自然过程中的主观能动性的提法，无疑具有进步意义。

从孔子到孟子直至荀子体现了原始儒学的基本发展脉络。不过，春秋战国时期，儒学只是百家争鸣中的一个学术流派，虽然儒、墨在当时并称显学，但是并没有取得独尊的地位。

(2)汉唐儒学

儒学发展至汉代，在理论形态上与先秦儒学已经有了很大的不同。汉代儒学逐渐向政治化、经学化、宗教化发展。在这个转变过程中，汉代大儒董仲舒发挥了非常大的作用，经过董仲舒的鼓吹和统治者的支持，儒家学说开始居于独尊的地位，成为汉代文化思潮的主流。与儒学成为统治理论相适应，儒家经典也取得了独尊地位。对儒家的《诗》《书》《礼》《易》《春秋》等经典进行注释，成为汉代儒学的表现形式。儒学便从先秦时期的子学形态，转变为汉代以后的经学形态了。

魏晋南北朝时期，玄学兴盛，儒学式微，加之佛教的传入和道教的兴起，经学便失去了一尊地位，由此形成一个儒、道、玄、佛相互激荡又相互融合的复杂局面。

隋唐时期，中国大一统的局面再次形成，统治者虽然实行儒、释、道兼容并包的政策，但儒学的主流意识形态地位被再一次确立。在这一时期，儒学为适应社会变化，在保存儒学基本思想的同时，也开始吸收佛、道的思想成果，初步出现了儒、道、佛融合的趋势，这为此后宋明理学的形成奠定了基础。

（3）宋明儒学

宋明时期，儒学吸收佛道思想，从理论上进一步得到完善，形成一种新的理论形态——理学。宋明理学是高度哲学化和政治伦理化的儒学，是儒学发展的最高理论形态，是儒学发展史上的鼎盛期。

北宋时期的周敦颐被后世称为理学的开山之祖，张载和“二程”（程颢、程颐）则是理学的奠基者。他们所提出的“天地之性”和“气质之性”，“德性之知”与“见闻之知”，“理一分殊”，“心统性情”等命题，成为宋明理学的基本命题。

南宋时期，理学发展达到高峰，理论深刻精密，理学家人才辈出，其中最具代表性的是朱熹和陆九渊。朱熹是理学的集大成者，与“二程”合称为“程朱理学”；而与朱熹同时代的陆九渊则把儒家思想学说和佛教禅宗思想结合起来，提出“心即理”的命题，因此陆学又称为“心学”。南宋以后，直到明代前期，程朱理学占据统治地位，心学的影响不如理学。

明代中期以后，程朱理学盛极而衰，开始走下坡路，代之以王阳明心学的崛起和传播。王阳明继承、发展了陆九渊的学说，成了心学的集大成者，因而有“陆王心学”之称。阳明心学是明代中后期思想界的显学，是整个宋明理学发展的顶峰。王阳明死后，其后学便发生分化，王艮发展为泰州学派，李贽则走向异端。明王朝覆亡以后，作为时代思潮的阳明心学也随之终结。

从儒学发展史上看，宋明理学是儒学发展的最高形态。它以儒家思想为本体，吸取佛、道两教思想养料以丰富儒学理论，其理论的深度、体系的严密和思辨的精致均超过前代儒学。不过，由于理学成为中国后期封建社会的官方意识形态，统治者对其道德说教进行片面利用，致使伦理异化，成为维护封建专制主义、扼杀人之本性的武器，使之走向僵化，因此必然受到历史的批判。

（4）清代儒学

儒学发展到清代，“崇实黜虚”的学风开始盛行，宋明理学那种空谈心性，束书游谈的空疏风气开始受到鄙弃。从而形成了一代新的儒学思潮——朴学。清代朴学家们打着恢复汉代古文经学的旗号，主张从儒家经典中重新挖掘其意蕴。

明末清初，顾炎武等人开始了对宋明理学的总结与批判。顾氏针对宋明理学空谈性命的空疏学风，提出“经学即理学”的口号，倡导经世致用的“实学”之风。这一风气对朴学的影响很大。

随着清王朝统治的巩固，清政府加强了文化专制统治，一方面力图用程朱理学钳制思想，另一方面又大兴文字狱。学者们为避祸，又因厌烦理学空疏，反其道而行之，兴起了重考据、主实证的“朴学”。朴学在治学上重视客观证据，反对主观武断，运用归纳法、演绎法，形成一种精确谨慎、朴实无华的治经方法和笃实学风，有一定价值。但是，朴学脱离现实，缺乏思想创新，因而在哲学理论上显得苍白和过于烦琐，缺乏建树。

从儒学的发展历程看，儒学在封建社会的整个发展过程中基本上没有中断，在不同的社会历史条件下表现出不同的特点，演变为不同的形态，显示出极强的生命力。

3. 儒家哲学的主要特征

儒家思想作为中国传统文化的主流，在其历史嬗变过程中，虽然不断地变换理论形态，产生不同派别，但他们又有着一些共同的特征，其中最主要的有两点。

（1）“内圣外王”的人格理想

“内圣外王”一语，最早见于《庄子·天下》：“是故内圣外王之道，暗而不明，郁而不发。”“内圣”是指主体心性修养方面的要求，以境界为“外王”；“外王”是社会政治教化方面要求，以实现王道、仁政为目标。儒家把内心的道德修养与外在政治实践融为一体，建构了一种独特的道德——政治哲学，即“内圣外王”之学。

“内圣外王”始终是贯穿于传统儒学的一条主线，为了实现“内圣外王”的人格理想，历代儒家都要求人们“明伦理，主自律”“厚此生，黜彼岸”。当然，在现实生活中，“内圣”与“外王”往往存在着难以克服的矛盾，就是孔子、孟子在当时社会也四处碰壁、颠沛流离，并不得志。因此，儒家又讲“穷独达兼”的处世之道。孔子讲“天下有道则现，无道则隐”，孟子说得更明确：“得志，则加于民；不得志，修身见于世。穷则独善其身，达则兼济天下。”这不过是儒家理想诉求的一种补充和权变，而儒家始终也未曾放弃过“内圣外王”的人生理想。

（2）“天人合一”的思想模式

“天人合一”是指把宇宙人生或自然界与人类社会万事万物的发展变化，都看作相互联系、和谐、平衡的有序运动的一种思维模式。儒家以“内圣外王”为人格理想，而“内圣外王”的极致则是“天人合一”。从某种意义上说，“天人合一”代表了儒家文化的根本精神和最高境界。

总之，传统儒学以“究天人之际”为最大学问，以追求“天人合一”为至高境界，从孟子的“天仁相通”，到董仲舒的“天人感应”，至宋明理学家的“天人一体”，无不体现出“天人合一”的趋向，并对中国古代哲学产生了重大影响。

（三）道家哲学

道家的起源，可以一直可以追溯到古代传说中的伏羲和神农。春秋时期，老子集古圣先贤之大智慧，总结了古老的道家思想的精华，形成了道家完整系统的理论，标志着道家哲学已经正式成型。与儒家哲学一样，道家哲学也是中国传统思想文化的主要组成部分之一。在中国传统思想文化史上，道家哲学与儒家哲学是两座并立的高峰，同时，道家哲学又是儒家哲学的重要补充。道家哲学自形成后，在2000多年的社会历史发展过程中曾经被广泛传播，全面而深入地渗透到中华民族的思维方式、民族心理、风俗民情、文学艺术及社会生活的诸多方面，对中国传统文化产生过广泛深刻的影响。

1. 道家哲学的基本观念

道家，是古代哲学主要流派之一，因以“道”为世界本原，故称为“道家”。道家哲学强调以“道”来统摄自然、社会和人生三大层面，追求三者的自然平衡，其主要代表人物是老子和庄子，因此，道家学说也可被称为“老庄之学”。

（1）老子的基本思想

老子生活于春秋时代，与孔子是同时代人。老子的基本思想包含在《老子》一书中。《老子》又称《道德经》，全书虽仅五千言，却文约义丰，哲理深邃，其基本思想概括起来主要有：①道本体论。“道”是道家哲学的根本范畴，老子哲学的整个理论系统都是围绕“道”这个观念展开的。“道”的最初含义是具体的道路、途径，以后逐渐抽象为方法、原则、规律。老子则第一次将“道”提升为哲学的最高范畴，一个统摄宇宙和人生的本体概念。②否定式辩证法。所谓“否定式辩证法”，主要是运用逆向思维的手段，注重从否定的、负的方面去认识和描述对象，通过“否定之否定”揭示对象的辩证本质。中国古代“否定式辩证法”思想在道家哲学特别是老子哲学中得到了最早、最系统和最富有成效的体现。以老子辩证法为代表的道家辩证法以其深刻的否定性思想极大地推进了中国古代辩证思维的发展。③无为而治的政治主张。老子“无为而治”的政治主张是与其“道法自然”的哲学主张相联系的。所谓“无为”，即无违自然、顺其自然而无所作为或不强作为之义。老子的无为主义崇尚自然、追求超越，其中包含了一种强烈的社会批判精神。其批判直接针对当时黑暗的社会现实和胡作妄为的统治者以及儒家所鼓吹的仁义道德。

（2）庄子的基本思想

庄子生活于战国中期，约与孟子同时期，其思想与老子思想一脉相承。庄子的思想包含在《庄子》一书中。庄子的基本思想，可以概括为：①泛神色彩的天道观。庄子和老子一样把“道”作为世界本原，讲天道自然无为，但在“道”和“物”的关系上，他具有与老子不同的明显的泛神论色彩。从哲学意义上讲，庄子把神的存在扩展到万事万物之中，使自己的思想充满了神秘的泛神论色彩。②逍遥自适的人生观。庄子的人生观是一种谋求个体精神独立自然的人格理想。人生哲学是庄子思想的核心内容，庄子的人生哲学典型地代表了道家的人生观，对后世的影响至为巨大。③相对主义的认识论。庄子是从事物的绝对运动揭示其相对性、不稳定性的。他认为，从道看来，小草茎与大屋柱、丑人与美人、宽大与窄小、狡诈与忠厚，等等，都是一样的，没有任何差别，从而提出了相对主义的理论观点。

2. 道家哲学的发展演变

（1）秦汉新道家的形成和衰落

战国后期，随着中国社会越来越明显的统一趋势，诸子百家也开始尝试以自己的学说统一思想。齐国稷下等道家假托黄帝之名，包容儒、墨、名、阴阳诸家，形成了道家黄老学派。

秦亡汉兴之际，统治者面临如何恢复经济、休养民生，以维护统治的重大问题。为此，容纳诸家、事少功多的道家思想，得到了统治者的采用，成为汉初几十年间的统治思想。较之先秦老庄思想，汉初黄老道家思想由辟儒墨、斥仁义而转化为“兼儒墨，合名法”，由愤世、避世而转为入世。可以说，这便是秦汉新道家区别于先秦老庄道家之“新”所在。公元前 134 年，汉武帝采纳了董仲舒的建议，尊崇儒家思想为统治思想，道家在政治上衰败了。

（2）玄学的兴起和演变

汉魏之际，社会剧烈动荡，儒学已无法维持“独尊”的地位，各家思想重新活跃，带有“自然”“无为”特征，达生顺民的老庄思想开始抬头。

自汉末至魏、晋、南北朝，战乱和割据打破了集权帝国的一统化政治秩序，在汉代儒学衰落的基础上，为了弥补儒学不足而产生一股新的哲学思潮——魏晋玄学。魏晋以玄风形式出现的道学，以积极的态度、消极的形式为封建礼教服务。尤为重要的是，政治风云的变幻，名教与自然之辨的曲折，使儒、道两家各施所长，发现了维护既存秩序的共同功用，并由此而开始了理论意义上的相互结合。东晋以后，佛学兴起，谈玄之士以玄释佛，使玄学与佛学趋于合流。

（3）隋唐道家思想的流播

严格地说，道家与道教有着本质的区别，前者是人生哲学、政治哲学，后者是宗教。但道教又脱胎于道家，道家的学说为道教提供了理论武器，道教又以特有的宗教形式，演绎、实践、发展着道家的思想和精神，应该说道教是道家学说的一种存在形态。

从东汉中期直到魏晋南北朝，道教有了较大发展，但在思想理论上并未有多大贡献。随着历史的演进，道教在隋唐开始兴盛，唐代是它发展的高潮。隋文帝执政，重倡佛、道二教；到炀帝时，很多方士以道术而得到宠幸；唐代皇帝借与老子同姓，把老子打扮成李唐统治者的先祖，老子和道教受到特殊的尊崇。

隋唐以来，儒道之间虽然互争高下，但实际上已开始相互调和，相互融合。

(4)宋代道家思想的兴盛与儒道融合

宋朝建立后，统治者承袭了前代帝王尊奉道教的手法。道教在被统治者极力提倡的同时，道教思想也开始较为深刻地影响到儒学，出现了儒道两家互相吸收、彼此融合的趋势。

宋明理学是宋代的官方哲学，也是中国后期封建社会最为精致和完备的理论体系，它是以儒学为主干，融摄了道佛的智慧而建立起来的，既吸取了道家思想的特长，又克服了玄学和佛教空无本体的理论局限。道家思想为宋代新儒家理论体系的建立作出了积极贡献。

(5)元明清道家思想的流传和衰落

元代以成吉思汗为首的蒙古贵族为了稳定人心，进而统一全中国，对道教全真道采取了尊崇的态度。明初统治者对道教采取了利用、尊崇与控制相结合的政策。一方面论证自己受命于天，君权神授；另一方面又严防道教徒危及统治。清代统治者偏重佛教，而压抑汉人的民族宗教道教，虽然当权者对道教的方术仍表现出兴趣，但道教与道家思想却不再对上层政治发生太多影响。道教转而在民间发展，建立起一个个地下的宗教王国，在多次农民起义中扮演着重要角色。

3. 道家哲学的主要特征

(1)崇尚自然

崇尚自然是道家哲学的主要思想特点。道家的思想体系虽然以“道”为核心，但其基本精神却在“自然”二字。道家哲学是一种以自然哲学为构架的，以“自然之道”一以贯之的思想体系，它的本体论、人生观、政治哲学等无不主张“道法自然”，体现了鲜明的自然主义色彩。可以说，道家哲学就是一种自然主义哲学。

(2)重个性

重视个体生命和个性自由是道家哲学的另一重要特征，这是与崇尚自然的思想相关联的。道家崇尚自然，强调人性的自然存在方式，这必然导向提倡独立人格的保持、个体价值的实现。道家抨击君主，鄙弃物欲，诋毁文明，反对家、国观念，力促个体摆脱这些观念对人性自然的束缚，其意义正在于此。

专题四

中国戏剧戏曲

一、中国戏剧戏曲概况

中国戏剧主要包括戏曲和话剧，戏曲是中国固有的传统戏剧，话剧则是20世纪引进的西方戏剧形式。中国戏曲是中华民族传统文化的重要组成部分，在世界剧坛上占有独特的位置，与古希腊悲喜剧、印度梵剧并称“世界三大古剧”。

（一）中国戏剧

戏剧，是一种综合的舞台艺术，借助文学、音乐、舞蹈、美术等艺术手段塑造舞台艺术形象，揭示社会矛盾，反映社会生活。

中国戏剧起源于上古原始社会的民间舞蹈。奴隶社会时期，祭祀性的歌舞成为国家祭典仪式中的重要组成部分。屈原在《楚辞·九歌·云中君》中“灵连蜷兮既留，灿昭昭兮未央”的诗句描写巫觋祀舞的情景。当时巫觋表演已经具备装扮性和可观赏性，为中国戏剧的产生奠定了基础。西周末年，出现了专供贵族娱乐的艺人——“优”，也称“倡优”“俳优”。优全部由男性扮演，他们能歌善舞，善于模仿滑稽的动作以引人发笑，有时也利用幽默的语言来讽刺某些大人物或针砭时弊。《史记·滑稽列传》中记载的“优孟衣冠”记述优孟穿起孙叔敖的衣冠，模仿他的言谈举止，从外形与神态上扮演人物，具有表演性质，是戏剧艺术的萌芽。后人也常把登台演戏称为“优孟衣冠”。

汉代国家安定，人民生活富足，艺术开始繁荣，包括角抵戏、歌舞、杂技、幻术等各种演出形式的“百戏”极为盛行。盛唐时期，由俳优滑稽表演演变而来的“参军戏”成为唐代最主要的戏剧样式。唐代宫廷还设有专门训练艺人的组织场所——梨园。后世的戏曲演员都称自己为“梨园子弟”，称戏曲界为“梨园行”，并把唐玄宗奉为梨园行的祖师爷。宋代，参军戏和其他歌舞杂戏进一步融合产生了“宋杂剧”。南宋时中国北方处于金朝的统治之下，地域的隔离使宋杂剧逐渐演变成两种风格的艺术形式，即北方杂剧（金院本）和南方杂剧。到

12 世纪，南方杂剧逐渐演变为南戏，北方杂剧逐渐发展为元杂剧，至此，中国戏剧基本形成。

元代是中国古代戏剧史上的黄金时代。元代涌现出许多杰出的剧作家，代表人物是关汉卿、马致远、白朴、郑光祖，号称“元曲四大家”，代表作是《窦娥冤》《汉宫秋》《墙头马上》《倩女离魂》。

明代中叶，南戏发展成为一个新的剧种——传奇。同时因地域差异而产生了不同的声腔，海盐腔、余姚腔、弋阳腔、昆山腔四大声腔对后世的戏曲影响颇深。

清代戏剧则形成了昆腔、高腔、柳子腔、梆子腔、皮黄腔五大体系，每一体系又分许多剧种，号称“三百声腔”。清代中期“四大徽班”进北京后博采众长，形成了中国戏剧的典型代表——京剧。中华人民共和国成立后，戏剧迎来了百花齐放的繁荣景象。

戏剧最基本、使用最多的分类是悲剧、喜剧和正剧。悲剧的审美价值是“将人生有价值的东西毁灭给人看”；喜剧的审美价值是“将那无价值的撕破给人看”；正剧是将悲剧和喜剧“调解成为一个新的整体的较深刻的方式”。

随着戏剧的不断发展，逐渐呈现出空间和时间要高度集中、反映现实生活的矛盾要尖锐突出、剧本的语言要表现人物性格的鲜明特点。

（二）中国戏曲

中国戏曲由文学、音乐、舞蹈、美术、武术、杂技以及表演艺术综合而成，它起源于原始歌舞，是世界剧坛上构成要素最为复杂的古老戏剧样式。著名的戏曲种类有京剧、豫剧、越剧等，最能够代表中国戏曲特点的剧种是京剧，号称“中国三大国粹”之一。

戏曲剧种繁多有趣，表演形式载歌载舞，又说又唱，有文有武，集“唱、念、做、打”于一体，在世界戏剧史上独树一帜。

二、中国主要剧种

（一）京剧

1. 京剧的产生与发展

京剧又称“西皮”“二黄”“京调”“平剧”“国剧”等，是我国流行最广、影响最大、最有代表性的戏曲剧种，为“中国国粹”，素有“国剧”之称。

京剧约形成于 19 世纪清代的北京，盛行于 20 世纪三四十年代，是有将近 200 年历史的戏曲剧种。京剧是在清代地方戏高度繁荣的基础上产生的，清乾隆五十五年（1790 年）秋，为庆祝乾隆八旬寿辰，扬州盐商江鹤亭（安徽人）在安庆组织了一个名为“三庆班”的徽戏戏班，进京参加祝寿演出。三庆班进京获得成功后，又有四喜班、和春班、春台班等进入北京，并逐渐称雄于京华的剧坛。这就是所谓的“四大徽班进京”，从此揭开了中国京剧史的序幕。徽班进京又吸收了京腔（北京乱弹）和秦腔的营养，形成与北京的语言和风俗习惯相适应的剧种，受到人民群众的喜爱。

京剧传统剧目有1300多个，其中广为流传的有《将相和》《群英会》《空城计》《三岔口》《打渔杀家》等，大多以历史故事为主。京剧在国际上有深远影响，是中国戏曲艺术的精粹。

2. 京剧中的角色

京剧在塑造人物方面有其独特的造型语言。它把不同性别、性格、年龄、身份的人物划分为不同的行当，一般说来京剧在角色上分为“生、旦、净、末、丑”5类。

（1）生

“生”是扮演男性角色的一种行当，生行又分老生、小生、武生、娃娃生4个分支。

老生又叫须生，或胡子生，因为老生都挂胡子。胡子在京剧里的专门名词叫“髯口”。在京剧史上，有“前四大须生”和“后四大须生”的说法。而在前四大须生和后四大须生中马连良均榜上有名，因此，名列四大须生的著名京剧演员有7位，他们分别是：余叔岩、言菊朋、高庆奎、马连良、谭富英、杨宝森、奚啸伯。

马连良（1901—1966），回族人，幼年先习武生，后改学老生。排演了许多独具风格的剧目，如《十老安刘》《串龙珠》《春秋笔》《将相和》《赤壁之战》《赵氏孤儿》等。《借东风》中诸葛亮的唱腔，经他加工，风靡一时。

谭富英（1906—1977），出生于京剧世家，幼年拜京剧名家萧长华等为师，扮演老生。代表剧目有《定军山》《空城计》《战太平》《击鼓骂曹》《将相和》等。他在《群英会》中扮演的鲁肃更使观众倾倒。

杨宝森（1909—1958），出生于京剧世家，祖父、伯父均为著名京剧花旦，父演武生。幼年便练就毯子功，后习武生。代表剧目有《失空斩》《伍子胥》《击鼓骂曹》《洪羊洞》《汾河湾》等。

奚啸伯（1910—1977），自幼爱好京剧，青年时常出入北京票房，学谭派，唱老生。代表剧目有《白帝城》《宝莲灯》《清官册》《苏武牧羊》《法门寺》等，尤以《乌龙院》更负盛名。

（2）旦

京剧中把女性统称为“旦”，其中按照人物的年龄、性格又可细分为许多行当。饰演大家闺秀和有身份的妇女称为“正旦”，俗称“青衣”，因正旦所扮演的角色常穿青色的长衫而得名。扮演天真活泼或泼辣的妇女称为“花旦”。擅长武艺的青壮年妇女则称为“武旦”和“刀马旦”。在京剧艺术表演中，梅兰芳、程砚秋、尚小云、荀慧生四位京剧表演艺术家被誉为“四大名旦”。

梅兰芳（1894—1961），8岁学戏，11岁登台，擅长青衣，兼演刀马旦，出生于梨园世家，祖籍江苏泰州，长期居于北京。代表作有《贵妃醉酒》《霸王别姬》《断桥》《奇双会》《宇宙锋》和《穆桂英挂帅》等。

程砚秋（1904—1958），自幼学戏，演青衣，受师于梅兰芳。他在艺术上勇于革新创造，并根据自己的嗓音特点，创造出一种幽咽婉转、起伏跌宕、若断若续、节奏多变的唱腔，形成独特的艺术风格，世称“程派”。程砚秋擅长演悲剧，编演过《青霜剑》《窦娥冤》《鸳鸯冢》《荒山泪》《英台抗婚》等戏，大多表演封建社会女性的悲惨命运。

尚小云（1900—1976），祖隶汉军旗籍，河北南宫人。幼为北京三乐科班学生，初习武生，后改正旦，以演青衣戏为主。尚小云创作了众多巾帼英雄、侠女烈妇的艺术形象，在艺术上独树一帜，形成了“尚派”。代表作有《梁红玉》《昭君出塞》等。

荀慧生（1900—1968），幼年在河北梆子班学艺，19岁改演京剧，扮演花旦、刀马旦。他功底深厚，世称“荀派”。他擅长扮演天真、活泼、温柔一类的女性角色，以演《红娘》《杜十娘》《金玉奴》《红楼二尤》《钗头凤》《荀灌娘》等剧著名。

（3）净

在京剧中，“净”角是舞台上具有独特风格的人物类型，一般演性格、品质或相貌上有特异之处的男性人物。“净”因面部化妆要用各种色彩和图案勾勒脸谱，所以又俗称“大花脸”。分为正净、副净、武净三大类。

金少山是世所公认的京剧花脸首席代表，他以特异的天才和深厚的功力，融铜锤、架子、武花于一体，确立了京剧史上第一个唱、念、做、打全面发展的完整的花脸流派。

（4）末

也属老生类，但在年龄上应更老，指思维糊涂、生活在底层的老人。

（5）丑

丑角是京剧的主要行当之一，包括文丑和武丑。文丑亦称“小花脸”或“三花脸”，武丑又称“开口跳”。丑角扮演的有心地善良、语言幽默、行动滑稽的人物，也有奸诈刁恶、卑鄙恶俗的人物。

3. 京剧脸谱

“脸谱”指中国传统戏曲里演员脸部的彩色化妆。脸谱化妆的特征是“千变万化”，它在形式、色彩和类型上有一定的格式，借以突出人物的性格特征，表现对人物的褒贬，如红色表示忠勇，黑色表示粗直，白色表示奸诈等。脸谱主要用于净角。

4. 四功五法

中国戏曲表演非常讲究功法，历来有“四功五法”之说。“四功”即“唱、念、做、打”4项基本功。唱指唱功，念指念白，做即表演，打指武打。“五法”是“手眼身法步”五种技艺方法的合称。手指手势，眼指眼神，身指身段，步指台步，法指以上四种技艺的规格和方法。“四功五法”是我国戏曲演员的基本修养，也是评判演员才艺功力高下的标准。

（二）黄梅戏

黄梅戏是安徽省的主要地方戏曲剧种。黄梅戏最早形成于唐代，是18世纪后期在皖、鄂、赣三省毗邻地区形成的一种民间小戏。其中一支逐渐东移到以安徽省安庆市为中心的安庆地区，与当地民间艺术相结合，用当地语言歌唱、说白，形成了自己的特点，被称为“怀腔”或“黄梅调”。代表剧目有《天仙配》《女驸马》和《打猪草》，严凤英、王少舫、吴琼、马兰等是黄梅戏的著名演员。

（三）豫剧

豫剧是在河南梆子的基础上，不断进行继承、改革和创新发展起来的。因河南简称“豫”，所以称豫剧。豫剧在安徽北部地区称“梆剧”，山东、江苏的部分地区仍称“梆子戏”。2006年经国务院批准列入第一批国家级非物质文化遗产代表性项目名录。中华人民共和国成立之后，出现了不少描写现实生活的现代戏和新编历史剧，使豫剧事业又有了新发展。代表剧有《朝阳沟》《小二黑结婚》等。豫剧的代表人物有陈素真、常香玉、崔兰田、马金凤、阎立品、桑振君，他们被称为“豫剧六大名旦”。

（四）昆剧

昆剧原名“昆山腔”“昆腔”，是中国汉族传统戏曲中最古老的剧种之一，也是中国汉族传统文化艺术。昆曲是明朝中叶至清代中叶戏曲中影响最大的声腔剧种，被称为“百戏之祖，百戏之师”，有“中国戏曲之母”的雅称。昆剧代表作如《牡丹亭》《长生殿》《桃花扇》等都是古代戏曲文学中的不朽之作，梁辰鱼、汤显祖、洪昇、孔尚任、李玉、李渔、叶崖等都是杰出代表。

（五）越剧

越剧是中国第二大剧种。越剧擅长抒情，以唱为主，极具江南灵秀之气，多表演“才子佳人”题材的戏，艺术流派纷呈。现今存在的流派有很多，袁派、尹派、范派、傅派、徐派、王派、戚派、陆派、吕派、金派、毕派等都有其各自的特色，是越剧流派的重要组成部分。

《红楼梦·焚稿》《孟丽君·游上林》是著名的王派唱段，王派的流派传人有钱爱玉、周云娟、舒锦霞、单仰萍、洪瑛、俞建华、何炯华、王志萍、李敏、陈晓红、王桂萍、陈萍等。

（六）粤剧

又称“广东大戏”或者“大戏”，广东传统戏曲之一，源自南戏，流行于广东、广西南部和香港、澳门等地，在东南亚和大洋洲、美洲华侨聚居区也有演出。起源说法不一，一般认为始于清初，以弋、昆、秦、徽诸腔为基础吸收广东民间音乐逐步发展而成。因唱腔以梆黄（西皮、二黄）为主，故曾称“广东梆黄”。粤剧是糅合唱念做打、乐师配乐、戏台服饰、抽象形体的表演艺术，每一个行当都有各自独特的服饰打扮。代表剧目有《搜书院》《关汉卿》《柳毅传书》等，著名演员有千里驹、红线女等。

（七）秦腔

又称“乱弹”，源于西秦腔，流行于我国西北的陕西、甘肃、青海、宁夏、新疆等地，又因其以枣木梆子为击节乐器，所以又叫“梆子腔”，俗称“桄桄子”（因以梆击节时发出“恍恍”声）。2006 年经国务院批准列入第一批国家级非物质文化遗产代表性项目名录。其特点是高昂激越、强烈急促。代表剧目有《赵氏孤儿》《三滴血》等，主要传承人物有马友仙、贠宗翰、李爱琴、肖玉玲、康少易、吕明发、余巧云等。

（八）吕剧

又称“化装扬琴”“琴戏”，是国家级非物质文化遗产，中国八大戏曲剧种之一，山东最具代表性的地方剧种。吕剧流行于山东大部和江苏、安徽、东北三省的部分地区，起源于山东以北的黄河三角洲，由山东琴书演变而来。代表剧目有《姊妹易嫁》《逼婚记》《李二嫂改嫁》等，著名演员有郎咸芬、林建华、李岱江等。

（九）川剧

川剧帮腔有领腔、合腔、合唱、伴唱、重唱等方式，最有名的技巧为变脸，号称“川剧变脸之王”的是王道正先生。2006 年川剧经国务院批准列入第一批国家级非物质文化遗产代表性项目名录。代表剧目有《柳荫记》《夫妻桥》等，著名演员有沈铁梅、张德成、贾培之、周慕莲、阳友鹤、陈书航等。川剧旦角沈铁梅是国家级非物质文化遗产川剧代表性传承人。

（十）汉剧

汉剧是湖北地方剧种，有300多年的历史，旧名“汉调”“楚调”，清代中叶形成于湖北境内，原以秦腔经襄阳南下演变出来的西皮为主要腔调，在发展的过程中形成了荆河、襄河、府河、汉河4支流派，俗称“路子”。代表剧目有《宇宙锋》等，著名演员有陈伯华、胡和颜、程彩萍等。

（十一）沪剧

沪剧是上海本土的传统戏剧，被列为国家级非物质文化遗产代表性项目，起源于浦江两岸的田头山歌和民间俚曲，松江区是沪剧的主要发源地之一。沪剧是以表演现代生活为主的戏曲，擅长塑造现代典型环境中的典型人物，具有浓郁的时代气息。沪剧代表剧目有《陆雅臣》《卖红菱》《杨乃武与小白菜》《啼笑因缘》等，著名演员有杨飞飞、马莉莉、王盘声、陈瑜、茅善玉等。

（十二）晋剧

山西四大梆子剧种之一，也叫“中路梆子”“山西梆子”，流行于山西、内蒙古和冀北、陕北等地。民国以后中路梆子兴盛，遂以山西梆子专指中路梆子，中华人民共和国成立后则称晋剧。代表剧目有传统戏《打金枝》《三上桃峰》《杀宫》《算粮》等。著名表演艺术家有张宝魁、丁果仙、郭凤英、冀美莲、梁小云等人。

（十三）湖南花鼓戏

湖南花鼓戏流行于湖南、湖北、安徽、陕西、广东等省，是由民间歌舞花鼓灯发展而成的戏曲剧种，源自湘南民歌，大多形成于清末。各地花鼓戏都有粗犷爽朗、地方色彩浓郁的特点。

中华人民共和国成立后，花鼓戏艺术有较大发展，不但整理了如《刘海砍樵》《打鸟》等传统戏，而且创作了《双送粮》《姑嫂忙》《三里湾》等不少现代戏。《打铜锣》《补锅》《送货路上》《野鸭洲》等已摄制成影片。湖南花鼓戏传承人有杜美霜、杨建娥、曹作嘉等，郧阳花鼓戏代表人物有朱自亭等，淮北花鼓戏传承人有周钦全等。

（十四）江西采茶戏

江西采茶戏是江西各地采茶、花灯等民间歌舞小戏的统称，最初为茶农采茶时所唱的采茶歌，随着内容、唱腔、表演形式不断丰富，逐渐发展成活跃于广大农村的采茶戏。江西赣南地区赣南采茶戏形成最早，清代中叶已流行于赣南和粤北，经过整理的《采茶歌》《睄妹子》较有影响，《茶童戏主》和现代戏《怎么谈不拢》已摄制成影片。著名演员有邓筱兰、朱铭盛、刘日凤、徐荣秀、丁少年、谌国泰、黎花英、彭金花、易兰英、李凤娇、邓小岩等。

（十五）藏戏

藏戏的藏语名叫“阿吉拉姆”，意思是“仙女姐妹”，流行于西藏自治区和青海、甘肃、四川、云南的部分地区。其形式和风格带有强烈鲜明的藏民族特点和浓郁突出的雪域神奇色彩。代表剧目有《文成公主》《曲结诺桑》《朗萨姑娘》《苏格尼玛》《白玛文巴》等。著名演员有阿妈拉巴、阿妈次仁、阿古登巴、次仁更巴等。

（十六）评剧

流行于我国华北、东北一带。评剧唱腔是在唐山民歌、莲花落等民间音乐基础上，吸收东北二人转、京剧、河北梆子等冀东和京津一带地方戏曲的音乐成分形成的。其特点为抒情性强，流畅自然，乡土味浓。2006 年评剧经国务院批准列入首批国家级非物质文化遗产代表性项目名录。代表剧目有《小女婿》《刘巧儿》《祥林嫂》《小二黑结婚》。改革开放以后又出现《山里人家》《疙瘩屯》《黑头与四大名旦》《贫嘴张大民的幸福生活》等优秀现代剧目。著名演员有新凤霞、小白玉霜、魏荣元等。

（十七）话剧

话剧指以对话和动作为主要表现手段的戏剧形式，主要叙述手法为演员在台上无伴奏的对白或独白。中国话剧最早出现于辛亥革命前夕，当时称为“新剧”或“文明剧”。1949 年 7 月中国戏剧工作者协会（后改名中国戏剧家协会）在北京成立，中国话剧开始了新的发展阶段。代表剧目有《龙须沟》《茶馆》（老舍）、《蔡文姬》《屈原》（郭沫若）、《雷雨》（曹禺）、《关汉卿》（田汉）等。

专题五

中国书法绘画

一、中国书法

中国书法，是指汉字书写艺术的方法，作为一种独创的表现艺术，中国书法具有极高的实用性、艺术性和审美性。

（一）汉字书体及其演变

1. 汉字的起源

有关汉字起源的说法有很多，比如“结绳”“八卦”“图画”“书契”等，还有广为流传的“仓颉造字说”。实际上，汉字作为一种系统的文字工具，并不是一个人所造，它应该是在原始的图画记事基础上由人民群众共同创造出来的，如果仓颉确有其人，他很有可能只是文字的整理者而已。

中国汉字的起源，最早可追溯到距今 8000 多年的河南舞阳贾湖遗址，那里出土了中国最早的刻画符号。因此，可以说汉字起源于图画和契刻。在距今五六千年前的新石器时代中晚期，西安半坡、山东大汶口等地出土的陶器上也可看到当时刻画文字的雏形。西安半坡和临潼姜寨等地陶器上发现的刻画符号，虽然画的成分仍然较多，但是已初具书法的气质。

2. 中国书法历史及汉字书体的演变

汉字有着悠久的历史，中国古代汉字是从象形的图画到线条符号的演变。从中国书法发展史看，汉字书体可以分为古文字和今文字，古文字包含甲骨文、金文、大篆和小篆，今文字包含隶书、楷书、草书和行书。

（1）商周时期的书法

商周时期的书法，最具代表性的就是甲骨文。甲骨文是商代王室刻在龟甲兽骨上用来记录占卜、祭祀等活动的文字，又称“卜文”“卜辞”，距今已有 3000 多年的历史。清光绪二十五年（1899 年），在殷墟遗址即今河南省安阳小屯村一带最早发现了甲骨文，之后又陆续发掘、收集了十多万片刻有文字的甲骨。甲骨文的发现，揭开了中国书法发展史的序幕，成为中国书法史之源。甲骨文从字体的数量和结构方式来看，已发展到有较严密系统的文字，且初具书法美。汉字的六书构字法在甲骨文中都有所体现，许多汉字基本定型，在结构上至今没有大的改变。

商周时期还出现了金文。金文是铸刻在青铜器上的铭文，又称“钟鼎文”“青铜文”“吉金文”。它主要是记载帝王分封、赏赐、征战、约契、祀典等内容，字体十分接近于甲骨文。由于它是刻铸而成，字形显得庄重正规，线条粗犷且富有变化，具有相当程度的书法美。大盂鼎、散氏盘、毛公鼎等的铭文都是非常著名的金文代表作。

（2）春秋战国时期的书法

春秋战国时期的书法当数秦国艺术性最高。此时期虽然钟鼎铭文依然广泛使用，但书法风格各有变化，正如这一时期的文化思潮一样，百花齐放，百家争鸣。体现在文字上，从运笔、结字到布局都显得比较古朴、自由、活泼、流畅。秦国文字的典型代表是石鼓文。因其刻在10个高度和直径约两尺形状像鼓的圆形石头上，所以叫“石鼓文”。石鼓文以四言诗的韵文形式记载了秦国君王打猎游乐的情形。石鼓文属大篆体系，又称“籀文”，具有很高的艺术价值，为历代书法家和文学家所推崇。它也是我国最古老的刻石文字，笔画遒劲流畅，结字颇有法度。

（3）秦朝时期的书法

秦朝书法的最大成就是确立小篆为标准字体。公元前221年，秦始皇统一中国，采纳丞相李斯提出的在全国统一书写文字的主张，由李斯制定新的文字书写体，推行“书同文”的政策。李斯等以籀文（大篆）为基础，删繁就简，改难为易，创立秦篆（小篆）为全国使用。小篆的字形为长方形，结构统一，线条均匀。小篆也是中国文字史上首次出现的全国统一的规范文字。

秦朝书法的另一个重要成就是创立了秦隶。隶书是简化、草化篆书演变而来的一种书体。秦隶的创立，是社会发展的客观需要。因小篆书写较为费时，将篆书的圆笔曲线改为隶书的方笔直线，不仅提高了书写速度，也增加了书法艺术美感。隶书上承前代篆书的规则，下开魏晋楷书的先河，是汉字史上一次质的飞跃，在我国书法发展史上具有重要的意义。

（4）汉朝时期的书法

汉朝书法各体都有，尤以汉隶的风格和成就最为突出。汉隶在东汉桓帝和灵帝时定型成熟。东汉的隶书笔画趋于工整，强调波（左撇）磔（右捺），点化俯仰，艺术性很强，“蚕头燕尾”显然。汉隶成为汉代的标准字体，也成为后世学习、研究、临摹的典范之作。

在汉隶定型的同时，行书、草书也应运而生。在书法史上，隶书的演变主要向两个方向发展：一是向行书和草书方向发展，草书方向先是章草，之后是今草（“小草”）、狂草（“大草”）；二是向楷书方向发展，先是出现隶书风味的楷书，到魏晋南北朝时楷书才真正成熟。以隶书为代表的书法演变，开拓了书法的实用功能，也强化了书法的艺术价值。

（5）魏晋南北朝时期的书法

魏晋南北朝时期是我国书法史上的第一个发展高潮。这一时期，楷、行、草、隶各种书体同步发展。

三国时期的书法以楷书的成熟为代表。魏国人钟繇完成了由隶书向楷书的过渡，成为楷书的创始人。楷书是使用时间最长的标准字体，字形方正稳定，笔画平直明确，书写自然大方，充分体现了汉字的书法美。

东晋是我国书法最兴旺发达的时期，行书书法成就之高，后世无人超越。行书产生于东汉末年，盛行于晋。它是介于楷书与草书之间的书体，近于楷者称“行楷”，近于草者称“行草”。行书近楷而不拘，近草而不放，笔画连绵，各字独立，快写易认，章法讲究参差变化。“书圣”王羲之、“小圣”王献之（王羲之的第七个儿子），就是这个时期的重要代表人物。

（6）隋唐宋元明清时期的书法

隋代的书法起到了承上启下的作用，充分融汇了前朝的书风，为唐代书法的全面繁荣奠定了基础。唐代的书法以楷书和狂草成就最高，出现了许多著名的书法大家，是继魏晋之后我国书法史上的又一个高峰。

宋代帖学成风，到后期在欧阳修的倡导下，不受帖学拘束，开创了崇尚个人意趣的一代书风。宋代出现了蔡襄、苏轼、米芾、黄庭坚四位书法大家，历史上称为“宋四家”。元朝书法以继承为主，遵循帖法，学习唐朝书风，出现了被后人称为“一代宗师”的书法大家赵孟頫。由于理学的兴起和文学艺术的成熟，明朝书法受法帖约束，大多数超不过元朝。到了清朝，统治者大兴文字狱，致使许多文人学者转向研究金石和考古，帖学之风逐渐衰落，学习书写魏碑之风开始盛行。

（二）中国书法的特色

1. 独特的文字造型

汉字的造型最早是从描画实物形状开始的，也称为象形法。其特点在于易于区别，易于勾轮廓，往往画的是实物全体。例如：“人”像侧身的人，“木”像树木，上有枝下有根。复杂而又易于混淆的物体往往是画最具特征的部分，以局部代全体。例如，“眉”为了显示眉毛，还加上了眼睛，将连带相关的物体一起画出来。汉字表示一些较抽象的事物时，通过刻绘一个个符号来表示，例如，本、上、刃、中等，也叫“指事字”。

汉字与汉字意义上有关联的，把它们合并在一起，就显示出新的意义，例如：从（两人一前一后地跟随）、休（一个人倚靠着树木停歇）、暮（太阳落到草丛里）、掰（两手把物体分开），也叫“会意字”。

汉字的造型还可以把表示声音的声旁和表示意义的形旁搭配起来，形成新的意思，例如：噪、澡、躁、燥、操；逃、桃、跳、挑等，也叫“形声字”。

除此之外，汉字的造型还用假借法和转注法，假借即以音同或音近为原则而借用的字，例如：蔬菜的“菜”字以前假借“采”来表示。转注法，即将形似、意同、音近的转注字和本字融为一体。例如“考”字是“老”字的转注字，由“老”分化、派生出来，古文中都表示年老的意思。

2. 独特的书写工具

我国书写工具的雏形要从仰韶文化时期开始追溯，在出土的彩绘陶器表面发现了绘有线条严谨、构图生动的走兽、虫、鱼和几何图案。在夏商的彩陶上，也可以清楚地看到手笔作画痕迹。其后的考古发现我国的书写材料极其丰富，动物的骨、甲壳、象牙、丝帛，青铜、铁、金、银、锡、石、玉、陶土等，以及竹、木等植物都被用来制作书写工具。

从殷墟出土的殷商后期的甲骨“卜辞”“契文”中，可以看到当时的人是用石刀或铜锥在龟甲、兽骨上刻上各种近似符号或象形文字。在早期龟腹甲片上，也有用“笔”写字的痕迹，这说明当时已有一种可供书写的工具。此后，在青铜文化时代的青铜器上的铭文，和《尚书》中的殷《盘》、周《诰》文体相似，是用镂刻代替书写。到了春秋末期，书写工具有了进一步发展，从文字篇幅、表达能力可以看出明显有了很大改进。

据晋崔豹所著《古今注》载：“古以枯木为管，鹿毛为柱，羊毛为被。秦蒙恬始以兔毫、竹管为笔。”秦将蒙恬用中山兔毫制成毛笔，献给秦始皇而被封于管城，这就是蒙恬造笔故事的由来，毛笔作也随之流传开来。

在近代从甘肃武威出土的西夏文物中，发现了一种竹笔，是用一段中空的竹杆，将一端削成锥形，用尖端醮上色汁写字或画图，当时的西夏文明就用竹笔书写出了灿烂的文化。1954 年在湖南长沙南郊左家公山发掘出一座战国木椁墓，发现了整套写字工具，它们是以竹杆为管的兔毫笔、铜削、竹片和小竹筒。1975 年在湖北云梦睡虎地 11 号秦墓又出土了 3 支竹管毛笔，这些毛笔已经很接近现代的毛笔了。

到汉时，笔已十分普遍。1931 年在内蒙古索果卓尔之南古居延海地方就曾发掘出汉代木管笔。随着纸的发明，毛笔就作为普遍使用的书写、绘画工具流传下来。直到如今，它作为我国传统书写工具被保存下来，成为我国特有的书写工具，并且还远播国外受到国际上喜爱和研究中国书法绘画艺术的人的青睐。

3. 丰富的汉字字体

随着汉字字体的发展和演化，汉字不断趋于定型化、规范化，经过数千年的不断创造与改进，我们已经有了甲骨文、钟鼎文、石鼓文、大篆、小篆、隶书、楷书、草书、行书、宋体、仿宋、黑体等十多种文字，这无不印证了汉字字体的丰富多样性，中国文化历史的博大精深。

汉字字体的总体发展是逐步增加了抽象性而减少了象形成分，但汉字构造基本原则没有变化，依然是直观的视觉形象与抽象意蕴的结合，这种结合的结果就是汉字的体势。汉字自身的体势特点，正是书法艺术视觉形象的构成基础。历代书法家和书法理论家都深悟其中的道理，总是将自然万物的物象与人的意象紧紧联系在一起，从而创造出书法艺术视觉形象美。例如，王羲之从群鹅戏水的景象中悟出书法的技巧；张旭从观赏公孙大娘舞剑器中获得启发，从而丰富了自己的狂草技法；黄庭坚曾说自己以前的书法常常是“意到笔不到”，直到晚年入川后，时常见到江上船夫荡桨的情景，才深有所悟，书法也有了明显的长进。

（三）中国书法流派、代表人物及著名书法作品

中国书法流派的形成是伴随书法的历史发展而来的，不同历史时期有不同的书法文体和书写艺术特点，出现了极具当时风格色彩的代表人物。以下结合中国书法五体介绍历代中国书法流派、代表人物及著名作品。

1. 篆书

篆书，包括大篆和小篆。前面讲到的甲骨文、金文（钟鼎铭文）、石鼓文等，一般归入大篆体系。小篆是秦朝李斯等根据大篆改造而成的，所以又叫“秦篆”。小篆的形成，是我国文字史上的重大变革，为隶书、楷书、行书、草书的形成奠定了规范化基础。篆书代表人物及著名作品如下。

（1）李斯

秦代著名的政治家、文学家和书法家。著名作品有《会稽刻石》《峄山刻石》《泰山石刻》。《会稽刻石》是秦始皇巡游会稽时，为了祭奠大禹，宣扬功德，而命丞相李斯手书铭文，刻石记功的石碑。这篇文章在文体上属于铭文，四字一句，三句一韵，庄重凝练，是铭文文体的代表作。《峄山刻石》相传为秦相李斯所书。《史记・秦始皇本纪》载“始皇二十八年东行郡县，上邹峄山，与鲁诸儒生议刻石、颂秦德、议封禅，望祭山川之事”，遂有此碑。《泰山石刻》为李斯所书，现仅存秦二世诏书 10 个残字，即“斯臣去疾昧死臣请矣臣”，又称“泰山十字”。

（2）李阳冰

李阳冰所写篆书，“劲利豪爽，风行而集，识者谓之仓颉后身”，甚至被后人称为“李斯之后的千古一人”。作品有《缙云县城隍庙记碑》《栖先茔记》《般若台铭》等。

（3）邓石如

清代篆刻家、书法家，邓派篆刻创始人。作品有《江流有声断岸千尺》《我书意造本无法》等。

（4）吴昌硕

晚清民国时期著名国画家、书法家、篆刻家，“后海派”代表，杭州西泠印社首任社长，与任伯年、蒲华、虚谷合称为“清末海派四大家”。吴昌硕作品集有《寿山老坑巧色雕狮钮》《作了天下事》《读遍千古书》《好学为福》《黑青田》等。

（5）赵之谦

清代著名的书画家、篆刻家。赵之谦的篆刻成就巨大，对后世影响深远，著作有《国朝汉学师承续记》《补环宇碑访录》《勇庐闲话》《二金蜨堂印存》《辑雅堂诗话》《梅庵集》《悲庵居士诗賸》等。

2. 隶书

隶书，始于秦代，兴盛于汉代，所以有秦隶和汉隶之分。隶书的优秀作品多数体现在汉朝的碑刻即汉碑之中，如《乙瑛碑》《礼器碑》《曹全碑》《张迁碑》《石门颂》等。这些汉隶作品反映了隶书的最高艺术水平，成为后人学习的范本。

（1）《乙瑛碑》

东汉永兴元年（153 年）刻，原石现存于山东曲阜孔庙。与《礼器碑》《史晨碑》并称“孔庙三碑”，历为书家所重。临写此碑要特别注意波画的“逆入平出”，尤其是起笔处的逆势不能形迹外露。

（2）《礼器碑》

《礼器碑》，汉永寿二年（156 年）刻，藏于山东曲阜孔庙。碑阳 16 行，行 36 字，文后有韩勑等 9 人题名。碑阴及两侧皆题名，收于《金石萃编》卷 9。此碑自宋至今著录最多，是一件书法艺术性很高的作品，历来被推为隶书极则。书风细劲雄健，端严而峻逸，方整秀丽兼而有之。

(3)《曹全碑》

《曹全碑》，汉中平二年（185 年）刻，高 272 厘米，宽 95 厘米。明万历初合阳县莘里村出土，1956 年入藏西安碑林博物馆。内容为王敞记述曹全生平。此碑结体、笔法都已达到十分完美的境地。清万经评此碑："秀美生动，不束缚，不驰骤，洵神品也。"

(4)《张迁碑》

《张迁碑》，汉中平三年（186 年）二月刻。明初出土，碑石原在山东东平州（今山东东平县），今置泰安岱庙炳灵门内。碑文系故吏韦萌等为追念张迁功德而立。碑文书法多别体，书亦雄厚多姿。

(5)《石门颂》

《石门颂》，汉建和二年（148 年）十一月刻。汉中太守王升撰文，为顺帝初年的司隶校尉杨孟文所写的一篇颂词。《石门颂》的结字极为放纵舒展，体势瘦劲开张，意态飘逸自然，为汉隶中奇纵恣肆一路的代表，素有"隶中草书"之称。文中"命""升""诵"等字垂笔特长，亦为汉隶刻石中所罕见。

3. 楷书

楷书，是由隶书演化而成的。它的主要特点是笔画规范、端庄平稳。最早的楷书是南北朝时期产生的魏碑书体，最早楷书名家是三国时魏国的钟繇。楷书到唐代达到最高峰，出现了虞世南、欧阳询、褚遂良、颜真卿、柳公权等一大批名家。楷书代表人物及著名作品如下。

(1)钟繇

钟繇擅长篆、隶、真、行、草等多种书体，在书法方面颇有造诣，但最值得一提的是，他推动了楷书（小楷）的发展，对后世书法影响深远，被后世尊为"楷书鼻祖"。钟繇书法最有代表性的有："五表""六帖""三碑"。

"五表"指《宣示表》《荐季直表》《贺捷表》《调元表》《力命表》。"六帖"指《墓田丙台》《昨疏还示帖》《白骑帖》《常患帖》《雪寒帖》《长风帖》。"三碑"是《汉乙瑛置百石率史碑》（简称《乙瑛碑》）、《魏上尊号碑》《受禅碑》。

(2)"楷书四大家"

"楷书四大家"是对书法史上以楷书著称的四位书法家的合称，也称"四大楷书""楷书四体"，他们是唐朝的欧阳询、颜真卿、柳公权和元朝的赵孟頫。

欧阳询，字信本，潭州临湘（今湖南长沙）人。他的书法成就以楷书为最，笔力险峻，结构独异，后人称为"欧体"，世称"唐人楷书第一"，代表作为《九成宫醴泉铭》。

颜真卿，字清臣，京兆万年人，祖籍唐琅琊临沂（今山东临沂）。在书法史上，他是继二王之后成就最高、影响最大的书法家。其书初学“草圣”张旭，初唐四家（欧阳询、虞世南、褚遂良、薛稷），后广收博取，一变古法，反初唐书风，行以篆籀之笔，化瘦硬为丰腴雄浑。其楷书端庄雄伟，气势开张，世称“颜体”，代表作《颜勤礼碑》《颜氏家庙碑》《多宝塔碑》《麻姑仙坛记》。

柳公权，字诚悬，唐朝京兆华原人（今陕西铜川人）。他的书法结体遒劲，而且字字严谨，一丝不苟。在字的特色上，以瘦劲著称，所写楷书，体势劲媚，骨力道健，世称“柳体”，代表作有《玄秘塔碑》和《神策军碑》。他以“颜筋柳骨”与颜真卿并称。

赵孟頫，字子昂，吴兴（今浙江湖州）人，善篆、隶、真、行、草书，尤以楷、行书著称于世，《元史》本传记载：“孟頫篆籀分隶真行草无不冠绝古今，遂以书名天下。”其书风遒媚、秀逸，结体严整、笔法圆熟，世称“赵体”，代表作有《玄妙观重修三门记》等。

4. 行书

行书是介于楷书和草书之间的一种书写体，是为了弥补楷书的书写速度太慢和草书的难于辨认而产生的。行书分为行楷和行草两种。行书代表人物及著名作品如下。

（1）“二王”行书

书法史上的“二王”，指的是东晋时期的王羲之（303—361）和王献之（344—386）父子二人。王羲之行书偏于行楷，王献之行书偏于行草。王羲之行书用笔内擪，以骨力洞达胜出；王献之行书用笔外拓，以筋力中圆胜出。王羲之行书用笔流畅圆转，从容平稳，醇厚典雅，细腻流美，富于变化，气韵生动，耐人寻味。王羲之代表作主要有《兰亭序》，被称为“天下第一行书”。王献之行书神韵清雅洒脱，用笔随意自如，其代表作品有《中秋帖》《鸭头丸帖》等。

（2）颜真卿行书

颜真卿是我国书学史上，继“二王”以后的又一座艺术丰碑。颜真卿擅长以情感主宰笔墨，情感激越，神韵高远，笔力厚重，气势磅礴，雄奇飞动，遒丽天成。《祭侄稿》全篇结构宽博平正，开合聚散洒脱不羁，雍容大度狂而不野，无论是用笔、结体和章法，都极尽变化而自然和谐、浑然一体，被称为“天下第二行书”。

（3）宋四大家行书

宋行书代表是苏、黄、米、蔡四大家。苏轼行书用笔圆润、含蓄、精到，结字自然生动，笔墨浑厚而爽朗有神，特别以气韵见胜，著名作品有《前赤壁赋》《寒食帖》《答谢民师论文帖》等，其中《寒食帖》被后人尊为“天下第三行书”。

黄庭坚行书的中峰线条凝练结实，纵横奇倔，结字作中紧外松的“放射状”，气势开张，自成一家风貌，著名作品有《松风阁诗帖》《题苏轼寒食帖跋》《经伏波神祠诗》等。米芾为书画家、书画理论家，其书法传统功力深厚又不拘成法，强调八面出锋，敢以侧锋取势，结字侧倒多姿，有“风樯阵马，沉着痛快”之评，著名作品有《蜀素帖》《多景楼诗帖》《虹县诗》等。蔡襄行书以温淳婉媚的特色著称，著名作品有《孝经》《奉神述》《集古录目序》等。

5. 草书

草书，是汉字的快速写法，突破了楷书的一般规范格式，写起来自由洒脱，点画结构变化大，线条流动性强，容易表达书写者的个性、情绪。草书分为章草、今草和狂草。草书代表人物及著名作品如下。

（1）黄象

黄象，三国时吴国书法家，擅小篆、隶书，精章草。其著名作品有《急就章》。黄象的作品字形规范，笔力刚健，寓变化于统一，是公认的章草范本之一。

（2）张芝

张芝，字伯英，敦煌酒泉（今属甘肃）人。他善章草，后来脱去旧习，省减章草点画、波桀，成为“今草”。张芝的书法原迹流传极少，目前存世的只有宋刻的《淳化阁帖》卷 2 载张芝五帖。

（3）张旭

张旭，字伯高，吴郡（江苏苏州）人。张旭是一位极有个性的草书大家，史称“草圣”。因他常喝得大醉，后呼叫狂走，然后落笔成书，甚至以头发蘸墨书写，故又有“张颠”的雅称。其传世书迹有《肚痛帖》《古诗四帖》等。

（4）怀素

怀素，中国历史上杰出的书法家，他的草书称为“狂草”，用笔圆劲有力，使转如环，奔放流畅，一气呵成，和张旭齐名。后世有“张颠素狂”或“颠张醉素”之称。他的草书有《自叙帖》《苦笋帖》《食鱼帖》《圣母帖》《论书帖》等。其中《食鱼帖》极为瘦削，骨力强健，谨严沉着。《自叙帖》由于与书《食鱼帖》时心情不同，风韵荡漾。

除了以上按照书法体划分的流派外，中国传统书法流派还有碑派和帖派之说。北方碑派以汉魏书法为代表，以雄强、豪迈、大刀阔斧的形式表现，大都是刻碑石摩岩上的文字。南方帖派从晋人始，随着造纸术的提高，书写基本在纸上进行，是为帖派。以雅逸、婉转、不激不厉的中庸之道为主。

(四)中国书法的欣赏方法

1. 欣赏中国书法应把握“三法”

中国书法本质上是线条的艺术，书法作品的欣赏可以从笔法、字法、章法等基本技法开始。一幅书法作品的好与差，衡量的基本标准就是看它对“三法”掌握和运用得如何。

(1)笔法

所谓笔法，是指汉字中点线的写法技巧，注重笔毫在纸上的运动方式，要求点线具有审美价值。所谓笔毫在纸上的运动方式，是指其运动的速度、力度和运笔的形态。

运笔的速度表现为迟急两个方面。“迟”是说笔毫运动速度比较缓慢，而“急”则与之相反。迟急两个方面是相对而言的，不能认为“迟”就一定比“急”好，或“急”一定比“迟”好，两者要根据具体情况和书家的特点来把握。一般来说，“迟”能表现出点线的古朴厚重，而“急”表现出点线的飘逸洒脱。“迟”与“急”运用得当，点线才能丰富多彩、赏心悦目。

运笔的力度表现为起伏两个方面。起伏是指通过手腕而达于毫端的不同力度，产生运笔的轻重变化。“起”是笔锋略微提起来，“伏”是将笔锋按下去。“起”表现出点线轻而细，圆润遒劲；“伏”表现出点线重而粗，雄浑强健。起伏的结合运用，表达出点线的力度和韵味，产生痛快与沉着的审美情趣。

所谓运笔的形态主要是指运笔的藏锋、露锋和方笔、圆笔等。藏锋是点画的起笔和收笔，笔锋不外露，也就是通常所说的“藏头护尾”；露锋是指笔锋出露，起笔时，笔锋落纸不作逆入，直接辅毫运笔，收笔时，笔锋不回转，顺势将笔毫离纸。藏锋和露锋各有不同的表现力，藏锋含蓄浑融，露锋丰姿绰约。圆笔是指在转折处提笔圆转，不露棱角，笔画圆润遒劲，篆书多为圆笔；方笔是指转折处顿笔方折，笔画方整有角。一般来说方笔宜于写楷书，圆笔多用于行草书。方圆兼备、刚柔相济才能表现出点线的丰富多彩，具有艺术的魅力。

迟急、起伏、方笔圆笔等不是孤立的，而是统一的，在欣赏书法时，既要分别来把握，又要将笔法结合起来欣赏。历代书家从人体的美，体察到了书法的美，“骨、肉、筋、血”就是书法用笔美的构成。每一笔画应显示出“骨力”，达到“骨肉相称”，具有坚韧强劲的内在力量；同时在运笔起伏的过程中，显示出运动的气势，具有运动感；还要有血与肉那样的美的质感，或遒劲，或古朴，或圆润，或厚重，达到神形兼备。如黄庭坚《松风阁诗卷》就是很好的例子。

(2)字法

所谓字法，是指结字的方法。古人讲“一字之法，贵在结构”。字法就是形成字的结构、形体的方法。

从字法来看，不管书写哪种字体，都必须做到字的重心要稳，主次笔画相宜，造型疏密得当，点画参差有致。字法的优美主要取决于奇与正、疏与密的关系。

奇与正。正，是平正，就是书写的字所显示的完整感、稳定感和适宜感。书法以平正为美是与人的一般审美心理相一致的，如五官端正、立姿平衡等，书法结体也是这样。平正的关键在于重心。字无论繁简、疏密、正斜，还是独体、合体，都有重心。对重心的把握需要通过欣赏者去观察。奇，含有参差不齐、欹侧多变的意思。写字不能满足于平正，否则“平直相似，状如算子”。如颜真卿的《麻姑仙坛记》，结体平正，庄重茂密，表现出庄严雄浑、气势磅礴的风格；李邕的《李思训碑》，结体欹侧，左低右高，突出了雄健峭拔的态势。

疏与密。疏密是指点画距离的大小。汉字由点画组成，点画之间的空白处也是字的有机组成部分，虚实相生，才是完美的结体。字体疏密的关系是：字形小的，笔画要伸展，变小为大；字形大的，笔画要收紧，变大为小；疏的字，点画要肥；密的字，点画要瘦，形成大小均衡、疏密得当的结体和谐。如柳公权的《玄秘塔碑》体现了疏密的特点，字形多“腹空”，虚实对比强烈；再如黄庭坚行草书，中心笔画紧密，四周舒张，结体呈放射状，气势磅礴。

（3）章法

所谓章法，是指整幅书法作品的布局方法，包括题款、钤印等。书法作品除了题跋、落款、钤印要符合规范要求外，最重要的是在行文排列、篇章布局、整体结构上要规范、美观、大方，富有艺术感染力，具有一定的审美价值。

章法也叫“布白”。一幅书法作品不外乎黑白两种颜色，黑是墨写的实笔，是“实”的部分，白是空白的地方，也是“虚”的部分。写字虽从实笔落墨，却应着眼于空白的安排变化，所以叫“布白”。章法美主要体现在虚实相生和气脉贯通等方面。

虚实相生。虚实与前面讲的疏密是有区别的。疏密多用在结字的笔画安排上，章法更多地注重虚实的处理。一幅书法作品的虚实变化，即黑墨与白地的分布往往表现出书家的不同艺术风格，字与字、行与行的呼应无不体现虚实的关系。如欧阳询的《九成宫醴泉铭》，字的边白较多，显得疏朗，而柳公权的《玄秘塔碑》，边白较少，显得紧密，各具特色。

气脉贯通。气脉是一条无形的线，把一个个不同形体的字连缀起来，贯穿为有机的统一体。气脉贯通追求连贯和照应，不只是指笔毫的连接，即直接的连贯，更是指笔画之间、结体之间的相互照应、映带的关系。气脉的形成包括笔法、结体和章法等总体内容，笔法上的迟急起伏，结体上的欹正疏密，章法上的虚实呼应，都对气脉起着重要的作用。

由于各种书体的用笔和结体都有差异，在章法上也就出现了不同的表现形式。其表现形式主要有“纵有行，横有列”“纵有行，横无列”和“纵无行，横无列”三种。“纵有行，横有列”主要运用在篆书、隶书、楷书等，产生和谐匀称的美感，于平正中寓险绝；“纵有行，横无列”主要运用在行书和小楷上，其每行不受字数限制，字体或大或小，或奇或正，在章法上具有丰富的美感；“纵无行，横无列”在大篆和草书中多采用，这种形式不受格式的束缚，尽情表现书家的情感思想。

2. 欣赏中国书法应把握“四美”

中国书法是线条的艺术、结体的艺术、章法的艺术，本身极具美的因素。欣赏中国书法独特之美，可以从以下四个方面进行。

（1）书法的线条美

线条是中国书法的基础，也是中国书法的灵魂。点是线的浓缩，线是点的延伸。书法家们通过提按、顿挫、轻重、粗细、强弱、疾徐、圆厚等用笔技巧，结合用墨的枯湿浓淡等变化，使点画线条产生立体的富有情感的力度之美。

书法线条的立体美。立体感的线条是书法之骨，只有骨确立了，线条才饱满，才有生命力，才有充实感、力度感。

书法线条的力度美。线条的力度美，通过立体感的线条体现，不仅表达出书法家对线条使用的技巧，也能唤起人们心中的力量感。

书法线条的情感美。线条的情感主要表现在线条的节奏感，用笔轻重疾徐、抑扬顿挫，如同音乐节奏一般，通过视觉传递，使人产生心理上的情感共鸣。有情感的线条，多表现为起承分明，有呼有应，有起有止。且起止适度，或断或连，左右顾盼，上下呼应，一气呵成。

（2）书法的墨色美

在中国的书法艺术中，笔法和墨法是有机统一、相辅相成、不可分割的。书法家在提按顿挫中，挥毫染翰之时，那贯穿全幅的墨气，变幻无穷的墨色，正是书法家以情动笔、以毫留形的神奇记录。

墨色的浓淡，有“五色”之说，即浓、淡、枯、湿、焦五色。浓墨显示厚重，淡墨显示飘逸，枯墨显示瘦劲，湿墨显示散淡，焦墨显示滞涩。墨法的浓淡枯润最能传达出书法作品的意境美。枯湿浓淡、知白守黑是墨法的重要内容。用墨的燥润也是墨色美的一个主要方面。比如，行草要燥润相杂，润以取妍，燥以取险，燥润适度方能体现出行草之墨色美。

（3）书法的气韵美

南齐时王僧虔指出："书之妙道，神采为上，形质次之，兼之者方可绍于古人。" 意思是说，一幅好的书法作品必须是形神兼备，且以神采取胜的。神采是内在的，是意识，是精神，要靠观赏者去内化理解。

书法的神采，首先体现在气韵上。气韵是贯穿在整幅作品中的一种精神境界。客观世界的生动形象，经过书法家听觉上和视觉上的转化、分解、改造，而成为书法的营养，渗透到笔墨之中。要体会气韵生动，不能仅仅把视觉集中在线条上，还应着眼空白处。"书在有笔墨处，书之妙在无笔墨处。有处仅存迹象，无处乃传神韵"。线条和空白，是互相依存、互相制约的，两者互相衬托对比，各有其意义和目的。在欣赏书法时，要领会书外意、弦外音。只要察以象外，就会理解气韵之真谛。

（4）书法的意境美

书法的神采，又体现在意境上。欣赏书法，意境是灵魂。意境的形成取决于书法家的修养。从根本上讲，书法的意境美需书法家加强自身的艺术修养和气质，从而保证技巧的娴熟独创和意境的清新深邃，苏东坡的"退笔如山未足珍，读书万卷始通神"，也有这层意思。

书法的意境美以技巧为基础。点画、形体、布局等诸多技法的交融匹配、综合运用和艺术修养等因素对各类技法的自然渗入，组合成一幅书法作品，乃至一个书法家的基调，这基调也正是书法的意趣、境界所在。鉴赏家在评判书法艺术时，习惯将重点放在意境上，亦即书法的情感、气质、格调上。如梁武帝评王羲之的书法为"龙跳天门，虎卧凤阙"。又如前人论王献之的书法"有若风行雨散，润色开花，笔法体势之中，最为风流"。书法作品是书法家心灵的窗口，也是书法家一时一事意趣的内心自白。

二、中国绘画

（一）中国绘画的起源与发展

1. 书画同源

书画同源，指中国绘画与中国书法的产生和发展关系密切，相辅相成。

（1）书画同"起"源

人们从最初的结绳记事，逐步发展为以图记事，并最终致使文字的产生。作为最古老的文字种类，甲骨文无疑是从最原始的图画发展成的一种具有高度概括力的记事符号，所以在商周时代流传下来的甲骨文和金文中，我们不难发现其中保存有大量图画文字。而这些字除了包括象形与指事两种功能，更具有一定的绘画因素，这些图画文字随着人们对自身和客观事物的观察能力、思维能力和表现能力的发展，逐渐由图案化的形象符号演变为由线条构成的文字，并在此基础上产生了神奇瑰丽的书法艺术。而作为文字先祖的图画自是毫无疑问地成为兴起于书法艺术之后的独具东方气韵的中国绘画艺术的基石了。

由此观之，图画与文字作为先祖们记事的工具，自是拥有相同的起源；而分别以图画和文字为基础而产生的中国绘画与书法艺术必也应有相同的起源了。

（2）书画同“形”源

书法与绘画在表现形式方面，尤其是在笔墨运用上具有共同的规律性。书法的用笔是中国画造型的语言，离开了书法的用笔，就很难言中国画，从而，中国画本身带上了强烈的书法趣味，国画的线条、墨韵，处处都透露着抽象之美，流露出其独立的审美价值。

文人画由来已久，汉时张衡等人虽未有画传世，但其“以画名”固已载诸史籍；至六朝老庄学说盛行，当时的文人皆以画寄托其超脱性情、发挥其自由之情致，如宗炳、王微等以山水寄情，文人画即已初现其形；至唐代王维等辈时，诗画互融，文人画更获得了一定的发展。及至两宋，由于其重文轻武政策的施行，上位者对书法绘画艺术的推崇、喜爱，使中国书法与绘画艺术在这一时期获得了空前的发展，而轻视技法锻炼，重视意趣、笔墨的文人画更于这一时期兴盛而起，后经历元明清各代，亦有所发展。

文人画重视对笔墨的追求，旨在于突出绘画中用笔本身的独立审美价值，这又与书法艺术重视用笔不谋而合，或者应该说其绘画用笔正来自书法用笔的灵感。明代王世贞在其《艺苑卮言》一书中以画竹为例对此进行了论述，“干如篆，枝如草，叶如真，节如隶”无疑是对以书法之笔墨入画的一个精辟概括。此外，尚有以八分法或鲁公撇笔法画竹叶，折钗股、屋漏痕之遗意画木石的说法，南唐后主李煜更曾用金错书法画竹，至于郭熙、唐棣画的树、文同画的竹、温日观画的葡萄，均由草书中得来，更是说明绘画与书法艺术于表现形式，尤其是笔墨运用上的同源性。

（3）书画同“神”源

中国的书法与绘画艺术的追求，不仅在于其形式的美，更在于其蕴含的抒情的艺术意境，也就是说，书画同源之“源”不是仅停留于表面的表现形式、笔墨运用上的同源性，而是深入书法与绘画艺术的神髓之中，具有相同的神髓、意境之源。

传统中国画从“以形写神”“遗貌取神”而成为表现“意象”的造型艺术，其追求重点并不在形、在貌，而在神韵之上，苏东坡就曾诗云：“论画贵形似，见与儿童邻。”故而绘画艺术中最具东方意蕴表现特色的写意画，写意山水也好，写意花鸟也罢，就是以贵在得其神髓而为世人所推崇；若画不能现其神韵，那就只不过是一纸水墨，淡彩而以，不能称之为画了。书法艺术在创作时也往往借物象以创意，并最终以文字本身抽象的形——笔画、间架、章法来表达意境，必须“得意而忘象”方可谓佳作。

书法与绘画艺术不过以其不同的形式，追求事物共同的意趣、神髓之源——天地不言的大美所在，也即二者具有相同的神髓、意趣之源。

（4）书画同“心”源

随着文明的发展进步，文字、图画都不再仅仅是记录的工具了，而是成为人们表达思想、直抒胸臆的桥梁，成为人们宣泄感情的工具。而书法与绘画艺术更是因为其作者的感情投入具有更高一层次的艺术价值，他们不再是死的作品，而成为其作者活的人生写照，成为有“心”之物。

以清代著名的扬州八怪之一的郑板桥为例，他画竹，除了尽现竹清冷含蕴的神髓之美，也赋予其笔下的竹一颗心，将自己的品性与竹子重叠在一起；他写字，也是同样将人生之感悟融入其中，所以“难得糊涂”才成为其书法的名篇。

字如其人，画如其人，人的品性皆会融入其书画作品之中，书法与绘画艺术也因其作者而有了其各自的品格。故此可得，书画同源，源自人心。

2. 中国绘画的发展

（1）原始时期的绘画

中国绘画有悠久深远的历史，最早可以追溯到新石器时代的装饰艺术。此时，人们发明了陶器，并在这些陶器上面画一些东西，成为“彩陶”，这就是绘画最原始的萌芽状态。我国以仰韶文化绚丽的彩陶作为代表，其中西安半坡出土的人面鱼纹彩陶盆和河南临汝县（今汝州市）出土的鹳鱼石斧陶缸最为灵活生动。

（2）先秦绘画

夏商周时期，青铜器艺术成就特别突出，“绘画”变成一种技术，作品也多用于装饰。到春秋战国时期，青铜器的纹样开始出现了一些描绘现实生活的车马狩猎、水陆攻战、宴乐的场景。

另外更值得关注的是战国时期长沙楚墓先后出土的两幅帛画《人物龙凤图》和《人物御龙图》，画面人物都是正侧面的立像。

而依附于漆器的漆画，兼有实用和装饰的作用。漆画包括描绘虚构神话和表现现实生活的两类作品。前者主要绘制在用于丧葬的漆棺上，最具代表性的是曾侯乙墓漆棺；后者多绘在日常器具上，其中最具影响力的是湖北荆门市包山楚墓出土的彩绘漆奁。

（3）秦汉绘画

早期绘画与汉字未分，绘画承载着“图籍”的文化功能。秦朝建立后，统一了文字，绘画的这种功能逐渐衰弱，走向了形式上的独立。秦汉时期，出现了见于史册的画家及宫廷绘画机构。两汉画家云集，如为昭君作画的宫廷画师毛延寿，还有一些文士画家如张衡、蔡邕等。此外，汉武帝时创“秘阁”来收藏书画，汉明帝置尚方画工，建“鸿都学”，为早期宫廷画院雏形。如今，我们只能通过墓室壁画、帛画、漆画、画像石、画像砖来了解这段时期的绘画面貌。

汉代帛画以马王堆出土的T形帛画保存最完整，西汉时期出现了许多画像石和画像砖，这是一种雕刻着不同画面，用于构造墓室、石棺等的建筑石材，同墓室壁画一样，除了装饰之外，还有祈祷的寓意。

（4）南北朝绘画

魏晋南北朝是中国绘画发展的重要时期，其中最重要的一点在于卷轴画形制的独立。由于士人的参与，这一时期的作品强调绘画的自律与绘画创作的个性。东晋顾恺之（代表作《洛神赋图》《女史箴图》）作画，意在传神，其“迁想妙得”“以形写神”等论点，为中国传统绘画的发展奠定了基础。南齐谢赫提出“气韵生动、骨法用笔、应物象形、随类赋彩、经营位置、传移模写”的六法理论，创造了重意象、重风骨、重气韵的审美风尚，标志着一个新的绘画时代的到来。

（5）隋唐绘画

隋唐之际的绘画，在笔法与题材上不断进行探索与开拓，人物画不断成熟，出现了阎立本（代表作《历代帝王图卷》）、吴道子（代表作《送子天王图》）等著名画家。此外由于水墨画的出现，墨色的变化大大增强了画面表现力，其自由的表现形式为后世文人画家所喜爱。题材上的开拓形成了众多因题材而不同的画科，并最终确立了人物、山水、花鸟三科的独立，奠定了卷轴画的主流方向。

（6）五代两宋绘画

从绘画风格的角度来看，五代两宋时期，是山水画、花鸟画科成熟的时期。真正意义上的画院，当在后蜀孟昶时期成立。

五代十国的书画，在唐代和宋代之间形成了一个承前启后的时期。无论是人物、山水，还是花鸟，都在前代的基础上有了新的变化和面貌。五代时，人物画的题材内容日渐宽泛，宗教神话、历史故事、文人生活等都成为描绘的主题。山水画在此时的变化最大，从选材到技法，都有了一个飞跃，山水被作为生息的环境加以描绘。花鸟画也出现了两大阵营，以西蜀黄筌为代表的一派，被称为“黄家富贵”，因为他们多描绘宫廷苑囿中的珍禽奇花，画法精细，以轻色渲染而成；而江南的徐熙所代表的一派，则多取材于水鸟野卉，画法多用墨笔，色彩极少，相对黄筌一派的风格，这一派被称作“徐家野逸”。

两宋时期，是画院发展的顶峰。皇室成员不仅主导着画院的艺术趣味，同时也积极参与到书画创作中，比如南唐后主李煜、北宋徽宗赵佶。北宋初期李成和范宽是山水画家的代表，南宋山水画以清奇峭拔的形象和简括的笔墨章法开创了空灵雅秀的南宋院体山水画风，李唐是公认的开创这种新风的一代宗师，他的《万壑松风图》给人以强烈的印象。继承他技法的刘松年则在描写江南景色方面有突出的贡献。马远、夏圭更是因为构图多截取一角或片段的不全之景，画面中留下大块空白，而被人称为“马一角”和“夏半边”。这种构图简洁，主体鲜明的山水画有一种全新的境界。宋代人物画代表作包括著名画家燕文贵的《七夕夜市图》、张择端的《清明上河图》、梁楷的《泼墨仙人图》、李公麟的《西园雅集图》等作品。

（7）元代绘画

元代绘画从赵孟頫提倡“复古”开始，一反宋代的再现性山水，取而代之的是具有文人品位、强调笔墨趣味的文人画，文人画从边缘一跃跳入画坛中心。

（8）明清绘画

明初的高压政治使得元代文人画最活跃的江南地区人才凋零，宋代画风却在明初的宫廷中得到复兴。到明中后期，画坛名家辈出，流派纷呈，文人画在画坛独领风骚。明代涌现出如以戴进为代表的浙派，以沈周、文徵明为首的吴门派，董其昌、赵左等人为首的松江派。

清代的绘画艺术，继续着元、明以来的趋势，文人画日益占据画坛主流，山水画及水墨写意画盛行。早期，“四王”画派占据画坛的主体地位，江南则有以“四僧”和“金陵八家”为代表的创新派；中期，出现了以扬州八怪为代表的文人画派，力主创新；晚清时期，上海的海派和广州的岭南画派逐渐成为影响最大的画派，涌现出大批画家和作品。以吴昌硕、任伯年为代表的海派画家，影响了近现代的绘画创作。

（二）中国绘画的特点

1. 中国绘画的装裱方式

立轴：立轴也叫“挂轴”，是中国画装裱的最主要的形制。通常画幅较窄而呈修长状的称为“条幅”，悬挂在厅堂中较为宽大的字画称为“中堂”。

屏条：屏条是在立轴的基础上，将竖幅形式与屏风相连的特点结合在一起，以套或组为单位的独立装裱形式。

横披：横披是一种横式的立轴，装裱方法和立轴大致相似，只是画心是横长竖短。

手卷：手卷作为一种装裱形式，比立轴的出现早得多，也可说是放长的横披，被称为“长卷”“图卷”。一般短的有1米或2米，长的有10米以上。

册页：册页是受书籍装帧影响而产生的一种装裱品式。常见的有两种形式：一种是单幅的片，另一种是将各种单片连在一起装裱成折叠式的本子。

成扇：成扇原为实用品，但一经书画家绘制，便成了艺术品。圆形的团扇流行于宋元时期，有传折扇是宋代从朝鲜传入中国的。由于扇面形制富有流线型，十分美观，便有人将有图案或题字的折扇或团扇的扇面取下，经过装裱形式，也很美观。

2. 中国绘画的艺术形式

中国画的构思——首重立意，胸有成竹：不管是画山水、画人物，还是画花鸟，中国画创作，以立意为先。

中国画的造型规律——以线造型，以形传神：中国画是以线存形的，通过线勾出轮廓、质感、体积来。“以形写神”是晋代画家顾恺之的一句名言，确立了中国绘画艺术神高于形的美学观。

中国画的构图法则——多点透视，计白当黑：中国画既用焦点透视法，也用散点透视法，既有严守真实的画面空间和布白，也有打破真实按构图需要而平列的空间和布白，这样就使物象在画面出现时，可以按实物在画面上的艺术需要伸长或缩短变化其形象，更换其位置。一株低于视平线的牡丹花，也可架高于视平线之上，而取得透视的最佳效果。中国画在空白处尤其注意经营，常常借用书法上的计白当黑，即没有画面的部位要像有画面的部位一样做认真推敲和处理。

中国画的色彩法则——随类赋彩，色彩相和：中国画的色彩，不拘泥于光源冷暖色调的局限，比较重视物体本身的固有色，而不去强调在特殊光线下的条件色。画一件物品，就赋予那一件物品的基本色，达到色与物、色与线、色与墨、色与色的调和。写意作品则追求“色不碍墨，墨不碍色”的法则。即墨与色互相衬托，互不影响对方的美感效果。

中国画的意境——情景相生，气韵生动：中国画要求笔与墨合，情与景合、现实中无限丰富的景象。画家凭借这种感受，激起描绘这些景象的激情，于是作品作为情景相生的复写而重现，使情景交融在一起。至于气韵生动，即是画家所创造的艺术灵境，不同于一般的写生画，应成为富有生气，新鲜而活泼，有诗一般的韵味，使观者神往无穷。如果没有表现出如此生动、如此韵味丰富的内涵，就不能给予人这样的感受，而达不到中国画富有的引人入胜的意境。

中国画的独特形式——诗书、画印、纸笔：中国绘画，有题字盖印的做法，不仅文人画可以显示诗、书、画三绝之长，即使一般的画作，也总要题字盖印，这样才有传统艺术的浓厚风味。题字和诗句，可以提高或补充观者对作品的欣赏和理解，也丰富了构附的变化，起到互相衬映、互为彰显、点缀与平衡构图的多方面作用。中国画的工具和材料之性能，也决定着中国画的特色。中国画是运用绢和纸作画的，特别是宣纸的出现，更加发挥了笔趣和墨彩。宣纸的渗性、毛笔的尖锥，使得笔锋变化无穷，产生出奇妙的效果。同时形成了各种效法和描法，画法和笔法。

3. 中国绘画的基本技法

通过"笔墨"呈现画作：就中国绘画来说，"笔墨"本身就是艺术，具有一种相对独立的美。中国画家的情思、意向、境趣、性格、风貌、技巧等在创作过程中，无不通过"笔墨"呈现出来。"笔墨"是组成中国画的根本要素，千百年来"笔墨"一词已被视作中国画技法的总称。

运用线条点簇和墨色的变化等描绘对象：中国绘画用特制的兽毫作画，笔有"尖、齐、圆、健"之分，画家在绘画时借此不同，进行变化多端的运线、布点、施墨、铺水（术语均称为"笔墨"）来描绘对象，抒写情怀。"墨分五色"，有"焦、浓、重、淡、清"。

不受时空限制的构图方法：中国绘画主内涵，重意境，尚神韵，求意趣，故在构图准则上不受视野束缚，摆脱焦点透视的羁绊，更多采取散点透视和视觉记忆来布阵置势和构图。中国画的章法构图，广阔自由，以虚带实，令人浮想联翩。这是中国绘画的一大特点。

高度概括突出主题的表现手法：中国绘画在创作构思中，追求"化景物为情思""览物得意""写物创意"，以高度概括的手法表现主题和意境，主要目的是充分展现作者的情思。

不断吸收外来艺术的精华：中国绘画艺术从不排外，从汉唐直至明清，曾大量吸收外来绘画艺术，不断充实自己，又保留了自身"性灵"的特征。

中国绘画与诗、书、印的有机结合：中国绘画的一个基本技法是诗、书、画、印合为一体，书画相通、画印同辉共同组成了中国画作品的有机体，也是中国画独一无二的特色。

（三）中国绘画的分类

1. 按内容分类（中国绘画的基本画科）

按绘画题材内容来分，中国画可分为三类：人物画、花鸟画、山水画。

人物画：人物画是以人物形象为主体的绘画，也可根据画面内容分为仕女、道释、肖像、风俗、历史故事等。仕女画顾名思义就是画美女，例如著名的《簪花仕女图》，这类绘画在唐代很流行；道释画就是画宗教题材；肖像画主要是画普通的人；风俗画是带有场景性的绘画，描绘普通老百姓的生活；历史故事画是真实发生的一些事件，包括人物加场景。

人物画从晚周、汉魏、六朝、隋唐渐趋成熟，中国人物画力求将人物个性画得逼真传神，气韵生动，形神兼备。在绘制人物画方面有两种著名的描法，就是"吴带曹衣"，即"吴带当风，曹衣出水"。这是指两种相对的衣服褶纹表现程式。

花鸟画：花鸟画的繁盛时期在人物画之后，到宋代达到了高峰。可根据画面内容分为花卉、禽鸟、走兽、竹石、博古、草虫和水族几类。

山水画：山水画是以描绘山川自然景色为主体的绘画。起源于魏晋，到隋代成为独立的流派，宋代得到极大的发展，已成为中国画中的一大画科。元明清时期也有极大的发展。中国山水画受老庄思想和禅宗思想影响至深，注重个体心灵的体悟，常常于静寂观照中，求返于自己内心深处的心灵节奏，以结合宇宙内部的生命节奏，笔落纸上，心游万仞。

2. 按质地分类

根据绘画使用的材质，可将绘画分为壁画、帛画、绢画和纸本。

壁画：古人最开始把画画在墙壁上，壁画顾名思义就是画在墙壁上的画，这种绘画形式一般多见于两种场合——宗教寺观和墓室。宗教寺观包括石窟与寺观，比如著名的敦煌莫高窟壁画，就是典型的宗教壁画。另一类就是墓室壁画，较著名的是陕西唐代章怀太子墓和永泰公主墓。

帛画：画在墙壁上的话不能携带，于是古人将画画在了布上。战国之前称丝织品为"帛"，即白色的丝织品。前文中提到的《人物龙凤图》《人物御龙图》及马王堆汉墓出土的T形帛画是帛画中著名的三件。

绢画：在纸张没有被普及之前，画更多画在了绢上，绢也是丝织品，今天也有用绢作为材质。

纸本：伴随着纸张的普及，质地也更适合写意画的挥洒，所以直到当代，书画家更多是在宣纸上写字作画。

3. 按画家分类

按画家身份分，可将中国画分为院体画、文人画和民间画三大类。他们的绘画作品代表了三种不同的风格，显示了三种审美观：贵族审美、文人审美、世俗审美。

院体画： 院体画多为深宫中的宫廷画师所画，宫廷画院由帝王直接控制，入院的画家须经严格考核。他们专为皇帝和后宫嫔妃们服务，绘画就是他们的工作，他们靠绘画为政治服务，所以画出来的作品大多是历史政治题材，或者皇帝后妃的画像。画院的画家不乏时代高手，这些人往往学识渊博、技巧精湛，如宋张择端的《清明上河图》。

文人画： 文人画多由具有很高文化的社会文人、士大夫所画，又称“士人画”，以区别于宫廷画家和民间画家的作品。绘画对士大夫来讲就是纯粹的娱乐，是词翰之余的消遣或自我表现，所以他们的绘画常常具有很强的个人风格，又称之为“墨戏之作”。由于画家是文人出身，腹有诗书气自华，他们的画格调一般都比较高，并且自己题诗，盖上印章，诗书画印相结合，富有浓郁的文人气质。

文人画逐渐成为中国画的主流类型，许多人都用文人画的标准来衡量一幅中国画格调的优劣。

民间画： 民间画由民间职业画家所画。他们没有宫廷画师那么高的身份，主要依靠绘画来赚钱养家，想要作品畅销就必须符合消费者的审美品位，所以民间职业画家经常描绘一些老百姓喜闻乐见的题材，比如“玉堂富贵”。

4. 按技法分类

中国画按技法分类，也可以说按照绘画的理念分，可分为工笔画、没骨画和写意画。

工笔画： 工笔画，亦称“细笔画”，属中国画技法类别的一种。工笔画与“写意画”对称。工笔画属于工整细致一类画法，如宋代的院体画、明代仇英的人物画等，崇尚写实，求形似，以工整者多，多画在熟宣之上。工笔画要求“有巧密而精细者”（北宋韩拙《山水纯全集》），是指按“写实”理念绘画，可根据客观场景再现，没有太多个人情感在里面。

没骨画： 没骨画不同于工笔和写意，没骨的“没”字，即淹没而含蓄之意，其精要在于将运笔和设色有机地融合在一起，不用勾轮廓，不要打底稿，更不能放底样拓描。作画时，要求画者胸有成竹，一气呵成。在书法里把笔锋所过之处称为“骨”，其余部分称为“肉”。没骨画将墨、色、水、笔融于一体，在纸上予以巧妙结合，重在蕴意，依势行笔。一般多用于花鸟画中，直接用颜色或墨色绘成花叶，而没有“笔骨”。

写意画： 写意画是用简练的笔法描绘景物。写意画多画在生宣上，纵笔挥洒，墨彩飞扬，较工笔画更能体现所描绘景物的神韵，也更能直接地抒发作者的感情。写意画是在长期艺术实践中逐步形成的。其中文人参与绘画，对写意画的形成和发展起积极的作用。写意画主张神似，董其昌有论："画山水唯写意水墨最妙。何也？形质毕肖，则无气韵；彩色异具，则无笔法。"明代徐渭题画诗也谈道："不求形似求生韵，根据皆吾五指裁。"

（四）中国绘画的鉴赏

中国绘画历史渊源悠久，是中华文化的国宝，也是传承中华民族精神的主要载体。而我们应如何欣赏一幅中国绘画作品呢？

1.欣赏中国绘画的意境

作为艺术作品的绘画，其内涵构成为三个要素：作画者思想感情的表现、自然形象的再现、绘画本身的形式。中国艺术理论中，通常把作者的思想情感的表现叫作"意"（或情），把画面形象叫作"境"（景、象），二者有机结合叫"意境"，意境的表现落实到可视的物质形式上，便是用笔用墨（包括色）。中国画的笔墨技法规律称为"格"，由技法的运用所形成的情趣韵致叫作"调"，二者又组成"格调"。意境统率格调，格调表现意境，二者亦相辅相成。对中国画的欣赏就是在对意境和格调的理解和体味过程中获得美的享受。

画的意境一是指诗中有画，画中有诗。"意"是作画人思想情感的表现，是主观的思想；"境"则是画家对客观对象的描绘刻画，是客观的事物。借描绘的客观事物来表现人的思想，即借景显意，也是"画乃心印"，又是"诗中有画""画中有诗"。如李白的《朝发白帝城》。白帝城、彩云、大江、轻舟、山岭、群猿等境象，在此之外，使人领略的是一种意志酣畅、轻快愉悦的情感，这在诗的字面上，可说未提，但在诗的形象之中得到一种情感体现，由境表达意，从而产生意境。画也是如此，如朱耷笔下之花鸟，冷峻怪诞，体现的是画家对现实的蔑视和对统治阶级的反抗。因此，画中有诗，不是说在画旁题诗，而是指画像诗一样表达作者的思想感情。二是指以形写神，得意忘形。这里的"神"，是指客观物象的精神实质，如梅花之傲雪、牡丹之富贵等。中国画主张以形写神，以神达意，得其意则可遗其形。所以，在欣赏中国画的意境时，必须善于联想；在欣赏过程中产生美感，即"共鸣"。对意境的欣赏是中国画审美的重要门道。

中国画意境的实现，必须依赖用笔、用墨、设色、造型、构图等技法，而这些技法的高低形成格调。我们平时所说一幅画的格调高，主要是指形式技巧运用娴熟而又不落俗套，不显匠气。格调的形成与人格有密切的关系，我们所说"画如其人""书如其人""诗如其人""文如其人"，其意义都是如此。

用笔：中国有"书画同源"之说，中国的书法艺术是高度发达的，其对中国画产生强烈的影响，故"工画者多善书"。书画的线是多能的，可以造型，可以抒情，可以写意。但书画的线是靠笔来表现的，用笔有粗、细、转、折、顿、挫、提、按、轻、重、疾、徐等，而这可表现物象的坚硬、柔软、轻盈、重浊、挺拔、平缓、曲直、方圆等形质，也可表现人的喜怒哀乐等各种情感。

用墨：中国画主张以墨为主，以色为辅。中国画以线造型，线条几乎都是墨线，即便不上色，墨线已构成了完整的形象；而色仅为辅助作用。如画要表现出山的永恒之美，关键是以线造型，即用笔、用墨构造物之形，上了色反而有了局限性。庄子的“以神遇而不以目视，官知止而神欲行”就是反映这一道理。所以，可以这么说，绝大部分中国画，去掉色彩，画面照样完整；而去掉墨线，便不成画。

设色：中国画以墨为主，但绝不是不要色。要求是以墨为主，以色为辅。色不可多墨，墨也不可碍色，同时还要色中有墨，墨中有色。以色助墨光，以墨显色彩。在色与色之间的关系上则要求以一种色为主，其他色为辅，形成多样统一的色彩调，否则便会杂乱无章。

2. 欣赏中国绘画的章法

章法即构图，又称“置陈布势”或“经营位置”。古人说“经营位置，为画之总要”，就是说一幅画的整体布局，往往是一幅画成败的关键。对章法的欣赏，可以从取势、虚实等入手。

取势：绘画、书法都讲取势，或开阔平远，或险峻奇突，或稳如泰山，或虚幻缥缈……这都是势，靠章法来实现。疏的章法，寥寥数笔，有淡雅之势；密的章法，千笔万笔，有峥嵘之势。横势旷远，竖势高峻，直势挺健，曲势深远等，都靠章法布局。

虚实：中国画的章法必须虚实相生，任何一幅画必须既有虚处，又有实处。有虚无实不称其为画，有实无虚也不称其为画。中国画还需以简胜繁，即笔简而意周。如《历代名画记》记李思训画嘉陵江山水，三月之工；吴道子作嘉陵江山水，一日而成。而两者画都妙，画繁难，画简更难，因为简笔，必须笔笔精到，不能露一点破绽。中国画的虚处，常常是一片白纸，即计白当黑，但这个空白处任你去联想。如宋代画家梁楷的《太白行吟》，人物后没有背景，你可想象李白是在江边、在山林、在庭院、在荒郊等，这十分符合李白的放荡不羁之性格。所以中国画计白当黑，且是妙在无处，无处并非真正的无，而是无限，可发挥人的无限再创造而加以补充，无处具有含蓄的朦胧美，无处空且静。

画面组合：章法讲究诗、书、画、印的有机结合。好的画，不题诗也有诗意；不过有些画，当题上诗后，则可谓画龙点睛，意味深远。再钤上各种图章（姓名章、引首章、押角章），使画中角一部分都不可缺，每一部分又具有其独特的个性和独立的审美价值，大大丰富了中国画的内涵。

独特的装裱艺术：中国画的装裱也极具艺术。裱既与画面协调和谐，又使画增加光彩，可以说，中国画没有装裱，此画就未完成，而此工序如完成不好，也会影响画的艺术效果。

3. 欣赏中国绘画的气韵

中国画的整体艺术效果为气韵。这是欣赏中国画最难领会、最难把握的东西。要理解气韵，则需了解绘画的“六法”和“四品”。

（1）“六法”是南齐谢赫在《古画品录》中提出的。“六法”是指“一、气韵，生动是也；二、骨法，用笔是也；三、应物，象形是也；四、随类，赋彩是也；五、经营，位置是也；六、传移，模写是也。”中国画的欣赏最高要求就看其是否生动，包括用笔生动、用色生动、造型生动、章法生动。生动即神，以形写神之神。中国画历来以“神”为最高境界。

（2）“四品”，品是鉴赏中国画高低的标准。“四品说”是我们判断气韵，并以此判别中国画高低的重要尺度。唐以前以神品为最，唐时张彦远列自然之品在神品之上，五代黄休复认为自然之品为逸品，从而定下四品，即逸品、神品、妙品、能品。其中逸品就是无法而言，随心所欲而又处处符合规矩，是人格涵养的自然流露和写照。它无须苦心经营，而是天生而就，效果常常出乎意料，而且无法临摹复制。神品是精神刻画；妙品是指笔墨技巧以及绘画的一切形式技巧的高度纯熟；能品是指描绘自然事物的形象栩栩如生。

对中国画的欣赏，可以说是一门高深的学问，也并无一个统一的标准，作为一名旅游从业者或游客，应掌握最基础的鉴赏标准，同时自己也能尝试绘画，慢慢培养欣赏画之神韵的能力。

（五）中国绘画的主要流派

中国绘画流派众多，各具特色，百花齐放，每个画派都有独具特色的代表人物，留下了许多著名的绘画作品。中国绘画的主要流派有如下几类。

1. 元四家

“元四家”是指元代山水画的四位代表画家：黄公望、王蒙、倪瓒、吴镇。他们四人均是江浙一带人，都擅长水墨山水并兼工竹石，为典型的文人画风格，他们生活在元末社会动乱之际。虽然每个人社会地位及境况不尽相同，但他们不得意的遭遇是相似的。他们都受儒家思想的熏陶，但同时又对佛、道探究极深，三种文化交融，使他们在精神寄托和处事态度上都有浓厚的超然物外、独善其身的遁世思想，追求寄情自然、忘我于自然的境界。元四家对于山水画起到了举足轻重的作用，虽画风各有特点，但主要都从五代董源、北宋巨然的基础上发展而来。重笔墨，尚意趣，并结合书法诗文，是元代山水画的主流，对明清两代影响很大。

2. 吴门画派

吴门画派，是中国明代中期的绘画派别，亦称“吴派”。当时江南苏州一带，为文人荟萃之地。许多著名画家云集苏州，史料记载，当时苏州有150余位画家，占明代画家总数的1/5。苏州史称“吴门”，作为有共同地区特征的画家群形成了吴门画派。其主要代表人物如沈周、文徵明、唐寅、仇英等名家，均属吴郡（今苏州）人，故名。

吴门画派崇尚北宋和元代山水画风格，在山水画上成就突出，在人物画和花卉画方面也各有建树。吴门四家中除仇英外，另外三人尤其注重诗、书、画的有机结合，使文人画的这一优良传统更臻完美和普遍，有力地影响了明代后期直至清初画坛。继起者有董其昌、陈继儒等人。该派名家迭出，名作累世。

3. 清代的“四王”和“四僧”

明末清初之际，文人画地位极高，虽强调以传统绘画为主，但也有摹古和创新之分。

“四王”：是中国清代绘画史上一个著名的绘画流派，其成员为王时敏、王鉴、王翚、王原祁四人，因四人皆姓王，故称“四王”。他们之间有师友或亲属关系，在绘画风尚和艺术思想上，直接或间接受董其昌影响。技法功力较深，画风崇尚摹古，不少作品趋于程式化。王翚、王原祁一度出入宫禁，显赫南北。前者，综合宋元各家各派，缔造一套体例完备的画格；后者把元代黄公望一系，糅合实质，融化精神，技法上更臻成熟。“四王”对清代和近代山水画有深远影响。

“四僧”：当时清廷奉“四王”为正统，江南地区却出现一批富于个性的画家，他们与宫廷“四王”崇尚摹古的画风有很大出入，“四僧”乃其中代表。即弘仁、髡残、八大山人和石涛。他们多抱有强烈的民族意识，借画抒发身世之感和抑郁之气，寄托对故国山川之情。四人虽风格各异，但都竭力发挥其创造性，冲破当时画坛摹古的樊篱，振兴了画坛，对后世的“扬州八怪”有较大影响。

4. 扬州八怪

扬州八怪，是清康熙中期至乾隆末年活跃于扬州地区的一批风格相近的书画家总称，美术史上也常称其为“扬州画派”。清人李玉棻认为，“扬州八怪”为金农、郑燮、黄慎、李鱓、李方膺、汪士慎、罗聘、高翔。实际“八怪”不止八人，其他画家如阮元、华岩、闵贞、高凤翰、李勉、陈撰、边寿民、杨法等，因画风接近，也可并入。他们主要的贡献在于写意山水、花鸟画题材上的推陈出新，注重表现个性，不合当时画坛流行的尚古模拟之风，他们的书画风格异于常人，不落俗套，常有强烈的批判现实、针砭时弊之意，因此称作“八怪”。“八怪”在艺术观上最突出的是重视个性表现，均力图在作品中显示自己的人品、学问。

5. 海上画派

“海上画派”的形成和发展与上海这座新城市的崛起直接相关。鸦片战争后，上海辟为商埠，成为中西文明的交融点。从 19 世纪中叶开始，直至 20 世纪上半叶，上海周边的画家，带着吴门派、浙派、扬州派、金陵派、虞山派及毗陵派的遗风走进上海，使上海成为绘画活动中心。“海上画派”随之出现，逐渐成为中国近代以来最为重要的绘画流派之一。该派画家群主要人物有赵之谦、任熊、任颐、虚谷、蒲华、吴昌硕等。“海上画派”借鉴民间与西洋绘画艺术，对传统中国画进行大胆的改革创新，作品体现时代生活气息，在“正统派”外别树一帜，融贯中西，独成一派。

就内容来说，花鸟画最多，其次为人物画，再次山水画，依序再为杂项题材；就传统意义来说，有古诗词、文学作为基调，再佐以西方反衬法、结构法、设色法等；在笔法墨法的应用上，简逸而明快，只求意境而略其形式。

6. 岭南画派

“岭南画派”形成于清末民初的广东地区，广东地处五岭之南，由于地理条件与海外交往频繁，当地居民富有开拓和改革精神，为该画派提供了客观条件。早在清朝末期，有“二居”之称的居廉、居巢二兄弟，便开始了对绘画的研究，其探索与追求对岭南画派的形成起到很大作用。而岭南画派自被称为“岭南三杰”的高剑父、高奇峰、陈树人起正式形成，在理论和实践上自成一格。

岭南画的特点其一是主张创新，以岭南特有的景物丰富题材，具有强烈的时代感和地方色彩；其二是主张写实，博取诸家之长，打破门户之见，引入日本东洋画派的技法，大胆吸收外来养料，画面明暗交替、颜色鲜艳，有点类似于西画；其三是继承和发扬中国画的优良传统，用水墨的方式演绎出来，以形神兼备、雅俗共赏为理想，并突破传统的水墨笔法，即在绘画技法上，一反勾勒法，采用“没骨法”和“撞水撞粉法”，可谓是传统国画上的重大创新。

高剑父的代表作有《雨景图》《鸢尾蜻蜓》等，岭南画派的再传人为关山月、黎雄才等人。

7. 20 世纪“传统派”

虽然 20 世纪中国美术受到西方文化的影响，但一部分画家仍坚守本土文化立场，在继承传统价值观的基础上推进中国画发展，可称为“以古开今派”。

该派又可分为晋唐宋元的传统派和明清的写意传统派。两种风格前者以吴湖帆、谢稚柳、于非闇、陆俨少、溥儒为代表，消化吸收古代传统，画风严谨规整且形成自身风格，注重所描绘对象的客观真实性即形神兼备，主观个性的表现和笔墨形式的表现则寓于真实性和绘画性之中；后者以黄宾虹、齐白石、潘天寿、傅抱石、唐云、程十发为代表，画风纵逸恣肆，大都一挥而就，不求形似而注重个性情感的抒发，讲求形式自律的笔墨趣味，以不似之似求神似。例如，齐白石把写意花鸟画发展为大写意花鸟画；黄宾虹在山水积累上自成特色。传统派的画家常常具备深厚的传统文化修养。该派强调艺以人传，不可人以艺传，主张以文会友，以画会友的“雅”文化氛围。

8. 20 世纪“中西融合派”

中西融合派可以分为写实派和现代派两种风格。前者以徐悲鸿为代表，后者以刘海粟、林风眠为代表。一般而论，前者讲求以“素描”为一切造型艺术的基础，侧重于客观的“再现”方面；后者讲求形式的构成，侧重于主观的表现。例如徐悲鸿的画中西融合，既有西方绘画对形体塑造的追求，又特别强调中国画所具有的神韵追求；林风眠在画中注重对光的追求。中西融合派发展到 20 世纪 90 年代则为“抽象水墨”“现代水墨”，以陈逸飞、吴冠中等人为代表。“中西融合派”的画家，基本上都是美术学院的科班出身，具有扎实的造型功底或构图意识。中西融合派专注于“人以艺传”的美术家身份。其中写实派注重于美术展览，现代派则偏重于与国际接轨的艺术交流。

9. 江苏画派

现代中国画流派。1949 年中华人民共和国成立后，以傅抱石为首的一批聚居在南京的中国画画家，如钱松嵒、亚明、魏紫熙、宋文治等，以“笔墨当随时代”为宗旨，探索体现新时代审美要求的中国画。其中，傅抱石在绘画上善于钻研与创新，他丰富了古人用以表现石头的“皴法”，发展为独特的变化多姿的“抱石皴”，强调把用墨和设色有机统一结合起来，使墨与色相得益彰，并创造出一整套画水的方法，观之如闻其声。代表作有《策账携琴》《竹下骑驴》《秋林水阁》《山水》《井冈山黄洋界》《烟雨莽苍苍》《千峰送雨图》等。

10. 长安画派

长安画派也是我国 20 世纪 50 年代后期兴起的画派，以赵望云为代表，还有石鲁、方济众、康师尧等画家。他们的绘画题材以山水、人物为主，兼及花鸟；作品多描绘西北，特别是陕西地区的自然风光和风土人情，其中尤钟情于陕北黄土高原的山山水水。在创作手法上，他们致力于中国画的继承与创新，提出“一手伸向传统，一手伸向生活”的艺术主张。

(六)中西绘画的比较

1. 中西绘画差异的文化根源

中西方绘画是世界上两大主要绘画种类，有很大差异，但也不失联系。中西方绘画之所以有差异，究其根源，是因为中西方文化形态存在差异。具体说来包括以下方面。

(1)“一元论”与“二元论”的差异

中国人信奉“一元论”的世界观，认为人与自然是统一的，人是自然的一部分，讲究“天人合一”“天地与我并存，万物与我为一”，在人与自然、人与社会的关系上特别强调顺应自然，强调个人的“小我”必须融入民族的乃至宇宙的“大我”。因此中国画表达的山水，能让人融入自然，如岸边垂钓、湖上泛舟、山中静卧。中国的画家在创作绘画时主张“师法造化”，也常常将山水万物作为自己抒发感情的寄托。

西方人信奉“二元论”世界观，认为天人二分。西方画家眼中自然是与人类相分的。西方风景画中很少看到人的存在，他们要表达的往往是一种独立的自然。

(2)农耕文化与海岛文化的差异

中华民族所处的地域相对封闭，地形地貌是中国形成农耕文化的一个重要基础。农耕文化会强化人们热爱自然，保持自然的心态。农耕文化表现在政治上是“先礼后兵”和“后发制人”，表现在军事上是“保存实力”和“避实就虚”，表现在建筑上是“内敛深沉”和“曲径通幽”，表现在哲学思想上是“中庸”和“和陆”。作为深受中国传统文化熏陶的中国画家，在绘画艺术上表现的是委婉、静谧和含蓄，体现了“崇尚自然”和“自我保护”的民族心态。

欧洲的地理特征有明显的海岛地域特征。长期的海岛生活使欧洲人具有海岛文化特征。在海岛生活环境中，西方民族具有开放性、攻击性和侵略性。海岛文化表现在政治上是“以我为中心”，表现在军事上是“主动出击”，表现在建筑上是“张扬外露”，偏爱“山顶城堡”，好居高临下俯视世界。西方画家的作品表现的是直观、张扬和裸露。西方绘画所表现的哲学思想是以“我”为中心的“人本主义”，强调了“主动出击”和“暴露张扬”的民族心态。

(3)感性与理性的差异

中国人的思维传统是提倡感性。中国画家向来感性，主张寄托情思，以“意象思维”为主。如敦煌壁画中的“飞天”，表现的人物动作状态是飞翔，但我们却没有看见翅膀。中国画家通过绘画表现他们对自然万物的认识，在很大程度上也表达了自己的情绪和感觉到的意向。所以从中国绘画中能看出画家的心情，高兴、悲伤都体现在画中。即所谓的“画为心声”。

西方人的思维传统讲究理性主义，绘画理念以逻辑思维为主，作品偏向于写实。如画天使必定画翅膀，用笔画眼中所见，画什么就得像什么，画面上的空间和阴暗具有纪实性，光线具有方向性。从西方绘画中很难看出画家当时的心情，唯物主义下的写实传统局限了画家的想象空间。

2. 中西绘画的差异

中西方绘画成长于两个不同的社会历史环境，因此也形成了两个完全不同的体系，从艺术观念、审美情趣到具体技法都有很大差异。这里所讲的西方绘画，主要是指西方油画。西方油画最早源于15世纪的荷兰，最初是注重技巧的工匠画，经历了古典、近代、现代三个发展时期，不同时期的油画受时代的艺术思想支配和技法的制约，题材各有侧重，呈现出不同的面貌。古典油画题材多为宗教、神话故事，文艺复兴对西方油画的根本影响是将“神”变成“人”。油画发展初期的历史条件奠定了古典油画的写实倾向。近代油画出现了有明确艺术主张的流派，虽主要体现于艺术主题和内容上，但油画技法也相应各具面貌。现代油画形成了不同的流派，并制约艺术形式呈现多种倾向。中国绘画形成于漫长的封建社会，受儒、道思想的影响，绘画题材也有侧重。为认识这两种绘画艺术，试做以下比较。

（1）写意与写实

中国画偏重“写意”，把意境放在第一位，画面上呈现的不是一部分物质而是整个人性化的意境。中国画着重于把结构形态和神韵合而为一，追求以貌取神，传真写意。如画人则画其神采，画山则取其气势，画花、鸟、虫、鱼则画其生机。以抽象之美表达其意，画须“有意可思”。

西方绘画强调“写实”。一幅好的西画首先具备的是“真理”，更偏重于对内在结构的描绘，强调客观现象。西方人看重素描关系、立体效果、明暗调子，入画之物，俱真俱实，观之有栩栩如生之感。

（2）散点透视与焦点透视

中国绘画虽有焦点透视，但大多为散点透视。主要用分散的视点来塑造画面空间，没有过分强调某个个体，而是着重去强调群体带来的视觉效果，讲究“以形得神”。正是依据散点透视，才可“以咫尺之幅，写千里之遥”。如张择端的《清明上河图》，就是用散点透视法绘成的。中国画的大场面或长的立轴和长卷，都是运用了散点透视，这样会使山水画出现“可行”“可游”“可居”的境界。

西方绘画则是焦点透视。拿集中的眼光看事物，有明确的焦点，他们会合理安排光线方向，画面事物的主次，讲究“写形象真”。在视点集中之处，静观瞬间之物。

（3）层墨与色彩

中国绘画特别是水墨画，通过墨色的灵活运用，来呈现作品的灵魂，虽然没有色彩的渲染，但通过墨色的调整来获得色彩的调整，也可以通过色度、饱和度的控制来对光线进行管控。中国画最高境界是“无色如有色”“有色如无色”。墨雅与彩，素色为上。

西方绘画注重对色彩的运用，通过色彩的选择，光线和色调的组合，使作品可以更加栩栩如生，逼真形象。欣赏油画就是欣赏色彩世界。

（4）点线与块面

中国绘画用毛笔按照“平、留、圆、重、变”的要求形成“点线”，通过点线“模拟”外界事物。在表达“面”的时候，以工笔勾线填色，写意直写抒写，因此，点线结构既有“具象美”，又有“抽象美”。但这种“点线结构”在表现“面”的时候，往往不如西方绘画“块面结合”那样“逼真”，只能逸笔草草，求得形似。

西方绘画用扁平的“刷子”，构成一种“块面组合”形式。这种“块面结合”的技法善于表现物象的“质量感”和“体积感”。

（5）光影与透视

中国绘画以墨调色，在厚与薄、深与浅、淡与浓等多组矛盾中求得视觉性效果，表现出对象的明暗、阴阳，因而在表现光、色和透视方面相对薄弱。

西方绘画整体上则是倾向于光学意义上的、更有几何精神和理性思维的视觉效果，用光表现物体的明暗、立体感、轮廓、深度和空间，追求环境和透视效果。

（6）构图虚与实

中国绘画在构图布局上要求空灵和单纯，讲究意境和情调，画面要气韵生动。因此，在造型上多以偏侧、仰视和俯视下笔，使画中物象显出主次、虚实的分别，往往在构图上留出空白。计白当黑，即有画处和无画处不是孤立的，而是有相互协调的作用。在外行看来，中国画仿佛是一幅未完成的画，这体现了中国人“凡事留有余地”的人生哲学观。

西方绘画在画面上全部绘图着色，用不同色彩表达、烘托主题。一幅西方油画，在完成后，似乎无法再添笔加彩，否则就显多余。这体现了西方人追求凡事恰到好处的审美观念。

（7）画面组合复与简

中国绘画画面组合相对丰富，讲究诗、书、画、印结合。书画同源，以书入画，画印同辉。几种艺术在同一画面上交相辉映，共同构成中国绘画的艺术特色。

西方绘画画面相对单一，画家仅在画面一角签名和注明日期。这种签名和日期不构成画面的有机部分。

（8）其他差异

绘画形式与题材：中国绘画形式丰富多样，有中堂、挂轴、册页、长卷、通屏、扇面、镜心、横披等。题材有人物山水、花鸟虫鱼等，可反映宗教、民俗、宫廷、园林等社会生活。西方绘画形式多为镜框式，形式较少。西方古典油画题材多为宗教、神话、风景和现实生活等。

笔墨美学：由于中国绘画的“点线结构”，中国绘画讲究运笔用墨必须以一定的法则为依据。因为，笔墨是中国画的最高境界，所以中国绘画注重于“笔墨”美学的研究。西方油画运用“块面结合”的技法，因此，没有笔墨项目的美学研究。

专题六

宗教与民族文化

一、中国宗教文化概况

（一）宗教的内涵

宗教是一种历史现象，是人类社会最古老的文化现象之一，属于社会特殊意识形态。大约10万年前的旧石器时代中后期，自然宗教便产生了。宗教作为早期人类认识自然、认识自我的思维形式和社会意识形态，从它产生之日起就伴随着人类成长的步伐，不断存续、积淀着人类文化的丰富内容，成为世界文化宝库和文明进程中的重要组成部分，为世人留下了大量璀璨的文化宝藏。

宗教作为一种社会文化现象，在人类发展的历史长河中，蕴含着十分丰富的文化内容。宗教是世界观、人生观，还包括习俗、文学和艺术。如中国古代腊八节、祭灶节、中元节等节日无一不起源于宗教。唐代的变文、宝卷，禅者诗词、敦煌的壁画、龙门的石刻、道教的音乐等，都是宗教留下的文化遗产。

（二）宗教的实质

宗教作为对客观世界的一种"虚幻的和颠倒的反映"，是人类在面对自己无力战胜的力量和无法解释的现象时，把这种力量、现象虚幻化、神奇化，使人间的变为神世的，使地面的变为天国的。所以说是人创造了神，而不是神创造了人。

（三）中国宗教的特征

中国是一个多种民族、多种宗教并存的国家，有着深厚的宗教文化底蕴和丰富多彩的宗教文化现象。世界上几乎所有影响较大的宗教，都能在中国找到它的踪迹。除了传统的道教之外，佛教、基督教、伊斯兰教也在中国有着很大的影响。

中国宗教在发展过程中，与多元一体的中国传统文化相融合，逐步形成了中国宗教文化的三个基本特征：一是与民族密切联系，具有鲜明的民族文化特色，如佛教和伊斯兰教；二是与人们的现实生活密切联系，成为人们日常生活中的有机组成部分；三是在中国多元一体文化的影响下，表现出较为明显的平等共存、相互交融的特点。这些特点，使中国的宗教文化成为举世瞩目的文化宝藏。

（四）学习宗教文化知识的目的

对导游来讲，学习宗教文化知识，一定要正确认识宗教的性质、功用，正确对待宗教。导游人员要熟悉我国的宗教政策，尊重国内外游客的宗教信仰和习俗，在工作中争取当一名优秀的“文化使者”。

二、中国的佛教

（一）佛教在中国的传播与发展

1. 佛教在汉地的传播与发展

佛教经克什米尔、帕米尔高原，天山南北两路到达阳关和玉门关，属“北传佛教”，在佛教北传中国内地的过程中，逐渐形成了以汉文化为核心，兼容儒道，主要在汉文化地区传承的佛教形式，称为“汉传佛教”。

（1）汉晋——佛教的传入及其广泛传播

两汉时期：对于佛教何时传入我国汉地，学术界一般认为是汉哀帝元寿元年（公元前 2 年）大月氏王使臣伊存口授浮屠经。佛教界则普遍把汉明帝夜梦金人，遣使求法，作为佛教传入中国的开始。

在汉代，传入中国的佛教被视为道术之一种（方术），它与汉代流传的黄老道家学说混杂在一起，如中国历史上第一个信奉佛教的贵族——楚王刘英，就是“学为浮屠”，且“更喜黄老”。而东汉桓帝刘志则是中国历史上第一个信奉佛教的皇帝。正是由于这些贵族的支持，使得佛教能在中国得到迅速传播。但由于佛经翻译的困难，当时中国人对佛教的理解是有限的。另外，汉代佛教僧人，皆为西土人士，他们食酒肉，蓄妻子，无统一制度。

魏晋佛教：经过汉代初传，佛教在魏晋时期有了进一步的传播和发展。佛经翻译的数量和质量都有了较大的提高，尤其是鸠摩罗什来华以后；曹魏之时开创了中国佛教的传戒制度，从此有了华籍僧人；佛教学说也由“义学”，即通过佛经的注释疏证来理解佛教的义理，发展为般若学说，从而开始了佛教的中国化。魏晋时期佛教传播非常迅速，佛教的寺院和僧尼人数也急剧增加。据唐代高僧法琳《辩正论》，至东晋时，已有佛寺 1768 所，僧尼 24 000 人。

南北朝时期：南北朝是中国佛教发展的兴盛时期，主要有以下特点：佛教与中国的政治关系越来越密切（或崇佛，或排佛），与中国传统文化的冲突也日益增多；建立了自己的受戒制度，从此，僧人不再只是“剃发”“染衣”，而且也都能“受具”（受了“具足戒”，方能成为正式的合格僧人）了，有了正式的中国僧人，这才标志着“中国佛教”有了正式的信徒；来华的外国僧人和西行求法的中国僧人越来越多；佛典的翻译也很多，并形成了多种佛教学说，从而为隋唐时期中国佛教宗派的形成打下了坚实的基础。

南北朝时期佛教兴盛的一个重要原因就是统治者的大力扶持和崇奉。不过在崇佛的形式上，南方与北方的统治者有所不同：南方统治者承继东晋重视佛教义学的传统，在佛教理论上多有发展，各地寺院如雨后春笋而起。相对来说，北朝则偏重建寺造塔及尊重僧德，大规模的石窟寺开始出现，如著名的敦煌石窟、云冈石窟、龙门石窟均开凿于此时。

（2）隋唐——中国佛教的繁荣

在隋代复兴佛教的基础上，唐代佛教进一步繁荣和普及，特别是玄奘等在佛经翻译事业上所取得的成就，以及具有鲜明民族特色的中国佛教八大宗派的不断形成，标志着中国佛教发展到了一个顶峰时期，与儒、道一起形成了三教鼎立的局面。中国特色的佛教流派诞生，标志着佛教已经完成了中国化的过程，成为名副其实的“中国佛教”。其中最具代表性的就是禅宗和净土宗，它们在中国的影响至今仍然很大。八大宗派如下。

禅宗：因主张以“禅定”概括佛教的全部修习而得名，又因自称“传佛心印”，宣扬以参悟透彻，直见佛性的方法达到觉悟成佛，故又称“佛心宗”。禅宗以南北朝时期来华的印度僧人菩提达摩为初祖，下传至五祖弘忍时，开创东山法门，为禅宗真正的创始人。至六祖慧能时分裂为南北两派。以慧能为首的南宗主张“顿悟”，只要顿时觉悟，便可立地成佛。而以神秀为首的北宗主张“渐悟”，强调打坐息想，拘束心性。中唐以后，北宗日渐衰落，而南宗以其方便易行的修习，在民间广为流传，成为禅宗主流。唐末以后分成沩仰宗、临济宗、曹洞宗、云门宗和法眼宗。宋代临济宗又分为黄龙、杨岐两派。合称为禅门“五家七宗”，绵绵不绝，流传至今，以临济、曹洞两宗影响最大。祖庭为黄梅五祖寺、嵩山少林寺。

净土宗：因专修往生阿弥陀佛净土法门而得名，又因崇尚象征清静无垢的莲花，也称“莲宗”。实际创始人为唐代善导，认为世俗众生居住的世界是秽土浊国，诸佛菩萨居住的西方世界是佛国净土。宣称在世风浑浊的条件下，依靠自己的力量难以解脱，而依靠阿弥陀佛的愿力则可以轻松解脱，往生西方净土。认为只要一心专念阿弥陀佛的名号，死后便可往生西方极乐世界。由于净土宗简单易行，深得广大民众的喜爱，中唐以后广泛流行，并与禅宗逐渐融合。祖庭为西安市南郊的长安区境内的香积寺。

天台宗：中国汉地佛教最早创立的一个宗派。因创始人智顗常住浙江台州的天台山而得名，祖庭为天台山国清寺。

三论宗：隋吉藏创立，因其阐扬“一切皆空”“诸法性空”而名“空宗”或“法性宗”。祖庭为西安草堂寺，南京栖霞寺。

法相宗：由唐代高僧玄奘以及其弟子窥基所建立，又因他们曾长期住在长安的慈恩寺，因而又称“慈恩宗”。

华严宗：实际创始人是唐代的法藏，他曾被武则天赐号“贤首大师”，因此，又称“贤首宗”。又因该宗宣扬“法界缘起论”，故又称“法界宗”。

律宗：创始人为唐代道宣，发源地是陕西西安净业寺，因着重研习及传持戒律而得名。也因道宣住终南山，故又有“南山律宗”或“南山宗”之称。

密宗：创始人为唐代一行，祖庭为西安市城南的大兴善寺。

这一时期最大的特征就是佛教的世俗化，对中国的老百姓，尤其是对士大夫影响深远。唐代佛教已渗透到社会生活的各个层面，例如在佛教建筑方面，中国的佛塔多为空心，可以登临，与早期印度多为单层实心的佛塔有明显不同。而且，中国佛塔形式多种多样，有楼阁式、密檐式、金刚宝座式、亭阁式等，不像印度只有阿育王式一种。在佛像造型方面，一改秀骨清像为雍容华贵，表情由一脸严肃变为和蔼可亲，风格贴近俗世，贴近百姓。由于佛教为皇家尊奉，因而政府允许佛教寺庙可采用皇家宫殿建筑的轴线对称布局形式，屋顶也可用琉璃瓦覆盖等。这些都是印度佛教所无法获得的礼遇。

从世界范围讲，此时佛教的中心已经转移到了中国。

（3）宋元明清——中国佛教的融合

两宋时期，儒学以理学的形式得到了复兴，成为当时社会思潮的主流。这一时期的中国佛教也出现了一些新特点。主要表现为两方面：在教内表现为禅教一致、禅净一致的诸宗融通趋势；在教外则表现为儒道佛“三教合一”。在这一理论背景之下，宋代佛教的世俗化趋势也日益加剧。

宋元以后，特别是在明清时期中国佛教继续沿着“三教合一”的方向，向民间深层次广泛发展。

2. 佛教在云南傣族地区的传播与发展

佛教由印度恒河一带传入斯里兰卡，再由斯里兰卡传入缅甸、泰国、柬埔寨、老挝等地，进而传入我国云南地区，即“南传佛教”。因其经文均为巴利语写成，又信奉小乘佛教，而信奉小乘佛教的信徒多为参加佛门第二次集结时的上座长老，故名上座部巴利语系佛教。

巴利文是古代印度的一种语言，也是佛陀时代摩揭陀国一带的大众语（俗语)。据说释迦牟尼就是用这种语言说法的，所以弟子们也用这种语言记诵他的经教。巴利语虽然早已不通用了，但靠佛经保留了下来。

约在7世纪中期，佛教由缅甸传入中国云南傣族地区。最初未立塔寺，经典亦只口耳相传。11世纪前后，因战事波及，人员逃散，佛教一度在云南消失。战事平息后，13世纪前后，佛教由勐润（今泰国清边一带）经缅甸景栋传入西双版纳，并随之传入用泰润文书写的佛经，该地佛教故得名“润派佛教”。此外，有缅甸摆庄派佛教传入德宏州等地，故称“摆庄佛教”。至南宋景炎二年（1277年）傣文创制后始有刻写贝叶经文。明隆庆三年（1569年），缅甸金莲公主嫁与第十九代宣慰使刀应勐时，缅甸国王派僧团携三藏典籍及佛像随来传教。最初在景洪地区兴建大批塔寺，后上座部佛教就盛行于这些地区的傣族中。之后，又有德昂族、布朗族等族开始信奉上座部佛教，延续至今。现在云南的上座部佛教分为润派、摆庄派、多列派和左抵派四派，四派可分为11个支派。如流行于云南上座部佛教中心的西双版纳的两个主要派别就是“摆坝派”和“摆孙派”。前者又称“级那桑卡”，主张在山野修行，静心忏悔戒荤，不求他人施舍。后者则主张不必在山野修行，不必戒荤，可接受他人施舍。该派主张可成群出家，成为目前西双版纳信徒最多的宗佛教派。

3. 佛教在藏族地区的传播与发展

佛教传入西藏之前，雪域高原的古代藏族人民信奉一种名叫“苯教”的原始宗教，并分白苯、黑苯和花苯三个分支，其基本理论是“万物有灵”，崇拜天地、山水等自然神灵；在具体行为上则重祭祀、跳神、占卜、禳解等。5世纪左右，佛教开始从汉地和印度这两条途径传入西藏，并在与苯教的长期斗争中进一步与之融合，最后形成了独具特色的西藏佛教或称“藏传佛教”。

（1）前弘期

早期佛教因藏文字尚未出现以及当地苯教文化的排斥，一直未传播开来。7世纪前后，吐蕃赞普松赞干布分别迎娶尼泊尔的尺尊公主和唐王朝的文成公主，并为她们带去的佛像分别修建了大昭寺和小昭寺。其后过了一个世纪，约在779年，吐蕃的第37代赞普赤松德赞将印度的两位佛教大师寂护和莲花生迎请至西藏弘扬佛法，并为他们修建一座寺院——桑耶寺，这是西藏第一个功能齐备的寺院，也是很长时间里西藏最大的寺院。该寺首次供奉“三宝”（佛、法、僧），成为西藏第一个出家僧团的修习之处。至赤祖德赞时代，在“三户养僧”的基础上又推出了“七户养僧”制度，即每一个僧人，各分配给七户居民，供给他的生活，使他能专一修行，该制度的推行，使佛教在藏族地区的传播、普及迈出了非常坚实的一步。且此时所有大小朝政，皆请决于高僧。藏族历史将松赞干布、赤松德赞、赤祖德赞统治时代称为“前弘期”，他们三人并称为“祖孙三法王”。

9 世纪中期，赞普赤祖德赞兴佛措施和将王朝军政大权交给佛教僧人的做法，引起贵族们的不满，因此被谋害，贵族们拥立本教势力的代表人物朗达玛为赞普后，展开了大规模禁佛运动。在藏族史上将朗达玛统治时期称为“毁法时期”。

（2）后弘期

佛教在朗达玛禁佛运动 100 余年后，再度进入复兴时期，再次从上部阿里地区和下部多康地区向西藏中部地区传播，即后弘期。“后弘期”时代，代表奴隶主各个势力的宗教派别开始出现，按出现的时间顺序依次是宁玛派（红教，即“宁玛瓦”，意为“古旧”，该派以传承弘扬吐蕃时期译传的旧密咒为主，故称为“旧”，是藏传佛教中历史最悠久的一派。多吉扎寺、敏珠林寺被视为宁玛派的著名寺庙）、噶举派（白教，“噶举”，藏语意为“口授传承”，谓其传承金刚持佛亲口所授密咒教义。噶举派是藏传佛教支派最多的教派，该派注重密法，不重经典。明末，噶举派失去政治势力，清代被格鲁派取代。噶玛噶举承传时间最长，在西藏最早实行“活佛”转世制度，其中又分黑帽系、红帽系两大转世系统。伴随噶举派的蓬勃发展，特别是该派分支派别的不断产生，噶举派寺院遍及整个藏族地区。）、萨迦派（花教，“萨迦”藏语意为灰白色的土地，因该派的主寺萨迦寺所在地呈灰白色而得名。该派寺庙外墙涂着象征文殊、观世音、金刚手三大菩萨的红白黑三色条纹，故称花教。其祖庭是萨迦寺）和噶当派（噶当，藏语“噶”指佛语，“当”指教授。意为将佛的一切语言和三藏教义，都摄在该派始祖阿底峡所传的“三道士”次第教授之中，并据以修行。该派重视一切佛教经论，对藏传佛教义学影响甚大。由于格鲁派是在噶当派教义的基础上发展起来的，所以当格鲁派获得发展后，原来属于噶当派的寺院都变成了格鲁派的寺院，噶当派如今已不再单独地存在）。

当时，许多信仰佛教的僧侣根本无视佛教的清规戒律，不读经文，也不守清规，喝酒、赌博、盗窃，胡作非为，使佛教再次陷入危机之境地。此时，宗喀巴肩负起了改革振兴佛教的历史使命，除了力挽狂澜、大刀阔斧地从教义理论上进行正本清源、拨乱反正外，还在整顿戒律，整顿教风，建立学院式的寺院，加强经学正规教育，培养戒律严明、兼通显密教理的知识型的僧侣队伍方面做出了具有深远意义的贡献。宗喀巴，原名贡噶宁布，青海湟中人，他 7 岁出家，受沙弥戒，获法号“罗桑扎巴”（意为“善慧”）。1373 年，年仅 16 岁的宗喀巴到西藏求法深造，他广拜高僧，潜心研佛，并开始研究藏医。1385 年受“比丘戒”。

1397年，他在原先倡导的辩经活动的基础上，创立了转法轮会（讲经法会），不久又创制出一套善规派的佛学体系。1409年，宗喀巴创建了格鲁派的祖寺——甘丹寺，后来又先后建造了哲蚌寺、色拉寺。三大寺的建成标志着后来成为西藏第一大宗派——格鲁派的最终形成。格鲁，意即“善律”，该派强调严守戒律，故名。因宗喀巴原为噶当派僧人，故该派也称为“新噶当派”。格鲁派一扫痼弊，使西藏佛教走向兴旺。

格鲁派内部组织健全，学经渐成定制，理论体系完善，在经过与其他势力教派多次激烈较量之后，逐渐占据优势，到五世达赖喇嘛时期居于领袖地位，形成了独立的寺院庄园制经济形式。西藏进入“政教合一”时代。到七世达赖喇嘛时，完成了“政教合一”的管理体制，设置了达赖喇嘛领导下的噶厦地方政府，藏传佛教进入发展的鼎盛时期。13世纪前后，藏传佛教又流传到蒙古地区。

（二）佛教的教义

1. 四圣谛

佛教以苦、集、灭、道为四圣谛。所谓“谛”，即“真理”，为释迦牟尼最初说教的内容，是佛教基本教义之一。

（1）苦谛

苦是受逼迫苦恼之意。佛教认为，世界一切的本性都是“苦”，人生是个充满痛苦的过程。根据佛经的说法，苦有“三苦”“四苦”“八苦”“一百零八苦”之说。“三苦”包括：苦苦、坏苦、行苦。其中苦苦是心身受苦时所生的苦，坏苦是偶现之乐境失去时所感受的苦，行苦是诸行无常迁流不息不得安定的苦。“八苦”是“三苦”的具体表现，包括：

生苦：人降生于世时，其过程就是受苦，胎儿出生后，皮肉细嫩，在接触和适应外界的过程中，充满痛苦。

老苦：随着年龄增长，人到老年，发白脱落，牙齿老化，嚼食困难，耳聋背驼，行走艰难，倍感痛苦。

病苦：人总是百病丛生，使身体备受折磨；常常还有心病，心事重重，造成肉体上和精神上的痛苦。

死苦：人将临死，对死亡充满恐惧，迷恋现世的生活，感到痛苦。

怨憎会苦：与自己所讨厌的人不得已而相会、结合。对自己憎恶的环境想脱离而又脱离不了。不想遇到的事偏偏又遇到，令人苦恼不堪。

爱别离苦：与自己相爱的人别离，与自己所喜欢的人或环境分开也是痛苦的。

求不得苦：自己想做的事做不成，自己想追求的事或人得不到，精神上感到痛苦。

五取蕴苦：所谓“蕴”，意为积聚，五蕴是指由色、受、想、行、识组成不同的聚合。所谓“取”，意思是执着获取。就分类来看，“色”属于物质活动，“受”“想”“行”“识”属于精神活动。人就是“五蕴”的聚合体，聚合起来就是来受苦。

（2）集谛

集，招聚之义。审视一切烦恼惑业，实能招集三界生死苦果。集谛即关于世间人生诸苦之生起及其根源之真谛。

贪：财、色、名、食、睡五欲之贪。佛教认为芸芸众生一辈子都被这五欲牵着走，根本没有自我。

嗔：嗔恚无忍、生气。

痴：不明事理，是非不分，顽固痴迷，执着己见。这叫愚痴。

慢：傲慢。佛门把“自己内心高举，看不起别人”的行为称为慢。

疑：对佛法因果道理产生怀疑。

不正见：即不正的见解，包括身见、边见、邪见、见取见、戒禁取见。

（3）灭谛

亦名尽谛，为熄灭、灭尽之意。灭尽三界内的烦恼业因和生死果报，称为灭，也称了脱生死。从此不再受三界内的生死苦恼，达到涅槃寂灭境界，即为解脱。

（4）道谛

道谛指通往涅槃之路。道为通达之意，也是道路的意思。这种道路是达到寂灭解脱的方法和手段，原始佛教认为道谛是指八正道，八正道是指正见、正思维、正语、正业、正命、正精进、正念、正定。八正道就是三学，正见正思维是慧学，正语正业正命是戒学，正念正定是定学，正精进包含了三学，戒定慧都要正精进求学。

学佛者必须修持的三种基本学业，即戒、定、慧，其中：

戒：指戒律。即防止行为、语言、思想三方面的过失。佛门一贯倡导“诸恶莫作，众善奉行”，自唐代百丈大师制定清规以来，具有中国特色的戒律逐渐成为佛门信徒普遍遵循的规章制度。“戒”的种类较多，主要有四种，即五戒、八戒、十戒和具足戒。其中五戒是所有戒律的基础，内容包括不杀生、不偷盗、不邪淫、不妄语和不饮酒。八戒包括不杀生、不偷盗、不淫邪、不妄语、不饮酒、不着香华、不坐卧高广大床、不非时食（过午不食）。十戒是初出家的沙弥、沙弥尼的戒律，包括不杀生、不偷盗、不邪淫、不妄语、不饮酒、不涂饰、不歌舞及旁听、不坐高广大床、不非时食、不蓄金银财宝。至于具足戒，则是出家人的正式戒律，具有男女之别。凡年满 20 岁的沙弥掌握了 250 条戒律，年满 20 岁的沙弥尼掌握了多至 384 条戒律，可获得“比丘”或“比丘尼”的称号，即获得了正式僧人的资格。

定：称增上心学，指禅定。即摈除杂念，专心致志，观悟四谛。小乘有四禅，大乘有九种大禅、百八三昧等。小乘四禅为：初禅、二禅、三禅、四禅。九种大禅为：自性禅、一切禅、难禅、一切门禅、善人禅、一切行禅、除烦恼禅、此世他世乐禅、清净禅。百八三昧为：般若经典中所说的一百零八种禅定。

慧：又称增上慧学，亦即佛教教义。慧即有厌、无欲、见真。摈除一切欲望和烦恼，专思四谛、十二因缘，以窥见法，获得智慧解脱。

三学概括了全部佛教教义，也包含六度、三十七菩提分等全部修行法门。三学中以慧最重要，戒和定都是获得慧的手段。只有获得慧，才能达到最终解脱的涅槃境界。

2. 十二因缘

十二因缘亦是佛教的基本教义，即十二缘起支。它们互为因果，一个因造成一个果生起，此果又为后果之因，因缘生灭地相续流转。依佛理的解释，即“此有故彼有，此灭故彼灭”。

无明：无明就是不明，即对佛理无知，乃一切烦恼的总称。这是坠入轮回的根源，即苦的根源。

行：行，指意志的活动。因为无明才驱使坠入轮回的意志活动产生。这两“支”是过去世造的“业”，导致现在世的果。

识：指投胎时的心识，属精神活动。众生在前生死时，精神与物质活动湮灭，而转变成另一系列的精神活动。因惑业导致，此“识”重新入胎。

名色：名指心，色指身。因为有“识”，才会有“名色”聚合的胎儿开始其身心发育，胎相初成叫作“名色”。

六入：又名“六根”，即眼、耳、鼻、舌、身、意。在母胎十个月的中间，由名色渐渐成长到六根完备，于出胎后对六尘境有互相涉入的作用，故名“六入”。终身因为有“六入”，才知道外在消息。

触：即接触、触觉。因为有“六入”，才会有触觉。指出胎后六根与一切外境之接触。

受：即领受。根境相对于违顺二种境界上，生起苦乐二种感觉谓之“受”，此即为对境所起的一种情绪。

爱：即贪爱。因为有了“受”就有爱，爱主要有两种：一者为境界爱，比如我们对于所看到的东西起爱染心；二者为自体爱，即是我们贪爱有一个“我”。

取：即妄取，追取。由于贪爱心加深执着，不愿意舍离，还希求将来获得更多，称为“取”。

有：即一生所造成的“业”。不断地“取”，才积聚了“有”。

从“识”到“有”为现在世所做之“业”，但其中“识”“名色”“六入”“触”“受”五支是过去世所造“业”导致的现在世的果，“爱”“取”“有”三支是现在世所造未来的因。

生：即来世之生。以现在所造之业为因，依因感果，必招来世受生，轮回至下一世，此即为未来受报的一种活动。

老死：即老耄和死亡。诸根衰败叫作老，身坏命终谓之死。有生就不能不死，四大和合的身躯自然从少到老，无常转变必至于死，此即为下一世受报的一种结果。

十二因缘反复轮回流转，便形成三世两重因果。众生根据自己所造“业”，即善恶大小轮回于“六道”之中。此“业”谁也不能改变，即使佛也不能，只能靠自己。

3. 三法印

三法印是原始佛教的基本教义，即诸行无常、诸法无我、涅槃寂静。三法印是识别真佛法与假佛法的标准：一切法若与三法印相违的，即使是佛陀亲口所说，也是不了义；若与三法印相契合的，纵然不是佛陀亲口所说，也可视同佛说。因为三法印是“印”证佛法真伪的标准，如同世间的公文，凭借印鉴可以确认公文的真假，因此称为“三法印”。

三法印是佛法的根本大纲，不仅说明宇宙人生生灭变化的现象，也诠释诸佛寂灭无为的解脱境界，是涵括世间法与出世间法的三条定律：

诸行无常：“行”是指造作和迁流变化，“诸行”就是指一切造作和迁流变化。世间上的一切有为法都是因缘和合而生，因缘所生的诸法，空无自性，随着缘聚而生，缘散而灭，所以说“无常”。

诸法无我：佛教认为凡是有一定形貌，可保持一段时间，让众生可以感到存在的东西，即是“法”。一切有为、无为法并无独立的，不变的“我”的实体，一切法都是依因缘而生，彼此相互依存，并无“我”的恒常不变的实体与自我主宰的功能，所以说“无我”。

涅槃寂静：这是灭除贪、瞋、痴三毒烦恼，达到身心俱寂的一种解脱境界。“涅槃”是梵文的音译，中文称“圆寂”，即四圣谛中的“灭谛”。“寂静”是远离烦恼，断绝苦患，也是涅槃的代名词。

（三）佛教的制度

1. 度牒

度牒是官府发给出家僧尼的身份凭证。此制度起源于南北朝，兴盛于唐宋。因为在唐代是由尚书省祠部颁发给合法出家人的证书，所以又叫“祠部牒”。

目前我国的度牒制度，依据2000年9月15日中国佛教协会颁布的《全国汉传佛教实行度牒僧籍制度的办法》第五条和第七条的规定，要求出家者，须本人自愿，六根具足（包括无生理缺陷），身体健康，信仰虔诚，爱国守法（包括无法律纠纷），有初中以上文化程度，父母许可，无婚姻恋爱关系。寺院对要求出家者，经查明身份来历，认定符合出家条件，经僧团一年以上考察合格，方可予以剃度，并按规定发给度牒。僧尼的度牒、戒牒由其常住寺院保管。僧尼符合《全国汉传佛教寺院管理办法》第十九条规定，外出参学期间，其度牒、戒牒由留单寺院暂行保管。

2. 僧服制度

（1）汉地僧服制度

汉族地区南与热带接壤，北与寒带相邻，由于区域广阔，流传时间悠久，所以汉族僧侣的服装在各时代中变化很大，在形色上也最复杂。僧服根据制度，限于三衣或五衣。所谓“三衣”总称“袈裟”，包括大、中、小3件：一是用五条布缝成的小衣，打扫劳作时所穿，俗称“五衣”；二是七条布缝成的中衣，日常穿着，俗称“七衣”；三是九条乃至二十五条布缝成的大衣，是出门或见尊长时所穿的礼服，俗称“祖衣”。佛教对僧服颜色的主要规定有两条。一是颜色不许用上色或纯色；二是所有新衣必须有一处点上另一种颜色，以破坏衣色的整齐而避免贪图穿着，这叫作“坏色”或“点净”。汉地僧衣，因补缀较多，故又称为“衲衣”。中国出家人在举行法会时，穿海青，又称“大袍”。

（2）藏传佛教僧服

藏传佛教的僧服是在融合印度、尼泊尔僧人服饰以及藏族传统服装的基础上形成的独具风格的服饰，总称为“喇嘛装”。喇嘛装的特点有：其一，所有僧服的腰胯处均系有一条裹裙，多为赭色，镶红边，藏语称“曼约合”，夏单冬棉。其二，所有僧装全身无纽扣，唯以腰带系裹，足蹬长腰厚底藏靴。其三，僧帽为羽冠形，藏语称“霞帽”。活佛或主持重大法事活动的高僧，可戴桃形通人冠，俗称长耳僧冠，藏语称“班霞”。

3. 饮食制度

在佛教中，过午不食是佛陀为出家人制定的戒律。在律部中正确的说法叫“不非时食”，是指不能在规定许可以外的时间吃东西。这个时间就是从太阳到正中午后，直至次日黎明。我国汉族僧人自古有耕种的习惯，由于劳动的缘故，晚上需要吃东西。所以在多数寺庙中开了过午不食的戒，但是被视为“药食”。

受大乘经典的影响，我国汉族僧人一般只吃素食，即不食荤腥，其中荤指葱、蒜、韭菜等五种气味强烈（辛臭）的蔬菜，腥指一切动物肉。不食荤主要是为了清净身心、不熏扰他人，不食腥则主要出于佛教的慈悲教义，是关爱一切生命的表现。

南传佛教的饭食，或是到别人家托钵乞食，或是由附近人家轮流送饭，所以他们有什么吃什么，不论素食或肉食。

藏传佛教地区蔬菜极少，不食肉不能生活，所以一般都吃肉。平时，信奉藏传佛教的僧侣常备一木碗或八宝瓷碗于怀中，以供在早诵时喝斋茶之用。另外，藏传佛教僧侣所用的餐具都为专用，不可混用。

4. 寺院制度

（1）寺、院、庵

东汉明帝时，天竺僧人摄摩腾以白马驮经东来，最初住在洛阳“鸿胪寺”。后政府为其创立馆舍，名“白马寺”，于是寺就成了僧人住所的通称。一寺之中可以有若干院，其后建筑规模较小的寺便叫作“院”。佛教的庙宇，统称为“寺院”。庵，指比丘尼的专用居所。

（2）十方丛林与子孙寺院

丛林是佛教特有的名词，通指禅宗的寺院，故亦称“禅林”。《大智度论》卷三载：“僧众和合居住于一处，犹如树木聚集之丛林，故以之为喻。”丛林制度的创始人是马祖道一和怀海百丈，所谓“马祖建丛林，百丈制清规”。我国佛门以寺院住持传承方式的不同，将寺院划分为十方院和子孙院两大类。十方院即“十方丛林”，我国佛教组织规定所有的重点寺院，均应按十方丛林制度建立。子孙寺院是相对十方丛林的一种称谓，起源于古印度一种仅供 2 ~ 3 人居住的居所，叫“蓝若”。这种寺院与十方丛林的区别是：十方丛林可开坛传戒，子孙寺院则不可；十方丛林的住持由官吏监督选拔的各方名宿担当，每三年一任，可连选连任，而子孙寺院由自己所度的弟子轮流住持；十方丛林可接受游方僧，称为“挂单”（单指僧人的行李，挂单便是将行李安放起来），而子孙寺院不接受挂单。1993 年，中国佛教协会颁布《汉传佛教寺院管理办法》，原子孙丛林均不实行家传制而改行选贤制，而今，子孙丛林和十方丛林已无明显的分别。

5. 云南上座部佛教出家制度

在傣族地区，凡男子长到 10 岁左右，就须由其父母及亲属举行隆重的仪式，将他送入佛寺剃度为僧一段时间。这段时间有长有短，最短不得少于三个月，长的可达若干年。入寺的童僧即小沙弥，俗称小和尚；三年后，童僧一般经长老考试合格即可升为正式沙弥，俗称大和尚。年满 20 岁的沙弥如不要求还俗，本身也能认真习经修持，经本寺长老主持晋升为小比丘，俗称“二佛爷”；再经过 3 年以上的修习并具有了相应的佛教学识，通过几名长老的考试成为比丘，也称“大佛爷”，其必须持守俱足戒。

6. 藏传佛教的活佛转世制度

活佛转世制度是在藏区产生的一种特殊文化现象。所谓“活佛”，为汉地俗称，藏语称“朱古”，意为“化身”“转世化身”。即前世“活佛”圆寂后，能够根据自己的意愿，投胎转生为另一个肉体，即转世灵童，重返人间，继续普度众生。

13 世纪，噶玛噶举派为了维护本派的利益，创立了活佛转世办法。而活佛转世成为制度，广泛地在藏区各寺庙沿袭相承，则是格鲁派形成以后。目前藏传佛教活佛转世系统中，以格鲁派的达赖（意为大海）和班禅额尔德尼（意为大学者）两大转世系统影响最大。

对转世灵童的认定，一般是根据活佛生前的预示、遗嘱等线索，通过降神、占卜、观圣湖等方式，占知其转生的方向、地点，然后由寺院派出高僧分赴各地秘密寻访灵童，确定候选灵童若干。再对寻访到的幼童进行观察、试验，以作筛选定夺。最后确定其中一个为转世灵童，迎回寺庙，举行坐床仪式。而由乾隆皇帝亲自制定的“金瓶掣签”制度，是对藏传佛教活佛转世制度的一项重大改革。所有的签，一律用象牙制成，将灵童的名字及出生年月，用满、汉、藏三种文字写于签牌上，放进瓶内，选派真正有学问的高僧活佛，祈祷七日，然后由各呼图克图和驻藏大臣在大昭寺释迦牟尼佛像前正式确认。中签者再经中央批准，成为最终确认的转世灵童。从清顺治、康熙统治开始，未经中央批准，其转世的“化身”一律不予承认。

（四）佛教的影响

佛教在中国传承两千余年，既适应中国传统文化而不断改变着自身，同时也对中国文化产生了多方面的影响，涉及哲学、政治、社会制度、科技、语言、文学、艺术、民俗等方面。

1. 佛教对汉语的影响

（1）对词汇的影响

佛教词汇数量之巨，在汉语专科词中是首屈一指的。佛教词汇丰富了我们的日常用语，成为我们生活的成语、俗语、谚语和惯用语，如“一尘不染”，佛家把色、声、香、味、触、法叫作“六尘”，“丈二和尚摸不着头脑”“无事不登三宝殿”“跑了和尚跑不了庙”“庙小菩萨大”“临时抱佛脚”“不见真佛不烧香”，等等。

由于翻译佛教经典，汉语中增加了大量新词，约有三种情况：一是一些汉语中固有的词语，它们被移用来表达佛教义理，从而具备全新的意义，如“心”“空”“真”“观”“定”等；二是为译佛典而创造的词，如“四谛”“五蕴”“真如”“法界”“缘起”等；三是根据佛教观念新创的词，如“判教”“狂禅”“万劫难复”“回光返照”“本来面目”等。更有一些具备准确、鲜明表现力的词，渐渐融入一般用语当中，成为汉语的常用词，如世界、实际、究竟、转变、烦恼、唯心、正宗、忏悔、因缘、报应、真谛、法门、作业、口头禅、大千世界等。

（2）对词汇学的影响

词汇学方面，佛典传译对汉语词汇结构的影响也不容忽视：一是传译佛典大量使用了音译词，因为归纳总结了音译的原则，对此后外文翻译产生了深远影响。二是双音词或多音词的创造。中国上古语言以单音词为主，逐渐向复合词发展是语言的进化。因翻译佛典大量使用双音词与多音词，故对词汇的发展起了促进作用，例如赞助、希望、意识、烦恼、机会、结集、道场、火宅、假名、戏论、种子、习气等，这些词语本身以及在构词上的特点，对以后汉语词汇发展影响很大。三是引进梵语构词法，如佛家《六离合释》中的构词法对刘勰《文心雕龙》的影响就是典型的例子。

（3）对修辞的影响

佛典输入了许多新句法并发展了汉语固有的一些修辞形式。如颠倒词序、颠倒句序（如“法无名字”“言语断故”）、提示疑问句、排比句法、反复重叠、长修饰语、长复合句等。这些梵语句法、修辞都深刻地影响了汉语语言的发展。

（4）对语音学的影响

佛经翻译过程促成了中国音韵学的巨大进步。一是“切音”的发明。译经僧侣们借鉴梵语拼音的方法创造了反切法。反切法是用两个比较典型的汉字来给另外一个汉字标音，一改用某字某音的形式来注音的方式，是对汉语字音进行了分析，分解出声母和韵母，从而发明了“反切”（如“音，一恩切”）。二是四声的发明。据陈寅恪先生考证，四声被明确定为“平、上、去、入”，是在西汉末东汉初佛教传入以后，起源于佛教徒转读佛经和唱梵音。梵文佛经在颂唱时声调抑扬顿挫、平仄有致，受这种拼读方式的影响，当时关注汉语语音的文士们开始研究汉语音节结构，在结合中国五音的基础上，研究并确定了四声。进而归结为平仄两类，从而促进了近体格律诗的出现。

2. **佛教对文学的影响**

在文学领域，佛教留下的印痕更显深刻。许多汉译佛经文笔畅达，词句典雅，善用譬喻，所以学者们普遍认为："为文学计，《法华经》《维摩诘经》《华严经》不可不读。"

（1）以题材而论，历代描写佛教的诗文众多。如全唐诗约 5 万首，其中与佛教有关的诗占了近 1/10。许多诗歌赞美佛寺风光，歌颂僧俗有宜。

（2）以艺术风格而论，由于佛教追求自我解脱，主张离尘出世，至禅宗而宣扬心中求佛，使文学界形成一种清淡悠远的艺术流派。如谢灵运的山水诗具有明显的"空"的情趣，创作出一种怡然自得的意境。而盛唐以后禅宗发达，文人多兼通儒释，在诗文中平添一份脱俗逸趣。如唐代王维的诗作富于禅趣，最能塑造出空寂清净的意境，被称为"诗佛"。此外，北宋的王安石、苏轼、黄庭坚等也是长于此道的文人。正如金代元好问概括的："诗为禅客添花锦，禅是诗家切玉刀。"

（3）以诗歌理论而言，唐宋以后，主张"以禅论诗"，讲究诗歌创作要"物象超然""意境空蒙"，认为"说禅作诗，本无差别"。

（4）以创作队伍而论，在中国文学史上出现了不少和尚诗人，史书上称作"诗僧"。如唐代诗僧寒山、拾得、皎然，五代的齐己、贯休，清代的敬安，等等，都有诗集留传后世。宋朝重显、文莹、祖可及至清代八指头陀、近代苏曼殊等都在中国文学史上占有一定的地位。

（5）佛教对中国小说的影响尤为明显。首先，佛教促进了中国通俗小说的诞生。其次，许多中国小说中都有宣扬佛教思想的内容，在古典名著《红楼梦》《三国演义》《西游记》《水浒传》"三言""二拍"中，随处可见佛教因果报应、轮回转世等佛教思想。再次，佛教丰富了中国小说的想象世界。印度佛教以其上天入地、毫无拘束的幻想力极大地丰富了中国小说的想象世界，对中国文学产生了极大的影响。以描写唐僧西天取经为中心的《西游记》，就是一部受印度佛教影响，具有极大幻想空间的神话小说。最后，佛教使中国小说的故事性得到加强。佛经中记载的大量情节生动的佛教故事，随着佛经的翻译传入中国，并且流传到民间，为我国古代志怪和神魔小说提供了丰富的故事来源，加强了中国小说的故事性，从而产生了刘义庆的《幽明录》、干宝的《搜神记》、颜之推的《冤魂志》、王炎的《冥详记》、吴均的《续齐谐记》等志怪小说。

（6）佛教直接导致了通俗文学中说唱文学的发生和发展。佛教僧侣为了将深奥的佛教经典教义浅显易懂地传授给广大信徒，便出现了俗讲和变文两种弘法方式。僧徒唱佛经故事，说唱之文称"变文"，并配以图画称作"变相"。翻译之后就用梵语声律唱汉文偈颂，僧众以变文为话本进行通俗说唱，为俗众讲解佛家教义，叫作“俗讲”。这种读唱结合、诗文合体的形式逐渐被人们接受，内容也由佛教经典扩展为中国的历史和神话故事。前者如《维摩诘经讲经文》《大目乾连冥间救母变文》《降魔变文》，后者如《伍子胥变文》《汉将王陵变文》《王昭君变文》《董永变文》等。这些变文以后进一步演变为以唱为主的“宝卷”，并促成了同样以唱为主的弹词、鼓词、诸宫调和以讲为主的讲史小说、话本的发展。

3. 佛教对书法的影响

历代书法家中，不少高手出自释门，如狂草怀素，“退笔成冢”的智永，唐草无出其右的怀仁，工草隶的贯休，等等；更有书法名家深受佛教影响，如王羲之等，单是佛理便对中国书法产生了深刻内在的影响，人们知道，佛法虽广，其要者无出于戒、定、慧三学。夫戒者，主要是收束身心；定者，则在专志凝神；而般若智慧，则使人穷妙极巧。此三者均与书法之道相通，其中，尤以禅定之功与书法之道最为密切。“书圣”王羲之说：“夫欲书者，先干研墨，凝神静思，预想字形大小……意在笔前，然后作字。”这正是深契佛家禅观之旨，可见佛理与书道多有相通之处。

4. 佛教对绘画的影响

佛教的传入带给中国绘画全新的题材内容，极大地丰富了人物群像的塑造，且印度和西域图画重视色彩的晕染，用色彩浓淡创造出立体感，丰富了中国画的用色习惯，使中国画形成了较为完整和丰富的色彩体系，也推进了国画立体技法的成熟。而佛教空灵淡泊的审美情趣为文人画的产生和发展奠定了美学基础。僧人中也出了不少著名画家，如明末清初的八大山人、石涛、弘仁、髡残并称为“四大画僧”。

5. 佛教对建筑的影响

佛教极大地影响了中国古代的建筑文化，佛寺、佛塔、石窟等形式多样的佛教建筑成为中国古建筑文化中不可或缺的部分。佛教建筑传入中国后，很快开始了中国化的进程，同时也对中国本土建筑产生了重要影响。其宗教性的装饰点缀，如莲花纹、石狮子等，也普遍渗透到中国传统建筑装饰之中；园林式建筑格局的佛寺，体现了佛家“空明”的境界。佛教建筑中影响最大的便是塔，塔传入中国后，中国的工匠们将印度原有的覆盆式塔的造型与中国传统楼阁相结合，产生了楼阁式佛塔，且因不同的地域文化特点，派生出了不同风格、式样的佛塔。我国古塔数量之多、分布之广、层数之高、造型之美，在世界古建筑史上首屈一指。

6. 佛教对雕塑的影响

佛教传入中国之后，丰富了中国雕塑艺术的宝库，佛教雕塑艺术品成为中国艺术的重要资源之一。中国早期的佛像塑造完全保持了印度犍陀罗风格，后渐渐与中国传统的圆雕艺术融为一体，佛像的衣饰、形象、神态都越来越中国化，反映了中国人的审美情趣和审美理想。如大同云冈石窟昙曜五窟雕塑和洛阳龙门石窟卢舍那佛像雕塑，亦有着显著的区别。

7. 佛教对音乐的影响

佛教音乐经过长期发展，和汉民族音乐传统融合，形成了“悠、虚、淡、静”的风格特征，对人们起到了潜移默化的教化作用，以此弘扬佛法。而它的发展和宫廷音乐、民间音乐是分不开的。

三、中国的道教

道教是我国古代土生土长的宗教，对我国古代的政治、经济和文化都产生了深刻的影响。

（一）道家与道教之异同

道家与道教是两个不同的术语，既有区别又有联系。

1. 道家与道教的区别

（1）产生时间不同

道家创立于春秋末年，是由老子、庄子开创的哲学思想流派，而道教则形成于东汉末年，源于张陵所创的五斗米教。这就是说，在道教形成之前，道家已出现相当长的时间，人才辈出，流派纷呈，并形成了先秦和汉初道家发展的两个高峰。即便在道教形成以后，道家与道教仍然有各自不同的传承谱系。

（2）代表人物不同

道家的代表人物在先秦有老子、庄子、杨朱、宋钘、尹文、列子等，汉代有曹参、窦太后、刘安、严君平等。道教的代表人物有张陵、张角、张鲁、葛洪、陶弘景、王重阳等，这两类人物相互之间是不能替代的。即使同一个人物在道家与道教之中也具备了不同的个性特征。以老子为例，道家中的老子是一个现实的思想家，道家的创始人，道教中的老子则被奉为教主，人们尊称他为“太上老君”。两者的性质显然是不一样的。

（3）文化形态不同

从严格意义上来说，道家仅仅是一种思想文化流派，而道教是一个宗教体系，两者在文化形态上具有完全不同的性质。道家作为一个哲学思想流派，一种学术文化只存在于思想意识领域，以其智慧与美学的力量打动人心，影响社会，只拥有思想传播的手段，道家人物之间仅以思想观点投合为连接，没有固定的组织系统。道教作为一种宗教，有其神仙崇拜与信仰，它不仅具有意识形态的功能，即具有思想信仰，同时有严密的组织与宗教活动，并试图以一种超人间超现实的力量来改造世界，包括求得人的永生。

（4）思想理论不同

道家思想是一种哲学学派，道教是一种宗教信仰。道家思想的起源很早，道家思想的核心是“道”，认为“道”是宇宙的本源，也是统治宇宙中一切运动的法则，倡导自然的世界观和方法论。道教以道作为其追求目标，也因此而得名。道教是以长生不老之道为最高信仰的中国本土固有的宗教，是在中国古代道家思想理论的基础上吸收神仙方术、民间鬼神崇拜观念和巫术活动而形成。它主张清静无为，长生不老，得道成仙。道教用神仙不死之道教化信仰者，劝人通过养生修炼和道德品行的修养而长生成仙，最终解脱死亡，求得永恒。

2. 道家与道家的联系

（1）道家是道教的重要思想来源

道教推崇的“道”，取之于老庄学宇宙本源之道，即主张宇宙间的天地万物都源于一个神秘玄妙的母体——“道”（实为“自然”）。道家认为“道”是超越现实世界一切事物的宇宙最高法则，是万物的本源。“道生一，一生二，二生三，三生万物，万物负阴而抱阳，冲气以为和。”道教以此作为宗教创世神学的理论基础，突出了“道”的神秘性和超越性，把它神化为具有无限威力的宗教崇拜的偶像，成为人格化的最高神灵。道教以老子为教主和尊神，以《老子》为诸道经之首，从中推演出炼养的理论。道教又神化庄子，将《庄子》以及《列子》《文子》《阴符经》等道家著作诠解为道教经典，在糅合改造道家思想的基础上又造作大量道书，使道教具备了较系统的理论基石。道教更直接继承了汉代道家和黄老崇拜的传统，由黄老道中孕育而生。

（2）道家与道教在若干根本理论上相通

道家与道教在理论上的相通主要有宇宙论和养生论两大部分。道家与道教对道的理解相同，对道的运用有异，换言之，道体相同，道用有异。道教哲学家常常把道理解为宇宙本源或本体，这样的道论与道家的道论恰相契合。道家重生轻物，其养生论包括炼神与养形，而以炼神为主。道教欲长生必重养生，其炼养学说正是发挥了道家的养生论，而偏重于养形。

（3）道家思想借助于道教而延续深化

魏晋玄学以后，道家作为独立的学派再无传承世系，其著作托于训诂考据之学而流传，不再有独立的道家大思想家、大哲学家。唯一能够从理论上承接和发扬道家之学的，是道教中清修学渊的道士，道家思想借助于道教延续深化。

（二）道教的创立与发展

1. 初创时期

东汉至魏晋南北朝为道教的初创时期。五斗米道是我国民间道教发展史上最早的教派。据史书记载，东汉顺帝时期，五斗米道由张道陵（今江苏沛县人）在蜀郡鹤鸣山（今四川成都市大邑县北）创立。入“道”者出五斗米，故被称作“五斗米道”。因张陵曾自称张天师，故五斗米道又称“天师道”。

东汉灵帝熹平年间，山东巨鹿人张角创立了太平道，以《太平清领书》（《太平经》）为主要经典。他以符水咒说之术为人治病，因病者大多痊愈，百姓信之。张角分遣弟子出使四方，十余年间，信徒多至数十万，并将数十万人编组成为三十六方，以军事形式管理教徒，此即初期的教团组织，被称作“太平道”。

献帝时，张陵之孙张鲁割据于汉中，以五斗米道教化人民，实行政教合一统治，不设官吏，以“祭酒”治民。教民诚信，不欺诈。对犯法者先赦免三次，然后才用刑。有小过者，罚修路百步抵非。据说当地民众都乐于服从其统治。东汉建安二十年（215 年），曹操率军征讨汉中，张鲁率部投降，五斗米道也随之转移到北方，为魏晋时期道教的主要流派。

2. 发展时期

两晋南北朝时期，道教有了重大发展。

一是道教经典和理论得到完善和统一。魏晋以后，东晋道学家葛洪（283—363）撰《抱朴子》，总结了战国以来的神仙方术理论，并将其与儒家纲常名教结合，丰富了道教的思想内容。《抱朴子》内篇还构设了种种修炼成仙的方法，建立了一套成仙的理论体系，推动了道教神仙思想和方术的盛行。

二是道教派别逐渐形成。东晋末葛洪的从孙葛巢甫创灵宝派；东晋道士许谧创上清派；北魏道士寇谦之（365—448）对五斗米道进行改造，除去早期道教中的旧法，制订乐章诵诫新法，形成了新天师道（后称“北天师道”）；南朝宋道士陆修静（406—477）也整理经书，编著斋戒仪范，形成了新的天师道（后称“南天师道”）。

三是道教的神仙体系和科仪不断完善。继寇谦之和陆修静制订了较完整的乐章诵戒和斋戒仪范之后，南朝梁道士陶弘景（456—536），又编排了系统完整的神仙谱系。

3. 鼎盛时期

隋唐和北宋，由于统治者对道教的大力支持和扶植，道教得以兴盛。隋文帝杨坚曾下诏修造楼观屋宇，度道士百二十员，又于京师置玄都观，以楼观道师王延为观主，并请王延传授道戒。

唐朝统治者尊奉老子为唐王室的祖先，宣称自己是老子后裔，借此制造“君权神授”的舆论，还将老子的思想运用到治国理身的实践中。唐高祖、唐太宗和唐玄宗时期，他们都重视老子清静无为的思想，并将它作为治国的理论策略。同时，他们也十分重视和利用道教经典和教规教义来教化民众，促进社会安定，维护其统治秩序。唐代道教被列为儒、释、道三教之首，道士的社会地位显著提高，人数不断增加，道教宫观遍布全国，道教的经典图书也日益增多，许多道教著名学者被皇帝延请入宫，参与政事，讲道说法。

北宋初，太祖、太宗扶植道教，制造“天神授命”的神话，以神化其统治。编造赵氏“始祖”是道教尊神“九天司命天尊”，诏定赵氏圣祖名为“玄朗”。由于统治者的尊奉，道教不断兴盛，产生了诸多新的道派。其中，北宋影响最大的道派是茅山上清派。这一派有许多学识广博的宗师，他们受皇室尊崇，常被召请问道。他们著书立说，声名远扬，徒众遍及全国。其中最著名的是司马承祯和吴筠。司马承祯将隋唐道教的重玄学与上清派存神服气的养生仙术结合，提出“形神双修”、神仙可学的思想，对道教哲学从重玄学向内丹学的转变，有承前启后之功。还有北帝派（唐代道士邓紫阳创立）、镇元派（唐代道士翟法言创立）、金丹派（北宋著名学者张伯端创立）、内丹派、净明道等。

4. 变革时期

北宋灭亡后，中国北方长期战乱频繁，民族矛盾空前尖锐。饱受离乱之苦的民众开始渴望有一个新的宗教，来作为抚慰心灵创伤和安身立命的精神支柱。因此，道教内部发生了重大变革，出现了太一道、大道教、全真道等许多新兴道派。

太一道因奉祀太一神，由金代萧抱珍创立，教传“太一三元法箓”之术，利用秦汉魏晋太一信仰所宣传的人首有太一帝君，统御身中诸神，修道者若闭目存思神名，并佩符念咒，可治病禳灾的方法（类似于“净土宗”）传播道教，影响很快遍及山东、河北等地。

大道教略晚于太一道，创始人为刘德仁，以九条戒法传习门徒，其内容主要为忠君孝亲，诚以待人，清净无邪，安贫乐道，力耕而食，量入为用，不盗窃，不饮酒，不骄盈。大道教被许多人信仰，“传其道者几遍中国”。

全真道创始人为王重阳，他于金大定七年（1167 年）创立了以道为主、兼容儒释两教的“全真道”，并经其弟子邱处机的大力发展而盛极一时。在教义教制方面，全真派继承道家清静无为的宗旨，融摄佛教六道轮回、因果报应等思想，仿效禅宗丛林制度和出家形式，采纳儒家伦理思想，对当时道教的变革产生了很大推动作用。在宗教实践方面，全真派及一些新兴道派反对传统的外丹烧炼和符箓驱鬼之术，强调性命双修和精、气、神的修炼，提高了内丹理论和实践在道教中的地位，完善了道教的实践体系。

面对全真道的兴盛，南北天师道与上清派、灵宝派、净明道逐渐合流，到元代归并为“正一道”。从此道教分为正一、全真两大宗派，一直延续至今。

5. 缓滞时期

明朝统治者对道教仍相当尊崇，朱棣发动“靖难之变”夺取皇位，传说真武大帝曾显灵相助，即位后立即在全国掀起崇奉真武大帝的热潮。他调动30万军民，耗费大量钱粮，大举修造武当道教宫观，其规模宏伟壮丽，天下无匹。还特封武当山为“大岳太和山”，位于五岳之上。武当山成为官方控制的御用道场，真武神被钦定为明朝皇室的保护神。

明代全真道政治地位下降，教团发展亦受到限制，其势力远不及元代。全真道各派中，邱处机开创的龙门派势力较大，但在明代也相当沉寂。而全真教其他支派更为零落。清初，全真道龙门派一度振兴。明代正一道受朝廷尊崇，地位居道教各派之首，但至清代时趋于衰落。总的看来，道教在明清时期走向衰落，呈现出停滞的局面。

（三）道教的经典

《道藏》是道教经书的总集。南北朝时期，陆修静、陶弘景等人开始汇录道经书目。唐开元时大力搜访道经，组织修编第一部《道藏》，总计3744卷。748年唐玄宗诏全国传写。宋天禧三年（1019年）辑成《大宋天宫宝藏》，奠定了道藏编纂体制。后经历代辑纂而不断丰富。金章宗时编成《大金玄都宝藏》6445卷。元代《道藏》成书于元乃马真皇后称制的第三年（1244年），仍称《玄都宝藏》，共7800余卷。现存道藏是明代纂修的，包括明英宗正统十年（1445年）刊印的《正统道藏》（5305卷）及神宗万历三十五年（1607年）辑印的《万历续道藏》（180卷），共5485卷。《正统道藏》刊成后，明清两代曾多次印刷，颁赐各地道教宫观。1900年，八国联军侵入北京，《道藏》经版悉遭焚毁，各地所藏《道藏》印本因战乱而保存下来的也很少。北京白云观所藏明代《道藏》一部，是迄今所能够见到的唯一保存完好的明代《道藏》。

1923—1926年，上海商务印书馆借用北京白云观所藏明刊《正统道藏》，以涵芬楼名义影印《道藏》。1996年，由中国道教协会、中国社会科学院道家与道教文化研究所、华夏出版社联合组织编修《中华道藏》，在2003年完成对《正统道藏》的整理，改编成一部新《道藏》。中国道教协会于2018年12月20日在北京举行《中华续道藏》编纂出版工程启动仪式，此项工程被列入国家“十三五规划”纲要和“中华古籍保护计划”，将完善中国道经入藏体系、保护道学经典、促进道教健康传承发展。

《道藏》的内容十分庞杂。其中有大批道教经典、论集、科戒、符图、法术、斋仪、赞颂、宫观山志、神仙谱录和道教人物传记等。此外还收入诸子百家著作，其中有些是《道藏》之外已经失传的古籍，还有不少有关中国古代科学技术的著作，如医药养生、内外丹制作、天文历法等方面。《道藏》是中国学术文化史上有重要价值的宝库。

（四）道教的基本教义

1. 道教神学的创世思想

道教神学继承和改造了道家的宇宙论，将《老子》书中所说的“道”，改造为人格化的至上神，称为“大道”或“太上道君”，并宣称老子就是大道的化身，进而编造出上起宇宙初始，下及秦汉后，“太上大道君”开天辟地、化形降世辅助帝王、传经受戒、教化生民的故事。道教认为“大道者，包囊宇宙，系养群生，制御万机者也。无形无象，混混沌沌，自然生百千万种，非人所能。自天地以下，皆道所生杀也。道受以微气，其色有三：玄、元、始气是也。玄青为天，始黄为地，元白为道也。三气之中，制上下，为万物父母，故为至尊至神。自天地以下，无不受此气而生者也。故长久之物，皆能守道，含气有精神，乃能呼吸阴阳。道生天，天生地，地生人，皆由三气而生。”这就是道教的神学创世思想。

六朝以来葛玄、葛洪一系的神仙道教，另创了元始天王开天辟地、创世传教的神话。葛洪《枕中书》综合秦汉以来流行的宇宙生成论思想、三皇五帝古史传说、天文学浑天说，以及南方少数民族中流传的盘古王开天辟地故事，塑造了与天师道所奉“太上大道君”不同的道教尊神元始天王。讲述了元始天王开辟天地，三皇五帝治世及道书《三皇文》传世的神话。这在道教神学的演变过程中有着重要的影响。在东晋南朝新出的《上清》《灵宝》系道经中，太上大道君的名号仍然经常出现，但其至上神的地位却逐渐被“元始天尊”所取代，元始天尊成为传教说经的最高尊神。隋唐时代，道教已形成了以元始天尊为首的信仰体系，并且以元始天尊的“开劫度人”来解释道教经书的渊源和传授次序。以传教说经的神话来解释道教经书教义体系的建立过程，实质上也属于神创论的世界观。

2. 重己贵生、长生不老的人生观

“重己贵生”是道教的人生观，以重视个体生命（贵己重生）的价值观为本，探讨如何使个人精神快乐和生命永恒的问题。“贵己重生”思想源于先秦杨朱学派，庄子吸收了此思想，强调要珍视个体生命的存在，不要“以身殉物”，只

有放弃对名利物欲的追求，才能避免为物所累。但庄子更重视保全人的精神自由，主张顺应自然，追求精神自由和超越，这种人生观对魏晋的玄学家影响极大。他们认为人生有限而宇宙无限，个人只有投身于无限的自然物化之中，与无生死无始终的道体融合为一，才能解脱生无所系、死无所归的恐惧与感伤。著名道教学者葛洪在继承道家和玄学家重己贵生人生观的基础上弃宿命天定、自然无为的思想，积极追索生命的意义。他强调“我命在我不在天”，认为人生最可宝贵的是生命，主张追求长生，积极探索生命的奥秘。葛洪所追求的长生成仙固然是虚幻的，但这种积极进取的精神是可贵的。在我国历史上，葛洪及后来的许多道学家之所以能在医学养生、化学和工艺技术等方面取得许多重要成就，与他们对人生的执着眷恋，对生命奥秘的不断探索是分不开的。

3. 有无双遣、心道相通的认知观

道教重玄学派是道家老学中最有影响的哲学流派，其主要贡献在于开创一种新的思想方法来解释《老子》。认为老学的要义在于“玄之又玄”，以达到哲学思想上的不凝滞。“玄之又玄”，在玄的基础上更进一层，故有“重玄”之说。他们认为老子之道不滞于“有”和“无”，道体非有非无，亦有亦无，有无不定；道无所不在，而在非道；道为万物之妙本，而万物实无本可本；道与物不一不异，而一而异；唯有遣除分别有无、色空的主观想法，即“有无双遣”，使自心既不滞于有，又不滞于无；既不执着于境物，又能与物常应常静，此之谓常清静，能达到如此境界者，方可悟入真道，达到自我与道相通的境界。

（五）道教的修习理论

1. 内丹道派的性命双修论

道家和道教哲学的根本宗旨是“全性保真”，即保全个人生命和自然本性，追求生命的永恒和人性的解放。道教生命哲学从对生命现象的探索中，发现精气是生命源泉。人体小宇宙与天地大宇宙皆以元精元气的阴阳交感为生成本原，都依赖元气的周流运行而存在。从宇宙生生不息的事实中，产生了长生可为的信念。认为人通过道术修炼，模拟自然界阴阳消长的周期运行规律，达到“生道合一”之境，即可获得永恒的生命。道教心性哲学讨论心性本体对生命实体的超越和复归问题。“性”即道性，亦称自然真性。它是人心中本来固有，未曾被世俗尘垢所污染的纯朴本性，是与天道同一的“本我”或“真我”。这个本我正是道家与道教所要追求的理想境界。它超越了生命实体的贪念欲望，不受任何外在物利的诱惑和困扰，自由自在，圆满自足。在此基础上逐步形成的内丹派“性命双修”理论，主张以心性修炼与形气修炼结合，改造神仙道教的外丹和炼形术，以自身为鼎器，精气为药物，经阳神控驭精气在自身中以阴阳法则循环运行，凝练成丹，即是内丹。宣称内炼成功，精气神在丹田中凝成不坏的“阳神”，可从顶门自由出入，飞升天界，超出生死。

2. 全真道的识心见性说

全真教主张儒、佛、道三教合一，即以“三教圆融、识心见性、独全其真”为宗旨，全真意思是“全其本真”，即保全作为人性命之根本的三要素，使其不受污损。“全精、全气、全神”，是全真修持的目标。“识心见性”为修仙正途，认为人心固有的本来真性不生不灭，超越生死，是成仙证真的根本依据。除此之外，全真道也要求信徒积极参与社会活动，济贫扶苦，行善积德，修炼传道济世的“真功”。既要出世无为（修心体道），又要入世有为（行善济世），强调二者不可偏废。

3. 道教的服食

道教的服食修炼，主要是服气。服气就是服食空气。服气辟谷修炼法是道教历来讲究的道法。服气辟谷修炼法是道士在修习服气法时，先要治疗自身原有的疾病，使五脏血气宣通，继而稍服缓泻剂，去掉肠胃里旧有的积滞，然后减食、节食，逐渐断绝五谷，不知五味。每日做三遍静卧服气功，就可以不饥不饿，返老还原。服气辟谷修炼法以服气为主，服气即吞咽气体，有服食日气法、服食月气法等十余种。但总的来讲，就是要吞咽清新的气体，吐出废气，吐故纳新，达到强身健体之目的。在服气辟谷时虽不食五谷，但要添加辅助食品，如茯苓、大枣、胡麻、黄精等，将其经九蒸九晒，制成水丸或蜜丸，随时服用，用这些含蛋白、高油脂的药物来补养气血，充实生命元素。

（六）道教的影响

道教始终植根于中国社会，是从中国传统文化中孕育出来并成为其重要组成部分，对中国传统文化乃至今天的文化都产生了重要影响。它与政治、传统科技、艺术、文学、哲学、医学、伦理道德及民俗文化等有着密切的联系。

在道教的发展过程中，道教哲学对其他学术思想产生过一定的渗透和启迪作用。如魏晋时期的玄学家嵇康、阮籍等人，他们原本是儒生，但又都与道门中人接触，钻研《道德经》《庄子》《周易》等，与道门中人一起探究修行之理。唐宋以来，儒、释、道三教互相渗透的趋势加强。宋明理学的核心人物对道教哲学的理论框架有所借鉴，如周敦颐的太极学说、朱熹的易学等都吸纳了道教哲学的某些合理内容。

道教伦理教人向善，如尽忠为孝、恪守五伦、仗义疏财、诚实、勤劳、谦虚、简朴等。还教人遵守职业道德，指出为官应该正直清廉，经商应该公平有信。还反对赌博、吸毒等不良习气。这些对社会风气的改善有着积极的影响。

1. 道教对政治的影响

在我国漫长的封建社会中，一方面是统治阶层常常利用道教来巩固他们的封建统治。另一方面，许多农民起义的领导者，也曾利用道教作为农民起义的组织形式。但道教始终依附于王权而存在，并接受政府的管理，且传统社会的封建王权以儒学为思想文化的正统说，历史上借道教起义的农民军很少成功。

道教在历史上，曾对封建王朝的政权更迭，政治制度产生过一定的作用。隋唐的开国君主，均利用图谶为其夺取政权制造舆论。明开国皇帝朱元璋、明成祖朱棣均宣称真武“显灵”。

尤其是唐朝，道教在政治中所起的作用显著。在隋末时，民间有“老子度世，李氏当王”的谶语流行。李渊称帝后，一再宣称“李氏将兴，天祚有应”“历数有归，实为天命”。他认定老子为李唐王朝的先祖，并排定了“老先、次孔、末后释”的三教次序，确立了道教的优先地位，在唐代道教发展中起了政策导向作用。唐代大多数皇帝都将推崇道教视为既定方针。唐玄宗开元二十五年（737 年），开始设置“玄学博士”之职，二十九年（741 年）又令两京及各州置“崇玄学”，纳生收徒，学习《老》《庄》《文》《列》等书，参加科举考试。天宝二年（743 年），改“崇玄学”为“玄学馆”，内置学士、直学士、大学士等教官。大学士由宰相担任。这些都说明道教对唐代政治制度产生了一定影响。

2. 道教对医学的影响

传统道家文化与中医渊源深厚。在中医发展史上，一些著名医家学得了道家文化的精髓。与此同时，从道家名士中也产生了不少中医大家。华佗是东汉末年的方士、医师，他发明的“麻沸散”是世界上最早的麻醉药，他的“五禽戏”则是我国历史上最早的健身体操。东晋著名医家葛洪，同时也是当时的道教领袖之一，他的《肘后备急方》对伤寒、温病、狂犬病、结核病、天花等的发生和对其病因的认识深刻，《抱朴子 · 内篇》中记载了许多丹药治病偏方。南朝道士陶弘景是史上著名的医药学家，著有《本草经集注》《养性延命录》等影响颇为深远的医著，他的《肘后一百方》同样丰富了丹药疗方。外丹烧炼，客观上推动了火药的发明和应用。而丹药的制作，无疑是开了化学药物治病的先河。隋朝的太医侍御杨上善是笃志于道的人，他所作的《黄帝内经太素》至今被中医学界列为十大经典名著之一。王冰所作的《黄帝内经素问注》被中医界视为医学古籍整理的典范。隋唐名医孙思邈更被人们称为“药王”。孙思邈的医学代表作《千金要方》和《千金翼方》，书名之所以冠以“千金”，是在于“人命至重，有贵千金，一方济之，德逾于此”。

此外，道教认为一切过度的精神情态活动都足以导致疾病，明确指出疾病源自心理活动的失调。道教提倡用各种养生修炼的手段来预防和治疗疾病，这是现代心理医学的滥觞。除了医学方法之外，道教文化对中医养生思想也有深远影响，从“医道相通”就可看出，道教的教理教义都是围绕生命展开的，生命问题是道教思想的枢纽。

3. 道教对科技的影响

在科技领域，道教有诸多独特的成就，在人类科技文明的发展史上有不可忽视的意义和贡献，对近现代科技的产生和发展曾产生重大的影响。

中国古代四大发明中的火药、指南针、印刷术的发明与道教有密切关系。火药是道教发明的，李约瑟博士说：“在世界任何国家中最早提到火药的，是一部题为《真元妙道要略》的著作。”《真元妙道要略》载“有以硫磺、雄黄、合硝石并蜜烧之，焰起，烧手面及烬屋舍者”。关于指南针，王振铎先生说：“要之，无论四种装置，晚世用在军旅航海及幻术弄器，信其发明皆始于道家”。道教早在南北朝时期就已运用雕刻技术来制作道书，《洞玄灵宝三洞奉道科戒营始》里说：“一者金简刻文，二者银版篆字，三者平面镌书，四者木上作字。”在造作、传播经书的过程中，道教对印刷术的发明作出了很大的贡献。

著名全真道士郝大通精通历算。赵友钦则进行了大规模的天文物理学研究，他进行了日食和月食的研究和光学实验，他的《革象新书》记载的某些实验和发现，当时在世界天文学上居于遥遥领先的地位。古代道士们投入大量精力进行观星和绘制星图的活动，如二十八宿、北斗星图等。中国古代天学、星象学家中有不少是道士或受道教影响的人物，如唐代天文学家李淳风、袁天罡等。

道教经典文献中保存了古代的许多数学与物理学成果，对中国古代数学与物理学有独特贡献。道教的星占、太乙、遁甲等术涉及数学推算方法，在一定程度上推动了数学的发展。《数术记遗》首次记载了珠算。历史上道教徒曾提出：“测天地之机，晓造化之本。”道教徒在长期对自然的观察、模拟和修炼神仙活动中，产生了诸多物理学思想和成就。

道教对光学现象有独特的感觉和认识。《抱朴子·遐览》中《明镜经》对平面镜的成像原理有所认识。《太清金液神丹经》中有凸透镜原理的记载。全真道士赵友钦曾经进行的大规模光学实验活动，颇为科技史家所重视。

水法炼铜技术是道士对世界冶炼技术的一大贡献。在机械制造领域，南北朝道教徒李兰发明的秤漏，在唐以前的中国漏刻计时技术中曾经长期居于主要地位，在唐以后亦曾长期作为漏刻计时设备中重要的组成部分；古代道教设想通过发明某种具有飞行功能的机械实现飞天之梦，为人类航天技术前史作出了独特的贡献。

4. 道教对文学的影响

道教对中国古代文学艺术的影响非常突出。中国历代的优秀文学作品中，有不少以道教为题材或涉及道教内容。道教诗歌数量众多，包括炼丹诗、咒语诗、游仙诗、步虚词等。从隋唐诗人王绩、王勃、张九龄、李白、李贺、李商隐等文集中都不难找到反映道教生活、创造神仙境界的作品。盛行于宋的词，不少词牌都与道教有关，如《临江仙》《女冠子》《望仙门》《献仙音》《潇湘神》《华胥引》等。宋代著名词人柳永、苏轼、黄庭坚、秦观、周邦彦等，都有以道教为题材的词作。康熙五十四年（1715 年）刻印的《钦定词谱》中与道教活动有关的词牌就有 42 种，足见词的诞生与道教有不解之缘。明清小说中，也有不少是以道教为题材的。如《三言》《二拍》《封神演义》《吕仙飞剑记》《四游记》《韩湘子全传》等。道教所追求的在现实世界上建立“人人无贵贱，皆天之所生也”的平等社会，也影响了许多文学家，从而有了《桃花源记》《三国演义》等作品。

5. 道教对民俗的影响

道教文化、经典、信仰、神仙、传说直接影响了中国人的日常生活、民俗、习俗、传统节日。道教是中华本土宗教，其信仰的历代祖师、神灵都被老百姓所熟知并广泛接受。如玉皇大帝、财神爷（文武财神、五路财神等）、三官大帝、药王爷、太岁、文昌帝君、八仙等。道教神仙典故、传说以及祖师圣诞日或成道日，是民间民俗文化的理论基础和形成的重要基石。如腊月二十三送灶王爷、二十四晚上接玉皇驾、三十贴春联，正月初一过大年放鞭炮、初五接财神、初八顺星、初九玉皇圣诞、十五元宵节。道教堪舆的步骤，如寻龙辨脉、察砂、观水、点穴、立向等与民俗中的堪舆相吻合，也迎合了世俗的求子得福、升官长寿的理想和以孝为本的道德要求。

6. 道教其他方面的影响

道教的音乐、绘画、雕塑、建筑已成为中国古代文化的重要组成部分。

道教的音乐虽为宗教音乐，但它吸收和包容了宫廷音乐和民间音乐。曲式和情调着意表现神仙意境，或庄重神圣，或欢乐轻快，或优美恬静。

道教在绘画方面自成一色，其创作主题以神仙为主，从形式、构图到技法都洋溢着民族特色。山西永乐宫的壁画是我国绘画史上的重要杰作，在世界绘画史上也是罕见的巨制，主要为道教宣传画，目的在于揭示教义和感召人心，其绘制时间略早于欧洲文艺复兴，几乎和元代共始终。晋祠圣母殿的宋代彩塑是我国宋代宫廷生活的真实写照，也是研究宋代雕塑艺术和服饰的珍贵资料。

建筑上，如武当山现存的道教宫殿、道观及大量神祠、岩庙，都具有独特的道教色彩。道观的平面布局深受中国庭院式民居的影响，讲究对称美，数重进深。且与一般的中国建筑相比，道教的建筑，尤其是道观，选址更注意风水，道观大多处在蔚然深秀的幽山清水之间，道教本就崇尚清虚而幽静，热爱生命、尊重自然，认同人与自然之间的和谐关系，要在美的体验中实现对道教生命境界的追求。

四、中国的基督教

基督教与佛教、伊斯兰教并称为世界三大宗教。基督教信奉耶稣是上帝派来拯救人类的“救世主”。救世主一词，在希伯来文中称为“弥赛亚”（又译“默西亚”，意为“受膏者”），在希腊文中称为“基督”，因而得名。

基督教起源于1世纪的巴勒斯坦、小亚细亚（今土耳其的亚洲部分）一带，最初是从犹太教中分离演变而成的一个派别。当时，犹太教中有许多派别，其中一派相信犹太人（以色列人）的民族神雅赫威（后基督教译为耶和华）已经派了一位救世主来拯救自己，这位救世主就是耶稣。这种信仰在当时吸引了越来越多的人，逐渐从犹太教中分离出来，成为一种新的教派。

（一）基督教在中国的传播和发展

基督教在中国的传播，大致经历了四个时期，一是唐代的景教时期，二是元代的也里可温教时期，三是明清的天主教和新教时期，四是鸦片战争后的本土化时期。

1. 唐代的景教

据可信的史料记载，基督教最早传入中国，是在唐代初期的贞观年间，当时称为“景教”。“景教”是早期基督教聂斯托里派（Nestorians）传入中国后的称呼。该派于5世纪时形成，因违背正统教义而被定为异端，被迫流亡东方，在叙利亚和波斯（今伊朗）一带流传。

唐贞观九年（635年）波斯传教士阿罗本来到长安，受到唐太宗礼遇，638年建立了第一座教堂“大秦寺”。由于古代波斯人称基督教徒为“特尔赛”，意为“有福之人”，人们便用汉语中含有福祉、吉祥等意思的“景”字称呼他们。因该派发源于我国古称为“大秦”的东罗马帝国，因而也常被称为“大秦景教”，或“大秦教”。

景教传入中国后发展很快，号称“法流十道”“寺满百城”。会昌五年（845年）唐武宗诏令禁佛，景教也受到牵连，除在契丹、蒙古等地仍有少量活动外，其余各地逐渐绝迹。

1623年，在西安附近的盩厔县（今周至县）出土了“大秦景教流行中国碑”（简称“景教碑”）。碑中记述了景教传入中国后的活动和基督教的基本教义，是研究早期基督教在中国传播的重要史料，被誉为世界著名四大石刻之一。

2. 元代的也里可温教

元代，由于元世祖对宗教持宽容态度，基督教再次传入中国。此时传入的基督教有两个派别：一是景教，它虽然于唐代末期在中国本土灭绝了，但仍然流行在蒙古、中亚诸地，此时又随蒙古族入主中国而再度传入，信徒遍及山西、陕西、甘肃、河南、山东、直隶、广东、云南、浙江等地。二是罗马天主教，罗马教廷派遣特使于1294年进入汗八里（北京）传教，受到元成宗铁穆耳的礼遇，使一些皇亲国戚放弃景教而改信罗马天主教，随后又在南方的泉州、杭州、扬州建立了教堂和修院，并设置了北京总教区和泉州教区。

上述两派，其信徒被称为“也里可温”，蒙古语意为“有福之人”，所以人们也常把这两派统称为“也里可温教”。元朝灭亡后，也里可温教在中国逐渐消亡。

3. 明清时期的天主教和新教

16世纪初，随着新航路的开辟和西方国家殖民主义浪潮袭来，天主教的海外传教活动十分活跃，并再度传入中国。后因教会内部针对中国信徒“尊孔祀祖”习俗的“礼仪之争”，引发了清朝廷对天主教的禁教政策，导致天主教在中国极度衰落。1807年，英国伦敦布道会派遣马礼逊到中国，他成为第一个到中国的新教传教士。1830年，美国新教传教士也开始进入中国，由于清政府的禁教政策，至1840年，新教在华传教士仅20余人，30年中所收信徒不满百人。此外，1727年，俄罗斯正教会正式派遣传教士进入中国，但信徒多为进入中国的俄侨，在内地民众中影响较小。

4. 鸦片战争后的本土化时期

鸦片战争后，传教士倚仗一系列不平等条约，在中国的土地上到处设立教堂、修道院，兴办学校、孤儿院，用各种方法传播、发展基督教的各个派别。帝国主义的侵略和宗教扩张激起中国人民的反抗，19世纪中叶，大小教案不断发生，终于酿成规模空前的义和团运动。义和团运动后，爱国的中国教徒为了摆脱外国教会的控制，发起了中国基督教自立运动以及其后的本土化运动。19世纪70年代起，不断有爱国基督徒主张独立自主，自办教会。为此，甚至出现过全国性的自立教会组织，但由于当时的情势，规模不大，存在的时间也不长。中华人民共和国成立后，由于特殊原因，中国基督教逐渐断绝了与外国传教团体的宗教事务以及经济联系，从而开始了真正意义上的独立发展，发起了自治、自养、自传的“三自”爱国运动，有力地推动了中国教会的本土化。

（二）基督教的基本教义

基督教虽然在发展中形成了许多派别，但万流归宗，各派仍有共同信奉的教义，主要有以下内容。

1.“三位一体”信条

“三位一体”即上帝只有一体，但在位格上又分成圣父、圣子和圣灵；三者虽有特定位份，却完全同属一个本体，同为一个独一真神，世界万物都是由其所创造和主宰。其中，圣父是创造和管理万物的主，他是有理性和意志，但无形、无体的，他超乎万物之外，又贯乎万物之中。圣子耶稣基督，是上帝的独生子，是玛利亚由圣灵感孕而降世为人的。是圣父为救世人，宣传救世福音而降生人间。最后为世人赎罪而被钉死在十字架上。他死后第三天复活，后来升天，将来还会再临人间，并在世界末日到来时进行最后的审判。那时，恶人将永坠地狱，地上将建立以基督为首的义人统治的新天地，即“神的国”。这神的国将在世上统治一千年，所以又称“千年王国”。“圣灵”运行在世界和人类的心中，他使人知罪、悔改、成圣。信徒接受圣灵的感动，就会在生活中表现出种种美德，而且，世间一切真、善、美都来自上帝，都是通过圣灵的运行、启迪而表现出来的。

2. 上帝创世说

基督教认为，宇宙万物（包括人类）都是上帝创造的。《圣经・创世纪》记载：上帝创造世界以及世界万物一共用时六日。第一天，上帝创造了光明和黑暗；第二天，上帝创造了天；第三天，上帝创造了旱地和植物；上帝在第四天创造了太阳和月亮，第五天创造了鱼和鸟，第六天创造了陆上的动物和人类。第七天歇息。上帝创世说是基督教的核心。因为上帝创造一切，他才被说成是至高无上、全能全知、无所不在的唯一真神，是宇宙的最高主宰。

3. 赎罪说

赎罪说是基督教最重要的教义之一，根据《圣经・创世纪》的记载，人类始祖亚当和夏娃在伊甸园中生活时，违背上帝禁令偷吃了智慧树上的果子。这一罪行遗传给子孙后代，成为人类与生俱来的原始罪过和人类一切罪恶与灾难的根源。人类由于无法摆脱原罪，处于无力自拔的罪恶之中。只有信基督才能使罪得以赦免，只有依靠耶稣基督才能得救，获得永生。

4. 末日审判说

在世界终结前，上帝将要对世人进行审判，这就是末日审判。凡信仰上帝和耶稣基督并行善的人皆可升入天堂，不得救赎者则被丢入硫磺火湖中永远灭亡。

（三）基督教的经典

《圣经》是基督教各派共同遵奉的主要经典。它不仅是一部宗教经典，而且是一部政治、历史、宗教、哲学、文艺、社会、伦理、法律等方面的巨著，是了解和研究西方文化的宝藏。伴随着基督教的传播，《圣经》逐渐被翻译成各种语言，特别是16世纪宗教改革运动后，《圣经》的翻译活动更加兴旺，各种各样的版本数不胜数，据说至今已翻译成1400多种语言文字，是世界上流传最广、影响最大的书籍之一。

《圣经》包括《旧约圣经》和《新约圣经》两大部分。《旧约圣经》原是犹太教的经典，形成于公元前13—前1世纪。因书中讲述了上帝与犹太民族在西奈山订立盟约，故称为“约书”。大体可分为“律法书”“先知书”“圣录”三部分，主要内容是关于世界和人类起源的故事、传说、犹太民族古代历史的宗教叙述和犹太教的法典、先知书、诗歌、格言等作品。对于《旧约圣经》的卷目数量，天主教和新教有不同看法，加上翻译的差别，天主教承认的有46卷，新教承认的有39卷。

基督教兴起后，认为耶稣基督以自己的血和生命在上帝与人之间建立了新的盟约，因而把从犹太教继承下来的经典称为“旧约”，将基督教兴起后自撰的经典称为“新约”。《新约圣经》出自耶稣的门徒及其弟子的口述，大致写作于公元1—2世纪，4世纪初汇编成书，内容包括记载耶稣言行的“福音书”、叙述早期教会情况的“使徒行传”，以及使徒们的“书信”和“启示录”4个部分，共27卷。

基督教的经典统一于新旧约两经，其道理被认为取之不尽，用之不竭。

五、中国的伊斯兰教

“伊斯兰”意为“顺服”，即顺服唯一真神安拉的旨意。伊斯兰教信徒常被称为“穆斯林”或“穆民”，前者意为“顺从真主的人”，后者意为“信徒”。

伊斯兰教于7世纪初起源于古代阿拉伯，主要分布在西亚、中亚、南亚、东南亚和北非等地。在中国，信仰伊斯兰教的主要有回族、维吾尔族、哈萨克族、乌孜别克族、塔吉克族、塔塔尔族、柯尔克孜族、撒拉族、东乡族、保安族10个少数民族。

（一）伊斯兰教在中国的传播与发展

1. 伊斯兰教初传中国

唐代是我国历史上政治、经济和文化发展的鼎盛时期。由于它实行的对外开放政策，与阿拉伯国家的友好交往也呈现了一个高峰，据《旧唐书》记载，唐高宗永徽二年（651年），阿拉伯第三任哈里发奥斯曼遣使来唐朝贡，我国史学界一般以此年为伊斯兰教传入中国的标志年。我国史书上还记载，自永徽二年至贞元十四年（798 年），阿拉伯来华使节达 39 次之多。阿拉伯、波斯穆斯林来华经商或旅游者更是络绎不绝。频繁的友好交往和经贸往来，一方面促进了中国和阿拉伯、波斯地区间业已存在的传统友谊，另一方面也为把伊斯兰教带到中国，使之在这里传播和发展创造了条件。阿拉伯、波斯的商人和旅游者往来中国的路线是：陆路自波斯经我国的新疆沿丝绸之路到达内地长安和洛阳等地，海路则由波斯湾出发绕马来半岛到达我国东南沿海各商埠城市。

2. 伊斯兰教在中国的发展

唐宋时期是伊斯兰教传入与植根中国的时期。生活在中国的阿拉伯、波斯商人，在唐宋王朝的许可下，生活在广州、扬州、泉州、杭州和长安、开封、洛阳等地，被称为“蕃客”或“土生蕃客”。他们按照自己的信仰和风俗习惯过着平静的侨民生活，在那里兴建清真寺和墓地，不少人久居不归，与当地居民通婚，繁衍后代，逐渐形成了早期中国穆斯林群体。他们坚守伊斯兰教信仰和文化，为了不与中国的传统文化和其他宗教发生冲撞，特别是便于过宗教生活，他们相对聚居，自成社会，不向外传教，尽量与中国的经济文化环境相协调、相适应，从而获得了较为宽松的生存空间。历史上扬州和杭州等地曾居住着数十万阿拉伯人，沿海地区著名的四大清真寺就是这一时期中亚穆斯林在我国生活的物证，他们坚守自己的信仰，同时还不断地把中国以四大发明为代表的先进科技带入阿拉伯并介绍给西方，成为中世纪的科学文化使者。

元代，伊斯兰教在中国进入一个全面发展的阶段。自 1219 年起，成吉思汗率蒙古军大举西征，占领了今中亚直至东欧、伊朗北部大片土地，建立起横跨亚、欧的蒙古大汗国，并于 1279 年统一了中国。在蒙古征服和统一中国的过程中，调集了由被征服地各族人组成的“西域亲军”。亲军中许多是信奉伊斯兰教的阿拉伯人、波斯人和中亚各族人。他们参加了对中国各地的征战，战后就地屯聚牧养，分驻各地，在当地繁衍、发展起来。元朝时中亚、阿拉伯商人大量来华，他们和唐宋时期来华的大食、波斯人的后代都是穆斯林，此时他们被中国人统称为“回回”或“木速蛮”，成为元代色目人中的重要部分。今天我国东南沿海的主要城市和西安、北京等，都曾是中亚穆斯林云集之地，至今这里仍保存着许多那个时期遗留下的古老清真寺和阿拉伯先民的墓地。在政治、经济、文化和通婚等因素的影响下，元代蒙古族、汉族和维吾尔族人皈依伊斯兰教的不在少数。大量的史料证明，元时伊斯兰教在中国已经形成相当的规模。元末明初回族已形成，并成为伊斯兰教传入中国的重要载体之一。

我国学术界认为，明末清初是中国伊斯兰教的成熟时期。明、清两代，中国伊斯兰教发生了新的演变。一是以经堂教育为主要形式的中国穆斯林宗教制度的兴起。经堂教育是以清真寺为中心，在清真寺传习伊斯兰教经典、培养宗教人才的学校和专门的教育制度的统称。二是与经堂教育几乎同时出现了以南京和云南为中心的汉文译著活动，历史上称这一时期是中国伊斯兰学术文化的开创和奠基阶段，活跃在这一时期的穆斯林学者王岱舆、马注、刘智、金天柱、马复初等人被尊称为“学通四教”“中阿兼通”的“回儒”，他们以儒诠经，著述和翻译了大量伊斯兰教经籍，他们用中国古代的哲学思想方法解释伊斯兰教教义，从而形成了中国伊斯兰教宗教哲学体系，他们的辛勤耕耘促进了伊斯兰教中国化的进程。三是此时中国通往中亚和西方的道路十分畅通，中亚、西亚的苏菲派传教士来到我国西北地区传播苏菲派教义，更有一些国内穆斯林从国外学成归来，也带来了苏菲派关于现实虚幻，净化灵魂，人主合一的思想主张，门宦作为一种新生事物出现在中国穆斯林社会，并在以后的若干年里获得了较大的发展，我国西北地区先后出现过33个大大小小的门宦，从某种意义上说，门宦的形成极大地丰富了中国伊斯兰教的形式和内容。

3. 伊斯兰教在中国的三大教派

格迪目：阿拉伯语音译，意即“老教”“古行”“遵古派”等。它是中国伊斯兰教中流传较早、传播广泛、信众较多、影响较大的派别。因固守唐宋以来穆斯林世代相承之教义思想、礼仪制度，故名。该派奉行严格遵守伊斯兰教的基本信仰和基本的宗教职责的主张，实行教坊制，创办经堂教育和汉文译著活动，由此形成了独立的宗教思想体系，使伊斯兰教更适应中国的情况。格迪目在宁夏境内各地均有广泛分布。

伊赫瓦尼：又称“新派”。该派主张革除自认为与经、训不符的习俗，反对崇拜圣徒、圣墓的做法，以及道乘修持。实行互不隶属的教坊制，重视中、阿文并重的经堂教育。该派信徒主要分布在青海、宁夏、甘肃临夏，以及河北、山东、河南等部分地区。

西道堂：依据伊斯兰教义，以本国文化发扬伊斯兰教学理。在宗教功修上，主要是履行“天命五功”，可以教乘、道乘兼修。西道堂有两大特色，一是在宣教的同时，开展集体性的生产经营活动，二是重视文化教育。

（二）伊斯兰教的基本教义

1. 六大信仰

伊斯兰教的基本教义可归结为“六大信仰”，简称“六信”，即信安拉（真主）、信使者、信天使、信经典、信前定、信后世。

信安拉（真主）：信仰安拉是唯一的神。伊斯兰教反对多神信仰，也反对基督教的三位一体说，主张“除安拉外，别无神灵”。安拉是宇宙间独一无二、创造万物、主宰一切、无所不在、唯一永恒的真神。安拉在汉语中常称为“真主”。

信使者：信穆罕默德是安拉的使者。使者是受到神的启示，并负有宗教使命的人，受安拉之命在各地向世人传播伊斯兰教。

信天使：信天使的存在。天使又称为“天仙”，是安拉用光创造出来、听候安拉差遣的天神。它们不具肉体，无性别，圣洁无邪，来去无踪，变幻莫测，神通广大，遍布天上人间，是一些纯洁的精神体。伊斯兰教认为，每一个人都有两名天使护卫，分别负责白天和夜晚，记下人的善行和劣迹。

信经典：信《古兰经》是安拉“启示”的根本经典。

信前定：相信世间一切事物都是由安拉所预定和安排的。天地万物以及人的富贵贫贱、吉凶祸福、生老病死等，均由安拉的意志所决定，自身无法改变。

信后世：又称“信末日”，即相信人的今世是短暂无常的，而后世是永恒的。人死之后，在世界末日的那一天将被安拉复活，在安拉的面前接受“末日审判”，并根据个人的信仰和善恶，或者居天园享永福，或者入火狱受永罚。

2. 五功

伊斯兰教注重基本功修，认为功修是坚定和完善信仰、磨炼意志的体现，也是每个信徒必须遵守的宗教义务。基本功修有五项，简称“五功”。具体内容略有差别，在中国穆斯林中，“五功”即“礼”“念”“斋”“朝”“课”，从身、心、性、命、财五个方面表现了信仰的要求，即“身有礼功，心有念功，性有斋功，命有朝功，财有课功”。

礼功：又称“拜功”，即礼拜。除了每天晨、晌、晡、昏、宵五次礼拜（五番拜）之外，还有每周星期五的“主麻”拜（也称“聚礼”）、古尔邦节和开斋节的礼拜（也称“会礼”）等。

念功：即念颂“清真言”和“作证词”。清真言即“除安拉外，再没有神（真主），穆罕默德是安拉的使者”。作证词即“我作证除安拉外，再没有神（真主）；我作证穆罕默德是安拉的使者。”

斋功：在每年伊斯兰教教历九月（莱麦丹月，斋月），每天从日出前到日落期间禁止一切饮食及房事等，俗称“把斋”。认为斋戒有助于人们控制物欲和邪念，并可激发人们对饥饿贫困者的同情。

朝功：朝觐沙特国麦加克尔白天房。629 年，穆罕默德规定了朝觐制度，凡有条件的穆斯林，一生中须在伊斯兰教历十二月内集体朝觐麦加一次；没有条件者则没有朝觐的义务。法定的朝觐日期是伊斯兰教历十二月 7—10 日，称为“正朝”，其余时间称“副朝”或“小朝”。

课功：即缴纳天课，做宗教奉献。伊斯兰教认为财富系安拉所赐，富人的财产中有贫人的份额。天课的宗教意义在于：富裕者应将真主赐予的财富，拿出一部分与贫穷者分享，这样使自己的财产得到净化，从而获得占有和享有财富的前提。

（三）伊斯兰教的经典

《古兰经》：《古兰经》是伊斯兰教的根本经典，被穆斯林视为圣书。"古兰"是阿拉伯语的音译，意为"诵读"。《古兰经》也译作《可兰经》，从前也被称为"天经""天方国经"等。一般认为是穆罕默德在传教过程中以安拉启示的名义颁布，由弟子们零星记录保存下来，后经整理成册而广为流传。《古兰经》共有30卷，114章，分为"麦加篇章"和"麦地那篇章"两大部分。内容包括对伊斯兰教教义和仪式的阐述，以及调节教徒社会生活和个人生活的各种指示和训令，还有一部分是从阿拉伯民间创作中借用的训诫和劝谕性神话传说。

《圣训》：《圣训》又名《哈底斯》，"哈底斯"原意为"传闻""传述"，后专指穆罕默德生前在传教中的言行举止，由其弟子传述、仿效，后汇集而成的"言行录"。9世纪时，这些言行录被编辑成书，称为圣训，是伊斯兰教立法、行教的重要依据，被视为穆斯林生活和行为的准则。其内容极为广泛，但因教派和传述人而有所差异。在中国，《圣训》也被称作《圣训经》《至圣宝训》《至圣宝谕》《圣谕》等。

六、中国民族文化概况

（一）中国主要少数民族的分布和民俗文化特征

1. 中国少数民族的分布特点

我国是统一的社会主义国家，除汉族外，有55个少数民族。我国少数民族虽然人口少，但分布地区很广，居住的面积占全国总面积的50%~60%。中国少数民族居住的区域广阔，主要分布在内蒙古、新疆、西藏、广西、宁夏、黑龙江、吉林、辽宁、甘肃、青海、四川、云南、贵州、广东、湖南、河北、湖北、福建和台湾等省（区）。我国少数民族的分布特点是：

（1）地域广大，人口稀少。许多少数民族住在山区、高原、牧区和森林地区；

（2）物产资源丰富，在我国现代化建设中占有极为重要的地位；

（3）大都位于我国的边疆，属国防要冲；

（4）各民族大杂居小聚居。

由于历史上民族迁徙屯田、移民戍边、朝代更迭等原因而引起的人口变动，使我国的民族分布形成了各民族又杂居又聚居、互相交错居住的状况。有些少数民族既有一块或几块聚居区，又散居在全国各地。各少数民族在经济、政治和文化生活方面，不仅相互影响，而且都和汉族有着密切的联系。

2. 我国少数民族具体分布

（1）东北片区

满族分布于全国各地，但以辽宁省为最多；其次为吉林、黑龙江、河北、内蒙古、新疆、甘肃和北京等省、市、自治区。朝鲜族主要集中于吉林省，其次为黑龙江、辽宁等省。现在满族最大的聚居区为吉林省延边朝鲜族自治州。赫哲族主要分布在黑龙江下游同江、抚远和饶河等县的沿江地区。

蒙古族主要分布在内蒙古自治区，其次为新疆、辽宁、吉林、黑龙江、甘肃、青海等省、区。达斡尔、鄂温克、鄂伦春等族主要分布在内蒙古自治区和黑龙江省，多与蒙古族、汉族等民族交错杂居。

（2）西北片区

回族分布在全国各地，但以宁夏回族自治区最为集中；其次为甘肃、青海以及河南、河北、新疆等省（区）。维吾尔族大部分聚居在新疆天山以南、伊犁地区和北疆各地。哈萨克、柯尔克孜、锡伯、塔吉克、乌孜别克、俄罗斯、塔塔尔等族都居住或主要居住在新疆维吾尔自治区境内。

东乡族主要聚居在甘肃省东乡族自治县。土族主要分布在青海互助土族自治县。撒拉族主要居住在青海省东部的循化撒拉族自治县。保安族和裕固族主要分布在甘肃省。

（3）西南片区

藏族主要分布在西藏自治区以及甘、青、川、滇四省。门巴族分布在我国西藏自治区南部。珞巴族分布在西藏自治区东南部。羌族主要分布在四川省阿坝藏族自治州茂县境内。彝族主要居住在云南、四川二省，少数在贵州、广西等省（区）。侗族主要居住在贵州、湖南、广西等省（区）。白、哈尼、傣、傈僳、拉祜、佤、景颇、布朗、阿昌、普米、怒、基诺、德昂、独龙、纳西等族主要分布在云南省。布依、水、仡佬族主要分布在甘、青、川、滇四省。

壮族主要分布在广西壮族自治区，其余分布在云南、广东和贵州等省（区）。瑶族主要分布在广西，其余分布在湖南、云南、广东、贵州等省（区）。毛南、京、仫佬等族居住在广西壮族自治区。

（4）中东部片区

土家族主要分布在湖南、湖北、重庆、贵州。苗族主要居住在湖北、湖南、贵州、云南等省。畲族主要散布在福建、浙江等省。高山族分布在台湾省。黎族主要聚居在海南省。

总的来看，各少数民族多分布在我国西南、西北、东北等地域广大、人口稀少的山区、高原、牧区和森林地带。这里物产资源丰富，地域辽阔，而且边防地位极为重要。各民族大杂居、小聚居、交错居住的状况加强了各族人民的友好往来，形成了各民族不可分割、互相依存的经济和文化联系，对促进中华民族的团结、统一极为有利。

3. 中国少数民族民俗文化特征

（1）中国少数民族民俗概况

少数民族语言文字丰富多样：我国55个少数民族中，回族、满族同汉族使用同一的汉语，有53个民族使用本民族的语言。其中，属汉藏语系的有29个民族，主要分布在中南和西南地区；属阿尔泰语系的有17个民族，主要分布在东北和西北地区；属南亚语系的有1个民族；还有1个民族的语系尚未定论。民族之间互通语言的情况较为普遍，特别是汉语普通话，日益成为各民族主要的交际语言。中华人民共和国成立前，有22个少数民族有自己的文字（包括通用汉文的回、满、畲3个民族）。文字的体系，有比较原始的象形表意文字、音节文字和字母文字。字母的形式，有藏文字母、朝鲜文字母、回鹘文字母、傣文字母、阿拉伯字母、拉丁字母、斯拉夫字母共7种。有的民族使用几种文字，如傣族使用4种文字，蒙古族使用两种文字。中华人民共和国成立以后，政府又帮助一些少数民族创制了民族文字。

少数民族文化艺术多姿多彩：在漫长的历史岁月里，少数民族创造了大量优美动人的神话、传说、史诗，以及音乐、舞蹈、绘画，有价值的科学典籍；建造了很多雄伟壮观、绚丽多彩、富有民族特色的建筑。这些优秀的文化艺术遗产，是中华文化的重要组成部分，是中华民族共有的精神财富，是人类文明的重要成果。布达拉宫历史建筑群、土司遗址、左江花山岩画文化景观等入选了《世界遗产名录》；蒙古族的长调、呼麦，维吾尔族的大型音乐套曲“十二木卡姆”，藏族的《格萨尔》、藏戏、热贡艺术、藏医药浴法，回族的花儿，朝鲜族的农乐舞，侗族的大歌，等等，被联合国列入世界非物质文化遗产名录中。

少数民族风俗习惯各具特色：少数民族风俗集中表现在服饰、饮食、居住、礼仪、节日及婚丧嫁娶等方面。各具特色的少数民族风俗习惯，或源于民族发展历史，或源于生产实践，或源于重大历史事件，或源于宗教信仰，或源于居住环境。以饮食为例，淮河以南从事稻作农耕的各民族及东北的朝鲜族以大米为主食；从事麦作农耕的维吾尔族、回族等民族则习惯于吃面食；东北平原、黄土高原及全国山地丘陵区从事杂谷栽培的各民族以玉米、高粱、谷子、薯类为主食；青藏高原上的藏族等民族则主要吃糌粑、酥油茶、牦牛肉以抵御寒冷的气候；乌苏里江畔的赫哲族以擅长制作各类鱼类食品而著名。各民族都有一套特殊的烹调方法，把各类食品制作成具有民族风味和地方风味的美味佳肴。著名的如维吾尔族的烤馕、抓饭、烤肉，蒙古族的手扒肉，哈萨克族的忽迷思（马奶子），回族的涮羊肉，赫哲族的刹生鱼，朝鲜族的冷面、辣白菜，等等。

少数民族节日种类繁多：少数民族节日包括宗教性节日，如回族、维吾尔族等信仰伊斯兰教的民族的开斋节、古尔邦节十分隆重；藏传佛教的传大召、传小召、瞻佛节，在藏族、蒙古族和部分纳西族、门巴族群众中影响很大。农事节日，如彝族等民族举行火把节、藏族举行望果节以庆祝丰收。纪念性节日，如满族的颁金节以纪念民族名称的确立，苗族的四月八以纪念英勇就义的苗民首领。商贸性节日，如白族的三月街要举行各种商品的交易。此外还有一些文体娱乐节日，如蒙古族的那达慕大会，要举行摔跤、骑马等比赛，规模很大，气氛热烈。

（2）中国少数民族民俗文化特点

我国的少数民族民俗文化资源非常丰富，可以说是一座取之不尽、用之不竭的宝库，特点也非常鲜明、突出。

①历史悠久、源远流长

中国的许多少数民族是与汉民族同生共长的民族。许多民族在历史上都曾创制了自己的语言文字，并形成了丰富的文化典籍。蒙古族的《江格尔》、藏族的《格萨（斯）尔》和柯尔克孜的《玛纳斯》，并称为我国少数民族的“三大英雄史诗”，饮誉世界，其中《格萨（斯）尔》是世界上最长的英雄史诗。

②形式多样、内容丰富

少数民族文化成就表现在衣食住行、宗教、伦理、哲学、文学、艺术、医药、建筑、服饰、风俗等诸多方面，既保持和传承了优秀的传统文化，又大量地吸收和容纳了现代文化。艺术种类繁多，仅演唱艺术就有蒙古族的长调、维吾尔族的十二木卡姆、哈萨克族的阿肯弹唱、侗族的大歌、回族等民族的花儿、壮族的山歌等几十种。舞蹈艺术有维吾尔族的手鼓舞、蒙古族的安代舞、土家族的八宝铜铃舞、朝鲜族的长鼓舞等数百种。民族传统节日丰富多彩，壮族的三月三、彝族的火把节、蒙古族的那达慕、苗族的跳花节、布依族的歌节等，都是展示和传承民族文化的盛会。

③独特的民族语言文字载体

在我国55个少数民族中，除回族、满族通用汉语言文字外，53个民族都有自己的语言，22个民族使用着28种本民族文字。据统计，目前在我国一亿多少数民族人口中，有将近6000万人使用着本民族语言和文字。特别在边远民族地区，使用本民族语言和文字的人口比例更高。在这些地区，少数民族语言文字类报刊、广播影视节目、图书等，深受本民族群众的喜爱。

④地域特色浓郁

我国少数民族居住地域十分辽阔，从白山黑水到椰风海韵的海南岛，从台湾中央山脉到位于我国陆地最西端的帕米尔高原，从蒙古高原到青藏高原，从西南云贵高原到西北黄土高原，从武陵山区到塔里木盆地，均有分布。不同的气候条件，不同的地理环境，使各民族文化呈现出鲜明的地方彩色。从大的文化形态上看，有高原文化、雪域文化、绿洲文化、农耕文化、草原文化、渔猎文化等多种表现形式。从各民族文化的具体特点看，呈现出多姿多彩、风格迥异的地域特色。我国还有30多个民族与国外同一民族跨境而居，这些民族的文化无一不具有深厚的边疆地域特色。

⑤在精神价值上既相通相融、相互补充，又各具风采

我国各民族文化都具有团结统一的爱国传统，如以和为贵、和而不同的"和合"思想，革故鼎新、因势而变的创新精神，忠君孝亲、讲信修睦、惩恶扬善的传统美德，等等。同时，由于地域、历史、信仰等方面的差异，又具有一些不同的精神价值追求。少数民族文化与汉族文化之间，各少数民族文化之间，互相交流、相互影响、相互渗透、互相吸收，既深化了中华文化的内涵，增强了中华文化的一致性，又保持了中华文化的多样性、丰富性。

（二）中华民族"多元一体"格局的形成、发展及其内涵

中华民族"多元一体"格局是我国著名社会学家费孝通先生于1988年首次提出的。在2005年中央民族工作会议上，胡锦涛同志指出："在漫长的历史进程中，我国各族人民密切交往、相互依存、休戚与共，形成了中华民族多元一体的格局，共同推动了国家发展和社会进步。"这是对我国统一的多民族国家历史发展规律的科学总结。"中华民族多元一体格局"理论，对研究我国民族关系，对当代中国的民族工作和民族理论政策体系的制定和完善，具有很强的指导意义。

中华民族是中国古今各民族的总称，是由众多民族在形成统一国家的长期历史发展中逐渐形成的族群集合体（民族实体）。"多元"是指各民族都有其起源、形成、发展的历史，文化、社会也各具特点；"一体"是指各民族的发展相互关联、相互补充、相互依存，有着长期在统一国家共处并发展，整体和不可分割的内在联系和共同的民族利益。中华民族的"一体"，是指各民族的"多元"中包含着不可分割的整体性，而不是其中某个民族同化其他民族，更不是汉化，或者实行"民族交融"。

1. 中华民族“多元一体”格局的形成和发展

早在新石器时代，我国东北和内蒙古出现了以细小打制石器为特征的北方草原森林地带狩猎游牧民族文化；黄河流域中下游出现了以彩陶为特征的仰韶文化和以黑陶为特征的龙山文化，长江中下游出现了大溪文化和屈家岭文化、河姆渡文化和马家浜文化，它们都是定居农耕民族的文化。这些各具特色的文化，体现了中国民族格局中的多元性质。各种文化在互相接触中产生自发的竞争，既善于吸收别种优秀文化，又保留各自特征的文化得以发展进步，由此在各种文化多元格局中萌生了某种一体化因素。这时，阿尔泰语系各民族的祖先活动在从东北沿内蒙古到西北的北部地带，汉藏语系藏缅语族各民族的祖先活动在西北甘、青一带到西南广阔山区和盆地，壮侗语族各民族的祖先活动在中南到东南沿海地带以及西南部分地方，苗瑶语族各民族的祖先活动在东南和西南东部，南亚语系孟高棉语族各民族的祖先活动在西南边疆地区；华原族的祖先已在黄河中下游定居，并显示出其文化优势，华夏族凭借这种优势逐渐发展为中华民族多元一体格局中的凝聚核心。

这时，黄河中下游的近亲部落联盟正以自己发展上的优势步入文明的门槛。炎帝族和黄帝族的合并，成为形成中的华夏族的核心。炎黄族体中夏族统一各氏族部落，建立夏朝，标志着华夏族开始形成。从公元前 21 世纪到公元前 8 世纪上半叶，华夏族经历了 1300 多年的发展过程，不断融入周边若干氏族部落，并逐渐消除内部经济文化发展的不平衡，终于稳定下来。商代还没有“中国”一词，西周初年，“中国”一词已经出现，指丰镐—洛邑一带统治中心，与之相对称的是“四方”或“四国”；所分封的诸侯国称“诸华”或“诸夏”，与之相对称的周边民族是夷蛮戎狄。在周人心目中，周围各族都包括在周朝疆域之内，而自己是“中土”或“中国”。三代以来，周边各族先后向华夏族的“中土”“中国”入贡，进行经济文化交流，加强了相互的政治关系。

春秋战国时期是我国历史上第一次民族大交融时期。随着周室衰微，礼崩乐坏，各族内迁而威胁诸夏，西周初年建立起来的华夷尊卑观念和贵贱秩序受到强烈冲击。这在一方面有必要强化华夷之防，不仅秦、楚、吴、越被视为夷狄，而且与周室同姓的燕侯，也因地处戎狄之间而自惭于诸夏。另一方面各族在斗争和交往中，加强了政治经济联系和文化血缘的互相渗透，异中存同，逐渐形成华夷一统，共为“天下”的整体观念。到战国时，秦楚燕竞与韩赵魏齐争雄，所防已非华夷了。随着秦“灭六王，并中国”，不仅秦楚等国纳入“中国”范围，而且“东至海暨朝鲜，西至临洮羌中，南至北向户，北据河为塞，并阴山，至辽东”都设立郡县，并入“中国”了。

汉承秦制，进一步扩大了统一国家的疆域，纳入了更多民族群体；又惩秦之弊完善了对全国的统治，汉族得到进一步稳定发展。随着汉朝疆城扩大，汉族人口向少数民族地区迁移，其先进的经济和文化也传入周边民族之中，从而发挥了主体民族的凝聚作用。随着统治进一步巩固，汉朝政府采取了一种羁縻政策，通过笼络少数民族领袖人物来实施对少数民族的统治。这种政策一方面保留少数民族原有的政治结构、经济形态和风俗习尚，即其多元因素；另一方面通过其领袖人物对汉朝的臣附、纳贡和应征，维系着对少数民族的控制。这种政策在客观上有利于民族交往与团结，加强了多民族国家的统一，从而出现了中国各族多元一体格局。

魏晋南北朝时期承东汉末年群雄割据余绪，中原政局极不稳定，统一与分裂交相出现；北方和西北游牧民族匈奴、鲜卑、羯、氐、羌在原来的基础上，大举内迁，逐鹿中原；南北政权长期对峙。这300多年除了政局不稳给后人留下深刻印象外，我国历史上的第二次民族大交融更值得我们注意。

在北方，除早已内迁的匈奴、氐、羌等族更向中原地区深入外，乌桓、鲜卑、羯等族也大量内迁，造成各族与汉族以及各族之间错居杂处，一定程度上改变了中原民族分布的格局；各民族统治者相继建立政权竞相逐鹿的同时，包括汉族在内的各族人民“相聚为乱”，在共同斗争中增进了解，逐渐消除隔阂；少数民族统治者为了巩固其统治和适应立国中原的新情况，大多联合汉族地主，并学习其统治经验和汉族先进的封建文化和生产技术。凡此种种，都加速了各族的进步和封建化进程，促进了北方民族的交融。表现在：少数民族统治者门阀化及其与汉族豪族地主政治上联合，使他们自视为“中国之主”，斥南朝为“岛夷”；各族内迁后，先后改变原来以游牧为主的生产和生活方式，发展农业经济，社会生产水平逐渐接近汉族；进入中原各族的语言差异逐渐消失，汉语逐渐成为北方诸族的通用语言；各族原来的生活习俗逐渐消失，服饰、发式、礼仪、节候等都改从汉俗；因互通婚姻，血缘上逐渐融为一体，由于汉族人口众多，在体质上占据明显优势。因此，这次民族大交融的基本特点是北方民族的汉化，以及与之相应的汉族共同体的进一步发展壮大。

在南方，随着匈奴人刘渊建国，晋室南渡，北方人除一部分流入东北和凉州外，世家豪族和普通汉人纷纷播迁南方；十六国时期中原混战也促使北方汉族陆续南迁，这一过程与南朝相始终。东晋南朝先是设置侨州、郡、县，安置移民；历久年深，侨人与当地居民的差别越来越小，遂“土断”入籍。南迁汉人大多移居淮河流域和长江三角洲，其次为长江中游和汉水流域；其中部分人又复南迁，有的甚至辗转岭南、云南。北人南迁促进了南方经济发展，东晋南朝时，三吴（吴郡、会稽郡、吴兴郡）成为全国经济文化最发达地区，荆州、扬州也获很大发展。当时蛮族活动范围遍及今鄂、湘、豫、皖、赣、川等省，僚族居于黔、桂等地，俚族聚居在粤、湘、桂山区。凡此种种，都促进了接近汉地各族的封建化进程及其与汉族的交融。

唐朝的疆域远远超过汉朝，更多的民族群体纳入唐帝国范围之内，趋向更大的多元一体格局。一方面，在唐帝国内，各族经济发展、社会形态、政治体制、语言文字、生活习俗以及民族渊源仍然不同，甚至同一民族内部发展也不平衡，显示出多元性质。如东北靺鞨各部，有的农业生产已较发达，有的还以射猎为生，处在原始社会末期。西南的乌蛮、白蛮、朴子蛮，岭南的俚、僚，黔中道的苗、瑶，有的已有较发达的农业，有的仍经营刀耕火种的粗放农业而实行游耕，有的则仍从事原始采集和狩猎。另一方面，唐朝在边疆民族地区，设置都督府或都护府，行使朝廷政令，继承和发展了两汉的羁縻政策。都督、都护们受命于唐，其地为唐朝彊域，与内地州县是相同的，体现了它的统一性或一体性。当唐朝把血缘和语言不同，政治、经济、文化发展不平衡的众多民族统一于帝国版图以内时，汉族在魏晋南北朝时期吸收大量新鲜血液的基础上，封建经济文化极臻繁荣，这就是多元一体格局凝聚力之所在。唐朝皇帝不仅是中原王朝的皇帝，而且被尊为北方游牧民族众汗之汗，即“天可汗”，中国各族多元一体格局得到很大发展。

从唐朝灭亡到明朝建立的400多年，是中国第三次民族大交融时期，农耕民族和游牧民族的大统一全部实现，中国各民族多元一体格局得到进一步发展。

农民起义摧毁唐朝后，中国进入五代十国分裂时期。这半个多世纪中的汉族政权，只是藩镇割据的延伸或扩大。契丹族兴起，并在汉人帮助下建立辽朝。灭渤海而统一东北，是少数民族历史上的一件大事。辽朝实行南北面官制，这种“以国制治契丹，以汉制待汉人”的统治政策，表现了契丹统治者企图建立以自己为核心的一体化格局的愿望。契丹族不具备这种凝聚力，因而不可能取得成效。宋朝建立后，与业已存在并已占据燕云十六州的辽和雄踞西北的夏长期峙立。金代辽进而灭亡北宋，南宋又与金长期对峙。宋朝统治者虽然完成国家的部分统一，承袭并发展了唐朝政治、经济、文化的丰硕成果，但却无一统中国之志，因而终宋之世，其边防战略一直处于防守态势，全国始终处于许多民族政权割据一方的局面。不过这一时期在以下几方面取得长足进步：第一，各民族政权治理下的地区性发展。边疆民族地区得到发展，缩短了同中原汉地的差距，而且形成了区域性中心，实现了地区的统一，从而为全国大统一创造了条件。第二，各族经济文化交流的加强。由于宋朝地理位置和经济文化具有优越条件以及传统观念的作用，在同少数民族政权经济文化交流中处于中心地位，宋朝也从各少数民族吸取了经济文化成果，但各族向汉族农业文明这个核心的倾斜，乃是一种自然趋势。第三，民族杂居和民族交融的深入。契丹、女真、党项大批军士和部民先后进入中原，不少也都定居下来。各民族这种错居杂处，加强了相互间经济文化的认同，为民族交融创造了条件。第四，各民族政权具有一种内聚倾向，多以“中国”自居。辽宋夏金时期 300 多年间各民族的交往与融合以及由此而产生的认同感，为统一国家的建立创造了条件。

成吉思汗及其继承者统一全国，建立元朝，使多元一体格局趋于形成。主要如下：第一，各民族更为广泛地杂居共处和不断地相互交融。元朝的统一打破了原来各族政权的疆界，扫除了各民族间交往的藩篱；元朝驿传制度较前完善而发达，各族各阶层由于戍守、出仕、俘掠、流徙、经商、谋生等原因，形成大规模人口迁徙。其中既有少数民族迁入中原和江南，以致形成诸色人户杂居的“诸民相杂”局面；也有汉人和蒙古、色目人迁徙边族地区，河西、岭北、云南等地也成了“居民杂处”之所。各民族交错杂居的直接后果，即是在加强相互经济文化关系的同时，互通婚姻，从而在政治、经济、文化诸方面趋于一致或接近，在民族意识和国家观念上取得共识，导致民族交融。第二，统一政令推行于民族地区。元朝是一个规模空前的统一多民族国家，在全国大部分地区设立行中书省，开创了以行省为地方行政区划的建制，为我国版图的确定奠定了基础。第三，边疆民族地区得到开发。元朝大统一方便了各民族间经济文化的相互促进和吸收。尤其有利于较落后的少数民族，吸收汉族等族的先进经济文化。第四，在西南民族地区实行土司制度。第五，少数民族作出巨大贡献。第六，实现农耕区和游牧区的大统一。元朝实现了农耕区和游牧区的大统一，并使农耕民族与游牧民族的存在成为相互的需要。这是中华民族多元一体格局形成过程中具有划时代意义的大事。

明朝统一了全国大部分地区，在西南、中南少数民族地区，明朝承袭元朝土司制度，在全国实行卫所制，边疆民族地区设有羁縻卫所。

清朝建立后，采取许多重大措施稳定边疆，巩固中国版图和领土，使多民族国家的统一得到进一步巩固和发展。在北方和西北，经过同准噶尔部的多次战争，统一了漠南蒙古、漠北喀尔喀蒙古和漠西厄鲁特蒙古，并在蒙古族地区实行 33 旗制度。在西域，粉碎蒙古准噶尔部的挑衅和控制，统一天山北路；又平定大、小和卓叛乱，统一天山南路。先设伊犁将军，19 世纪下半叶又建新疆行省。在西藏，派驻藏大臣，设噶厦政府，提高了达赖喇嘛的权力，维护和巩固了西藏地区的统一。在西南、中南少数民族地区，继续实行土司制度，同时大力推行改土归流，改善了这些地区落后闭塞面貌，加强了各族间经济文化联系。在台湾，先设台湾府，19 世纪下半叶改为行省，这些都奠定了近代中国各族人民共有的疆土。在这辽阔领土内的 50 多个民族，作为民族共同体都已定型，每个民族聚居区也趋于稳定，并与现在 56 个民族基本一致了。

鸦片战争后，列强侵入中国。中国各民族在反帝反封建斗争中日益自觉地结合成一个整体。辛亥革命后，创建中华民国，实行“五族共和”，废止了封建王朝所谓“天下社稷”的朝代国号，表明中国的主权属于中国各民族即中华民族。孙中山先生在就任临时大总统时指出：“国家之本，在于人民。合汉、满、蒙、回、藏诸地为一国，合汉、满、蒙、回、藏诸族为一人，是曰民族之统一。”至此，中华民族形成自在的民族实体，并取得大一统的格局。

中国各民族在开拓祖国领土，创造中华文明过程中，经历了聚散分合、盛衰兴亡、迁徙游移的漫长过程，终于形成中华民族稳定的多元一体格局。

2. 中华民族“多元一体”格局的内涵

中华民族“多元一体”格局的内涵主要包括三个方面的内容。

（1）中华民族是包括中国境内 56 个民族的民族实体，这 56 个民族已结合成相互依存、统一而不可分割的整体。在这个民族实体里，所有归属的成分都已具有高一层次的民族认同意识，即共休戚、共存亡、共荣辱、共命运的感情和道义。在这个多元一体格局中，56 个民族是基层，中华民族是高层。

（2）形成多元一体格局经历了从分散的多元到结合成一体的过程。在这个过程中，有一个起凝聚作用的核心，这个核心就是经过 2000 多年不断发展壮大、交融了众多其他民族的汉族。汉族是多元基层中的一元，汉族遍布各地并大量深入到少数民族地区，汉语逐渐成为许多民族的共同语言，由此形成一个点线结合、东密西疏的网络，这个网络正是多元一体的骨架。由于汉族的凝聚作用把多元结合成一体，从而形成了中华民族，一个高层次认同的民族。

（3）高层次的认同并不一定取代或排斥低层次的认同，不同层次可以并行不悖，在不同层次的认同基础上可以各自发展原有的特点，形成多语言、多文化的整体。高层次的民族实质上是一个既一体又多元的复合体，其间存在着相对立的内部矛盾，是差异的一致，通过消长变化以适应多变不息的内外条件，从而获得这一共同体的生存和发展。

中华民族“多元一体”格局是中国特定条件下多民族历史发展的必然结果。在几千年的密切交往中，共同的地理疆域、共同的历史使命、共同的传统文化使 56 个民族形成了一个“多元一体”的复合型民族——中华民族，因此也必然形成“汉族离不开少数民族，少数民族离不开汉族，各少数民族之间也相互离不开”的传统。这一历史规律和历史传统，在中华人民共和国成立后，在中国共产党民族政策的正确指引下，得到了进一步的尊重和发扬，成为我国国家统一完整，各民族和谐相处、共同繁荣发展的重要思想基础。

专题七

建筑文化

中国地域广阔、民族众多，古代劳动人民根据不同的地质、地貌、气候等自然条件和各民族历史、文化、习俗的不同，因地制宜，因材致用，创造了各种不同风格的建筑。黄河中游一带古时候的气候比现在温暖湿润，生长着茂密的森林，木材就逐渐成为中国建筑自古以来所采用的主要材料。为了抵御严寒，北方的房屋朝向采取南向，以便冬季阳光射入室内，并使用火炕与较厚的外墙和屋顶，建筑外观厚重庄严。在温暖潮湿的南方，房屋多采取南向或东南向，以接受夏季凉爽的海风，或在房屋下部用架空的干栏式构造，流通空气，减少潮湿；建筑材料除木、砖、石外，还利用竹与芦苇；墙壁薄，窗户多；建筑风格轻盈疏透，与前述北方建筑恰成鲜明的对比。此外，在石料丰富的山区，多用石块、石条和石板建造房屋；森林地区则往往使用井干式壁体。为了防御野兽侵袭，也有使用干栏式构造的。这些差别说明，在同一民族的建筑中，又因不同地区的自然条件产生了各种各样的特点。

一、中国传统建筑发展历程

（一）萌芽期——原始社会

原始社会漫长的岁月中，在距今约五十万年前的旧石器时代初期，人们曾利用天然洞穴作为居住处所，其后从建造穴居和巢居的艰难实践中，逐步掌握了在地面建造房屋的技术，创造出了原始的木架构。长江流域的先民受水灾兽患的影响，发展出了榫卯技术构建的木架构建筑——“干栏式”，如河姆渡遗址的建筑遗存。黄河中游的氏族部落，在利用黄土层为壁体的土穴上，用木架和草泥建造简单的穴居和浅穴居，出现“木骨泥墙”，逐步发展为地面上的房屋，形成聚落，如陕西姜寨遗址。

（二）形成期——夏朝至春秋时期

随着历史上第一个王朝——夏朝的建立，到春秋时代结束，古人已掌握了较成熟的夯土技术，木结构建筑技术日渐完善，并确立自身体系，成为之后2000年中国古代木构建筑的主体构造形式。河南偃师二里头遗址是夏朝城市的遗址，有我国最早的庭院式夯土建筑。夏至商早期，中国传统的院落样式建筑组合群已经开始走向定型。陕西岐山凤雏村早周遗址是我国已知最早、最严整的四合院实例。商朝时期的建筑已经出现了宫城、内城、外城的格局，既有大型宫殿建筑，又配备了军事防御设施。同时，人们在夯土技术之外，烧制了砖瓦，建造了石建筑。瓦、砖、斗拱、高台建筑相继出现，其中瓦的发明是西周在建筑上的突出成就，使西周建筑从“茅茨土阶”的简陋状态进入了比较高级的阶段，出现了半瓦当、铺地方砖、三合土抹面（白灰＋砂＋黄泥）。春秋时期就已经有用砖的历史了。

（三）定型期——战国时期至秦汉时期

战国时期，城市规模更加宏大，高台建筑更为发达，铁制工具的出现使得建筑技术和建筑质量有了巨大发展。秦汉时期，城市日渐繁荣、规模也日益扩大，首次出现规模宏大的工程，如秦之上林苑、阿房宫、长城，汉之长乐宫、未央宫等。汉代社会生产力不断发展，木架构趋于成熟，发展为抬梁式和穿斗式两种类型，屋顶的样式也多样化，悬山顶和庑殿顶最为普遍，歇山顶和囤顶也相继应用，斗拱已普遍使用。

（四）融合期——魏晋南北朝

汉末至南北朝，我国长期处于分裂状态，战争破坏巨大，致使建筑发展相对迟缓。这一时期，砖瓦的产量、质量及木构架技术都有所提高。佛教的广泛流传和相继传入我国的雕刻、绘画艺术，不仅使我国的石窟、石像、壁画等有了巨大的发展，也在一定程度上影响了建筑艺术。汉代相对比较质朴的建筑风格，变得更为成熟和圆淳，大量佛教建筑得以建造，云冈、龙门石窟建于此时，敦煌石窟亦始建于此时。私家园林有了重要发展。

（五）成熟期——隋唐五代宋辽金

在此期间，中国古代建筑达到顶峰。砖被更多地使用，琉璃制作工艺大为提高，建筑构件比例逐步定型。建筑类型完善，规模更加恢宏，图样和模型在建筑中被广泛使用，建筑师成为专门职业，以宫殿为代表的主流建筑完成从土木混合结构到全木构的转变。隋唐建筑雄伟、简洁、朴实，两宋建筑则精巧、繁缛、绚丽。北宋年间，官方颁布了《营造法式》，明确规定了建筑的内容和等级秩序。

（四）总结期——元、明、清（1840年前）

元、明、清（1840年前），建筑技术达到极致，建筑体系高度标准化、定型化，个体建筑形制凝固，总体设计发达。砖的生产大量增加，琉璃瓦的数量及质量都超过了过去任何朝代。以北京城的建设为代表，是对中国古代建筑设计与规划的总结。这个时期给中国留下很多的建筑遗产，也给我国旅游产业贡献了极多优质资源，如北京故宫等。

（五）衰退期——1840—1911 年

1840—1911 年，伴随着中国沦为半殖民地半封建社会，大量外国建筑、技术涌入，传统建筑体系的根基开始动摇并开始解体。这个时期也是中国历史最黑暗的时期，外国的文化以粗暴的方式侵蚀着中国传统文化，即使其中很多的部分起源于中国文化。这个时期对中国传统建筑的发展来说是一个终结期，传统建筑工艺、式样被摒弃，相反的是，外国建筑、技术被大量采用，同样也给现代中国的城市留下很多跨时空、跨文化的建筑单体甚至建筑群。这些也成为各个城市特有的旅游资源。比如，上海外滩、汉口外滩、庐山别墅群等。

二、中国传统建筑的主要类型

（一）中国传统建筑的分类

建筑类型是因其特定的社会需要而产生的。随着社会的发展，一些旧的类型消失，一些新的类型产生。古代如此，近现代也如此，只是由于古代社会发展缓慢，因此这种变化不很明显。

中国古代最早出现的建筑是先民们为谋求基本生存空间而构筑的穴居和巢居。其后产生了供集体活动使用的大房子，进而又有了为氏族祭祀而设立的祭坛和神庙。随着社会生活的日益复杂，建筑类型也越来越丰富，综合起来主要有以下各项内容。

居住建筑：主要指城市与乡村住宅，是古建筑类型中数量最多的。不同地区、不同民族、不同阶层的居住建筑各具特色。

政权建筑及其附属设施：包括帝王宫殿、各级衙署、贡院、邮铺、驿站（官员接待站，备马、船迎送）、公馆（官办宾馆）、军营、粮仓等。

礼制建筑：以天地、鬼神为崇拜核心而设立的祭祀性建筑，是巩固政权的重要手段之一，因而被历朝统治者所重视，成为中国古代特有的一种重要建筑类型。其内容包括：以天神为首的坛殿，如天坛、大享殿、日月星辰之坛等；以地神为首的坛庙，如地坛、社稷坛、山川坛、先农坛、岳镇海渎以及各种山川神庙；以祖先为核心的建筑，如太庙、官员家庙（祠堂）、帝王品官的陵墓以及各种圣贤庙（如孔庙）等。

宗教建筑：佛教寺院、道教宫观、基督教教堂、摩尼教（明教）寺庙等。

商业与手工业建筑：商铺、会馆（商贾集会场所）、旅店、酒楼、作坊、塌坊（供出租用的货栈）、水磨房、造船厂等。

教育、文化、娱乐建筑：官办学校有国子监（太学）、府县儒学、医学、阴阳学，私学则有各地的书院；观象台供观测天文、气象之用（早期称灵台），是古代的科研建筑；此外有藏书楼（皇家藏书楼如文渊阁，官办藏书楼如府县学的尊经阁，私人藏书楼如宁波天一阁）、文会馆（文人集会之所）、戏台、戏场等。

园林与风景建筑：皇家园林、私家园林、衙署附属的园圃、宗教园林，以及风景区、风景点内的楼、馆、亭、台等园林式建筑。

市政建筑：为全城报时的鼓楼（或称"谯楼"，一般设于城中心地区或府县衙署之前，上置铜壶滴漏等计时报时设备）与钟楼、望火楼（消防瞭望塔）、路亭、桥梁，以及官办慈善机构如惠民药局、养济院（孤儿院、养老院）、漏泽园（公墓）等。

标志建筑：包括风水塔、航标塔、牌坊、华表、门楼、钟鼓楼以及其他高耸的具有标志、指示性功能的建筑。

防御建筑：城垣、城楼（门楼、箭楼、角楼）、窝铺（亦称"更铺""冷铺"，设于城墙上供军士值夜之用，一城设铺多至数十座，最多达200座）、串楼（南方城墙上设长廊周匝，以避烈日淫雨）、墩台等。

（二）中国传统建筑的主要类型与代表

1. 住宅与聚落

（1）概述

人类在建筑方面最早的实践便是营造住宅。天然洞穴、构木为巢、冬窟夏庐均是远古人类有益的探索。考古发掘的穴居岩洞，著名的有旧石器早期的辽宁营口金牛山岩洞、湖北大冶石龙山岩洞、湖北郧阳梅铺岩洞、贵州黔西观音洞，中期的辽宁喀左旗鸽子洞、贵州桐梓岩灰洞，晚期的北京龙骨山周口店岩洞、河南安阳小南海岩洞、浙江建德乌龟洞岩洞。这些是目前所知中国最古老的人类居住遗址。但当时住无定所，天然洞穴并非随处可遇，有些又由于自然采集和狩猎的生产能力不足，个体常需迁徙和分解，在没有天然洞穴的地方，发展为或"构木为巢，以避群害"（《韩非子·五蠹》）的巢居，或夏季用树枝、树叶、树皮等植物编制成遮蔽风雨的粗糙棚屋，冬季用泥土或树枝、茅草封盖地穴，即冬窟夏庐。

在这个时期，人类才首次获得较为充足、稳定的食物，通过捕鱼和种植得到供给。一方面，满足了人之固定食物所需；另一方面，种植粮食、扦插果木，需要较长的时间，这本身就说明当时人类有了相对稳定的居民点，这就是最初的聚落。到新石器时期，中国大部分地区已从事农作，其中距今 9000—7000 年的湖南澧县彭头山遗址、河南郑州裴李岗遗址、河北武安磁山遗址、浙江桐乡罗家角遗址、余姚河姆渡遗址以及最近发现的河南舞阳贾湖遗址等，是目前中国境内所知最早和最具典型性的农耕遗址。新石器时期的陕西临潼姜寨村落遗址，是仰韶时期氏族以农业为主而定居生活的反映。

人类第一次劳动大分工，即农业的出现而形成固定的居民点——聚落；人类第二次劳动大分工，即商业手工业从农业中分化出来，聚落分化成以农业为主的乡村和以非农业的商业手工业为主的城市。这是在从原始社会向奴隶制社会过渡时期产生的。随之，由于生活方式和生活环境的不同，以城市中达官贵人的住宅和乡村中乡绅庶民的住宅为代表，在漫长的历史发展中也自成轨迹。总的来说，城市中的住宅随着社会的发展有较明显的形制变化，而乡村中的住宅则更多在适宜技术上不断演进。另外，由于人口迁徙、文化传播等，二者亦互有影响和交流。聚落则由于城市和乡村的分野而面貌各异，城市自成体系，乡村却由于中国古代农业社会发展的延续性，一直存有早期聚落的两大特征：第一，以适应地缘（如当地的地理、气候、风土等）展开生活方式，汉族以农业活动为主；第二，以家族（原始社会为氏族）的血缘关系为生存纽带。

（2）住宅构筑类型

中国民族多，幅员广。古人于不同环境、气候、风土人情、文化习俗下，造就不同的生活居住环境，同时住宅由于因地制宜、因材致用、结构合理，为我们提供了一系列适宜技术。其构筑类型最具代表性，它既存线性的历史发展，又跨越地区的限定。以现存明、清住宅为实物依据进行分述。

木架构抬梁、穿斗与混合式：抬梁和穿斗两种技术在汉代便已成熟，此后在住宅中运用普遍，主要分布在北京、江浙、皖南、江西、湖北、云南、四川、湖南、贵州等地，范围十分广泛。北方多用抬梁式，其中以北京四合院正房为代表。南方多用穿斗式，如云南白族住宅的主体部分；彝族住宅构架用穿斗而不落地，形成木拱架。在皖南、江浙、江西一带住宅中，山墙边贴用穿斗式，以较密集的柱梁横向穿插结合，辅以墙体，增强抗风性能；明间为使空间开敞、庄重，虽然柱梁交接还是横向榫卯关系，具穿斗特征，但已改用大梁联系前后柱，省去多根柱子，同时大梁上再抬上部梁架，为抬梁、穿斗混合式。

竹木构干栏式：干栏在民间住宅中，以竹、木梁柱架起房屋为主要特征。分布广，主要用于潮湿的山区或水域。主要分布地为广西、海南、贵州、四川等壮侗语族地区各少数民族。浙江余姚河姆渡的干栏式建筑，构件有榫卯和企口，是长江以南地区新石器时代的最早发现；以后在四川成都十二桥出土有商代干栏式建筑、湖北蕲春发现有西周的大型干栏住宅。广州出土的汉明器，证明汉代干栏已很盛行。《北史》《魏书》《旧唐书》均有干栏的记载。宋也叫“阁栏”“麻栏”，元明时干栏在川地呼作“榔盘”，清称为“栏”。明清两代，南方壮侗语族地区少数民族一直大量使用这种悠久的干栏式建筑。北方自汉以后已较少使用，但东北清代仍有一种用作仓房的干栏建筑，距地较矮，是为隔潮之用。

木构井干式：主要分布地为东北、云南等林区。用井干壁体作为承重结构墙，在我国原始社会便使用。汉武帝曾做“井干楼”，张衡《西京赋》有“井干叠而百层”的说法，其使用范围应不止于后来所见的东北、云南等林区。东北及云南等林区所见木垒墙壁的住宅，是民间的一种普通做法，端部开凹榫相叠。但因受木材长度限制之故，通常面阔和进深较小。

砖墙承重式：明代时期，砖普遍用于住宅砌墙并承重，并在北方形成和普及了硬山式住宅。一般北方住宅多为四合院，每面各 3 间，但在前、左、右三面房屋正中间砌墙，除解决架檩传载外，火坑位置亦可合理安排，从而形成一间半式房屋。主要分布地为山西、河北、河南、陕西。

碉楼：碉楼住宅与山地特殊的地理环境有关，这些地区多山，且石为板岩或片麻岩构造，易剥落加工，取石方便。碉楼外墙为厚实高大的收分石墙楼层（底层厚达 40 厘米，高可达数十米），内为密梁木楼层的楼房，楼层用土面层，即在木梁上密排榜木，再铺一层细树枝，其下再铺 20 厘米的拍实土层（讲究的也有土层上再铺木楼板的），屋顶亦拍实土层，厚为 30 厘米。这种特殊做法均和当地属高原气候干燥又多风有关。主要分布地为青藏高原、内蒙古等。

土楼：土楼是客家自三国两晋以来以唐宋和明清几个时期为主，为逃避北方战乱而迁移南方的中原移民的住宅。

客家大体上居住于广东、福建、江西三省接壤地区以及广西、台湾、海南等省区，这些地区的土质多属“红壤”或“砖红壤性土壤”，质地黏重，有较大的韧性，不像中原的沙质土壤那样疏松，稍作加工便可以夯筑起高大的楼墙。该地区的山地又盛产硬木和竹林，硬木用于建房，竹片则提供了相当于建筑骨架的拉筋。同时，由于地理和气候的原因，客家由原来的麦作文化改为稻作文化，糯米、红糖成为就地取材的最好凝固剂。这 3 种建筑材料和砂石、石灰一起，构筑成丰富多彩的各式土楼。

窑洞：窑洞的前身是原始社会穴居中的横穴。河南洛阳挖掘出来的我国地下粮窑群，证明窑洞至少也有 4000 多年历史。晋西吕梁地区石楼县岔沟遗址发掘的 19 座居址，为凸字形穹隆顶窑洞，年代在距今 4500—4300 年。窑洞住宅以天然土起拱为特征，主要流行于黄土高原和干旱少雨、气候炎热的吐鲁番一带。汉唐时期的交河、高昌故城遗址，仍可见半地下的顶上起拱的穴居情形。窑洞主要分布地为豫西、晋中、陇东、陕北、新疆吐鲁番一带。

毡包：毡包主要是以游牧生活为主的牧民居住的建筑方式。先秦即有此种建筑，汉时常见于记载，唐时牧民也喜用之，取其逐水而居、迁徙方便之利。元、清两代，因少数民族统治之故大量使用，且有定居式的毡包了。使用者除蒙古族牧民外，还有哈萨克、维吾尔、塔吉克等族。

毡包搭建方便，构造简单。架设时，地面铲去草皮，略加平整，依毡包大小在地面浅挖槽线，然后将用皮条绑扎枝条的骨架围合竖立成壁，再将一伞状拱起网架置于上，节点与竖直骨架交接处，用皮条扎紧，于外被羊皮或毛毡，用绳索束紧即成。毡内地面为防潮湿，铺沙一寸或铺干羊粪一层，上再铺皮垫、毛毡。毡顶伞形骨架中心为一圆形孔洞，白天掀掉毛毡可采光。入口一般矮小，人需弯腰方能入内。毡包主要分布地为内蒙古、新疆等地。

（3）住宅与聚落代表实例

北京四合院：北京四合院是北方地区院落式住宅的典型。其平面布局以院为特征，根据主人的地位及基地情况（两胡同之间的隙地），有两进院、三进院、四进院或五进院几种，大宅则除纵向院落多外，横向还增加平行的跨院，并设有后花园。

以最常见的三进院的北京四合院为例。前院较浅，以倒座为主，主要用作门房、客房、客厅；大门在倒座以东、宅之巽位（东南隅），靠近大门的一间多用于门房或男仆居室；大门以东的小院为塾；倒座西部小院内设厕所。前院属对外接待区，非请不得入内。

福建永定土楼：客家的先民是黄河流域的汉人。东晋时，因避乱始迁至赣水中部，唐末至北宋再迁到广东路的韶、循、梅、惠诸州。南宋以后，客家人主要集居于岭南山区，也有部分客家人再后迁移到他处。客家人的住宅，由于移民之故，以群聚一楼为主要方式，楼高耸而墙厚实，用土夯筑而成，称为土楼。至今保存较好的最古者为明代土楼。

土楼虽分布于不同地区，形式和做法上也略有区别，但由于客家土楼是客家在“土客械斗”迁居后图存稳定和发展的历史条件下产生的，因此在形制上还是有许多共同之处的。第一，土楼以祠堂为中心，是客家聚族而居生活的必需内容，供奉祖先的中堂位于建筑正中央；第二，无论是圆楼、方楼、弧形楼，均中轴对称，保持北方四合院的传统格局性质；第三，基本居住模式是单元式住宅。

永定客家土楼，堪称客家住宅的典型。永定土楼分为圆楼和方楼两种。圆楼以承启楼为例。承启楼坐落于高头镇高北村，始建于明崇祯年间，历经三代人83年的努力。于清代康熙年间竣工，有“圆楼之王”的美誉，号称“土楼王”。其中心为大厅，建祠堂；内一圈为平房；外一圈为2层；最外一环平面直径达72米、高12.4米，底层用作厨房、畜圈、杂用，二楼储藏。一、二楼层对外不开窗，三、四层为卧室，回廊相通各室。外环高大，但内环和祠堂低矮，故内院各卧室采光通风良好。全楼共400个房间，仅3个大门、3口井，各圈有巷门6个。方楼的杰出建筑为遗经楼，位于高陂镇上洋村，始建于清咸丰年间。它以3座并列的5层正楼为主体，以正楼前大厅为中心，左右前方均为4层回廊式围楼，构成回字形楼群，楼群前有一个几十平方米的石坪，石坪左右两侧建学堂，供楼内本族子弟读书，石坪尽处是大门楼，高6米、宽4米，气势十分恢宏。

河南巩县（今巩义市）窑：该地处于黄土高原南缘，境内风成性黄土覆盖层面积大，厚度由十米至百余米，又由于气候干燥，故适宜开挖窑洞居住。隋代时，该地用于居住的窑洞已有文字记载，唐代杜甫即诞生于窑洞，宋时民间窑洞已普及。在后来的发展过程中，窑洞主要有3种：开敞式靠崖窑、下沉式窑院（地坑院）、砖砌的锢窑。位于康店村中的明清“康百万庄园”窑群，是我国黄土高原地区规模最大的靠崖窑住宅群。八国联军入侵时，慈禧太后和光绪皇帝西逃返京，途经此地，康家献白银万两迎驾，太后称康家为“百万富翁”，康家遂驰名。

下沉式窑院，是在没有天然崖面的情况下，于平地下挖竖穴成院，再由院内四壁开挖窑洞的方式。首先需解决的是由地面人窑院的交通问题，常见的有坡道、台阶、直通或坡道与台阶并列几种；其次院内需排水，有对外挖涵洞或院内挖渗井两种；最后，窑洞之上方应有足够的土层以满足结构、冬暖夏凉的功能要求，一般在3米左右。

该地窑洞和其他地区窑洞一样，具有冬暖夏凉、防火隔声、经济适用、少占农田等优点，但也存在潮湿、阴暗、空气不流通、施工周期长等劣势。

安徽歙县棠樾村：村是聚落的一种形态。村的形成和发展，有两大因素至为关键，一是地缘，二是血缘。前者决定生存条件和环境，后者关系村之凝聚力及子孙后代的发展，即古人注重追求人和自然关系的和谐以及社会环境的本身和谐。安徽歙县棠樾村为一典型实例。棠樾是鲍氏家族发展起来的村落，可追溯到南宋建炎年间（约1130年），其时徽州府邑（今歙县县城）西门一位以文著名的鲍荣，相中今棠樾之地，营建别墅，当为棠樾之始。至四世曾孙鲍居美时，自府邑西门携家定居棠樾。此后棠樾村落作为鲍氏族人聚居地，经久不衰。

棠樾选址，符合风水所谓“枕山、环水、面屏”的原则。它位于歙县城西南7.5千米，背枕龙山，前以富亭山为屏，南临沃野，源自黄山的丰乐河由西而东穿流而过，周围树木茂盛，是一处自然环境和宗族发展余地较大的村居理想之地。

2. 宫殿

（1）宫殿建筑发展历程

中国古代宫殿建筑的发展大致有四个阶段。

“茅茨土阶”的原始阶段：在瓦没有发明以前，即使最隆重的宗庙、宫室，也用茅草盖顶，夯土筑基。考古发掘的河南偃师二里头夏代宫殿遗址、湖北黄陂盘龙城商代中期宫殿遗址、河南安阳殷墟商代晚期宗庙、宫室遗址，都只发现了夯土台基却无瓦的遗存。其中于20世纪80年代末在殷墟小屯村东地发现的建造于武丁村的大型夯土基址，结构最完整，却仍无瓦的发现。证明夏商两代宫室仍处于“茅茨土阶”时期。其中二里头与殷墟中区都沿轴线作庭院布置，是中国3000余年院落式宫室布局的先驱。

高台宫室盛行阶段：陕西岐山凤雏西周早期的宫室遗址出土了瓦，但数目不多，可能还只用于檐部和脊部，春秋战国时瓦才广泛用于宫殿。与此同时，各诸侯国竞相建造高台宫室，如春秋时晋故都新田（山西侯马）、战国时齐故都临淄（山东临淄）、赵故都邯郸（河北邯郸）、燕下都（河北易县）、秦咸阳（陕西咸阳）等，都留有高四五米至十多米不等的高台宫室遗址。台上的建筑虽已不存，但从秦咸阳宫殿遗址的发掘来看，高台系夯土筑成，台上木架建筑是一种体型复杂的组合体，而不是庭院式建筑。加上春秋战国时的建筑色彩已很富丽，配以灰色的筒瓦屋面，使宫殿建筑彻底摆脱了“茅茨土阶”的简陋状态，而进入一个辉煌的新时期。直至秦阿房宫、汉未央宫、唐大明宫含元殿和明北京奉天殿，都有很高的台基。其台基或用人工堆砌，或因天然土阜裁切修筑。足见高台宫室的遗风延绵达2000多年之久。

宏伟的前殿和宫苑相结合的阶段：秦统一中国后，在咸阳建造了规模空前的宫殿，分布在关中平原，广袤数百里，布局分散。渭水之北有旧咸阳宫、新咸阳宫和仿照六国式样的宫殿，渭水之南有信宫、兴乐宫和后期建造的朝宫——宏伟的阿房宫前殿，骊山有甘泉宫，此外还有许多离宫散布在渭南上林苑中。其中阿房宫所遗夯土基址东西约1千米，南北约0.5千米，后部残高约8米。西汉初期仅有长乐（太后所居）、未央（天子朝廷和正宫）两宫，文、景等朝又辟北宫（太子所居），武帝大兴土木建造桂宫、明光宫、建章宫。各宫都围以宫墙，形成宫城，宫城中又分布着许多自成一区的“宫”，这些宫与宫之间布置有池沼、台殿、树木等，格局较自由，富有园林气息。未央宫是汉帝的主要宫殿，有隆重的前殿，供大朝、婚丧、即位等大典之用（平日处理政务则在丞相府进行）。

现存前殿台基残高达 14 米左右。

纵向布置“三朝”的阶段：商周之后，天子宫室都有处理政务的前朝和生活居住的后寝两大部分。前朝以正殿为中心组成若干院落。但汉、晋、南北朝都在正殿两侧设东西厢或东西堂，备日常朝会及赐宴等用，三者横列。及至隋文帝营建新都大兴宫，追绍周礼制度，纵向布列“三朝”：广阳门（唐改称承天门）为大朝，元旦、冬至、万国朝贡在此行大朝仪；大兴殿（唐改称太极殿）则朔望视朝于此；中华殿（唐改称两仪殿）是每日听政之所。唐高宗迁居大明宫，仍沿轴线布置含元、宣政、紫宸三殿为“三朝”。北宋元丰后汴京宫殿以大庆、垂拱、紫宸三殿为“三朝”，但由于地形限制，三殿前后不在同一轴线上。

元大都宫殿与周礼传统不同，中轴线前后建大明殿与延春阁两组庭院应是蒙古习俗的反映。明初，朱元璋刻意复古。南京宫殿仿照“三朝”作三殿（奉天殿、华盖殿、谨身殿），并在殿前作门五重（奉天门、午门、端门、承天门、洪武门）。其使用情况为：大朝及朔望常朝都在奉天殿举行；平日早朝则在华盖殿。明初宫殿比拟古制，除“三朝五门”之外，按周礼“左祖右社”，在宫城之前东西两侧置太庙及社稷坛。永乐迁都北京，宫殿布局虽一如南京，但殿宇使用随宜变通，明代朝会场所几乎遍及外朝各重要门殿，“三殿”与“三朝”已无多少对应关系。

（2）宫殿建筑范例

明清北京宫殿：现存的北京宫殿始建于明永乐四年（1406 年），建成于永乐十八年（1420 年）。北京宫殿虽仿照南京，但宏伟壮丽与精美程度有过之而无不及。清代沿用旧宫，其间有重建、改建。宫城称为紫禁城，周围有护城河，内部仍为外朝、内廷两部分。外朝有三大殿、文华殿和武英殿。文华殿在明代是太子读书、举行经筵讲学典礼和召见学士的地方，清代在此增建文渊阁，收藏四库全书。武英殿原是召见大臣议事之处，但实际应用很少，到清康熙时，在此刻印书籍，使用铜版活字印刷，称为“殿本”，200 余年间印成大量书籍，在中国印刷史上颇有地位。武英殿前小院内留有明代建筑南薰殿，原是学士缮写宝册和收藏历代帝王与名贤像的地方。殿内彩画精美，是明代原物。太和殿供天子登基、颁布重要政令、元旦及冬至大朝会及皇帝庆寿等活动之用。太和殿后的中和殿是大朝前的预备室，供休息之用。再后，是殿试进士、宴会等用的保和殿。这三座殿宇共立于白石台基上，一律红墙黄琉璃瓦，色调鲜丽。其中太和殿用重檐庑殿顶，中和殿用攒尖顶，保和殿用重檐歇山顶，使建筑体型主次分明，富于变化。“外朝”后部分是“内廷”，包括乾清宫、交泰殿、坤宁宫和御花园。

其中乾清宫是皇帝正寝，坤宁宫是皇后所居，明嘉靖时，两宫之间又建了一座小殿“交泰殿”，于是成了外三殿与内三殿的布局。紧靠乾清宫东西两侧，即为东六宫、西六宫、乾东五所、乾西五所等。这种布置，还附会天象：乾清宫象征天，坤宁宫象征地，东西六宫象征十二星辰，乾东、西五所象征众星，形成群星拱卫的格局，体现皇帝的神圣。北京故宫是中国封建社会末期的代表性建筑之一，在利用建筑群来烘托皇帝的崇高与神圣方面达到登峰造极的地步。主要手法是在1.6千米的轴线上，用连续的、对称的封闭空间，形成逐步展开的建筑序列来衬托出三大殿的庄严、崇高、宏伟。在建筑处理上，应用以小衬大、以低衬高等对比手法突出主体。如天安门、午门都用城楼式样，基座高达10余米；太和殿用3层汉白玉须弥座，配有栏杆、螭首，显得豪华高贵；而附属建筑的台基就相应简化和降低高度，从而保证主要门殿的突出地位。屋顶则按重檐、庑殿、歇山、攒尖、悬山、硬山的等级次序使用：午门、太和殿用重檐庑殿，天安门、太和门、保和殿用重檐歇山，其余殿宇相应降低级别。建筑细部和装饰也有繁简高低之别，如太和殿斗拱上檐出4跳，下檐出3跳，等级最高。主要殿、门之前还用铜狮、龟鹤、日晷、嘉量等建筑小品和雕饰作为房屋尺度的陪衬物，并以示皇权之神威。

清沈阳故宫：清沈阳故宫是清朝入关前创建的宫殿，具有满族特色。分为三部分，分别有清帝举行大典及议政之处、八旗首领办事场所、日常朝会之处，也属于前朝后寝制。西部文溯阁是乾隆时为存放四库全书而造的藏书楼。

3. 坛庙建筑

(1)概述

旧石器时代后期，人们的自然、神灵、鬼魂、祖先、繁殖等崇拜逐步演变为仪式化的祭祀活动。根据现有考古材料研究分析，所示祭祀起源迹象者，一般为4万—2万年前，最多为10余万年前，更早的迹象则难于寻觅。伴随着祭祀活动，相应地产生场所、构筑物和建筑，这就是坛庙。

考古发掘发现，在新石器时代后期，即出现了良渚文化祭坛、红山文化祭坛及女神庙等。良渚文化祭坛，最早是1987年通过浙江余姚瑶山遗址的考古发掘而被确认的。瑶山是一座人工堆筑的小土山，在其顶部建有一座边长约20米的方形祭坛。

到了封建社会，对坛庙的祭祀，是中国古代帝王最重要的活动之一。京城是否有坛庙，是立国合法与否的标准之一。明清时期的北京，宫殿前左祖右社，郊外祭天于南，祭地于北，祭日于东，祭月于西，祭先农于南，祭先蚕于北（已泯灭），是坛庙建筑的重要留存地。

(2)坛庙建筑的类型

按照祭祀的对象划分，坛庙建筑可分为三类：

祭祀自然神：其建筑包括天、地、日、月、风云雷雨、社稷、先农之坛，五岳、五镇、四海、四渎之庙，等等。其中天地、日月、社稷、先农等由皇帝亲祭，其余遣官致祭。祭天之礼，冬至郊祀、孟春祈谷、孟夏大雩（祈雨）都在京城南郊圜丘，季秋大享则于明堂举行，祭时以祖宗配祀。历代皇帝把祭天之礼列为朝廷大事，祀典极其隆重，无非是强调“受命于天”“君权神授”，神圣不可侵犯。祭地之礼，夏至在北郊方丘举行。中国古代认为天圆地方，故分别筑圆坛、方坛举行祀典。日月星辰或于祭天时附祭，或另设坛致祭，明代北京则于京城东西郊分设日坛、月坛。社稷坛祭土地之神。社是五土之神，稷是五谷之神，古代以农立国，社稷象征国土和政权。所以不仅京师有社稷坛，诸侯王国和府县也有。先农坛是皇帝祭神农和行籍田礼之处。为了表示鼓励耕作，天子有籍田千亩，仲春举行耕籍田礼，并祭神农于此。明代北京先农坛设于南郊圜丘之西。五岳、五镇是山神，四海、四渎是水神。五岳以东岳泰山为首，自汉武帝以后，历代皇帝都以泰山封禅为盛典。“封禅”是告帝业成功于天地，所以泰山之庙（岱庙）规模宏大，仿帝王宫城建制。

祭祀祖先：帝王祖庙称太庙，臣下称家庙或祠堂。明制庶人无家庙，仅在居室中设父、祖二代神主，且不能设安放神主的椟。帝王宗庙仿宫殿前朝后寝之制：前设庙（前殿），供神主，四时致祭；后有寝（后殿），设衣冠几杖，以荐时鲜新品。

先贤祀庙：如孔子庙、诸葛武侯祠、关帝庙等。其中孔子庙数量最多，规模也大，分布遍及全国府、州、县。自汉武帝尊儒之后，历代帝王多以儒家之说为指导思想，孔子地位日崇；至唐，封为文宣王，曲阜孔庙也日益宏大壮丽；到明代，达到了目前所见的规模。府县孔庙，规模常超过一般祠庙，庙前设泮池、棂星门，庙内有大成门、大成殿、明伦堂等建筑。

(3)坛庙建筑范例

北京天坛：天坛位于北京正阳门外东侧。明初迁都北京，按南京旧制，天地合祀于此处大祀殿。嘉靖时，天地分祭，立天、地、日、月之坛于四郊。圜丘因此与大祀殿分立而建于其南，大祀殿则撤去，由嘉靖亲制式样另建大享殿，原拟作秋季大享的明堂，但建成后始终未用，仍于宫后玄极宝殿（钦安殿）大享，仅遣官至此行礼而已。

天坛建筑除上述大享殿（祈年殿）和圜丘两组以外，在其西侧有城堡式的斋宫一区，供皇帝祭祀前夕斋宿之用。宫周有两道壕沟与围墙环绕，并有军队保护。整个坛区外围另有两道围墙，可见戒备之严。靠近西侧外墙，有神乐署和牺牲所，备祭奠所用舞乐及祭品。全区遍植柏树，使祈年殿与圜丘坐落在大片绿树之中。人口设在西侧，经1千米的甬道穿过柏树林而后到达主轴线，造成安谧肃穆的环境与气氛。

圜丘系由坛壝和皇穹宇两部分组成，坛圆形，作3层。墙为1米余高的矮墙两周，内城圆，外城方，仅区隔内外，而不封闭空间；皇穹宇是储放昊天上帝神主之处，建筑小巧精美，圆形小殿由圆形围墙环绕，门与殿之间的距离规定得非常恰当，从门口内望，能得到良好的视角与构图。

北京社稷坛：北京社稷坛制度也仿自南京旧坛。其主体建筑是一座方形的坛和两座面阔五间的殿堂。社稷坛3层，上铺五色土，象征东、西、南、北、中天下五方之土都归皇帝所有，五色土按方位铺成，东方青龙位用青土，西方白虎位用白土，南方朱雀位用赤土，北方玄武位用黑土，中心部分用黄土。坛外设壝墙一周，墙上颜色也按方位分为四色。

北京太庙：太庙是宗法社会皇权世袭的重要标志，历代朝廷都极重视，致祭很勤。为了平日尽礼，视死如生，唐代以后还衍化为在宫中设殿供奉祖先神主，明清宫中奉先殿即属此类。西汉以前，天子不行墓祭，只行庙祭，东汉开墓祭之端，迄于唐代，墓祭遂成定制。从而帝王祭祖有庙祭、墓祭、配祭及内廷祭祀等多种形式。

北京太庙创于明初永乐时，但现存太庙为明嘉靖时重建，主要建筑由正殿、寝殿、祧庙三者所组成，前设戟门和庙门，两侧设东西配殿。嘉靖时，曾将太庙改建成分立的九庙，经火灾后又恢复同堂异室制。现存太庙大殿为十一间，规格与太和殿相同，是最高等级的殿宇。殿内明间与左右两次间用金箔满贴柱梁、斗拱、天花，是少见的殿内装銮做法。戟门五间，列戟一百二十。戟门前为琉璃庙门。庙内建筑基本上是明嘉靖火灾后重建之遗物。

曲阜孔庙：曲阜孔庙自鲁哀公十七年（公元前478年）因宅立庙以后，历朝屡有修理或增建，至明代基本形成现有规模。

孔庙沿中轴线布置有九进院落。前三进是前导部分，有牌坊和门屋共6座，院中遍植柏树。第四进以内从大中门起是孔庙的主体部分，此区围墙四隅起角楼，以大成殿庭院为中心，前有奎文阁及皇帝驻跸处；东有诗礼堂、崇圣祠、家庙和礼器库；西有金丝堂、启圣殿、寝殿（孔子父母的祠堂）和乐器库；后有圣迹殿和神厨、神庖。大成殿是孔庙主殿，后设寝殿，仍是前朝后寝的传统形制。前庭中设杏坛，此处原是孔子故宅的讲学堂，后世将堂改为孔庙正殿。宋真宗末年，增广孔庙，殿移后，此处建坛，周围环植杏树，故称杏坛。金代在坛上建亭，明代又改建成重檐十字脊亭。大成殿建于清雍正七年（1729年），重檐歇山，面阔九间，用黄色琉璃瓦，殿前檐柱用石龙柱10根，高浮雕蟠龙及行云缠柱，为他处殿宇所少见。两侧檐柱则用阴刻线条图案。

4. 陵墓建筑

从人类学和考古学的角度说，埋葬制是人之初伴随“魂灵观”的出现而诞生的。人类社会进入氏族公社后，同一氏族的人生前死后都要在一起，这在我国原始社会考古资料中已得到了证实。随着历史的演进，母系氏族公社相继完成了向父系氏族公社的过渡，埋葬制上也打破了以往死后必须埋到本氏族公共墓地的习俗，而出现了夫妻合葬或父子合葬的形式。同时在私有制发展的基础上，贫富分化和阶级对立逐渐产生，反映在葬制上则进一步出现了墓穴和棺椁。如属于父系氏族公社后期的山东泰安大汶口墓葬中，就出现了土穴木板的墓室和用原木铺构的木椁。

商周时期，作为奴隶主阶级高规格的墓葬形式，已出现了墓道、墓室、椁室以及祭祀杀殉坑等。概括说来，西汉以前，帝王、贵族用木椁作墓室，其构造有两种：一为用木枋构成箱形椁室1至数层，内置棺；另一种是用短方木垒成墓的“黄肠题凑”，内置棺及葬品。以后，由于木椁不利于长期保存，更由于砖石技术的发展，所以逐渐发展了石墓室和砖墓室。石墓室又有崖墓、石拱墓和石板墓数种。战国末年，河南一带开始用大块空心砖代替木材作墓室壁体，西汉时甚至用这种砖作墓顶的盖板，东汉以后逐渐淘汰，代之而起的是小砖与拱顶墓室。拱顶墓室在西汉中叶开始发展起来，东汉以后，成为墓室结构的主流。

（1）“方上”陵台、依山为陵和宝城宝顶

墓葬制中，地面出现高耸的封土，时值春秋战国之际，这种提法存在很长时间，这是以《礼记·檀弓》记载关于孔子父母冢墓为佐证的。春秋战国时冢墓确实已很普遍，其高度和规制，文献记载不乏所见。并且，由于存在高耸的封土，墓的称谓也发生了变化，由“墓”发展为“丘”，最后称为“陵”。

秦始皇兴建骊山陵，十分推崇陵台。汉因秦制，帝陵都起方形截锥体陵台，称为“方上”，四面有门阙和陵墙。北宋陵台亦仿照此例。

汉文帝霸陵，依山为陵，目的为防日后被盗，是历史上第一个依山凿穴为玄宫的帝陵。曹魏有鉴于此，曾主张薄葬，因山为陵，不起坟，以免后世发掘。唐太宗吸取历史上以山为陵的经验，以九嵕山为坟，茔地高踞山际。但五代时，唐诸陵仍普遍被盗，只剩乾陵一座。

明代帝陵则有创新，地下宫殿上起圆形坟称宝顶，以适应南方多雨的地理气候，便于雨水下流不致浸润墓穴，且用墙垣包绕，称为宝城。南侧建方城明楼。至此，地面陵体完成由方形土台、土山向圆形人工构筑物之技术和形象上的转变。

（2）陵园建筑的发展

商代陵墓不起坟，深埋，但墓顶可能有享堂。

汉陵园建制基本依袭秦制。陵中设庙和寝两部分，仿宫中前朝后寝之制。庙中藏神主，四时致祭；寝中有衣冠、几杖等生前用具，亡帝的宫人则在陵园守陵，一如生前具妆、上食。汉代贵族官僚的坟墓也多采取“方上”形式，墓前或置石享堂、石碑、石兽、石人、石柱、石阙。

唐代因山为陵，供食不便，遂将献殿建于陵园南门内，相当于庙，称上宫，而在山下设下宫——寝，以便供食，从而成为上、下宫制。

明代陵墓继承唐宋而又有创新。因山为陵，陵区集中，神道深远，遍植松柏，都是传统旧法；但陵体、祭祀建筑串联在轴线上，且致祭区形成院落二进或三进，更加突出了朝拜祭祀仪式的重要性。如孝陵，第一进陵门内为神厨、神库；第二进祾恩门内为祾恩殿；第三进内红门内为石几筵（五供座）与明楼。明楼是明代陵墓的独创，始于安徽凤阳皇陵，皇陵有内外陵墙，内陵墙四面辟门，其上有楼，如城楼，分别称南、北、东、西明楼。及至南京建明孝陵，处山环之抱，仅南向有一座明楼。以后明清各帝陵均仿孝陵之制。北京明十三陵合用一条神道，也是明代特有的做法。

清陵陵制大体沿袭明制，但各陵神道分立，有的后妃另建陵墓，与明陵稍有不同。

（3）陵墓建筑范例

秦始皇陵：秦始皇陵，中国历史上第一位皇帝嬴政的陵寝，位于陕西省西安市临潼区城东 5 千米处的骊山北麓。

秦始皇陵建于秦王政元年（公元前 246 年）至秦二世二年（公元前 208 年），历时 39 年，是中国历史上第一座规模庞大，设计完善的帝王陵寝。有内外两重夯土城垣，象征着帝都咸阳的皇城和宫城。陵冢位于内城南部，呈覆斗形，现高 51 米，底边周长 1700 余米。据史料记载，秦陵中还建有各式宫殿，陈列着许多奇异珍宝。秦陵四周分布着大量形制不同、内涵各异的陪葬坑和墓葬，已探明的有 400 多个，其中包括“世界第八大奇迹”中的兵马俑坑。秦始皇陵是世界上规模最大、结构最奇特、内涵最丰富的帝王陵墓之一。

唐乾陵：唐帝陵墓分布在渭水以北的乾县、醴泉、泾阳、富平、蒲城一线山区。乾陵为唐高宗李治之陵，在乾县以北，依梁山而建。梁山前有双峰对峙，高度低于梁山，乾陵墓室藏于梁山中，而利用双峰建为墓前双阙，使整个陵区显得崇高、雄伟，选址极为成功。阙内神道两侧分立石柱、飞马、朱雀、石马、石人、碑、蕃酋群像、石狮等。陵前共有三对阙，最外一对阙在山下神道南端，中间一阙在双乳峰，最后一阙在朱雀门前。

明十三陵：明太祖孝陵在南京钟山南麓，开曲折自然式神道之先河，并始建宝城宝顶。永乐以下诸帝，除景泰帝葬于北京西郊外，其余十三帝都葬于北京北郊昌平天寿山麓，统称十三陵。十三陵以永乐帝的长陵为中心，分布在周围的山坡上，每陵各占一山脚。

5. 宗教建筑

在我国古代曾出现过多种宗教，如佛教、道教和伊斯兰教，其他还有摩尼教、袄教、天主教、基督教、本教……其中延续时间较长和传播地域最广的，应属自印度经西域辗转传来的佛教。佛教不但为我们留下了丰富的建筑和艺术遗产（如殿阁、佛塔、经幢、石窟、雕刻、塑像、壁画等），并且给我国古代社会文化和思想的发展，也带来了深远的影响。

（1）中国古代的佛教建筑

佛寺、佛塔、石窟被称为三大佛教建筑，它们记载了中国文化的发展和佛教的兴衰，具有重要的历史价值和艺术价值。

佛寺：最初的寺庙以塔为中心，四周用堂、阁构成方形庭园，称“天竺制式”。随着西域僧人来华传播佛教，佛寺也进入中国。东汉年间修建的白马寺是我国历史上第一座佛寺，平面布局上具有典型的印度风格。白马寺来源于我国佛教史上著名的“永平求法”，又被称为“释源”。南北朝时期，佛教得到很大发展，建造了大量的寺庙、石窟和佛塔，如杜牧诗云“南朝四百八十寺，多少楼台烟雨中”。中国佛寺主要分为汉传佛寺、藏传佛寺和南传佛寺三种类型。

汉传佛寺建筑在中国分布的数量很多，除洛阳白马寺外，著名代表还有登封少林寺，福州华林寺，忻州南禅寺、佛光寺，晋中双林寺，苏州寒山寺，扬州大明寺，杭州灵隐寺，济南灵岩寺，上海龙华寺，等等。

藏传佛寺代表有格鲁派（黄教）的六大寺（分别是：拉萨甘丹寺、拉萨哲蚌寺、拉萨色拉寺、日喀则扎什伦布寺、甘南州拉卜楞寺、西宁塔尔寺），以及拉萨大昭寺、北京雍和宫、承德避暑山庄的“外八庙”、呼和浩特的召庙（大召、小召、席力图召等）。拉萨大昭寺坐落在拉萨市中心，始建于7世纪中叶，是西藏最早的木构建筑，融合了藏、唐、尼泊尔、印度的建筑风格，成为藏式宗教建筑的千古典范，经历代多次增修扩建，形成今天的规模。

南传佛寺在中国云南分布较多，较著名的有云南西双版纳的曼阁佛寺、德宏的菩提寺等。

佛塔：佛塔源于印度埋葬佛祖释迦牟尼火化后留下舍利的一种佛教建筑——窣堵坡，汉代传入中国后与本土建筑结合形成了古塔，功用上分为两类：一类是为昭示佛教护国佑民的宝塔；另一类是为圆寂高僧建造的骨塔，或称舍利塔。

我国佛塔早期受印度和犍陀罗影响较大，后吸收中国传统文化，发展形成了汉传佛教的楼阁式塔、密檐塔、单层塔、金刚宝座塔和藏传佛教塔以及南传佛教的佛塔等。

楼阁式塔是我国佛塔的主流，是对我国传统的多层木构建筑的仿造。山西应县木塔建于辽清宁二年（1056 年），是国内现存最古老、最完整的木塔。西安大雁塔始建于唐永徽三年（652 年），全塔造型简洁，古朴庄重，气势雄伟，是我国楼阁式砖塔的典型。

密檐塔底层较高，上面有密檐 5~15 层，一般为 7~13 层，且只有单数层。河南登封嵩岳寺塔始建于北魏永平二年（509 年），是中国最古老的密檐式砖塔，也是全国古塔中的孤例。

单层塔多为墓塔，有时在其中供奉佛像。济南神通寺四门塔位于济南市历城区，整体风格朴素简洁，除塔刹略带装饰外，都是由朴素的青石块所构成。

金刚宝座塔是在高台上建塔 5 座，中央一座较高大，四隅各一，较小，仅建于明、清二代，数量较少。北京大觉寺塔位于北京西直门外五塔寺，五塔寺金刚宝座塔各部分比例匀称，给人以坚实而不可动摇的印象。

喇嘛塔主要分布在西藏、内蒙古地区，内地从元代起也有不少建构，一般作为寺的主塔或僧人墓。北京妙应寺白塔建于元至元八年（1271 年），是尼泊尔著名工匠阿尼哥的作品，塔体为白色，与上部的金色宝盖相辉映，甚为壮观。

南传佛教佛塔主要分布于云南傣族地区，外观较细高而秀逸，极富当地民族风格。曼飞龙塔位于云南省景洪市，八瓣莲花形，结构独特美观，与内地佛塔形制迥异，具有傣族建筑特点。

石窟：原为印度的一种佛教建筑。中国的石窟最早是仿造印度石窟而开凿的，主要用来供奉佛和菩萨。石窟建筑从西域传来，中国地面上新疆最先出现。现存石窟寺中最著名的有甘肃敦煌的莫高窟、山西大同的云冈石窟、河南洛阳的龙门石窟、甘肃天水的麦积山石窟等。新疆的克孜尔千佛洞是中国现存最早的石窟。石窟艺术取材于佛教故事，其本身及窟外的建筑处理和石窟中陈示的佛教雕刻、彩塑或壁画充分反映了中国历史上各时代的建筑艺术面貌。

（2）中国古代的道教建筑

道教建筑是用以祀神、修道、传教以及举行斋醮等祝祷祈禳仪式的建筑物，通常称为宫、观、庙。

清末民国以来道教衰落，新时期以后道教得到复兴发展，道教一般大体分为正一道、全真道两个宗派，按时举办吉祥道场和祭祀法会。道教节日指道教神灵、祖师诞辰及民间传统节日。如每月农历初一、十五、清明节、端午节、夏至、中秋节、重阳节、冬至或者“五一”劳动节、“十一”国庆节等。每逢这些重大节日，著名道观都举办隆重宗教活动，以示庆祝。道教宫观雄伟壮观，数量众多，分布在各地名山大川，有许多著名的祖庭。

现存著名道教宫观有陕西终南山草楼观，山东泰山岱庙、崂山太清宫，山西芮城永乐宫、解州关帝庙，江苏苏州玄妙观，福建莆田玄妙观，四川成都青羊宫、青城山古常道观、湖北武当山古建筑群，江西龙虎山正一观，北京白云观，福建泉州天后宫，等等。按道教的说法，中国五岳均为道教护持，古代在五岳均建有庙宇祭祀五岳山神，如东岳泰山岱庙、南岳衡山南岳庙、西岳华山西岳庙、北岳恒山北岳庙、中岳嵩山庙等。

草楼观又名宗圣宫，位于终南山北麓，有天下第一福地的美誉，由春秋时期函谷关关令尹喜始建。《史记》记载，老子过函谷关时，尹喜请他在此写下5000字的《道德经》。

解州关帝庙号称“武庙之祖”，位于山西省运城市解州镇西关，整体布局严谨，规模完整，是现存规模最大的宫殿式道教建筑群和武庙，被誉为“关庙之祖”“武庙之冠”。建筑以春秋楼和崇宁殿最为精致。

青城山古常道观位于四川省青城山上。东汉时张道陵曾在此修行，被奉为天师道的创始人。故道观被称为天师洞，唐朝时改称常道观。

武当山古建筑群位于湖北省武当山上，建成于明永乐十一年（1413年），建有9宫、8观、36庵堂、72岩庙、39桥、12亭等33座建筑群，嘉靖年间又增修扩建。整个建筑群按照真武修仙的故事，采用皇家建筑规制建造，绵延70千米，体现了道教“天人合一”的思想，被誉为“中国古代建筑成就的博物馆”和“挂在悬崖峭壁上的故宫”。紫霄宫是武当山九大宫观中规模最宏大、保存最完整的。

泉州天后宫位于福建省泉州市鲤城区，俗称“妈祖庙”，是海内外妈祖庙宇中年代最早、规格最高的古建筑。妈祖是泉州民间信仰的女神林默娘，宋代开始得到历代皇帝的加封。天后宫建筑群保存有宋代构件和明清时期木构建筑，正殿是天后宫中明清木构建筑保存较为完好的建筑之一。

衡山南岳庙，又名南岳大庙，位于南岳衡山下的南岳古镇，始建于隋代，是中国南方规模较大、总体布局最完整的古宫殿式建筑群之一，素有“南国故宫”之称。

（3）中国古代的伊斯兰教建筑

伊斯兰教建筑是伊斯兰文化的重要组成部分，包括礼拜寺（清真寺）、教经堂、教长墓等。清真寺是典型代表，一般由礼拜寺南礼拜殿（祈祷堂）、唤醒楼（邦克楼）、浴室、教长室、大门等建筑组成。

现存中国清真寺绝大多数为元、明、清以来创建或重建，主要分布在西北地区和南方沿海少数城市中，分为两大体系：一是以阿拉伯建筑风格为主，揉以中国地方的或民族的某些特色；二是以木结构为主，体现中国传统建筑风格。较著名的有新疆喀什艾提尕尔清真寺、吐鲁番额敏寺，宁夏吴忠同心清真大寺，黑龙江哈尔滨阿城清真寺，北京牛街清真寺，陕西西安化觉巷清真寺，等等。泉州清净寺、扬州真教寺、广州怀圣寺、杭州仙鹤寺被誉为我国沿海四大清真古寺。

喀什艾提尕尔清真寺位于新疆喀什城外，建于1442年，是中国最大的伊斯兰礼拜寺。西安化觉巷清真寺位千西安市化觉巷内，始建于隋朝，是现存年代较早、规模较大的伊斯兰建筑，是一座历史悠久、规模宏大的中国殿式古建筑群，是伊斯兰文化和中国文化相融合的结晶。

（4）中国古代的基督教建筑

基督教传入中国后，其建筑风格也进入中国，以教堂为代表。随着基督教在我国的传播，其教堂遍布各地，建筑风格以西方建筑风格为主。现存著名的基督教教堂有：属天主教的北京北堂（西什库教堂）、宣武门教堂，上海徐家汇天主堂、佘山天主堂，广东圣心大教堂，天津老西开教堂等；属新教的北京崇文门内亚斯利堂（基督教），上海沐恩堂、国际礼拜堂、圣三一堂等；属东正教的哈尔滨圣索菲亚教堂、上海圣母大教堂等。

6. 中国古代的商业、手工业建筑

（1）会馆

会馆是旧时同省、同府、同县或同业的人在京城、省城或商业城市设立的机构，主要以馆址的房屋供同乡、同业聚会或寄寓。始设于明代前期，迄今所知最早的会馆是建于永乐年间的北京芜湖会馆。早期的会馆大部分设在北京，后扩展到省城、商业中心城市。会馆大体上分为三类：北京的大多数会馆，主要为同乡官僚、缙绅和科举之士居停聚会之处，故又称为试馆；北京的少数会馆和苏州、汉口、上海等工商业城市的大多数会馆，是以工商业者、行帮为主体的同乡会馆；四川的大多数会馆，是入清以后由陕西、湖广、江西、福建、广东等省迁来的客民建立的同乡移民会馆。会馆是特定人群政治和文化活动的中心，较大的会馆一般建有戏楼，如湖广会馆大戏楼、银号会馆的正乙祠戏楼、平阳会馆戏楼和湖南会馆戏楼等。

现存会馆中以北京的湖广会馆、天津的广东会馆、开封的山陕会馆比较著名。

北京湖广会馆旧址位于原宣武区骡马市大街东口南侧（今虎坊桥以西），始建于嘉庆十二年（1807年），总面积达4700多平方米。会馆内有戏楼、正厅和乡贤祠，附有花园。戏楼在会馆的前部，北、东、西三面有上下两层的看楼可容纳千人，清末民初，谭鑫培、余叔岩等均在此演出京剧。

广东会馆属于岭南风格建筑，由门厅、正房、配房、西楼和跨院、套房组成，占地面积约1.5万平方米。

山陕会馆建于清乾隆年间，初为山西、陕西商人的同乡会馆，后接纳甘肃人加入，遂名"山陕甘会馆"。主体建筑有位于中轴线上的绿琉璃瓦庑殿顶的照壁、戏楼、牌楼大殿等，附属建筑位于两侧，二者以檐廊连接。最精彩的是檐廊下宽达170厘米的雕饰，全部镂空透雕，景物生动逼真。院内配置的设施和树木等也匠心独运，饶有趣味。此会馆是河南省明清建筑艺术代表作。

（2）作坊

作坊是伴随着手工业的逐步发展、兴盛而建设的专门用于手工制作加工的工场。如20世纪90年代末发现的四川成都水井坊酿酒作坊遗址。再如西安市北张村的造纸作坊，唐代时此地所造纸张远销朝鲜、日本，抗战时所造白麻纸曾风行延安。这里有安放蒸、洗和打制纸浆原料的大锅大池（石槽），有晾纸的长墙，有整理纸张、商业经营的房屋。古代的作坊有官办和民办两种，主要功能是便于设置大型生产设备、集聚手工匠人、协调生产、提高效率等。

7. 中国古代的教育、文化、娱乐建筑

（1）国子监

国子监是中国古代最高学府和教育管理机构，属官学。晋武帝司马炎始设国子学，隋炀帝时改称国子监。明清两代，国子监兼有国家教育管理机构和最高学府的双重性质。现存最著名的是北京国子监。北京国子监，是中国唯一保存完整的古代官办最高学府校址，整体建筑坐北朝南，为三进院落，占地面积超过27 000平方米。中轴线上依次排列着集贤门、太学门、琉璃牌坊、辟雍殿、彝伦堂、敬一亭。北京国子监紧邻孔庙，既是元明清三代国家设立的最高学府，也是掌管国学政令的机关。辟雍学宫是国子监的核心建筑，《礼记·王制》载，天子学宫名曰辟雍。

（2）书院

书院是中国古代特有的教育组织，是宋代以后民间教育的重要形式。书院属私学，最早出现在唐玄宗时期，为东都洛阳紫微城的丽正书院。孔子之后，私学盛行，“从师”之风盛极一时，出现“百家争鸣”的局面。汉唐时期，私学对民间教育起到了极大的促进作用。宋代，书院成为私学的重要组成部分，出现宋初四大书院，即白鹿洞书院（江西九江）、岳麓书院（湖南长沙）、嵩阳书院（河南登封）、应天书院（又称“睢阳书院”，河南商丘）。另外还有石鼓书院、茅山书院等。

（3）戏台

戏台是戏曲演出的专门场地，最早始于唐，在宋金时正式形成，经历了古露台、戏亭和戏台三个发展阶段，由最早的四面观到三面观，再到一面观。明清时期，“观戏”已经成为中国城乡居民生活重要的精神消费，戏台建筑发展达到鼎盛。我国现存的古戏台，大都具有两个基本特征：一是建筑形象华丽，二是依附于祠庙等宗教建筑或礼制建筑。

清代有三大戏楼驰名中外，它们是颐和园内德和园大戏楼、故宫博物院畅内音阁大戏楼和河北承德避暑山庄内清音阁大戏楼。

现存著名的戏台如故宫宁寿宫畅音阁大戏台，建于1772年，历时4年建成。台基高1.2米，总高20.71米，总面积685.94平方米。楼分3层，从上往下依次是福台、禄台、寿台。寿台是主要表演区，福台和禄台只在一些神怪戏中用。对面阅楼上下两层，是皇帝和后妃看戏的地方。东西北三面都用两层圈楼围绕，宫女和大臣可以在两侧楼的廊下看戏。而山西省南部的万荣县宝井乡庙前村戏台建在后土祠内，祠内戏台共有3座，山门底一个，叫“过路台”，紧靠山门后有两个并排的戏台，3个戏台在布局上形成了“品”字形，故亦名“品字台”。三台戏可同时演出。再如前所讲的天津广东会馆的建筑中，最有特色的就是戏楼。其戏台为无柱伸出式，观众可从三面观看。台上藻井位于场地正中上方，外方内圆，圆心用变形斗拱堆砌接榫螺旋而上，造型别致而且起到音响的效果。北京门头沟区圈门大戏楼，面对西部过街楼上的药王、城隍、关帝殿，创建于元明时期，为勾连搭式古建筑，前台卷棚顶，三面开敞，后台为殿宇正脊式建筑三间。

8. 中国古代的园林与风景建设

中国古典园林具有游览观赏、起居理事和读书养性等功能，反映出古人在“天人合一”思想的指导下认识自然、亲近自然并改造自然的实践活动。早在西周，便有周文王兴建灵台、灵囿，其他诸侯也竞相模仿。春秋战国时期，自然山水园林开始萌芽，出现了成组的风景，以及土山、池沼等元素，如春秋楚国的章华台，越国的离台。秦汉时期出现了宫苑，以上林苑规模最大，并引渭水入园，建蓬莱山象征东海仙境。以大富豪袁广汉和大将军梁冀的私园为代表，私家园林也开始出现。魏晋玄学和佛道的兴起，使大批文人为逃避现实而寄情山水，极大地促进了私家园林的发展。在魏晋名士的推动下，中国特有的山水审美观及外化成果——山水诗、山水散文、山水画、山水园林四种艺术诞生。故而，东晋和南朝是中国自然式山水风景园林的奠基时期，也是由物质转向美学认知的关键时期。唐宋时期，文人地位空前高涨，纷纷将诗画艺术融入园林建设中，推动自然山水园向写意山水园过渡，如宋徽宗的艮岳。明清则是在此基础上进一步继承与发展，主要表现为：理景的普及化、园林功能生活化、造园要素密集化、造园手法精致化，推动中国古典园林达到巅峰，如苏州四大园林、圆明园、颐和园等。

由此，欣赏中国古园林是一种高层次的审美过程，好的导游人员应能引领旅游者在园林中驻足观赏，追寻古人寄情山水、超然物外的情趣，聆听大自然与人交融的天籁，获得高层次的审美体验。欣赏中国古典园林，可以从本于自然、高于自然，建筑美与自然美的融合，诗画的情趣以及意境的蕴含这几方面去体会。

(1)明清皇家苑囿

明代帝苑不发达，这可能与朱元璋的“祖训”有关。朱元璋规定“凡诸王宫室，并不许有离宫别殿及台榭游玩去处”(《大明会典》)。他在南京也未建花园。永乐时明成祖朱棣以元太液池为西苑，纯属旧园利用，并无任何兴作。他还以此告诫其孙朱瞻基(宣宗)，要以元代的奢靡为戒。清代中后期，皇家园林建设非常兴盛，自从康熙平定国内叛乱，政局较为稳定之后，就开始建造离宫苑园，至乾隆年间达到清代园林建造的极盛期。现存著名的有河北承德避暑山庄和北京的西苑(三海)、颐和园等，还有圆明园遗址。

清代帝苑的内涵一般有两大部分：一部分是居住和朝见的宫室；另一部分是供游乐的园林。宫室部分占据前面的位置，以便交通与使用，园林部分处于后侧，犹如后园，承德避暑山庄、圆明园、颐和园等大体都作如此布置。皇帝每年约有一半以上的时间住在苑中，只有冬季祭祀和岁首举行重大典礼的一段时间才回到城内宫中，苑囿实际上成了清帝主要居住场所，从康熙至咸丰，除乾隆外，其他几个皇帝都死于苑中，所以清代苑囿的数量与规模远远超过明代。

清代苑囿理景的指导思想是集仿各地名园胜迹于园中。根据各园的地形特点，把全园划分若干景区，每区再布置各种不同趣味的风景点和园中园，如静明园有32景，避暑山庄有康熙时的36景和乾隆时的36景，圆明园有40景，每景都有点景的题名。实际上，这种方法采自西湖 10 景等江南名胜风景区的理景办法。所以祖国各地，尤其是江南一带的优美风景，是清苑囿造景的创作源泉。

（2）明清江南私家园林

江南地处长江中下游，气候温润，雨量充沛，四季分明，利于各种花木生长；地下水位高，便于挖池蓄水；水运方便，各地奇石易于罗致。这些都是发展园林的有利条件。到了东晋、南朝建都金陵后，王公贵族竞相建园，掀起了江南第一次造园高潮。

江南私家园林是以开池筑山为主的自然式风景山水园林。明清时，私家园林有了很大发展，几乎遍及全国各地，江南则以南京、苏州、扬州、杭州一带为多。江南一带河湖密布，具有得天独厚的自然条件，又有玲珑的太湖石等造园材料，这些都为造园活动提供了非常有利的条件。代表性园林有拙政园、网师园、留园、个园、寄畅园等。丰富的实践也造就了一批从事造园活动的专家，如计成、周秉臣、张涟、叶洮、李渔、戈裕良等，他们中间一部分人有较高的文化艺术素养，又从事园林设计与施工，因而能把园林创作推向更高的层次，提高了园林的艺术水平。计成在总结实践经验的基础上，著成《园冶》一书，是我国古代最系统的园林艺术论著。张涟、李渔对堆叠假山则有独到的见解。目前江南所保存的私家园林以苏州为最多，扬州次之，其他城市已较为稀少。

（3）风景建设

中国文化有崇尚自然、热爱自然的传统，形成了独特的哲学观念，推动自然审美的发展。春秋战国时期，人们对自然的态度已由上古时的崇敬和恐惧转变为欣赏和利用，如《诗经》中大量描绘景色的诗句："日居月诸，照临下木""关关雎鸠，在河之洲""瞻彼淇奥，绿竹猗猗"等。古人不断对自然景观进行欣赏、模仿和艺术加工，除了大量的古典园林外，还开展了邑郊风景名胜、村头风景、沿江景点、名山风景区等的建设。

邑郊风景名胜：位于城市近郊，可朝往而夕返，便于市民游览。数量也最多，几乎每个城市都有一处至数处。实际上是古代城市的郊区公园，如苏州的虎丘、石湖、天平山、灵岩山，南京的莫愁湖、玄武湖、钟山、栖霞山、牛首山，杭州的西湖、灵隐、西山等。

村头风景：结合村头山水地形建造文化活动场所，如文会馆、书院、文昌阁、戏台以及祠堂、牌坊、路亭（休息亭）、桥梁、园林、风水林，形成风景优美的文化休息中心。这类景点多见于皖南、苏南、浙东等经济、文化发达地区的乡村。

沿江景点：对自然美的追求，使骚人墨客在旅途也不放过游览的机会；而沿江城市为了突出自身形象，也为了便于观赏大江风光，多着意修建沿江风景点。例如长江沿岸的石钟山、小孤山、天门山、金山、焦山、狼山、龙盘矶、采石矶、燕子矶、东坡赤壁、张飞庙、屈子祠、岳阳楼、黄鹤楼等。富春江沿岸则有杭州六和塔、富阳鹳山、桐庐桐君山与严子陵钓台、建德双塔等。它们或凭江而立，或突兀中流，和浩瀚江水相得益彰，形成辽阔壮丽的景象。

名山风景区：如东、西、南、北、中五岳；佛教的四大丛林、四大名山；道教的十大洞天、三十六小洞天、七十二福地以及黄山、庐山等以景观著称的名山。这些山的知名度高，影响范围远，与其他三种景域相比，具有离城市远、占地面积广、活动内容多和景观丰富等特点。

除此之外，许多城市在城中也利用水面或山林辟有公共游览的场所，如北京什刹海、济南大明湖、绍兴府山等。

9. 中国古代的市政建筑

钟楼和鼓楼：中国古代的报时方式为“晨钟暮鼓”，所以每个城市都建有钟鼓楼。其建筑形式首先是选址在市中心；其次，高度要保证声音传到必须听见的地方；再次，建筑要形成具有“共鸣”效果的式样（尽量让声音传远）；最后，由于属于城市的形象建筑，要修建、装饰得华丽美观。北京城鼓楼、钟楼建于明代，位于城市北部，崇宏壮丽，是北京中轴线上的主要建筑。迄今为止全国存在的古代钟鼓楼中以修建于明初的西安钟鼓楼为最大，保存也最完好。

桥梁：中国古代的著名桥梁很多，其建筑的式样主要有梁桥、拱桥、索桥、浮桥四种。福建泉州的洛阳桥（万安桥，我国第一座跨海式梁桥，世界第一例筏形基础桥）、河北的赵州桥（世界第一座石材单拱敞肩桥）、北京卢沟桥［华北最长石造联拱长桥（266.5 米）］、广东潮州的广济桥［湘子桥，世界第一座开合式（启闭式）浮桥］被称为“中国四大古桥”。古代桥梁建筑中最早出现的是梁桥。名桥还有西安的灞桥，苏州的宝带桥，四川的泸定桥，杭州西湖的断桥，扬州的二十四桥，侗族的风雨桥，浙江泰顺，福建寿宁的廊桥，等等。

10. 中国古代的标志性建筑——风水塔

塔是一种有着特定的形式和风格的中国传统建筑。最初是供奉或收藏佛骨、佛像、佛经、僧人遗体等的高耸型点式建筑，又称“佛塔”。佛教传入中国之后，迅速吸收中国传统建筑文化，形成了中国塔这一建筑形式。塔的功能与作用也从佛教领域扩展开来。古代佛塔高大挺拔，具有“降妖镇魔”的功能，故得到古代风水师的喜爱，将其从佛教中独立出来，为改造或镇压风水、趋吉避凶而大量修建风水塔，后成为观赏性与标志性的建筑。塔一般取单数（阳）、白色，多六角形，且具有文化传承及教化的作用。如杭州雷峰塔、六和塔，桂林象鼻山塔等。同时，古代文人醉心科举，为增加做官的机会，也在各地修建了大量的“文峰塔”“文昌塔”“魁星塔”，以改变当地文运。

11. 中国古代的防御性建筑——城垣

城垣是冷兵器时代最有效的防御体系，“城”字最初就是用武器（戈）保卫围起来的一方地域的意思。中国原始的城垣在距今5000—4000年前就出现了，无论浙江良渚文化还是陕北石峁文化中的城垣所起的作用都是为了防御。然而古代中国最著名的“城”是“万里长城”，被誉为世界古代建筑奇迹，作为文化遗产入选《世界遗产名录》。从古籍记载结合考古发掘，早期的“长城”有春秋前期楚国的“方城”，秦统一后始皇帝把北方各国所造长城连接起来形成的“万里长城”比之迟了约500年。因南方不再需要城垣的阻隔，所以人们也逐渐淡忘了楚国这一段历史。北方的长城从秦王朝算起到清入主中原结束，前后相继修建了近2000年，对保卫当时相对先进的农业文明免受游牧文明的骚扰、抢掠、破坏起到了很重要的作用。清代不再修建长城有很多原因，最主要的是防御北方游牧民族的入侵时，长城的屏障不是最必需的了。除了长城外，现存各地所保留的一些古代城垣也值得注意。一是作为世界文化遗产被列入《世界遗产名录》的山西平遥古城；二是保留得最完整的西安明代城垣；三是整修过后部分恢复的都城南京“石头城”和北京古城。尤其是西安古城垣，作为现存完整的防御系统建筑代表，在设计骑兵、步兵登城方式，粮草武器的储藏以及士兵的安全、休息，击退敌人的设施，指挥系统、排水系统这些方面时，都考虑得相当细致周到、严密科学。

12. 中国古代的水利工程

中国是农业大国，为促进农业耕作，历代帝王均十分重视水利工程建设。春秋战国时期，修建有都江堰、郑国渠、邗沟、鸿沟等水利工程；秦代开通了秦渠、灵渠和江南运河。两汉时期黄河流域以营建灌溉渠系为主，著名工程有六辅渠、白渠、龙首渠等；江淮、江汉之间以修治天然陂池为主，著名工程有六门陂；东南以排水筑堤、变湿淤之地为良田为主，著名工程有鉴湖、洪泽湖大堤等；西北主要利用雪水或地下水，因地制宜修建了特殊的水利工程——坎儿井。隋唐开通大运河发挥了航运、农田灌溉的功效。元代则开凿了会通河。

中国古代水利工程一般分为3种类型：灌溉及生活用水工程、运河工程及堤塘工程。

灌溉及生活用水工程：人类文明莫不是择水而居，并在繁衍生息中，不断提升治水用水的本领，兴建了大批解决灌溉、生活用水的水利工程，满足农业生产、生活的需要，发挥着旱季引水，汛期泄洪的作用，保留至今的有四川都江堰、宁夏古灌渠等。

都江堰坐落于成都平原西部的岷江上，至今仍发挥着功效。都江堰由秦国蜀郡太守李冰及其子总结前人治水的经验，率众于公元前256年前后修建，被誉为“世界水利文化的鼻祖”，开创了中国古代水利史上的新纪元，是全世界迄今为止，年代最久、唯一留存、以无坝引水为特征的宏大水利工程。都江堰的整体规划是将岷江水流分成两条，其中一条水流引入成都平原，这样既可以分洪减灾，又可以引水灌田、变害为利。主体工程包括鱼嘴分水堤、飞沙堰溢洪道和宝瓶口进水口。都江堰至今仍是世界水利工程的最佳作品。1872年，德国地理学家李希霍芬称赞“都江堰灌溉方法之完善，世界各地无与伦比”。

运河工程：中国地势西高东低，呈三级阶梯状，受此影响，中国水系基本呈东西走向。为了沟通航运、疏浚河道，早在战国时期，人们便开挖了运河等水利工程，如魏惠王兴建的鸿沟，便连接了黄河和淮河，还有秦代沟通湘江和漓江的灵渠。运河工程首推元代开通的京杭大运河。京杭大运河始建于春秋时期，是世界上里程最长、工程最大的古代运河，也是最古老的运河之一，与长城、坎儿井并称为中国古代的三项伟大工程。当前，京杭大运河南起杭州，北到北京，途经今浙江、江苏、山东、河北、天津、北京六省市，沟通了海河、黄河、淮河、长江、钱塘江五大水系。

堤塘工程：古人通过筑堤拦水，挖塘蓄水的方式消除水患，调蓄水量，至今仍保留的有位于安徽寿县的“芍陂”，浙江绍兴的鉴湖、宁波的它山堰、海宁的钱塘江海塘，广西桂林的相思埭，等等。

鉴湖位于今浙江绍兴城南，又名“镜湖”“长湖”，是长江以南的大型塘堰工程之一，在东汉永和五年（140年）由会稽太守马臻主持修建。鉴湖是拦蓄山北诸小湖水所形成的东西狭长的水库，东起曹娥江，西至浦阳江（一说西小江），中有南北隔堤，将鉴湖分作东西两部分。至今，零星散布的艾塘湖、百家湖、鉴湖、臼塔洋、洋牌湖等都是古鉴湖的残迹，面积共约5.8平方千米。

13. 中国古代的小品建筑

文学上将随笔、杂感、散文一类的小文章统称为小品。建筑学借用来专指小而简的建筑，又叫建筑小品，如牌楼、望柱、碑、华表、阙、香炉、石狮、日晷、嘉量、影壁、铜龟（或“四灵”）、鹤、门海（大水缸）等。古代小品建筑都有着特殊的形态和特定的文化内涵。

牌楼：又名“牌坊”，起源于建筑的院门。在古代城市中，大量存在的是里坊之门。牌楼被安置在一组建筑群的最前面，或者立在一座城市的市中心，或者在通衢大道的两头这些十分显著的位置上，最先进入人们的视线。因此，通常把牌楼当作一种标志性的建筑，它在城市和建筑群中起到划分和控制空间的作用，增添了建筑群体的艺术表现力。

华表：是一种中国古代传统建筑形式，属于古代宫殿、陵墓等大型建筑物前做装饰用的巨大石柱。相传舜立木牌于交通要道，供人书写谏言，针砭时弊，称“诽谤木”，后演变为华表。东汉时期，华表开始使用石柱，“诽谤木”的作用消失。华表通常由汉白玉雕成，华表的底座呈方形，是莲花座或须弥座，上面雕刻龙的图案，蟠龙柱上雕刻一只蟠龙盘于柱上，并饰有流云纹；上端横插一云板，称为诽谤木；石柱顶上有一承露盘，呈圆形，对应天圆地方，上面的蹲兽为传说中的神兽朝天吼，或称为望天吼。

阙、墓表、五供座：阙、墓表、五供座都是古代陵墓建筑中的小品，古代中国实行厚葬，陵墓成为古建筑重要的类型。

阙是古代帝王在宫廷大门之外建两个对称的台子，在台子上建楼观，上圆下方，因其两台子之间阙然为道，所以称为阙。因为在阙楼上可以观望，所以又称之为观。又因在阙上悬挂法典，所以称之为象魏阙，一般有台基、阙身、屋顶三部分，按照位置分为宫阙、坛庙阙、墓祠阙、城阙等。

陵墓中，设立在墓前用来记刻死者生平、表扬其功德的石碑，叫作“墓表”，古时又称“标”，是一种纪念性设置，同时也带有一定的标志性作用。

五供座又称石五供、石儿筵或石祭台，是明清帝王陵园中象征香火不断的一组石雕祭品。即在石须弥座中间置一石香炉，两侧依次列烛台及石瓶各一。明代帝陵设五供座于方城明楼前；清代帝后陵均设五供座于方城明楼或方台丘前。关外清陵不设五供座。

须弥座：须弥原为佛经中的山名，在印度古代传说中，须弥山是世界的中心。放置佛像的基座借用此含义称为须弥座，又称“金刚座”。我国最早的须弥座见于云冈石窟。唐代，须弥座由宗教神圣尊贵之物发展为由土衬、圭角、下枋、下枭、束腰、上枭和上枋等部分组成一种叠涩（线脚）的建筑基座装饰形式。宋代《营造法式》规定了须弥座的详细做法，上下逐层外凸部分，称为叠涩，中间凹入部分称束腰，其间隔以莲瓣。清代须弥座多为石制。

碑碣：碑是一种标志或纪念性设置，可以立在宫中、庙中，也可以立在陵墓中，更可以立于园林中，秦代以前的碑，上面没有镌刻文字，而从秦代起开始于碑上刻字记功，但当时还不称为碑而称为刻石或立石。汉代以后才将它称为“碑”，并由碑首、碑身、碑座组成。碣是一种相对体量小一些的碑，同时，它也是一种近似圆形的没有显著棱角的碑。碑碣往往刻有名家书法，并且所录也多是名诗名文，雅致隽永。国内收存碑碣最多的地方是陕西西安碑林。

石幢：又称“经幢”，古代寺庙中刻有经文、图像或题名的大石柱，顶部安放宝珠，并以丝帛装饰，有座有盖，状如塔。幢身一般为八棱形。按佛教之说，在幢上书写经文，可以使靠近幢身或接触幢上尘土的人减轻罪孽，得到超脱。

唐代布帛经幢已发展为立在殿宇外的石质经幢，刻有佛教经咒；另有墓幢，刻制陀罗尼经，是为亡人祈福和解冤除罪之用。还有经幢式石塔，是幢与塔的结合，幢身刻有高僧的身世经历，简称“幢塔”。宋、辽金、元时期，石质经幢在河南、北京、河北、山西、山东佛教寺院最为流行。山东灵岩寺、北京云居寺、潭柘寺塔院，各种宋、辽金、元时期的幢塔最具典型。上海松江唐代陀罗尼经幢、河北赵县宋代陀罗尼经幢最具代表性，在云南昆明，有大理国时期造型高大，雕刻精美的地藏寺经幢存在。

道教经幢多刻《道德经》，著名的有河北易县龙兴观道德经幢，唐开元二十六年（738年）建。邢台开元寺唐代道德经幢，石质，通高7米，呈六面形，分为3截，共18面，上刻有老子的《道德经》。据《邢台县志》载，经幢文字为唐代大书法家褚遂良所书，为国内仅存的3座同类经幢之一，极具历史价值。

石幢总体上为幢座、幢身、幢盖三部分。石幢历史悠久，从其发展演变的趋势分析，其总体造型有一个从简洁到复杂的过程，是一种独特的石雕艺术杰作。同一时期的石幢，也因地区不同在造型上存在差异。

堆石：堆石源自古典园林的叠山，通过以小喻大表现自然之美，同时见石生情，表现出主人的思想寄托。石头的选择有湖石和黄石。湖石即太湖石，宋代米芾以“瘦、透、露、皱”概括其特点。黄石最初开采于苏州市木渎南5千米的尧峰山，故也称尧峰石，长江中下游都有出产。扬州个园以笋石、湖石、黄石、宣石堆叠，象征春夏秋冬。

三、中国传统建筑的总体特征

（一）以木构架结构为主

中国古代建筑以木构架结构为主要的结构方式，创造了与这种结构相适应的各种平面和外观，从原始社会末期起，一脉相承，形成了一种独特的风格。中国古代木构架有抬梁、穿斗、井干三种不同的结构方式。抬梁式使用范围较广，在三者中居于首位。

抬梁式木构架至迟在春秋时代已初步完备，后来经过不断提高，产生了一套完整的做法。这种木构架是沿着房屋的进深方向在石础上立柱，柱上架梁，再在梁上重叠数层瓜柱和梁，最上层梁上立脊瓜柱，构成一组木构架。在平行的两组木构架之间，用横向的枋联络柱的上端，并在各层梁头和脊瓜柱上安置若干与构架成直角的檩。这些檩上除排列椽子承载屋面重量以外，檩本身还具有联系构架的作用。这样由两组木构架形成的空间称为“间”。一座房屋通常由二、三间乃至若干间，沿着面阔方向排列为长方形平面。除此以外，这种木构架结构还可以建造三角、正方、五角、六角、八角、圆形、扇面、“万”字、“田”字及其他特殊平面的建筑，和多层的楼阁与塔等。

在当时的社会条件下，木构架结构具有承重与维护结构分工明确、有效适应不同地区的气候、预防及降低地震危害、材料供应方便、施工工期短等优点。

（二）强调建筑组群布局

中国传统建筑体系，是建立在以木架构结构为主，以“间”为最小单元的。在平面布局方面，往往先以“间”构成单体建筑，再由单体建筑构成庭院，进而以庭院为单位组成不同样式的建筑组群。商朝的宫室已具备成行的柱网，春秋时代一座建筑的间数，除了少数例外，一般都采用奇数。

中国传统建筑的庭院与组群的布局，大多采用均衡对称的方式，沿着纵轴线与横轴线进行设计，多以纵轴线为主。

（三）注重建筑与环境的融合

在长期的历史发展过程中，中国两大传统哲学思想——儒家思想与道家思想都有着“天人合一”的主张，这种主张也促进了建筑与自然的相互协调与融合，从而使中国传统建筑十分注重与周边环境的融合，竭力塑造出和环境融为一体的、如同从地中生出一般的气质。在中国传统建筑的选址上，都要通过“卜宅”“相地”来对地形、地貌、植被、水文、小气候、环境容量等方面进行勘查，究其利弊而后作出抉择。同时，小到单个建筑，大到村落、城镇等，都要随地势高下、基址广狭以及河流、山丘、道路的形势，因地制宜地进行布置。而对于环境的不足之处，在建造建筑时，也要加以修缮与补充，以提升建筑使用者的舒适度，如开池引流、修堤筑堰、植林造桥、兴建楼馆，以满足供水、排水、交通、防卫、消防、祭祀、娱乐等方面的需求。

（四）工官制度

工官制度是中国古代中央集权与官本位体制的产物。工官是城市建设和建筑营造的具体掌管者和实施者，对古代建筑的发展有着重要影响。

自周至汉，国家的最高工官称为“司空”。据东汉马融的解释，司空“主司空土以居民”（《后汉书·百官志》），证明是因主管人居空间而得名的。汉代以后，司空成了一个不做实际工作的高位空衔，代之而起的是“将作”，由他“掌修作宗庙、路寝、宫室、陵园土木之工”。秦至西汉，称为“将作少府”，东汉以后改称“将作大匠”，唐宋则称“将作监”。大匠和监的副手称为“少匠”“少监”。

隋代开始在中央政府设立“工部”，用以掌管全国的土木建筑工程和屯田、水利、山泽、舟车、仪仗、军械等各种工务，其职务范围比“将作”广泛得多。但遇有皇室工程和京城官府衙署的建造，仍下达于“将作监”或“少府”承担。明清两朝均不设“将作监”，而在工部设“营缮司”，负责朝廷各项工程的营建。清康熙以后，则在内务府另设“内工部”（后改称“营造司”），承担清代特有的大规模行宫和苑囿的建造。

“工官”集制定法令法规、规划设计、征集工匠、采办材料、组织施工于一身，实行一揽子领导与管理。

历史上曾出现过不少有作为的“工官”，较为突出的如：

隋代宇文恺：曾任营宗庙副监、营新都（隋都大兴城，后唐之长安城）副监、仁寿宫（后唐之九成宫）监、营东都（洛阳城）副监、将作少匠、将作大匠、工部尚书等职。从他所任职务可看出隋代东西两大都城的规划与营造，宫室、宗庙的兴建，几乎都出自他之手。而大兴城的规划是古代城市建设史上最有代表性的成功范例之一。

宋代李诫：以父荫进入仕途后，长期在将作监任职，由主簿做起，提升至丞（中层官员），再升至少监及监（副首长及首长），毕生16次提升，多是由于工程实绩，所以富有实践经验。他经手的工程有王府、辟雍、尚书省署、太庙、龙德宫、朱雀门、景龙门、开封府署、钦慈太后佛寺、棣华宅、军营等。他的突出贡献在于编修了《营造法式》一书，详细记录了当时的官式建筑做法共3272条，都是可以操作的实际经验总结，并附有大量精致的图样，使后人得以全面了解宋代官式建筑的技术与艺术状况。

明代蒯祥、徐杲等：明初迁都北京，嘉靖大兴土木，由此造就了一批工匠出身的工官，蒯祥和徐杲是其中较为突出的二位。蒯祥是苏州人，随其父为木匠，永乐时参与宫殿、长陵的兴建，后又负责宫中前三殿、献陵、裕陵、隆福寺等的工程。因工程实绩而被提升为工部侍郎（三品官）。徐杲也是木匠，嘉靖年间，参加北京前三殿和西苑永寿宫的重建，大显身手，得到明世宗的赏识而直接提升为工部尚书（二品官），是明代匠人中提升官位最高的一员。

中国古代建筑实际上存在两种发展模式：一种是在工官掌管下建造的官式建筑；另一种是各地自主建造的民间建筑。前者的设计、预算、施工都由将作、内府或工部统一掌握，不论建筑物造于何地，都有图纸、法式和条例加以约束，还可派工官和工匠去外地施工，所以建筑式样统一，无地区的差别性。由于人力、财力和技术的集中，这些建筑能反映当时全国的最高技术和艺术水平。后者则由各地工匠参与设计并承担施工，因地制宜，建筑式样变化多端，地方特色鲜明。两者之间虽然也有某些联系与影响，但基本上是沿着各自的轨迹前进，成就了我国古代建筑丰富多彩的总体面貌。

四、中国传统建筑的文化特色

(一)深沉高迈的文化哲理

从艺术本质来看，建筑艺术如同音乐艺术一样，富于抽象的寓意性，以特有的符号语言表达一定的情绪和感受，所以，它们属于一种象征主义艺术，用这样的象征手法来映射人类的思想意识。如西方古典主义建筑中，用罗马式风格表现庄严，用希腊式风格表现公正，等等。虽然其中也反映出一定的文化意义，但较之数千年一以贯之的中国传统建筑文化的底蕴来，却是失之浅表。由于中国文化哲学的早熟，使之对于传统建筑文化的灌注和培育比其他建筑体系显得格外的悠久、自觉、深刻、成熟，因而中国传统建筑体系的文化哲理更加突出，更具普遍性。从宫殿、寺庙建筑直至普通民居、小品园林，莫不充满丰富多彩而又深沉高迈的哲学意识，其建筑形态表象背后蕴含着深层次的思维理念、心理结构以及人生观和宇宙观的体验，从而更加深刻地体现着建筑的本质。言其中国建筑文化博大精深，实为历史的验证，绝非夸张之词。正如英国伟大的哲学家李约瑟博士所指出的，中国建筑精神在于："皇宫、庙宇等重大建筑自然不在话下，城乡中不论集中的还是分布于田庄中的住宅也都经常地出现一种对'宇宙图案'的感觉，以及作为方向、节令、风向和星宿的象征主义。"这的确颇有见地。中国建筑文化哲理的表现是多方面的，举其大要可列陈数端。

第一，在对建筑的名称上，就可看出强烈的文化意义。如称建筑群中位于主体位置、形体高大的建筑为"殿"或"堂"。据《释名》则有："堂，犹堂堂，高显貌也，殿，殿鄂也。"这是将形容词名词化，以之命名这种高大壮丽的建筑，可说是形、神、韵皆备，这名称本身就已含有某种文化意味，其象征意义不言而喻。不似西方建筑，直呼其名为教堂或神庙那样直白。又如"馆"这种建筑类型，据《说文》："馆，客舍也。"从食、从官，为宾客食宿之处。初始本义，即"客官居所"，如招待所，因而有欢迎、公共用途之义。后加延伸义，则赋予社会学意义，"馆"字便大行其道，用于学馆、公馆、会馆，以至现代的图书馆、旅馆、博物馆等。这个"馆"字便含有迎接、开朗、活泼、公用的含义，使这类建筑性格特征展露无遗，其文化意蕴也溢于言表。

第二，对建筑这一客观对象的定义理解，中西的观念也大异其趣。关于"建筑"的意义，在西方建筑学中，不知凡几，不同学派有不同的说法，诸如"建筑是庇护所""建筑是艺术和技术的总和""建筑是凝固的音乐""建筑是空间的艺术”等。这些说法固然都有一定的真理性，但究其建筑哲学的高度，都不及中国的定义别开生面、独树一帜，令人耳目一新。据可能传至汉代的古籍《黄帝宅经》，其中有一句十分特别的话云：“夫宅者，乃是阴阳之枢纽，人伦之轨模。”意思是建筑（住宅）是介于天地间阴阳之气交汇聚集之处，是人类社会家庭生活准则的空间存在模式。这句话前半句说的是建筑的自然属性，后半句说的是建筑的社会属性。这是多么全面的大建筑观的定义。这是建筑的哲学定义。这是站在整体辩证的高度，以宏观把握的视野道出了建筑更本质的文化哲理内涵。从现代建筑文化学的观点来看，建筑作为社会文化的最庞大的物化形式和空间载体，既是时代特征的综合反映，又是民族文化品格的集中体现。归结到一点，它最终应是建筑所有者思维观念的哲学表达。建筑的本质，可以说是用独特的“住”的建筑语言，表述营造者的艺术精神和文化哲学观念，以及他们对人生观、宇宙观的把握和理解。应该说，中国建筑文化对于建筑的哲学定义更明确、更深刻地揭示了这一点。

第三，应用阴阳数理哲学的方法指导中国建筑的营造，以体现中国建筑的艺术精神，从而成为传统建筑文化的象征主义美学原理。被誉为中国哲学之源的周易哲学奠定了中国数理哲学的基石。《易·系辞上》：“通其变，遂成天下之文。极其数，遂定天下之象。”从中可以看出，“数”与“象”关系之密切。诸如“奇数为阳，偶数为阴”“天数为阳，地数为阴”等河图洛书中神秘数字的组合所表达的文化哲理都对本身就离不开数字尺度的建筑产生了极大的影响。建筑本身就是一种“象”。以数取象，以象喻理，以理成境，这些原则都强烈地灌注于建筑营造设计之中，达到和谐有序，情理相融的艺术感染力。如住宅作为“阳宅”采用“阳数设计”，先秦典籍记载建筑等级要求，以横向三、五、七、九开间的奇数展开，高度尺寸也按等级以奇数决定。帝王大朝金銮殿号称“九五之尊”，则取阔九间、深五间为建筑最高规格。唯一例外按偶数设计的是藏书楼，如文津阁、天一阁，取开间六、层数二则依据“天一生水，地六成之”的思想确定设计原则。至于北京城市规划，天坛布局与个体设计其应用数理象征主义手法更是达到极高成就。可以说从总体到细部，从建筑形制到构造做法，莫不表现出一种具有深刻寓意的数理关系，从而成为一种极具特色的古典模数理论。“美在和谐，美在规律”，中国建筑艺术精神理性的浪漫和律动中和美的要义也就蕴含在这里。

第四，独特的礼制建筑是中国建筑博大精深文化哲理的最集中体现。如明堂、辟雍、坛庙、宗祠等，其源起悠远。这种建筑形制具有极为强烈的政治性、思想性和纪念性，集中反映了宗法礼仪、意识形态、哲理观念，不但在使用上包含着重大政治社会内容，而且要求有更高的艺术形式加以表达。因此，这类建筑的哲理精神显得更为鲜明和突出。它不仅把社会伦理人生哲学作为设计主题，而且更将其上升到把宇宙时空的自然哲学观作为重大的设计主题，同时还使这二者相互结合达到极为神圣、至高无上的境界，在地位等级上超越其他任何建筑类型，有的甚至高于帝王的宫殿。使这种建筑类型成为名副其实的哲学建筑，这可以说是中国建筑文化史的一大特色，也是世界建筑史的一大奇观。这类礼制建筑，每一种形制都具有特殊的含义，在传统哲学之母阴阳哲学观指导之下，充分应用象征主义数理设计的方法，创造尽善尽美的艺术形式，追求群体空间有机统一的整体境界，达到社会教化熏陶的目的。这种设计意念经历代匠师千锤百炼，在设计手法、构图原理、造型模式、艺术表现上，日臻成熟规范，充满了既理性又浪漫的艺术精神，展现了中华东方文化的无比智慧和独创性风采，同时也展现了建筑的强烈个性和艺术魅力。周代《礼记》载明堂形制："明堂之制，周旋以水，水行左旋以象天，内有太室象紫宫，南出明堂象太微，西出总章象玉潢，北出玄堂象营室，东出青阳象天市。"这种喻义天象的艺术构思在世界建筑史上可谓独树一帜。至于"左祖右社"建筑形制，更是作为立国之标志，天下之象征。还有京城四周的日坛、月坛等五坛制度以及遍及神州的五岳五镇四渎建筑，都是天下不可复二的特殊礼制建筑。在这方面，北京的天坛建筑群尤其是其典型的代表作。天坛以"天"为主题，充分表达中国人的"天圆地方"古典自然哲学观，其数理构图比例、群体组合等方面手法和技巧达到炉火纯青、出神入化的境界。祈年殿作为"时间的建筑"，圜丘坛作为"空间的建筑"，整个天坛就是一座反映东方宇宙时空观的哲学建筑。这种大手笔使这座建筑成为唯一的天下独步之作，被中外学者赞誉为"完美无瑕"的古典品。

（二）重情知礼的人本精神

从某种意义上说，与西方文化相比，中国传统文化更重视以人为本，一切从人的主体出发，体察人与自然和其他事物的关系，以及人与人相互的关系，使之成为有机统一的整体。重亲情，讲人伦，知礼仪，劝教化，倡理性，凡事中庸有度，不事张狂，成为其文化特点。即使信奉宗教，也主张相互并存，宽容兼行，少有宗教迷狂，不知节制。因此，对中国传统文化的认识，在本质上可以认为是一种人伦文化，人本文化。而中国传统哲学则是一种伦理哲学，人性主义哲学。不像欧洲中世纪封建社会古典文化是神的文化和神的哲学。虽然这种文化在中国历史上漫长的封建社会中不可避免地存在着历史局限性的内容，是为当时的统治阶级服务的。这是不言而喻的。如人伦，在封建时期肯定是封建的人伦关系。但这一原理用于新时期，则应有新时期的人伦关系内容，这也是不言而喻的。中国传统文化哲学重情知礼的人本精神渗透在中国的几千年社会生活之中，建筑作为社会生活的文化容器，必然在各个方面强烈地体现这种精神。不仅是宫殿、寺庙建筑，尤其是居住建筑更是如此。从建筑布局、功能使用、空间环境到构造尺度、装饰装修、家具陈设等莫不浸染着人本主义的精神追求。这种人本精神在设计理念上集中表现在以下诸点。

一是以人为出发点的设计原则。在平面布置和功能使用要求的安排上，十分注重使用对象相互关系的决定作用，并成为一条设计基本原则，也就是"人伦之轨模"的设计原则。即是说建筑设计最根本的是要反映人与人之间相互的确定的规范关系。建筑就是人际关系的空间模式。如作为封建统治中心的皇宫，不仅要采用庄严、壮观的构图手法来突出皇权至上的设计主题，更重要的是要遵从礼制名分，尊卑等级，反映封建宗法社会的思想理论基础。北京故宫布局就是这样的范例。在设计构思上故宫分前朝内廷二大部分。外朝属阳，天子公事之用置于前，设三大殿，空间处理宽敞、通达、宏伟。内廷属阴，寝室生活之用，置于后，设二宫，及后妃六宫六寝，空间处理则紧凑、亲密、精细。在一般住宅四合院中人伦关系反映在平面布局上更是十分严格。长辈住上房，哥东弟西，女眷居后院不迈二门，如此等等。其功能关系就是人际关系以及各式人等在其中的活动规律。而现代建筑理论同样强调人的活动分析，主张最大限度地关注人，着眼于人在建筑中的行为方式，要研究建筑心理学、行为学等。应该说，研究人的心理行为以指导建筑设计，在中国建筑文化尤其是丰富多彩的民居建筑中，有许多体现人生亲情和人情味的设计内涵是可资借鉴学习的。

二是以人为本的空间环境尺度。中国建筑总的来说均以近人的尺度营造形象、空间和环境，显得亲切平和，以阴柔之美的艺术感染力见长。即或是高大壮丽的宫殿、寺观，尺度虽有扩大，但也有所节制，把握适度；而不是以超乎寻常地夸大尺度，使人在建筑面前感到渺小得似乎并不存在。不像西方哥特建筑或罗马穹顶教堂建筑那样，尽其无比的尺度夸张，追求疯狂的高直空间和宏大飞升的穹隆，目的只在营造神的空间和气氛，无视人与空间的亲和力，只是让人在这种空间中压抑得听任神的驱使摆布，实现宗教对人心灵的震慑。中西建筑美学观不同尺度的应用就在这空间环境人与神体验的区别。因此可以说，中国建筑空间尺度是以人为本，而西方建筑空间尺度是以神为本的。

三是建筑环境的教化功能。讲修养、重教化、广人文是中国传统文化倡导的一条准则。在营造建筑环境中这条准则也得到广泛的应用。众所周知，无论寺庙修行或家居修身养性，应用对联、匾额等装修手法，把人生哲理、传统美德、儒教家训等同建筑结合起来，形成强烈的人文环境，达到教化的目的。各地传统民居形形色色的装饰图案，如砖木石三雕、陶灰泥三塑、油漆彩画等，讲求“鹿鹤同春”“喜鹊闹梅”“遍地呈福”等图案象征生活美满、吉祥如意等寓意，莫不表达礼乐并行、情理通融的人生追求和耕读文化的生活乐趣。在满足建筑物质功能的同时，刻意强调建筑精神功能的重要意义，有时甚至后者更重于前者，成为中国建筑人本精神的一大特色。

四是建筑组合整体有机的群体意识。中国建筑在观念上从来是整体重于布局，群体重于个体。在营造方法上，院落围合重于室内分划，有机统一重于单体表现。所谓一座建筑常常指的是一群建筑的组合体。如民居中常以某院代表这一组群若干个院落，诸如“王家大院”“李家大院”等称呼，都是若干幢单体的组合，是一个“群”的概念。院落是建筑群体组合的基本空间单元和母体。庞大的建筑组群都由院有机衍生而成。同西方院落不同，中国建筑院落的构成和功用常被赋予极为丰富的人文内涵。因此，要懂得中国建筑，必须要懂得中国建筑的“院落精神”。“院落”是中国建筑的灵魂和精髓。中国建筑文化即“院落文化”。这种“院落文化”也就是中国建筑人本精神群体意识的体现。虽然它源自家族血缘政治的产生，富于封建宗法的色彩，这是客观社会因素的消极影响，但就群体组合有机统一整体的设计意念和方法上，却有着丰富深厚的文化内涵和民族精神。中国建筑组群设计变化万千，群体艺术魅力无穷，空间环境丰富多彩，达到了极高的水平和境界，有着取之不尽的经验、技巧和智慧，还需要我们加深认识和理解，进一步挖掘开拓这一文化遗产宝库。

（三）“天人合一”的环境观念

以周易为肇始的阴阳哲学被称为中国传统哲学之母，与西方古典哲学相比，最本质的差异莫过于中国哲学“天人合一”的思想。所谓“天”，即客体存在的宇宙、自然及其规律。所谓“人”，即主体存在的社会、人生及其规律。在中国传统文化观看来，这二者是相互依存、相互影响、相互促进的，具有同构同源的特征，有共同的规律性和哲理性。因此“天人合一”又有“天人同构”“天人感应”等各种说法。用现代观点来理解“天”这个客体和“人”这个主体，无论它们是多么的不同，但在发展规律上是和谐一致的，在哲学的高度上是统一相通的。应该说这是十分合乎现代科学观和辩证法的道理的。中国古代哲学的这一理论观点，显示了东方文明的睿智。它对于今天的世界认识人与自然的关系极富启迪意义。不少西方学者鉴于后工业化的负面效应，对不尊重自然与生态而产生的环境污染和破坏痛加反思，而将目光转向东方文化哲学寻求出路，这绝不是偶然的。中国传统建筑文化中“天人合一”的环境观念，大致反映在如下几方面。

第一，强调人为营造应与所处自然环境相协调适应。人居环境不仅是指建筑本身，还应包括这个建筑内外空间及其周围自然环境。建筑应成为这个大环境的有机组成部分，纳入其中，与之和谐而统一，与之适应而共存。这一环境观念早在周代就十分明确。据其时的《诗经·斯干》所载，在描写周姬王妃子的宫殿如何建在山下水边大自然的环抱中，就抒发出“秩秩斯干，幽幽南山”的赞叹诗句。历代文人墨客的诗词文章描写建筑与环境关系的作品不可胜数。如《岳阳楼记》《醉翁亭记》《滕王阁序》等更是其名篇佳作，流传千古。以致建筑与文学结成不解之缘，赋予了多少建筑构思和建筑美学的灵感与创作的激情。像赖特设计的著名的流水别墅那样表现建筑与自然环境的和谐，早在中国魏晋时期的山水画中，不少点染的山居村舍莫不如此，只是我们未有慧眼识真而已。

第二，风水学说的广泛应用。对古代风水学说的研究自改革开放以来，突破了学术禁区，它的神秘面纱已逐步揭开。作为一种古典的前科学，如何正确对待这份传统文化遗产也渐为人们认识理解。风水学说源远流长，伴随农业文明发展，不可避免地会包含有那个时代封建迷信的内容。当我们以唯物史观的方法，以现代科学观点加以审视，去其糟粕、取其精华，采剥合理的内核，就会发现不少有价值的蕴含值得认真研究。风水学说古称风水术，从建筑选址相地，建筑环境配置，到与周围山川自然环境协调的宏观把握，以至家居陈设等局部关系，所有建筑空间环境各要素无所不包，互有对应，构成一个庞大的“天人合一”人居环境观照体系。从现代科学观分析，不少论者认为“风水理论实际上是地理学、气象学、景观学、生态学、城市建筑学等一种综合性的自然科学”，同时也是一门包括心理学、行为学、社会关系学等内容的人文社会科学。从大建筑学观点看，风水学说就是古代城市规划学，它同中国营造学、园林学一起构成了中国古代三大建筑理论。遗留至今的许多寺庙、陵墓、民居等古建筑，如北京的潭柘寺、十三陵，陕西的黄帝陵、乾陵等例证不胜枚举，它们多是在风水理论的指导下选地建成的。还有许多历史文化名城和村镇聚落等众多实例，都的确给我们展示了无比丰富的特色鲜明的“风水宝地”营建佳作，其建筑环境与自然环境的结合，其人文环境自然化，自然环境人文化的大手笔仍然是令人陶醉，感人至深的。

第三，山水城市的创造与发展。在世界城建史上，中国的山水城市是独具门类、别有风格的。中国的传统城镇以至乡村聚落几乎无不与“山水”有着密切的关系。许多历史文化名城，如桂林、苏州、杭州、常熟、重庆等大多是山水城市。

虽然它们营建的理论基础是风水学说，但其指导思想都是“天人合一”的阴阳哲学原理。古之风水术，又称“山水之术”，即研究人居与山水的关系，也就是建筑环境与自然环境关系的学问。从小规模的田舍村庄，以至于在更大的聚落范围内形成具有浓厚人文意蕴的山水城市。孔子有云:“仁者乐山，智者乐水”，赋予山水以人的感情，山水中寄托了人生意义，山水城市也就是最理想的人居环境之所。山、水、城具有共生的生态关联自然性，共存的环境容量合理性，共荣的构成要素协同性，共乐的景观审美和谐性和共雅的文脉经营承续性这五大特征。这些特征同当今所提倡的城市可持续发展理论是十分相似的。

第四，崇尚自然的环境美学观。在中国传统文化的艺术精神及审美心理结构中，在崇尚天道自然的思维模式影响下，中国人很早就把自然山水风景作为审美的观照对象。山水美的文学修辞和艺术见解早见于先秦古籍，至孔子就概括出“天地有大美而不言”的评价。在魏晋山水画论中更是达到高度的成熟，山水环境之美普遍成为绘画的主题。而西方绘画中将自然环境作为审美的题材那只是文艺复兴以后的事。这比中国山水画来说已是迟了近千年。因此中国建筑环境美的自然观也因山水美学的发达积累了相当深厚的文化底蕴。这种环境美学观的本质特征则在于“中和美”的协调。在大地的自然景观中，山是形形色色的，水是千变万化的，其美也是多姿多彩的，可以有各种不同的选择和观赏评价的角度。但在传统儒道文化培育下，把最美的山水赋予“中和之美”的特性加以推崇。如概括山以五行，以木山为佳，水以多曲，以冠带形为丽。“中和美”的核心在于“和”。“美在和谐”，这才是美的真谛。以现代语言，美是真善美的统一，在传统文化里，美是礼乐的统一。《论语》云:“礼之用，和为贵，先王之道斯为美。”因此，必须礼乐适度，互有制约，才会成为中和之美。礼乐之论常“比德山水”，有什么样的山，就有什么样的水，就有什么样的人。自然景观中的山水是“乐而和”的。故此建筑之美要与环境之美求得“和”，才能达到“乐”的目的。这种中和的建筑环境美在气质上则追求平和、宁静、淡泊、雅致、含蓄、自然而不造作，奇异而不张狂，“以理节情”“以情晓理”。凡人工环境，也求“虽由人作，宛自天开”。这样的环境美学最集中的体现便是中国的自然式园林艺术。其审美情趣和哲理的表达与西方几何式园林直露的美当是不可同日而语的。此外，中西园林比较的另一个重大的美学区别还在于环境经营中意境的创造。中国建筑艺术最高的美学理想是“意境美”的追求，给人以只可意会不可言传的审美情趣，并同时给以人文的熏染，提高艺术修养，从自然的意境美达至人的精神境界的升华，直抒胸臆，得到最大的精神享受，的确达到了“大美不言”“物我两忘”的崇高境界。观今宜鉴古，务虚当求真。在设计原理和设计意念上，我们对中国建筑文化的基本特色作了概括粗浅的探讨。其目的在于对待传统文化的继承发扬方面，不看重表象的形式，而看重内涵精神实质的体察，求其心领神会，得到文化艺术修养的提升，为在新的时代创造和建立中国特色的建筑理论探寻新路。中国建筑师有了更深厚的中国文化气质修养，自然就会有中国特色气派的现代建筑创作出来，这是我们所企望的。

（四）壁垒森严的等级制度

自国家产生以来，君主专制是我国古代社会唯一的政体形式。在这种政治体制下，君主以“礼”和“法”维持社会秩序。所谓“礼”指“君君、臣臣、父父、子子”的封建秩序，实质就是维护封建伦理道德的等级制度。在中国传统建筑中，同样存在壁垒森严的等级，从建筑的布局方位、形体大小、结构构件到装饰设计，处处皆凝结着强烈的政治伦理规范，以显示上下有序、尊卑有礼。早在先秦时期，都城建筑的布局便存在严格的等级规范，为了显示君主的高贵自尊，宫殿一般都建在都城的中心地区，以体现“天子中而处”的思想。《周礼》中亦有关于宫城建筑规模的等级限制。故当郑国段叔恃宠擅自扩大城邑建筑超过百雉时，被大夫祭仲斥之为僭礼越法之举，称“都城为百雉，国之害也。先王之制，大都不过参国之一，中五之一，小九之一。今京不度，非制也”。宫殿建筑中“尊王以重威，明伦以示礼”始终是其渲染的主题。建筑形体的大小亦是区别等级的标志之一。宫殿建筑中，皇帝处理政务的地方为“殿”，与家人生活起居之处为“宫”。故“殿”的面积与构件都以大为美，以规模宏大、气势磅礴来显示皇权至尊。“宫”的建筑规模则据主人的身份而定，皇帝所居之宫最大，其次为皇后及其妃嫔所居之宫。明清故宫中，三大殿（太和殿、中和殿、保和殿）为整个建筑群中最热烈高亢的部分，那巍然屹立的高大殿宇，凌空出世，统摄全局，无疑是皇权至高无上的象征。后宫中皇帝起居的乾清宫规模最大，其后为皇后起居的坤宁宫，再次为妃嫔所居的东西六宫，皇室家族内部的贵贱尊卑由此可见一斑。

民居建筑的等级限制更加严密，各朝统治者甚至以法律的形式加以规范。《唐六典》中规定：王公以下，屋舍不得施重拱藻井。三品以下堂舍不得过五间九架，厦两面的头门屋，不得过三间五架。五品以下，堂屋不得过五间七架，厦两面的头门屋，不得过三间两架，仍通作乌门。六品、七品以下堂舍不得过三间五架，头门屋不得过一间两架。庶人所造房舍，不得过三间五架，不得辄施装饰。宋代对建筑等级的规定甚至发展到对建筑材料的限制。《营造法式》将建材分为八等，规定不同等级的建筑用不同的建材，如果大材小用或小材大用，皆为违礼之举。《明会典》亦有有关建筑等级的规定：官员盖造房屋，不许用歇山转角、重檐、重拱、绘画、藻井；公侯建造房屋，前厅限五至七间，两厦为九架造，中堂为七间九架，后堂为七间七架，门屋为三间五架，屋脊可用黑板瓦盖，屋脊用花样瓦兽；一品至二品官的厅堂为五间九架，屋顶可用黑板瓦盖，屋脊用花样瓦兽；一品至二品官的厅堂为五间九架，屋脊许用瓦兽、梁柱、斗拱，檐角许用青碧彩绘；三品至五品官所建厅堂许为五间七架，梁柱间施青碧彩绘，屋脊许用瓦兽；六品到九品官厅堂可为三间五架，梁柱间不许用斗拱彩绘，只能用土黄色漆刷；庶民所居房屋，不许超过三间五架，不许用斗拱彩绘。清代将建筑分为三类：皇帝及其家属的居室为殿式建筑，这类建筑宏伟而华丽，可用黄色琉璃瓦顶、斗拱、重檐、藻井以及各式彩绘图案；各级官员与富商缙绅的居室为大式建筑，这类建筑虽然不失装饰精美，但不许用黄色琉璃瓦，不许描龙画凤；普通百姓的居室为小式建筑，这类建筑以实用为主，极少装饰，不许用斗拱、重檐等。

建筑装饰的伦序等级亦十分明显。基座是中国传统建筑常用的装饰手法，一般的民居只能用普通台基，官品较高的府宅大院可用较高级台基，唯有皇家建筑和佛寺庙宇，方可用“须弥座”。这种座式原为佛像底座，寓意以须弥山之高显示佛的崇高和伟大。皇家建筑借用“须弥座”寓意皇权的至高无上。屋顶式样的不同也代表不同的等级，四面坡顶多为皇室和庙宇专用，歇山顶多用于达官贵人的宅院，普通百姓的居室多为硬山顶。屋顶垂脊兽的数目也按等级的不同增减。室内装饰的等级限制明显：藻井一般为宫殿和庙宇中大殿顶棚的装饰，呈层层凹深的井状，井底多雕“游龙戏珠”图案，以雍容华贵之气显示皇家的尊严。一般的府宅和民居绝对禁止用藻井装饰。此外室内装饰中常用的天花、彩画等也分为不同的等级，严禁违礼僭用。

（五）无处不在的宗法家族观念

宗法家族观念是中国传统文化的重要内容，尤其是儒家所倡导的宗法伦理在思想领域占统治地位后，这种观念的影响更是无处不在，从而成为中国传统建筑渲染的主题。中国传统的居室建筑，是对传统家族伦理最形象、生动的阐述。就平面布局而言，民居的分布多为向平面展开的组群布局，由若干单体建筑构成庭院，再由一个个庭院组成村寨。庭院为同祖同宗家庭生活起居之处，村落为同姓同族之人交往活动之处。我国很多村落往往以姓冠名，所谓“李家庄”“张家坝”等地名皆是聚族而居的反映。这种以血缘为纽带的院落式组群布局，强调族群而淡化个体，而且用墙围合成一个个向心力极强的院落，以增强家庭的凝聚力。墙内为一姓之家，墙外为异姓之地，充分体现了传统家族的宗法特质。民居庭院内部的布局也意味深长。为了体现父尊子卑，长幼有序，一般皆将家长所居的正室安排在正上方，同时也安排祭祀祖宗或家庭成员的集会之地。在“堂”的两边，对称排列东西两房，归子辈居住。“房，旁也。室之两旁也。”对于堂而言，房为从属地位，这与居住者在家庭中的地位是吻合的。父与子的居室除了坐落方位上有别外，往往在建筑规模、室内装饰与陈设上也有尊卑之分。同时，由于堂屋为家庭居室中最尊，代表同祖同宗聚集之地，故人们习惯上以“堂”称父系亲属，同祖的父辈称“堂叔”，同祖异父的兄弟称“堂兄”“堂弟”。母系的亲属由于不是同祖同宗，不能算是同“堂”之后，故以“表”称之，谓“表叔”“表兄”“表弟”等。出于室正房偏的观念，人们称结发妻子为“正室”、称妾为“偏房”。在重视父子尊卑的同时，传统居室的布局也强调男女之别。为了限制和规范妇女的行动自由，妇女的居室一般被安装在幽深、封闭的院落后部，故传统社会习惯称妻为“后院”“内室”。墨子曰:“宫墙之高足以别男女之礼。”一般情况下，妇女不能擅自步出院外，外人亦不能轻易入内院。古人将妇女之居称为“闺房”，“闺，特立之户”，处于院内幽闭之处，并有层层门户隔断，避免与外界交往。

中国传统宫殿建筑的布局则是对“国家”这一概念的形象诠释。皇帝以天下为家，是一国的大家长，同时又是皇族一姓之家的家长。故宫殿的布局遵循“前朝后寝”的原则。前朝部分是皇帝作为“一国之家长”的活动之地，用作处理国家政务，是国家权力的象征。其建筑风格突出雄伟高大、雍容华贵的壮阔之美，以渲染皇权的至尊的家庭生活为主题。后寝部分是皇帝作为“一姓之家长”活动的场所，用于起居生活和处理宗族内部事务。其建筑设计突出柔和、舒适的生活情趣，以渲染和睦、恬美的家庭生活为主题。就建筑规模而言，国比家大，故前朝的占地面积、形体尺度和装饰都比后寝大而隆重。同时，由于皇帝始终是以家长的身份活动于宫殿，故宫殿建筑中凡是皇帝居住之处，皆为最高等级的礼遇，以显示对皇帝的敬重。陵墓建筑中的宗法家族观念首先表现为“血亲聚葬”。既然同祖同宗之人生前聚族而居，那么死后仍然聚族而眠，以便在彼岸世界重逢和团聚。故皇族有皇陵区，百姓有祖坟地。同时由于人们相信自己祖先的在天之灵会在冥冥苍天关照自己的现实生活，视其孝心赐福降灾，便产生了“媚祖以邀福”“厚葬以明孝”心理，将墓葬的厚薄视为衡量是否尽孝的标准之一。因此，为了表达对祖宗的至诚至孝，后人都对祖宗的墓葬竭尽全力，除了将陵体和墓穴尽可能建得宏伟气派之外，还在地面建专门用于祭祀的寝庙、享堂，形成陵寝制度。

五、中国近现代建筑

(一)中国近现代建筑发展历程

中国近代建筑始于1840年鸦片战争之后，随着中国的半殖民地半封建社会开始了近代化的征程，直到1949年中华人民共和国成立。一方面是传统建筑文化的延续，一方面是从被迫到主动吸收西方建筑文化、构建新建筑体系。新旧两种建筑体系并存，并互相作用、碰撞和融合，形成了中国建筑发展史上承上启下、中西交会、新旧交替的过渡时期。

外国资本主义进入中国后，将通商开埠、工矿业发展和铁路交通建设三方面作为重点以摄取巨额财富，顺带推动了上海、天津、汉口、青岛等城市的发展。其中上海是最早作为租界主体崛起的大都市，是中国近代建筑数量最多、规模最大、类型最全的集中地，有"万国建筑博览"之称。国民政府定都南京后，大规模开展城市建设、丰富城市建筑类型，提出了中国本位的文化方针，推动近代南京建设呈现出中西混合样式、西方折中主义样式、中国传统复兴式、现代式等风格，主要代表有中山陵、金陵大学等。概而言之，洋式建筑、传统复兴和现代建筑三种主要类型表现了中国近代建筑的风貌。

19世纪中叶—19世纪末：鸦片战争后，中国社会各方面发生变化，传统的木架构建筑仅在民间延续。外国资本主义的进入带来了西方建筑文化，领事馆、工部局、教堂、银行、工厂、洋行等形成了中国本土第一批外来的近代建筑。本时期是中国近代建筑发展的早期阶段，新建筑无论在类型上、数量上、规模上都十分有限，但它标志着中国建筑开始突破封闭状态，迈开了现代转型的初始步伐。

19世纪末—20世纪30年代末：随着各资本主义国家纷纷进入帝国主义阶段，西方列强也加大了对中国的资本输出。租界和租借地、附属地城市的建筑活动大为频繁；为资本输出服务的建筑，如工厂、银行、火车站等类型增多；建筑的规模逐步扩大；洋行打样间的匠商设计逐步为西方专业建筑师所取代，新建筑设计水平明显提高，出现了像1923年的上海汇丰银行和1927年的上海江海关大厦那样的建筑规模和建筑水平。第一次世界大战期间，民族资本进入"黄金时代"，推动居住建筑、公共建筑、工业建筑的主要类型已大体齐备，水泥、玻璃、机制砖瓦等新建筑材料的生产能力有了明显发展，近代建筑工人队伍壮大，施工技术和工程结构也有了较大提高，相继采用了砖石钢骨混合结构和钢筋混凝土结构。建筑留学生回国人数明显增多，中国开始有了自己的建筑师。1921年留美建筑师吕彦直独立创办首家中国建筑师事务所——彦记建筑事务所。国内的建筑教育也有了初步的发展，多所大学相继开办建筑系，并陆续成立了“上海建筑师学会”（1927年，该组织后扩为“中国建筑师学会”）、“中国营造学社”和“中国建筑协会”等组织。建筑形式大体上从“折中主义”“中国固有形式”向“国际式”现代建筑的趋势发展。近代中国的新建筑体系得以形成。1927到1937年的10年间，中国近代建筑活动达到鼎盛期。

在此时期，欧洲新建筑运动已对近代中国建筑发生过影响，“装饰艺术”的新潮风格，以相当快捷的速度传入了上海、天津、南京等地，以上海最为集中，建造了如沙逊大厦、汉弥尔顿大厦、国际饭店、大光明影院和百老汇大厦等著名建筑。

20世纪30年代末—40年代：这一时期，中国陷入持续长期战争状态，建筑活动很少，建筑业极为萧条，处于停滞状态。

中国近代的代表性建筑有上海的石库门等。石库门是里弄建筑的代表，最早出现在上海租界，它多为砖木结构的二层楼房，是典型的中西合璧建筑，有着江南传统二层楼的三合院或四合院的形式，总体布局采用了欧洲联排式风格。

1949年中华人民共和国成立至今（中国现代建筑发展历程）：中国现代建筑可分为两个时期：第一个时期是中华人民共和国成立到十一届三中全会前，建筑学界称为自律时期。建筑总方针是适用、经济、在可能的条件下注意外形的美观。主要的代表有：“国庆十大工程”（人民大会堂、中国革命博物馆和历史博物馆、军事博物馆、农业展览馆、民族文化宫、北京工人体育场、北京火车站、民族饭店、华侨大厦、钓鱼台国宾馆）、中国美术馆、人民英雄纪念碑、毛泽东纪念堂、重庆人民大礼堂、厦门大学建南楼群等。第二个时期是十一届三中全会至今，建筑学界称为开放时期。随着对外开放的不断深化，中国经济进入高速发展期，对外交流也越来越频繁深入，建筑行业也不断吸收国际先进经验，进入全面提高、兼收并蓄、立足创新、多元并存的新局面。开发时期的代表性建筑有：北京香山饭店、长城饭店、奥林匹克中心、大兴机场航站楼，苏州博物馆，上海金茂大厦、新锦江大酒店、东方明珠电视塔，曲阜阙里宾舍，广州白天鹅宾馆，还有深圳地王大厦等。

（二）中国近现代建筑范例

天津开滦矿务局大楼：总建筑面积9180平方米，建筑风格为希腊古典复兴式，三层混合构。开滦矿务局大楼坐南朝北，东西为长向，平面呈矩形，外形庄严肃穆，门前设有坡道，高石台阶两侧筑有水磨石古典式花盆四座。大楼外檐立面一、二层，为高10米14根爱奥尼巨柱式空廊，空廊两端略突出，墙面转角作壁柱装饰；三层为带阁楼层的檐部，檐口饰齿状。开滦矿务局大楼以爱奥尼大理石立柱支撑，柱头均以紫铜板制成，做工精细；厅顶作半圆形，井字分格镶彩色玻璃顶拱上有精美雕饰。厅内地面饰彩色马赛克，周围作大理石墙群。办公用房沿周边设置，主房间内设有木制古典壁柱，并装有古典式壁炉。

上海汇丰银行大楼：汇丰银行大楼采用严谨的新古典主义立面构图，外观上可以明显看出新古典主义的横纵三段式划分。正中为穹顶，穹顶基座为仿希腊神殿的三角形山花，再下为6根贯通二至四层的爱奥尼式立柱。大楼主体高5层，中央部分高5层，另有地下室一层半。大楼主体为钢框架结构，砖块填充，外贴花岗岩石材。

大门入口处三扇青铜大门和两旁的铜狮子由英国专门铸造，十分引人注目。据说狮子铸成后，立刻就将铜模毁去了，这对铜狮从此成为绝版珍品，现已被送进上海历史博物馆。底层中部突出一个八角形门厅，由此进入宽敞的营业大厅。门厅的顶部有8幅彩色马赛克镶拼成的壁画，分别描绘了20世纪初上海、香港、伦敦、巴黎、纽约、东京、曼谷、加尔各答8座城市的建筑风貌。壁画旁有一圈文字，意思是“四海之内皆兄弟”，象征了在新世纪到来之际，整个世界的和平繁荣。该楼建成后，被英国人自诩为“从苏伊士运河到远东白令海峡最讲究的建筑”。

底层独立形成一个立面，正大门设计成罗门拱券，外墙全部用大石块作贴面，给人以坚不可摧的感觉，从而使储户产生安全。二层至四层形成“中段”，在中段的中部，设计了6根爱粤尼复合柱作支撑，其中4根为双柱，从而使原本简单的平面变得变化多端，增加了建筑的立体感。五层以上为“上段”，设计了一个庞大的希腊穹顶，明显地成为建筑的标志，挑出了建筑的主轴线。

汇丰银行大楼内部装修品质十分高雅，选用大理石、黄铜等装修材料，技艺精良，且设有暖气和冷风装置。营业大厅的8根柱子为整根大理石筑成，在当时为亚洲独例。

北京清华大学大礼堂：清华大礼堂仿自美国弗吉尼亚大学的图书馆，是一座罗马式和希腊式混合的古典柱廊式建筑，设计者是美国茂旦洋行的建筑师墨菲（H. K. Murphy）和达纳（R. H. Dana），以美国19世纪典型的大学校园布局为蓝图，规划了早期的清华校园。

大礼堂位于大草坪的正北端，平面呈正十字形，南端为门厅，北端为舞台。礼堂采用古城堡风格的大圆顶，属古罗马的拜占庭风格，四周各堆砌了一块巨大的三角顶楣，十字形的坡顶与最高处的铜面穹顶相辉映。门前有4根汉白玉爱奥尼柱，柱上纵向凹槽若干条，各凹槽的交接棱角上设计了一部分圆面，涡券式柱头形似羊角，整体柱型设计规范而细腻，充满生气。礼堂有3扇圆拱形刻有富丽精致浮雕的大铜门，嵌在汉白玉的门套之中，白色的门廊和红色的砖墙形成鲜明的对比。门上部的圆拱中有粗细相间的十几根钢条拼接出的图案，朴素端庄之中又添了一分生动活泼。每扇正门上方有一扇大型窗户。

天津老西开天主教堂：西开教堂始位于天津和平区滨江道独山路，坐西南朝东北，全称天主教西开总堂，后因其所处地区又称为西开教堂和老西开教堂。西开教堂是1916年由法国传教士杜保禄（Paul–Marie Dumond）主持修建的，建筑面积1891.95平方米，可同时容纳1500人，平面呈十字形。西开教堂的建筑风格属于罗曼式，有3个并列的绿色穹顶，高达45米，每座穹顶上有一个青铜十字架。由于主教拒绝在穹顶安装避雷针，20世纪50年代一个十字架被雷劈下，以后补装了避雷针。西开教堂建筑主体是用红黄色花砖砌造的，教堂内有许多壁画和大管风琴，前面院中有圣水坛，信徒分男女从左右两道大门入内。

西开教堂的结构是带厢堂长殿式，教堂横殿和长方形教堂相交构成十字连拱廊。大门采用拱门形式，通常用石头做材料，在石门上凿出拱券，拱券由表入里一个套一个，一个比一个小，最里层是木制大门。正厅从正门两侧到底部的祭台，有两排（每排7根）共14根立柱，形成三通廊式。中殿以叠式复合方柱廊，支撑大小半圆券顶。室内八角形的穹顶及侧窗均以彩色玻璃嵌作画。内墙彩绘壁画，装饰华丽，充满宗教神秘气息。西开教堂入口左右筑有塔楼。

上海百老汇大厦：位于上海市虹口区北苏州路20号（上海大厦），因傍百老汇路（今大名路）顶端，故名百老汇大厦。大厦地上21层，高77米。建于1930—1934年，投资者是英资业广地产公司，总造价500万两。建筑面积24 596平方米，钢框架结构。建筑风格为艺术装饰主义。初期作为公寓使用。大厦占地面积5225平方米，坐北朝南，平面呈X形，双层铝钢框架结构，22层，是中华人民共和国成立前在上海仅次于国际饭店的最高建筑。建筑体型呈八字形，既可使四翼的房间获得较好的朝向又可以提高建筑容积率。大厦由英国建筑师法雷瑞设计，为英商投资所建，副楼又名“浦江饭店”。

国家体育场（鸟巢）：国家体育场，又名“鸟巢”，是2008年北京奥运会主场馆、2022年北京冬奥会和冬残奥会开闭幕式场馆，也是全球首个“双奥开闭幕式场馆”，是代表着国家形象的建筑。主体建筑是由一系列钢桁架围绕碗状座席区编制而成的椭圆鸟巢外形，南北长333米、东西宽296米，最高处高69米，设计使用年限100年。

国家游泳中心（水立方／冰立方）：是2008年北京奥运会的精品场馆和2022年北京冬奥会的经典改造场馆，也是唯一一座由港澳台同胞、海外华侨华人捐资建设的奥运场馆，曾被评为“中国十大新建筑奇迹”，是北京的新名片。场馆外观如同一个冰晶状的立方体，造型简洁现代。水立方的内外立面膜结构共由 3065 个气枕组成。方形的水立方与圆形的鸟巢呼应，呼应“天圆地方”的传统文化。

国家大剧院：国家大剧院位于天安门广场西，人民大会堂西侧，由法国建筑师保罗·安德鲁主持设计，外部为钢结构壳体，呈半椭球形，是世界上最大的穹顶。表面由钛金属板覆盖，经过特殊氧化处理，其表面金属光泽极具质感，且 15 年不变颜色。中部为渐开式玻璃幕墙，由 1200 多块超白玻璃巧妙拼接而成。椭球壳体外环绕人工湖，各种通道和入口都设在水面下。行人需从一条 80 米长的水下通道进入演出大厅。国家大剧院造型新颖、前卫，构思独特，是传统与现代、浪漫与现实的结合，庞大的椭圆外形在长安街上显得像个“天外来客”，与周遭环境的冲突让它显得十分抢眼，被人们赞誉为“城市中的剧院、剧院中的城市”。

中央电视台新楼：中央电视台新楼由主楼、位于西北侧的电视文化中心（北配楼）以及位于东北角的能源服务中心组成。主楼由 52 层 234 米高和 44 层 194 米高的塔楼组成，设 10 层裙楼，并由在 162 米高空大跨度外伸，高 14 层重 1.8 万吨的钢结构大悬臂相交对接，总用钢量达 14 万吨，两座塔楼双向内倾斜 6 度，在 163 米以上由“L”形悬臂结构连为一体，建筑外表面的玻璃幕墙由强烈的不规则几何图案组成，被评为 2013 年度全球最佳高层建筑奖。

上海环球金融中心：上海环球金融中心是世界第四高楼、世界最高的平顶式大楼，形态和构架来源于“天地融合”的构想，将高楼“演绎”为连接天与地的纽带。上海环球金融中心的主体是一个正方形柱体，由两个巨型拱形斜面逐渐向上缩窄于顶端交会而成，方形的棱柱与大弧线相互交错，凸显出大楼的垂直高度。为减轻风阻，在原设计中建筑物的顶端设有一个巨型的环状圆形风洞开口，借鉴了中国庭园建筑的“月门”，后来将大楼顶部风洞由圆形改为倒梯形。

上海世博会中国国家馆：2010 年上海世博会中国国家馆建筑外观为红色斗拱造型，展现了“东方之冠，鼎盛中华，天下粮仓，富庶百姓”的构思主题，表达中国文化的精神与气质，通体“中国红”向世人传达喜庆、吉祥、欢乐、和谐的情感。

北京大兴国际机场航站楼：北京大兴国际机场航站楼由法国 ADP Ingenierie 建筑事务所和扎哈·哈迪德（Zaha Hadid）工作室设计。航站楼按照节能环保理念，建设成为中国国内新的标志性建筑。航站楼设计高度 50 米，采取屋顶自然采光和自然通风设计，同时实施照明、空调分时控制，采用地热能源、绿色建材等绿色节能技术和现代信息技术。

北京大兴国际机场航站楼主航站楼和配套服务楼、停车楼总建筑规模约140万平方米；航站楼面积70万平方米，设104座登机廊桥；地上地下一共5层，轨道交通在航站楼地下二层设站，地下一层是广场式的换乘中心，可以换乘高铁、地铁、城铁等，其中包括京雄城际铁路和廊涿城际铁路；地上一层是国际到达；二层是国内到达；三层是国内自助，快速通关；四层是国际出发和国内托运行李。

北京大兴国际机场航站楼形如展翅的凤凰，是五指廊的造型，造型以旅客为中心，整个航站楼有79个登机口，旅客从航站楼中心步行到达任何一个登机口，所需的时间不超过8分钟；航站楼头顶圆形玻璃穹顶直径有80米，周围分布着8个巨大的C形柱，撑起整个航站楼的楼顶，C形柱周围有很多气泡窗，主要用来采光，航站楼可抵抗12级台风。

(三)港澳台建筑

现代香港建筑：香港特殊的环境造就了香港的建筑文化，著名建筑有：香港中国银行大厦、香港新市政厅、香港艺术中心、香港体育馆、汇丰银行总部大楼、香港国际机场、香港文化中心、香港公园、中环广场、香港会议展览中心等。

澳门建筑：澳门历史上形成了城市融贯东西、汇聚古今的风貌、包容折中的传统文化。澳门建筑多为中西混合的折中主义，代表作品有：澳门圣保罗教堂遗址博物馆与澳门博物馆、葡京大酒店、澳门中国银行大厦、澳门国际机场、圣保罗传统商住楼改建、新轮渡客运中心等。

现代台湾建筑：从国民党政权败退台湾到20世纪末，台湾城市与建筑经历了萌动期、升腾期与拓展期三个阶段。其建筑代表作品有：台湾大学傅（斯年)园、台北孙中山纪念堂、台北故宫博物院、台湾高雄银行、台北市立美术馆、台北圆山大饭店、台北东海大学路思义教堂、台北101大楼、台北宏国大厦等。

六、外国建筑文化

(一)外国古代建筑

建筑活动不仅是人类征服自然为谋求生存的活动，同时又是一种重要的文化现象。世界上众多的文明创造了多种多样的建筑文化。时至今日，留存下来的古老建筑依旧无声地述说着当时当地的宗教、政治、经济、社会、文化现象。

1. 古埃及建筑艺术

古埃及人早先使用尼罗河两岸丰富的泥土、棕榈叶等材料来营造建筑，在水利建设中发展了几何学、测绘学，并创造了起重机械、大规模劳动组织与协作等先进工具和方法，为加工石材完成了技术积累，而后修建了雄伟浑厚、气势宏大、壮美威仪的坚固巨石建筑，对古希腊、古罗马等建筑产生了深远的影响。古埃及人开创了从无到有的建筑史，修建了人类早期的住宅、宫殿、城市、陵墓、庙宇、府邸等建筑类型，创造了艺术水平高超的庙宇建筑群和独具特色的陵墓建筑，修建了人类第一批巨石纪念建筑并提高了巨石建筑的建设水平。建筑在艺术象征、空间设置、建筑功能布局等方面有着深邃的文化内涵和宗教意义，如神庙的幽暗空间，排列密集的高大石柱等。古埃及受周边地形保护，相对稳定，人们便产生了稳固、永恒的概念，建筑中随处可见的正方形、三角形便是例证。古埃及建筑经历了古王国、中王国、新王国和晚期共四个阶段，古王国时期建筑以陵墓为主，金字塔起源于此时；中王国时期建筑活动集中在首都底比斯，以修建石窟陵墓为主，并采用梁柱结构；新王国时期是古埃及最强大的时期，修建了大量神庙，规模最大的是卡纳克和卢克索的阿蒙神庙；晚期埃及人被罗马人征服，建筑受到古希腊、古罗马的影响。

金字塔：金字塔是古埃及法老和王后的陵墓，大多分布在尼罗河西岸。金字塔的建设开始于公元前2700年前后，持续了1000年，迄今留下80余座。金字塔的原型为“马斯塔巴”，阿拉伯文意为“石凳”，最初用于古埃及住宅形式，后成为贵族墓葬形式，多用泥石建造，呈四棱台形式，后演变为四棱锥体，形成国王专用的墓葬形式——金字塔。金字塔的建设反映了古埃及人的宗教信仰，尤其是太阳崇拜。第一座石制的金字塔是昭赛尔金字塔，其外形并不是规整的正四棱锥体。后来随着技术的发展和国力的强盛，古埃及人修建了胡夫金字塔、哈夫拉金字塔和孟卡拉金字塔三座迄今最为宏伟完整的金字塔。胡夫大金字塔是埃及现存规模最大的金字塔，被誉为“世界古代七大奇迹”之一。狮身人面像坐落于胡夫金字塔东侧，源于古埃及神话中的斯芬克斯，传为法老哈夫拉修建，作为哈夫拉金字塔的守护神。

太阳神庙：古埃及新王国时期，太阳神庙代替陵墓成为法老崇拜的纪念性建筑物。神庙主要由三部分组成：柱廊围起的内庭院、接纳臣民祭拜的大柱厅和仅法老、僧侣进入的神堂密室。规模最大的是卡纳克和卢克索的阿蒙神庙。

卡纳克神庙是迄今遗留下来最大的神庙，内有大小20余座神殿、134根巨型石柱、狮身公羊石像等古迹，气势宏伟，令人震撼。卢克索神庙从公元前15世纪开始建造，直到公元前4世纪的亚历山大大帝时期才完成。令人惊奇的是，在一年之中有几天，太阳光能穿过门廊，直接把神殿的最深处照亮。

古埃及的神庙建筑，通常利用巨大的石柱排列于前，形成狭窄的通道，人置身其中，强烈的压迫感使得对诸神的敬畏油然而生。

2. 古西亚（两河流域）建筑艺术

古代西亚建筑又称两河流域建筑，由幼发拉底河和底格里斯河孕育的文明所创造，包括早期的阿卡德—苏马连文化和以后依次建立的奴隶制国家为古巴比伦王国、亚述帝国、新巴比伦王国和波斯帝国。两河流域缺石少木，人们从夯土墙开始，发展出了土坯砖、烧砖的筑墙技术，并以沥青、陶钉、石板贴面及琉璃砖保护墙面，使材料、结构、构造与造型有机结合，创造了以土作为基本材料的结构体系和墙体饰面装饰方法，并创造了可用来保护与装饰墙面的面砖与彩色琉璃瓦，发展了拱券和穹顶结构。典型代表有乌尔观象台、萨艮二世王宫、波斯波利斯王宫、空中花园等。

乌尔观象台：观象台是两河流域特有的建筑，又称为山岳台、庙塔，是古西亚人崇拜山岳、天体，观测星象而修建的多层塔式建筑。反映了苏美尔—阿卡德文明所达到的建筑艺术和技术水平。观象台分为四级，第一级黑色象征着地下冥界，设有三条大坡道连接地面；第二级红色象征人间；第三级青色象征天堂，第四级白色象征明月，并建有月神庙。

波斯波利斯王宫：波斯波利斯王宫是一组设计严谨的巨大建筑群，主要建筑有万国之门、觐见厅、玉座厅、百柱厅、大流士宫殿、薛西斯宫殿、宝库等。薛西斯一世建造的“万国之门”高达 18 米，入口前有大平台和大台阶，石阶两侧墙面刻有 23 个民族朝贡队伍的浮雕像，人物形象生动，反映了波斯帝国繁荣的景象。

3. 古希腊建筑艺术

古希腊是欧洲文化的发源地，开欧洲建筑的先河。古希腊与古罗马的建筑一起并称为“古典建筑”。建筑史上对于古希腊和古罗马建筑的最广泛传播的评价为：“光荣属于希腊，伟大归于罗马。”古希腊建筑中最为重要的构件是柱式，分为三种：首先出现的是多立克柱式，粗壮宏伟，象征了男性；其次是爱奥尼柱式，纤细轻巧，象征着女性；最后又在爱奥尼柱式的基础上诞生科林斯柱式，跟爱奥尼柱式一样的细长，但装饰华丽精巧，象征着少女。神庙是古希腊建筑中最主要的类型，也是古希腊留给后世的重要文化遗产。神庙被认为是神灵在当地的居所，每庙奉献给一神或二神。

从文艺复兴时期起，西方世界里的很多公共建筑都直接受到古希腊建筑风格的影响。

雅典卫城建筑群：雅典卫城位于雅典市中心的卫城山丘上，集古希腊建筑与雕刻艺术之大成，始建于公元前 580 年。卫城中最早的建筑是雅典娜神庙和其他宗教建筑。雅典卫城包括希腊古典艺术最伟大的四大杰作——帕特农神庙、通廊、厄瑞克修姆庙和雅典娜胜利神庙，诠释了 1000 多年来在希腊繁荣、兴盛的文明、神话和宗教。

帕特农神庙：帕特农神庙位于希腊雅典卫城的最高处石灰岩的山岗上，是卫城最重要的主体建筑，又译“巴特农神庙”。帕特农神庙之名出于雅典娜的别名，是供奉雅典娜女神的最大神殿。帕特农神庙的设计代表了全希腊建筑艺术的最高水平，成为古代建筑最伟大的典范之作。神庙采取八柱的多立克式，东西两面是 8 根柱子，南北两侧则是 17 根，东西宽 31 米，南北长 70 米。东西两立面（全庙的门面）山墙顶部距离地面 19 米，其立面高与宽的比例为 19∶31，接近希腊人喜爱的“黄金分割比”。

4. 古罗马建筑艺术

古罗马建筑艺术继承和发展了古希腊建筑艺术。建筑师维特鲁威著有《建筑十书》，从城市规划、建筑设计基本原理和建筑构图原理的论述总结了古希腊建筑经验和当时罗马建筑的经验。古罗马人通过石灰和火山灰的混合创造了最早的水泥，为大型框架式结构奠定了基础。通过发明拱券结构，古罗马人获得了建筑内部宽阔的空间，使得建筑满足了各种复杂的功能要求，并不断发明出新的建筑类型。

拱券结构是古罗马建筑最大的成就和最大的特色，除了有良好的承重性外，还有美化装饰功能，为后来的西方建筑所继承和发展。半圆形的拱券为古罗马建筑的重要特征，尖形拱券则为哥特式建筑的特点，伊斯兰建筑则有尖形、马蹄形、弓形、三叶形、复叶形和钟乳形等多种拱券类型。

古罗马继承了古希腊柱式建筑，并发展成为五柱式：古罗马多立克柱式、古罗马爱奥尼柱式、古罗马科林斯柱式、塔司干柱式、混合式。古罗马人还创造性地运用柱子，发展出了叠柱、券柱等构件。框架式结构被古罗马人使用得十分娴熟，建筑全部由柱子来承重，而不是“墙”。

古罗马斗兽场：古罗马斗兽场是古罗马时期最大的斗兽场，是为取悦凯旋的将领士兵和赞美伟大的古罗马帝国而建造的，起源于古希腊时期的剧场，由 4 万名战俘耗时 8 年建成。看台用 3 层混凝土制的筒形拱上，每层 80 个拱，形成 3 圈不同高度的环形券廊，围墙共分 4 层，均有柱式装饰，依次为塔司干柱式、爱奥尼柱式、科林斯柱式和科林斯壁柱式，可以容纳近 9 万名观众。斗兽场在建筑史上堪称典范杰作和奇迹，以庞大、雄伟、壮观著称于世，对后世影响极大，现代大型体育场或多或少均带有古罗马斗兽场的设计风格。

潘泰翁神庙：潘泰翁神庙又称“万神庙”，位于意大利首都罗马圆形广场的北部，是古罗马人膜拜众神的庙宇，曾是现代的结构技术出现以前世界上室内空间跨度最大的建筑，也是罗马穹顶技术的最高代表。庙平面是圆形的，穹顶直径达 43.3 米，顶端高度也是 43.3 米，穹顶中央开了一个直径 8.9 米的圆洞，门廊有 3 排列柱，柱身用红色花岗石，柱头以白色大理石制成，采用科林斯柱式，形象庄重肃穆。

5. 拜占庭建筑

拜占庭（位于今土耳其伊斯坦布尔）原是古希腊的一个城堡，395 年，罗马帝国分裂为东西两个国家，西罗马的首都仍在当时的罗马，而东罗马则将首都迁至拜占庭，其国家也就顺其迁移被称为拜占庭帝国。拜占庭建筑是在继承古罗马建筑文化的基础上发展起来的，同时，由于地理关系，它又形成了自己的建筑风格，并对后来的俄罗斯的教堂建筑、伊斯兰教的清真寺建筑都产生了积极的影响。拜占庭建筑主要有四方面的特点：一是屋顶造型，普遍使用“穹隆顶”；二是整体造型中心突出。体量既高又大的圆穹顶，成为整座建筑的构图中心；三是它创造了把穹顶支承在独立方柱上的结构方法和与之相应的集中式建筑形制；四是大面积地用马赛克或粉画进行装饰。

圣索菲亚大教堂：坐落于东罗马帝国首都君士坦丁堡（今伊斯坦布尔），是拜占庭全盛期，由查士丁尼皇帝主持建造的，代表拜占庭时期建筑所取得的最高成就。大教堂的拱券技术有了进步，解决了方形底部与圆形含顶的衔接问题，并发明了帆拱结构。后被奥斯曼土耳其改为清真寺，并在周围修建了 4 座高大的尖塔。

圣马可教堂：圣马可大教堂矗立于威尼斯市中心的圣马可广场上，由于其中埋葬了耶稣门徒圣马可而得名。它原为一座拜占庭式建筑，15 世纪加入了哥特式的装饰，如尖拱门等；17 世纪又加入了文艺复兴时期的装饰，如栏杆等。

6. 哥特式建筑

哥特式建筑是一种兴盛于中世纪高峰与末期的建筑风格，由罗曼式建筑发展而来，为文艺复兴建筑所继承。哥特式建筑主要用于教堂，起源于 12 世纪的法国，持续至 16 世纪。哥特式建筑的整体风格为高耸瘦削且带尖，以卓越的建筑技艺表现了神秘、哀婉、崇高的强烈情感，对后世其他艺术均有重大影响。哥特式建筑完全摆脱了古罗马的影响，以尖券、尖形肋骨拱顶、坡度很大的两坡屋面和教堂中的钟楼、飞扶壁、束柱、花窗棂等为特点。典型代表有巴黎圣母院、科隆大教堂、米兰大教堂、威斯敏斯特宫等。

巴黎圣母院：位于巴黎市中心城区，地处塞纳河中央西堤岛上，与巴黎市政厅和卢浮宫隔河相望，为哥特式基督教教堂建筑，是法国首都最悠久和最具象征意义的建筑物之一和欧洲最著名的哥特式大教堂之一，也是法国及欧洲文学文化地标建筑。巴黎圣母院是世界上第一座完全意义上的哥特式教堂，建筑本体的雕刻艺术和绘画艺术及堂内珍藏的大量艺术珍品具有极高的历史文化价值，是巴黎人、法国人的重要精神寄托。

科隆大教堂：坐落在德国科隆市中心，是世界上第三高的教堂，是科隆市的标志性建筑物，始建于1248年，建造时断时续，一直到1880年才建成。整个教堂以轻盈、雅致著称于世，被认为完美地结合了所有中世纪哥特式建筑和装饰元素，并被誉为“世界上最完美的哥特式建筑”。科隆大教堂与巴黎圣母院大教堂、罗马圣彼得大教堂并称为欧洲三大宗教建筑。

7. 文艺复兴时代的建筑

文艺复兴建筑是欧洲建筑史上继哥特式建筑之后出现的一种建筑风格。15世纪起源于意大利佛罗伦萨，后传播到欧洲其他地区，形成带了有各自特点的各国文艺复兴建筑。意大利文艺复兴建筑在文艺复兴建筑中占有最重要的位置。文艺复兴建筑在理论上以文艺复兴思潮为基础；在造型上排斥象征神权至上的哥特建筑风格，提倡复兴古罗马时期的建筑形式，特别是古典柱式比例、半圆形拱券、以穹隆为中心的建筑形体等。

佛罗伦萨大教堂：意大利著名天主教堂，位于意大利佛罗伦萨，是意大利文艺复兴时期建筑的瑰宝。佛罗伦萨大教堂是世界第四大教堂，又被称为“花之圣母大教堂”“圣母百花大教堂”，是文艺复兴的第一个标志性建筑，被称为“文艺复兴的报春花”。佛罗伦萨大教堂形制很有独创性，虽然大体还是拉丁十字式的，但突破了教会的禁制。教堂的附属建筑有洗礼堂和钟楼。钟楼用托斯卡那白、绿、粉色花岗石贴面；八角形洗礼堂的青铜大门上雕有“天堂之门”，由基贝尔蒂花费21年做成，内容是“旧约全书”的故事情节。佛罗伦萨大教堂最出名的是仿自罗马万神殿的穹顶，高91米，直径45米。教堂藏有许多文艺复兴时期艺术珍品，有意大利雕刻家多纳泰罗的作品《先知者》雕像、大理石浮雕《唱歌的天使》、1465年的但丁像等。

圣伯多禄大教堂：位于梵蒂冈，是天主教会重要的象征之一，是世界上最大的教堂，有着世界第一大穹顶。穹顶直径42米，高138米，是米开朗琪罗仿造佛罗伦萨大教堂穹顶修建的。教堂内保存有欧洲文艺复兴时期许多艺术家的壁画与雕刻。正前的露天广场就是闻名世界的圣彼得广场。广场最具代表性的建筑是周围4列共284根塔司干式的圆柱，圆柱上面是140尊圣人像，中央是一根从埃及运来的巨大圆柱。

8. 巴洛克建筑与洛可可建筑风格

巴洛克建筑是17—18世纪在意大利文艺复兴建筑基础上发展起来的一种建筑和装饰风格。巴洛克一词原意为“畸形的珍珠”。巴洛克建筑将原本罗马人文主义的文艺复兴建筑，添上新的华丽、夸张及雕刻风气。其特点是外形自由，追求动感，喜好富丽的装饰、雕刻和强烈的色彩，常用穿插的曲面和椭圆形空间来表现自由的思想和营造神秘的气氛。代表作有意大利罗马耶稣会教堂、马圣卡罗教堂，德国巴伐利亚十四圣徒朝圣教堂，奥地利维也纳舒伯鲁恩宫等。

洛可可建筑产生于法国，是在巴洛克建筑的基础上发展而来的。洛可可更像是一种室内装饰艺术，而非建筑风格。建筑师的创造力不是用于构建新的建筑空间模式，而是着力于更奢华繁复的装饰效果。洛可可风格的特点是：室内应用明快的色彩和纤巧的装饰，爱用嫩绿、粉红、玫瑰红等鲜艳的浅色调，线脚大多用金色；细腻柔媚，常常采用不对称手法，喜欢用弧线和S形线，尤其爱用贝壳、旋涡、山石作为装饰题材，卷草舒花，缠绵盘曲，连成一体；天花和墙面有时以弧面相连，转角处布置壁画。洛可可建筑的代表作有法国巴黎苏俾士府邸公主沙龙、凡尔赛宫的镜厅等。

9. 新古典主义建筑

新古典主义即改良的古典主义风格，由18世纪中叶的新古典主义运动产生，主要源于古希腊建筑和意大利的帕拉第奥式建筑。新古典主义建筑一方面保留了材质、色彩的大致风格，另一方面又摒弃了过于复杂的肌理和装饰，简化了线条，反映出后工业时代个性化的美学观念和文化品位。西方建筑史上，曾出现过两次新古典主义建筑浪潮，一次是从18世纪下半叶到19世纪末期，另一次是从20世纪五六十年代至今。

18世纪60年代到19世纪，欧美国家流行一种古典复兴建筑风格。采用这种建筑风格的主要是法院、银行、交易所、博物馆、剧院等公共建筑和一些纪念性建筑。法国在18世纪末、19世纪初是欧洲新古典建筑活动的中心。法国大革命时在巴黎兴建的万神庙是典型的新古典主义建筑。拿破仑时代在巴黎兴建了许多纪念性建筑，其中雄师凯旋门、马德兰教堂等都是古罗马建筑式样的复刻。

英国以复兴希腊建筑形式为主，如伦敦的不列颠博物馆。德国柏林的勃兰登堡门、柏林宫廷剧院都是复兴希腊建筑形式。其中勃兰登堡门仿制雅典卫城的山门建成。美国独立以前，建筑造型多采用欧洲样式。独立后，美国借助于希腊、罗马的古典建筑来表现民主、自由、光荣和独立，因而新古典建筑大兴。

美国国会大厦仿照巴黎万神庙建成，极力表现雄伟，强调纪念性。华盛顿的林肯纪念堂等则充分体现了希腊建筑形式，这种形式在其他一些纪念性建筑和公共建筑中表现比较突出。

卢浮宫：位于法国巴黎市中心的塞纳河北岸，位居世界四大博物馆之首。始建于 1204 年，原是法国的王宫，曾居住过 50 位法国国王和王后，是法国古典主义时期最珍贵的建筑物之一，以收藏丰富的古典绘画和雕刻而闻名于世，共分希腊罗马艺术馆、埃及艺术馆、东方艺术馆、绘画馆、雕刻馆和装饰艺术馆 6 个部分，藏品中有被誉为“世界三宝”的《维纳斯》雕像、《蒙娜丽莎》油画和《胜利女神》石雕等。

凡尔赛宫：位于法国巴黎西南郊外，建筑是古典主义的实例，内部装修属于巴洛克风格，是路易十三 1624 年在凡尔赛树林中造的狩猎宫，后改造成豪华的王宫。宫殿气势磅礴，布局严密、协调，形成对称的几何图案。宫顶建筑端正雄浑，被称为理性美的代表，室内装饰更是豪华富丽，内壁装饰以雕刻、巨幅油画及挂毯为主，配有 17、18 世纪造型超绝、工艺精湛的家具。宫内还陈放着来自世界各地的珍贵艺术品，其中有中国古代的精美瓷器。正宫前面是一座风格独特的法兰西式大花园，美不胜收。

七、中西古建筑艺术特征对比

中西建筑风格的差异，从本质上分析是中西文化的不同，造就了两种不同风格建筑艺术形式的产生，展现了各自辉煌的历史和璀璨的文化，进一步推动着人类文明的发展。

（一）中外古建筑的文化特征不同

西方建筑大多贯彻体现西方文化的理性抗争、个体意识和宗教狂热等内涵。从古希腊的柱式到罗马的拱券，从哥特式的冷峻到巴洛克式的富丽，都呈现出一种批判继承关系，这种关系也是西方文化更迭的模式特征。以哥特式建筑而论，比如著名的科隆大教堂，它的出现显然充斥着中世纪的宗教狂热，高耸入云的塔顶刺破苍穹，窗户玻璃的光影变幻让室内环境扑朔迷离，这种对宗教虔诚的执着理念，也是它所从属文化的理性精神的表现。哥特建筑的结构逻辑和构造原则展现出对意志力的不断探索，狂热的宗教美学和理性的艺术风格统一于整体建筑中，充分展现出自我独立意识，是当时城市文明的象征和自我意识的呐喊。

中国传统建筑的文化特征源于自身文化属性，强调群体意识，建筑文化和艺术形式都自成一脉，独领风骚。中国古代推崇“天人合一”思想，因此十分重视建筑的风水学说，这点在一些园林建筑上有着充分的体现，“虽为人作，宛若天开”，强调因地制宜，妥善选择位置，与自然环境相协调和融合。社会环境上，受周礼之制影响，等级结构森严，不仅各级官式建筑在诸多方面有着严格规定，按照等级区分不同制式，连民用建筑格局也有着长幼尊卑顺序，强调伦理附属关系。例如北京故宫，讲究中轴对称，纵深布局，三朝五门，前朝后寝，象征了九五之尊、皇权至上的思想。又如四合院，同样具有严格的轴线对称的格局，轴线上的后院正屋为长辈起居处，两侧厢房是晚辈住所，前院为下人住房和客房，强调尊卑顺序，带有强烈的封建伦理色彩。

（二）中外古建筑美学艺术的差异

西方建筑的美学典型代表是古希腊的神庙和中世纪的教堂，西方人将建筑美学比喻成凝固的音乐，这主要由于建筑多以石制为主，建筑作为艺术类重要的组成部分，它既是现实中物质性的存在又是精神中意识性的延续。古希腊建筑最显著的特点就是以人体作为尺度感，通过柱子与人的身高比例可以看出，多立克柱式和爱奥尼柱式就代表着男人和女人。中世纪的欧洲进入宗教统治时代，哥特式教堂高耸的构图和充满几何感镂空的雕饰，表现出宗教的神秘感。周边的花园草坪也注重人工修饰，将植物剪裁成规则的几何图形，有序整齐地排列，体现建筑是位于自然之上的。

中国建筑与高度繁荣的世俗文化紧密相连，强调“经世致用”，讲究左右对称性，在视觉及空间艺术上，以风水布局寓意“天人合一”，封闭的庭院都呈现出单体建筑的协调换取整体环境的和谐统一，不追求单座建筑的突兀独立，注重虚实结合的群体空间布局，多组建筑围绕一个中心空间构成，层层深入，重视建筑组群平面展开的有机配合和衬托。建筑的布局一般遵循一条中轴线，沿着中轴线逐渐展开，强调主次分明，平衡对称，同时在整个规划上还重视五行风水学说布局。阴阳家认为：上方、前方、奇数、正数属“阳”，而下方、后方、偶数、负数属“阴”，所以作为皇宫的紫禁城就被划分为外朝和内廷两部分，以乾清门为界，以南为外朝，以北为内廷。

（三）中外古建筑材料的差异

中国建筑材料主要以木材为主，西方建筑多以石材为主。建筑材料的差异取决于地理环境和人文风俗。中国黄河流域一带，从秦到唐，长安一直是重要的经济文化中心，杜牧的《阿房宫赋》曾写道：“五步一楼，十步一阁；廊腰缦回，檐牙高啄”，也从侧面印证了当地土木资源储量丰富，易于就地取材建造。建筑多为木构架，屋顶的瓦和墙体的砖块用土和水，再用火烧制而成，俗话说“墙倒屋不塌”，说明墙不承重，是由木构架来承重的。

古埃及地处尼罗河流域，缺少森林资源；古希腊、古罗马位于地中海沿岸，本土属于狭长的半岛，周围分布着大量的零碎海岛，境内有着著名的维苏威火山，石灰岩和大理石储量丰富。古希腊、古罗马气候上属于地中海气候，湿润的海风夹杂着海盐的侵蚀，木质结构更容易被腐朽，所以用石材建筑更易于保存维护。罗马人发明了用火山灰、石灰和砂石混合而成的混凝土，从而为建造罗马式巨大的拱券建筑提供物质技术基础，也为之后建筑材料的发展作出贡献。

专题八

饮食文化

一、饮食文化概论

饮食文化泛指食品加工、制作和消费过程中的技术、科学、艺术，以及以饮食为基础的习俗、传统、思想和哲学。

饮食文化是随着人类社会的出现而产生，又随着人类物质文化和精神文化的发展而丰富的。因此，中西方饮食文化的内涵有着显著的区别。

中国的饮食文化蕴含着深刻的哲理，因此，了解中国的饮食文化及其意义，对于中国文化的进一步传承和弘扬，必将产生积极的、有深远意义的影响。中国饮食文化博大精深，经过历史岁月的沉淀，它早已超出了其本身的意义，更具有深刻的文化含义。从某种意义上来讲，中国的饮食文化已经成为中华优秀传统经典文化的重要组成部分。

中国传统饮食文化，物质方面包括饮食结构、食材、饮食成品以及饮食器具；精神方面包括观念、饮食习俗以及人文心理、民族特征等文化内涵。中国传统饮食文化还兼备传播继承传统文化的社会功能。

当下医院的“未病科”，大多数人对其比较陌生。中国有“医食同源”之说，其实，古人已经了解了饮食可防“未病”，通过饮食来进行养生的理念早已形成。利用饮食对身体的调理功能来达到稳固健康的作用。

中国传统饮食已经不仅仅是为了满足口腹之欲，而是代表着一种精神现象、一种礼仪，具有深刻的文化意义。

远古时期，人们茹毛饮血、生吞活嚼的野蛮生活，与其他动物没有太大的区别。“生食”不仅对人类的健康不利，而且不利于人类社会的发展，人们性格的暴躁、野蛮，与生食生活有着很大的关联。还因生食不能很好地保存，大量的食物因气候的变化而腐烂。没有储存的能力，加上人类没有劳动的意识，每天 24 小时都在不停地吃东西，大部分时间消耗在吃上。人类偶然发现，雷电、火山、自然森林火灾等遗留下的动物残骸比生食更为美味而产生兴趣，这也为后来的进化熟食奠定了基础，人类主动地学会取火的时间，最多不超过两三万年。

人类在日常生活打猎的过程中，发现被雷电火山等烧死的动物残骸，其口感和生食有着本质的不同，这给原始人类带来了新的启迪，随着人类社会的发展，逐步积累了能控制和保存火种的意识和能力，人类的饮食习惯一步步走向熟食文明。钻木取火这一发明的广泛应用，使人类各个部落的取火、用火由简单走向成熟，为熟食生活迈出了坚实的一步。

人类智慧创造出了古老的陶瓷器工具，用来加工熟食。由陶器制作上升到瓷器的研究、由石器工具到后来的铁器工具和铜器，尽管时间很长，但人类探讨、创造和发现的脚步从来没有停歇过。熟食生存方式的改变，推动了劳动技术的变化和发展，因而熟食的进化对人类的政治经济起到了决定性的推动作用。

用火，是熟食诞生的标志，烹饪的名词也随即诞生，人类的生活方式于是发生了质的改变。恩格斯曾经讲过："火的利用便是烹饪的起源。"因此，火是烹饪的第一先决条件。大约在 10 000 年前出现了陶器石器工具。盐的发现，使人类在烹制熟食的基础上，又学会了"调"。可以说，发现火是烹饪的起源，发现盐是调的开始。有了烹和调，人类的饮食生活，才有了质的飞跃。人类对陶器、石斧、石刀、鬲、陶鼎、陶瓷、骨赘、铜刀、铜釜、铜鼎等的制造利用，以及原料、调料的四性、五味的发明与认知，也有了进一步的明确。因此，出现了不同类型的加工方式和烹调方法。魏晋南北朝时期的《食珍录》《食经》《齐民要术》，让"烹饪"实现了由术到学的飞跃。

唐宋瓷器的发明，完成了中国烹饪色、香、味、形、器的五大属性。元明清时期中国形成了多民族的大交融，继而带来的中国烹饪技术的大竞争、大融合、大发展。中式菜肴的烹制方法多达 40 余种，饮食的风格形成了以鲁、苏、川、粤等四大菜系为主的风味流派。人类学会了种植和驯养，有了五菜、五谷、五畜、五果和五味之说。丰富了烘、烤、烧、煮、蒸等技法。刀工完善了条、丝、丁、片、块、段、花样造型等加工手法。调味不离葱、姜、蒜及三椒，变化精妙，一菜一格，百菜百味。色、香、味、形、器一应俱全，富有特色和营养的中式菜肴，给人类带来真正意义上的美食享受。

世界饮食文化大致可以分为三个流派，分别为东方饮食流派、西方饮食流派和阿拉伯饮食流派。

东方流派以中国烹饪为主，主要分布于东亚、东北亚和东南亚等地，饮食人口约 18 亿。膳食结构以植物原料为主体，主食、副食分明，主食（面制品、米制品）占消费量 50% 以上；副食以蔬菜为主，肉食为辅，肉食又以猪肉为主，占整个肉食消费量的 75%~80%。其烹饪特点是：技艺精湛，味道为主核心，进餐多使用筷子、羹匙。

西方菜系流派以法国烹饪为代表，分布于欧洲、美洲、大洋洲等地，饮食人口约15亿。膳食结构以动物性原料为主体，主食、副食不分，主食（粮食、土豆等）消费不到40%，肉食以牛肉为主。西餐讲究技艺，注重香味，喜欢用香气较冲的黑椒、法香、迷迭香、百里香等调味，烹制方法以煎、烤为主，肉类烹制追求嫩度，尤其是牛排，忌成熟过度，西方人没有鲜味的概念。进餐方式习惯使用刀叉、汤勺。

“未到其地，先闻其名”，是对土耳其烤肉的描述。阿拉伯饮食流派以土耳其烹饪为中心，主要分布于中亚、西亚、南亚和北亚，并散布于信仰伊斯兰教国家，饮食人口约20亿。膳食结构动植物原料各占一半，肉食以羊肉为主体。其烹饪技艺粗放。进餐方式以手抓为主，辅以餐刀。

二、中国饮食文化概述

（一）中国饮食文化发展简史

中国饮食文明的历程，应当从170万年以前的元谋人时代开始，烹饪文化带动了社会文明向前进化。“生食、熟食、烹饪”是饮食文化发展的三个阶段。

1. 生食时期

远古时期，人们活动范围很小，食物原料受到一定限制。在农业和工业出现之前，人类过的是狩猎采集式的生活：捡拾浆果、挖掘植物块茎、追赶哺乳动物，并从食肉动物杀死的猎物身上割取肉、脂肪和器官。最后，他们还学会用绳子和钩子捕鱼，用长矛、网和弓箭来狩猎。

2. 熟食时期

（1）陶烹阶段

新石器时代后，先民们在磨制工具时摸索出“木与木相摩则燃”的规律，进而发明了火。在烧烤食物、化腥为熟的饮食活动中，又探索出不少的食物制熟技术。

人类最初的熟食法有火烹法、包烹法、石燔法和石烹法。包烹法是用草、泥包裹食物置火中煨烤成熟的方法。陶器的产生，也是受到“包烹法”的启发而偶然发明的。新石器时代中期，一部分人类的生产方式由原来的采集和渔猎发展为以农耕为主，主食由原来的肉食发展为以颗粒状谷物为主。烧烤类加工方法已经力不从心，需要新的烹饪方式以及器具与之相适应。陶器的发明标志着烹饪器具的诞生，把人类的饮食生活推向一个文明、卫生的新时期。“水煮”成了这时期烹饪工艺的基本特点。煮、蒸等技法成为这一时期烹饪技术的主导。

随着陶器兴起，祖先又发明了甑，类似当今蒸锅的蒸器。蒸饭的同时还可以烧水、煮粥。陶甑的出现标志着灶具由单一功能向多功能发展，提高了效率，节省了能源。魏晋谯周撰《古史考》记载，“黄帝始蒸谷为饭，烹谷为粥。黄帝作瓦甑”。大量考古证据证明，距今 8000 多年前，蒸谷为饭已经出现。

（2）金属烹阶段

青铜器烹饪：公元前 1500 年出现的青铜鼎，被视为铜烹时代的标志。我国古代的青铜器主要是铜锡合金，青铜具有石器坚硬的特点，从而逐步取代了陶。金属炊器与工具的广泛使用，也使刀工技艺更加精细。《庄子·养生主》中的“庖丁解牛”中的庖丁达到了“以神遇而不以目视”的境界，为“食不厌精，脍不厌细”提供了保障。青铜器烹饪阶段时间上相当于夏、商、周三代奴隶制社会。这个阶段，青铜器作为器具在奴隶主贵族中广泛使用，并代表着奴隶主的身份和等级。青铜鼎、鬲、簋、尊等，逐步成为高级贵族身份的象征。青铜器的特性，使动物性油脂得到了运用，使烹饪进入油烹阶段。不仅开创了一种新的传热介质——油，而且，还产生和形成了若干种新的烹饪方法，为中国菜点的多样化，提供了可靠的基础或物质条件。青铜器的炊具和加工工具主要有：鼎、鬲、甗、俎、铲、匕（一种为有尖刃的刀用于匕肉，一种为匙）等。

铁器烹饪：我国最早关于使用铁制工具的文字记载，是《左传》中的晋国铸铁鼎。春秋时期开始广泛使用铁器，用于烹调的铁鼎，大约出现在公元前 475 年。因为，铁器坚硬、韧性高、锋利，胜过石器和青铜器。铁制炊具良好的导热性，促进了“炒”的烹饪技艺的进一步发展。铁制刀具比青铜刀具的硬度和韧性，都有了跨越性的提升。在我国，铁器的出现可以追溯到距今约 3300 年的商代中期。但当时的铁是自然陨铁，而不是人工冶铁。我国最早的人工冶铁制品，可以追溯到距今 2500 年前后的春秋战国时期。汉朝时，出现了铁煅的厨刀。

唐朝为中国历史上最为繁盛的朝代之一，其饮食文化也颇有特色。唐朝，烹饪技术快速发展，各类宴饮层出不穷，饮食文化的审美倾向越发突出，烹饪中更注重菜肴的色与形的协调及其中的文化韵味。唐人注重追求外在的形式美与内在的文化韵味的协调统一。正因为有强大的烹饪技术作后盾，才烧制出了唐代赫赫有名的“烧尾宴”和“曲江宴”。

唐朝的饮食文化注重脱俗的艺术造型，不再单一追求饮食的食用功效，而是在保持饮食的主体功能的同时，更加注重饮食的艺术欣赏功能和养生保健功能。光洁透明是唐朝衡量菜品品质的一个重要标准。故唐人的高级馔食，习惯称为“馔玉”；肉白如雪的生鱼片，习惯称为“玉鱿”；档次较高的美酒，习惯称为“玉液”。李白在《将进酒》一文中写道：“钟鼓馔玉不足贵，但愿长醉不复醒。”

里的“馔玉”即是指珍美如玉的食品。秦汉时期已出现的炯、煮、烧、烤、烙，烫、炸、蒸、脯、腌等烹调方法，技术进一步改进、内在质量提高，都是在隋唐时期得以完成的。流畅的国际交流，世界各国的饮食精华引入、推广到大唐帝国，借鉴的同时，也改进或更新了传统的烹调方法。

唐代的外来饮食最多的是“胡食”，“胡食”是汉代人对从西域传入的食品的一种称法。开元年间，胡化风潮达到极点。胡风盛行，在接受胡族饮食时，往往在“胡食”里渗进了汉族饮食文化的因素，这种吸收与改造，极大地影响了唐代及其后世的饮食生活，使之在继承发展的基础上，最终形成了包罗众多民族特点的中华饮食文化体系。

唐朝儒、道、释三教并行，相互融合，广泛影响社会。当时备受推崇的道教，崇尚饮食清淡。受其影响，唐代人无论是炊饭、烹茶、酿酒，都喜欢在其中放入一些草药及营养价值较高的物品。唐初医药学家孙思邈著有《千金方》等，都有专门的章节论述。

不论从数量、质量、食材原料、烹饪方法，再到菜品的艺术和风格，唐朝都达到了古代历史的最高峰，可以说是一个极其辉煌的时代。传诵至今的陕菜名吃葫芦鸡、重阳糕等，都是唐朝饮食文化的缩影。

北宋时期，中国城市饮食文化丰富多彩，形成了由官、商、寺、民间菜肴之精华构成的开封饮食文化完整体系，代表着当时全国的最高水平。以开封为代表的北宋饮食文化，推动了中国饮食文化进入鼎盛时期。

北宋是中国饮食文化发展的第三个高峰，餐饮业异常发达，涌现出众多的特色和综合性餐饮店铺；菜品种类繁多；烹饪技艺日臻成熟，为北宋饮食文化的繁荣提供了物质准备。苏轼还总结出一套自己的养生和食疗方法。苏轼本人爱好饮食，最著名的非其创制的“东坡肉”莫属。在其著述的《老饕赋》中：“烂樱珠之煎蜜，滃杏酪之蒸羔。蛤半熟而含酒，蟹微生而带糟。盖聚物之夭美，以养吾之老饕。”可见，宋时的士人，已经以美食的考究为荣，并上升到了雅致的高度。

食疗是中国人的传统习惯，通过饮食达到调理身体，强壮体魄的目的。食疗文化源远流长。公元前5世纪的周代，就出现了专门掌管饮食营养保健的“食医”。战国时期的《黄帝内经》是我国第一部医学理论专著。东汉名医张仲景主张，在服药期间应忌生冷、黏腻、辛辣等食物，一直影响至今。

我国古代烹饪典籍，按内容，可分为三大类。第一类是食单、食谱、食疗方面的著作。北魏贾思勰《齐民要术》中饮食部分，乃当今世界保存下的最早的食品科技百科全书。第二类是以宋孟元老《东京梦华录》等为代表的，饮食市场方面的资料。第三类是饮食掌故，有唐段成式《酉阳杂俎》、宋陶谷《清异录》、元无名氏《馔史》等。

3. 烹饪时期

自20世纪以来，帝国主义列强大量向中国倾销商品，牟取暴利。其中就有机械加工生产的新食料，如味精、咖喱、芥末、奶油、苏打粉、香精、人工合成色素等。这些食料引进后，逐步在食品工业和餐饮业中得到应用，使一些食品风味有所变化。新食料的引进，对传统烹调工艺产生了“撞击”，如味精逐步取代高汤，有些制菜规程相应也有改变。

中华人民共和国成立后，烹饪的发展也不是一帆风顺的。它大体可以分作三个阶段，各有不同的特点。第一阶段是1949—1956年，属于复苏时期。由于政局稳定，经济回升，烹饪逐步恢复了历史上一些好的传统，这一阶段走的是上坡路，各方面初见成效，奠定了大发展的基础。第二阶段是1957—1976年，属于动荡时期。由于政治运动频繁和自然灾害不断，经济停滞，烹饪发展受到挫折，在20年间又跌入低谷，元气大伤。第三阶段是1977年至今，属于跃升时期。党的十一届三中全会召开后，随着改革开放，经济迅猛增长，“旧貌换新颜”，中国烹饪迎来了黄金之春，20年的巨大成就超过了历史上的100年。

在烹饪中体现文化，已经成为新一代烹饪工作者追求的目标之一。全国各地的风味菜、传统菜、创新菜、江湖菜、民间菜等一系列菜肴，从制作到成菜，不仅仅是使人从原来的色、香、味、形、声陶醉，而且还可享受浓郁文化的真谛。当客人可以从某一菜肴开始认识一个地方、一个民族、一个观念、一个名人时，其烹饪与文化便达到了一个高尚的境界。

（二）中国饮食文化的特点

中国饮食文化是华夏文化不可分割的组成部分，因此，其性质与特点必然会深受整个中华文化的制约和影响，实际上也反映了中华文化的共性和特点。

第一，风味多样。由于我国幅员辽阔，地大物博，各地气候、物产、风俗习惯都存在着差异，长期以来，主食的偏好以“南米北面”为主，口味则有“南甜北咸东酸西辣”之分。

第二，按季而食。按季而食是中国烹饪又一大特征。自古以来，根据季节变化调味、配菜，冬天味醇浓厚，夏天清淡凉爽；寒季重炖煨进补，夏天多清凉解暑。

第三，注重情趣。对菜品的命名，品味的方式，进餐时的节奏，演艺、娱乐的穿插等都有严格的要求。根据传说、掌故、名人食趣、菜肴形象等来命名的菜品的名称，都会令人眼花缭乱、拍案叫绝，如“驴打滚”“油炸鬼”“带子上朝”“佛跳墙”“将军过桥”“狮子头”“龙凤呈祥”等。

第四，讲究美感。中国烹饪的美感，是建立在技术精湛的基础之上的，注重食物的色、香、味、形、器的协调一致。即便是平淡无奇的红萝卜、白菜心，都能雕刻得出神入化，给人以精神和物质高度统一的特殊享受。

第五，食医结合。中国几千年前就有“医食同源”和“药膳同功”的说法。古代的中国人十分强调进食与宇宙节律协调同步，春夏秋冬、朝夕晦明要吃不同性质的食物，甚至加工烹饪食物也要思考到季节、气候等因素。这些思想早在先秦就已经形成。这种强调适应宇宙节律的思想意识，的确是华夏饮食文化所独有的。

中国饮食文化绵延170多万年，50多万年前，北京人用火烧烤食物开启了中国饮食文化由生食阶段转入熟食阶段的演变历史。形成了中国烹饪事业今日之异彩纷呈，绚丽多姿的局面。至今推出6万多种传统菜点、2万多种工业食品、五光十色的筵宴和流光溢彩的风味流派，因而，获得“烹饪王国”的美誉。

三、中国饮食文化（上）

（一）中国的传统烹饪原料

中国烹饪之所以受到世界的推崇，是因为种类繁多的烹饪原料是其重要的物质基础。中国地大物博，物产丰富，文化积淀深厚，因而饪烹原料数量众多，可用食材多达万种以上，常用的也在3000种左右，这么多的烹饪原料，经过精湛的中国饪烹调技法的艺术加工，烹制出千变万化的美味佳肴，成为人们对味觉的艺术享受。

据《礼记》记载，一年四季十二个月，月月都有时鲜美食。主料择优，配料也讲究时节相宜，自古以来，中国人对烹饪原料的选择就讲究时鲜，讲究不先时而食、不过时而食，追求适时而食。

中国人的烹饪原料，取料广泛，不拘一格，能食者皆食，毫无禁忌，并且擅长一料多吃。其结果不仅让中国菜获得了远比其他菜系更为丰富多样的食材来源，也从而维持了社会平衡，长期养活了世界上最多的人口。

起源于中国的豆腐被称为“国菜”，朱熹曾自注“世传豆腐本淮南术”。豆腐被认为是西汉淮南王刘安所发明。

1959—1960年，在河南密县打虎亭东汉一号墓“庖厨图”画像石中发现豆腐制作工艺流程图，专家认定有浸豆、磨豆、滤浆、点卤、压榨等画面。豆腐由起源到见诸艺术题材应有一定时限（约200年）。豆腐的发明改变了中国既有的作物结构，菽在五谷中的作用与地位降低，石磨的出现与使用，使得麦类缘此成为主食作物，而豆类成为副食作物。加工工具不可思议地影响和改变了粮食作物的地位与功用，豆制品加入副食行列丰富了中国菜肴的菜色品种。

如今，豆腐已经漂洋过海，遍布全球，有中国人的地方就有豆腐。豆腐的种类也随着人们的生活而变得丰富起来，不仅制作工艺上有了很大的变化，连制作豆腐的原料也丰富起来。

“南豆腐”用石膏代替卤水、醋水、甜叶汁。色泽洁白，质地细腻、软嫩，富含蛋白质，营养价值高，常食石膏豆腐，可使人的面部变得白嫩。南方多采用此种方法制作，卤水是由海水或盐湖水制盐后，残留于盐池内的母液，主要成分有氯化镁、硫酸钙、氯化钙及氯化钠等。用盐卤做凝固剂制成的豆腐，硬度、弹性和韧性较强，又称为“老豆腐”。它是北方豆腐的代表。“海水豆腐”产于地处海滨的青岛崂山王哥庄，海水是低波美度的卤水。海水豆腐与传统工艺制成的豆腐相比，可以节省淡水，充分利用沿海村镇天然的海水资源。因海水中富有镁、锌、硒等矿物质，制作出的成品豆腐口味独特、营养丰富、独树一帜。

中国的烹饪原料对于中国饮食文化有着深远的影响，一辈辈劳动人民凝练出了诸多关于饮食的谚语、成语、俗语。这是千百年来，中国人“吃”出来的智慧结晶。如“三月三，荠菜当灵丹”“六月韭菜臭死狗，九月韭菜佛开口”“吃对葱和蒜，病痛少一半”“食用开凌梭，鲜得没法说”“鲤鱼不满斤，好像白菜根”“百菜不如白菜，白菜四季保平安”“千煮豆腐万滚鱼”“鱼吃跳，猪吃叫”等。

（二）中国传统烹饪工具和餐具

鼎在中国由来已久。它最初是古代的烹饪器皿，相当于现在的锅，用以炖煮和盛放食品。鼎有三足圆鼎，也有四足方鼎。最早的鼎是黏土烧制的陶鼎，后来又发展为用青铜铸造的铜鼎。传说夏禹曾收九牧之金铸九鼎于荆山之下，以象征九州。自从有了夏禹铸九鼎的传说，鼎就从一般的炊器演变为传国的重器了。国灭则鼎迁，夏朝灭，商朝兴，九鼎迁于商都亳京；商朝灭，周朝兴，九鼎又迁于周都镐京。从商至周，都把定都或建立王朝称为“定鼎”。“鼎”字也被赋予了显赫、尊贵、盛大等政治引申意义。譬如，大名鼎鼎、一言九鼎、三足鼎立等。鼎是我国青铜文化的代表。它既是文明的见证，又是文化的载体。

筷子古称为“箸”或“筴”，在中国有悠久的历史。《礼记》中曾说：“饭黍无以箸。”至少在殷商时代，已经使用筷子进食。筷子一头圆、一头方。圆的象征天，方的象征地，对应“天圆地方”。这是中国人对世界基本原则的理解。手持筷子时，拇指食指在上，无名指小指在下，中指在中间，是为天地人三才之象，这是中国人对人和世界的关系理解。使用筷子时，一根为主动，另一根为从动；主动为阳，从动为阴，此为两仪之象。筷子的标准长度是七寸六分，代表人有七情六欲，以示与动物有本质的不同。

筷子是我们中华人民饮食文化的重要标志，在先秦的时期被称："梜"，在汉代的时候被称为"箸"，到了明代被称为"筷"。关于筷子的起源，有许多的传说，其中比较认可的有几种，一种是姜子牙发明的丝竹筷，另一种是妲已用玉簪做成的筷子，还有一种是大禹用树枝发明的筷子。

受中华饮食文化影响，筷子遍传东亚、南亚诸国和地区，朝鲜语中筷子读音与汉语"箸"相近。箸早在5—6世纪已传入日本，学术界认为，东西方在餐具使用上走了筷子和刀叉的不同路径，可能与农耕与游牧的产业类型选择有关。游牧民族游徙肉食，携带刀具既可做护身武器，又可用来宰杀切割动物，待到熟食顺便用作餐具；农耕民族定居谷食，刀功一般体现在厨房的烹饪过程之中。刀叉和筷子，不仅带来了进食习惯的差异，进而也影响了东西方人生活观念。刀叉必然带来分食制，由此衍生出西方人讲究独立；而筷子衍生出后来的合食共餐，从而让东方人拥有了比较牢固的家庭观念。

筷子在使用时，也有很多禁忌。筷子在桌子上摆着，一定要对齐摆好，不能三长两短、长短不一。这样会给同时进餐的人带来晦气。

在中国古代由食而进于文化，将箸用作计数和计算工具，将其纵横排列按十进位法可表现任何数字。思想家则以长短箸作为工具，演绎周易中的阴阳八卦思想。政治家和军事统帅用箸作排兵布阵的演示工具，《史记·留侯世家》中有张良在楚汉战争借箸为刘邦筹划之事。

（三）中国传统烹调技艺

蒸是中国先人最早采用的烹饪方法之一，是把肉食或面食放在笼箅中利用蒸汽使其成熟的过程。在中国独特的炊具——甑产生后，"蒸"法才得以问世。新石器时代发明的甑，距今已有6000多年的历史了，"蒸"法由此应运而生，是世界上最早使用蒸汽烹饪的国家。《说文》记载："蒸，火气上行也。"这一时期，蒸可用于做饭，《古考记》有"黄帝始蒸谷为饭"的记载，《诗经·生民》形容蒸饭说："释之叟叟，烝之浮浮。"水吸收火的热能，使甑的内压形成100℃以上的蒸汽。蒸也可用于做菜，《论语》中已提到"蒸豚（小猪）"，到战国时楚国有美食蒸凫（野鸡），北魏时有名菜蒸熊、蒸藕，唐朝时有醋蒸鸡，宋代有"蟹酿橙"，元时有蒸鲥鱼，明清时有盏蒸鸡、清蒸肉、藏蒸猪等。湖北天门的蒸菜，自古飘香，距今4600多年前的天门石家河文化遗址就出土了蒸器。局处一隅的"天门三蒸"已经发展至"天门九蒸"。天门，也成为名副其实的中国蒸菜之乡。

两汉以前最重要的菜肴是羹，菜肴加工主要是水煮、油炸、火烤、腌制数种。魏晋南北朝出现了炒菜技术。炒菜的出现与铁制炊具在烹饪中的广泛应用有关。一般器皿若陶器、铜器者，或因不具备炒烧功能或因熔点太低而无法应用。炒菜多为大火急炒，唯有铁器可以担当此任。东汉许慎字的《说文解字》中尚没有“炒”字，《广韵》中有“煼”即古“炒”字，起初只是粮食焙干的方法。菜肴加工之“炒”是以动植物油为中介质，加热肉菜浸入调料。炒菜的出现在烹饪学上具有重要意义，并由此而“显示出中国菜肴的独特风味”。炒菜与烤、煮、炸诸法相比使菜肴的配伍更加丰富多样，中华菜肴种类及菜系繁多，很大程度得益于炒菜的发明。炒菜涉及复杂的刀功技艺、菜种搭配、五味调和、火候把握，使中国的烹饪业逐渐成为一门具有特殊技艺的专门行业。

中国传统的烹调技艺不仅体现在选料与组配方面，还体现在刀工上，中国烹饪界一直有句行话就是“三分勺工，七分刀工”。经刀工处理的原料便于食用，便于加热，便于调味，能美化原料的形体，也是体现厨师基本功是否扎实的试金石。夏王朝的建立，与之相适应的烹饪刀工文化，同样展现了较高形态的烹饪文化气质。以“丝”为代表的食物刀工文化之高级形态由此诞生。“庖丁解牛”是对我国春秋战国时期烹饪刀工水平的真实写照。鲁菜作为我国的自发菜系，其精髓最注重刀工和火候。鲁菜中使用整鸡出骨技法的名菜夏津布袋鸡，相传是元代的官府菜。如今，鲁菜名厨宋其远大师蒙眼仅用 4 分钟的时间就可以完成整鸡出骨，被载入吉尼斯世界纪录。

鲁菜的翻勺穷尽了中餐翻勺动作的所有可能性。其中，大翻勺是翻勺技术难度的巅峰，为鲁菜系独有。被公认为国宴第一汤的“烩乌鱼蛋”在调味上讲究留白，必须让食客品尝三口才能吃出整道菜的味道精华。第一口咸鲜上口，微微酸辣；第二口酸辣味道得以升华；第三口酸辣咸鲜四味平行于口腔之中才能达到此菜技术要领的巅峰。鲁菜中的原创“爆”的技法，体现了中国传统烹调技艺的高难度和超高精准度，滚油爆炒，下料瞬间起锅，以极脆为佳，火力迅猛、千钧一发、瞬间万变，菜的质地口感和味道取决于厨师在最恰当的那一秒钟的动作。大火在锅里熊熊燃烧，顶级厨师方能驾驭高过头顶的冲天猛火，迅速翻勺，在最合适的那一秒迅速成菜装盘，早一秒则生，晚一秒则老。烹饪之道，如火中取宝。

春秋战国时期是中国烹饪文化的大变革时代。各种烹饪技术和烹饪理论在这个时期相继成熟。孔子提出的“割不正，不食”，包含了深刻的烹饪哲理。他把烹饪由生理上的满足上升到了心理上的享受，把烹饪的外在美提到了一个新的高度。中国烹饪自古以来就注重内在美与外在美的和谐统一，特别注重外表的视觉作用，讲究一菜十法、一饺十变、一酥十态等特色，充分运用艺术变化规则和烹饪工艺造型技法，使烹饪造型生动有趣、朴实自然。制作者与食者之间产生共鸣，出现了一种美的和声、一种美的共同追求。中国菜百菜百味，川菜中的鱼香、荔枝、麻辣，贵州菜中的“酸汤”……各有千秋。经典鲁菜“九转大肠”色泽红润，通体半透明，柔韧异常，层层相叠又层层相分。吃起来质地软嫩，是中国菜中罕见的兼有酸、甜、香、辣、咸五味俱全菜品，其苦味源自调料中砂仁和肉桂。味道是中国菜品的灵魂。

（四）中国传统饮食风味流派

大约在春秋战国时期，中国的饮食风味流派已经初具雏形。我国现存最早的医学专著《黄帝内经》中的《素问·异法方宜论》（卷四）中表明，自然地理的不同、气候水土的差异，必然形成物产的不同，食俗的不同，而这正是地方风味菜品的重要物质基础和重要先决条件。

中国地大物博，物质资源品种丰富，造就了不同的饮食流派。中国菜系流派以鲁、川、粤、苏、闽、浙、湘、徽等菜系为核心，与港、澳、台等流派一并构成了中国饮食风味流派的主题框架。

山东地处黄河下游，东南沿海盛产海鲜，鲁菜以海味取胜，闻名遐迩历时几千年。鲁菜由济南菜、胶东菜、孔府菜和青岛本邦菜四部分构成，是中国菜系中唯一的自发菜系，也是历史最悠久、技法最丰富、难度最大、最见功力的菜系，因而，被公认为“八大菜系之首”，尤以刀工和火候见长，有“食在中国，火在山东”之称。济南菜讲究清汤和奶汤的调制，胶东菜以烹制海鲜为主，以“爆”见长，孔府菜是中国官府菜的代表，场面宏大。移民城市青岛开埠最晚，由于受德、日、美、俄及南方北下的大师们的影响，兼容并蓄，中西合璧。鲁菜厨师擅长用当地的食材，用章丘大葱来“爆锅”和烹制菜肴，“葱烧海参”最为典范。油爆海螺片、火爆腰花、九转大肠、扒原壳鲍鱼、香酥鸡等皆为鲁菜经典代表。

江苏地处长江中下游，湖泊众多，江海相连，水产富足，禽蔬独特，被誉为鱼米之乡，形成了擅长烹制河鲜、喜食水产的饮食风俗。苏菜由苏州、扬州、南京、镇江四大菜为代表，也被称为“淮扬菜”。烹调用料严谨，注重配色，讲究造型，刀工精细。文思豆腐、菊花豆腐等足见其功底。由于口味适中，能够迎合众人的味蕾，成为“国宴”的首选。松鼠鳜鱼、蟹粉狮子头、蜜汁火方、大煮干丝等皆为其代表菜。

广东地处岭南，夏季长，冬季暖，气温偏高，烹饪上故逐渐形成了清淡、生脆、爽口的风味特色。广州、潮州、东江三地为粤菜的三大代表。粤菜最大特色便是用料广博奇杂，飞禽走兽、山珍海味、中外食材，无所不有，可谓全国之冠。擅长做鱼的顺德，被联合国教科文组织授予“世界美食之都”称号。粤菜讲究原料的季节性，“不时不食”。吃鱼，要“春鳊秋鲤夏三犁（鲥鱼）隆冬鲈”；吃蛇，讲究“秋风起三蛇肥，此时食蛇好福气”；吃虾，“清明虾，最肥美”；吃菜为“北风起菜心最甜”。粤菜对火候非常讲究，青菜、肉必须用猛火，熬骨汤却用微火，有的菜肴时用猛火、时用中火或微火，火力把握得恰到好处，一条清蒸油泼鱼，根据鱼的重量换算蒸制的时间精确到秒。个中体现的是岭南人的“中庸”。“无过而无不及”，以及对待不同事物采用不同的方法的辩证思维。烤乳猪、蜜汁叉烧、上汤焗龙虾、老火靓汤、盐焗鸡、豉汁蒸排骨、菠萝咕噜肉等为其代表菜。

四川物产富饶，不仅禽兽佳蔬品种繁多，而且土特产也十分繁多。加之四川地处盆地，多雾气重湿润，故人们嗜辛辣，习以为俗，逐步形成了川菜的干烧、干煸及调味重鱼香、麻辣、怪味、椒麻等特色。川菜以四川成都、重庆两地的菜肴为代表。离不开三椒（辣椒、胡椒、花椒），仅花椒就有“大红袍”、青花椒、藤椒之分，一道菜入菜的辣椒更是多达数种，擅于泡菜调味，鱼香肉丝的味型便源自二荆条辣椒泡制的“鱼辣子”。川菜有“一菜一味，百菜百味”的美誉。夫妻肺片、毛血旺、宫保鸡丁、回锅肉、麻婆豆腐、开水白菜等为其代表菜。

浙江是江南著名水乡，其湖河密布、景色秀丽，在这种自然条件下，形成了浙菜鲜香滑嫩、清爽脆软的特色。浙菜是以杭州、宁波、绍兴、温州等地的菜肴为代表发展而成的，浙江盛产鱼虾，又是著名的风景旅游胜地，故其菜如景，制作精细，西湖醋鱼、东坡肉、龙井虾仁、叫花童鸡等经典名菜，既美味又有故事。

福建地处我国东南沿海，海产品颇多，因此烹制海味菜出类拔萃。闽菜由福州、泉州、厦门等地的菜肴为代表发展而成。福建盛产红曲米（籼米，加上红曲霉菌发酵制成），因而，当地人习惯用其做酒，红糟就是红曲酒在发酵完成之后剩下的渣子，福建人用它来做天然的菜品调料和上色剂。如醉糟鸡、烧片糟鸡、荔枝肉等，皆突出“糟”的特色。据说，一帮要饭的乞丐，拎着破瓦罐，每天到处要饭，把饭铺里各种残羹剩饭掺和在一起，在街头散发着缕缕奇香，开店老板受到启发，而成就了名闻天下的“佛跳墙”。

安徽山区较多，山泉广布，矿产丰富，人们喜用木炭、砂锅烧炖食品。徽菜是以沿江、沿淮、徽州三地区的地方菜为代表构成的。以烹制山珍野味、名贵的食材——黄山“三石”：石耳、石鸡（黄山的野生蛙）、石斑鱼等而著称。成菜汤汁浓醇，形成了徽菜重油、重色、重火功的特色。有人风趣地用八个字，将徽菜的最大特色概括为：“严重好色，轻度腐败。”“严重”就是盐重，味道重；“好色”就是颜色浓，多放酱油；“轻度腐败”就是有些菜品是经过腌制发酵而成，如臭鳜鱼、毛豆腐等。当地甚至有“鱼不臭不吃”的风俗。

湘菜以辣味和熏腊为其一大特色，这是因为湖南大部分地区地势偏低、温热而潮湿，人们因而喜食辣椒，起提热祛湿祛风之功效。湘菜以湘江流域、洞庭湖区和湘西山区的菜肴为代表。多以辣椒、熏腊为原料，“四川人不怕辣，湖南人怕不辣，贵州人辣不怕”也是湖南人的真实写照。湖南浏阳豆豉是湘菜颇具特色的配料。以黑豆为原料，这种豆豉粒小、色黑、香浓、味美。像辣椒一样，对湘菜传统风味的形成，起着重要的作用。剁椒鱼头、腊味合蒸、东安仔鸡、毛氏红烧肉、麻辣仔鸡、冰糖湘莲等为其代表菜。

“吃在广州”，更确切地说，应该是“食在香港”。香港作为中西文化汇聚之地，对中国各地著名菜肴及外国菜肴均能兼收并蓄，相得益彰。香港是广东“汤文化”的发扬光大者，家家煲汤，津津乐道。由于居住条件所限，香港人从早茶开始，便有集结酒店饮食的习惯，这也大大促进了餐饮业的发展。落成于1883年的铜锣湾避风塘，历史最久。在这里，领略繁华都市中难觅的水乡村野情趣的同时，除了“海上厨房”的“艇仔粥”，还诞生了以其地域名字命名的世界独一无二的“避风塘”系列菜品。避风塘炒蟹、蜜汁叉烧、金奖乳鸽、贯一溏心鲍鱼、飘香东星斑和金牌酱焗龙虾等，都是港菜的杰出代表。

台湾菜是融和了闽菜、粤菜及客家菜的烹调手法，先后受荷兰、日本的文化影响，再结合台湾的物产及当地食俗发展而成。三杯鸡、蚵仔煎等均令人耳熟能详。

糅合中葡菜之长的澳门菜，与来自东南亚及印度等地区不同的香料：咖喱、椰汁、玉桂等，逐渐演变成今天风味独特的澳门土菜，更加适合东方人的口味，成为世界上独一无二的美味佳肴。金钱蟹盒、咖喱炒蟹、非洲鸡、西洋焗银鳕鱼以及葡菜焗马介休、炭烧沙丁鱼等为其代表。

中国传统民族风味流派：中国最大的民族菜系流派为汉菜系，是中国菜肴的标志代表。按照民族角度划分，又可分为：以回族为代表，包括维吾尔、哈萨克、东乡、撒拉等清真风味流派；以畜牧业为主的蒙古族、藏族等风味流派；以从事农业为主的朝鲜、满、土、裕固、傣、白、壮、苗族等风味流派；以渔猎为主的赫哲、鄂伦春、鄂温克族等风味流派；以从事商业为主的乌兹别克斯坦、塔塔尔族等风味流派。满族古称“女真族”，清代，满族菜影响全国，后经满汉交流，有些已被汉菜吸收。满族有吃水饭的习惯，即在做好高粱米饭或玉米渣子饭后用清水过一遍，再放入清水中泡，吃时捞出，盛入碗内，清凉可口。满族嗜食白煮猪肉，沙琪玛成为闻名全国的糕点。回族甜食在饮食生活中占有一定的地位，这和阿拉伯穆斯林妇女生下小孩后，用蜜汁或椰枣抹入婴儿口中，才开始哺乳有一定的渊源。回族认为饮食是为了养身和养性，因此只能吃佳美、合法的食品；其次，是严格的遵守食物的“五禁”。蒙古族牧民视绵羊为生活的保证、财富的源泉。与红食、白食占有同样重要位置的是蒙古族特有食品——炒米。藏民族长期以畜牧业为主，“藏北三珍”脍炙人口，即用当地物产原料烹制的冬虫夏草炖雪鸡、人参果拌酥油大米饭、蘑菇炖羊肉。由于受到喇嘛教的影响，藏族不吃鱼类。

中国传统市肆风味流派：市肆饮食是随着城市贸易的兴起和发展而发展的，唐代的洛阳与长安，两宋的汴京、临安，清代的北京，都汇集了当时的饮食精品。市肆菜以西安、兰州等重镇中心的名楼、名店的肴馔为主，代表名菜有明四喜、奶汤锅子鱼、煨鱿鱼丝、烩肉三鲜等。市肆菜通常以风味流派分类，其中鲁、苏、川、粤风味影响最大，四川的歌乐山辣子鸡、泉水鱼等为近年来的流行代表。北京菜、上海菜等以其独特的政治和经济影响，大有后来者居上之势。

中国传统家常风味流派：家常风味菜是中式菜的源头，也是地方风味菜系的组成基础。根据自家人口味特点烹制，既讲究营养卫生，又实惠简便快捷的菜肴。家常菜百家百味，风味迥异，不按套路出牌，但搭配灵活自如，国人最喜欢吃的菜还是妈妈的味道，因为，那是最亲爱的家人，用心去做的缘故。

宫廷风味流派：宫廷风味流派，消费者主体是皇宫的统治层群体，宫内人员多注重养生保健康，因此，追求长生不老是他们永恒的主题。宫廷多应酬接待，因此，筵席餐也比较多，如清宫筵宴名目繁多，一般从年初吃到年尾。元旦、万寿（皇帝生日）、冬至等为宫廷三大节日筵宴。

官府风味流派：官府贵族饮食，以孔府菜和谭家菜最为著名。孔府历代都设有专门的内厨和外厨。其形成了饮食精美、注重营养、风味独特的饮食菜肴。无论是菜名，还是食器，都具有浓郁的文化气息。传达了天下第一食府饮食的文化品位。另一久负盛名、保存完整的贵族饮食，当数谭家菜。谭家菜的主要制作要领是调味讲究原料的原汁原味，以甜提鲜，以咸引香；讲究下料狠，火候足，故菜肴烹时易于软烂，入口口感好，易于消化；选料加工比较精细。

中国传统素食风味流派：中国传统素菜分为寺院素菜、宫廷素菜与民间素菜三个流派。寺院素菜讲究“全素”，禁用五荤（包括葱、姜、蒜等），且大多禁用蛋类。宫廷素菜，泛指道家宫观、佛家寺院烹饪的专供帝王家享用的以素菜为主的馔肴。素菜在僧人中有着悠久的历史，其原料除了时令蔬菜外，多用豆制品、竹笋和三菇六耳，还有号称“四大金刚”的豆腐、面筋、笋、蕈等。素食，从内容来看，有清素、仿荤、杂素三类。清素从原料到菜的名称、形态都是素的；仿荤的用料是素的，但菜名和形态却是荤的，如用藕及面筋做的象形菜以“糖醋排骨”命名；杂素是以素原料为主，间用荤料。

中国传统饮食保健风味流派：中国传统膳食讲究平衡，提出了“五谷宜为养，失豆则不良；五畜适为益，过则害非浅；五菜常为充，新鲜绿黄红；五果当为助，力求少而数”的膳食原则。养生之人认为，人类的生存有赖于大自然提供的各种条件，人体与外在自然环境之间存在着既对立又统一的关系。因此，药膳食疗应遵循顺乎自然的法则。中国传统饮食保健大致有养生保健、美容养颜、健脑益智、疾病康复等几个分类。

中国传统食堂风味流派：中国古代，就已经有员工食堂的存在了。西汉时期，朝廷对优秀的大臣已经实行了小规模食物的供给。唐太宗“克定天下，方勤于治”。为了保证大臣不饿着肚子上班，将提供餐食成为一种定制。食堂风味菜，实为“大锅菜”。大锅菜只有用普通东西才做得地道，若放进山珍海味，反倒失了味道。近年来，酒店改头换面的大锅灶台鱼、大锅鸡等，也是食堂大锅菜的延展。

中国传统快餐风味及域外风味：灿烂的中国烹饪文化中，不光有阳春白雪，最贴近大众的快餐，也一直活跃在古今中国的餐饮市场。中国传统快餐风味大致可分为四类。第一是饭食类，如扬州炒饭、盖浇饭等。第二是面条、米粉类，如汤面、热干面、拉面、炒面、过桥米线等。第三是面点类，如包子、水饺、驴肉火烧、烧卖、锅贴、虾饺等。第四是饮料小吃类，如豌豆黄、驴打滚、龙抄手、肠粉、海藻凉粉等。操作迅速或事先批量做好，顾客一到即刻上桌，是快餐最大的优势和特点。古代的域外风味饮食以东汉的“胡食”为代表。肯德基、麦当劳、披萨等域外风味饮食，对青年一代的味蕾具有强大的冲击。

四、中国饮食文化（中）

（一）中国传统饮食产品

中华传统饮食产品就其深层内涵，可以用多、精、美、情、礼、奇、妙等 7 个方面来概括，反映了饮食活动过程中饮食品质、审美体验、情感活动、社会功能等所包含的独特文化意蕴。

多：中国饮食文化绵延数千年，可分为生食、熟食、现代烹饪 3 个发展阶段，现代烹饪又衍生出药膳养生、自然烹饪、科学烹饪等阶段。其间，推出 6 万多种传统菜点、2 万多种工业食品、令人眼花缭乱的筵宴和流光溢彩的风味流派，让中国拥有了“烹饪王国”的美誉。

精：是对中华饮食文化的内在品质的概括。孔子曰：“食不厌精，脍不厌细。”这反映了先民对于饮食的精品意识。它作为一种文化精神，越来越广泛、越来越深入地渗透、贯彻到整个饮食活动过程中。选料、烹调、配伍乃至饮食环境，都体现着一个“精”字。

美：体现了饮食文化的审美特征。这种美，是指中国饮食活动形式与内容的完美统一，是指它给人们所带来的审美愉悦和精神享受。首先是味道美。对“味”的审美视作烹调的魂。色、形兼备，美作为饮食文化的一个基本内涵，它是中华饮食的魅力之所在。

情：这是对中华饮食文化社会心理功能的概括。食，是人与人之间情感交流的媒介，是一种别开生面的社交活动。边吃边聊，成为做生意、交流信息、朋友离合的常态，送往迎来，人们都习惯于在饭桌上表达惜别或欢迎之情，平息感情上的风波，彰显饮食活动对于社会心理的调节功能。

礼：是指饮食活动的礼仪性。中国饮食讲究“礼”，这与我们的传统文化有很大关系。生老病死、送往迎来、祭神敬祖皆为礼。饮食活动中，座席、箸匙的排列、上菜的次序等都体现着“礼”。“孔府家宴”之所以会受到游客的青睐，其核心魅力就是“礼”。我们谈“礼”，不要简单地将它看作一种礼仪，而应该将它理解成一种内在的伦理精神。

奇：中国的饮食产品往往是出“奇”制胜。西方人将皮蛋定论为：味道吓人，外形怪异，是“恶魔生的蛋”。此外，安徽的臭鳜鱼，浙江、湖南的臭豆腐，青岛的“一卤鲜”，等等，都是以臭著称。流行于崂山沿海的“鲞鱼”（海中的鳓鱼制成）发酵的鱼体散发着阵阵恶臭，蒸熟后，好食者却认为“其香无比”。活醉虾、活吃鲤鱼则被国外人惊呼为中国餐桌上的另一种“奇葩”。

妙：孙中山先生认为，“烹调之术本于文明而生，非深孕乎文明之种族，则辨味不精，辨味不精，则烹调之术不妙。中国烹调之妙，足以佐证中国文明进化之深也”。

中国传统的食补讲究“医食同源”。老鸭、冬瓜可养肝健脾，山药、羊肉可益气滋肾。享受食物美味的同时，潜移默化地达到防病治病的目的，可谓奇妙。

中国古今菜肴的命名，一向以质朴意趣而又不乏奇巧闻名天下，有着独一无二的审美意境。以料为名的菜肴“荷叶包鸡”，就是荷叶包裹鸡肉等料制成的；以味命名的菜肴“鱼香肉丝”则是用鱼辣子烹制而成的肉丝；尤其以形命名的“松鼠鱼”“灯笼鸡”等，听其名便知其菜。

海参做笔杆，鱼翅做笔头（海参烧鱼翅），称“御笔参翅”；发菜炖猪蹄为“发财猪手”；蛇与鸡合炖称“龙凤呈祥”；“三阳开泰”“一品豆腐”“万寿无疆席”“福禄寿禧宴”等，都极尽祝颂、吉祥之意。

中国肴馔善以祥瑞之物龙凤、麒麟、鸳鸯等命名，有龙凤呈祥、凤凰展翅，公鸡母鸡同锅为鸾凤合鸣；二龙戏珠、乌龙藏凤、玉凤还巢、龙凤双逑、凤凰闹海、龙凤相会等吉祥菜数不胜数。将鸡翅美其名曰“凤翅”，如贵妃凤翅寓意吉祥、高贵或美好之意；“麒麟”也被用来寄喻吉祥之意，如麒麟鳜鱼、麒麟东星斑等。

谐音转借可以形象地美化菜肴。如霸王别姬，以甲鱼（鳖）和鸡与“别姬”音谐，鳖又被比作“霸王”。百合莲子叫“百年好合”，烩海八鲜叫“海参全家福”，大枣花生莲子羹叫“早生贵子”。妙语谐音，令菜肴蓬荜生辉。

以自然现象和数字为名，如天长地久（闽南菜）、云吞面、春卷、四喜丸子、五福鱼圆、七仙女下凡、八宝鸭、九转大肠等。

具有意趣之美，借用诗情画意。豆芽菜呼作“龙须”，豆腐化为“白玉”，鸡翅张开似“华袖”。粉条炒肉末展示“蚂蚁上树”，海蜇皮拌萝卜丝名“金声玉振”，椰蓉裹圣女果美其名曰“冰晶圣女”，“踏雪寻梅”（白萝卜拌红辣椒）等可谓借用之巧妙。以事迹典故命名的菜肴名称也有很多，诸如立过战功的“黄桥烧饼”；叙述母子离散后重逢的“母子会”；“诗礼银杏”（蜜汁白果）叙述孔子教育儿子学习诗礼等。

美食享受的同时，欣赏菜名更是一种别致的文化雅趣。“三分吃味道，七分吃文化”，大快朵颐之余，令人绕梁三日，回味无穷。

（二）中国传统饮食消费

1. 食制

当代中国，一日三餐已经约定俗成。然而，在古代，它并不是一开始就有的，而是，经过无数朝代的经济发展和努力换来的结果。上古时期，人类基本上就是饿了觅食，饱了不再进餐的状态。大约在商朝，中国才有了“定时吃饭”的风俗，这标志着人类饮食文明的进步。

先秦时期一般通行日食两餐，以适应“日出而作，日入而息”的劳作方式，早餐吃得多些，中午正值忙的时候，中午没有时间吃饭。晚餐后又无所事事，吃得少些，所以甲骨文中有“大食”“小食”的记载。进食是根据太阳的升降而定的。

秦汉时期，最初，仍是每日两餐。随着粮食产量的提高，口粮标准也有所改善，才逐渐向三餐制过渡。东汉郑玄曾说：“一日之中三时食，朝、夕、日中时”，说明中午也要吃饭了。秦汉时期出现了涉及节日、婚丧、生子、亲友来访、送行等社会交际的宴饮活动，并成为联结人际关系的重要纽带。

食物、食器的等级，成为判断人的高低贵贱的依据。《曹刿论战》中就有“肉食者鄙，不能远谋”之说，只有贵族阶级才有机会享用肉食。从进食的方式到筵席宴飨，周代都有着对等级之别严格的规定。当时的青铜饮食器具——鼎，国君用九鼎，卿用七鼎，大夫用五鼎，士用三鼎或一鼎，成为衡量社会身份等级标志。

2. 礼制与饮食

周代，饮食礼仪形成了一整套完善的制度。对皇家和诸侯的礼宴，做了具体的规定，名目有乡饮酒礼、大射礼、婚礼、公食大夫礼、燕礼等。周礼受到孔子的赞赏，并补充了仁、义、礼等饮食礼仪内涵。春秋战国时期，强调“食不语，寝不言”。这些流传至今的古训，不仅古时发挥过重要的作用，在当下的今天，依然产生着重要的影响。

3. 饮食和习俗

饮食礼俗，简称“食俗”，是民俗的一个重要组成部分，自远古时期开始，中国各民族就都喜欢把美食与节庆结合在一起，是祭典活动中最核心的环节。农历五月初五端午赛龙舟、吃粽子，寄托怀念屈原。农历七月七日，用乞巧果供奉牛郎织女，如春节吃饺子、正月十五食汤圆、中秋吃月饼等，都表达了举家团圆、亲人安康的美好祝愿。

汉族地区设宴一般讲究“逢喜成双，遇丧排单，婚庆求八，贺寿重九”。中国人的“吃”蕴含着认识、理解事物的哲理。小孩出生，要送红蛋给亲友，因为，“蛋”预示着生命的延续，寄寓着传宗接代的厚望。随后的庆生席、满月席、剃头席、百岁席、周岁席，直至成人后的金榜题名宴、谢师宴、婚宴、寿宴等将会伴随着人的一生。中国人吃的文化，已经超越了“吃”的本身。

冬至、除夕，北方包饺子，寓含着亲人团聚、阖家安康；江南打年糕、吃年糕，寓意步步“高”（糕）升的良好祝愿。年夜饭上少不了鱼，象征“年年有余”。端午节的雄黄酒，则将保健效用和信仰心理作用融为一体，成为驱虫、避邪的吉祥饮品。一代代传承下来的节日习俗中特殊的食品，中国人赋予了它特殊的文化内涵。

4. 如何欣赏中国美食

（1）欣赏中国饮食的九大要素

中国古代早就有“君子以饮食宴乐”的记载。美景，可以令人心旷神怡；美味，可使人身心愉悦、回味无穷。了解如何欣赏中国美食，显得也尤为必要。欣赏中国饮食要从九大要素着手：色、香、味、形、器、名、卫、营、触。

色：美艳的菜品，不仅令人赏心悦目，还能刺激人的食欲，中国菜肴注重以食材的自然色为美，如何保持住菜品上桌时的亮丽，对火候、厨师操作是否焖熟、加工时间的掌控，甚至是物理、化学等方面的专业知识，都有着严格的要求。

香：香有清香、浓香、醇香、葱香、蒜香、酱香等诸多类型。大火爆炒出清香，小火慢炖显醇香，鲁菜厨师习惯出锅前点“明油”（多为香油），一则是增加菜品的亮度，更重要的则是增补菜品的香气。

味：中国菜的烹制，讲究“有味使其出；无味使其入”，海参等食材，本身没有味道，要用高汤反复地“补味”，驼蹄等食材膻、异味很重，则要求厨师多达数日烦琐加工，去掉令人不悦的气味，呈现在餐桌上，才会是散发着诱人香气的珍馐美味。味对应舌，是中国饮食追求的灵魂和最高境界。

形：形对应外在，是食物的美感造型，是饮食形态美和意境美的结合。中国厨师“一把大刀走天下”，刀功出神入化。已故鲁菜泰斗郭经纬，可以用40多秒的时间，整鸡出骨，鸡身不漏水、不漏气，只有如此的整鸡、整鸭、整鱼出骨的“神功”，才能保证“八宝葫芦鸭”等菜品，还原完整造型的呈现。猪腰、墨鱼等脆性原料，麦穗花刀、蜈蚣花刀等的使用，除了便于原料瞬间成熟，留给食客更多的则是不忍下箸和令人赏心悦目的艺术造型。

器：中国传统的饮食讲究色香味形器俱佳，作为菜品的盛器，尤其是在盛大宴席上，它的作用显得尤为重要。清代文人、美食家袁枚所著《随园食单》食器须知中说：“古语云‘美食不如美器’。斯语是也。”远在公元前4000年，当世界上大多数民族，尚处在野蛮蒙昧状态时，我们的祖先，已经制作出刻有鱼作为审美对象的饮食器皿了。器美胜于食美，表达了中国古代人的一种审美意境，追求的是一种和谐哲理。

名：中国美食文化对菜式的取名非常讲究。菜品的命名原则大体分两类：其一，菜名中体现色、香、味要素。中国菜肴讲究色香味俱全，而中国的许多菜式名称将色、香、味的要素体现得淋漓尽致。如：葱烧海参、金葱扒鸡、水晶肴肉、龙井虾仁、松鼠鳜鱼等。其二，传统菜名引经据典，如：毛氏红烧肉、霸王别姬、东坡肉、李鸿章杂烩、多尔衮蒸肉、满族格格出嫁等。在好吃的同时，又蕴含着丰富的文化意境。

卫：中国从古代就非常重视食品的安全和卫生。周代法令有“五谷不时，果实未熟，不鬻于市”的规定。不到时令，不成熟的谷物、水果、蔬菜，是不得进入市场的，因为它们对人有害。

营：我国古代医学家和养生学家，已经认识到饮食营养对保健和医疗中的重要作用。中国膳食结构金字塔的底层为植物性食物，包括面包、米、面食等，这意味着主要营养素源于植物性食物，大部分热能取自碳水化合物。西方营养学家认为，中国的传统饮食结构是科学、合理的，是非常有益于健康的。恳切希望中国不要盲目追随西方，以免造成现代“文明病”的泛滥。中国各地的各式风味小吃——包子、饺子、馅饼、馄饨、元宵、粽子，以及地方特色食品——西安羊肉泡馍、兰州拉面、扬州蛋炒饭、武汉热干面、延吉冷面、潍坊的朝天锅等，都是远胜于西方的肯德基、麦当劳等，既科学又营养的健康美味食品。

触：食物的触感包括食物入口以后给予口腔的触感、温感、味感及嗅感等感觉的综合体验。中国饮食极其讲究口感，以鲁菜为代表的油爆、汤爆、火爆等，早一秒有异味，晚一秒咬不动，食客对厨师的“触”感要求达到了极致。

（2）欣赏性饮食消费

中国的烹饪，不仅技术精湛，而且有讲究菜肴美感的传统，注意食物的色、香、味、形、器的协调一致。中国烹饪注重品味情趣，不仅对菜点的色、香、味有一定的的要求，而且对菜点的命名、品味的方式、进餐的节奏、娱乐的穿插等都有严格的规矩。色洁白、质细嫩、味清鲜的竹笋，被视为“菜中珍品”，李商隐赞道：“嫩箨香苞初出林，五陵论价重如金。”苏东坡的“宁可食无肉，不可居无竹”。郑板桥“江南鲜笋趁鲥鱼，烂煮春风三月初”的诗句，对鲜笋烧鲥鱼的赞美之情更是跃然纸上。

在中国人的眼里，“食”，远非一日三餐填肚皮，更有怡情享受，周作人、梁实秋、叶灵凤和汪曾祺四位美食家的“食话食说”“马先生汤”“贴秋膘”“美人肝”“西施舌”等四方食事的描述，令我们大开眼界。

（3）国宴

国宴，因其规格高，礼仪性重，在人们的心目中颇有神秘感。国宴的菜，汇集了八大菜系的精髓，以淮扬菜为主，经历代厨师的潜心整理、改良、提炼而成。之所以偏重淮扬菜，就是因为它更加符合大众的口味，菜品更加平和，少有刺激感的菜品。有幸出席国宴的，大都是全国各地甚至是世界各地的重要宾客，年龄也不尽相同，这样的情况下，口味就十分难以调整，于是淮扬菜这样的口味就成为最佳的选择。

国宴烹制非常精细，炖、烧、煮、蒸、炸、溜、焖、爆、扒一应俱全，近年来，还借鉴吸收了西餐的烹调技法。

中国国宴讲究四美：环境美、菜品美、器皿美、服务美，而餐具器皿的精美则更让人赏心悦目。国宴餐具具有中华民族特有的风格。有特制的中国瓷器、陶器、金器、银器、不锈钢器、铜器等。中国菜点讲究配备器皿，所谓“美味还须美器盛”就是这个道理。

国宴上所用器皿多由瓷都景德镇特供，国宴是“吃”的艺术，但“功夫”又往往在吃之外。国宴所选用的餐具都是高规格的釉中彩瓷器。如“富贵牡丹国宴瓷”，设计者采用象征富贵吉祥的“牡丹”作为主题，金色牡丹使人感觉端庄典雅，简洁大方，一派大家风范。“古典园林中南海专用瓷”，这套高档釉中彩瓷，主体图案是鲜明江南园林风格的小桥流水人家、画中亭、桥、河、鸟、人，图案清晰、清秀典雅，将传统釉下青花瓷的意境和釉上彩的鲜亮融为一体，体现传统与现代的完美结合，它也是一种高雅身份的象征。

（4）去除中国饮食消费中的“糟粕”

华夏5000年的历史，诞生的美食数不胜数，这其中也难免会残存个别残忍的烹制方法及菜品。

中国传统饮食文化中残存的糟粕，在现代中国的饮食文化继承与传承中，必须要有所“扬弃”，即“去其糟粕，取其精华”，只有这样，才能使中国饮食文化真正健康地与世界接轨，走向全球。

五、中国饮食文化（下）

（一）中国传统饮食养生文化

中国烹饪与医疗保健紧密结合，汉代以前的食疗，是中国传统饮食养生文化的理论奠基期。商朝末年，是药与膳相结合的雏形期，为姜子牙所创制，《姜太公传略》记载，太公望红焖鸡源于营丘之战，起源并传承于今山东日照。

中国古人在中医学天人合一的理论基础上，把节气变化与饮食养生结合起来，天人合一的东方哲学让中国饮食依时而变，智慧灵动。所谓“春不食肝，夏不食心，秋不食肺，冬不食肾，四季不食脾，如能不食此五脏，乃顺天理。”人与天地的关系，“天人合一”是核心思想。

（二）中国古代有关烹饪的典籍

博大精深的中国饮食文化，保存了大量饮食烹饪资料、典籍。它们是人类文明共同的瑰宝，对今人发掘和创新食品，具有极高的参考价值。我国古代烹饪典籍，按内容，可分为三大类。

第一类是食单、食谱、食品学（包括食疗）方面的著作。

食单：《吕氏春秋·本味》中的商代食单、《楚辞·招魂》中的楚宫食单、南朝虞悰《食珍录》、隋代谢讽《食经》、唐韦巨源《烧尾食单》等。

食谱：宋郑望之《膳夫录》《美食大全》、宋陈达叟《本心斋蔬食谱》、宋林洪《山家清供》、元倪瓒《云林堂饮食制度集》、浦江吴氏《中馈录》等。

食疗专著：唐孙思邈《千金食治》、明李时珍《本草纲目》、清曹廷栋《粥谱说》等。

第二类是饮食市场方面的资料。有宋孟元老《东京梦华录》、灌圃耐得翁《都城纪胜》、吴自牧《梦粱录》、周密《武林旧事》，明刘侗、于奕正《帝京景物略》，清无名氏《如梦录》、李斗《扬州画舫录》、顾良《桐桥倚棹录》，近代《成都通览》，当代邓云乡《燕京乡土记》，等等。

第三类是饮食掌故。材料较集中的有唐段成式《酉阳杂俎》、宋陶谷《清异录》、元无名氏《馔史》等。此外，《周礼》《礼记》《诗经》《尚书》《论语》等经典及诸子、汉赋、类书、字书中也有不少饮食资料。

至于湖南长沙马王堆汉墓竹简中的随葬食单，墓葬砖刻、壁画、石刻、帛画，五代顾闳中《韩熙载夜宴图》、宋张择端《清明上河图》等传世文物，皆是研究古代饮食经验，不可错失的珍贵材料。

（三）中国的饮食文化与哲学、政治等的关系

饮食实践蕴含着许多哲理，中国古代的许多思想家和政治家，都善于用饮食之道来阐发自己的政治见解或处世哲学。

1. 哲学

中国的饮食文化是由中国民族文化的积淀而形成的，潜在地蕴含着大量的哲学因素，“烹饪喻治国”等的哲学思想体现出中国文化的博大精深。具体表现在以下三个方面：

（1）中国传统饮食文化中体现了天人

中国传统文化认为，人类与大自然是一个整体，故有“天人合一”和“民以食为天”的说法。这种强调宇宙节律的哲学思想意识，是华夏饮食文化所独有的，早在先秦就已经形成。人类在生存的过程中，善待自然和环境，必将形成个体生存需求、资源和环境承载能力和人的健康三者的协调统一关系，人类才能更好地生存。

（2）中国传统饮食文化体现了“中和”的哲学思想

“中”指恰到好处，合乎度。“和”为哲学思想的基本内涵所在，是适中、平衡、和谐与统一。顶级大厨能将众多的主料、辅料和调味品，通过不同的烹调方法和步骤，精妙地组合，使其互相浸润、渗透和融合，互补于菜肴之中，使之变革为一种组合之后全新的美味。源于诸味，而高于诸味。鲁菜的“九转大肠”，五味俱全，滋味相互渗透，其味之美在于味道的多样统一之中，是中国哲学思想的精髓。

（3）中国饮食文化体现了朴素的辩证观点

人们的主观认识要受到很多因素的制约，人的思想水平和素质也不相同。我们只要坚定以辩证唯物主义的观点来看待任何问题，就能准确客观地认识事物。中国的饮食文化，充分地体现了朴素的辩证观点和人文的思辨情怀，并能够在饮食过程中自如应用。

与饮食有关的很多成语、俗语，包含着丰富的唯物主义思想和朴素的辩证观点。“趁热吃”一向是中国人待客的一句客套话，然而药王孙思邈早已在《备急千金要方》中写道：“凡食太热则伤骨，太冷则伤筋。”“五谷杂粮保平安”“冬吃萝卜夏吃姜”等理念，体现了中国传统饮食中关于菜与饭的辩证思想。

“做菜如同做人”是指人对待菜品制作过程的态度，对待做菜认真，菜品一定彰显美味，反之，口味上菜品一定也会对不住你。人与人之间的交往，亦如此。中国饮食文化中融入了大量的哲学思想，中国饮食文化是民族精神的积淀，是传统文化的精髓。

2. 政治

良厨烹制美味必先懂烹饪之道，君主成就王业，亦必先知晓“治国”之道。君主的用人之道犹如良厨调和百味而成佳肴。君主成就王业，要像厨师烹调佳肴时掌握火候一样控制关节，把握时机，切不可懈怠散漫而坐失良机。

夏商周的许多思想家和政治家，也都善于用饮食之道来阐发自己的政治见解或处世哲学。庄周善于用饮食之道来比喻政治，他在论证战国变法的合理性时说：“三皇五帝之礼义法度，不矜于同，而矜于治。故譬三皇五帝之礼义法度，其犹柤、梨、橘、柚耶，其味相反，而皆可于口。故礼义法度者，应时而变者也。”

3. 中国饮食文化对其他方面的影响

饮食文化作为一种象征符号体系、作为一种意义形式，彰显出一个民族的精力气质、特征等，即品德与审美的风格及心情和世界观。

中国的饮食文化除了讲究菜肴的色彩搭配，还要结合用餐的氛围产生的情趣，它是中华民族的个性与传统，更是中华民族传统礼仪的凸显方式。

六、西方饮食文化简述

西方人饮食强调科学与营养，故烹调的全过程都严格按照科学规范行事。饮食文化是跨文化交际中非语言文化的重要组成部分之一，了解西方饮食文化有助于我们了解西方的精神文化和物质文化。

西方饮食文化的历史，应追溯到阿布维利文化时期，是欧洲旧石器时代的早期文化，最初叫“舍利文化”，约为 300 万年前到 200 万年的中更新世。因发现于法国北部索姆河边的阿布维尔附近而得名。

西餐烹饪推崇的是自然原则，更多地利用原料本身的形态、营养价值、色调等来体现。西方大厨对肥肉和鸡鸭类的皮（烤鸭、烧鸡的皮除外），以及各种动物的头、脚、内脏，甚至海参等，都会避而远之，更不用说稀奇古怪的食材了。

现代西餐烹饪对饮食原料的选择很挑剔。牛肉类烹制的菜肴以牛排为主，尤其是牛排中的菲力（牛里脊肉）多为佳品，牛排的主要烹调方法，大都采用铁扒、锅煎和烧烤，也有红焖、红烩的。其他如前腿、后腿、肠脯、牛尾、牛舌等，则以红烩、红焖、清煮为主，边角碎肉是煮汤熬汁的原料。

法国是476年西罗马帝国灭亡后，废墟上逐渐建立起来的国家。在此以前，法国被称为“高卢”。当时，就有一些雅典和罗马的有名厨师来到这里，奠定了法国菜的基础。到16世纪欧洲文艺复兴时期，意大利盛行的烩、煎菜品及各种少司的制作方法传到了法国，由于历代法国国王崇尚美食，使得当时的法国名厨辈出，奠定了法式菜在西餐中的重要地位。法国菜以其美味可口出名，且菜肴种类繁多，烹调方法独特。欧洲的佳肴，几乎都是法国人烹制的，法国大厨对饮食的讲究程度，足以与中餐大厨相媲美，甚至把饮食视为艺术，在这方面，有过之而无不及。最让法国人引以为荣的是葡萄酒、面包和奶酪。

法国菜按照烹饪风格分，有古典、家常、新派三大主流流派。

古典法国菜派系源自法国大革命前，皇亲贵族流行的菜肴，后来经由艾斯奥菲区分类别。古典菜派系的主厨手艺精湛，选料必须是品质最好的，常用的食材包括龙虾、蚝、肉排和香槟，多以酒及面粉为汁酱基础，再经过浓缩而成，口感丰富浓郁，多以牛油或冰淇淋润饰调稠。家常法国菜选料新鲜，做法简单。新派法国菜派系源自20世纪70年代，由保罗布谷斯倡导，新派菜系在烹调上使用名贵材料，着重原汁原味、材料新鲜等特色，装盘新颖，口味调配清淡。

西餐与中餐的区别大致有以下五点。

原料选取的区别：中餐的选料非常广泛，几乎是飞、潜、动、植，无所不食，除了一些宗教信仰（如伊斯兰教）有稍许禁忌。西方自中世纪后在精神文化上一直受到宗教的约束，加之由于现代营养学的建立，与中餐相比，西餐在选料上局限性较大，常用的原料有牛、羊、猪肉、禽类、乳蛋类等，对内脏的选择很少。中餐的主食喜欢大米，面食也可以。而西方更加侧重于面点，也就是西点。

刀工上的区别：中餐厨师非常讲究刀工，可以把原料加工成细小的丝、丁、片、末等刀口。西餐厨刀的种类非常多，加工不同的食材，要对应不同的刀具。但很少把原料加工成细小的刀口，大都是体积较大的排、卷、块等形状，讲究造型。

烹调方法的区别：中餐做菜一般使用圆底锅、明火猛灶非常适宜炒菜，这也造就了令人眼花缭乱的中餐烹调方法。西餐做菜惯用平底锅、暗火灶，烤箱使用频率极高，还有扒板、面火炉等设备，所以烹调方法主要是煎、烤、焖、烩、铁扒等。

分量和氛围的区别：西餐侧重于个点、个吃，分量适度，重视自我的氛围。中餐则是一桌菜，众人共品，虽然“众口难调”，仍然注重整体。习惯于将心目中的美食，与同桌人分享，餐桌气氛其乐融融。

厨具的区别：西餐的厨房更像一间工厂，标准化设备一应俱全，而中餐的“精盐少许，味精适量”等，更多的是考验厨师的悟性和炉火纯青的临灶经验。

西餐文化，无形地渗透着西方文化传统的“平等”“自由”“卫生”“隐私”等文化内涵。西方人非常注重食物当中的热量、维生素和蛋白质的摄入量。

注重“味”的中国饮食，以极强的趣味性、游戏性技艺，吸引着饮食男女的人生至乐。西方饮食则强调科学，以严格的规范化、标准化程式，满足西方人摄取营养的进食目的。随着全球思维文化的碰撞和国际烹饪文化的广泛交流，西餐大厨在制作上，也开始借鉴学习中餐的精益求精、追求完美，越来越注重，美食与美名（菜名）、美食与美器、美食与美境的结合。

七、中国的酒文化

中国是历史悠久的文明古国，同时，又是酒的故乡。在中华民族五千年历史的长河中，酒和酒类文化一直占据着重要地位。

在几千年的文明史中，酒几乎渗透到社会生活中的各个领域。酒与社会经济活动是密切相关的。汉武帝时期实行国家对酒的专卖政策以来，从酿酒业收取的专卖费或酒的专税就成为国家财政收入的主要来源之一。酒税收入在历史上还与军费、战争有关，直接关系到国家的生死存亡。

中国古人将酒的作用归纳为三类：酒以治病，酒以养老，酒以成礼。几千年来，酒的作用远不限于此三条，起码还包括：酒以成欢，酒以忘忧，酒以壮胆，等等。

（一）中国酒的发明

酒与中国文化密切相关，它的发明者，共推仪狄、杜康。仪狄，大禹时代人；杜康，据说就是夏代国王少康。而杜康之名又胜于仪狄。最早的酒产生于洛阳为中心的河洛地区，则是不争的事实。

根据古人的记载，酒的发明于偶然。有一次，杜康把剩饭放在空桑之中，日久，饭自然发酵，并流出一种液体，其味甘美。杜康受此启发，发明了酒。

（二）中国酒的命名

中国酒的名称历来是以产地、原料、水源、配方、香型及名人典故确定的。

上下数千年，历经演变，形成了一个洋洋大观的酒名王国。

全国数十万白酒的名称，命名五花八门。如果对其进行分类，主要有以下十个方面：

一是以地名或地方特征命名。如茅台酒产于贵州仁怀县茅台镇而得名；汾酒产于山西汾阳市，因取“汾”字而得名；西凤酒产自陕西凤翔，昔日曾有“西府凤翔”之称，故取名“西凤”；琅琊台酒产于山东青岛胶南琅琊镇，故取名“琅琊台酒”等。

二是以生产原料和曲种命名。以生产白酒所用的粮食原料及曲种来命名，如五粮液酒、双沟大曲酒、浏阳河小曲酒、高粱酒、沧州薯干白酒、小高粱酒等等。

三是以生产方式命名。主要是以“坊”“窖”“池”等做酒名，让人感到这酒的年代的悠久，有信任感。如泸州老窖酒、水井坊酒、千年酒坊酒、伊力老窖酒、国坊老窖酒、月池酒等。

四是以诗词歌赋、历史故事命名。如蒙古王酒、杏花人家酒、杏花村家酒、大宅门酒、十面埋伏酒、精五门酒、兵马俑酒等。

五是以帝王将相、才子佳人命名。如杜康酒、文君酒、刘伶醉、太白酒、关公酒、包公酒、两相和酒、曹操酒、宋太祖酒、百年诸葛酒、华佗酒、诸葛酿义酒等。

六是以佛教道教、仙神鬼怪命名。如老子酒、庄子酒、八卦鸳鸯酒、中国道酒、小糊涂仙酒、酒妖酒、酒鬼酒、酒神酒等。

七是以历史年代命名。如 1573 酒、1915 酒、百年香江酒、八百岁酒、道光廿五酒、百年皖酒、六百岁酒、1952 晋原酒、清宫酒、永隆弦酒、千秋汾酒等。

八是以时代特征和场所命名。如剑南国宴酒、国典酒、国藏汾酒、国宾酒、国壮酒、中华鼎酒、国粹酒、中南海酒、钓鱼台酒等。

九是以动、植物命名。如桂花酒、古鹤松酒、红杉树酒、牡丹酒、小狮子酒、小豹子酒、醉猿酒、真龙酒、锦花龙酒、熊猫酒、金狮子酒、红骏马酒等。

十是以情感命名。有情、缘等情感，如今世缘酒、情缘酒、同心结酒、塞北情酒、伊力金酒、王朝奶酒、金骆驼酒、唐古拉酒等。

酒为诗侣，诗见酒魂，诗酒联袂而行的历史演进，在古人心目中积淀为一种逻辑模式：饮酒必须赋诗。不论是群饮行令，还是自斟独酌，诗情都应该是酒兴的必然产物。中国第一部诗歌总集《诗经》，便是最早的证据。它通过文字记载了 305 首古代无名氏的诗篇，其中有 44 首涉及酒。可以说，首开诗酒文化之先河。从此，诗与酒便开始了它们在中国文学史与中国酒文化史的历史长河中漫长而悠久的结伴航程。

酒有类似的激化创作的功效，明清时期尤甚。著名的文学作品《红楼梦》的作者曹雪芹，每天著书均离不开酒，过着“举家食粥酒常赊”的贫困日子。罗贯中《三国演义》的关羽温酒斩华雄、曹操与刘备煮酒论英雄，施耐庵《水浒传》“三碗不过岗”，鲁智深醉闹五台山等文学作品所散发出来的酒文化韵味，都给读者留下了深刻的印象。

从古至今，文人骚客总是离不开酒，诗坛书苑画界皆是如此。酒文化还是画家们创作的重要题材，杜甫写过一首题为《饮中八仙》的诗，讴歌了贺知章、李琎、李适之、李白、崔宗之、苏晋、张旭、焦遂等八位善饮的才子。此后，《饮中八仙》也就成了画家们百画不厌的题材了。

（三）酒的早期是药

分析“醫”的字形结构，医、殳分别指代两种不同的武器，酉即指酒，“醫”的本义就是指用酒治疗伤口，进而引申为治疗一切疾病；根据《五十二病方》《养生方》等出土文献大量用酒治病的材料事实，证明在春秋战国之际，我国先民就已经大量地使用酒来治病。

酒的发明，是中国古代的一大成就，而发现并利用酒来治疗疾病，则是医学的重大进步，酒可称为人类制造的第一种人工药物，故有“酒为百药之长”的说法。直到今天，服用中药，还常常用酒来做“药引”。

古代的酒，是由黍或稻酿制成的一种含有低度酒精的饮料，人们在长期饮酒过程中，逐渐认识到少量服用可以通经活血，令人精神兴奋；多量服用就会麻醉神经，令人昏睡不醒，因而酒被先民们当作最早的兴奋剂和麻醉剂来使用。早在先秦时代，酒类就已在防病治病中占有非常重要的地位，在中医科技发展上起到了重要的推动作用。

酒的社会功能和积极面是主流，无论以文会友，抑或以物易物，抑或生产、贸易往来多是以酒为中介，从而达成种种协议，结成深厚友谊。“无酒不成席”成为中华民族的共识。

（四）少数民族与酒

许多少数民族地区，都有别具风味的家酿美酒，海南五指山的黎族地区，用香粳米酿造的山兰酒，呈乳白色，像米浆一样黏稠，十分醇香甜润，饮后微醉，余味良久。黎族的椰子酒，也是传统美酒。藏族地区有青稞酒，新疆和内蒙古草原有马奶酒，都各具特色。中南地区有些少数民族，如土家族、苗族等，则喜欢饮水酒，把米酒兑凉开水，用竹筒或大碗豪饮。

（五）古代的酒令

饮酒不是就饮酒而饮酒，它也是在饮文化，“杯小乾坤大，壶中日月长”。人们在饮酒时总是要追求酒趣，酒趣富于酒令之中。

酒令是筵宴上助兴取乐的饮酒游戏，最早诞生于西周，完备于隋唐。饮酒行令在士大夫中特别风行。西汉时吕后曾大宴群臣，命刘章为监酒令，刘章请以军令行酒令，席间，吕氏族人有逃席者，被刘章挥剑斩首，为喝酒游戏而戏掉了脑袋，想来令人不寒而栗！也许这就是“酒令如军令”的由来。酒令分雅令、通令、筹令等。白居易甚至认为酒宴中的雅令要比乐曲佐酒更有意趣。

（六）酒与诗人

诗人多爱饮酒，这是自古以来不争的事实。不少诗人都是酒中豪杰。纵观中国文坛，与美酒结下不解之缘的文人不计其数，尤其是那些才思敏捷的诗人，他们诗兴的涌动、情感的抒发无不与美酒相伴。

文人与酒的密切关系和嗜酒的名气之大，一般人难与李白相提并论。旧时在一些酒店的牌匾上写着“太白世家”“太白遗风”等，无疑也含有对李白的崇敬之意。

八、中国的茶文化

中国茶文化是中国制茶、饮茶的文化。作为开门七件事（柴、米、油、盐、酱、醋、茶）之一，饮茶在古代中国是非常普遍的。中国的茶文化与欧美或日本的茶文化的区别很大。中华茶文化源远流长，博大精深，不但包含物质文化层面，还包含深厚的精神文明层次。唐代“茶圣”陆羽的《茶经》可谓中华茶文化的奠基石。此后，茶的精髓渗透了宫廷和社会，深入中国的诗词、绘画、书法、宗教、医学。几千年来，中国不但积累了大量关于茶叶种植、生产的物质文化、更积累了丰富的有关茶的精神文化，这就是中国特有的茶文化。

种茶、饮茶仅是茶文化形成的前提条件，还必须有文人的参与和文化的内涵。唐代陆羽所著《茶经》，系统地总结了唐代以及唐以前茶叶生产，饮用的经验，提出了精行俭德的茶道精神。陆羽和皎然等一批文化人非常重视茶的精神享受和道德规范，讲究饮茶用具、饮茶用水和煮茶艺术，并与儒、道、佛哲学思想交融，而逐渐使人们进入他们的精神领域。仅在《全唐诗》中与茶相关的茶诗，流传至今的就有百余位诗人的400余首，从而奠定中国茶文化的基础。

（一）茶的最早用途

唐陆羽《茶经》记载：“茶之为饮，发乎神农氏。”茶在中国，最早不是饮用，而是药用。最早关于茶的神话传说，是神农氏爱民如子，为了救治百姓的病，亲自采药，遍尝百草，每次中毒都靠茶来解毒。《神农本草经》里就有记载。据此推断，至少在战国时代，我们的先人就知道喝茶，以茶做药了。

（二）唐朝与吃茶

茶叶起初兴盛于唐朝宫廷，唐式宫廷茶礼程序繁多，分为礼佛、净手、焚香、备器、放盐、置料、投茶、煮茶、分茶、敬茶、闻茶、吃茶、谢茶13个步骤，后来茶叶才逐渐从皇宫内院走入寻常百姓家。

但唐人饮茶方法与今人不同，唐人吃的是“饼团茶”，先把生叶做成茶饼，焙干收藏，吃的时候再把茶饼碾成茶粉，放在锅中烹煮，并在汤中加盐调成咸味，帝王家烹茶还要加点胡椒粉（或花椒粉），以增香味，这就是“吃茶”的由来。陆羽在《茶经》中还记载了另一种“吃茶”：将茶与葱、姜、枣、橘皮、茱萸、薄荷等熬成粥吃，这种吃法在唐代也很流行。

（三）茶与水

离开了水，茶就显示不出它的作用和价值。在茶客眼中，水是最具灵性的东西，这不仅是因为水是茶的色、香、味的载体，而且饮茶时，茶中各种物质的体现、回味，都是通过水来实现的。只有好茶、好水，味才能佳。世人津津乐道的杭州双绝——“龙井茶，虎跑水”，说的就是这个道理。

《茶经》中，陆羽对饮茶用水有精辟独到的论述：“其水，用山水上，江水中，井水下。其山水，拣乳泉、石池漫流者上……”陆羽“漫流者上”的说法，也是与今天的水文地质科学相吻合的。

（四）斗茶

宋代是极讲究茶道的时代，宋徽宗赵佶撰《大观茶论》、蔡襄撰《茶录》、黄儒撰《品茶要录》，一些文人雅士更流行斗茶的生活情趣，宋代斗茶之风极盛。

每年清明节期间，新茶上市，最适合参斗。斗茶，一斗汤色，二斗水痕。斗茶者各取所藏好茶，轮流烹煮，品茗高下。饮用时连茶粉带茶水一起喝下。斗茶有多人共斗或两人捉对“厮杀”，三斗二胜。

（五）炒青代替蒸青

中国人贪恋茶叶的香气与滋味，“蒸青”即以热气煮蒸方式。“炒青”技术用高温急炒，一则将那些低沸点的芳香物，青草气给挥发掉了；同时，炒的过程本身，又重新进行了物质转化与聚集——香气与滋味能更胜一筹。

绿茶为最早生产的品种。唐代我国采用蒸汽杀青的方法制造团茶，宋代改为蒸青散茶。到了明代，发明了炒青制法，此后便取代了蒸青。

（六）茶与菜肴

茶入菜主要是巧妙地将茶的色、香、味、形运用到菜肴之中去。在烹调中巧妙地运用茶的特性，改良菜肴本身的不足，这是茶叶进入菜肴的必然因素。茶菜在很多人的心目中，是看得到茶叶的菜，其实不然。中国的茶分六个大类，有绿茶、红茶、黄茶、白茶、青茶（乌龙茶）、黑茶。这六大类茶做菜各有自己的特色：

绿茶：翠绿、鲜爽，如果处理不当，盲目地将绿茶浸泡一下入锅翻炒，或火候掌握不佳，都会前功尽弃。“龙井虾仁”则是高大上的经典名菜。

红茶：全发酵，色泽亮丽，烘焙时产生馥郁香气，适宜沸水。用红茶做菜，在烹调上应该避免过长时间的煮、煨、蒸。鸡、鸭、鱼、肉。都可以用红茶去腥、去油腻，菜肴的色泽鲜亮乌润、褐红，可不加酱油，使茶肴本身透出浓郁的茶香。不见茶叶，品得茶香，此处无茶胜有茶。红茶做菜别具一格，茶叶蛋所用之茶，红茶为首选。

青茶：乌龙茶是青茶中的重要品类。半发酵，摇青过程中，绿叶红镶边，七泡尚有余香。铁观音可以用沸水泡出茶汁，用于鸡、鸭、肉的烹调，鸡胸纤维粗糙，入口如柴渣，但用铁观音汁浸泡出来的鸡却嫩爽、细腻、无粗糙之感，而且茶香入骨使鸡的美味更加突出。乌龙茶去油腻的功能也是其他调料无法替代的，因此煮肉入乌龙，去油为一绝。将乌龙冲泡炸香，与过油的海虾合炒，为近年酒店的创新菜品。

黄茶：色绿泛黄，成茶烘干趁热焖成金黄色，为制作茶松首选。

黑茶：后发酵，色泽褐红。用此茶做汤羹，或做酥油茶，一顿饭局下来，绝不会有任何后顾之忧。

白茶：微发酵，特点白毫显露，茶汤淡黄，口感清淡，最适宜做清淡的汤羹。

（七）茶与交际

从古至今，茶是待客的首选。主人以茶相待，主客之间的话匣子便会在袅袅茶香之中慢慢开启。

上下五千年，茶饮文化已根植于中国传统。国人对茶的认知，上至帝王将相、文人墨客，下至平民百姓，无不以茶为好。中国传统节日七夕鹊桥以茶为媒、中秋月圆以茶怀乡、重阳尊老以茶益寿、春节欢庆以茶待客，茶饮不仅是亲朋团聚、传递祝福、表达感情的媒介，更演变为中国节日文化的特定符号。

世界著名科技史家李约瑟博士，将中国茶叶作为中国四大发明（火药、造纸、指南针和印刷术）之后，对人类的第五个重大贡献。

（八）茶代表清廉

清代画家郑板桥曾有云：“墨兰数枝宣德纸，苦茗一杯成化窑。”茶是郑板桥一生的最爱，于他来说，可以没有锦衣玉食，唯独不能没有茶。悟茶尚清廉。

茶文化崇尚清正、俭朴。几千年来，百姓在品茶的过程中，总结了许多与“茶”有关的廉政格言、警句，如“一杯清茶问今古，两袖清风为苍生”“茗溢芳醇满天地，人修廉洁和乾坤”“历尽艰辛成极品，自甘恬淡散清香”等。“以茶养廉”的观念早在两晋南北朝时期就被提出来了。

（九）茶与正人君子

中国文人好以茶明志，以茶言志，借茶之品性阐述自己的理念。如著名诗人白居易就常以诗来明志，在《食后》茶诗中，充分表露了他的淡泊情趣和他的处世哲学，诗云：“食罢一觉睡，起来两瓯茶。举头看日影，已复西南斜。乐人惜日促，忧人厌年赊。无忧无乐者，长短任生涯。”

（十）茶是佛道之人的清醒剂

作为“礼佛茶”，寺院中僧尼以茶敬佛、敬师、献宾客，供自己与善友品饮，谈佛论经，修养身性，遂形成了庄严肃穆的“茶礼”。

自东汉末年佛教传入中国后，中国的茶叶便开始沐浴佛的光辉，伴随佛教中国化的历史进程，这种影响也日渐加强，名山、名寺必种名茶，饮茶成为“和尚家风”，因“禅教合一”而出现中国茶文化的新迹象，学者们称之为“茶禅一味”。佛门，茶不仅用于祭祀。饮茶也是僧人的必修课，茶礼被纳入僧家法律强制施行。《百丈清规》对于佛门茶俗的发展和巩固起了决定性作用。僧人在饮茶中发现自己，见性成佛，向佛学和美学的最高境界——禅境靠拢。

专题九

中国武术

一、中国武术的产生与发展

武术起源于中国，它是中华民族智慧的结晶，是中华民族五千年文明史的见证，也是炎黄子孙贡献给世界的一份中华民族文化瑰宝。

（一）武术与武术文化

1. 武术的定义

武术是以技击动作为素材，以套路和对抗为运动形式，具有技道双修功能的传统体育项目。武术作为我国传统的体育项目，最初用于军事训练，逐步发展为强身健体的体育运动，后又逐步发展为现今具有社会功能的娱乐竞技项目。在其漫长的发展进程中，摄养生之精髓，集技击之大成，玄机秘法，哲理深邃，形成了较为系统的技术体系。按其运动形式综合起来可分为三大类：套路运动，搏斗运动和功法运动。套路运动主要有拳术、器械、对练；搏斗运动主要有散打、短兵、推手；功法运动主要有腿功、腰功、马步桩功、沙袋功等。

2. 武术文化的定义

武术文化是以武术攻防为核心内容而形成的具有相对独立的武术技术体系、武术理论与知识体系、武术制度与习俗体系的总和。武术历史悠久，内容丰富，技理深邃，功能卓著，是我国宝贵的文化遗产。武术作为一种传统文化，富含丰富的古代传统哲学、美学、医学、兵法学、伦理学、养生学等多种文化思想营养，兼备整体运动观、阴阳变化观、形神观、气论和动静说、刚柔说、体用说、尚武崇德说等与哲学相关的理论，使得武术内涵丰富、寓意深刻，注重内外兼修、德艺兼备，同时又具备体育竞技功能。中国武术之哲理奥妙，使之超越了一般意义的攻防搏击之术和健体养生之法，而成为一种修身、养性、齐家、治国、平天下的做人之本和处世之道，也是现代人塑造自我的法宝。

(二)武术的产生

1. 武术起源于原始生存竞争

在“物竞天择，适者生存”的生存环境中，人类首先面临的就是人与兽之间的争斗。为了猎取食物，人类自然产生了拳打脚踢、指抓掌击、跳跃翻滚一类的初级攻防手段，也学会了制造和使用石制或木制的工具击打野兽。然而正是这些本能的、自发的身体运动，使得人类在原始生存竞争中存活下来。这就是初级攻防技能，为武术的形成奠定了一定的基础。

2. 武术产生于原始武器与战争

据考古发现，旧石器时代已出现了尖状石器、石球、石手斧、骨角加工的矛。而到了新石器时代末期，则出现了大量的石斧、石铲、石刀和骨制的鱼叉、箭镞，甚至还有铜钺、铜斧等，由此看出在原始争斗中，人类掌握了基本的搏杀武器，原始人类的生存能力已大大提高。

早在原始部落发生大规模战争之前，中国就已经出现了人与人之间为抢夺食物、领地等进行斗争的现象。据《吕氏春秋·荡兵》记载，“未有蚩尤之时，民固剥林木以战矣”“争斗之所自来者久矣，不可禁，不可止”。人与人的争斗，随着规模的扩大，让原始争斗逐步发展为原始部落之间有组织的战争，为了使战争消停，原始武术也加速形成。

3. 武术产生于原始教育、宗教、娱乐

武术产生于原始教育，在《列子·汤问篇》中早有记载。据“纪昌学箭”所述，有一个叫纪昌的人拜著名射箭高手飞卫学习射箭，在名师飞卫的指点下射箭本领大幅提升。这个故事反映了武术教育的教、学、实践相结合的整个过程。随着武术技术日趋完善，从实践中发展出来的武术理论也开始形成，为后来武术教育的发展与传承打下了坚实的基础。

武术的发展之初还吸收了宗教的思想，据《吴越春秋》记载，古代越国就有一位著名的女击剑家，时称“越女”。她不但剑技出众，而且还阐明了其中动与静、快与慢、攻与防、虚与实、内与外、逆与顺、呼与吸等矛盾双方的关系，成了技击理论的千古经典，是后代剑法的基本要诀。这种武术理论的根源与道家理论等宗教思想是密不可分的。

武术表演的娱乐性也对武术产生起到了积极的作用。春秋战国时期，比试武艺的形式已广泛出现，据《管子·七法》记载，齐桓公每年举行“春秋角试”来选拔天下英雄。据《庄子·人间世》和《荀子·议兵》所载，当时比试武艺已非常讲究技巧，拳术打法有进攻、防守、反攻、佯攻等。随着武术越来越受到统治者重视，以“练为战”逐渐发展为“练为看”，二者互为补充而存在着，国内

经常举行武术表演与比赛，“武术套子”“拳棒擂台”和“喜剧武打”等武术表演形式也越来越多，武术的娱乐价值也随之提升。

（三）武术的发展

1. 中国传统武术的五个发展阶段

形成阶段： 原始社会末至夏、商、周时期。《史记》《世本》《山海经》《诗经·小雅·巧言》《礼记·王制》等记载有“黄帝习用干戈”“蚩尤作五兵”“夏后练九伐”“周代射礼”“无拳无勇，职为乱阶”及“凡执技论力，适四方，裸股肱，决射御”等；军事战争的频繁，青铜业的发展，武术开始与生产劳动分离，从属于军事活动，武术由简单的单个攻防技术，发展为简单的套路和比赛形式。

兴起阶段： 中国武术经过漫长的形成过程后，于春秋战国时期进入初步兴起阶段。春秋战国时期是我国先秦史上社会经济大发展的时期，也是古代有名的列国混战、诸侯争霸、战争十分频繁的时代。生存和发展的需要，武术在军中和民间得到了重视和推广，突出反映在“拳术和角力的兴起”，舞剑、斗剑、佩剑之流盛行一时，特别是兵法及武技理论著作的问世（如《庄子·说剑》《手搏》六篇、《剑道》三十八篇、《吴越春秋》《孙子兵法》等），大大丰富了技击理论的文化内涵，武术开始成为我国文化的组成部分。

成长阶段： 秦汉三国是封建社会的上升时期，政治经济的相对稳定环境，为武术与军事技术分离并向体育竞技方向转化创造了条件。突出体现在武术开始分为二大类型。一是实用性较强的攻防格斗练习，表现为角抵非常盛行，手搏从角抵分化出来又把相搏的技艺向前推进了一步；另一类是从攻防格斗中提炼加工而成的“舞”（现今的套路运动），特别被“百戏”吸收，艺术性较强，叫“舞练”，此种舞练有“剑舞”“刀舞”“戟舞”“醉舞”及“集体剑舞”“集体矛舞”等，武术逐渐由单纯军事技术向娱乐健身、竞技方向转化，有了较多的竞技比赛形式，反映出明显的体育特征。魏晋南北朝的特殊历史环境，如三教合流（儒、道、佛），玄学盛行，加上追求长生不老之术的迷恋之风，在某种程度上对武术确实产生过不良影响。

发展阶段： 隋唐时期，随着社会经济的繁荣发展，武术又进入快速发展时期。唐朝推行“武举制”，以考试方法选拔武艺人才，这从政策上促进了民间和官方练武活动的广泛开展，使武术纳入正规的教育轨道。隋唐两朝，为推动武术的发展，制定了种种的激励办法，重视武艺人才的措施，无疑也促进了武术套路技术和攻防格斗技巧的丰富和发展，对后世套路的成熟有着重要的影响。当时文人、武人佩剑成风，以舞剑为荣。诗人李白、杜甫青年时皆学过剑术，将军裴旻的剑术、李白的诗、张旭的草书被誉为“唐代三绝”。有人赞美裴旻的剑舞是“剑舞若游龙，随风萦且回”。杜甫笔下的《观公孙大娘弟子舞剑器行》对公孙氏的剑术做了十分生动的描述，曰：“昔有佳人公孙氏，一舞剑器动四方。观者如山色沮丧，天地为之久低昂。㸌如羿射九日落，矫如群帝骖龙翔。来如雷霆收震怒，罢如江海凝清光。”

成熟阶段：宋元时期，民间的武艺组织蓬勃兴起，如“英略社”“刀箭社”“锦标社”“相扑社”“射弓踏弩社”等。社团组织的出现，为武术的传授交流、发展创造了有利条件。武术根据“百戏”演出的需要进行了改进，使表演花法、套路布局更合理，每练一套有起势、收势，武艺向多样化方向发展。军队“格教法”的颁布和《武经》七书的出版，促进了军旅武术的开展。“十八般武艺”名称的出现，为后世武术家整理、归纳武术内容提供了基本素材。

明清是武术大发展时期，各种流派林立，拳种纷呈，流派的发展对武术的普及起到了积极的推动作用。武术的总体范围和技术结构层次此时期已基本形成，表现在武术典籍大量问世，至明末清初达到高峰。主要有：程宗猷的《耕余剩技》，吴殳的《手臂录》，戚继光的《练兵实纪》《纪效新书》，何良臣的《阵纪》，唐顺之的《峨眉道人拳歌》，茅元仪的《武备志》及文学巨著——施耐庵的《水浒传》、罗贯中的《三国演义》、吴承恩的《西游记》，等等。

清代武术流派分流，各具特色，极大地丰富了武术的内容，八卦掌、太极拳、形意拳、通臂拳、劈挂拳等均已产生，成为武术成熟的重要标志。清代具有代表性的武术论著有《六合拳谱》《内家拳法》《苌氏武技》《太极拳经》《花拳总讲法》等，是武术繁荣的具体体现。

2. 中国近现代武术的发展历程

（1）民国时期，由于社会的发展，火器的普遍使用，武术的健身作用更为明确，武术更多的是以体育运动的形式出现在人们的社会生活之中，成为近代体育的重要组成部分。民间出现了拳社、武士会、体育会等武术组织，如“精武体育会”“中华武士会”“致柔拳社”“武当太极拳社”“尚武国术研究会”“汇川太极拳社”等，这些武术团体对武术的传播和发展起了一定的作用。1928 年“中央国术馆”在南京市成立，此后相继有 24 个省市建立了国术馆，形成了一个较完整的国术教育系统。“中央国术馆”组织了两次“国考”，数次较大的武术表演活动，如 1929 年游艺大会，1936 年中国武术旅行团访问东南亚及 1936 年中国武术队赴柏林奥运会参加表演等。

（2）中华人民共和国成立后，党和人民政府十分重视民族传统体育项目的继承和发展，国家体委和中国武协遵循毛主席“取其精华，去其糟粕”“古为今用，推陈出新”的方针，按照武术运动的本质特征和功能价值，全面规划了武术运动的发展方向，促进了武术运动民族化、科学化、大众化和国际化的发展进程，得到了进一步完善和长足发展，成为社会主义体育事业的重要组成部分，主要表现在如下几个方面。

确立方向，拓宽视野：在批判了门户之见、保守思想，清除了反科学、有害健康的锻炼方法后，确立了武术的社会主义性质和为人民健康服务的发展方向；设立了民族形式体育运动委员会，举办了各种会议和活动，武术被列为高等院校和中、小学体育课程，整理出版了一批初、中级的习练套路（如简练太极拳、初中级长拳及器械套路等），促进了武术在城乡的广泛普及和开展。粉碎“四人帮”后，1982 年召开了中华人民共和国成立以来的第一次全国武术工作会议，制定了武术工作发展方针、政策，规定了任务，颁发了《关于加强武术工作的决定》，为武术运动开展国际交流，走向世界奏响了凯歌，自此后，武术以独特的姿态，登上了国际竞技比赛的大雅之堂。

统一部署，拯救遗产：1979 年原国家体委发出了《关于发掘、整理武术遗产的通知》，自 1983—1986 年，动员了全国近 8000 余人，耗资数百万，开展了我国历史上空前的普查和挖整工作，取得了卓著的成效和成果，为弘扬武术文化和促进武术全面发展准备了基本条件。

完善了竞技制度和规则，加强了国际交流：从 20 世纪 80 年代起至今，先后修订竞赛规则 8 次之多，使规则达到了国际体育竞赛的基本要求；制定并实施了团体或个人锦标赛和多层次观摩交流大会体制，实行了裁判员、运动员、教练员等级制和段位制。散打经整理列入竞赛体制，武术竞赛形式更为完善。我国武术队代表团先后访问过五大洲数十个国家，为宣传武术运动起到了积极作用；自 80 年代起，我国开始有计划、有步骤地对外推广武术；1987 年和 90 年代在日本横滨、中国北京成立了亚洲武术联合会、国际武术联合会，其他洲级武术联合会也相继成立；世界武联和洲级武联主持的世界武术锦标赛已成功举办过 8 届，通过努力，武术已成为亚运会正式项目，2008 年奥运会，武术已作为特殊项目列入，武术已成为国际体坛的竞技项目之一。

武术理论研究成果丰硕，武术运动的开发前景初有展示：武术理论研究工作自 20 世纪 80 年代“全国武术学术论文研讨会”后，武术运动科学化问题已引起各学科领域专家的极大关注，特别是党的十一届三中全会以来，武术理论研究工作的广度和深度得到了进一步拓展，可以说已经走出了肤浅认识武术的低谷。据不完全统计，武术理论研究的论文和成果已近万篇，武术史学、武术文化学、武术养生学、武术理论基础、各种武术技理读本、各种武术辞书和百科专著相继问世，武术高度的哲理教育价值和作用已被世人所认识。

武术除具有修身、健身、防身、悦心等价值功能外，还有一定的开发价值，当今出现的“武术搭台、经贸唱戏”的集文化、经贸于一体的活动在全国各地非常引人注目，诸如“少林武术文化节”“武当武术文化节”“中国传统武术节”“全国状元杯擂台赛”等都从不同的侧面展示了武术服务于经济建设的强大生命力。可以这样展望：不久的将来，武术文化市场将随着武术国际化的进程传播到国外，未来的武术盛会必将是武术竞赛、武术文化、经贸活动的综合性大会，武术的功能和效益将得到全面的展示。

二、中国武术文化的思想内涵

武术文化是中国传统文化沉积的反映，属东方文化的范畴，具有自身独特的要素和本质的特征，是我国传统文化不可缺少的重要组成部分。

（一）中国武术文化蕴含的意义

中国武术文化所蕴含的意义主要体现在三个层面：

技术器物层：武术文化就是以攻防格斗的人体动作为核心的人体文化。包括物化在生命体中的拳脚攻防动作程式，物化为动作程式的符号记录及复现、传播、辐射的过程效益等，技术器物层是武术文化结构中最基本的外显层次，表现为可见的人体动作形态和特定的物质。包括攻防格斗技法、套路动作程序、功法、器械、器具、服饰和场馆等范畴内容，其展示的是人物关系。

传承习俗层：武术文化结构中的中间层次为传统习俗层，表现为人体动作传承的形式、方法、规则和规范标准等，包括组织形式、教授方式、继承原则、礼仪规范、道德标准和竞技规则等内涵，其展示的是人与人的关系。

思想价值层：思想价值层是武术文化结构中不可见的层次，即最内层的精神层次，它的形成是主体自身的文化修养、道德理念、思维方式、审美情趣等意识形态的综合体现；包括武术文化形态所体现的民族精神、民族性格、民族心理常态和民族感情等内容。

（二）中国武术文化特色

武术的总体文化特色是围绕生命活动的维持来开展的，具有泛道德主义倾向，是中华传统文化的一个缩影，主要表现在如下三个方面：

1. 内外合一的整体观

武术强调人与自然、人与社会、人自身内外的和谐统一，追求人与自然融合的“天人合一”的思想。

张岱年先生说：“人生最高理想，是自觉地达到天人合一之境界，物我本属一体、内外原无判隔。”（《中国哲学大纲》）“天人合一”简言之就是人与自然的关系，武术文化中统称为“自然和谐”，其基本观点就是要天人相通。武术运动是人体的运动，人体自身的运动与宇宙自然的运动二者有着必然的内在联系，要达到练武的目的，就必须顺应自然、遵循自然的种种规律，全方位地融入宇宙自然之中，只有适应自然的变化，主观顺应客观，方能提高锻炼效果。如流行在广东的“少林八卦五行功”，根据不同的季节和人体内五脏的变化，提出了分别进行走、站、立、卧的不同练习内容和要求。武术要求技击、养生并重，在练功时，要求择天时、地利，完全基于人与自然同构之理；武术象形拳模仿飞禽走兽的各类动作也是寓意与自然相通的认识。

武术运动讲究自身的“内外合一”，认为人体内部存在的意气神与外部有形的肢体是不可分割的整体，在训练原则上倡导“内外互导”，在锻炼要求上强调“内壮外强”，在技法规格上主张“内外三合”（“内三合”指心与意、意与气、气与力合，“外三合”指手与脚、肘与膝、肩与髋合），在外形特征上要求做到“心动形随”“形断意连”“势断气连”形神相融的境界，这种讲究在自身和谐的运动中追求生命健康的运动法则，亦是武术健身价值的根本原动力。

武术较技中强调内守的中庸思想，就是顺应社会生存需要的重要哲学理念，这种理念已经超越了一般意义上的攻防搏击之术和健体之法，而成为人们塑造全面人格的主要法宝。

2. 德艺双修的学练观

中国武术“武德”观念最为突出的特点表现在“德”与“艺”的高度统一和以德为先导的思想观念上。认为道德修养是通向高深武功境界的精神航船，是“艺”的精神载体和基础。精神修养、人格净化、道德情操是入门的先导和条件，而技艺的修炼过程，又是促进人格力量和道德精神的塑造和完善过程，德与艺是相辅相成、互为依托的。万籁声先生曾说：“是以武功一道，非有坚韧不拔之志者，难得有大成功；非忠义纯笃者，难得大造就；非谦和恭敬者，难得有善终。”“坚韧不拔”“忠义纯笃”“谦和恭敬”正是习武者道德要求标准和技艺培养过程的生动概括，反映出传统武术活动中德艺双修而以德为基的不可替代性。

纵观武术运动的诸多拳种和门派，无不体现出东方文明的崇高气质和亮节风格。如立身正直的拳道观、尊师廉和的处世观、先礼后技的比试观等。客观表现为：争斗而有礼仪，较技而不粗野，艺高而不炫耀，激情饱满而内秀含蓄，富于观赏且追求崇高的境界和气质，等等。中国武术所展示的精神风格美，是东方技击人体文化的根本特点，与西方所追求的刺激、壮烈、惊险、具有震撼性审美观构成了鲜明的对照，从武术本质的特征上看，武术的德与艺的统一已渗入了华夏民族的伦理风范和理性的仁义思想，在当今激烈竞争的社会生活中，仍需发扬这种思想和观念。

3. 自强不息的民族观

武术运动所沉淀的“自强不息”的民族文化精神，对现代人具有重要的人生指导价值，亦是武术文化特点之一。武术每一个动作都强调“一动无不动，一发牵全身”“长拳者，如长江大河、滔滔不绝，一泻千里，势不可当”，“动”是武术功能的原功力，“动”与“动”的不间断重复和翻印，本身是一种奋进精神的境界和锻炼。古语云：“一身动则一身强，一家动则一家强，一国动则一国强，天下功则天下强。”武术以练为核心的互动观，对培养“自强不息”“顽强拼搏”精神具有重要的实践效应，亦是现代人培养创新精神的有效手段之一。

中国传统文化倡导礼让、不与人为先，这种文化意识和心理结构，充分体现在武术运动所反映的“厚德载物”的习练理论中，武术的伦理认为：习练武术的过程，是悟道、怡情的过程，只有淡漠强者胜争的意识，才能在攻防较技中，采取“超脱”和“游戏”的态度；在“尽情地忘形”实践活动中，逐渐领悟人生世俗之真谛，以厚德载物之包容胸怀去面对世俗的胜负、成败、利害、得失之功名利禄，排除名利人伦变化的各种干扰，以平静的心态，进入自我实现的目标。

（三）武术文化与中国传统文化

武术萌生于中国传统文化的土壤，其发展与演变过程也带有显著的传统文化烙印。

1. 武术文化与哲学

（1）古代本体论对武术文化的影响

古代本体论对武术文化的影响主要反映在“太极说”“五行说”“道论”“气论”等诸方面。

太极拳的命名即为“太极”二字。从《无极图》《太极图》看，中空圆圈表示“无极”，表示天地未开，阴阳未分之混沌宇宙状态。体现在太极拳上是三个方面：一是未始之时要抱元守一，意识要纯无杂念，宁静空寂；二是太极拳动作只能是圆弧运动；三是寓意其动作是连绵不断，似同“无极”之涵盖，生生不息也。正是因为太极拳与其“太极”哲理思想源流有关，所以流传海内外长盛不衰。

五行拳以“五行相生相克”的原理解释了各种拳技的相互关系。认为劈属金、钻属水、崩属木、炮属火、横属土，其关系是：金生水、水生木、木生火、火生土、土生金，联系到形意五行的相生关系是劈拳变钻拳、钻拳变崩拳、崩拳变炮拳、炮拳变横拳、横拳又变劈拳。横拳属土，认为是万物之根本，是五拳之母。相克的关系是：劈拳破崩拳，崩拳破横拳，横拳破钻拳，钻拳破炮拳，炮拳破劈拳，等等。古代朴素的唯物主义将人与自然同列为与五行有关的事物，形意拳利用五行之理又与人的五脏、五官相联系形成了系统的相关健身理论，这种理论是形意拳拳理的基础。

“道论”“气论”是老庄哲学本体论的核心。太极、形意、八卦及内功功法拳技的千变万化均贯穿了一个“理”，这个“理”实质上就是老子的“道”。“气”被视为武术的原动力和根本，“气”是养生的基点和技击力法的本源。内功拳技遵循老庄“道”和“气”的规律，强调拳技演练中的“气沉丹田”“以气养神”“以气催力”等要求，对生命盛衰、延年益寿、促进健康具有重要哲理价值。

（2）古代辩证法对武术文化之影响

古代辩证法是武术的战术理论构建的基本原则，主要表现在阴阳学说、八卦生化观、反者道之功、形神统一观等诸方面。

阴阳学说是武术搏击战术思想架构的基础，由阴阳对应思想衍生了武术技击对抗中一系列的概念：如动静、开合、进退、屈伸、刚柔、虚实、攻防等。这一系列描述事物变化的原理被广泛地运用于武术理论之中。可以这样认为：从武术的技法原理到练功原则无处不渗透阴阳对立统一的观念。

八卦生化的含意是阴阳二气的交感和化生万物的现象。武术中的八卦拳运用“太极生两仪，两仪生四象，从而生化万物”的思想来解释八卦拳派生和变化无穷之意。即以一掌表示一卦，共八掌；又依六十四卦衍生出六十四掌；八卦掌走转运动的方向亦是八卦的八个方位（即四正、四偶）；八卦掌运动中左右对称、转圈换式、阴阳相交、终而复始、循环无端的特点，是古典哲理生化无端的循环论观点的反映。

“反者道之动”是老子哲学中的辩证法的命题，是武术战略思想的基本原则。主要论述进攻与防守、动与静、刚与柔、内与外、正与奇的矛盾关系及处理原则，总体认为：攻防是相对的，攻能转化为防，防亦可转化为攻，“攻不忘防，防不忘攻”，动静、刚柔、内外、正奇亦是相生相克，互相转换的。

形神统一在哲学上归属于物质与意识、存在与精神的问题。认为神依赖于形，形是神的物质基础，“形存则神存，形谢则神灭”，神又影响形，二者是对立的统一，这种思想成为武术中形神统一的文化基础。形神统一主要体现在练功中的神形兼备的要求，内外兼修的目的及意、气、神、力的有机结合等方面。

（3）古代认识论对武术文化的影响

古代认识论对武术文化产生较大影响的是“知行合一”的思想。

“知行合一”是明代哲学家王守仁（阳明）提出的认识论命题，认为“知”和“行”是统一的。武术中的“知行合一”观念主要表现在三个方面：一是认为社会实践是武术产生和发展的源泉，即武术起源于劳动，发展于军事，完善于健身卫体，武术的产生发展又是与不同时代的政治、经济、文化等息息相关的，是有源之水，有本之木；二是强调学以致用的宗旨，倡导实战价值和应敌技能；三是认为勤学苦练是达到领悟技击之道真谛的唯一途径。

2. 武术文化与宗教

宗教是各种文化现象、社会观念、道德伦理的复合体，武术作为一种文化形态，受其影响也是深刻的。

（1）武术文化与道教

道教的教义对武术文化内涵的影响远远大于其他宗教。秦老和庄子的关于无为、贵柔、当雌、崇阳、法水、主静等思想，被道教转化为自我的宗教精神和原则后，大约在宋明时期，武术开始以其精神和原则指导自身的理论建设和发展。

太极拳就是道家伦理道德在武术上的最好体现，太极拳中动静、刚柔、虚实、开合等对立统一的状态与道家的思想规律是一致的，太极思维中的阴阳辩证法追求阴阳平衡逐渐被作为认识问题和解决问题的法则，成为习武者的一种思维方式。

道教又把以“易”理为基本架构的内、外丹修炼术和经道教融摄的古典哲学中的阴阳、五行、八卦等理论，有机地嫁接到武术技术和理论之中，为宋明时期以贵柔持静为原则、以阴阳五行八卦太极等“易”理为指导的内家拳的问世提供了重要的技术支撑和理论依据。

道教“贵生”“全生”“重今生”的养生观对武术生命文化的研究产生了深刻的影响，突出生命延续的作用和价值，弱化技击对抗功效，为形成独特的内家拳派体系创造了条件。

武术的招法动作是武术文化表达的符号和最终形式，道教的精神、思想观念也透过技术文化表现出来。诸如八卦掌因八卦方位而变化，形意拳以五行相生相克而编制，太极拳以阴阳转换理论而构建，如此等等，已足以证明道教思想对中国武术文化产生的影响是深远的。

（2）武术文化与佛教

自隋唐以后，佛教的精神和人物逐渐融入民间，使其成了具有东方式态的特殊教派。佛教的民俗化为中国武术融其精神内核创造了条件，主要表现为：

其一，少林武术依附于佛教寺庙和僧侣集团，使其获得了良好的外部发展条件；其二，佛教的神秘性为少林武术的传播起到了精神支柱的重要作用；其三，以少林武僧为代表的佛教徒，以其高超的武技促进了少林武技的形成和发展；其四，佛教的禅宗对武术内功拳派的修炼提供了许多有效的功法和盘架。

佛教精神、教义与教戒，诸如普度众生、慈悲为怀及五戒，对武德、武风的建设起到了指导作用。

武术文化处处渗透着中国传统文化的色彩。传统武术理论的形成，是中国人文化心理的缩影，是中国文化重体验、轻实证的产物。儒家讲中庸，道家尚无为，佛家崇定慧，整个中华文化都在一种以不变应万变、怕走极端的氛围中孕育和发展。

3. 武术文化与中医学

数千年来，武术与中医有着共同的理论渊源，它们相互交叉、渗透、影响，形成了内容博大的“武医”体系，故有“拳起于易，理成于医”之说。主要表现在“天人合一”的整体观，阴阳辩证对立统一论，形神相关、脏象相应等诸多原理和观点上。武术家善医、精医，很多武术家同时也是医家，中华医学名人录中，名医善武者 15 人，著名的武术家王子平、郑怀贤，都是骨伤科医生。中国传统医学与武术的结合创造了独特的武术点穴术、养生气功、按摩、针灸、整肢接骨等中国特色的武医技术。穷其原因，是中国武术运用了中医的整体观，吸收了中医的“精、气、神”三宝理论与经络学说，由此可见武术与中医学密不可分。

4. 武术文化与军事

兵者武也，术者技击也。军事与武术从起源时就紧密联系在一起。人类历史的发展，朝代的更迭，莫不以军事为主要推动力，而军事中最核心的是武，特别是在冷兵器时代。武术不仅运用了军事战争中的兵器为器械，还广泛吸收了军事理论、战略战术作为克敌制胜的谋略。古代的兵书是现代军事著作、武术技法和谋略构建的基础素材。如《孙子兵法》中的“知己知彼，百战不殆”“奇正之变，不可胜穷”“攻其无备，出其不意”等。军事理念与技术极大地丰富和发展了武术的理论与技术体系，使武术的技击本质得到了充分的体现。

5. 武术文化与古典美学

从 2000 多年前的春秋战国时期开始，道家美家思想对武术就有较深的影响。所以有人说，中国武术之美是外儒与内道的统一。武术作为审美对象，仅仅看它的外观美如形体美、动作美、技术美是远远不够的。中国武术讲究“精、气、神”“形神兼备”“外练筋骨皮，内练一口气”，具有含蓄、深邃的内在美。武术中的“气”“韵”“意”“神”等概念，与中国古典美学中的范畴基本一致。所以，要表现出这些内在美，光有形似不行，必须认识和领悟中国传统文化，并进行深沉的自我修养，才可达到“神似”境界。

从反映公元前 11 世纪的武王伐纣的《大武》乐起，武术就涉足文艺领域，成为古代音乐、舞蹈、诗歌、戏曲、小说、杂技的题材。古代武舞、武乐恢宏浑厚，气势磅礴。反映古代战争的《十面埋伏》《将军令》等至今仍是音乐家演奏的名曲。《大武舞》《弓矢舞》是古代武术与舞蹈结合的一种优美艺术形式。

早在战国时期，侠客已经成为一股社会势力，到了汉唐时期，武侠活动在社会上产生了更大影响。古代史学家司马迁的《游侠列传》，可视为较早的一篇描写武侠的作品。晚唐时期，武侠小说的创作出现一个高潮。武侠传奇作品中所描绘的义侠，寄托着平民除暴安良、改变社稷的理想。武侠小说延续 1000 多年始终不衰，以至于到了 21 世纪初在中国大地盛极一时。尽管武侠小说创作还有待改善之处，但它作为文学的一个品类和创作形式，除了欧洲中世纪出现过骑士文学外，如今世界上其他地区几乎是看不到的。随着现代科学技术的发展，电影、电视脱颖而出，于是诞生了武术电影和武术电视片，为人们所喜闻乐见。至于中国戏剧中的武打戏则更是脍炙人口，特别是京剧中的武打场面十分壮观动人。武术渗入到文学艺术领域后，武术文化更显耀得灿烂辉煌和多姿多彩。

6. 武术文化与养生

武术作为一种健身手段，强健体魄、延年益寿自然成为其本质，而养生是中国传统的保健身心的一门学问，所谓“养”，就是供养、保养、调养、护养之义；所谓“生”，就是生命、性命之义。养生旨在通过各种手段和方法来摄养身心，以期身心健康、延年益寿。因此健身养生其实就是武术的一种社会功用。

武术的健身养生还讲究调息运气，讲究内外兼修，既注重筋骨的锻炼，又强调心、神、意、气的结合，是根据生命活动发展的规律，采取能够保护生命、保养身体、增进健康、减少疾病、延年益寿的方法和手段而进行的自我保健方法。

武术养生要做到动静结合，即做到动功与静功结合，静中有动，动中有静；练养相兼，即锻炼与合理修养并重，不能一味注重训练强度，不管身体状况，不顾休息，这样就违背了养生的目的；还需要循序渐进，注意掌握动量的大小，运动量太小达不到锻炼目的，起不到健身作用，太大则超过了肌体耐受的限度，反而会使身体因过劳而受损；最后还需要持之以恒，锻炼身体只有持之以恒、坚持不懈，才能收到健身效果。武术养生不仅是身体的锻炼，也是意志和毅力的锻炼。

7. 武术文化与中国伦理

作为中国传统文化有机组成部分的武术，在其产生、发展和完善的历史进程中，受中国伦理的影响极深。历史上许多武术家也都自觉或不自觉地运用了伦理思想礼仪来阐释武术拳理等，并能融会贯通地创造出不同风格的武术套路和拳种，富含哲理性。

武术的一招一式都显示着中国传统文化的烙印，要寻根，儒家伦常称得上是武术思想文化的根源之一。特别是儒家的教育思想的影响对武术文化尤为深远。中国自古是个重伦理的国度，长期封建社会的伦理思想，特别是自汉代“独尊儒术”之后，儒家伦理道德强调“仁爱”，认为“仁”为“爱人之本”。以“仁爱”为基本伦理思想所派生出的“忠、孝、智、仁、勇、宽、信、敏、惠、本”等道德标准一直被作为武术伦理思想的核心。儒家倡导的追求文武双全、仁勇兼备的思想，对武术发展起到了导向作用，中国历史上由此出现了大批儒侠。儒侠不只是行侠仗义、扶危济急，还会维护国家大义、忧国忧民、为国为民，儒侠文化备受推崇。

儒家的伦理思想在武术中表现在三个方面：一是在观念上明确了习武先要明礼重德。强调“未曾习武先明德，未曾学艺先习礼”“失礼者不可教之，失德者不可学之”等，把“礼”与“德”等同视之。习武重礼也是武术传承的精髓所在，任何一个习武之人都要从“道德”和“礼让”学起，拳礼就是在这样的文化环境中产生的。拳礼又称“请拳”，是武术中礼仪性的招式，表示互相尊敬、互相学习、团结和谦让的意思，是拳德的组成部分。正所谓“拳以德立，无德无拳”，武术的真谛就在于重德。习武者把德融入拳术中，做到“有德有拳”。学会施抱拳礼只需顷刻时间，而学会抱拳礼中的武德，并付诸行动，却不是件容易的事情。行武德修养对于每一个习武者来讲有着重要意义，它是习武者在精神修养中的重要方面，值得人们代代传承。二是把礼具体化为礼仪、礼节、礼貌、礼让四个层次面。礼仪即指拜师学艺的固定伦常仪式；礼节即切磋技艺、教学过程、长幼相见的行礼形态和姿势；礼貌和礼让是指习武者的修养和涵养，即要虚心求教、屈己待人、助人为乐、扶危济贫等。三是习武应追求“慎独”。讲究个人自觉加强修养，要立业先做人的练武观念。

儒家教育思想的尊师重教的传统美德对武术也有重要影响。武术武德中讲究尊师重道，“尊师重道”是“尊师重教”在武术文化中的具体体现。拳谚曰“徒弟技艺高，莫忘师父劳”“一日为师，终身为父”等这种“投之桑榆，报以桃李”的学练信条是“知报”中“义”的重要内涵，亦是传统师徒关系美德的重要特征。

三、武术主要流派特点

武术流派是指在小农经济社会特定的政治、经济和文化条件下形成的，具有明显传承脉络、独具特点的，有较系统理论和技术体系的拳种类别，是我国武术独特的文化现象。

武术的流派是伴随着历史的推移、文化科学的发展、千年小农经济生产方式的国情、无数次国内外战争的变化滋长起来的。具体来说有以下几种原因：一是与军事战争有关；二是与民族、地域有关；三是与承传师祖和本人的客观素质条件有关；四是与健身修身卫体的不同目的倾向性有关；五是与历代研究整理的方向有关。总之，武术流派的产生、发展是有其历史、社会根源的。纵向和横向的流传，继承和创新的发展，国内和国际的牵连，形式内容的演变，致使武术流派浩繁如海、丰富而内容广泛。由于各武术拳种的繁杂，地域的广阔，加之几千年形成的各门派不同的研究方法和观点，对武术流派的分类还各抒己见，甚难统一。

当前，武术界较为流行如下几种观点。即“内功和外功说”“长拳短打说”“地域分类说”“功、引、醉、别、对说”“南拳北腿说”“教材分类说”等，其中以“内功外功分类说”较为历史悠久，持相同见解者居多。今仅就此类主要流派及流行较广的相关拳种的特点与鉴赏问题做简要论述。

历史上以内、外功拳派分类的，影响较大的主要有三大派。

（一）少林派

少林武术出自河南登封市嵩山少林寺，因少林寺坐落于少室山五乳峰下，故称此拳派谓“少林派”，其拳系为“少林拳系”。

据有关资料效证，少林寺始建于北魏太和十九年（495 年），最早入住少林寺的是东天竺高僧跋陀，后南天竺高僧达摩也曾入住并有“面壁九年”之“面壁石”一说，传说达摩为改变僧徒精神萎靡不振和体质纤弱状态，曾撰写有《达摩易筋经》，创编了“罗汉功法”等，教僧徒朝夕习练，以振其神、壮其体质。把某种文化现象的起源符合于神仙圣人之说，在中国传统文化史中也是相当多见的，其目的是抬高价值地位，以有利于生存推广，出发点是积极的。

按照历史唯物主义的观点分析，少林武术的起源与来自民间的僧人有关，也就是说其渊源是中原地带的民间武功。

据史料记载，至两汉时期，中原地带武功相当盛行，而少林寺的和尚大都来自中原一带，这就为少林寺武功的兴起和传承打下了基础。明朝嘉靖年间（1522—1566 年），少林武僧月空率领僧徒勇抗倭寇，为国屡建战功，名扬海内外；此期间抗倭名将俞大猷拜访少林寺时，并将《剑经》之法（即棍法）传给了少林僧徒，少林寺得此指点，棍法大进。后经过七八十年的几代人的努力，到明朝末期，其棍法之精技已被推为诸家棍法之首。少林寺拳系起始于拳术，发展于棍法，后又从刘德长高手中学得峨眉枪法，使其名声大振。至清初之际，又融北派拳技之精髓，贯南派南拳、西南四川之器械之理论，终于形成了内容博深、技术精湛的少林拳体系，取得了独树一帜的正宗派系地位。少林武术在中华人民共和国成立后的发扬光大，更进一步确立了其发展方向和地位。少林武术已成为中国北派武术的总称。

目前流行于北方地区的多数拳种，如梅花、炮拳、洪（红）拳、功（弓）力、劈挂、通臂、短打、燕青（秘踪）、拦手、螳螂、七星、朝（昭）阳、关东、八极、戳脚、鹰爪，以及长拳、猴拳、苌家拳、岳氏连拳等，都被认为属于少林拳系。上述每一拳种都又分别拥有若干拳械套路和功法。据少林寺弟子讲，仅少林寺内秘传的拳路就有 234 种，器械套路 137 种，合计 371 种，另外还有许多功法，可谓集中原武功之大全了。

少林拳是长拳类代表拳种之一，少林拳发展到现代，运动特点表现多走刚猛一路。中原人身高体壮，伟岸多力，性格憨厚，所以拳路多是大开大合，劲力迅猛，充分发挥臂长腿长的优势，放长击远，讲究“一寸长，一寸强”。中原人重心较高，因此特别注意发挥腿击的优势，主张“手打三分，脚打七分”，又有“手提两扇门，全凭腿打人”之说。

少林拳质朴无华，很少搞花架子，其编排完全从实战格斗出发，来去一条线。起横落顺，即横身而起，顺身（侧身）而落，在击敌的一瞬间，使自己身体的受敌面积变到最小。少林拳要求“拳打卧牛之地”，意思是与敌接战，或进或退，不过是两三步之间，套路编排要合乎这种实战需要。

少林寺是中国佛教中禅宗的祖庭（发源地），所以少林拳属于佛门武功。禅宗是种修养，武术亦是一种修养，禅武相通，因而佛陀以武择徒。少林僧人练拳的本意在于护寺护法。少林寺的人在习武的同时，也要坚持参禅。禅法本是一种心法，也可变通成为内功。禅宗的和尚都要练习参禅，日日坚持，不得间断。久而久之，便有可能豁然开悟，参悟禅理。少林寺武僧历代多出高手，与他们坚持参禅有一定关系。

（二）武当派

武当武术出自湖北省丹江口市武当镇之武当山，武当山为道教圣地之一，故称此拳派谓武当派，其拳系为武当内家派系。

据明末清初黄宗羲的《王征南墓志铭》记载，武当内家派系起于元而兴于明，是指武当山内丹家张三丰所开创的一派带有道教修炼内涵的拳械派别及与此特点相似的其他拳派内容的总称；亦有“武当武功”“武当武术”“武当内家拳”“武当拳”等称呼。关于张三丰创拳之说武术理论界亦有不同的观点，但是，许多哲学家与理论家认为：人类许多门类科学的产生和发展内核大略超不出"圣人造物"这个过程和模式，所以说，如果没有其他凿凿证据的话，张三丰这个"圣人造拳"之论也不失为正道之说。

《武当武术现状考察与继承发展对策研究》一文论述，明清时期，武当拳派分两种渠道传播，一是道内传播，是道士修炼内丹必不可少的动功，沿道门延续，牢牢地保持着拳艺的真谛；另一种是对社会有选择的传播，即由张松溪和王宗岳为南、北派代表的传承系统体系。

武当内家拳系在其流传、演变和延伸过程中，不断吸取外家少林的攻防实用精华，逐渐扩展了形式和内容，成为养生功法、养防兼备功法，以及拳械等多层次的系统体系。其主要内容有拳械类（分拳类、掌类、械类）、气功内养类（硬类、软类）和辅助功法类（基本功类、武技类），其拳种达70余种之多，部分传承关系明晰、较系统的有武当太乙五引拳、武当太乙火龙拳、武当云房太极拳、武当原式太极拳、武当太和拳、尚氏形意拳、武当正宗赵堡太极拳、游龙八卦掌、八卦直环掌、岳家拳械、武当纯阳拳、武当龙门心意拳、混元拳、武当气功及各类形意拳、八卦掌、北派太极拳等。

武当拳派在继承古代武术攻防理论的基础上，运用《易》中的某些原理，参以道教内丹功法的经验，逐渐形成自己的理论体系和独特的套路风格。武当拳系以养气健身、制敌自卫为目的，其技击原则是避实就虚，后发制人，以静制动，以逸待劳，后发先至，乘势借力，要求斗智不斗力，尚意不尚力。在对敌时，要求化去对方的劲力，而不宜以硬对硬（贵化不贵抗）；步走弧形（圈步），进以侧门（从敌方身侧抢进）；动如蛇之行，劲似蚕作茧，心息相依，闪展巧取。

武当拳手法多变，以翻钻为主，多用掌而少用拳，不像少林拳那样，多是出拳直击。武当拳法较少跳跃动作，步型低矮。多用掌，与重在打穴有关；少跳跃，与重在实践有关；步型低，与重在擒拿有关；走圈步，与重视跌法有关，由此形成了武当拳派的独特风格。

道士们过的是与世无争的清静生活，所以练武当拳的目的在于自卫，除非遇到危急情况不许动手，而一旦动手，则是柔中有刚，软里藏硬，化劲用柔，发劲用刚，具有较大的威力。

（三）峨眉派

峨眉武术源于四川中部的峨眉山，峨眉山是中国佛教四大名山之一，兼有道教的历史氛围，故峨眉武术为佛道教义兼容的拳派。

据传，峨眉山上的和尚和道士很早就有练武的传统，然史料记载寡少，是明代中期唐顺之一首《峨眉道人拳歌》全面描述和展示了峨眉拳派体系的存在和成熟状态，正是唐顺之推许峨眉拳法的原因，促进了峨眉器械的发展，峨眉枪法也悄然完成着质的飞跃而一举名扬天下。

峨眉枪法为峨眉山普恩禅师所传，至明末已传四代，吴殳就是普恩的第四代传人，这位《手臂录》的著者尤精枪法，更推崇峨眉枪法。四川素称天府之国，是经济、文化发达之福地，历史上东南西北之人入川是络绎不绝，也将少林武术、武当武术带入了四川，不少南拳、形意拳、太极拳、八卦掌大多也在四川落根收徒。应该说峨眉拳派就是四川地方拳种与少林、武当武功相互交流融会的基础上而形成的，经过民风勇悍的川人的衍化和改造，已成为自成体系的独立派别。

峨眉拳系流传较广的有：僧门拳、明海拳、洪门拳、字门拳、会门拳、盘破门拳、赵门拳、江河拳、余门拳、白眉拳、化门拳、蛤蟆拳、蝴蝶拳、攀花拳、黄鳝拳等。据不完全统计，光四川省内就有67种拳种，流传有1652种拳械套路之多，《中国武术百科全书》称，峨眉拳派可分为五大流派、八大门。五大流派为：黄陵派、点易派、青城派、铁佛派、青牛派；八大门即：僧门、宗门、赵门、北门、洪门、化门、字门、会门。

峨眉拳系以内外兼修、刚柔并济为主要特点，既有少林拳系形露于外的劲刚脆猛、先发制人等特点，亦有武当内家不露圭角形体的暗劲迅发、后发制人等技法，既讲技击功底、又讲养生修身的本质，是集少林武当二拳派之精华为一体的优秀流派。

峨眉拳系主要步型有虚步、长山步；主要步法有蛇形步、箭步、兔子步、梭步、并步等，身法有吞、吐、流、浮、腾、挪、闪、展、粘等，犹如碧波之起伏，似蛇虫之前引，柔中济刚、刚柔并存；击法有关、点、盘、提四法，讲究善用五峰（头、肩、肘、臀、膝）六肘（上肘、下肘、左肘、右肘、回肘、倒肘）之力，发力时要以腰带髋、以气催力、以柔克刚、催力使力、以窍击人。所以多有“前臂滚压化其招，顺势前粘借力击”等口诀之语。

四川是西南经济文化大省，历来具有胸襟开阔、兼容性强、求新求变的特点。巴蜀文化是中国最富于包容性的地域文化之一。峨眉拳系正是巴蜀文化的一个缩影。

（四）其他武术流派

我国著名的武术流派除了少林派、武当派、峨眉派以外，还有崆峒派和昆仑派，它们并称为我国著名五大传统武术流派。

崆峒派创始于崆峒山，是道教文化的组成部分。崆峒武术早于少林、峨眉、武当出现，兴盛于唐朝，始祖是唐朝甘肃人飞虹子，晚清达到鼎盛。崆峒派武术以柔美为主，取太极阴阳鱼应对哲学思想，在运动中攻防。进击时动中有静，静极生动，刚柔相济。

昆仑派起源于古山东临清，故又称“临清派”，昆仑派以创始人昆仑大师的名字命名。昆仑拳术是昆仑派的代表，它矫健有力，行动迅猛快速。昆仑派的气功大雁功是仿照大雁的形态，结合气功编成的一套高级功法，可以舒经活血，防治疾病，保健强身。

在我国武术门派中，除了五大传统武术流派颇具盛名外，南拳派、太极拳派、形意拳派和八卦拳派等也都十分优秀，心意拳、大成拳、八极拳、三皇炮捶拳、八拳、岳式连拳、棉拳、戳脚、弹腿、截拳道等各具特色的派别，尤其中国创拳运动不断地广泛开展，创造出来的新门派已过百，再加上一些神秘的派别，共同成就了蔚为壮观、精彩纷呈的武术流派，构建了一个庞大的中国武术体系。

四、现代武术的主要赛事

武术赛事既是竞技体育运动也是文化的交流。1985 年，在西安举行了首届国际武术邀请赛，并成立了国际武术联合会筹委会，是武术发展的历史性突破。1987 年在日本横滨举行了第一届亚洲武术锦标赛，标志着武术走进了亚洲。1999 年，国际武联被吸收为国际奥委会的正式国际体育单项联合成员，意味着武术正在大步走向世界。

（一）世界武术锦标赛

世界武术锦标赛是世界武术界最高级别的国际大赛。由国际武术联合会主办，每两年举行一届，各武术会员国轮流举办。所有参赛的国家或地区都须为国际武术联合会的成员。首届赛事于 1991 年在中国北京举行，其后每两年举办一次；各项比赛会采用国际武联的竞赛规则进行。世界武术锦标赛比赛项目共 31 项，其中武术套路包含长拳、南拳、太极拳、刀术、剑术、南刀、太极剑、枪术、棍术、南棍，男女共设 20 个项目；武术散手男子设 48 公斤级、52 公斤级、56 公斤级、60 公斤级、65 公斤级、70 公斤级、75 公斤级、80 公斤级、85 公斤级、90 公斤级、90 公斤以上级 11 个级别。

国际武联十分关注奥林匹克运动的发展，充分了解国际奥委会的各项规定后，已经陆续向国际奥委会推荐合适的武术比赛项目。国际武联在项目选择上，从武术的技术难度、风格特点、生理特性及在各大洲发展状况等因素，经科学论证，在世界武术锦标赛的 31 个比赛项目中，选择了符合要求的 8 个武术套路项目推荐给国际奥委会。8 个武术套路项目具体如下：男子：长拳、南拳、刀术、棍术。女子：长拳、太极拳、剑术、枪术。

在2008年北京奥运会中，武术以特设项目列入竞赛项目，五大洲43个国家和地区的128名选手参加。最终中国队获8金以绝对优势列金牌榜首位，俄罗斯和中国香港队分别以2金3银和2金1银1铜分列第二、三位。

（二）世界传统武术锦标赛

世界传统武术锦标赛，是弘扬中华武术传统的一项重要国际赛事。它对促进世界传统武术交流，增进各国人民的友谊与团结发挥了重要的作用。河南郑州和湖北十堰都曾举办过世界传统武术锦标赛。

（三）亚运会武术比赛项目

武术运动第一次进入亚运会是在1990年北京亚运会。亚运会武术比赛分为境内组和境外组，由个人项目、对练项目、集体项目三大类组成，其中个人项目分为传统拳术和传统器械两大类。

1. 个人项目

（1）传统拳术

包括：太极拳类的陈式、杨式、吴式、武式、孙式、其他传统太极拳，42式太极拳、陈式、杨式、吴式、武式、孙式太极拳规定套路均为传统项目；南拳类的咏春拳、五祖拳、蔡李佛、虎鹤双形、地术拳、其他南拳；其他拳术类的形意拳、八卦掌、八极拳、通臂拳、劈挂拳、翻子拳、地躺拳、象形拳、查拳、花拳、炮拳、红拳、华拳、少林拳、武当拳、峨眉拳等其他单项拳种的传统拳术。

（2）传统器械

包括：单器械的刀、剑、棍、枪、朴（大）刀、扇子、匕首、鞭杆、杖、棒、拐、铲、叉、太极剑（含42式太极剑）、太极刀、太极枪、南刀、南棍、其他器械；双器械的双刀、双剑（含长穗双剑）、双鞭（含刀加鞭）、双钩、双匕首、双钺、其他双器械；软器械的九节鞭、双节棍、三节棍、流星锤、绳镖、其他软器械。

2. 对练项目

徒手与徒手、徒手与器械、器械与器械对练。

3. 集体项目

内容以单项拳种拳术或单项拳种器械为主要体现形式。

（四）全国武术锦标赛

全国武术锦标赛是由国家体委举办的全国最高水平的武术竞赛。分武术套路团体赛、武术套路个人赛，武术散打团体赛、武术散打个人赛，太极拳、剑、推手三类比赛。1985年以前，全国武术比赛不分团体赛和个人赛，统称为

“全国武术比赛”。1977 年 8 月在内蒙古自治区举行的全国武术比赛，参赛和表演的拳、械套路有 60 多种，参赛单位有 27 个，运动员有 438 名。由于参赛运动员及参赛项目过多，不利于评定名次和裁判工作，也不符合体育公平竞争的原则，故自 1985 年开始，为促进各地优秀运动员运动技术的水平提高，全国武术比赛开始按团体赛和个人赛两种形式进行，上半年举行团体赛和个人资格赛，下半年举行个人赛。

专题十

中医文化

传统中医历史悠久，理论体系完整，疗法独特，蕴藏丰富的实践经验。其医学基础早在2000年前已形成，历代医家继承前人知识，阐发其理论，使原有基础得到充实和发挥，再结合各自的文化修养和医学经验，不断补充、创新，而形成现今的局面。

一、中医学及其文化

（一）中医学的起源与发展

1. 中医学的概念

中医学指中国传统医学，是研究人体生理、病理，以及疾病的诊断和防治等的一门学科。它承载着中国古代人民同疾病做斗争的经验和理论知识，是在古代朴素的唯物论和自发的辩证法思想指导下，通过长期医疗实践逐步形成并发展成的医学理论体系，包括阴阳五行、五运六气、脏腑经络、病因病机、治则治法等学说。

2. 中医学的起源和发展

（1）起源时期

原始人在采食过程中，发掘了一些具有药用价值的植物。氏族公社时期发明了火，衍生了熨法和灸法，当时的治疗手段常渗入巫术。黄帝与炎帝（神农）为传说中的中医药始祖。

（2）早期卫生活动时期

根据甲骨文记载，当时已有许多病症名称，同时开始有除虫、洗澡、洗脸等卫生知识。传说伊尹精于烹调，是汤液的发明者。

（3）理论体系初步形成时期

《周礼》记载了食医、疾医、疡医及兽医等医事制度，并有四时流行病和“五毒”之药。医和用“六气致病说”来解释各种疾病的成因。扁鹊是中国第一位正式传记的医家，创立了中医诊断基础。《黄帝内经》分为《素问》《灵枢》二册，是当时医疗实践经验的总结，也标志中医理论体系的初步形成。

秦汉时期，《五十二病方》为现存最早的中药学参考文献，内容显示当时已有中药复方配伍理论。成书于两汉的《神农本草经》是最早期的完整中药学文献，总结了当时的用药经验，共载药物 365 种，对药性、功能等已有概述。华佗开创了中药麻醉法，提倡体育疗法，创立五禽戏。张仲景的《伤寒杂病论》确立了“辨证论治”原则，即现今流传的《伤寒论》《金匮要略》。

（4）全面发展时期

三国、魏晋及南北朝时期，王叔和的《脉经》是现存最早的中医脉学专著，奠立了脉理与方法的系统化、规范化基础。皇甫谧的《针灸甲乙经》是最早期的完整针灸疗法参考文献，记载有大量古代医学文，为后世发展建立规范。葛洪的《肘后救卒方》是临床第一部急救手册，包括临床常见病、急病，以及相关的治疗摘要。雷敩的《雷公炮炙论》是第一本药物炮制学专著，为当时制定了药物炮制的规范。龚庆宣的《刘涓子鬼遗方》是现存最早的中医外科专书。陶弘景的《本草经集注》中记载药物 730 种，对当时的中药知识做了勘订整理，本书为后期中药分类的典范，是直至 7 世纪中期的主要医药文献。

隋唐时期，巢元方的《诸病源候论》中有中国最早的病因证候学记录，共载 1739 种病证，详细论述了疾病的病因和症状，还包括诊断及预后。624 年，唐朝设立医学教育机构太医署，开始分科教授医学，一些地区性学府亦开始兴办。苏敬主持的《新修本草》是世界上第一部由国家政府颁行的药典，共载药 844 种，并开始绘制药物图谱。

（5）有突出成就与创新时期

宋代，王怀隐的《太平圣惠方》为受命于宋朝统治者编辑的大型方书，共载药方 16 834 首，还包括理论、法则、组合、用药等完整知识，总结了 10 世纪以前的大型临床方书。王惟一的《铜人腧穴针灸图经》中详述手足三阴三阳经脉，以及任、督二脉的循行路线和腧穴，并受命主持设计及造针灸铜人，为中医史上形象实物教学法的重要发明。1057 年，宋朝设立校正医书局，校定古代医书，编写本草、医方，并刊刻印行。苏颂的《本草图经》为中国第一部刻版药物图谱。宋慈的《洗冤录》为法医学专著，为处理死伤断案的法典和依据。

金、元时期是中国医学史上的闪光时代，后人多称“医之门户分于金元”。“金元四大家”是指金元时期的刘完素、张从正、李杲、朱震亨四位著名的医学家。在学术上，他们各有特点，代表了四个不同学派。刘完素主张“火热致病”，善用寒凉药物，故称作“主火学派”或“寒凉学派”；张从正主张“病由邪生”，善用“汗”“吐”“下”攻邪法，故称作“攻下学派”；李杲主张“内伤脾胃，百病由生”，善用“益气升阳”，故称作“脾胃学派”或“补土学派”；朱震亨主张“阳有余阴不足论”和“相火论”，善用养阴降火，故称作“养阴学派”。

(6)理论和实践进一步发展时期

明代，高武的《针灸聚英发挥》中汇集了16世纪初以前十余种针灸文献的理论与治疗经验，同时附有作者的一些见解及评论。江氏父子的《名医类案》载录了历代名医治案，是中国第一部以疾病种类编纂的大型医案专著，不仅对历代临床医家有指导作用，对医案学发展亦有重要的意义。李时珍的《本草纲目》总结了16世纪前的中草药经验与知识。张景岳的《景岳全书》为有关内科疾病的综合性医籍，包括理论、诊断、治疗、各家论述评议、经验、方剂等，是论述理论与临症各科诊治的全书。

清代，傅仁宇的《审视瑶函》中记载眼科病证108证、308余方剂，并附有插图，被称为“眼科大全”。吴鞠通的《温病条辨》确定了温病学说的研究范畴，以及在人体的具体定位，使温病学说更完整及系统化。中英签订的不平等的《南京条约》中规定英国人可以在五个通商口岸设置医馆，西医学开始广泛传入，形成了中西医并存局面。朱沛文的《华洋脏象约纂》将人体结构、脏腑图像与西医生理解剖知识，以图谱相互参照并加以论述。

中华人民共和国成立之后，1950年召开第一届全国卫生工作会议，确定“中西医结合方式”的卫生行政方针。1955年，中医研究院成立。1956年，中医学院相继在成都、上海、北京及广州等地成立。1962年，高等中医院校统编的第一版中医教材正式出版。1980年，原卫生部制定了“中医、西医、中西医结合三支力量都要发展，长期并存”的方案。1982年，《宪法》中写入“发展现代医药和我国传统医药”。2009年颁布的第一批非物质文化遗产保护名录，传统医药作为第九大类共9个项目列入名录。

（二）中医学的基本理论和特点

1. 中医学理论的基础

中医学理论的基础，是关于中医学对象的实践，中医学的对象，是人与环境相互作用中健康与疾病互相转化的过程，不只是疾病实体。指导中医学思想的理论基础，是中国哲学的有机论自然观，是关于阴阳自和升降出入稳态演化的元理论。

2. 基本理论

中医学的基本理论包括气一元论、阴阳变化学说、五行相生相克学说和四季变化理论。

气一元论：作为一种自然观，气一元论是阴阳变化学说和五行相生相克学说的基础。人以天地之气生、四时之法成，人是天地自然之气合乎规律的产物。人体就是一个不断地发生着升降出入的气化运动的机体。人体的气可分为阴气和阳气两类，生命过程就是阴阳二气对立统一运动的结果。

气一元论内容主要有四点。其一，气是不断地运动着的物质实体，是世界万事万物的本原，为宇宙天体和天地万物统一的物质基础；其二，运动是气的根本特性；其三，阴阳是气的固有属性，气是阴阳的矛盾统一体；其四，气分而为阴阳，阴阳合而生五行，而五行之中复有阴阳。

阴阳变化学说：阴阳变化学说是在气一元论的物质概念基础上发展起来的，它认为整个宇宙是一个阴阳相辅相成的对立统一体，阴阳的对立统一是天地万物运动变化的总规律。阴阳二气的相互作用是气自身运动的根源和一切事物运动变化的根本原因。人体内部及人与自然也是一个阴阳对立统一体。阴阳对立理论用来分析人体健康和疾病的矛盾，阐明生命运动的根本规律，用“一分为二”的辨证观点阐述相关事物或事物内部两个方面存在着的相互对立、互根互用、消长转化和协调平衡。

五行相生相克学说：五行学说对世界本原的认识，也从属于气一元论。五行学说认为金、木、水、火、土是构成世界万物的物质元素，用五行的生克制化、乘侮胜复规律，来说明自然界万事万物整体动态平衡性。人体是一个以五脏为中心的五行结构系统所组成的有机整体。中医学应用五行学说，从系统结构观点分析了人体局部与局部、局部与整体之间的有机联系，以及人体与外界的统一，论证了人体是一个统一整体的整体观念。

四季变化理论：《黄帝内经》中的《素问·四气调神大论》说道：“故阴阳四时者，万物之终始也，死生之本也，逆之则灾害生，从之则苛疾不起，是谓得道。”中医对自身生命的珍爱，首先表现为对大自然的尊崇和敬畏。懂得顺应四季的变化来保健，便是中医养生“入门”了。四季除了气温的温、热、凉、寒，还有生物的“生、长、收、藏”变化。阳气是主生长的气，就像生物生长需要太阳光照射一样，人体的生命机能也要依靠阳气的温煦。在春夏季，人的生命活动相对活跃，而秋冬季，人体的生机就会进入“低落期”。体内的气血运行，同样受到季节影响。阳气充足，气血通畅；阳气衰微，气血停滞。此外，气血的分布也会受阳气的影响。人体阳气的盛衰有无，还会直接影响疾病的发生与否。总之，人体之气与自然界之气是相通的，中医观点是天人合一，如《内经》上说，人体要顺应天时，其秘诀关键是顺应四季变化，才能长久地保持健康，因此，中医养生一定要顺应四时节气，使生命活动与自然同步。“借自然之力，养生命之体”，达到《黄帝内经》所说的“天人相应”的境界。

3. 中医基本特点

中医的基本特点有整体观念和辨证论治。

整体观念：中医认为人体是一个有机整体，脏器、组织和器官在生理上相互联系，保持协调平衡。正常的生理活动一方面要靠脏腑组织发挥自己的功能，另一方面又要靠它们之间相辅相成的协同作用和相反相成的制约作用，才能维持生理平衡。因此，中医认为，人体局部的病理变化往往与全身脏腑、气血、阴阳的盛衰有关。诊断时可以通过外在的变化判断内脏的病变，治疗时对于局部的病变，也从整体出发确定治疗方法。

辨证论治：辨证论治是中医认识和治疗疾病的基本原则，是中医学对疾病的一种特殊的研究和处理方法，也是中医学的基本特点之一。辨证，就是将四诊（望、闻、问、切）所收集的资料、症状、体征，通过分析、综合判断为某种证。论治，就是确定相应的治疗方法。中医治病首先着眼于证，而不是病的异同，因此，同一疾病的不同证候，治疗方法就不同；而不同疾病，只要证候相同，便可以用同一方法治疗，这就是“同病异治、异病同治”。

中医学在其形成发展的2000多年中，积累了丰富的预防医学的内容，“治未病”思想就是其集中体现。“治未病”思想源自《黄帝内经·素问·四气调神大论》：“是故圣人不治已病治未病，不治已乱治未乱，此之谓也……”后世历代医家对“治未病”思想都极为重视。根据现代医学理论，将人群的健康状态分为三种：一是健康未病态；二是欲病未病态；三是已病未传态。针对这三种状态，“治未病”具有以下作用：一是未病养生，防病于先；指未患病之前先预防，避免疾病的发生，这是医学的最高目标，是健康未病态的治疗原则；二是欲病施治，防微杜渐；指在疾病无明显症状之前要采取措施，治病于初始，避免机体的失衡状态继续发展。这是潜病未病态的治疗原则；三是已病早治，防止传变；指疾病已经存在，要及早诊断，及早治疗，防其由浅入深，或发生脏腑之间的传变。这是欲病未病态、传变未病态的治疗原则。

（三）中医常用治疗手段

中医治疗疾病的具体方法种类繁多，内容丰富且各具特色。主要有药物疗法、针灸疗法、推拿疗法、外治疗法、饮食疗法、意疗法等。

药物疗法：药物疗法指的是通过口服药物，经由消化器官吸收，以达到扶正祛邪、调节机体气血阴阳，使机体康复的治法。常用的治疗方法有汗、吐、下、和、温、清、补、消八法。口服药物的剂型有汤剂、丸剂、散剂、膏剂、丹剂、酒剂、片剂、糖浆、茶剂、冲剂等不同剂型。药物疗法是在临床各科应用范围最广的治疗方法。

针灸疗法：针灸疗法指的是用针刺、艾灸的方法在人体经络及经外腧穴施以一定的手法，以通调营卫气血、调整经络、脏腑功能而治疗相关疾病的治法。针刺又可分为体针、头针、面针、眼针、耳针、足针、温针、火针、三棱针、梅花针等多种针法；灸法可分为艾条灸、麦粒灸、疤痕灸、隔姜灸、隔蒜灸、药饼灸等。针灸疗法的应用范围极其广泛。

推拿疗法：推拿疗法指的是通过在人体体表一定的部位施以各种手法，或配合某些特定的肢体活动，以防治疾病的方法。可应用于各科的治疗，对骨伤科疾患、小儿疾患及各种疼痛性疾病更为适宜。

外治疗法：外治疗法主要有药（热）熨疗法、敷贴疗法、敷脐疗法、熏洗疗法、腐蚀疗法、放血疗法、刮痧疗法、含漱疗法、噙化疗法、喷雾疗法、烟熏疗法、灌肠疗法、药栓（坐药）药线疗法、结扎疗法、整复疗法、夹板固定疗法等。

饮食疗法：饮食疗法指的是用具有药理作用的食物，或用药物和食物一起烹制成食品，用以防治疾病的方法。可细分为食疗、药膳、药饭、药粥、药酒、药茶等。

意疗法：意疗法根据中医学的形神理论和情志学说，通过语言开导、自我暗示或他人暗示、音乐歌舞等手段调节精神情志，以起到治疗疾病的目的。

二、中药学及其文化

（一）中药学的概念

1. 中药学的概念

（1）中药的概念

中药是指在中医药理论指导下认识和应用的药物，也是人们对我国传统药物的总称。

中药是我们的祖先在长期的医疗实践中积累起来的，是我国古代优秀文化遗产的重要组成部分。据记载，古代有“神农尝百草”的传说。那时候，人们已经有了原始农业，对各种农作物和天然之物的性能逐步有所了解，对它们的药用性能也开始有所认识。

（2）中药学的概念

中药学是研究中药基本理论和各种中药的来源、采制、性能、功效及临床应用等知识的一门学科，既是中医学的重要组成部分，也是中医临床各专业和中药各类从业人员必备的专业知识。

2. 中医学与中药学的关系

中医学是研究人体的生理、病理，以及疾病的诊断和防治等的一门科学。中药学是专门研究中药基本理论和各种中药的来源、采制、性能功效及应用方法等知识的学科。中医学中包括中药学，中药学是中医学的一部分。

（二）中药学的基本理论

1. 中药治病的基本原理

中医认为，任何疾病的发生发展过程都是由于致病因素作用于人体，引起机体阴阳偏盛偏衰，脏腑经络机能失常的结果。

中药防病治病的基本作用是祛邪去因、扶正固本、协调脏腑经络机能，从而纠正阴阳偏盛偏衰，使机体恢复到阴平阳秘的正常状态。

药物之所以能够针对病性，发挥上述基本作用，是由于各种药物各自具有若干特性和作用，前人也称之为药物的偏性。意思是说以药物的偏性纠正疾病所表现的阴阳偏盛或偏衰。

（1）平病性

人体之病，从病性来说，只有两种，一种是寒证，一种是热证；而药物也有寒热温凉之性，中医上有“寒者热之、热者寒之”的说法，即对于寒性病证，我们就要选用热药，对于病情较轻的，我们就选用温性药物来治疗；对于热性病证，我们就要选用寒性药，对于病情较轻的，我们就选用凉性药来平病性。

（2）达病位

人体之发病部位，根据辨证的不同，则有不同的说法，简单地说，只有表里、上下、左右、中间、四肢等的不同，但不管发病部位在什么地方，中药都能达病位，这是因为：

第一，中医有象思维，通过“取象比类”而应用中药治病。对于植物而言，有下面的根、中间的茎、旁达的枝、上面的花叶种子果实、在外的皮等。对人而言，百会穴位处是人的最上部，为天；会阴穴位处是人的下部，为地；下肢相当于地下的根，上肢相当于草木之枝，而人体之表就相当于植物之皮。所以，根类药物就可以治疗腿脚部的疾病，如独活等；枝类药物就可以治疗手臂疾病，如桂枝等；茎类药物就可以治疗腰、腹、胸、背及脖子的疾病，如木通、海风藤、苏木等；植物类药上部的花叶种子果实等就可以治疗人体头部疾病，如菊花、决明子、益智仁等；皮类药物就可以治疗体表疾病，如桑白皮、大腹皮等。

第二，中药讲究升降浮沉，质地重的药物具有沉降之性，质地轻的药物具有升浮之性。具有沉降之性的药物可以治疗人体下部和体内的疾病，如决明子虽产收于植物的上部，但质重下沉，故而也可以治疗人体下部疾病，如肠道燥涩的便秘等。具有升浮之性的药物可以治疗人体上部和体表的疾病，如葛根虽为根类药，但质地轻，故而就具有升浮之性，可以治疗上部疾病，如脖子僵硬等。中药的升降浮沉之性，不仅仅取决于质地的轻重，还与四气五味、炮制方法、药物的配伍等有关。

第三，由于五味为五脏所主，肺主辛味、脾主甘味、肝主酸味、心主苦味、肾主咸味，所以，不同味的中药就可以进入不同的脏腑而发挥作用。肺病就选辛味药。治疗肺热病症，就选用辛味寒凉之药；治疗肺寒病症，就选用辛味温热之药等。

总之，根据上下表里的病位不同，我们不但要用象思维来确定植物药用部位，是下部的根类药还是上部的花和种子果实类药等，还要选用合适的升降浮沉之性的药物；对于哪脏之病位问题，我们要选用相应之味的中药来直达病所，这样，治疗效果才会更好。

（3）修病态

人体之病态，只有两种，正虚或邪实，所以，中药的功用就是要么补虚，要么祛实。人体正常的生理活动都是脏腑功能正常发挥的结果。而脏腑的正常就需要每一个脏腑的气、血、阴、阳正常，所以，补虚就是补脏腑的气、血、阴、阳，中药里就有专门的补气药、补血药、补阴药、补阳药，如黄芪补气、当归补血、山萸肉补阴、淫羊藿补阳等，临床上针对不同的虚证可选用相应的补虚药。

（4）消病因

疾病的发生原因，有外感，如风、寒、暑、湿、燥、火所伤等；有内生，如情志内伤等，它们都会对人体造成伤害，由于外因是通过内因而发挥作用，所以，人体的直接发病原因更多的是体内的因素，如气滞、血瘀、痰湿、积食、虫积、肠道积滞等，而中药不但能消除外来之病因，如发散风寒药，就能消除风寒对人体造成的伤害；更能消除体内病因，如活血化瘀药，就可以消除血瘀这个病因。

（5）除表象

表象就是表现出的征象，包括体征和症状两种。中药能够有效地消除表象，如元胡止疼、三七止血、杏仁止咳、鸦胆子消疣、白头翁除颈部淋巴结肿大等。当然，治病求本，只要消除了发病因素，表象自然也就消失了，如因感受风寒而出现的头疼，只要发散风寒到位，头疼之不适也就自然消失了。

2. 中药配伍

配伍是指按病情需要和药性特点，有目的有选择地将两味以上药物配合同用。疾病的发生和发展往往是错综复杂、瞬息万变的，常表现为虚实并见、寒热错杂、数病相兼，故单用一种药是难以兼顾各方的。所以临床往往需要同时使用两种以上的药物。药物配合使用，药与药之间会发生某些相互作用，有的能增强或降低原有药效，有的能抑制或消除毒副作用，有的则能产生或增强毒副反应。因此，在使用两味以上药物时，必须有所选择，这就提出了药物配伍问题。

（1）中药配伍的原则

中药的配伍原则是根据中药的药性“四气五味”结合病症配合使用，就可以起到治病的效果。“四气”指药物的“寒、凉、温、热”，是依据药物作用于机体所发生的反应归纳出来的；“五味”指“辛、甘、酸、苦、咸”，一般药物只有一味一性，各种药物配合使用组成方剂：

辛：有发散、行气、行血的作用。如麻黄、桂枝治风寒表征；木香、红花能行气行血。

甘：有补益、和中的作用。如人参、黄芪能补益元气；甘草、大枣能调和脾胃及调和药性。

酸：有收敛、固涩的作用。如五味子、山茱萸能敛汗涩精；五倍子能涩肠止泻。

苦：有燥湿、泻降的作用。如黄连、黄柏能清热燥湿；大黄能泻下。

咸：有软坚、泻下的作用。如海藻、瓦楞子能软坚散结；芒硝能泻下通便。

（2）中药配伍的关系

古人把单味药的应用同药与药之间的配伍关系称为药物“七情”。“七情”之中，除单行者外，其余六个方面都是讲配伍关系。

单行：不需配伍，单用一味药即可治愈疾病，称为单行。如清金散就是单用一味黄芩，治肺热咳血的病证。

相须：将性能功效相类似的药物配合应用，以增强原有疗效。如石膏与知母配合，能明显增强清热泻火的治疗效果。

相使：在性能功效方面有某些共性，或性能功效虽然不相同，但是治疗目的一致的药物配合应用，而以一种药为主，加一种药为辅，能提高主药疗效。如补气利水的黄芪与利水健脾的茯苓配合时，茯苓能提高黄芪补气利水的治疗效果。

相畏：一种药物的毒性反应或副作用，能被另一种药物减轻或消除。如生半夏和生南星的毒性能被生姜减轻或消除，所以说生半夏和生南星畏生姜。

相杀：一种药物能减轻或消除另一种药物的毒性或副作用。如生姜能减轻或消除生半夏和生南星的毒性或副作用，所以说生姜杀生半夏和生南星。由此可知，相畏、相杀实际上是同一配伍关系的两种提法，是药物间相互对待而言的。

相恶：两药合用，一种药物能使另一种药物原有功效降低，甚至丧失。如人参恶莱菔子，因莱菔子能削弱人参的补气作用。

相反：两种药物合用，能产生或增强毒性反应或副作用。如“十八反”“十九畏”中的若干药物。

从单味药到配伍应用，是通过很长的实践与认识过程逐渐积累丰富起来的。药物的配伍应用是中医用药的主要形式。药物按一定法度加以组合，并确定一定的分量比例，制成适当剂型，即为方剂。方剂是药物配伍的发展，也是药物配伍应用的较高形式。

（三）常用中药及中成药的介绍

1. 常用中药的介绍

人参：是国家一级保护植物。根味甘、微苦、性温，具有调气养血、安神益智、生津止咳、滋补强身之功效，被誉为“百草之王”。野生于中国东北深山中，辽宁和吉林有大量栽培。

三七：是我国最早的药食同源植物之一，三七自古以来就被公认为具有显著的活血化瘀、消肿定痛功效，具有“金不换”“南国神草”之美誉。因枝分三枝，为七片，故称为“三七”。三七具有“生打熟补”功效，《本草纲目拾遗》中记载：“人参补气第一，三七补血第一，味同而功亦等，故称人参三七，为中药之最珍贵者。”

天麻：本品为兰科植物天麻的根茎。冬、春两季采挖，冬采者名冬麻，质量优良；春采者名春麻，质量不如冬麻好。主产地为云南、四川、贵州等。天麻的功能主治为：息风，定惊。治眩晕眼黑，头风头痛，肢体麻木，半身不遂，语言謇涩，小儿惊痫动风。

虫草：是麦角菌科的真菌（虫草菌）与蝙蝠蛾幼虫在特殊条件下形成的菌虫结合体，子座出幼虫的头部、单生、细长如棒球棍，长 4~11 厘米。

冬虫夏草主要分布在我国青海、西藏、四川、云南、贵州、甘肃海拔 4000 米左右的高海拔地区，东北吉林地区也有养殖虫草。一般来讲，青海、西藏两地出产的冬虫夏草内在品质要更好。

2. 常用中成药的介绍

藿香正气水：藿香正气水由苍术、陈皮、厚朴（姜制）、白芷、茯苓、大腹皮、生半夏、甘草浸膏、广藿香油、紫苏叶油组成。具有解表化湿，理气和中的作用。用于外感风寒、内伤湿滞或夏伤暑湿所致的感冒，症见头痛昏重、胸膈痞闷、脘腹胀痛、呕吐泄泻；胃肠型感冒见上述证候者。

牛黄解毒丸：牛黄解毒丸是由牛黄、黄芩、大黄等中药研磨加炼蜜而制成的丸剂，是一种常用药，苦寒辛凉，清热解毒。用于头晕目赤，咽干咳嗽，风火牙痛，大便秘结，牙龈肿痛，口舌生疮，目赤肿痛等症状。

板蓝根冲剂：板蓝根冲剂的功效为清热解毒，凉血利咽。用于肺胃热盛所致的咽喉肿痛、口咽干燥；急性扁桃体炎见上述证候者。

十滴水：十滴水主要由樟脑、干姜、大黄、小茴香、肉桂、辣椒、桉油组成，既能解暑又能健胃。用于因中暑而引起的头晕、恶心、腹痛、胃肠不适。

六味地黄丸：六味地黄丸由熟地黄、酒萸肉、山药、牡丹皮、茯苓、泽泻组成。具有滋阴补肾的功效。用于肾阴亏损，头晕耳鸣，腰膝酸软，骨蒸潮热，盗汗遗精。

逍遥丸：逍遥丸由柴胡、当归、白芍、白术（炒）、茯苓、薄荷、生姜、甘草（蜜炙）组成。具有疏肝健脾，养血调经的功效。用于肝气不舒所致月经不调，胸胁胀痛，头晕目眩，食欲减退。

专题十一

陶瓷文化

一、中国陶瓷概述

陶瓷是火与土的艺术，它是人类第一次通过物理、化学变化将一种物质改变成另外一种物质的创造性活动，是人类依靠自身力量改造大自然的开端，陶器的发明在人类社会发展史上具有划时代的意义。

我国在新石器时代便发明了制陶术。20 世纪 60 年代，考古学者在江西万年县的仙人洞发现了距今 8000 年历史的陶器碎片。1998 年，日本人在九州南部发现了距今约 11 000 年的陶罐，一度被认为是世界上最早的陶制器皿。2009 年，中国和美国考古学家组成联合队伍，深挖仙人洞，在更深的地层发现了 20 000 年前的陶片。然而，目前人类发现最早的陶器却是距今 29 000 年捷克的陶维纳斯，这是现存最早的艺术品之一。

我国原始社会的陶器主要有红陶和灰陶两种。红陶是一种器表呈红色的陶器。制陶用的黏土普遍含有铁元素，在窑火中会有一个重新氧化的过程。如果降温阶段窑内氧气含量高于 1%，就会形成氧化铁，呈红棕色。窑中氧气低于 1%，铁不完全氧化，生成氧化亚铁，呈灰黑色。1% 的氧气是一个临界点，高于时叫氧化气氛，低于时叫还原气氛，又称氧化焰和还原焰。所以，窑中氧气高于 1% 烧成红陶，而窑中氧气低于 1% 则烧成颜色为灰黑色的灰陶。

（一）中国陶瓷发展概况

1. 新石器时代——彩陶文化

陶器萌芽在这一时期，早期的陶器烧制比较粗糙、器形不均，由半成品的泥坯烧干烧硬后形成，如果长时间受潮表面会层层脱落。商代以前的中国陶瓷都被称为是“原始瓷”，原始彩陶器大致分为壶、罐、盆、罐瓶、勺等。

我国境内目前发现最早的陶器遗址是位于江西省万年县内的仙人洞遗址、广东英德青塘遗址、灵山滑岩石洞遗址和广西桂林甑皮岩遗址。到了新石器时代晚期，出现了仰韶文化、屈家岭文化、河姆渡文化、大汶口文化和龙山文化等十几个文化遗址，出土了大量的陶瓷，其主要品种有灰陶、彩陶、黑陶和几何印纹陶等。

2. 夏商周——萌芽期，原始青瓷

这一时期的代表就是商朝殷墟遗址，灰陶、黑陶、红陶、彩陶、白陶都有，陶器上的纹饰、符号、文字与殷商时代的甲骨文和青铜器有密切的关系，并且出现了带有少量釉质的硬陶器，釉色青绿中带有褐黄，是石英、黏土、长石等溶解不完全所致。胎质比之前的更硬，多呈现出灰白色，与青砖的颜色比较接近，被称为“原始青瓷”。用途上主要是日用、建筑、殉葬、祭祀等都有。

3. 秦汉——早期瓷器

秦代陶器烧制主要用于建筑，如砖头、瓦片、瓦当等，其砖瓦之精美，不可言喻。甚至还有一些水利系统的地下水管和建隧道的矿砖也在这一时期出现，以规避木头易腐烂、开裂、虫蛀等问题。秦代陶器的另一典型代表就是兵马俑，与真人无异，各具形态，神色兼备。

汉代，“瓷”字开始出现，东汉烧成真正意义上的瓷器。汉代发明了各色釉料，有青色、浓绿、青褐色、白色、灰色、漆黑、淡黄等色。但这一时期的瓷器不能做到白而半透明，跟后期的瓷器相比更像是坚致的有釉陶器。这一时期的瓷器脱胎于陶器，它的发明是中国古代先民在烧制白陶器和印纹硬陶器的经验中，逐步探索出来的。

秦汉时期陶瓷一大特色就是重纹饰，将我国的文化魅力展现得淋漓尽致，如瓦当的图案设计优美，字体行云流水，变化很多。云头纹、几何形纹、饕餮纹、动物纹等都有，而且极具时代特色。

4. 魏晋南北朝——南方青瓷初现

魏代建都洛阳，大兴土木修建宫殿，这一时期出现烧制的绿釉瓷用以装饰宫殿，洛阳和会稽都是当时的烧瓷之地。后直到西晋为止，连年战争影响了制瓷业，有确实可考的就是瓯窑所出的青瓷。瓯窑在浙江温州一带，今天的永嘉县，所造的青瓷精美而坚致，是后世天青色釉的初祖。

5. 隋唐——真正瓷器时代的来临

隋朝的陶瓷烧制有了新的突破，以发明了绿瓷而著称，白瓷也得到了很好的发展，另外此时在装饰手法上也有了创新，如贴花。

唐代是瓷器烧制真正成功的时代，随着烧制温度的升高，出现了质白坚硬且半透明的瓷器。这一时期出现了较多的专业瓷窑，如景德镇瓷窑的前身霍窑、浙江绍兴的越州窑、河北邢台的邢窑、陕西泾阳的鼎窑、浙江金华的婺窑、四川邛州的蜀窑等。各大名窑烧制出真正具有极高艺术价值的陶瓷品。唐代是中国瓷器的高度发展时期，南方以越窑青瓷为代表，北方以邢窑白瓷为代表，形成了“南青北白”的瓷业格局。

唐代的唐三彩是陶器的代表，主色有黄、绿、青三个颜色。虽然它叫唐三彩，但不一定是件唐三彩就都同时具备这三个颜色，类名而已。唐三彩分布于长安、洛阳两地，长安的称西窑，洛阳的称东窑。它的主要作用是陪葬，不管是达官贵族还是黎民百姓都是如此，是当时社会的时髦做法。唐三彩中最受喜爱的是马俑，栩栩如生，姿态万千，收藏价值很高，是我国陶瓷中的典范之作。

6. 五代十国——陶瓷业呈现神秘色彩

唐末大乱，中原陷入五代十国分裂割据时期。河山分裂的时代背景下，制瓷业却因帝王的爱好反而有进展。这一时期以吴越地区的秘色窑和后周的柴窑最为著名。

7. 宋代——巅峰时期，五大名窑突破天际

宋代是中国瓷器发展的巅峰时期，瓷艺精进并且官窑辈出，最著名的以汝、官、哥、定、钧五大名窑为代表。

宋代美学鼎盛空前，除了上述五大名窑外，还形成了六大窑系，包含北方的定窑系、钧窑系、耀州窑系、磁州窑系和南方的龙泉窑系、景德镇青白瓷窑系。

8. 元代——青花鹤立鸡群，一枝独秀

元代在景德镇设官窑，官窑瓷制作精美，装饰花纹中常有“枢府”二字，因而又称“枢府窑”，景德镇逐渐形成全国瓷器制造中心也是从元代开始，到了现在更被称为“瓷都”。很多人说起青花瓷，都先要说元代，甚至干脆叫成是元青花，这是有原因的，元青花出现以前，蓝色并不是中华文明的主色调，甚至还被认为是不吉利的颜色，是元青花的出现彻底地改变了人们这一认知。青花瓷是在白瓷上用钴料画成图案之后再进行烧制而成的，只用一种蓝色，但颜料的浓淡、层次，都可以呈现出极其丰富多样的艺术效果。

9. 明代——开始走上另外的一条路

中国瓷器的发展，由宋代的大江南北成百上千窑口百花争妍的态势经由元代过渡之后，到明代几乎变成了由景德镇各瓷窑一统天下的局面，各类陶瓷艺术品璀璨生辉。景德镇不仅官窑兴旺，民窑也有很大发展，形成了“官民竞市”的局面，这种竞争促进了瓷业的发展，使景德镇成为天下窑器所聚的江南雄镇。

明代绘画偏向于彩绘，名噪天下的万历彩登场；瓷胎也开始向更薄、更白、更细的方向发展；落款也趋于多元化，年代、堂号、人名、封号等都有。最久负盛名的瓷器莫过于德化瓷。这一时期还出现了两个比较有名的青花变种，青花釉里红和斗彩。

10. 清代——又一次直上云霄的中兴

清代瓷器以景德镇为生产中心。康熙时期，逐步将景德镇的御窑厂恢复完善，使其产品质量更加好转。康熙、雍正、乾隆时期是清代瓷器制造的顶峰，无论质量、数量都是前代不可比拟的。整个清代景德镇始终保持着在中国的瓷都地位，代表中国瓷器水平的理所当然是景德镇的官窑器，而清代的民窑器也散发出其迷人的光彩。

清代，中国的陶瓷在解决内需上已经有了盈余，于是前期的陶瓷主要用于出口外销。到了康熙二十三年（1684 年）开放海禁之后，外销的规模达到空前的程度。

清代陶瓷生产，除以景德镇的官窑为中心外，各地民窑都极为昌盛兴隆，并取得很大的成就。尤其西风渐进，陶瓷外销，西洋原料及技术的传入，受到外来影响，使陶瓷业更为丰富而多彩多姿，也由于量产及仿制成风，虽有惊人之作，但少创意而流于匠气，所以就造成了民窑的东西虽多，但是并不精细的局面。

11. 近现代——陶瓷器走向衰落

自康乾盛世之后中国的陶瓷器就开始走下坡路。

到了近现代，特别是鸦片战争以后，随着日本瓷器的崛起和欧洲瓷器的不断发展，我国国内制瓷业渐渐走向了衰落。

中华人民共和国成立以后，在政府的主导下，传统的制瓷业开始复苏。以瓷都景德镇为代表的制瓷业开始苏醒和进一步发展，一些名窑中断了一段时期后，也获得了新生，中国的瓷业又开始再度出现了百花争艳的局面。

（二）中国的陶瓷文化

陶瓷文化是中华文化的重要组成部分。古代中国陶瓷文化向古代世界勾勒了中华文明的形象。中国陶瓷是中华文明的重要符号和传承中华文明的重要载体。

陶瓷制品从新石器时代开始，不但渗透到物质生活的各个领域，而且更加广泛地深入精神生活的各个领域。所以，陶瓷是从物质到社会意识形态多角度、多层次反映悠久的中国社会的重要文化载体之一，具有物质和精神双重文化特征。

1. 陶瓷与民俗

中国陶瓷艺术之所以能够在世界陶瓷史上获得赞誉和高度的评价，是因为其有鲜明的民俗文化特色。中国陶瓷以汉民族节日习俗为主体，融合了瓷业生产、宗教祭祀和行帮行会的习俗活动。这些礼仪型、娱乐型的“良辰佳节”，既满足了人们追求喜庆、吉祥，调节生活节奏的普通心理，又适应了生产活动、宗教活动和行帮行会增强自身凝聚力的需要。全面展示了民俗事象的内在本相，赋予了一方水土独有的陶韵瓷魂。

首先是远古图腾观念在陶瓷艺术中的体现。在原始社会，陶瓷纹饰大多是根据人们为了生活的需要或对生活的体验，或对事物的看法，或乞求神灵的保护而创作的。不管是人面鱼纹盆、鹳鱼石斧彩陶缸，还是舞蹈纹盆都蕴涵着人们一定的思想寄托，原始先民将自己的愿望绘制于器物上，就是希望自己的愿望能够实现。这种原始图腾创作也渐渐地形成了人们的世俗观念，并在以后的陶瓷发展中均有体现，同时也影响着陶瓷纹样的世俗取向。

再者就是祥瑞装饰题材在陶瓷艺术中的体现。祥瑞装饰题材反映的是一种民俗心理文化。而这种民俗心理文化首先与社会历史的发展有着密切的关系。我国自古以来就有乞求人寿年丰、多子多福、功名有成等民俗心理。所以，祥瑞题材主要围绕着福、禄、寿、喜、和合、吉祥如意等内容而展开。因此，在选择题材表现寓意时，经常选用如下一些事物：珍禽类，经常选用凤凰（百鸟之王，象征大富大贵、大吉大利，凤凰相偕喻爱情）、白鹤（有清高、纯洁、长寿之喻）；竹木类中，常选用松（象征长寿、节气）、竹（竹与祝同音，寓意百岁志喜、百寿安康）。

另外，民俗民间传说在陶瓷艺术中也有大量的体现。民间传说是根据特定的历史人物、地方古迹、社会习俗和事件，经过民间说书人等的加工而流传下来的极具趣味性的民间小故事，它反映了当时当地人民的精神风貌和社会习俗，具有特定的社会意义。例如：景德镇的陶瓷民间传说——“风火神童宾的故事”“太平窑”展开的窑帮“同庆社”，每二十年就会召开一次的“开禁迎神”活动，等等。这些生动活泼的民俗传说不仅增加了陶瓷文化的深厚底蕴，同时也为广大学者考究历史、研习古代民风提供了依据。

2. 陶瓷与服饰

陶瓷文化和服装文化同是中华民族历史文化中的主流，并且具有历史关联性。服饰具有不易保存的特性，但通过研究大量的陶俑和陶瓷器上的人物绘画，几乎能了解历史上所有的服饰类型。陶瓷用特殊的语言表达出一部中国服装史。同时，陶瓷文化与服饰文化还具有美学元素的关联性，两者有着类似的造型语言和非常多的装饰手法互用。

传统服饰纹样也借助陶瓷为媒介，通过陶瓷独特的材料为艺术创作提供了更丰富多变的表现空间。从艺术表现形态上，传统服饰纹样通过意象、具象和抽象三种形式介入陶瓷艺术中。意象形态主要包括珍禽瑞兽、花卉、虫鱼等，具象形态主要运用单独或连续纹样对器物周边进行装饰，而抽象的形态主要对陶瓷器物的肌理展现进行表达。

以陶瓷材质来制作服饰配件更具有其他材质不可能达到的优点，它特殊的材质特性把服饰配件的应用材料从传统中解脱出来，为服饰配件的设计与应用展开一条全新的探索之路。

3. 陶瓷与茶文化

对于茶文化来说，其与陶瓷艺术之间存在的相应关联点就是陶瓷茶具。陶瓷艺术丰富了品茶的韵味，提升了品茶的意境。对茶具造型的讲究和釉色的高要求，充分反映了人们对茶具从外在的色彩到内在的质感的重视。各种陶瓷艺术借助茶文化在釉彩、纹饰等细节的彰显熠熠生辉，同时陶瓷又通过自身的外在表现了当时人们品茗的精神需求，极大地提升了品茶的意境。

陶瓷茶具兼具了功能性和美学特性，让茶具成为日常生活中极具价值的艺术品，这不仅是时代精神的沉淀，同时也是中国传统文化的反映，体现出我国茶文化的丰富内涵。陶瓷茶具的具体应用，不仅反映了传统茶文化体系的具体内涵，同时更是整个文化体系的丰富呈现。

4. 陶瓷与文学、绘画和文字书法

文学在陶瓷艺术中的应用，表现在把文学中的典故、神话、诗歌巧妙地融于陶瓷装饰。如著名古典文学《红楼梦》《三国演义》《西厢记》《水浒传》等。还有诗歌，无论是屈原的悲歌，还是李白的豪放，以及杜甫的落魄，他们的诗句在陶瓷艺术家的手中也得到很好的再现。神话也是如此，如《麻姑献寿》《天女散花》《西游记》《洛神赋》等，就连有些陶瓷的造型都与文学诗歌有关，如玉壶春瓶，就是由“玉壶先春”诗句而命名。陶瓷艺术同时也激发了文学创作的灵感，如赞美越窑青瓷的诗有“九秋风露越窑开，夺得千峰翠色来”“巧剜明月染春水，轻旋薄冰盛绿云”。在瓷枕上也常常题写诗词隽句，题写处世哲学、抒发情怀的诗句，如“左难右难，枉把功名干，烟波名利不如闲，到头来，无忧患”“有客问浮世，无言指落花”“春前有雨花开早，秋后无霜叶落迟”等。

陶瓷与绘画的渊源表现在各朝各代的瓷器深受当时绘画艺术的影响。宋代绘画艺术兴盛的同时带动了宋瓷的繁荣，院体山水和花鸟题材影响了宋瓷装饰艺术，这一点在定窑刻划花瓷器和磁州窑陶枕上表现得尤为明显。元代文人画兴起，绘画讲究诗书画结合，强调题材的文学性，受此影响，元代青花瓶中则出现了大量历史故事题材。而到了明代，版画艺术进入鼎盛时期，大量反映市井生活和文学内容的插图应运而生。版画的故事，题材如“四大名著”等也往往是陶瓷古彩艺术创作的题材取向。

陶瓷作为中国工艺文明中独特的历史传承者，与书法艺术的结合是古代瓷器装饰文化中最独特的存在。书法艺术在陶瓷上进行创作表达，更多的是对内容的输出和表现。陶瓷书法记录了中华文明的历史变迁、朝代更迭、社会需求和改变，记录了中华民族的精神风貌和辉煌成就。

5. 陶瓷与宗教

陶瓷文化的变迁与发展直接体现出同时代人们生活方式与审美情趣的演变，而各大宗教在我国的流传与发展极为广泛和久远，因此陶瓷文化必然对宗教有一定的反映。宗教对陶瓷文化的影响，从影响内容来说表现在对陶瓷艺术题材、装饰和传播三方面。佛教、道教、基督教和伊斯兰教宗教素材经常作为陶瓷的创作题材，包括宗教人物、宗教故事，常见的有释迦牟尼、观音、八仙、老子、庄子等的陶瓷塑像以及与他们有关的故事。陶瓷借助宗教题材，通过塑造栩栩如生的艺术形象，表现自己的审美情趣、审美观念、审美感情与审美追求，具有世俗的倾向和民间艺术色彩。

佛教自从汉代传入我国以来。各类神佛头像、相关符号以及文字在我国广为流传，这些元素再经过我国人民的本土化改造，造型、颜色等方面都已经符合我国人民的审美标准。佛教文化逐步融入陶瓷装饰也就成为一种必然。例如，佛教对景德镇陶瓷文化的影响可见一斑。如乾隆皇帝命景德镇御窑厂以瓷器仿制了大量佛堂供器，其中有“八宝”（法轮、法螺、宝伞、白盖、莲花、宝罐、双鱼、盘长）、“七珍”（水珠、火珠、象宝、马宝、文官、武将、佛像）。这些瓷器直接服务于佛教活动。再如，陶瓷观音、佛手、达摩、如来、布袋罗汉、十八罗汉等，陶瓷雕塑如《达摩面壁》《一苇渡江》《十八罗汉斗悟空》等。宗教艺术题材纹饰在陶瓷中频繁出现。

世界三大宗教对我国陶瓷传播到世界各地都有着密切的联系。首先，欧洲传教士促进了陶瓷对外传播。1712 年来景德镇传教的法国传教士昂特雷科莱，将景德镇制胎施釉烧成的技艺传到欧洲后，才启迪了那时正在探索的欧洲人并使他们豁然开朗。在明代，伊斯兰教随着阿拉伯与波斯商人的到来而广为流传。随着“丝绸之路”“陶瓷之路”的开辟，佛教、伊斯兰教的教徒相继东来，中国也有不少信徒西行求法。这些频繁往来的信徒、僧侣充当了向外传播中国陶瓷的载体。

6. 陶瓷与音乐

陶瓷乐器作为我国传统乐器的一种，在金、石、丝、竹、匏、土、革、木中国古代乐器八音中，属于土的范围。《诗经》中记载：“坎其击缶，宛丘之道。”这里所说的“缶”，是古代的一种陶器，用来盛酒。春秋战国时，人们也拿它当作一种打击乐器。

陶瓷作为乐器由来已久。从新石器时期开始就出现了陶制的原始乐器。最早出现的是陶哨和陶响铃，后来演变成陶埙。世界各地只要经历过陶器时代，就都曾出现过陶埙，只是由于地域的区别而名称不同造型各异。随着陶瓷的进步，陶瓷乐器也在不断地发展。到唐代击瓯已很盛行。瓯是我国特有的一种古代打击乐器，很像个小碗。《乐府杂录》记载："以越瓯，刑瓯十二，施加减水其中，以筋击之，其音妙于方响。"可见古时人们在生活用瓷的使用中，发现并掌握了叩击陶瓷会发出金石之声，可以用水调音并与其他乐器的音律相全的规律。从唐到宋，陶制的乐器中最常见的是拍鼓。拍鼓原是西域乐器，唐代传入中国后，改用陶器烧制鼓腔。它是中外文化交流的产物。到了清代，人们用瓷土又烧制成了一种叫云锣的打击乐器。现代的碗琴也是一种打击乐器。陶瓷除了用作打击乐器以外，还用作吹奏乐器。如陶埙、陶哨、瓷箫、瓷笛等都是吹奏乐器。

除陶瓷乐器外，陶瓷与音乐的关系很大程度上还体现在与音乐相关的建筑上。在中世纪的意大利罗马剧院里，人们在建筑中使用大的陶罐来产生共鸣以增大演员和音乐的声音。同样，由成组大罐构成的拜占庭教堂的墙壁，比普通的砖石结构更轻，最主要的作用是能够对唱诗的乐声产生强大的共鸣。到了现代，陶艺家们更是将陶瓷在建筑艺术中对音乐的影响发挥到了极致。著名陶艺家朱乐耕先生为韩国麦粒别馆音乐厅创作及制作了内墙体的整体装饰，这是一组大型陶艺壁画，实现了以陶瓷为主材质的装饰功能与使用功能的统一，达到音乐厅内声、光、色、形的最佳搭配效果。高温瓷在敲击时能发出古磬般悦耳的声音，壁画表面的整体形式也能产生高低不同的节奏。用瓷这种高温材料来做音乐厅的反射板是全新的尝试，事实上麦粒音乐厅确实能够从真正意义上给人带来余音绕梁的享受。

7. 陶瓷与体育

陶瓷艺术承载与传播民族体育文化的历史非常悠久，可以追溯至新石器时代的彩陶艺术当中。现收藏于中国国家博物馆 1973 年出土于青海省大通县上孙家寨墓地的新石器时代舞蹈纹彩陶盆可以看作是最早的与体育有关联的陶器，此陶盆是马家窑文化的代表。陶盆内壁饰有三组原始人类手牵手的舞蹈图，古代早期的舞蹈与体育是同源不可分的，也是我国民族传统体育之一。

考古史上大量资料表明我国古代陶瓷器皿上有丰富的以体育活动为素材的图案，例如：著名的秦始皇兵马俑中的武士俑是先秦"武文化"的典型代表，反映了当时"以武强国"的思想；首都博物馆收藏了汉代蹴鞠纹瓦当一枚，其纹饰是一人怡然自得地踢蹴鞠；1969年河南济源泗涧沟出土的西汉陶投壶，反映了当时投壶运动的盛行；河南安阳曾出土隋代白瓷围棋一件，制作考究、精细，在相关文物中非常少见；宋代文物“瓷枕”上的《蹴鞠图》，绘有一儿童身穿窄袖服装，正在踢球的图案；明代青花瓷上的图案还经常出现我国的传统体育项目，如习武、摔跤、冰戏（滑冰）、秋千等；西安半坡村出土的“人面鱼纹陶盆”，可以让我们推知当时可能已经有了原始的游泳活动；明代成化斗彩婴戏图杯上生动地描绘了四名孩童一起放风筝的可爱愉快的形象；考古还发现了四五千年前的陶球，表明原始社会的新石器时代的晚期可能有球类运动；此外，如21世纪初河北巨鹿发掘的陶枕上绘制有儿童捶丸图（中国古代的高尔夫）；再如瓷制围棋子和象棋子等，也有助于我们探寻这些传统体育项目的历史。

我国古代陶瓷中的体育素材实际上反映了古代传统体育和民俗体育的丰富多彩，反映了当时人们日常生活中经常从事的体育活动项目以及生活方式，也折射了当时人们的生活思想和情感。

据不完全考证，我国最早将陶瓷作为奖品颁发给获胜的运动员和运动队起源于景德镇，并一直传承下来。现代的奥运瓷、亚运瓷等礼品瓷和纪念瓷的出现，为宣传民族体育文化提供了很好的平台，是展示民族体育文化的一个很好的窗口。

8. 陶瓷与旅游

陶瓷文化作为中国传统文化的象征，是中华民族艺术和智慧的结晶，是中国走向世界、世界认识中国的文化符号，也是世界文化的重要组成部分。陶瓷文化旅游即以陶瓷文化为载体，通过提供各种旅游设施和服务，促使旅游者运用自己的审美情趣，体验到陶瓷文化的内在魅力，获得陶瓷物质文化和精神文化的享受。随着文化、旅游两大产业的融合发展，进一步突出了旅游的文化属性，文旅融合发展能够开发打造出内涵丰富、极具吸引力的旅游目的地和旅游产品。陶瓷文化绵延千年不断，内涵深厚，将其与旅游产业融合在一起，以创新发展理念打开陶瓷文化旅游发展新思路，实现陶瓷文化的传承与地方经济可持续发展。

陶瓷文化与旅游产业融合发展是促进陶瓷文化传承与创新、旅游产业繁荣发展的需要。应放大陶瓷文化品牌优势，推动旅游资源有效整合，打造一批体现和体验陶瓷文化特色的旅游产品和线路，建设高品质陶瓷文化体验旅游示范区。大力拓展陶瓷文化旅游市场，着力培育陶瓷文化旅游新业态，发展文化创意体验和研学旅行，通过创意设计、陶艺制作、陶瓷购物、虚拟现实、文化娱乐等体验活动，吸引中外游客。

（三）中国陶瓷对世界的影响

陶瓷，作为硬质的“史记”，是中国与世界来来往往的不朽的外交书，瓷是最早走向海外、流行最广的、承载着中国文化的世界性商品。

1. 中国外销瓷的影响范围及路线

中国外销瓷是陶瓷史不可分割的一部分，在历史上有三个高潮期，分别是：晚唐五代到宋初、宋元到明初、明代中晚期至清初。从唐至宋元明清，中国陶瓷通过“丝绸之路”和“陶瓷之路”不断远销到世界各地，遍及世界各地。汉代“丝绸之路”从长安出发往西，经甘肃河西走廊及当今的新疆地区，远达中亚、南亚、西亚，以至地中海东岸各国和南欧、北非等地，绵延7000多千米。海路“陶瓷之路”是唐末至明初东西方之间进行贸易交换的大通道。商品主要是各种各样的陶瓷器，故称“陶瓷之路”。“陶瓷之路”包括两条，一条是自中国的东南沿海，沿东海、南海经印度洋、阿拉伯海到非洲的东海岸或经红海直达罗马等地中海国家；另一条是中日航线，从东南沿海直通日本和朝鲜。据文献记载，中国的瓷器自秦汉就已抵达日本、朝鲜、越南、印度等国家，并向这些国家传授了制瓷技艺。

2. 中国历史上瓷器对外影响的主要时期

唐代是中国外销瓷熠熠生辉的时代，除了陆地丝绸之路，广州通海夷道延伸了汉代由徐闻（今广东徐闻县）为起点的出海通道。唐代已可建造五六十米长、带有水密隔舱的先进大船，可将瓷器由海路远销到阿曼、波斯、巴林沿海一带，还可换船经红海运至北非埃及等国家。

宋代五大名窑各领风骚，瓷的远销掀起了中国外销瓷的高潮。12世纪，旅行家伊不·朱拜儿所见所言：“舶货中以中国瓷器为大宗。”这一时期的外销瓷航线主要有航行到东北亚、东南亚诸国的航线及通往波斯湾等地的印度洋航线。

元代的统治者非常敏锐地把握了瓷的贸易价值，元青花在景德镇能工巧匠的手中发挥到极致，征服了广大的伊斯兰教地域，中国瓷器运用在餐盘茶盅、神庙神龛甚至墓碑中，可谓是渗透到了生活的各个层面。据元代大旅行家汪大渊的《岛夷志略》记载，当时中国瓷器出口世界上40个国家和地区，景德镇的青花瓷已成为外销瓷的主打。

明清时期是中国瓷器的黄金时代，景德镇以“天下窑器所聚”一跃成为独步天下的世界瓷都，不仅发扬了元青花外销风靡海外的传统，同时开启了清代青花、粉彩瓷走向世界的序幕。郑和七下西洋客观上促成了中国外销瓷的大高潮，与东亚、东南亚各国在朝贡体系内建立了新的贸易秩序，与西亚、东非建立了直接贸易关系。更为重要的是，带回了青花瓷所需的苏麻离青，红釉瓷所需的胭脂石，还有香料、苏木、染料等重要物品。明王朝历代帝王还将瓷器作为礼品和赏赐品，赠送给前来纳贡的各国使臣和国王。明代瓷器的输出是历史上各时期最浓墨重彩的一笔。仅荷兰东印度公司在1602—1682年，将中国瓷器运往荷兰和世界各地的总量就在1600万件以上。

清朝早期，中外陶瓷文化的传播是双向的。在相互学习、彼此互补的文化传播过程，诞生了中国陶瓷粉彩技术。16世纪，意大利制造了软质瓷器。18世纪初期，德国迈森、荷兰代尔夫特和英国斯塔福德郡先后制造出类似于景德镇瓷质的硬质瓷。欧洲国家在仿制中国瓷器的过程中，逐渐发展出独具特色的本国制瓷产业。制瓷技术对外传播，是中国对世界陶瓷文化的伟大贡献，对繁荣世界陶瓷文化发挥了极大的促进作用。

3. 中国制瓷技术在世界范围内的传播

领先世界1700余年的中国瓷得到世界各国的追捧，自然引起了当地人们的争相仿制，中国人从来不吝惜将“点石成金”的技术教给他国人民。朝鲜早在唐朝末年便从中国学会了制瓷方法，并设立了窑厂，于宋代开始仿制定窑产品。11世纪，就制成了精美的青瓷器，其品质可与越窑媲美，后来的李王朝（相当于中国的明朝时期），宫廷重白瓷，于是开始仿景德镇烧制白瓷，之后又仿制景德镇的青花瓷器成功。

日本从朝鲜学会了中国的制瓷技术，南宋时又派人到中国来学习制瓷方法。明正德元年（1506年），日本遣使了庵、桂梧来到中国，伊势松板人五郎大夫及瑞祥随之前来。瑞祥在景德镇住了5年之久，学习了青花瓷制作方法，归国后设窑制瓷。17世纪中叶，又派人来中国，不断吸取制瓷经验，遂使日本瓷器得以向前发展。

此外，越南，泰国，非洲的埃及，西亚的伊朗、伊拉克、土耳其等也仿制中国瓷器。在欧洲，意大利威尼斯人首先从阿拉伯学会了制瓷术，并于1470年首次烧造成功轻薄半透明的瓷器。康熙年间，法国基督教传教士昂特雷科莱在景德镇居住长达七年之久。此间，他向教会写了两封长信，收集了大量有关政治、经济、风俗和文化等方面的情报，并将景德镇制瓷技术系统而完整地介绍到了欧洲。后来，欧洲各国瓷器的早期制作工艺几乎与中国相同。

在世界历史上，中国陶瓷对外经济贸易与文化交流以及世界产生影响的除景德镇青花瓷器外，还有龙泉青瓷、宜兴紫砂陶和德化“中国白”。

二、景德镇瓷器鉴赏

江西景德镇古名浮梁，也曾用过新平、昌南为地名，唐代改为浮梁，宋代因真宗年号为景德，在浮梁瓷器上写着“景德年制”，民间便将产地称为景德镇。景德镇的瓷器著名的有青花瓷、青花玲珑瓷、粉彩瓷、薄胎瓷等。

（一）青花瓷器

1. 概念及特点

青花瓷是一种以钴为着色剂，在坯体上绘制图案或画面，然后在其坯上罩一层薄薄的透明釉，经过1300℃以上的高温烧制而成的蓝色釉下彩瓷。

青花瓷是最佳的釉下彩，年久不失色，观赏性极强，其内敛含蓄的特点耐人寻味，符合大多数人的审美。青花瓷的出现打破了瓷器以单色釉为主的传统，把瓷器装饰推进到釉下彩绘的新时代，形成了鲜明的风格。青花瓷所承载的历史文化、科技工艺和美学艺术价值决定了青花瓷从诞生之日起就备受青睐。

2. 青花瓷的发展

青花瓷萌生于唐宋，在元后期制作水平达到了成熟阶段，盛行于明清，一直是景德镇瓷业的主流产品，景德镇窑的青花制作工艺是在宋青白瓷的基础上发展而来的。它以其特有的中国风格和中国气派，深受各国人民的喜爱。

唐代是我国与西亚各国在政治、经济、文化方面保持着广泛而密切联系的时期，由于每个民族都有各自的生活习惯、宗教信仰和审美习惯，就色彩来说，华夏族崇尚黄、朱、青各色，对白色则有所忌讳。而在伊斯兰文化圈的国家中，人们至今崇尚白色。所以在这一时期出现了将青白两色巧妙结合的瓷器新品种青花，可以认为是直接或者间接受到了伊斯兰文化的影响，是中西文化交流的结果。

青花瓷在元代的迅速发展与元代统治者的喜好息息相关，元代是一个多种文化并存的朝代，统治者崇尚伊斯兰文化，色尚蓝白，数重九恶七，传统青花瓷呈白地蓝花或蓝地白花的效果，符合统治者的审美需求。元代青花瓷器造型有一个显著的特征，即形大、胎厚、体重，这是由于贵族统治阶级追求奢华，其大吃大喝作风而形成了元代粗犷、豪放、刚劲的工艺美术风格，体现在青花瓷器上即厚重。元代青花瓷的装饰纹样在布局上富丽繁华，追求精致工整，整齐细密，具有程式化，如大盘采用同心圆环进行多层次装饰，是典型的密集式伊斯兰装饰风格，构图严谨，空间狭窄，所用的青料也主要是从伊斯兰教区引进，风格与中东伊斯兰地区工艺品的装饰纹样一致，表明了当时的青花瓷主要是为了满足伊斯兰国家的需求而产生的。

明代的青花瓷器保留了一些“元青花”的特点，但比元代要薄，传世的“明青花”体量很大，但是精品较少。“明青花”工艺复杂，前期主要用苏麻离青料，中期用平等青，晚期用回青料，做工非常细腻，纹样画法娴熟。这一时期青花瓷的风格由元代的敦实、厚重变为端庄大方、清新流丽。所用青花料多为郑和出使西洋从伊斯兰地区带回的所谓“苏麻离青”。成化时期，瓷器最主要的成就是斗彩的烧制成功。其法是在胎上先用平等青画出部分花纹，烧制成瓷后又在釉上与之相适应地加以彩绘，使青花与彩绘形成变化统一的装饰效果。所谓“成化无大器”，玲珑精巧的小型器物是本时期的主流，加之釉色肥润，抚之有玉之质感，该时期整体风格呈现出清秀淡雅、轻巧洒脱的艺术品格。明后期的嘉靖时期，瓷工艺进一步发展。以使用回青料为标志的嘉靖青花，呈现出蓝中微泛红紫的色调，较之成化青花色泽的浅淡，嘉靖时期青花则表现得更为热烈，色泽浓翠艳丽，胎质细洁，釉面肥润光亮，不仅如此，器形更是丰富多彩。

清代的康熙、雍正、乾隆三朝，达到了我国制瓷工艺的历史高峰。凡是明代已经有的工艺和品种，大多有所提高和创新，与此同时，这一时期又创新了很多新的彩釉和品种，发展了很多特种制瓷工艺，制品极为精致突出。康熙时期以民窑的青花瓷为典型的代表作，比较成功的康熙青花呈宝石蓝的色泽，极为鲜艳。除此之外，康熙青花的另一个重要特征是它的层次分明，完全由工匠们成熟地运用浓淡不同的青料，营造出不同层次的色调。在装饰上题材十分丰富，大量采用戏曲、小说为题材的人物故事画，最名贵的就是描绘武士的“刀马人”。整体的艺术风格尽显雍容之气。雍正时期以粉彩成就最甚，笔力精细工整、色调柔和淡雅，又称“软彩”。这是在古彩的基础上受珐琅彩制作工艺的影响而创制的一个新品种，始于康熙，盛于雍正。雍正时期的粉彩使用玻璃白打底，用中国传统绘画中的没骨画法加以渲染，突出了浓淡的效果，呈现出淡雅柔丽、温润匀静之美。乾隆初期继承康熙、雍正的传统风格，产生了不少秀丽精巧的作品。后期由于宫廷的大量需求，以及地主阶级上层的穷奢极侈，不惜成本地追求各种奇巧精异，不遗余力地用瓷器模仿其他材料，虽然在转心、转颈、玲珑等方面突出地反映了当时制瓷工艺新技巧的超高水平，但只能说是在追求特技工巧而非艺术创造，总的来说，只能用“华缛”来概括该时期的陶瓷制品。

3. 青花瓷的意义

青花瓷在历史上生产量特大，题材也极为广泛，同时是人们喜闻乐见的艺术品之一。它清秀雅致，是我国传统陶瓷瑰宝。俗话说“粉彩”“珐琅彩”过于浓艳华丽，然而青花则为庄重典雅。青花瓷色泽虽然单一，但却不单调，由工匠及艺术家创作的各类题材作品表现丰富别致、浓淡相间，点线面粗细结合层次分明，如梅瓶挺拔秀丽似丰腴的贵妇，胆瓶纤柔稳静似闺中的美少女，这恰恰是青花艺术体现出的古代文人气质。

青浅于黑，更胜于黑，由喜爱黑色到喜爱青色是人类审美观的一大进步。青花瓷是在蓝彩陶器的基础上发展起来的，而青花更胜于蓝花，是“青出于蓝而更胜于蓝”的体现。青花瓷具有典雅的美学收藏价值，有着超越时空的永久魅力，也有着深厚的中外文化交流价值。

（二）青花玲珑瓷器

1. 概念及特点

玲珑瓷是在瓷器坯体上通过镂雕工艺，雕镂出许多有规则的“玲珑眼”，然后在孔眼中填特制的玲珑釉，烧成后这些孔眼成半透明的亮孔，十分美观，被西方人称作“嵌玻璃的瓷器”。因其在生坯上雕成的孔眼大多为米粒状，又名“米花”，日本人称为“米通”或“萤手”。

青花玲珑是把青花与玲珑在制作和艺术处理上巧妙加以糅合的产物，玲珑眼被填平后，再绘以青花，施釉后高温烧成。碧绿透明的玲珑和淡雅青翠的青花相互衬托，其釉面白里泛青，料色青翠欲滴，玲珑碧绿透明，釉中有釉，花里有花，结合得天衣无缝，朴素大方的艺术特色给人以清新明快之感，展示着我国古代制瓷业高度的技术成就和艺术成就。

2. 青花玲珑瓷的产生和发展

新石器时代晚期的龙山文化黑陶就已出现镂空装饰。宋代透明影青釉填满孔眼的瓷制品是玲珑瓷的雏形。明永乐年间玲珑瓷制造技艺趋于成熟。清康熙、乾隆年间御窑厂仿制的包括玲珑瓷在内的各种名贵瓷器，发展了玲珑瓷与青花瓷结合装饰成的青花玲珑瓷。后在青花玲珑瓷上增加釉上彩装饰，成为青花玲珑加彩瓷，是宫廷中的名贵用品。清末青花玲珑瓷逐渐衰落。20 世纪 50 年代以来，玲珑瓷生产得到恢复，而且发展很快。

（三）粉彩瓷器

1. 概念及特点

粉彩也叫“软彩”，是釉上彩的一个品种。釉上彩是在已经烧好的素器釉面上进行彩绘，然后入窑经过 600℃~900℃的低温烘烤以使画面熔融后固化在瓷器表面的装饰技法。

粉彩瓷有三大特点：第一，它是颜料里加入雪白使其色彩在低温下烧制而形成，色彩明亮经久不变，由于色彩表面形成玻璃体，加上现有的无铅粉的研究，使得粉彩瓷器无毒害，不易褪色、氧化、脱落，用作生活器具是非常理想的；第二，粉彩瓷色彩效果艳丽，具有丰富、高雅、古朴、明快的东方文化艺术风格和强烈的民族色彩，深入地反映了生活及高雅的民族文化；第三，它的创造和发展有着深厚的民族文化作为背景。既有古典所讲究的庄重、华丽、严谨的风格，也有以现代感强烈的简洁、生动、夸张、多变的风格彩瓷。这样持久的生命力淋漓尽致地在粉彩瓷上得以表现，使得粉彩瓷变得雅俗共赏。

2. 粉彩瓷的产生和发展

早在宋元时期，景德镇瓷工就开始用含金属氧化物的彩料在瓷器表面进行装饰的尝试。明宣德年间，御器厂成功烧造出釉下青花与釉上彩绘相结合的青花斗彩瓷器。明朝中期以后，以成化斗彩、万历青花五彩为代表的釉上彩绘瓷器发展迅速，至清初康熙年间釉上彩出现以后，釉上彩瓷器开始脱离青花的约束而成为一个独立的瓷器装饰门类。康熙五彩色泽厚实、浓艳，亦称之为“硬彩”，景德镇称其为“古彩”。

一般认为，粉彩瓷是康熙晚期景德镇御窑厂的画师在试烧宫廷所需的珐琅彩的过程中创造。他们从珐琅彩料中引进“砷”元素，发明了所谓的“玻璃白”，并将其与古彩料相结合。由于砷的乳化作用，使得粉花的材料可以表现出各种浓淡、强弱的色彩色相色阶变化，是原先只有五六中色阶的古彩料骤增到数十种，从而丰富了纹饰的表现力。

由于颜色中都带有粉白色调，所以人们称之为“粉彩”。粉彩瓷在雍正时相当精致，乾隆年间达到很高的艺术水平。民国时以“珠山八友”为代表的“新粉彩”应运而生，其影响力甚至左右景德镇粉彩艺术至今。中华人民共和国成立后，粉彩瓷更有长足的发展，不仅是用传统中画的表现形式，水粉画、油画，新彩与粉彩结合等技法和装饰手法都竞相跃然瓷上，对传统粉彩的创新起到了巨大的推动作用。

（四）薄胎瓷器

1. 薄胎瓷特点

薄胎瓷俗称“蛋壳瓷”，是景德镇脍炙人口、誉贯古今的传统产品之一。薄胎瓷薄似蝉翼、轻如浮云、晶莹剔透、精巧备至。最精致的薄胎瓷，薄的地方只有半个毫米多点。薄胎瓷的特点是轻巧、秀丽、薄而透明，托在手上似朵浮云，映着光看去通体透亮。被国际友人赞为“天上才有的珍品”，“世界上只有景德镇能制作出这样高妙精美的薄胎瓷”。

2. 薄胎瓷的产生和发展

薄胎工艺的历史，可以上溯到新石器时代晚期，湖北京山屈家岭文化的蛋壳彩陶和龙山文化中的蛋壳黑陶。这种轮制无釉陶器，器行规整，厚仅 0.1~0.15 厘米，口沿最薄的地方只有 0.05 厘米，可称是薄胎瓷的先导。

北宋时景德镇大量烧造的影青瓷，瓷化程度高，滋润透影薄而轻巧，以质薄腻、体薄而润而见称。明永乐年间御窑厂出品的甜白脱胎瓷和万历年间所制的卵幕杯，胎薄如纸，晶莹光润，做得最薄而精细的薄胎瓷器，厚度只有 0.5 毫米，“映着光可以照见指螺”。清康熙、雍正年间出品的白釉薄胎瓷器，已经达到了“纯乎见釉，几乎不见胎骨”的“真脱胎”程度。

薄胎瓷品种繁多，其中以薄胎碗最具有代表性。制作得好的薄胎碗，从口沿到底足，厚薄一致，映着光看，如万里无云的晴空般清亮、明净、通体透明。古人用“只恐风吹去，还愁日炙销”的诗句来形容这种薄胎瓷器，确实是惟妙惟肖，而又恰如其分。

3. 薄胎瓷的工艺特色

随着制瓷技术的不断进步和分工的专业化，薄胎工艺逐渐从一般瓷器的制作工艺中分离出来，形成了一整套独特而又严格的工艺规范。薄胎瓷的制作，从配料、拉坯、利坯（修坯）、上釉到装烧，都有一整套的技术要领和工艺要求。

利坯是其中最艰难细致、最关紧要的一环。薄胎利坯一般要经过粗修、细修定型，粘接，利去接头余泥并修整外形，荡内釉，再最后精修成坯这样繁复的过程，坯体在利篓上取下装上反复近百次之多，才能将两三毫米厚的粗坯修利到蛋壳一样厚薄的程度。在精修的关键时刻，此时的操作真可谓争胜负于一丝一忽之间，定成败于一刀一息之上，少一刀则坯体嫌厚，多一刀则坯破器废，即便是一个大的喘息也可能导致前功尽弃。难怪欧洲人称薄胎瓷的制作技艺是“神技”，觉得神秘莫测、高不可攀。薄胎瓷从另一个侧面显示了景德镇瓷工的智慧和工艺技巧，体现了景德镇制瓷技术的高度成就。

（五）颜色釉瓷器

1. 概念及特点

釉是一种附着在陶瓷坯体和晶粒表面的一层连续的、极薄的玻璃质层或者说玻璃体和晶粒的混合层，它在经过高温加热烧成之后会使其像普通玻璃那样长久地处于完全熔融的状态，具有一定的流动性。釉的作用是使瓷器表面光滑、整洁、易清洗，增加瓷器强度使其更耐用，使瓷器外表更美观。

釉分为有颜色和无颜色两种，颜色釉指的是有颜色的陶瓷釉。色釉有三种分类。一是按照烧成温度分以下三种：当烧成温度高于 1300℃为高温颜色釉，当烧成温度高于 1200℃为中温颜色釉，烧成温度在 1040℃左右为低温颜色釉。二是在烧成过程中将火焰的性质再细分为还原火焰颜色釉和氧化火焰颜色釉两种。三是按照陶瓷烧成后的外观特点，我们可以将其细分为单色釉、复色釉（花釉）、裂纹釉、无光釉、结釉等。

2. 颜色釉瓷的发展

景德镇颜色釉的发展是从青白釉开始的，青白釉是指一种介于青白两种颜色之间的釉色，它主要是宋代以前的景德镇窑中使用的主要釉料。宋代以后的几百年中，统一后的国家政权均在景德镇设置官窑，官窑集中了大量优势人力、物力和财力，对全国各地的颜色釉品种进行研制，不仅使景德镇的传统颜色釉得到了传承和提高，对景德镇陶瓷的发展也起了很大的促进作用。元代景德镇窑创烧出一种新型高温色釉——卵白釉，因其釉质白色中微微泛青并且带有一层鸭蛋皮的色泽，故又称为“卵白”。同时景德镇的制瓷工匠们攻克了铜红釉烧造技术难关，开始大量批次生产全身鲜红色的高温铜红釉。明代景德镇颜色釉的釉色品种比之前有所增多，出现了祭蓝釉。特别要注意的是永乐年间的甜白釉，永乐、宣德年间的祭红釉，洒蓝釉，弘治年间的娇黄釉，正德年间的孔雀绿，嘉靖年间的瓜皮绿，这些颜色釉比较集中地代表了明代景德镇各种颜色釉瓷器的烧造程度和水平。

康熙时期烧制的豇豆红、郎窑红均属铜红釉的不同变种，这一时期的孔雀釉，釉面呈色透明清澈平滑光润，构成了与明代不同的特色。雍正时的淡粉、娇黄更是以其淡雅瑰丽的色彩弥补了陶瓷史中颜色釉的空白。绿釉中的松石釉始于乾隆，釉色沉稳凝厚，酷似松石而得名。清代颜色釉的发展即有继承也有创新，成就非常大。

（六）综合装饰瓷器

综合装饰是以两种或两种以上装饰形式结合运用到同一件产品上，产生新的艺术效果的一种陶瓷装饰门类，是不同的彩绘、色釉及雕刻等多种装饰方法的综合运用。它形式多，极富变化，艺术特色明显、感染力强，在陶瓷美术创作中得到越来越广泛的运用。综合装饰的形式出现比较早，比如刻花与青花的结合运用在元代就有产品问世。但将“综合装饰”列为陶瓷装饰中的一种门类还是中华人民共和国成立后才开始的。历史上对“综合装饰”的称谓，习惯将两个彼此结合的装饰形式的名称联合在一起来命名，如青花和釉里红及玲珑相结合的产品，分别命名为“青花釉里红”和“青花玲珑”。有的也根据工艺形式和意义来命名，如刻花与黄、绿、紫三色釉的综合运用称为“娇黄三彩”或“素三彩”，青花与釉上彩的结合称为“青花斗彩”等。随着科学技术的发展和新材质运用的增多，也由于艺术创作思路的拓宽，多种装饰形式的结合日趋广泛，而且结合形式和项目越来越多、越来越复杂，用历史上那种习惯的命名方法命名，已不能概括这种装饰的全貌，故而出现“综合装饰”这个名称。

三、宜兴紫砂陶器鉴赏

（一）宜兴紫砂陶器概述

紫砂是用质地细腻、含铁较高（一般大于 8%）的特种黏土制成，呈色以赤褐为主，质地较坚硬的无釉制品。紫砂原料是一种矿物质，锻淘出的紫砂泥色彩天然且品种丰富，可塑性强，其手工艺自成体系。

紫砂自北宋诞生以来约 1000 年，虽与具有近 8000 年的陶瓷史相比略显姗姗来迟，但却在陶瓷的艺苑中独领风骚，技压群芳，在今天更是名震寰宇。郭沫若在一首《西江月》中对陶器的产生和发展做了富含哲理的科学解释，揭示了艺术和真理的内在关系与相互激荡的原动力，“土是有生之母，陶为人所化装，陶人与土配成双，天地阴阳酝酿。水、火、木、金协调，宫、商、角、徵交响，汇成陶海叹汪洋，真是森罗万象”。

（二）紫砂陶器的工艺性能

1. 紫砂陶器的理与趣

紫砂陶的成型方法有手工成型、注浆成型、旋坯成型和印坯成型四种，其中手工成型是传统的制作方法。宜兴紫砂产品种类繁多，以茶壶、茶具、花盆为主产品。属工艺产品，全系手工制作而成。这一传统技艺的形成和发展，与紫砂泥的特性和各式各样的产品造型有密切关系，紫砂泥具有良好的可塑性能，较小的干燥收缩，较高的生坯强度，为多种多样的造型提供了良好的工艺条件。丰富多彩的造型，千变万化的线条，对制作技巧不断提出了新的要求，促使手工成型达到了高度的水平，形成独特的风格。精巧的手法，超群的技艺，促进了紫砂工艺陶造型丰富多变的特色。

紫砂手工成型的方法，基本上可分为“打身筒”与“镶身筒”两大类。

（1）“打身筒”的方法

用于制圆类型产品，先是把泥料捶敲成薄片的泥条和泥片，将泥条在转盘上围成圆筒状，用薄木拍子向内拍打圆筒上端，使上口内收，至一定要求时，把矩车旋圆的泥片粘砌于筒中内壁，翻过身来也以同样方法处理，使成球鼓形空心体壶身。然后按形、制的意思，用拍子旋压旋搓，或按或提，使之器形拍成各样轮廓，造型准确，再加颈、加脚、加嘴、加把、加盖，以至作品坯体完整，用各种工具理成规正，并用“明针”到处光压均匀，使之泥坯发亮。

（2）“镶身筒”的方法

将坯泥打成片，不论四方、六方、八方各种类型，都按照设计意图配成样板，依样裁成泥片，镶合成型至完美的造型。

2. 紫砂壶艺的表现空间

紫砂壶形制上分有高、矮两个类型，按茶理而论，壶形高者则壶口盖必稍敛（收也），宜于沏泡红茶，更觉香浓蕴藉，矮型壶口盖稍敞，绿茶在焙制时未经发酵，叶绿素没有破坏，沏泡不宜深焖，故扁形壶泡绿茶，倾出时澄碧新鲜更显得色、香、味佳趣。

紫砂壶类造型有圆器、方器、塑器、筋纹器四大类，造型品种繁多，有“方非一式，圆不一相”的说法。紫砂工艺本身在形体与空间的处理上有很多独到之处，也是其造型的表现力强的原因之一。例如，方体造型，线面挺括、规矩平整；筋纹器造型，盖口的转合对应、准缝严密合度；塑器、圆器等的造型结构线面过渡自然，浑然一体，还有如提梁结构空间的表现等。造型样式之多居壶类造型之冠。

（三）宜兴紫砂陶器代表产品——紫砂壶的功能特点

明清两代，我国和日本就有很多称颂紫砂茶壶的记述。明代李渔曰：“茗注（泡茶之器）莫妙于砂，壶之精者莫过于阳羡。”又说，“壶必言宜兴陶，较茶（评茶）必和宜壶。”称颂宜兴紫砂壶是最为理想的注茶器。

为什么理想呢？因为宜兴紫砂壶具有以下功能特点。

其一，“宜兴茗茶，以粗砂制之，正取砂无土气耳”“茶壶以砂者为上，盖既不夺香又无熟汤气，故用以泡茶不失原味，色、香、味皆蕴”，“聚香含淑”“香不涣散”，茶味越发醇郁芳馨，紫砂茶壶具有保持茶香清醇的性能特点。

其二，由于紫砂是双重的气孔结构，故透气而不渗水，因此紫砂壶“注茶越宿署月不馊”确为事实。虽按茶道而论，应该是随时泡茶，随即喝，“宜倾竭即涤去停渣”（吃完茶即倒出茶渣）。但存茶于壶过夜，或久留也是常事，暑天隔夜不馊，不起腻苔，当然有利于洗涤及卫生，所以紫砂茶壶泡茶前的洗涤比较方便。

其三，由于砂质茶壶能吸收茶汁，内壁不刷而绝无异味，用久能增积“茶锈”，空壶以沸水注入也有茶香。过去对紫砂壶好处的这些称赞，虽然没有说出一定的道理，但也确实是使用实践中得出来的。

其四，紫砂器使用越久，器身色泽越发光油，玉色晶光，气韵温雅，《阳羡名壶系》说得非常切合，“壶经久用，涤拭日加，自发自然之光，人手可鉴”。真正具有“久日色泽生光明”的特点。

其五，热稳定性很好，寒天腊月，沸水注入，绝对不会因温度急变而胀裂。

其六，砂质传热缓慢，使用提携不易烫手。

其七，性耐烹烧，可放在温火上炖烧，如用以烹蒸无须担心开裂。

（四）紫砂材质的特点

紫砂材质除内在结构为品茗生活带来理想的功效，其质地还在视觉、触觉等感受层次上与使用者发生审美心理上的联系。紫砂以其陶质特有的温润质朴的砂质粒子（石英晶体和未被熔化的云母残骸），在光线照射下隐现闪烁。又因坯体表层在烧结中，由于泥料大小颗粒收缩不一，粗颗粒于壶胎表层微有凸起，呈现“梨皮状”的砂质粒子外观。让人在品茗中感受来自材质的自然美感。

紫砂无釉陶质地呈亚光效果。胎体中所含的莫来石结晶和残存石英颗粒晶体结构对光有吸收作用，无反射和散射，不产生有釉陶瓷在光照射下的釉面玄光。亚光对视觉无刺激性。因此，亚光的质地是紫砂陶光泽柔和、温润内涵的基因。

紫砂泥中所含的氧化铁，是紫砂呈棕红色的主要原因。泥料中还含有铜、钴、镍、铬等微量元素，赋予了紫砂壶特有的沉着朴雅的不同色质。

紫砂泥本身可以单独成陶或色彩泥相互调配。近年来，又试加少量氧化金属钴、锰、铬等着色剂，产生多种泥色，丰富了紫砂材质的色泽、肌理效果。除此之外，还有对泥料颗粒粗细的选择，煅烧的沙砾与泥料采用掺和调砂、铺砂、绞泥、化装泥以及坯体质表纹理的坯处理手段。近年来，还尝试紫砂与多种材料（如竹、藤、红木、金属等）相互搭配的综合工艺。

四、其他名窑瓷器鉴赏

（一）龙泉窑青瓷

1. 青瓷的含义

《说文解字》有“青，东方色也”，青是个笼统的概念，可以表示许多颜色。比如老子骑青牛出关，青表示灰黑色；“青出于蓝”，表示蓝色；乐府有个常用格式“青青河畔草”“青青园中葵”“青青陵上柏”，这时又表示绿色。青瓷几乎囊括了这些颜色，一般将青瓷定义为：以铁为着色剂的，基本色调为蓝、绿、灰的瓷器。

唐代形成了“南青北白”的瓷器格局，也就是南方烧青瓷，北方烧白瓷。当时经济文化中心在北方，技术上也领先南方，率先烧成了白瓷。南方坚持做青瓷的窑口感受到了白瓷带来的压力，另外因为上层社会使用青瓷而带来的动力，青瓷工匠开始使用多元釉，力图对釉色有所控制。自唐代中期开始，青瓷的质量大有飞跃，出现了许多经典的青瓷流派。

2. 龙泉青瓷特点

龙泉窑是宋代著名青瓷产地，位于浙江省西南部龙泉市，邻近的庆元、云和、丽水、武义、江山等县以及福建浦城、孙溪县都是盛产青瓷的地方。其中尤以龙泉青瓷为佳。龙泉窑窑址分布在龙泉的大窑、金村、溪口等处，总面积约50.6万平方米。龙泉窑是我国著名的历史名窑，它始创于三国两晋。龙泉青瓷的工艺特色和风格截然不同于其他青瓷，其特点有二：

一是釉色美。釉色葱翠青绿。龙泉古人对青瓷釉色美的追求，体现了人类对生命力的热爱和对大自然的依恋。龙泉青瓷碧玉般的色泽和质地，如冰类玉，符合国人内心“尚玉”“崇玉”的要求，体现人们喜爱“自然天成”的审美意趣。龙泉青瓷之釉，朴素、恬淡、幽远、典雅、滋润、晶莹，青中泛翠绿，体现着中国青瓷釉色的超高境界。

二是工艺美。龙泉青瓷具有独特的矿石资源和制釉工艺。从化学组成分析上看，铁含量是决定青瓷胎釉色调的主要因素之一。龙泉青瓷以铁元素为着色剂，一般情形下，含铁量越高呈色越深。龙泉青瓷釉层厚如凝脂，雅如美玉。梅子青釉色较粉青更深沉华润，色调葱翠鲜嫩，色泽如梅子初青。南宋龙泉人研制出石灰碱釉，黏度较大，流动性小，适合于多次上釉，厚釉烧制。

龙泉瓷是中国陶瓷史上最后形成的一个青瓷系统，它的文化内涵庞杂，生产规模最为壮观。它既是我国大江南北两大窑区不同瓷业文化交流和融合的结果，也是宋代形成“官窑”和“民窑”两大瓷业相互关联，相互激荡的结果，在一定意义上，不妨视为中国陶瓷发展过程中青瓷生产工艺技术的历史总成。

(二)越窑青瓷

1. 越窑青瓷的历史背景

越窑青瓷被称为“母亲瓷”。越窑从东汉创烧直至北宋末南宋初停烧，历时1100余年，从未间断，成为中国半部陶瓷史的缩影。越窑的瓷窑分布，以浙江的上虞、慈溪境内最为集中，越窑生产早期上虞曹娥江两岸瓷窑林立，越窑青瓷大发展，中国第一个著名窑口就是唐代的越窑。

“南青北白”的“南青”便出自越窑所产青瓷。今天越窑的遗迹就在浙江省慈溪市桥头镇的上林湖一带，这里是越窑的核心产区，唐代时属越州，故名越窑。由于在北宋末南宋初失传，越窑青瓷被披上一层神秘的面纱。历时1000多年后，它的神秘面纱终于被揭开。

2. 越窑青瓷的审美

越窑青瓷的审美可从造型、色彩、纹饰三个方面来解读。

(1)越窑青瓷的造型美表现为“美善相乐”。“美”指器物美丽的外形，符合人们的审美需求。“善”应视为好用，是指越窑青瓷的功用。“美”与“善”“相乐”，便是将两者合二为一，也就是器物本身的功用和它的审美是内在统一的。越窑青瓷还表现出神性之美。古人将美好愿望寄托在器物上，表达他们对生的崇拜热爱，有一种生命的神圣之美。

（2）越窑青瓷的色彩呈现柔和的釉光。越窑器物的釉面拥有温润柔和的光泽，呈现如玉器一般的效果，所以陆羽说：“越窑类玉，邢窑似雪。”越窑首创了匣钵烧制技术，极大地提高了瓷器质量。越窑的一个分支，秘色瓷，就是在烧制的时候使用瓷匣钵，完全隔绝了空气流动，在冷却时形成强还原气氛，从而使釉面形成秘色瓷特有的滋润青翠之色。

（3）越窑青瓷以素饰闻名，但不代表其没有美丽的纹饰。在唐代，越窑便烧制了大量带有独特气质的纹饰的青瓷。这些青瓷题材多样，比如莲花、飞鹤、宝塔、人物等，立意深刻，带有不同的寓意。此外，更有器物造型上的寓意，上下分段组成的器物，有“多吉”之意，也就是我们所谓的“大吉大利”。动物装饰的纹样中，则有“年年有余”象征的鱼饰，还有用来辟邪的狮和虎。还有菊花纹象征了高洁品格，龙凤纹代表了大富大贵、幸福吉祥，鸳鸯纹被视为美好的爱情等。这些纹饰是人们审美的外在表现，也是文化的一种具象体现。

（三）宋代官窑瓷器

1. 官窑历史背景

宋代的瓷器是中国瓷器的造诣高峰，有汝窑、官窑、哥窑、钧窑、定窑五大窑以及民窑八大系统的辉煌成就。官窑在中国瓷器发展史上占有极为重要的地位。“官窑”一名，最早见于南宋顾文荐《负暄杂录》：“宣政间，京师自置窑烧造，名曰‘官窑’。”《饮流斋说瓷》亦根据《坦斋笔衡》云：“宋官窑有数种，南渡后即邵成章于修内司，烧造官窑，其后郊坛下别立新窑，亦曰官窑，是宋时已有旧京、修内间、郊坛下三种。”即北宋官窑、南宋修内司官窑和郊坛下官窑。官窑设在汴京，也就是今天的河南开封，很有可能就位于皇宫之内，隶属于礼制局。这种设置可以突出礼器的神圣性，也便于皇帝管理。

2. 官窑瓷器特点

从北宋到南宋，对宋王朝统治者来说，各种典章制度的制定和形成，绝大部分依赖于儒礼思想，并努力做到“遵其文，择其器”，从儒礼思想中提取精髓。宋王朝倡导尊重儒术，礼教孔子，以儒家思想作为治国安邦，巩固统治政权的指导思想。建隆二年（961 年）宋太祖赵匡胤御批《三礼图》，宋代王朝统治者开始将“尧舜之典”“夏商之礼”这种宋代理学的拟古思想作为自己的社会意识形态思维灌输到宫廷官窑瓷的器型设计中。于是，商、汉青铜礼器和玉器造型成了宋代官窑器型设计的典范，形成了宋代官窑瓷独特的器型设计风格。特别是宋代官窑陈设瓷的器型设计，基本上是仿商、周、汉青铜器和玉器的造型。整个陈设瓷器型设计古朴，造型外观洋溢着一种古制的遗风，给人以庄重、自然的复古感。

（四）汝窑瓷器

1. 汝窑历史背景

汝窑又称“汝官窑”，属于青瓷系统，是中国瓷器的登峰造极，位列宋代五大名窑之首。汝窑创烧于北宋晚期，北宋时期宫廷使用汝窑的时间大约在哲宗元祐元年至徽宗崇宁五年间。河南临汝县，宋代时称为“汝州”，汝窑因地处汝州而得名。但是当地一直都没有找到窑址。1986 年，在河南宝丰清凉寺发现了汝窑窑址，其规模在 25 万平方米以上。

北宋后期，汝窑被皇室垄断专为宫廷烧造瓷器，即“汝官瓷”，简称“汝瓷”。宋徽宗继位废汝用钧，汝窑从此失传，南宋时已“近尤难得”。据非正式统计，全世界现存的宋代汝窑瓷器真品已不足百件，分别存藏在北京故宫博物院、台北故宫博物院、上海博物馆、大英博物馆、达维特基金会等几家大博物馆。这种以天青色为主要釉色的中国瓷器极品之所以如此稀少，是由于汝窑开窑时间只有 20 年左右。

2. 汝窑瓷器特点

形容汝窑瓷器特点常用这句话：“青如天，面如玉，蟹爪纹，晨星稀，芝麻支钉釉满足。”

（1）“青如天”说的是釉色如雨过天晴之色。这是一个形象的比喻，说明了汝窑釉色所呈现出的自然美。文献上记载汝窑青瓷釉色有八种，包括天青、天蓝、月白、粉青、豆青等，但是以纯正的天青色为主，浓淡不同。

（2）“面如玉”说的是汝窑瓷器器表有玉石般的质感，釉面光洁，莹润如玉。这种玉质感是怎么来的呢？《清波杂志》有记载：“汝窑宫中禁烧，内有玛瑙为釉。”这段记载提出汝窑的釉色是靠玛瑙呈现的。在烧造汝窑的时候，釉里加了玛瑙末，所以汝窑釉面的光泽才会如此独特。

（3）“蟹爪纹”是指器表有不规则交错分布的“蟹爪”状的开片，开片就是在烧制过程中釉面开裂自然形成的纹路。明代曹昭在《格古要论》中这样说：“汝窑器，出北地，宋时烧者。淡青色，有蟹爪纹者真，无纹者尤好，土脉滋媚，薄甚亦难得。”

（4）“晨星稀”是指釉中有肉眼可见的稀疏的气泡，清晰疏朗，犹如晨星一般寥寥可数，独具特色。气泡的起因是烧制时釉中的气体没来得及排出，冷却后就凝固在釉面之下了。汝瓷釉比起其他瓷釉的气泡更稀疏，所以才用“寥若晨星”来形容。

（5）“芝麻支钉釉满足”说的是汝窑的另一大特色裹足支钉烧，裹足是汝窑的首创。支钉烧法是唐时越窑发明的，因为烧窑时只有圈足支撑，坯底中间可能会变软塌下去，所以再加几个泥钉支起来，烧好后再敲掉。汝窑把支钉加高，整体撑起来了，这样圈足也有釉，就叫“裹足”。所以汝窑是通体满釉的，只有支钉的几个点露胎，呈橄榄形，名为芝麻钉。

汝官瓷技术失传八百年来，海内外陶瓷艺人为使天青釉再现于世，仿烧不断，但终因不得其秘诀而未能成功，因而世人有“造天青釉难，难于上青天”的说法，更是给汝官瓷蒙上了神秘的色彩。

（五）钧窑瓷器

1. 钧窑历史背景

钧窑瓷器是中国历史上的名窑奇珍，始于唐，盛于宋，因品种繁多，造型独特，以瑰丽异常的钧釉名闻天下，常被人们称为“国之瑰宝”。北宋徽宗时定为御用珍品，属皇宫专用的贡瓷、宝瓷，享有“黄金有价钧瓷无价”之盛誉。宋代以来各朝代的豪门贵族常以珍藏钧瓷来夸耀其豪富，当时就有“纵有家产万贯，不如钧瓷一件”“雅堂无钧瓷，不可自夸富”之说。

钧瓷的窑场今河南省禹州市，因夏朝时禹州称“钧台”而得名。北宋徽宗时在此建立窑场，派官督造皇家专用瓷器，称之为“钧台窑”。由于是专门为皇宫烧制御用贡品，该窑被后人称为“宋钧官窑”和“钧官窑”。

2. 钧窑瓷器特点

（1）“入窑一色，出窑万彩”的窑变特色

“黄金有价钧无价，贵在一釉多变化”，这句在钧瓷故乡禹州广为流传的民谣，是对钧瓷艺术主要特征的精确概括。窑变现象是指钧釉在高温下熔融流动、乳浊和着色发生复杂交错的变化，从而使釉色变得绚丽多彩。窑变包括色变和纹变。关于钧瓷的窑变机理，经过当代钧瓷艺术家及相关学者研究，已经有了科学的解释。钧釉具有特殊的化学成分，它是以铜、铁等为着色剂在高温还原气氛下烧成，由于烧成时窑内温度、气氛的变化，从而形成色彩多变、纹路奇特、意境无穷的窑变效果，所以有“钧瓷无双”的说法。

（2）釉质肥厚、晶莹匀净

钧瓷釉厚，胎也厚，主要器形有瓶、尊、洗、觚一类的仿铜器，还有盘碗一类的日用器。钧瓷使用的乳光釉，有一种含蓄的荧光，因为在釉水中加了骨粉，骨中的磷元素起到了乳浊效果。钧窑是唯一以骨粉入釉的古窑，而英国人将骨粉做成胎就发明了骨瓷。所以钧瓷表现出釉质肥厚，乳浊莹润，釉纹深沉多变，釉面有明快的流动感的特征。

(3)独特的蚯蚓走泥纹

在钧瓷的釉面中有好似蚯蚓爬过的痕迹。有关其形成有多种说法，一种说法是烧制过程中气泡留下的轨迹；另一种是说钧瓷釉厚，烧低温时釉面裂开，到高温时融化的釉又填补进裂纹而形成。蚯蚓纹原来只出现在钧窑，近来一些龙泉窑青瓷也会出现蚯蚓纹，极大可能性是因为釉厚的原因。

(六)耀州窑青瓷

1. 耀州窑青瓷历史背景

耀州窑，位于陕西省铜川市黄堡镇。因铜川在五代后唐同光元年(923年)以降隶属耀州管辖，故而得名。耀州青瓷是一种在胚胎上画、刻、印出各种花纹，上釉入炉经高温烧成的釉下装饰清一色的单色釉青瓷。它创烧于唐代，五代发展，宋代鼎盛，元代以后衰落。产品“巧如范金，精比琢玉”，成为北方青瓷的代表。

唐代中国瓷器的烧造格局为“南青北白”。北方以烧造白瓷为代表，南方以青瓷烧造最为兴盛。在创烧之初，耀州窑更多是烧造黑瓷、白瓷和唐三彩。顺着“南青北白”这阵潮流，耀州窑最开始也是在烧造白瓷上下足功夫。但是由于胎料、釉料和化妆土含铁量高的原因，虽然耗费许多人力和财力，却始终无法烧造出精品白瓷。耀州窑的工匠们在烧造白瓷的实践中，认识到当时制瓷原料的特点。得知耀州窑的原料虽然不适合烧白瓷，但釉料非常适合烧造青瓷。从而大胆创新，重点发展青瓷器的制造。耀州青瓷的创烧，在唐代当时的瓷器烧造背景下，具有独特意义。它“逆流而上”，打破了当时“南青北白”的格局，最终成为北方青瓷的烧造代表。

2. 耀州窑青瓷特点

耀州窑青瓷的造型丰富多样，十分具有立体感。外形通常以曲线为主，釉色主要以橄榄绿为主色调，器物底部和端口多呈黄色。历代工匠常通过刻花和印花的装饰手法来制作青瓷，直接用直刀或者三角刀雕刻轮廓，刻画线条，有非常明显的纹理装饰。浮现于青瓷表面的纹理不仅带来了生机勃勃的立体感，还为青瓷器淡青色的釉面增加了特别的光晕。

耀州窑青瓷从唐代开始烧制，五代时期在质量、釉色和工艺上才有一定的提高，北宋时期达到顶峰。唐人对青瓷的要求是磅礴大气，追求富丽堂皇。到了宋代，人们更多的是在青瓷器上雕刻花鸟鱼虫以及一些自然风景，反映出向往自然、向往平淡的精神寄托。因此，不同时代的审美风尚是造就耀州窑青瓷艺术特色的基础。

（七）定窑白瓷

1. 定窑白瓷历史背景

定窑是我国宋代五大名窑之一，自唐开始，经五代、北宋和金延续以烧造白瓷为主，特别是北宋时期的刻花和印花白瓷尤为突出，它不仅开创了我国日用白瓷装饰的先声，而且影响面甚广。定窑也属于窑系，宋代白瓷的代表。窑址在河北曲阳县剪子村，古属直隶定州，故称定窑。定窑影响辐射了整个北方，比如介休窑、榆次窑、盂县窑等，最远的到了四川彭县（今彭州市）窑。

定窑的白瓷工艺继承自隋唐的邢窑。邢窑胎是灰色的，靠化妆土提升瓷器的白度，而定窑抛弃了化妆土，全靠细腻的白胎呈色。定窑的白瓷白度不到60，看起不是很白，真正有现代意义的白瓷是到明代出现的，又白又透。宋以后定窑白瓷产量大增，柴料缺乏又因当地自唐末就盛产煤，遂开始普遍以煤代替柴来烧制白瓷，这时定窑白瓷的釉色开始变为白中闪黄。当时定窑的窑工们就在这白中闪黄的瓷地上创造出了刻画装饰，后又随着覆烧方法的创烧成功，印花装饰方法便应运而生，并被广泛采用，这样就形成了定窑的独特风格，一时间南北瓷窑争相效仿，逐渐形成了一个以定窑为中心，以烧制“定窑风格”印花白瓷为主的定窑窑系，使它在中国乃至直接陶瓷史上都写下了光辉的一页。

2. 定窑白瓷特点

（1）精美的纹饰

定窑的审美价值不只在于白色，而在精美的纹饰。定窑的纹饰源于唐代的越窑，内容涵盖了飞禽走兽、仙草花卉。手法有许多种，一是刻花，用刀刻，类似浅浮雕；划花，用竹刀划，灵动飘逸；篦花，用梳子划，一次划出许多线。印花又分两种，一种类似图章，把图案盖在坯上；另一种是用陶或木做一个整体的内模，上面刻好花纹，把没干的瓷坯扣上去一按，花纹就出来了。内模的使用不仅提高了生产效率，而且保证了每一个器皿大小相同。

（2）有芒口的普遍特征

古人常说“无芒不为定”，说明了定瓷有芒口的普遍特征。芒口是因为覆烧，就是把碗盘倒扣着摞起来烧，碗口一圈没有釉，所以叫芒口。芒口的产生是为了防止变形。瓷器在窑里烧的时候，是半熔融的状态，很软，稍有不慎就会变形。覆烧的时候碗口被垫圈固定住了，不会变形。所以定窑能烧出直径60厘米的薄胎大碗，这在今天都很难烧制。

(八)磁州窑陶瓷

1.磁州窑陶瓷历史背景

磁州窑位于今河北省磁县，由于此地古属河南漳德府磁州，清属直隶省磁州，故名“磁州窑”。我国北方最大的，窑火永不熄灭的民间陶窑群落星星点点地散布在观台镇和彭城镇两个区域，自宋代开始，其烧制历史悠久，具有鲜明的装饰风格和独特的施釉工艺，成为我国近代陶瓷艺术史上一部神话，具有不可替代的历史地位。

磁州窑的历史可以追溯到7000多年前。彭城的“磁山文化”新石器时代遗址，就曾经有大量的夹砂褐陶和红陶出土。南北朝时期，彭城、临水地理位置优越，在中原经济文化的发达繁盛基础上，陶冶技术获得发展而日渐成熟，产生了由陶向瓷的飞跃。隋唐时期，磁州窑工运用智慧，对北朝的化妆土装饰技法进行了继承和发展，不被原料和釉色拘泥，形成了磁州窑在白瓷上独具特色的面貌。宋代磁州窑异军突起，开始步入兴盛时期，地理上它与定、汝、钧、邢等窑口相邻，得以在制瓷技术上优势互补，兼收并蓄，为它的发展提供了动力。它打破了当时流行的五大名窑的装饰格局，从民间艺术中汲取营养，获得了旺盛的生命力，逐渐由一个地方窑厂发展成为北方最大的民窑。北宋末期，磁州窑经历了前期摸索与积累，开始进入历史上的鼎盛期。这一时期磁州窑的产品在器型上更为丰富，装饰手法创新出以白地黑花为代表的装饰技法，成为磁州窑典型风格的标志。金代磁州窑特色的白地黑花的装饰技法大放光彩，装饰风格趋于简化，这一时期成为磁州窑承前启后的黄金时期。元代磁州窑最突出的成就，仍旧表现在绘画装饰艺术上，逐渐成为陶瓷装饰的潮流。明代后期彭城窑厂走向衰败，南方窑厂引领着瓷器发展的方向。清代和民国时期是磁州窑产品生产的一个低谷，洋瓷的进入使磁州窑产量降低、品种锐减，传统的艺术风格渐趋没落。直到中华人民共和国成立后，磁州窑才又重新焕发出活力。

2.磁州窑陶瓷特点

(1)独特的釉料

磁州窑区域内，所产的瓷土叫“大青土”，远不如邢窑、定窑的瓷土精白。磁州窑创造性地运用了传统的白化妆土技法，避开了胎质发灰的弱点，增强了釉色的白度和光洁度，呈现出白中泛黄的温润暖白色，有象牙白的质感。利用这一特性，磁州窑在瓶、罐的圈足和底部有意露出胎体，不施釉色，与施釉的部分形成对比，体现出它淳朴粗犷的风格。这种化妆土技术的应用，改变了磁州窑原料质粗色陋的面貌，完成了由青瓷向白瓷的过渡，为后来磁州窑装饰艺术开辟了广阔的天地。

（2）独特的施釉技法

半干的施釉技法是磁州窑独有的工艺特色，这一技法就是在瓷器的加工过程中，从生产坯胎开始、施白色化妆土、画花、剔花等修饰，然后再到浸釉，必须在素坯保持半干的状态中操作，这是由化妆土原料自身的特性来决定的。相比干坯在半干半湿的潮坯上更便于划花和剔花、画花等修饰。

（3）独特的装饰技法

黑与白是大自然永恒的色调，磁州窑的白地黑花装饰手法就具有这种独特性。以化妆土独有的暖白色调为基础，将中国画和书法的表现方式与陶瓷材料相结合，创造了陶瓷与绘画相结合的新面貌。这种装饰语言醒目，黑白对比强烈，并且大胆地将中国绘画技法运用到瓷器装饰中，开拓了陶瓷绘画装饰的新语境。

（4）独有的审美特征

磁州窑陶瓷艺术，之所以能够成为宋代北方百姓喜爱的陶瓷典范，归根在于磁州窑艺术有着大众喜闻乐见的生活题材和表现形式。磁州窑产品大多是以日用器为主，所描绘的题材也都是用来反映当时生活场景和人们喜闻乐见的诗句与画面，运笔有力、气韵生动，豪放而朴实。

（九）建窑瓷器

1. 建窑瓷器历史背景

建窑又名建阳窑，是中国宋代名窑之一，以烧制黑釉瓷器著称。古窑遗址位于福建省南平市建阳区水吉镇，大致范围是东起后井村，西至池中村以东，北到芦花坪，南至营长墘山，遗址面积大约 12 万平方米。

近年来的考古发掘证明，建窑兴烧于晚唐五代，宋代达到鼎盛，结束于南宋末或元初。《茶录》中首次提到建盏，从此书对建盏的描述可知此时期的建窑已进入成熟阶段，而且建盏胎壁的厚度及釉色窑工们已经能处理得很恰当。到北宋晚期，尤其是在宋徽宗时期，斗茶之风风靡天下。此时的建盏已成为宫廷皇家用品，这样也就迎来了建窑最繁荣的时期。斗茶的标准以茶汤上浮起的白沫越白越好，而能衬托这白色的当然就是黑色，这就是建窑黑瓷在宋代流行的原因。建窑进贡大约止于钦宗末年，《演繁露》中明确写道："今御前赐茶，皆不用建盏……"，因此表明到此时建窑已不再制造御用茶盏了。明朝由于人们审美的变化，对建窑黑瓷的评价开始变差，明末时又逐渐变得客观。建窑发展至清代而终结。

2. 建窑瓷器特点

（1）造型特征

建盏都是厚胎，器形单调，大致可分为斗笠和漏斗形两种。内壁口沿下 1 厘米处有一圈凸起，叫水线，计量水量用的，也可能是撑口泥，用于防止烧窑时变形。底足修得较草率，圈足浅，还有许多平底和假圈足，都有明显的刀削痕迹。

（2）胎釉特征

建窑采用当地瓷土，含铁量高，因而胎色较深，以灰黑色为主，还有一些呈灰色或红褐色。胎体烧结致密、坚硬，胎体较粗，常可见分布均匀的细小白褐色砂粒。建窑一般采用蘸釉法施釉，一般圈足皆无釉。釉的垂流现象明显，口沿处一般较薄，在深色胎色映衬呈赭褐色，下口沿以下逐渐增厚。

建盏作为贡品只是黑色显然太单调，需要加入一些变化。宋徽宗说的"盏色贵青黑，玉毫条达者为上"，"青黑"指黑釉，"玉毫"就是白色条纹，即银兔毫。除了兔毫，建窑还产一种带斑点的黑釉盏，名油滴。油滴和兔毫不是建窑的专利，但以建窑做出的最漂亮。并且建盏还烧制一种窑变盏，那就是大名鼎鼎的曜变天目盏，这是唯一一种现代人不能复制的古瓷器，在釉面上呈现出铁结晶的斑点，并且能在不同的光线角度下反射不同的光芒，非常玄妙。现在存世的曜变盏只有三个，都在日本，被称为"曜变三绝"，被日本人视为国宝。

（3）款识特征

建窑盏底款主要有四类：纪年款、符号数码、姓名款以及贡用款等。纪年款例如底部刻"雍熙"，此为北宋太宗年号（984—987 年）；姓名款目前器皿上发现的姓氏或名号有"张、张一、黄、吴、孟、王、王甲、陈、陈七、年、合天、郎、金、新"等；符号数码款有"≠、×、O、一、二、九、十一、十二、三十、廿九、卅"等。贡用款则是在碗（盏）底部或垫饼、匣钵刻有阳文繁体或阴文正体楷书"供御""进盏"或者"官皿"二字。建窑遗址出土不少底署"供御""进盏"铭文的茶盏标本和印有这两种铭文阳文繁体字的垫饼，说明建窑历史上确为宫廷烧过贡瓷。

（十）德化窑瓷器

1. 德化窑瓷器历史背景

德化窑是我国古代南方著名瓷窑，因窑址位于福建省德化县而得名。中心窑址位于福建中部戴云山腹地，此处瓷土资源丰富，水源充足，交通运输方便，是烧制瓷器的理想之地。意大利旅行家马可·波罗在游记中这样向世人介绍德化窑以及德化瓷器的制造过程："在这条支流与主流道分叉的地方，屹立着廷基（德化）城。这里除了制造瓷杯或瓷碗、碟，别无其他值得注意的地方。"1976 年福建省博物馆对德化窑进行了大规模发掘，发现宋代青白瓷遗物，窑址主要有碗坪仑、屈斗宫和祖龙官一带。

德化窑创造了中国陶瓷史的一个奇迹：窑火千年传承，所产白瓷千姿百态，遍布世界，被誉为“中国白”“东方艺术的明珠”。根据考古调查，德化自新石器晚期就开始烧造陶器，唐代青瓷的遗址至今仍有迹可循，宋元时青白瓷已经大批出口外销，明清时白瓷生产达到鼎盛，特别是以何朝宗为代表的瓷雕艺术，为德化窑赢得殊荣，广受好评。千年来，德化窑生产延续不断，至今，是我国重要的陶瓷产区，被誉为三大瓷都之一。德化窑作为一个普通民窑，在中国陶瓷史、古陶瓷外销史、中外文化交流史上都占据着十分重要的地位。

2. 德化窑白瓷特点

（1）瓷胎致密，透光极其良好，为唐宋其他地区白瓷所不及。唐宋北方白瓷是用氧化铝含量较高的黏土烧制的，黏土内含助熔物质少，故器胎不够致密，透光度较差。而德化白瓷则用氧化钾，含量高，烧成后玻璃质较多，因而它的瓷胎致密，透光度特别好。

（2）从釉面上看，德化白釉为纯白釉，而北方唐宋时代的白瓷釉则泛淡黄色。元、明时代景德镇生产的白瓷却白里微微泛青，与德化白瓷有明显的区别。造成这种差别的原因，不仅与原料的化学组成，特别是氧化铁、氧化钛的含量有关，也与烧成气氛的性质有关。德化白瓷比唐宋北方白瓷和景德镇同期生产的白瓷釉色更纯净。从外观上看，明代德化白瓷色泽光润明亮，乳白如凝脂，在光照之下，釉中隐现粉红或乳白。因此有“猪油白”“象牙白”“少女白”之称。流传至欧洲后，外国人又称之为“鹅绒白”。直到现在，法国人还以“中国白”直呼德化窑白瓷。

（十一）石湾窑陶瓷

1. 石湾窑历史背景

石湾窑创烧于唐，繁盛于明清，至今仍延续烧造。石湾窑位于广东省佛山市禅城区东南，是岭南地区著名的陶窑，以龙窑进行烧制。石湾过去曾设行政区石湾镇，石湾窑以所在地域为名。窑区包括分布在石湾镇上、中、下三地的窑场及附近窑场。其产品早期以日用陶为主行销各地，赢得“石湾瓦甲天下”之美誉。明代后，开始艺术陶塑的制作，并为适应市场需求对历代名窑产品进行仿制和创新，因善仿宋钧窑釉色而名扬天下，被称为“广钧”。明清后，石湾日用陶与艺术陶塑比肩发展，尤其是艺术陶塑独具一格，极富岭南特色，在中国古陶瓷史上独树一帜。

古代石湾窑的历史大致可分为唐代创烧期、宋元发展期、明清繁盛期、民国转型延续期等四个阶段。

(1)石湾窑的形成和发展与其优越的地理位置、丰富的制陶资源、畅达的水路交通密不可分。据近几十年考古调查，目前在石湾镇内及附近发现最早的古窑址是唐代的，以镇内大帽岗窑址、小望楼岗遗址和南海小塘奇石窑址为代表。

(2)宋代，石湾窑的发展仍以大帽岗窑、小望楼岗窑和奇石窑为代表。从地理位置看，三处相距不远，都依山傍水，临东平河；从出土器物看，三者的生产都沿袭唐代而来，产品的器型、釉色、纹饰和烧造方法都比唐代有进一步的发展，体现了宋代石湾窑的生产情况。

(3)进入明代，广州恢复了对外贸易中心地位，随着海外贸易加强，石湾窑发展进入繁荣时期。窑工们对龙窑进行了改革，不仅提高了生产规模和产品质量，还为石湾窑成功烧出仿钧釉、窑变釉和单色釉提供了保证。明中期后，石湾窑的生产组织结构更加合理，专业化生产程度更高，出现了各自独立产销的行业，石湾窑业发展日益繁荣。到了清代，随着市场需求量不断增大，石湾窑进入鼎盛时期。

(4)民国是石湾窑的转型和延续阶段。日本侵华后，石湾窑生产遭受重创，窑业生产濒临崩溃边缘。中华人民共和国成立后，在党和政府的大力扶持推动下，石湾窑焕发了新生。如今，这里窑业兴盛，名师咸集，佳作纷呈，成为闻名中外的“南国陶都”。

2. 石湾窑产品特色

(1)日用陶器品种繁多、精巧实用

石湾窑日用陶器品种繁多，据粗略统计，清末陶业行会二十四行中，生产日用陶的就有十九行，炊煮器、饮食器、盛储器、文房品、起居用品等，门类齐全。石湾窑日用陶器历来以美观、实用著称，广受民众喜爱。明霍韬《霍渭厓家训》载“凡祠堂祭祀，……酒瓶、茶瓶、酒盏、茶盏、碗及碟，具用石湾瓦器。”可见其对此的青睐。石湾窑日用陶器，在设计上不仅考虑使用功能，还注重美观，使之用起来得心应手、赏心悦目。如油灯，分灯座和灯罩两部分，灯点燃后盖上镂空的灯罩，既能透光挡风，又安全防火。有的把灯罩上铜钱或蝙蝠的图案镂空，夜晚点燃油灯时，灯罩上透出铜钱、蝙蝠形的光亮，寓意有财有福。

(2)艺术器皿造型别致新颖、釉色典雅斑斓

明代的石湾窑艺术器皿，多为文房用品和陈设器，多仿古代青铜器、玉器造型，如瓶、匜、爵、尊、觚、鼎、炉、琮、洗等，工致古雅、端庄大气。清代到民国，艺术器皿的创作迈上新台阶，造型题材涉及生活的各个方面，如居家实用器物、文房用具及仿自然生物、风物等，其中以仿生造型最为特别，多选取

岭南常见的动物、植物等，造型新颖别致，岭南特色彰显，使石湾窑器皿的实用性、趣味性、艺术性融为一体。明代，石湾窑大量使用仿宋钧釉，在全国同时期仿钧窑口中别具风格，被誉为“广钧”。石湾窑的颜色釉大致可分为青、红、白、黄、黑五个色系，每个色系因浓淡的不同又分成各种色釉，这些绚丽多姿的釉色使石湾窑艺术器皿异彩纷呈，倍添魅力。明清时，石湾窑生产的艺术器皿以造型别致新颖，釉色典雅含蓄，风格独特而受宫廷青睐，成为广东地方官府向朝廷进贡的“贡陶”。

（3）人物塑像题材包罗万象、造型神形兼备

明代是石湾人物塑像的初始阶段，题材一般为庙宇、祠堂或家庭供奉的佛像、观音、福禄寿喜、罗汉等；人物线条简洁，脸部、肢体等大都施釉，造型简洁，朴素率真。清代，人物塑像艺术发展迅速，到清中晚期进入高峰，民国时期一度辉煌，题材、造型、釉彩都渐入佳境，并形成了自身鲜明的艺术风格。题材上，广泛丰富，风格多元。陶艺师都是从最熟悉的现实生活中寻找素材，包罗万象，写人生百态。在人物造型上讲究比例精准，注重细部的描摹刻画，以使人物神态生动自然，神形具备。

（十二）唐三彩陶器

1. 唐三彩历史背景

唐代三彩陶器，通常简称“唐三彩”，是一种低温铅釉陶，胎体用较为细腻的白色黏土制成，以铅作为助熔剂，配以含铜、铁、钴、锰等着色离子的原料作着色剂，经过约800℃的温度烧制而成。其颜色亮丽璀璨，鲜艳夺目，釉层透明，呈深浅不同的绿、蓝、白等颜色。因常以黄、绿、褐，或白、绿、褐，或黄、白、蓝或黄、白、绿等三种颜色为主要色调，又称之为“三彩陶”。因其兴起于唐代且很快发展为唐代陶瓷中的典型品种，因此也称唐三彩。

唐三彩是在汉代铅釉的基础上发展而来的，由于这种陶器的釉料以铅作为熔剂，使得各种着色金属氧化物烧成时熔于铅釉中，并互相渗透和扩散，于是各种颜色互相浸润流动，从而形成绚丽灿烂的彩色釉。唐三彩颜色变化丰富多彩，自然流畅。

唐三彩始创于唐高宗时期，到开元时期已达到顶峰。唐三彩之所以在唐朝得到充分的发展，一方面是由于唐朝陶瓷生产技术已经相当成熟；另一方面是由于唐朝厚葬之风盛行，为唐三彩的大量生产提供了市场；再者，多维的历史文化又赋予了唐三彩丰富的艺术养料。

2. 唐三彩的艺术特色

（1）内容丰富，题材广阔，富丽活泼，情趣横生

唐俑和前代的俑比起来，唐俑题材更广阔，内容更充实，俑人上至达官显贵，下至平民百姓，一一雕塑，而且成功地运用了各种手法，把各个阶层的人物塑造得栩栩如生。在艺术风格上，唐俑摆脱了北魏清秀、肃穆的特征，以一种奔放艳丽的面貌出现。唐代的艺匠们在人物俑的形象塑造上，能根据不同的社会地位、等级，表达出他们特定的情感与特征，使之这一统治阶级迷信和享乐思想支配的随葬品，升华到了具有永久魅力的艺术品。

(2)凝重奔放，简练概括，富有浪漫色彩

在中国历史上的汉、唐两代，马的形象塑造达到了顶峰。汉马特别厚重，像山一样稳，制作手法如大刀阔斧，着重气势。而唐马俑显得轻松愉快，但又不失凝重之感。在艺术风格上，它不像汉马那样“气势雄大”，也不像魏、隋时期所风行的清瘦俊秀，唐马饱满圆浑而不流于臃肿，华美富丽又不流于庸俗，装饰品多，而外形仍然清晰明快。在形式的追求上，唐马的特点是四方造型，艺匠们在简单概括的基本形体构成的“骨架”上，用准确、生动的肌肉刻画给以装饰，使作品达到一种独特的艺术效果，富有浪漫色彩。

(3)线条流畅，风格别致，大量运用绘画手法

唐代艺匠们把中国绘画中的“线”运用到雕塑技法之中，创造出“以线画体，以体托线，线体结合”的特有雕塑技法。陶俑的衣着处理上多用阴刻线纹，线条流畅自如，疏密相间。使有的塑像衣衾飘举，天衣飞扬，有“吴带当风”的韵味，有的衣褶、稠叠贴体，衣紧袖窄，有“曹衣出水”的风格。

(4)装饰丰富，手法多样

唐三彩的装饰纹样，可谓是丰富多彩，形式多样。如马身上的杏叶装饰，就有宝相花、金银花等数种，花样繁多，品种不一，形成各种各样的装饰图案。在器皿的装饰上，内容更为丰富，有人物鸟兽、花草蔓枝等。在雕塑技巧上，手法多样，有划花、刻花、堆雕、捏雕、浮雕等。

(5)光亮耀眼，五彩缤纷，工艺独特

唐三彩釉属低温铅釉，是把铅和石英配制而成的一种透明釉。由于铅釉的流动性强，烧制时往下流淌，每种色素都呈现出从浓到淡的层次。匠师们利用了这一特点，把施釉技巧和装饰手法相结合，形成了五彩缤纷、绚丽多姿的色调。

唐三彩艺术是唐代这个特定时期文化、艺术、科学的结晶。它体现了唐代整个时期的民族风格和人们的审美要求。

（十三）其他陶瓷器

1. 介休窑

介休窑是宋金时期山西一处规模较大的窑场，地处山西省介休市，其烧造的陶瓷种类丰富多彩，依据釉色的不同可粗略分为白釉瓷、黑釉瓷，以及白釉下彩绘瓷等。在造型上，多以大容量、较为饱满的形制制作；在装饰上，多采用发散式的鸟羽纹、流畅灵动的长线条来呈现；在颜色上，符合人们简洁朴素的审美追求，多用白色与赭粉色来点缀。

2. 当阳峪窑

当阳峪窑位于河南修武县境内，依山傍水，风景秀丽，矿产资源丰富。在中国陶瓷文化的发展史上，当阳峪窑曾经有着辉煌的成就。北宋时期，当阳峪与当时的江西景德镇、福建德化、陕西耀州并称为中国的“四大瓷都”。当阳峪窑在宋代北方时期是极其重要的陶瓷生产地，并且器物制作的工艺十分精湛，釉色和器型的种类也很齐全，尤其以绞胎瓷、绞釉瓷等享誉中外。

3. 长沙窑

长沙窑的窑址在湖南省长沙市望城县（今望城区）瓦渣坪一带，长沙窑创于唐而衰于五代，是我国釉下彩装饰的创始地，在“南青北白”的瓷器分布格局中占据了独特的地位，对宋以后瓷窑的发展有很大的影响。彩绘装饰是长沙窑瓷器的一大特色。彩绘图案以花卉纹和草叶纹为主，绘画题材包括了人物、动物、花草、山水等。图案线条流畅，纹样简明写意，反映了民众眼中的多彩世界。

五、瓷器鉴别与选购的一般方法

（一）仿制瓷器的历史

仿制瓷主要发端于五代、宋元时期，兴盛于明清，民国以后形势渐微。景德镇自五代以后，产瓷不断，逐渐成为中国乃至世界的制瓷中心，其仿制瓷的生产也伴随景德镇制瓷业的兴衰起伏。仿制瓷伴随着仿制对象的不一致，在不同的朝代发展不一样。

仿制瓷主要历经了 6 个阶段：第一个阶段是汉唐时期仿青铜器；第二个阶段是宋代白瓷仿玉、仿银；第三个阶段是元代元青花的出现；第四个阶段是明代元青花的延续，无所不仿；第五个阶段是清雍正时期珐琅彩仿铜胎的出现；第六个阶段就是近代仿制瓷的阶段。前 3 个阶段和第五阶段都是以仿资源稀少的材料为目的，为陶瓷产业带来了巨大的发展。第四个阶段由于在仿古瓷的发展上没有创新，只是纯粹的仿胎土、仿色釉料、仿器型，致使中国陶瓷产业走向了衰败。中国的仿古瓷是广义与狭义并行的，广义仿古瓷带来了中国瓷业的发展，狭义仿古瓷使得瓷业退步。

（二）瓷品的鉴别

瓷品鉴定的内容主要体现在以下四个方面。

（1）鉴真伪，即识真与辨伪。这是鉴定工作的第一步。识真是指研究、分析、比较、确定古瓷的主要特点和时代风格。辨伪是指了解瓷器作伪的各种手法，与真品的区别，以此来辨别赝品。

仿古作伪瓷一般有以下几个特征：胎体过重或过轻；胎釉质过细，轮廓线条生硬；色彩太鲜；纹饰描绘不自然；笔力拘谨，线条不流畅，线条粗细不匀等。作伪方法通常有：去光，即用高锰酸钾、硝酸和松香水混合，刷于瓷器表面去浮光，再用砂轮、砂纸打磨出粗细痕迹；或用茶水加少量食碱久煮；或用烟气久熏、入土久埋等。手工做胎，即陶泥用脚踩，不用机器加工，瓷土会留有气泡和细小颗粒，成瓷更似古瓷。后加彩，即在古代素白瓷或青花瓷后补挂各种彩色；或将旧瓷用酸浸泡后重新画彩。移花接木，将两件破损的旧瓷器合二为一；或将一新一旧瓷器做成一件完整的瓷器。加款，把没有款的旧瓷器重新加款，特别是把民窑精品加款后变成官窑器；或是把原民窑款磨掉，加上所需款式；等等。

（2）鉴时代，即确定古瓷的烧制年代。宋代以前的年代主要依据墓葬，通过对带纪年墓穴出土瓷器的科学排比，找出各时代在造型、质地、釉色、纹饰等方面的不同特征，作为鉴定的科学依据。明、清时代墓葬少，带纪年的更少，鉴定依据通常是看官窑瓷器的年款。元代瓷器带年款者亦少，依据是参考宋、明做法。对瓷器年代断定，学术界有个不成文的惯例，即通过器物本身铭文等确定准确年代最具价值，可作为标准器用于研究资料；明代以前的器物，能定出朝代即可；而历时较长的唐宋等，以分出早、中、晚期为好。

（3）鉴窑口，即确定烧造地点、技术和工艺水平等。方法通常是根据窑口标本的气泡特征来辨别。如：商周及秦汉原始瓷的釉层较薄，釉中基本上无气泡；唐五代时期的定窑白瓷一般只在底足和口沿等局部釉厚处才有细密均匀的小气泡；宋代陶瓷中汝窑瓷器的釉层较厚，釉中有少量较大的气泡，耀州窑瓷器的气泡有细小、密集、均匀与大而稀疏、分层之别。再者是根据窑口的命名方法来辨别，主要有：以烧造地点来命名；以某窑的主技者姓氏来命名；以烧造年代来命名；以产品使用者身份来命名等。

（4）评价值，即评定古瓷质量的优劣以及科学、艺术、历史和经济价值等。好瓷的客观标准是：器完整、带款、传世少、有文献著录、官窑烧造等。

（三）选购瓷器的一般方法

瓷器的选购主要是四看：

第一要看瓷器的胎质。胎质一定要疏松，敲打时声音必须清脆。买仿古瓷一定要分年代判断胎体的薄厚程度。比如，定窑分为南定和北定，北定的胎体厚，南定的胎体薄。在购买瓷器的时候最好携带手电筒。鉴别时，商家经常是从里往外照，买家一定要从外往里照，然后观察瓷器内部的投影，用手摸瓷器。如果看到里面的影子是随手而动的，就证明瓷器的胎薄。由于不同瓷器的胎质不同，在具体购买投资前，买家要对不同时代的瓷器有充分的知识储备。

第二看釉色。瓷身的釉色必须准确、均匀。民国以后制造的瓷器釉色为白色，清代生产的瓷器釉色为豆青色，这点在买仿古瓷的时候要注意。

第三看画风。瓷器画风要好，特别是在购买体积较大的瓷器时要注意区分手绘和贴花。仿古瓷贴花图案呆板，线条比较生硬。小器形的仿古青花瓷器，可以用手摸出棱角，这是贴花时使用胶水造成的。瓷器的边沿图案经常使用贴花，在贴花的结合处有时会出现接缝或者左右两部分图案不均匀的现象。

第四看器形。器形独特的高档瓷为佳品。

专题十二

珠宝玉石文化

中华文明史源远流长，珠宝玉石文化是中华民族文化的基石之一，成为中华民族灿烂文化的重要组成部分，为全世界所瞩目。

一、珠宝玉石的概念及分类

（一）珠宝玉石的概念

珠宝玉石是指可以用来做装饰品、工艺品或纪念品的各种（含）岩石矿物材料，是对天然珠宝玉石（包括天然宝石、天然玉石和天然有机宝石）和人工宝石（包括合成宝石、人造宝石、拼合宝石和再造宝石）的统称，简称“宝石”。

（二）珠宝玉石的分类

1. 天然珠宝玉石

由自然界产出，具有美观、耐久、稀少性，具有工艺价值，可加工成装饰品的物质，按照组成和成因不同可分为天然（单晶）宝石、天然玉石和天然有机宝石。

（1）天然宝石

指由自然界产出，具有美观、耐久、稀少性，可加工成装饰品的矿物单晶体或双晶。天然宝石的品种很多，为了对众多的品种进行分类命名和深入研究，宝石科研鉴定工作者往往用矿物学的分类方法对宝石进行族、种、亚种的细分，而宝石贸易界又往往习惯按照价值规律对宝石进行高档、中低档的划分，还有的根据宝石的稀缺程度将其分为常见和稀少两类。包括：钻石、刚玉（红宝石、蓝宝石）、金绿宝石（猫眼、变石、变石猫眼）、祖母绿、海蓝宝石、碧玺、锆石、石榴石、水晶等。

（2）天然玉石

由自然界产出的，具有美观、耐久、稀少性和工艺价值的矿物集合体，少数为非晶质体。玉石的具体品种主要是根据构成矿物集合体的主要矿物成分来划分的，也有一些是根据产地和传统的名称来命名的。

硬玉：翡翠。

软玉：和田玉、白玉、青白玉、青玉、碧玉、墨玉、糖玉。

玉髓：玛瑙、蓝玉髓、绿玉髓、黄玉髓（黄龙玉）。

木变石：虎晴石、鹰眼石。

大理石：汉白玉、蓝田玉。

还有岫玉、独山玉、绿松石、鸡血石、寿山石、青田石、绿泥石等。

（3）天然有机宝石

指由自然界生物生成，部分或全部由有机物质组成，可用于首饰及装饰品的材料。养殖珍珠（简称“珍珠”）也归于此类。

天然珍珠：天然海水珍珠、天然淡水珍珠。

养殖珍珠：天然海水养殖珍珠、天然淡水养殖珍珠。

琥珀：蜜蜡、血珀、金珀、绿珀、蓝珀、虫珀、植物珀。

还有珊瑚、煤精、象牙、龟甲、贝壳、硅化木等。

天然宝石中，国际上以“钻石、红宝石、蓝宝石、祖母绿、金绿宝石”称为“五大珍贵天然宝石”或“五大硬通货”。宝石之王——钻石、绿色宝石之王——祖母绿、华贵吉祥之石——红宝石、庄重高雅之石——蓝宝石、珍贵奇异之石——金绿宝石。天然玉石中，硬玉以“翡翠”、软玉以“和田玉”最为珍贵。玉石之王为翡翠，珠宝皇后为珍珠。

2. 人工宝石

完全或部分由人工生产或制造，用作首饰及装饰品的材料统称为人工宝石。

二、珠宝玉石的收藏

收藏实际上是一种文化的传承，一种对过去历史的尊重和对未来的启示。一件珠宝收藏品的价值是否有上涨空间，不仅取决于其稀有程度、商品的理化特性等本身的硬实力，更重要的还是看人们赋予它的文化价值。

历史故事、神话传说、民间风俗等都会为一件收藏品注入一些软实力。而任何一类珠宝，背后的文化含意都不是单一的，而是多种文化共同作用的结果。

玉在中国起源之久，是在全世界没有哪个国家可以相比的。据考证，全世界最早认识石头、对它做出分类的，是我们中华民族；最早把石头中具有最美的一类叫玉的，也是我们中华民族。

（一）儒家文化赋予玉的内涵

中国有一句俗语，叫作“黄金有价玉无价”。一般来说，人们对这句话中“无价”二字的理解是：玉石是极其珍贵的，其价值远远超过了黄金。管仲曰：“先王以珠玉为上币，黄金为中币，刀布为下币。”（《管子》）当然，关于玉石的价值问题，人们最为津津乐道的例子来自司马迁的《史记》。据《史记》载：“赵惠文王时，得楚和氏璧。秦昭王闻之，使人遗赵王书，愿以十五城请易璧。”这就是“价值连城”的和氏璧。秦始皇统一天下后，终于得到了和氏璧。他令丞相李斯题写，公孙寿篆刻“受命于天，既寿永昌”八字于其上，和氏璧也因此而成为国宝玉玺。在历史上的朝代变迁中，皇帝必须拥有了国宝玉玺，才是所谓的真命天子，才算真正地一统天下。

“君子无故，玉不去身。”可见玉石在古人心目中的重要地位。即使是到了近现代，中国人尊玉、爱玉、佩玉、玩玉和藏玉的习惯依然如故。清末民初的赵汝珍就曾经在《古玩指南》一书中描述过时人爱玉的风尚：“凡京中之中上等社会人物，无不腰缠累累、叮叮当当者。居则以玉为消遣之品，行则以玉为表示富贵之征；朋友相见，必以所得之玉相夸示，集会谈话，必以玉为主要论题。居家无玉，宛如非士夫之宅第；服饰无玉，直同非完整之衣履；身上无玉，似不便与友朋相会；无玉之知识，直不能插入友朋集会之谈话。玉之重要如此，故社会人士无不竭力以求之者。”

之所以会这样，正如许慎在《五经通义》所诠释的那样：“温润而泽，有似于智；锐而不害，有似于仁；抑而不挠，有似于义；有瑕于内必见于外，有似于信；垂之如坠，有似于礼。”郭宝钧也在《古玉新诠》中指出：“抽绎玉之属性，赋以哲学思想而道德化；排列玉之形制，赋以阴阳思想而宗教化；比较玉之尺度，赋以爵位等级而政治化。”举例来说，许慎认为，玉有“五德”，即“润泽以温，仁之方也；䚡理自外，可以知中，义之方也；其声舒扬，专以远闻，智之方也；不挠而折，勇之方也；锐廉而不忮，洁之方也。象三玉之连。其贯也。凡玉之属皆从玉。”（《说文解字》）而管仲认为，玉有“九德”，即“温润以泽，仁也；邻以理者，智也；坚而不蹙，义也；廉而不刿，行也；鲜而不垢，洁也；折而不挠，勇也；瑕适皆见，精也；藏华光泽并能而不相陵，容也；叩之，其声清团彻远，纯而不杀，辞也。”（《管子》）

不仅如此，在传统中医眼里，玉石还具有神奇的保健功能和医疗功效。据《神农本草经》载：“玉乃石之美者，味甘性平无毒。”又载：“能生津止渴，除胃中之热，平烦懑之气。滋心肺，润声喉，养毛发。”明代的李时珍在《本草纲目》中则称：“玄真者，玉之别名也。服之令人身飞轻举。”故曰：“服玄真，其命不极。”

玉还可以“安魂魄，疏血脉，润心肺，明耳目，柔筋强骨”。又载:“玉屑是以玉石为屑。气味甘平无毒。主治除胃中热，喘息烦懑，止渴，屑如麻豆服之，久服轻身长年。能润心肺，助声喉，滋毛发。滋养五脏，止烦躁，宜共金银、麦门冬等同煎服，有益。”

在中国的传统文化中，玉一直是美好、富贵和高雅的象征。因此，中国古代的文人常用“玉”来比喻许多美好的事物。例如，用玉女、玉人、玉面等词来称赞女子；用玉府、玉堂、玉楼等词来称赞住处；用玉衣、玉帛、玉食等词来称赞衣食。使许多人、景、物都因之增辉生色。正是由于以上这些原因，中国人对玉石的情感极其微妙，态度耐人寻味！首先，这是因为玉石的种类繁多。正如许慎在《说文解字》中所说:“玉，石之美者。”换句话说，自然天成、质地坚硬、细腻温润、色泽晶莹的美石，都可以归入玉石之列。按照这个标准，古人心中的玉，不仅包括透闪石，而且包括玛瑙、水晶、琥珀、蛇纹石、绿松石、孔雀石、红宝石、绿宝石等美石。

玉石的价值之所以很难评断，还在于玉石价值的高低不仅取决于玉石的材质，而且取决于玉石的制作工艺。好的玉器既要材质好，也要构图美，还要雕刻精。龙纹、凤纹、鸟纹、弦纹、人物纹、兽面纹、山水纹、卷云纹等不同纹饰的玉器，其价值可能因为纹饰的不同而大相径庭。此外，礼器（如玉璧、玉琮、玉圭、玉璋）、佩戴器（如玉环、玉璜、玉镯、玉跨）、丧葬器（如玉衣、玉晗、玉握、玉塞）、玩赏器（如玉人、玉兽、玉屏、玉山）和实用器（如玉杯、玉碗、玉壶、玉盘）等不同种类的玉器，即使同样构图精美，精雕细刻，其价值也会因为玉器种类的不同而不同。

总而言之，玉石的质地，加工的年代，构图的精粗，雕工的好坏，玉器的种类，沁色的不同等诸多因素，都会对玉石的价值产生重要而微妙的影响。正是由于这个原因，“黄金有价玉无价”的真正含义其实并非指玉石的价值远远高于黄金，而是指黄金的价值容易确定，玉石的价值则难以评断。

（二）珠宝玉石的象征意义

1. 诞生石及象征意义

一月——石榴石：紫鸦乌的矿物名称为石榴子石，简称“石榴石”，因其形若石榴子而得名。石榴石是一月诞生石，代表贞操、友爱、忠实。

二月——紫晶：紫色水晶，简称“紫晶”。有“水晶之王”美称。英文名源于希腊语的 Amethystos，有“酒”之喜，皆因其色似酒。今研究得知是因铁的氢氧化物在晶体中形成“呈色中心”的缘故。人们把紫晶誉为“诚实之石”。紫晶是二月诞生石，象征着诚实，心态平和。

三月——海蓝宝石：海蓝宝石是因绿柱石中含 Fe^{2+}，而呈天蓝至海蓝色，因此得名。传说这种美丽的宝石产于海底，是海水的精华。所以航海家用它祈祷海神保佑航海安全，称其为“福神石”。海蓝宝石是三月诞生石，象征沉着与勇敢、幸福和长寿。

四月——钻石：钻石，又称“金刚钻”，矿物名称金刚石。钻石是四月诞生石，象征着贞洁与纯洁。

五月——翡翠或祖母绿：祖母绿的英文名称为“Emerald”，起源于古波斯语“Zumurud”，原意为绿色之石，是国际珠宝界公认的名贵宝石之一。人们把祖母绿宝石作为五月诞生石，象征幸福。

六月——珍珠或月光石：月光石是长石类宝石中最有价值的品种，由于能散发一种淡蓝色的晕彩，如同朦胧的月光故名月光石。人们认为佩戴月光石可带来好运，印第安人视月光石为“神圣的石头”。月光石与珍珠同列为六月生辰石，预示着健康长寿，荣华富贵。

七月——红宝石：红宝石中最佳品为血红色，特称“鸽血红”，是稀世珍宝。有时比同样重量的钻石都贵重，石榴子红次之。在国外，红宝石代表品德高尚和热情的爱情，被认为是七月诞生石。

八月——橄榄石或缠丝玛瑙：橄榄石是一种价格适中又很漂亮的宝石。颜色艳丽悦耳目，为人们所喜爱，被誉为“幸福之石”。它是八月诞生石，预示着夫妇恩爱与家庭和睦。

九月——蓝宝石：蓝宝石独具的深切神秘的蓝色，既沉稳又清澈，深深地打动人们的内心。不过蓝宝石中，除了蓝色以外还有许多其他色彩，任何一种色彩都具有难以舍弃的魅力。蓝宝石最好的颜色被称为“矢车菊蓝”。蓝宝石作为九月的诞生石，象征谨慎、慈爱、德高望重。

十月——欧泊：欧泊一词来源于梵语的“巴王刺”，是宝石的意思。欧泊作为十月的诞生石，象征着希望、灵活、安乐。

十一月——黄玉：黄玉的矿物学名称亦为“黄玉”，又称“黄晶”，在我国宝石界又称“托帕石”。托帕石要和传统叫法的“黄晶”（黄水晶）和“黄玉”（“软玉”中的“黄玉”）相分开。黄玉作为十一月份的诞生石，象征着团结、友谊、和平、长久。

十二月——绿松石或锆石：绿松石，又称“松石”，因其“形似松球，色近松绿”而得名。英文名 Turquoise，意为土耳其石。土耳其并不产绿松石，因传说古代波斯产的绿松石是经土耳其运进欧洲而得名。锆石为矿物名称，旧称“锆英石”“风信子石”，透明者作为宝石，称“锆石宝石”。绿松石或锆石作为十二月诞生石，象征胜利、好运，是成功的保证。

2. 宝石的结婚周年纪念及象征意义

结婚一周年：纸婚，含义是最初的结合薄如纸，要小心呵护。代表宝石为粉色水晶。

结婚二周年：棉婚，含义是婚姻的结合稍有加厚了，但还需磨炼。代表宝石为蓝宝石。

结婚三周年：皮婚，含义是婚姻的结合像皮革一样，稍有韧性了。代表宝石为绿宝石。

结婚四周年：丝婚，含义是两人间的感情就像蚕丝一样，你侬我侬，能够紧紧地缠在一起。代表宝石为青金石。

结婚五周年：木婚，含义是两个人之间的感情已经坚硬了，感情十分牢固。代表宝石为红纹石。

结婚十周年：锡婚，含义是两个人之间的婚姻就像锡器一样柔韧不易破碎。代表宝石为红宝石。

结婚十五周年：水晶婚，含义是两个人之间的感情透明晶澈而光彩夺目。代表宝石为月亮石。

结婚二十周年：瓷婚，含义是两个人此时的婚姻光滑无瑕但需用心呵护，偶尔制造浪漫和爱意巩固一下。代表宝石为绿幽灵。

结婚二十五周年：银婚，含义是两个人婚姻恒久，也是最值得庆贺的一年。代表宝石为太阳石。

结婚三十周年：珍珠婚，含义是两个人间的感情十分珍贵，引人羡慕。代表宝石为珍珠。

结婚三十五周年：珊瑚婚，含义是深海里的珊瑚不易打捞，所以婚姻弥足珍贵。代表宝石为有机宝石珊瑚。

结婚四十周年：红宝石婚，含义是夫妻二人更加珍贵难得。代表宝石为砗磲。

结婚五十周年：金婚，含义是夫妻二人婚姻恒久，令人羡慕，属于第二大婚庆。代表宝石为金沙石。

结婚六十周年：钻石婚，含义是人生难得的婚姻永恒，值得庆贺。代表宝石为翡翠。

结婚七十周年：白金婚，含义是夫妻之间如白金一样不掺杂一点杂质的感情，这一世的陪伴，白金来见证。代表宝石为钻石。

3. 定为国石的宝石

中国：中华瑰宝——寿山石，中国传统“四大印章石”之一。分布在福州市北郊晋安区与连江县、罗源县交界处的“金三角”地带。若以矿脉走向，又可分为高山、旗山、月洋三系。因为寿山矿区开采得早，旧说的“田坑、水坑、山坑”，就是指在此矿区的田底、水涧、山洞开采的矿石。经过1500年的采掘，寿山石涌现的品种达百数十种之多。寿山石已成为海峡两岸经贸往来、文化交流的重要桥梁之一。

澳大利亚：欧泊即蛋白石，成分是二氧化硅，坚硬无比。一般形成在火山活动频繁地区的温泉中，或通过硅酸盐矿物分解而成。欧泊是一种独特的宝石，因为它具有变彩，在阳光的照耀下能发出五颜六色、绚丽夺目的光芒，任何一种宝石都无法与之相比。澳大利亚是欧泊宝石的产地，在这里，你可以发现不同种类的欧泊，如白欧泊、黑欧泊等。澳大利亚妇女常常佩戴着欧泊制成的项链、戒指、胸针等，妩媚异常。由于世界其他地区欧泊产量极少，所以将其作为澳大利亚国石当之无愧。

英国：钻石虽然没有颜色，但光泽灼目，气派高雅，历来被讲求风度气质的英国人视为宝石之冠。在所有宝石中，钻石的硬度最高，英国的男人喜欢用钻石代表自己的坚定和果敢；女人则愿意用钻石比喻自己的圣洁和高贵。英国人很早就把钻石作为男女间的定情物，这一习惯很快就被西方世界所采纳，并传播到东方。随着英国的对外扩张，殖民者也没有忘记把全球各地的钻石归为己有，英国收藏有世界上最为罕见和珍贵的钻石。

美国：并非蓝色的宝石就是蓝宝石，蓝宝石在矿物学上是刚玉的一种，硬度仅次于金刚石（钻石）。它晶莹剔透，色泽高雅，历来被视为爱情的象征。美国西部盛产蓝宝石，在西部淘金热的时候，许多探险家也把找到蓝宝石作为获得财富的标志。

缅甸：红宝石也是刚玉的一种，因在成矿过程中含有铬（Cr），故呈现出艳红的颜色，光泽耀眼，温暖亲切。红宝石饰品，不论是戒指还是项链，都透射出诱人的光芒和高贵的品位，深得人们的喜爱。缅甸是红宝石的著名产地，每年都吸引着世界各地的大批旅游者和珠宝商。作为国石的象征，原首都仰光大金塔的塔顶镶嵌有93颗巨大、晶莹的红宝石，阳光下它们烁烁生辉、光彩夺目。

罗马尼亚：琥珀实际上是一种特殊的化石，由松柏的树脂形成，内部常常嵌埋有各种杂质甚至昆虫。一般认为，琥珀的透明度越高，昆虫保存得越完整，琥珀越名贵。琥珀的颜色给人以温暖的感觉，通常为淡黄色或浅褐色。世界许多国家都产有琥珀，但罗马尼亚情有独钟，把琥珀奉为国石。

埃及：古老的埃及把橄榄石当作国石自有它的道理。橄榄石的形成必须经历“痛苦”的磨难，它们产于火成岩中，一个国家的诞生和成长也必须经过一段艰难的历程。经过火的锻造，橄榄石呈现耀眼的绿色，玻璃光泽、美丽异常。埃及盛产橄榄石，也最有资格把橄榄石作为自己的国石。

印度：珍珠是贝类通过分泌与内壳层相似的物质对体内异物包裹所形成的产物。一般是固态粒状物，圆度越高、个体越大，珍珠越名贵。珍珠具有柔和的光泽，洁净美丽，在医药上也有广泛的用途。印度是信奉佛教的国家，珍珠的圣洁与佛教的高尚融合在一起，自古便得到印度国民的认可。

哥伦比亚：南美洲的哥伦比亚盛产祖母绿，储量占全世界的95%，那里有全球规模最大的祖母绿矿床。祖母绿也称绿宝石，色泽翠绿高雅，售价比钻石还要贵，能够把祖母绿作为国石的只有哥伦比亚莫属了。

其他国家：金绿宝石——葡萄牙，孔雀石——马达加斯加，蓝宝石——希腊，猫眼石——斯里兰卡，绿松石——土耳其，青金石——玻利维亚、阿富汗、智利，黑曜石——墨西哥，祖母绿——秘鲁、西班牙，珍珠——法国、菲律宾、阿拉伯，欧泊——匈牙利、捷克、奥地利，水晶——瑞士、日本、乌拉圭，钻石——南非、荷兰、西非、南非，琥珀——德国，珊瑚——南斯拉夫、摩洛哥、阿尔及利亚、意大利，水晶——日本、乌拉圭、瑞典、瑞士，翡翠——新西兰。

三、珠宝玉石的鉴赏

宝石鉴定，首先就是从肉眼鉴定开始的，然后再选择复杂程度依次增高的宝石学仪器进行鉴定。

（一）珠宝玉石鉴定的基本方法

1. 肉眼观察

肉眼鉴定，也称“总体观察”或“经验鉴别”，是宝石鉴定的第一步骤。通过对宝石的颜色、透明度、光泽、色散、特殊光学效应、断口、解理等外观特征的直接观察，在用仪器之前获得宝石的基本信息，为进一步针对性地选择有效的仪器，正确鉴定出宝石品种并予以评价打下良好的基础。

2. 仪器检测

（1）宝石显微镜的应用

主要应用于观察的内容有：①宝石的表面特征，如擦痕、表面缺陷、琢型比例、表面棱及棱角搭配、拼合石的接缝及涂层等；②内部特征，包裹体、生长线及色带、颜色分布特征、拼合石结合面两侧包裹体特征及后刻面重影等；

③测定近似折射率，包括焦距法和贝克线法；④观察多色性和干涉图。

其中对包裹体特征的观察，是鉴定宝石的关键，可以应用于鉴定宝石种属、辨别天然宝石与人工宝石、研究宝石成因及判断产地等。

（2）折射仪的使用

宝石矿物的折射率具有诊断性意义，故折射仪的使用在宝石鉴定中具有非常重要的意义。它的用途有：①测定折射率，判断单折射或双折射及双折射率；②测定轴性及光性符号。

（3）测定比重

宝石矿物的比重也是相对稳定的常数，同样具有很重要的鉴定意义。比重的测定有两种常用的方法：①绝对比重测定，即利用阿基米德定律称重法；②相对比重测试法，即应用已知比重的重液与宝石相比较的方法。

（4）偏光镜

用以测定光性（单折射、异常双折射、双折射、不消光）、解析光轴图（一轴晶或二轴晶）、检查多色性、与石英楔配合测定光符。

（5）使用二色镜检测多色性

要求待测样品必须是透明的、具有颜色的、双折射的单晶体，使用透射光。

（6）分光镜

使用分光镜可以观察特征吸收谱与发射光谱、检测某些人工染色处理品、确定某些宝石的致色元素。使用分光镜注意事项：①影响光谱性质的因素有照明光源（不能使用日光灯和日光等有发射线或吸收线的光源）、样品大小及透明度、颜色深浅、样品琢型或形状、尘埃或脏物在光谱上产生的暗色水平线、宝石过热使光谱发生改变或模糊；②某些宝石具有定光谱（可能是多色性引起）；③测试时不能用手持样品（因会产生血的吸收）；④注意拼合石。

（7）其他辅助设备及手段的使用

如紫外荧光、热导仪、电导仪、查尔斯滤色镜等。另外，硬度的测试一般慎用。

（二）珠宝玉石的欣赏要点

质地：包括致密、细腻、坚韧、光洁、无裂纹及其他任何缺陷、硬度高、耐久性能好等。

大小：包括粒径、块度，以及由此而决定的宝玉石的重量。一般说来，其粒径或块度越大越好，优质品种尤其如此。

产地：指历史悠久或驰名世界的珠宝玉石产地。通常所谓“物以稀为贵”，除包括珠宝玉石品种的稀罕外，还包括其产地的稀少。来自世界著名产地的珠宝玉石，不仅质量好，而且其售价最高。

完成时间：指珠宝玉石艺术品的创作或完成的年代。一般是越古老就越受人喜爱和珍重。其售价亦越高，或为无价之宝，如世界各文明古国所出土的宝玉石文物属之。

（三）主要珠宝玉石鉴赏

1. 钻石

（1）概述

钻石，矿物名称金刚石，是宝石中最贵重的一种。一般认为重量为 1 克拉（1 克拉 =0.2 克）和超过 1 克拉的钻石可称为“大钻”；超过 2.4 克拉的钻石就可称为“宝石级”钻石。超级重的钻石则很难得，所以都有自己的名字。如迄今世界上最重的钻石，发现于 1905 年的南非，重达 3106 克拉，被命名为“库里南”（南非之星）。世界上最古老的钻石，发现于印度，重达 106 克拉，被命名为“光明之星”。1977 年，山东发现了一颗重 158.786 克拉的钻石，被命名为“常林钻石”，是我国发现的超级重钻石。总之钻石是地位、权利和财富的象征，人们也赋予了它“坚不可摧、攻无不克、永恒阳刚”的品质，为所有人喜爱。

（2）特性

①化学组成：C（碳），常含少量 Si、Mg、Ca、Al、Mn、N、B、Be、Fe、Ti 等杂质元素。根据 N 含量及存在形式对钻石进行分类。Ⅰ a 型：含 N 较多（0.1%~0.3%），N 以聚集体形式存在。常见，约占天然钻石 98%。Ⅰ b 型：含 N 较少，以分散的顺磁性 N 存在。约占天然钻石的 0.1% 以下，大多为合成钻石。Ⅱ a 型：含 N 极少，以自由状态的 N 存在，具有良好的导热性。约占天然钻石的 2%。Ⅱ b 型：不含 N，但含 B、Be、Al 等，具有半导体性。罕见，约占天然钻石的 0.1% 以下。

②晶系及结晶习性

晶系：等轴晶系。

晶形：多呈八面体、菱形十二面体、立方体及其各种聚形。晶面常有生长纹及蚀象。

③力学性质

比重：3.47~3.56，一般为 3.52。

硬度：10。不同晶面各方向的硬度有差异。

④光学性质

颜色：无，黄或褐、粉、红紫、黑、蓝、绿、红。

透明度：透明。

光泽：金刚光泽。

光性：均质体。

折射率：2.417。

发光性：在紫外线长波下大多数钻石有蓝白、绿、黄、红色等荧光，少数在短波下有荧光。有些可发磷光。

包裹体：常含有石墨、金刚石、铬透辉石、铬尖晶石、石榴石、橄榄石等细小矿物包体。

（3）评估

钻石评估的四个要素（4C）：切工（Cut）、颜色（Color）、克拉重量（Carat）、净度（Clarity）。

切工：即钻石的切磨加工质量。切工评价因素：①各部分的比例和角度；②各部位的对称程度；③各面棱相交的准确度；④表面光洁度；⑤人工损伤情况。

切工评价方法：①肉眼检测评估；②用比例仪测量。

颜色：无色类，完全无色→明显浅黄（褐）色系列；彩色类，除黄（褐）色系列外各种较鲜明的颜色。

无色类钻石以越接近完全无色品级越高。彩色类钻石则以色彩越艳丽、色调越纯正、色饱和度越高越昂贵。钻石颜色分级主要针对无色→黄色系列的钻石。钻石颜色分级的条件：①标准比色石；②标准光源；③中性分级环境。

表 1　钻石颜色级别对照表

CIBJO	GIA	中国	肉眼观察
极	D	100	一般肉眼观察无色
白	E	99	
优	F	98	
白	G	97	一般肉眼观察无色
白	H	96	
微	I	95	小于 0.2 克拉钻石感觉不到颜色，大颗粒可感觉颜色存在
黄白	J	94	
浅	K	93	
黄白	L	92	
浅	M	91	
黄	N	90	
黄	O	89	

续表

CIBJO	GIA	中国	肉眼观察
	P	88	
	Q	87	

净度：指钻石含有瑕疵（缺陷）的程度，以 10 倍放大镜下所见为准。

表 2　钻石净度等级对照表

GIA	鉴别特征（10 倍镜下）
FL	干净
IF	少量外部缺陷
VVS1	可发现针状包体 1~2 个
VVS2	
VS1	易发现少量细小矿物包体
VS2	
SI1	十分容易发现矿物包体，肉眼可见矿物包体
SI2	
I1	肉眼可见矿物包体和大的解理与裂隙
I2	
I3	

重量：钻石价格 = 重量^{2}× 基础价 ×K

（4）鉴定

外观特征：钻石具有典型的光泽、亮度和火彩特征，即强金刚光泽、高亮度、火彩强而柔和。根据上述特征，有经验的人往往用肉眼观察就能初步区分钻石与其他仿制品。

透视效应：钻石因折射率很高，只有极少量光能从顶部透过，故从顶部看似乎不透明，而折射率较低的仿制品因漏光较多显得较为透明。

面棱及腰围：钻石硬度最大，因而不易磨损，面棱一般较尖锐。未抛光的钻石腰围面常呈独特的微粒状或蜡状外观，而仿钻腰围面常显得较平滑或有一系列平行琢磨痕。钻石腰棱处有时可见到略微向内侧延伸的须状劈裂纹（胡须）、残留的原始晶面及小三角形凹陷（蚀象）。

放大观察：在显微镜下，当以适当角度照明，有时可见到钻石内部或延伸到表面的一些细微而直的透明纹理（生长纹），可区别于人造仿制品。钻石常含有固态矿物包体，天然仿制品常含气液包体，人造仿制品一般较纯净，偶含气泡、未熔粉末、铂（铱）晶片等包体。钻石是单折射宝石，无面棱重影现象。而有些仿制品（如合金红石、锆石等）具有明显的双折射重影，以此可区别于钻石。

硬度测试：钻石是最硬的物质，测试硬度无疑是一种最有效的鉴定方法，但有破坏性。在别无他法的情况下，可以谨慎使用。将宝石的腰棱在刚玉硬度板上小心刻画，若能划动，可确定为钻石。

热导仪测试：钻石的导热性极佳，而仿钻的导热能力都较差。在室温下，钻石和仿钻的热导率为：Ⅰ型钻石 1000W/（m℃）、Ⅱ a 型钻石 2600W/（m℃），刚玉 40W/（m℃）。热导仪是基于钻石与仿钻的热导率有巨大差异而设计的，可以快速进行真伪鉴别。

（5）产地

目前全世界已开采的金刚石约有 510 吨，全世界已探明的钻石储量基础约为 19 亿克拉，保有储量 9 亿克拉。澳大利亚、刚果、博茨瓦纳、俄罗斯、南非五国储量占世界总储量的 90% 以上，产量则占 95%。其他国家如纳米比亚、加纳、坦桑尼亚、南美，还有我国的湖南沅江流域，山东、辽宁等省均有钻石产出。

2. 红、蓝宝石（刚玉）

（1）概述

刚玉（Corundum）名称源于印度，系矿物学名称，宝石学上具备宝石条件的称红宝石（Ruby）、蓝宝石（Sapphire）。刚玉，名称源于印度，系矿物学名称。刚玉硬度仅次于金刚石。刚玉主要用于高级研磨材料、手表和精密机械的轴承材料。作为激光发射材料的红宝石系人造晶体。红宝石和蓝宝石都属于刚玉矿物，除星光效应外，只有半透明—透明且色彩鲜艳的刚玉才能做宝石。红色的称为“红宝石”，而其他色调的刚玉在商业上统称“蓝宝石”。

（2）特性

刚玉是一种由氧化铝（Al_2O_3）的结晶形成的宝石。掺有金属铬的刚玉颜色鲜红，一般称之为红宝石；而蓝色或没有色的刚玉，普遍都会被归入蓝宝石的类别。

刚玉在摩氏硬度表中位列第 9 级。比重为 4.00，有六角柱体的晶格结构。由于有着刚玉的硬度和相对比钻石更低廉的价钱，所以它成了砂纸及研磨工具的好材料。

刚玉是铝矾土为主要原料经矿业炉炼出的人造材料，可做磨料和耐火材料。纯度较高的为白色叫白刚玉，含有少量杂质的为棕色叫棕刚玉。

（3）评估

颜色：颜色是评价彩色宝石最重要的指标。要求颜色鲜艳、纯正、均匀。红宝石颜色以鸽血红或纯红色为最佳，次之为红色、粉红色、紫红色。蓝宝石以矢车菊蓝色（略带紫色的蓝色）或纯蓝色为最佳，蓝宝石中经常带黄色或绿色副色调，影响了蓝色的纯度，降低了蓝宝石的质量。红宝石、蓝宝石，特别是蓝宝石中经常可见到平直色带，使其颜色不够均匀，有些肉眼即可见到，大大影响了其价值。

纯净度：对于彩色宝石如红宝石、蓝宝石来说，瑕疵分级不如无色宝石那么重要和严格，但瑕疵会影响宝石的透明度和颜色，所以瑕疵越小、越少、颜色与主体反差越小、所在位置越不明显越好。一般来讲，天然蓝宝石比天然红宝石纯净度要高。换句话说，天然蓝宝石比较容易找到无瑕的，即使在 40 倍显微镜下也难找到包裹体。但对红宝石来讲情况就不同了，天然红宝石极少有无瑕的，或多或少都含有包裹体，即所谓“十红九裂”。

（4）鉴定

染色处理的鉴别：放大检查时可发现染料在裂隙中集中。虽然外表浓艳，却没有明显的多色性。这是因为染料并未进入宝石的晶格。染料可能引起异常的荧光，如可有橙黄—橙红色荧光。红外光谱中出现染料的吸收峰。

充填处理的鉴别：注油处理的红宝石放大检查时可以发现裂隙内有五颜六色的干涉色，当部分油挥发后可留下斑痕及渣状沉淀物。热针触之可有油珠析出。注胶处理的红宝石裂隙内胶的光泽明显低于红宝石主体的光泽，当裂隙较大时。针尖可将其内的胶划动。红外光谱中出现胶的吸收峰。玻璃充填的红宝石往往裂隙十分发育，裂隙内玻璃的光泽明显低于红宝石主体的光泽，大的裂隙处所充填的玻璃平面往往凹陷。有时可见到未逸出的气泡。

热处理的鉴别：颜色出现不均匀的扩散晕或色块。内部所含的低熔点包裹体（如长石、方解石、磷灰石等）发生部分熔融，使原来柱状晶体边缘变得圆滑。一些丝状、针状包裹体（如金红石）变成断续的丝状、点状。样品内部的原生流体包裹体在高温作用下发生胀裂，流体浸入新胀裂的裂隙中。已切磨好的样品表面会发生局部熔融，产生一些凹凸不平的麻坑。在为了消除麻坑而进行的第二次抛光时，常出现双腰棱、多面腰棱现象。经热处理产生的黄色和蓝色蓝宝石缺失 450 纳米吸收带。

（5）产地

中国：红宝石发现于云南、安徽、青海、重庆石笋山等地。其中云南红宝石稍好。蓝宝石发现于海南蓬莱镇、山东潍坊地区、青海西部、江苏六合等地。山东蓝宝石以粒度大、晶体完整而著称。最大达155克拉，但颜色过深、透明度较低。与蓝宝石相比，黄色蓝宝石大多透明度较好。

缅甸：缅甸红宝石具有鲜艳的玫瑰红色—红色。其颜色的最高品级称为“鸽血红”，即红色纯正，且饱和度很高。日光下显荧光效应，其各个刻面均呈鲜红色，熠熠生辉。常含丰富的细小金红石针雾，形成星光。颜色分布不均匀。高质量的缅甸蓝宝石具有非常纯正的蓝色（带紫的内反射色），当然也有浅蓝—深蓝的品种。

红宝石以缅甸产量最佳。上佳10克拉以上红宝石，缅甸一年只产几颗；几十克拉乃至上百克拉的红宝石巨粒，几十年甚至上百年才出1~2颗。优质大粒蓝宝石价值仅次于同质红宝石、祖母绿和钻石。优质刚玉晶体粒径大于5毫米，重量为0.3~0.6克拉即可达宝石级。重量超过2克拉，可视为珍品。著名的缅甸“鸽血红宝石”，最大者为55克拉。

泰国：泰国红宝石含Fe高，颜色较深，透明度较低，多呈暗红色—棕红色。日光下不具荧光效应，只是在光线直射的刻面较鲜艳，其他刻面则发黑。颜色比较均匀。缺失金红石状包裹体，所以没星光红宝石品种。泰国蓝宝石颜色较深、透明度较低，浅蓝色的内反射色，常有发育完好的六边形色带（同澳大利亚、中国一样），但尖竹纹地区的红宝石、蓝宝石质量较佳。

斯里兰卡：斯里兰卡红宝石以透明度高、颜色柔和而闻名于世。而且颗粒较大，其颜色多彩多姿，几乎包括从浅红—大红各种过渡色。另外，其色带发育，金红石针细、长而且分布均匀。斯里兰卡蓝宝石同红宝石一样，具有很高的透明度，其颜色也很丰富，除蓝色外，还有黄色、绿色等多种颜色，具翠蓝色内反射色。

柬埔寨拜林：数年来拜林蓝宝石在国际上十分走俏，为一种明亮、纯正的蓝色。

克什米尔：发现于1881年，产量很少。克什米尔地区的“矢车菊”蓝宝石，一直被誉为蓝宝石中的极品，它为一种朦胧的、略带紫色调的浓重的蓝色。给人以天鹅绒般的外观。由于武装冲突及恶劣的自然环境，当前市面上已见不到该品种。

澳大利亚：可有多种颜色，主要是透明度较低的深蓝色、黑蓝色，颜色不均匀，六边形色带发育，其颜色深于泰国蓝宝石。

3. 祖母绿和海蓝宝石

（1）概述

绿柱石类宝石是指以矿物绿柱石为原料的一类宝石的总称，由于绿柱石的形成条件不同，致使其中所含的致色离子不同而呈现不同的颜色。绿柱石类宝石中除祖母绿外，最为珍贵的是海蓝宝石。

绿柱石又称为“绿宝石”，是铍—铝硅酸盐矿物。绿柱石主要产于花岗岩伟晶岩中，但是也见于砂岩、云母片岩中，经常和锡、钨共生。

祖母绿名称来源于古波斯语的译音，优质的祖母绿，绿色纯正、匀净、透明，宝石级大小一般在 0.2~0.3 克拉，大于 0.5 克拉为优质品，2 克拉以上极为稀少，色正优质透明的大晶体极为罕见。1956 年发现于南非的一颗优质祖母绿晶体，重量达 24 000 克拉，为世界上最大的祖母绿晶体，之后哥伦比亚穆佐矿山也发现一颗重 16 020 克拉，名列第二。

海蓝宝石是天蓝色至海水蓝色的绿柱宝石，它以酷似海水蓝而得名，作为三月份生辰石，代表着沉着、勇敢、幸福和永葆青春的象征。

（2）特性

绿柱石是炼铍的主要矿物原料，色泽美丽者是珍贵的宝石，如祖母绿、海蓝宝石。

解理：不完全底面解理。

光泽：玻璃光泽。

透明度：透明至半透明。

折射率：1.56~1.59，视品种而变。

双折射率：0.004~0.009 视品种而变。

颜色：绿、蓝、黄绿、黄、粉红、无。

多色性：因颜色而异。

（3）评估

祖母绿被称为“绿宝石之王”，是相当贵重的宝石，国际珠宝界公认的四大名贵宝石之一。因其特有的绿色和独特的魅力，以及神奇的传说，深受西方人的青睐，近年来，也越来越受到国人的喜爱。谈到祖母绿的收藏与投资，一定要注意祖母绿的颜色、克拉数大小、干净度以及产地等。祖母绿颜色越翠绿价值越高，越浅相对就越便宜。1 克拉以下数量最多，收藏价值不大；1~4 克拉算普通，属自用型，适合平时佩戴；5~19 克拉算稀有，是可以投资的；20 克拉以上极为稀有，可投资兼收藏。

海蓝宝石算得上是中档宝石，但并非存在大量品质上佳的海蓝宝石，因为大部分海蓝宝都是存在棉裂的，所以品质极佳的海蓝宝石资源是稀少的，而且随着不断开采，原料更加不足，因而达到收藏级别的海蓝宝石更是难求，所以从这点来看，“物以稀为贵”，海蓝宝石还是极具收藏价值的。

（4）鉴定

放大观察：平行排列的针管状包体呈断续排列，常称“雨状”包体。

多色性观察：弱至明显多色性，绿到蓝和无色。

折射率测定：RI1.570~1.585　DR0.005~0.006

特殊光学效应：当管状包体平行而密集排列时，有时显猫眼效应。

（5）产地

世界上最优质的祖母绿产自哥伦比亚，一般认为穆佐矿山的祖母绿品质最佳，契沃尔、科斯凯斯特矿山居次。除哥伦比亚外，祖母绿的产地还有俄罗斯的乌拉尔山、津巴布韦的桑达瓦纳、印度的拉贾斯坦邦以及巴西、赞比亚、奥地利、澳大利亚、南非、坦桑尼亚、挪威、美国、巴基斯坦等。20 世纪 90 年代我们在云南文山州找到了祖母绿矿床，但宝石学价值并不大。

世界上优质的海蓝宝石主要产自巴西，占世界海蓝宝石产量的 70% 以上，迄今为止世界上最大的重达 110.5 千克的海蓝宝石晶体就产于巴西。俄罗斯的乌拉尔山也是优质海蓝宝石的重要供应地。此外，海蓝宝石的产地还有中国、美国、缅甸、西南非、津巴布韦、印度等。

除祖母绿和海蓝宝石外的其他绿柱石宝石在世界许多国家均有分布，但主要产地有巴西、马达加斯加、纳米比亚、美国、中国等。

4. 金绿宝石

（1）概述

金绿宝石，也称“金绿玉”。化学成分为 $BeAl_2O_4$，晶体属正交（斜方）晶系的氧化物矿物。它位列名贵宝石，具有四个变种：猫眼、变石、变石猫眼和金绿宝石晶体。

金绿宝石本身就是较稀少的矿物，如果能切割成大颗粒的且颜色净度都比较好的宝石是十分珍贵的。金绿宝石中，大众熟知的就是金绿猫眼，它以其丝状光泽和锐利的眼线而成为自然界中最美丽的宝石之一。

（2）特性

物理性质：①金绿宝石一般呈棕黄色、绿黄色、黄绿色、黄褐色，常具有三色性：黄绿色、橙黄色、浅紫红色。②硬度为 8.5，密度为 3.71~3.75g/cm^3，一般为 3.73g/cm^3。③断口为贝壳状断口。④透明度：透明至半透明，光泽为玻璃光泽—亚金刚光泽。⑤包裹体：金绿宝石常具有二相气液包体和少量固态包体。

猫眼石具有针状、管状金红石等包体。

(3)评估

形态：斜方晶系，常见假六边形双晶，称为“三连晶”，厚板状、扁平板状、晶面上常有条纹。

猫眼效应：当金绿宝石中含有大量而密集并平行排列的针管状包体，当加工取向正确时可产生猫眼效应。

颜色：黄色、黄绿色、绿色、淡绿色到红褐色、褐色、无色。

光泽：亮玻璃光泽。

(4)鉴定

透明的金绿宝石，也就是金绿宝石晶体，呈油亮明艳的强玻璃光泽，颜色为淡褐黄色、淡褐绿色，宝石内部有时可见一些羽毛状气液包裹体。外观与黄色蓝宝石和黄褐色钙铝榴石有些相似。除光泽明亮，透明，淡褐黄色、淡褐绿色的颜色外，没有明显的识别特征，肉眼不容易鉴定，只有借助折光仪精确测定折光率来加以区别。

猫眼石呈半透明，颜色有棕褐色、淡褐黄色、淡褐绿色、蜜黄色、灰色等。猫眼石的光带纤细、明亮、移动灵活，即使在室内光照条件下也十分清晰。宝石内部含有密集排列的纤维状包裹体。带褐色调的颜色和清晰的猫眼效应，是肉眼鉴定的重要特征。

亚历山大石是含铬、具有变色效应的金绿宝石变种，又称为“变石”。它在阳光下呈绿色，在白炽灯或烛光下呈红色。其他特征与透明的金绿宝石和猫眼石类似。

(5)产地

俄罗斯产最好的变石，即变色效应最好的变石产于乌拉尔地区。斯里兰卡砂矿中则产出黄绿色大颗粒变石及高品质的猫眼宝石。除斯里兰卡外，目前最主要的金绿宝石产地为巴西，发现的金绿宝石品种包括透明的黄色，褐色金绿宝石，很好的猫眼和高品质的变石。

5. 翡翠(硬玉)

(1)概述

翡翠因华贵深沉稳重的品格，以无以替代的优势赢得了“玉石之王”的美称。之所以叫翡翠，传说是因为它的颜色犹如古代的一种翡翠鸟。把翡翠用来指玉石，是从色彩角度的借代，红色为翡、绿色为翠。翡翠有七色，即绿、紫、黄、红、蓝、白、黑，其中以绿色最为人们所青睐。以绿为美的审美标准从翡翠被发现以来一直为人们所推崇。这种执着除了人们对绿色寄予了美好的情愫，客观上也是因为绿色的翡翠极为稀有。

（2）特性

翡翠也称“翡翠玉”“翠玉”“硬玉”“缅甸玉”，是玉的一种。它是在地质作用过程中形成的，主要由硬玉、绿辉石和钠铬辉石组成的达到玉级的多晶集合体。

主要组成物为硅酸铝钠（$NaAlSi_2O_6$ 宝石矿中含有超过 50% 的硅酸铝钠才被视为翡翠）出产于低温高压下生成的变质岩层中。往往伴生在蓝闪石、白云母、硬柱石、二水钙长石、霰石和石英中。莫氏硬度在 6.5~7，比重在 3.25~3.35，熔点介于 900~1000℃。

（3）评估

翡翠的 ABC 货：“A 货”为翡翠饰品没有经过任何人为的因素（物理、化学）改变翡翠的质地和色泽。“B 货”为翡翠饰品由于原来质地、色泽较差，通过加热、酸碱浸蚀清洗，使色泽更加显示，而后加压注入不同类型的聚合物（如环氧树脂），使质地更加牢固、通透。“C 货”为翡翠饰品原来无色或绿色、紫色很浅，通过化学方法（为主）增色，使颜色更加鲜艳、醒目。“D 货”实质上是一种仿翡翠绿颜色饰品，如民间流行的“马来玉”、染色石英岩、密玉，以及翡翠绿色的玻璃饰品等。为了更好地改善翡翠饰品的质地和色泽，并出现综合处理方法，如“B+C”。

（4）鉴定

人工鉴定的过程，是一个日积月累的过程，需要长时间的实践经验积累。一般来说，需要从翡翠的以下特征着手：

结构：翡翠的结构为变斑晶交织结构，系指其在变质作用下，透明粒状斑晶的周围的细小纤维状的矿物晶体交织在一起而形成的结构。在翡翠中均有不透明或微透明的白色纤维状晶体交结在一起构成的小团块状白花，故称之为“石花”或“石脑”。

种坑：翡翠的种坑是由结构与质地构成的，而翡翠均由小晶体所组成，晶体粒越小，表示质地越致密，透明度亦越佳，打磨出来的效果亦越出色。在珠宝行业中，将坑种分为老坑（也称“老种”）与新坑（也称“新种”），老坑色彩亮润，色与地融为一体，透明度高，其质最佳。新坑，虽说色彩也鲜嫩，但透明度较差。老坑与新坑，是根据翡翠形成年代多少而决定的。

颜色：翡翠的颜色等级的差别，反映在价值上相关很大，在鉴定评价翡翠时，一定要分清它的颜色，它以红、绿、紫色为主，单色翡翠中的绿色，浓艳纯正的紫色、红色都是翡翠中的高档颜色，尤以绿色为最贵。翡翠的绿色，要以浓、阳、俏、正、和为好。绿色品种以宝石绿、玻璃绿、艳绿与秧苗绿为最佳。

水头：水头即为翡翠的透明度。水头越高，种质越好，便越珍贵。在观察翡翠水头时必须十分仔细，因透明度与翡翠本身的厚薄有关。另外，特别要小心做过手脚的翡翠成品，如成品中间是挖空的。还要留心玛瑙代制品，因为玛瑙的透明度也比较好，于是便有人以玛瑙着色来仿冒翡翠。在港台，还将翡翠的透明度划分为“通”“放”“透”“冰”“莹”等等级，其中“莹”为最上品。

地子：翡翠的地子要好，无论是翡还是翠，外部分质地要细腻均匀，内部分质地要坚实、细润、洁净、水头足，好的地子还要与翠色协调一致，互相照应，从而衬托出翠色的富丽。翡翠地子以玻璃地与蛋清地为最佳。

光泽：翡翠作为珠宝，对其光泽的要求也很高，它是翡翠质地优劣的直观反映，必须具有油脂的强玻璃光泽或珍珠光泽。

手感：由于翡翠的硬度大，结构致密细腻，抛光度好，光洁度也好，手摸之有一种非常温润的滑感。另外，将翡翠贴于脸上或置于手背上有冰凉之感。

完美：多指翡翠的完美度好，包括翡翠内在无任何缺陷、形体完美无损且块度大。

（5）产地

翡翠的主要产地有：缅甸、危地马拉、日本、俄罗斯、哈萨克斯坦等地。世界上有 95% 以上的商业翡翠产于缅甸，缅甸出产翡翠的八大场区为龙肯场区、帕敢场区、香洞场区、达木坎场区、会卡场区（也有称上述 5 个场区为“帕敢场区”）、后江场区、雷打场区、南其—小场场区。

6. 和田玉（软玉）

（1）概述

和田玉，“中国四大名玉”之一（其三为陕西蓝田玉、辽宁岫玉和河南独山玉）。传统狭义范畴特指新疆和田地区出产的玉石，以和田“子料”为代表闻名于世；广义的和田玉指软玉（真玉）。和田玉虽然因新疆和田而命名，但其本身不是地域概念，并非特指新疆和田地区出产的玉，而是一类产品的名称。中国把透闪石成分占 98% 以上的石头都命名为和田玉，都在国标范围内。

（2）特性

质地：质地是玉石质量的综合表现，包括形状、滋润程度、裂纹、杂质等。和田玉的矿物组成决定了其质地优良。因其粒度极细，所以质地非常细腻，是古人所谓的“缜密而栗”，为其他玉石所不及。温润滋泽，即具有油脂光泽，给人以滋润柔和之感，古人所谓的“温润而泽”，羊脂玉就是以玉滋润如羊脂一般而著名。有适中的透明度，即“水头好”，为微透明。琢成的玉件显得水灵，有生气，杂质极少。有的达到无瑕的程度，而且里外一致，是古人所谓的“瑕不掩瑜，瑜不掩瑕”，或“䚡理自外，可以知中”。

硬度：硬度是鉴定和田玉的重要标志之一，是指矿物抵抗外来机械作用力（如刻画、压入、研磨等）侵入的能力，在宝玉石学中通常所用的摩氏硬度就是指其中的刻画硬度。珠宝业中一般把硬度作为划分宝石和玉石的一个重要标志。宝石硬度一般在摩氏 7 度以上，玉石硬度一般在摩氏 4~7 度，摩氏 4 度以下通常称为彩石或雕刻石。硬度大，抛光性好，能使玉器发亮，同时也便于长期保存。和田玉经测定摩氏硬度为 6.5~6.9，硬度比较大，不同品种略有区别。一般来说青玉硬度稍大于白玉。

韧度：韧性通常是玉石内在的结合能力，也就是对外界压力或破碎力的抵抗能力。韧性大的特点是不易破碎、耐磨。软玉韧性很大，这一特点是其他玉石所没有的，可以做细工工艺。常见宝石中，黑金刚石的韧度为 10，透闪石玉为 9，翡翠、红宝石、蓝宝石为 8，金刚石、水晶、海蓝宝石为 7~7.5，橄榄石为 6，祖母绿为 5.5，黄晶、月光石为 5，猫眼石为 3，萤石为 2。如以透闪石玉韧度为 1000，则其他玉石或矿物相对韧度为：翡翠 500、蛇纹石（岫玉）250、石英岩 10~20、石英 5、刚玉 2~3、云母 2。可见，透闪石玉的韧度在玉石中是最大的，其抗压强度可以超过钢铁。经科学测试，中碳钢的抗压强度为 1600 千克 / 平方厘米，而和田玉的抗压强度最高可达到 6541 千克 / 平方厘米。

和田玉有如此大的韧性与其特有的毛毡状结构是分不开的。韧度大则不易破碎，而且耐磨，对于玉器的艺术造型和精雕细刻有极大好处，这是和田玉被列为群玉之英的重要因素。

颜色：颜色不仅是评价和田玉质量优劣的重要标准，而且也是划分和田玉种类的主要依据。和田玉的颜色与国内外其他地区的软玉相比，色调较多，自成系列。世界上透闪石玉颜色基本上为白、青、黄、黑、碧（绿）5 种颜色，还有一些中间过渡色，由于含铁量很低，和田玉基本为前四种颜色，而超镁铁岩中透闪石玉含铁较高，基本上为绿色，即碧玉，按颜色，和田玉分为白玉、青玉、黄玉、墨玉 4 大类，其中可进一步划分，如白玉有羊脂玉、白玉、青白玉等，昆仑山河流中也产有碧玉，但原生矿属于超镁铁岩型，故不应列入和田玉中，在和田玉中以白玉和黄玉为贵，古人说：“黄如蒸栗，白如截脂，黑如纯漆，谓之玉符。”特别是和田玉中的羊脂白玉罕有，仅有新疆出产，在古代人们就认为“于阗玉有五色，白玉其色如酥者最贵”。

和田玉另一特点是有璞玉，古人对璞玉非常重视，明代科学家宋应星说："凡璞藏玉，其外皮曰玉皮，取之为砚托之类，价值无几，璞中之玉，有纵横尺余无瑕玷者，古帝王取以为玺，所谓连城之璧，也不易得，其纵横五六寸无瑕玷者，治以杯，此已当之重宝也。"和田玉璞玉的外皮，按特点可分为色皮、糖皮、石皮三类，色皮是玉的外皮有一层黄褐色或褐色很薄的皮（厚约1毫米），为氧化所致，从皮色可看出玉的质量，如秋梨子、虎皮子、鹿皮子等，常为上等白玉，糖玉的外皮较厚，如红糖色，且末玉矿常有此类玉，其中有白玉或青玉，石皮是外层有石质围岩，要取去围岩后才能得玉，如和氏璧就是"理其皮而得宝"。

透明度：透明度是玉石允许可见光透过的程度，主要与玉石对光的吸收强弱有关，矿物学上一般分为透明、半透明、不透明3种。鉴定透明度要把玉磨光，在一定厚度下看透视其他物体情况，分透明体、半透明体、微透明体、非透明体等4个级别。和田玉属于微透明体，在一般进取度下，能透过光，但看不清透过物像。

一般来讲透明度高的也叫作水头足，虽然水头足可以烘托玉石的质地、颜色，但并非所有透明度高的就是好玉。和田玉在一般厚度下就属于半透明—微透明体，虽然能够透过光线，但看不清物体。这种透明度增强了和田玉光泽的温润之感，故而和田玉器在雕刻时不宜琢制太薄。

光泽：光泽是玉石对光反射的能力。和田玉光泽属油脂光泽，这种光泽很柔和，不强也不弱，既没有强光的晶灵感，也没有弱光的蜡质感。古人称和田玉"温润而泽"，就是它的光泽带有油脂性，给人以滋润的感觉，特别是和田玉中的羊脂玉就是因为有着像羊的脂肪一样滋润的光泽而闻名。

光泽是评价和田玉质地的一个重要依据，一般光泽油润者价值较高，光泽干涩者价值就会降低。

声音：玉受打击后发出的声音是古人鉴别玉石的重要性质。和田玉制成的玉磬，敲击时发出的声音清越绵长，如金磬之余响，绝而复起，残音沉远，徐徐方尽，这就是玉德中所说的："叩之，其声清越以长，其终诎然。"这一特性，为其他非透闪石玉所不及。

（3）评估

和田玉按产出环境进行分类，可以分为原生矿：山料；次生矿：山流水、子料、戈壁料。

不同产地的产出环境有各自的特点，因此，在和田玉的品质上会有所不同，同种级别情况下，子玉质量最佳、价值最高，山流水次之。

首先，和田玉的颜色同国内外其他地区软玉相比，色调较多，自成系列；其次，和田玉有世界罕有的白玉，尤以色如羊脂的白玉为和田玉所特有，极为名贵；最后，和田玉有皮色。世界上不少玉石都带有皮色，但不如和田玉皮色美丽。中国古代对和田玉的颜色非常重视，它不仅是质量的重要标志，而且赋含于一定的意识形态内涵。古人可能受五行说的影响，依四方和中央分配五色玉，东方为青，南方为赤，西方为白，北方为黑，中央为黄。古代以青、赤、黄、白、黑五色为正色，其他为间色，从而将玉也分为五色。但和田玉实际上只有白、青、墨、黄四种主色，另外，在昆仑山和阿尔金山地区还产碧玉。

在和田玉中，白玉最为珍贵，白玉中最佳者为羊脂白玉，是玉中上品。羊脂白玉的特点是白、透、细、润。由于黄玉出产甚少，故色纯、质润的鸡油黄的身价不在白玉之下。

按照国家标准样品以颜色分类，和田玉分为6个大类：白玉、青白玉、青玉、碧玉、墨玉和糖玉，每一类都有参照标准。

传统分类，依据颜色花纹将和田玉分为8类：白玉、青白玉、青玉、碧玉、黄玉、墨玉、糖玉和花玉。

(4)鉴定

细腻度：所谓的细腻度指的是颗粒感小、油脂感好。好比年糕一样。年糕在制作的时候，撵磨面粉的粗细是决定年糕糯性的主要因素。制作年糕的糯米粉越细蒸出来的年糕越有黏性，也越有弹性，口感也更好。这也是一些藏家把细腻温润的和田玉形容成年糕的原因，是非常贴切和形象的。我们把和田玉中的透闪石比作糯米粉，和田玉就是一块成品的年糕。所以优质和田玉细腻度高，在肉眼观感上有一种又细糯、又腻滑的感觉。给人以很舒服的、想把玩的感觉。

交织度：交织度指的是玉石的整体结构，也是内部透闪石的相互交织（缠绕）方式，交织得越好韧性就越好。和田玉中的青海料打侧光难以看到交织结构，并且有种颗粒感。所以青海料交织发育不全，韧性较差。而俄料一般为可见有云絮状结构，有交织感，但其内部结构较大，说明了玉料交织得还不够。优质和田玉交织越充分、紧密，说明玉的韧性越好。若通过看交织度来判断和田玉好坏，我们可以在打侧光的条件下仔细观察，若见到细密且均匀的结构，这样的和田玉就是较好的料子。

致密度：和田玉的致密度是籽料晶体间隙大小的指标。虽跟密度有很大关系，但和密度是两码事，那么如何看和田玉的致密度呢？如果是开料的话看致密度就是看锯片拉出的痕迹是否是油亮的。成品的话看致密度就是看光泽，一般光泽强烈、致密度较高，但这也和打磨方式有关。在同样打磨方式的条件下，致密度高的玉料出来的光泽就会比较油亮，出来成品视觉效果就会比较好，玉质感往往会比较强。

纯净度：纯净度就是玉石的纯度，是棉、僵、裂，水线等瑕疵多少的指标。有这些瑕疵不一定就是差的玉，要看瑕疵在什么位置、是否影响成品的效果。比方一个美女身上长了一颗小痣，是不是就不是美女了呢？当然不是。那么长在脸上呢，也不一定，要看多大，是不是影响美观，说不定还是颗美人痣，更添了几分美丽，但如果脸上有几十颗上百颗黑点或痣，即使是小的，那也是麻皮，如果是大的，那就丑陋不堪了。

（5）产地

根据国家标准《珠宝玉石名称》（GB/T 16552—2003）规定，和田玉已不具有产地含义，即以主要矿物为透闪石的软玉都可以称为和田玉，和田玉也可称为“软玉”。

除中国新疆外，全世界共有120多处透闪石玉矿床，分布于20多个国家和地区：俄罗斯、美国、巴西、加拿大、澳大利亚、波兰、新西兰、韩国、朝鲜等，其中，加拿大产量为世界第二位。这些矿床都属于蛇纹岩型透闪石玉，以碧玉为主，俄罗斯、韩国、朝鲜出产白玉，唯独新疆的和田玉由于特殊的地质成因而属于非蛇纹岩型透闪石玉。

7. 欧泊

（1）概述

欧泊的英文为Opal，源于拉丁文Opalus，意思是“集宝石之美于一身”。古罗马自然科学家普林尼曾说：“在一块欧泊石上，你可以看到红宝石的火焰，紫水晶般的色斑，祖母绿般的绿海，五彩缤纷，浑然一体，美不胜收。”高质量的欧泊被誉为宝石的“调色板”，以其具有特殊的变彩效应而闻名于世。欧泊被定为金秋十月的生辰石。

（2）特性

常见颜色：可出现各种体色，白色体色可称为白蛋白，黑、深灰、蓝、绿、棕色体色可称为黑蛋白，橙、橙红、红色体色可称为火蛋白。

光泽：玻璃至树脂光泽。

紫外荧光：黑色或白色体色；无至中等的白到浅蓝色、绿色或黄色荧光，可有磷光；火蛋白：无至中等绿褐色，可有磷光。

放大检查：色斑呈不规则片状，边界平坦且较模糊，表面呈丝绢状外观。

特殊性质：磷旋光性。

特殊光学效应：变彩效应，猫眼效应（稀少）。

（3）评估

欧泊的价值依赖于众多的因素：胚体色调、明亮度、图案式样、色彩层厚度、瑕疵状况以及变色等，这些都在欧泊的价值评定中扮演着重要角色。欧泊通常用“克拉”为单位来计算价格。其他重要的因素也包括切割、打磨、尺寸和形状。

胚体色调：胚体色调是衡量欧泊价值最重要的因素之一。胚体色调是指整枚欧泊的通体色调和颜色，范围是从黑色到乳白色。通常具有黑色或深色胚体色调的欧泊比浅色或乳白的更有价值。黑欧泊大多出产于澳大利亚新南威尔士州的莱顿宁瑞奇，是最珍贵的欧泊，通常的市场价格是每克拉约 15 000 澳元（约合人民币 100 000 元）。烁石欧泊往往也有较深的胚体色调。白欧泊的胚体色调很浅，价值比较低。水晶欧泊的价值除了以上的分析原则外还要根据它的透明度，有些水晶欧泊的由于胚体色调很深也很昂贵，我们把它们叫作“黑水晶欧泊”。

明亮度：明亮度主要是欧泊呈现的颜色之亮度和清晰度。当正面观察欧泊时，色彩的明亮度范围分为鲜艳、明亮、柔弱或暗淡。

图案：欧泊的色彩片段组成图案，每一枚都很独特，不同的色彩图案同样决定着欧泊的价值。美妙的图案被大家称为五彩、缎带、麦秆、谷壳、中国书法等，还有些不规则的图案会象征一些奇妙的东西或者像一幅画，我们就会为它起一个好听的名字。上乘的图案会十分清晰，包括花海、旋转、闪电和火焰。差的图案就比较模糊，像苔藓和草。

色彩层厚度：蛋白石在整枚欧泊中的厚度与欧泊本身的尺寸和形状有关，烁石欧泊就是由于地质形成的原因只包裹很薄的一层蛋白石，这是在衡量价值时需要考虑和计算的重要因素。

变彩：欧泊由于本身所含硅球体排列的结构依靠对白光的衍射呈现不同的色彩和明亮度。红色欧泊通常比绿色欧泊更有价值，而绿色又比蓝色更有价值。大自然不经常出产红色欧泊，盛产的是绿色和蓝色的欧泊。欧泊中红色产生于欧泊内部微观结构中比较大的硅粒排列，相反蓝色产生于比较小的硅粒排列。

瑕疵：各种各样的瑕疵会减弱欧泊的价值。欧泊的表面有明显的裂痕就几乎没有什么价值了。有很多细裂纹在表面的欧泊也会变得没有价值。砂眼或其他矿物杂质有时会在彩色蛋白石下面或里面被发现，同样也会在背景衬石里。其他的瑕疵如劣质欧泊线、灰线和气泡。高质量欧泊的色彩和图案应该是连续的并由于角度不同而产生变化的。当欧泊不能产生变化的表面，色彩只从一个角度呈现出来或者铁矿石等基层材料透过宝石表面也会让宝石贬值。

（4）鉴定

欧泊的鉴别比较容易，主要依据：特殊的变彩效应可将他与其他玉石区分开来；它是均质体，在正交偏光下旋转360度为全黑；折射率为1.45，比重为2.10等。在欧泊的鉴别中，需要注意的问题是：①仿制品的鉴别。市场中用于仿欧泊常见的有合成欧泊、玻璃、塑料和陶瓷等。②与拼合石的区别。欧泊的拼合石有两种情况，其一是由欧泊作顶，泥铁矿作底制成的二层石。其二是由玻璃作顶、欧泊作夹层和泥铁矿作底制成的三层石。欧泊拼合石具较大欺骗性，鉴别方法是：从侧面观察可见到结合缝；结合面上可见气泡；小心地用针尖试探，针尖可戳入缝中。

（5）产地

澳大利亚：澳大利亚欧泊的种类比较全面（黑欧泊、白欧泊、晶质欧泊、动植物化石欧泊等），其中黑欧泊由于具有含水量比较稳定不会因为常规温湿度变化发生任何性状改变且深体色能更好地衬托欧泊变彩光学效果等特点，同时黑欧泊数量极其稀少且主产地产量呈逐年下降的趋势，因此是国际上公认最具欣赏、投资价值的欧泊品种。

墨西哥：欧泊产地还有北美洲的墨西哥，这里主要产火欧泊、晶质欧泊、白欧泊等。

巴西：南美洲的巴西也产欧泊。

非洲产地：主要产于埃塞俄比亚，有黑欧泊（主要是深棕色的）、火欧泊、晶质欧泊、白欧泊、水欧泊（吸水、脱水能力比较厉害的欧泊）。

8. 珍珠

（1）概述

珍珠是一种古老的有机宝石，主要产在珍珠贝类和珠母贝类软体动物体内；而由于内分泌作用而生成的含碳酸钙的矿物（文石）珠粒，是由大量微小的文石晶体集合而成的。珍珠种类丰富，形状各异，色彩斑斓。根据地质学和考古学的研究证明，在两亿年前，地球上就已经有了珍珠。珍珠具有各种形状，但最典型的是圆形和梨形；呈现各种颜色，通常是白色或浅色，且有不同程度的光泽，可做装饰或入药。珍珠的英文名称为Pearl，是由拉丁文Pernulo演化而来的。它的另一个名字是Margarite，则由古代波斯梵语衍生而来，意为“大海之子”。

（2）特性

组成：珍珠的主要化学成分是$CaCO_3$（91%~92%），水分和有机质约

4%~8%，另外有约0.4%的其他杂质。其中$CaCO_3$主要以斜方晶系的文石出现，少数以三方晶系的方解石出现。

颜色：珍珠的颜色由体色（也称背景色）和伴色组成。体色取决于珍珠本身所含的各色素和微量金属元素。而伴色是从珍珠表面反射光中观察到的、由珍珠次表面的内部珠层对光的反射、干涉等综合作用形成的特有色彩，如玫瑰色、蓝色、绿色和五彩缤纷的晕彩。

光泽：具有独特的珍珠光泽，光泽强度随着珍珠层厚度的增加而增强。俗话说珠光宝气，说明珍珠的魅力主要体现在其光泽上。

构造：显微镜下可见到由小的板状物叠置而成的等高线状纹理。

珍珠一般为不透明—微透明，极少数有很高的透明度。硬度2.5~4。天然珍珠的比重为2.68~2.78，养殖珍珠的比重为2.72~2.78。珍珠在加热、燃烧时会变为褐色。遇到盐酸会发生溶解作用。用牙磨其表面时具有砂感。在长波紫外光照射下，黑珍珠通常发红色调的荧光。

（3）评估

光泽：珍珠的魅力主要体现在其光泽上，优质珍珠表面应具有均匀的强珍珠光泽，并带有彩虹般的晕彩。珍珠光泽的强弱主要取决于珠层的厚度，珠层越厚光泽越强。目前贸易界普遍认为，珍珠层厚度大于0.5毫米为厚、0.35~0.5毫米为中等、0.25~0.35毫米为薄、小于0.25毫米为很薄。一般珍珠层厚度至少大于0.35毫米，珍珠才能显示出很好的光泽。

颜色：珍珠的颜色十分丰富。其体色主要有六大类：白色、奶油色、粉红色、金黄色、黑色、褐绿色。以白色系列最为常见。伴色主要有玫瑰色、绿色、银白色、古铜色、蓝色，其中粉红色和玫瑰色伴色可增加珍珠的价格，银白色伴色对价格无影响，绿色伴色则会降低珍珠的价格。虽然不同地区和民族对颜色有不同的爱好，但都认为黑色系列是珍珠中的珍品。如果说白珍珠似小家碧玉般清纯的话，那么，黑珍珠就如大家闺秀般的高贵。观察珍珠的颜色应在白色的背景下进行，最好的光源是来自北部窗口的自然光。

形状：珍珠可以有多种形状，一般分为圆形、扁圆形、半异形（水滴形）和异形。俗话说玉润珠圆，价值最高的是浑圆的走盘珠（指在盘中会滚动不停）。但异形珠若巧妙构思后，也可大大提高其价值。

大小：珍珠的大小对价格起到很重要的作用，同一等级的珍珠，直径越大，价值越高。在珍珠贸易中常用的质量单位是珍珠格令，1珍珠格令等于0.25克拉。但由于3~4毫米的淡水珍珠适宜于编制各种工艺品，在市场上有较为理想的价。

瑕疵：和其他宝石一样，珍珠往往存在瑕疵，瑕疵越少，珍珠的品质越佳。珍珠的表面瑕疵有隆起、线纹、污点、缺口、剥落、裂纹、划痕等。其中破口和珍珠层剥落对珍珠质量的影响最严重。瑕疵出现在比较隐蔽的位置时对珍珠质量的影响较小。

（4）鉴定

所谓“珠光宝气”，光泽是珍珠的灵魂。无光、少光的珍珠就缺少了灵气。看光，应该将珍珠平放在洁白的软布上，能看到珍珠流溢出的温润的光泽；而迎着光线看，好的珍珠可以看到发出七彩的虹光，层次丰富变幻，还可以看到如金属质感的球面，甚至可以映照出人的瞳孔，特别明亮的可列入 A 级，稍次之为 B 级。

光泽级别质量要求：极强 A 反射光特别明亮、尖锐、均匀、表面像镜子，影像很清晰；强 B 反射光明亮、锐利、均匀、影像很清晰；中 C 反射光明亮，表面能见物体影像；弱 D 反射光较弱，表面能照见物体，但影像较模糊。

“一分圆一分钱”，“珠圆玉润”，珍珠越圆越美，这很符合中国人的审美习惯。大颗粒、精圆的珍珠，显现出如圆月的美感。配合光泽，则营造出朦胧的意境美。以珍珠最长直径和最短直径差的百分比小于等于 1% 为正圆标准，直径差比在 1%~5% 为圆的标准，在 5%~10% 的为近圆。不过大多时候，用自己的眼睛就可以看出圆度来了。

表面痘、斑、印、坑、点越少越好，一般在 0.5 米远外看不到瑕疵为可以接受的标准。A 级的标准为 100% 表面光滑，肉眼近看看不出瑕疵。当然了，用放大镜都难看出瑕疵的那是万里挑一的极品中的极品。

所谓“七分为珠，八分为宝”，一般 6 毫米以下的珍珠不被列入珠宝级珍珠的范畴，7~9 毫米为消费者所普遍喜爱，10 毫米的珍珠已经难得，11 毫米以上的则只有南洋珍珠和黑珍珠有了。越往上，数量就越稀少，而价格则往往成倍地增长。这个标准看的难度不大。

（5）产地

以天然和养殖珍珠来分类。

天然珍珠：天然珍珠的著名产地有波斯湾地区（指伊朗以南、沙特阿拉伯以东的波斯湾海域）世界上最优质的天然珍珠以波斯湾地区巴林岛的为最佳。通常人们将这两个地区地方的珍珠称为“东方珍珠”，简称“东珠”。南洋地区（缅甸、菲律宾、澳大利亚）这些地区产的珍珠称为南方珍珠，简称“南珠”。

养殖珍珠：①日本养殖的海水珍珠 Akoya 母贝是从中国北海引进的马氏贝，但其整个培育过程中注重养殖质量严格执行其制定的质量标准，所以它在国际市场上的售价远高于中国珍珠的价格。②在中国众多珍珠产地中以广西合浦珍珠最为著名。广西合浦珍珠已有1700多年的历史，是为进贡皇上的贡品。值得一提的是中国是世界上最大的淡水珍珠养殖地。中国的天然海水珍珠主要产于海南诸岛。③大溪地是南太平洋中部法属波利尼西亚社会群岛中最大的岛屿。这里的天然条件造就了黑蝶贝最适合的水域环境。法属波利尼西亚政府对销售的黑珍珠珠层厚度进行了规定，规定珠层厚度最小为0.8毫米，珠层小于这个厚度的珍珠将被禁止出售并销毁。④澳大利亚的养殖母贝是白蝶贝，它的直径可达120~2000毫米，有的重达几千克。这样巨大的母贝养殖的珍珠不仅颗粒大珠层也很厚，珠层厚度可达2毫米，珍珠直径多在10毫米以上，最大可达25毫米。

9. 琥珀

（1）概述

琥珀，是一种透明的生物化石，是松柏科、云实科、南洋杉科等植物的树脂化石。树脂滴落，掩埋在地下千万年，在压力和热力的作用下石化形成，有的内部包有蜜蜂等小昆虫，奇丽异常。琥珀大多数由松科植物的树脂石化形成，故又被称为“松脂化石”。

琥珀的形状多种多样，表面及内部常保留着当初树脂流动时产生的纹路，内部经常可见气泡及古老昆虫、动物或植物碎屑。

常见琥珀种类：金珀、金蓝珀、绿茶珀、红茶珀、血珀、翳珀、花珀、棕红珀、蓝珀、绿珀、虫珀、蜜蜡、珀根、缅甸根珀等。

（2）特性

①化学成分

琥珀主要含树脂、挥发油。尚含琥珀氧松香酸、琥珀松香酸、琥珀银松酸、琥珀脂醇、琥珀松香醇、琥珀酸等。

②光学性质

颜色：黄色、蜜黄色、黄棕色、棕色、浅红棕色、淡红、淡绿、褐色等，颜色各异，引人入胜。

透明度和光泽：透明、微透明，树脂光泽。

折射率：1.54。

③力学性质

硬度：2~3，一般为2.5。

④内部特征

比较常见。主要有植物碎屑、小动物（如昆虫、甲虫、蜘蛛、蚊蝇、蚂蚁等）、气泡、裂纹、旋涡纹等。

⑤其他特性

电特性：琥珀是良绝缘体，用力摩擦带电并能吸附小碎纸片。

导热性：差，有温感，加热软化，近火有松香味。

溶解性：易溶于硫酸和热硝酸中。

（3）评估

琥珀中价值较高的是古董、精湛的艺术品或含有生物遗体。琥珀依昆虫的清晰程度、形状大小、颜色决定其经济价值。颜色浓正，且杂质不多者为佳。颜色以蓝、绿色和血红为好，但绿色琥珀发现在多米尼加、墨西哥以及中国抚顺等地，波罗的海绿珀多为高温下置于在化学药剂中所致。透明血珀大多为高温烤色所致，天然血珀会有可见的内含物。通常，颜色浓正通常伴随少量可见杂质，有种说法是，微小的内含物是琥珀的致色因素，也是来源于此。最贵重的品种是包裹含昆虫的琥珀，俗称“琥珀藏蜂”，以昆虫清晰、形态栩栩如生、质地上乘、个体大、数量多为最佳。

（4）鉴定

鉴别琥珀的标准是其质地坚密、无裂纹和颜色漂亮。琥珀是有机宝石，触摸起来是温暖的、轻的，这使得它可以和玻璃区分开来。天然琥珀块在盐水中浮起，清水中沉下。天然琥珀的气味很特殊，当摩擦、受热或燃烧的时候，天然琥珀会发出一种怡人的树脂气味，这种基本的特质可以帮助辨别琥珀。用刮擦样品表面的方法也可帮助识别，刮擦天然琥珀的表面会产生细小的粉末，而刮擦塑料类的仿制品表面会呈螺旋状刮痕。与人造树脂块相比，天然琥珀更容易起粉末。琥珀中如果有尺寸大、稀少而很珍贵的内含物，那很有可能是仿制的。优化处理过的琥珀，包括那些有内含物的琥珀仿制品特征之一是，它们仅仅在表面有鲜亮的颜色，而里面几乎是无色的。琥珀原料很珍贵，如果它的价格大大低于当时的市场价，我们必须意识到它可能是仿制品。

（5）产地

波罗的海沿岸国家（如俄罗斯、波兰）、缅甸、多米尼加共和国、中国、墨西哥。

琥珀在中国主要产自辽宁、河南、广西、贵州、云南、浙江、淳安千岛湖、吉林珲春等地。2011 年在探秘千岛湖底的千年古城时就发现有大量的琥珀。在千岛湖周边的多处高山也发现过琥珀。

专题十三

游客心理与服务

游客心理与服务，揭示了影响游客旅游行为的心理因素、游客在旅游活动中的心理现象及规律、不同国家和地区游客的心理特征，可使导游人员更好地理解游客心态、把握游客不断变化的心理需求和愿望，为游客提供更高品质的旅游服务，让游客在旅游活动中有更多获得感和更美好的体验。

一、游客心理特征

游客心理是指游客在旅游活动中的心理现象及其规律，包括旅游心理过程和个性旅游心理。旅游知觉、旅游动机、旅游态度、旅游人格等是游客心理最重要的几个方面。

（一）旅游知觉

旅游知觉是对直接作用于游客感觉器官的旅游刺激整体属性的反映，是旅游行为产生的基础，是影响旅游行为的重要心理因素。旅游知觉包括旅游物体知觉和旅游人际知觉。

1. 旅游物体知觉及影响因素

旅游物体知觉是指游客对旅游条件、旅游环境、旅游景物等物质方面的知觉。影响旅游物体知觉的因素包括客观因素和主观因素两方面。

（1）客观因素

指知觉对象的一些特性对旅游物体知觉的影响，主要有以下几个方面：

较强刺激的对象易被感知：如瀑布巨大的轰鸣声、奇幻的北极光等。

反复出现的对象易被感知：如多次看到的旅游广告、旅游宣传资料等。

运动变化的对象易被感知：如闪烁的霓虹灯、山谷中飘忽的云海等。

新奇独特的对象易被感知：如万绿丛中一点红、鹤立鸡群等。

（2）主观因素

指游客的心理因素对旅游物体知觉的影响，主要有以下几个方面：

兴趣：游客感兴趣的事物往往先被感知。例如对历史感兴趣的游客，就会把帝王古都、历史文物选择为知觉对象；喜欢大自然的游客，往往把高山、大海、流泉、飞瀑选择为知觉对象。

需要与动机：能够满足游客需要，激发游客旅游动机的事物，容易成为知觉对象，那些不能满足游客需要和动机的事物往往被忽略。当人们想外出旅游时，有关旅游价格、线路安排以及旅游目的地天气信息等就成了主要的知觉对象。比较富裕的游客对出行是否舒适、方便，服务是否周到考虑较多，而经济能力一般的游客则考虑是否实惠。

情绪：情绪分为积极情绪与消极情绪两种。当游客处于积极情绪状态时，会积极主动地去感知所接触的每一事物，虽顶风冒雪、风餐露宿，仍兴致勃勃；处于消极情绪状态时，会对一切事物毫无兴趣，甚至见花落泪、对月伤怀。

个性：不同个性的人在知觉的深度和广度上有很大的差别：性格内向的游客喜欢较安静的活动项目，青睐垂钓、下棋、读书等活动；性格外向的人对参与性强、有一定冒险性的活动项目表现积极，如登山、划船、漂流等。

知识与经验：在旅游活动中，知识和经验起到缩短感觉过程、扩大知觉体验的作用。游客凭借以往的知识和经验，可以把接触的旅游信息进行归类，加速知觉过程。

2. 旅游人际知觉及社会知觉误区

旅游人际知觉就是在旅游活动中对人的知觉。它是影响人际关系建立和活动效果的重要因素。人际知觉依赖于多种因素，从认知主体心理方面看，存在一些社会知觉误区，这些误区在导游活动中，直接影响着导游与游客的关系。

（1）第一印象

指与人初次接触产生的印象比较深刻，影响以后对此人的知觉，这种现象称为首因效应（也叫首次效应）或第一印象。

第一印象良好，以后的交往就会顺利很多；第一印象不好，会对继续交往产生不利影响。游客的不断变化是旅游接待工作的一个显著特点，在与游客的短暂接触中，双方都来不及进行更多的了解，无法达到“路遥知马力，日久见人心”的境地，因此，对于导游来说，给游客留下良好的第一印象非常重要。

（2）晕轮效应

指由对象的某种特征推及对象的总体特征，从而产生美化或丑化对象的现象。晕轮效应指像月晕一样，由于光环的虚幻印象，使人看不清它的真实面目。

如一名导游普通话说得标准，给游客留下深刻印象，游客就会认为此人可能其他技能也很好，甚至推断他的品格也很好；或者一名导游衣冠不整，给游客留下深刻印象，游客可能会认为此人做事邋遢，人品欠佳。

从旅游服务的角度讲，为了使游客对旅游接待工作产生一个好的印象，在提供旅游服务时要避免每一个环节可能出现的劣质服务，以防由于晕轮效应的作用使游客将不良印象扩大到整个服务中去；同时，要力争每一个服务环节优良化，使游客同样通过晕轮效应把整个服务视为优质的。

(3)刻板印象

指对某类事物或人物所持共同的、笼统的、固定的看法和印象。例如，人们一般认为青年人有热情、敢创新而易冒进，老年人深沉稳重而倾向于保守。

刻板印象一方面有助于人们对众多人的特征做概括了解；但另一方面，刻板印象具有明显的局限性，会使对人的知觉产生偏差。因此，在旅游工作中，知觉来自不同国家和地区的游客时，除了了解他们的共同特征之外，还应当注意不受刻板印象影响，进行具体观察和了解，注意纠正错误的、过时的旧观念。

(4)期望效应

又称“皮格马利翁”效应，指在生活中人们内心的期望会变成现实的现象。

在与人交往过程中要从心底尊重、喜欢对方，只有这样，才能把人际交往纳入良性循环轨道，向着自己所期望的方向发展。旅游服务人员只有真诚对待游客，才能赢得游客对服务的良好评价。

(二)旅游动机

旅游动机是直接推动一个人进行旅游活动，并使人处于积极状态以达到一定目标的动力。常见的旅游动机有：

调节身心健康的动机：游客希望通过游玩、娱乐，消除身体的疲劳和心理的紧张感、枯燥感，使身心得到放松，以保持心理平衡。

好奇探索的动机：游客由于好奇和探索心理的驱使，使他们要求旅游对象和旅游活动具有新异性、知识性和一定程度的探险性。

审美求知的动机：游客为了满足审美求知需求，其旅游活动多指向奇异美丽的自然物象、丰富多彩的人文风情。

社会交往的动机：人们为了探亲访友、寻根问祖、结识新朋友而进行的旅游，就是社会交往动机的体现。

宗教信仰动机：许多宗教信徒到异地参与宗教活动；或在特定时间、特定地点，举行宗教庆典活动、民间祭祀活动，许多非教徒前往参观、考察；也有许多地方宗教庆典已成为民族传统节日，这些活动都会吸引大批游客。

商务动机：是指人们商务活动或公务外出，而促成的旅游消费。如到异地参加学术考察交流、洽谈业务、出差等所参与的旅游活动都是出于商务动机。

人们的旅游动机是复杂多样的，地域、文化背景、年龄、性别、个性等都会影响到旅游动机，我们在进行导游活动中，应当充分考虑到不同类型的游客对旅游目的地、旅游内容和导游讲解等各方面的要求不尽相同，力争满足不同游客的需求。

（三）旅游态度

旅游态度是游客对旅游活动中的人和事物所持有的评价与行为倾向。

1. 旅游态度的构成

旅游态度由认知、情感、意向三种成分构成。

（1）认知成分

指游客对旅游活动中某一对象的认识、理解和评价。它是态度形成的基础。如，某游客认为桂林是个好地方，山清水秀，环境优美，气候宜人，这就是游客对桂林的认知。

（2）情感成分

指游客对旅游活动中某一对象所做的情感判断。它是态度的核心，并和人们的行为紧密相连。如，当游客对桂林做出了评价，有了印象后，认为“桂林是个休闲的、美丽的、值得向往的城市”，这里就能够清楚地看出其中有积极的情感成分。

（3）意向成分

指游客对旅游对象的反应倾向。如，某游客对桂林产生了积极肯定的情绪情感，他就会在心理上积极地做各种准备，一旦外部条件成熟，就可能去桂林旅游。游客对旅游对象的反应倾向有积极、消极之分。如，某游客听朋友或媒体介绍某旅游地旅游秩序如何不好，出现了欺客宰客现象，由于晕轮效应，使游客对该旅游地的旅游商品和服务持否定或消极的心理倾向，就会阻碍游客完成旅游活动。

旅游态度介于旅游知觉与旅游行为之间，与行为有十分密切的关系，它在很大程度上决定着旅游消费行为的活动方向。旅游态度会导致游客购买某一旅游产品或拒绝某一旅游产品，因此，旅游接待方要关心和帮助人们对其产品产生积极肯定的态度，促进游客产生旅游行为，完成旅游活动。

2. 改变旅游态度的方法

改变旅游态度的方法，通常有以下几种。

（1）更新旅游产品，塑造优质品牌

旅游产品是游客在旅游过程中所购买的各种物质产品和服务的总和。

只有不断更新旅游产品，提高旅游产品质量，才能长期占有稳定的市场，保持源源不断的客源。

更新旅游产品，首先要保证旅游基础设施建设和设备完好，同时要加强对旅游市场的宏观调控和监督管理；其次，不断推出新的旅游项目，运用先进的科技手段，简化旅游服务过程，既节省了时间，又方便了游客，如智慧旅游、全域旅游智慧化等；再次，对旅游从业人员进行业务训练，培养良好的服务态度，提高人际交往能力，改进服务；最后，还可以运用价格策略，一般来说，旅游服务项目的价格是一个比较突出、敏感的问题，适当运用价格策略，可以使游客产生“公平合理”“物有所值”“物超所值”的感觉。

（2）重视旅游宣传，采取多样化营销手段

旅游态度的形成依赖于游客对旅游宣传对象的认知，通过旅游宣传，向游客输送新信息，提供新知识，有助于游客态度的改变。在进行宣传时，要结合实际，进行灵活多样、富有实效的宣传，可通过各类广告、专题报道、邀请国外旅游商和信息联络员进行合作、境外民族艺术表演、制作风光电影、微信营销、自媒体旅游达人传播等。

（3）利用相关群体，引导人们参加旅游活动

要转变一个人的态度，必须引导他积极参与有关活动。通过组织旅游活动，邀请特定的人参加，让其亲身体验旅游活动带来的乐趣，可能从此改变其对旅游活动的态度，从而成为旅游活动的积极参与者。

除了上述三种方法外，通过改变知觉或激发人们的潜在动机等也是促使游客态度改变的有效方式。

（四）游客的人格

游客的人格即游客的个性，其特征与旅游行为紧密相关。通过对游客人格类型的分析，有助于导游更好地预测和引导游客行为。

人格类型的划分，可以从不同角度来进行。根据游客在旅游活动中的表现，大致可分为以下几种类型：

正常的游客：绝大多数游客属于这一类型。他们思维正确，有理性，也富有情感。对于正常的游客，导游可以充分发挥自己的聪明才智，把各种服务充分有效地提供给他们。

神经质的游客：这类游客的特点是脾气乖戾、易激动、事必挑剔、敏感。通常情况下这类游客比较少，但随着社会生活节奏日益加快，外在压力日益增大，人们所体验到的失败感有所增加，导致神经质的游客人数有增加的趋势。从旅游服务角度来说，我们没有选择游客的权利，只能给游客以舒适、抚慰和尊严。

依赖性的游客：这类游客的特点是羞怯、易受感动、拿不定主意。这类游客包括幼稚型人格者、初次出门的游客、年老和年幼者，以及不熟悉情况的外国游客。这类游客需要更多的关注和帮助。

使人难堪的游客：这类游客的显著特点是爱批评人、冷漠，很少理解和关心别人，也从不推己及人，进行心理换位。因此，对这类游客要谨慎、周到、注意细节。

二、游客心理特征与服务

导游优质服务的关键在于"读懂"游客。只有充分理解游客的角色特征，掌握游客的心理特点，才能提供令游客舒适、舒心的服务，从而打动游客的心，赢得游客的认可。

（一）游客是有优越感的人

游客是导游的"衣食父母"，在与导游的交往中，往往表现为居高临下，发号施令，习惯使唤别人。

为此，导游在旅游服务中，要做好以下几个方面。首先，表现出尊重，关注游客，主动向游客打招呼，主动礼让。其次，对于游客合情、合理、合法的要求，尽量给予满足。始终记住这样一个信条：再忙也不能怠慢你的游客；忽视游客，等于忽视自己的收入，忽视企业的利润。再次，用心服务，注重细节，追求完美，达到最佳效果。最后，注重策略。对游客的无理要求或无端指责，我们要采取引导和感化的方法，让游客有正确认识并作出更改的决策。

（二）游客是情绪化的"自由人"

导游对游客必须懂得宽容和设身处地为其着想，提供人性化的服务。首先，导游必须充分理解游客的需求。游客的需求是多种多样、瞬息万变的，具有多样性、多变性、突发性的特点。而且，不同的游客又有不同的需求层次，其主导需求也是不尽相同的。这就要求导游既要掌握游客共性的、基本的需求，又要分析研究不同游客的个性和特殊需求；既要注意游客的静态需求，又要在服务过程中随时注意观察游客的动态需求；既要把握游客的显性需求，又要努力挖掘游客的隐性需求。只有充分预见和准确把握游客的需求，才有可能提供全面、到位的服务，使游客有更好的旅游体验。其次，导游必须充分理解游客的心态。由于出游时，其行为举止不受各种职业规范制约，游客会显得特别放松而比较情绪化，人性的某些弱点也会暴露无遗。对此，导游应意识到游客是需要帮助、关爱的朋友，应努力以自己的真诚和优良的服务去感化游客，努力发现游客的兴奋点，培养游客良好的情绪，以保证与游客的有效沟通。基于情感的爱心、诚心、耐心、细心、贴心，依然是导游打动游客情感的核心。最后，导游必须充分理解游客的误会与过错。由于文化、知识等方面的差异以及身体、情绪、利益等方面的原因，游客对旅游规则或服务不甚理解而拒绝合作，或采取过激行为，导游应向游客做出真诚、耐心的解释。对于游客的过错，只要游客不是有意挑衅或损害其他游客的利益、侵犯导游的人权、侮辱导游的人格，导游均应给予足够的宽容和谅解，做出必要的礼让与化解。

（三）游客是来寻求享受的人

旅游服务不是生活必需品，而是享受品。游客旅游是来享受的，这是其最基本的角色特征。作为消费者，游客有消费者所具有的追求“物有所值”的共性。对导游而言，不能心存任何侥幸心理提供“打折服务”。无论游客出于何种原因来旅游，都有一个共同需求，即享受。他们不管在单位和家里如何能干，但在旅游中总会表现出生活的“低能”。所以，导游服务必须环环紧扣，步步到位，保证向游客提供舒适、舒心的服务。

首先，导游必须向游客提供标准化的服务。其次，导游努力向游客提供个性化的服务。在服务时应避免千篇一律，要针对不同游客多样化和多变性的需求特点，投其所好，随机应变，提供具有个性化的服务，满足游客的个性化需求。最后，导游要努力为游客提供超常服务，即给游客以出乎意料或从未体验过的服务。一般情况下，游客在消费前都会根据个人需求、过去的感受和旅游宣传广告及传闻对旅游服务产生一定的期望，游客在接受服务后会形成对服务的实在感受，并与预期值加以比较，当两者相当时，表现为满意；当实际的感受值大于期望值时，产生惊喜，从而达到真正的享受。

导游人员在允许的范围内要尽量满足游客的个性化需求，使游客乘兴而来，满意而归，尽量避免旅游结束后，游客产生“没意思，不值得一来”的想法。

（四）游客是爱面子的人

爱面子，喜欢听好话，这是人类的天性之一，也是大众普遍存在的心理现象。作为游客，尤其如此。几乎所有的游客都喜欢表现自己，显得自己很高明，而且希望被特别关注，给予特殊待遇。对此，导游必须给游客搭建一个“舞台”，为其提供充分表现自己的机会，让游客在旅游中多一份优越和自豪。首先，导游必须懂得欣赏和适度恭维游客的艺术，要善于发现游客的闪光点。其次，导游对待游客要像对待自己的朋友一样关注，体现真诚的人文关怀，营造一种“特别的爱给特别的你”的意境。

综上所述，导游应像对待上司一样尊重游客，像对待朋友一样理解和关心游客。

三、客我交往中的心理服务技巧

（一）旅游活动中客我交往的特点

游客对旅游活动的满意度不仅取决于其对旅游条件与旅游环境的评价，而且取决于游客与导游之间的人际交往，即旅游服务中的客我交往。在旅游服务行业中，由于导游的特定角色以及游客所处的特定地位，决定了导游与游客的交往不同于一般人际交往，其特殊性表现为：

短暂性：旅游交通与市场经济的迅猛发展，使注重高效率的游客穿梭往返各地，形成了旅游服务交往频率高、时间短的活跃局面；一些疗休养的游客更喜欢自由支配旅游时光，导游与游客之间相互了解熟悉的机会也随之减少，短暂性的特点愈加突出。

公务性：一般情况下，导游与游客的接触只限于游客需要服务的时间和地点，而不涉及个人关系，更不可能了解对方的全部经历。

不对等性：从心理学的角度来看，人与人之间人格上相互尊重，情感上相互共通，因此是平等的，导游与游客也不例外。但是，"平等"不是"平起平坐"。在特定的环境下，人与人之间由于职业角色的差异、交往时角色扮演不一，社会赋予他们不同的责任和义务。在导游服务过程中，通常是游客对导游提出要求，导游尽可能服从和满足游客的合理意愿。从这个意义上说，导游与游客的接触通常是一种不对等的过程，客我双方不可能平起平坐。因此，导游要摆正自己与游客的角色关系，不要把尊重自己与尊重游客对立起来。

个人与群体的兼顾性：在旅游活动中，导游接待的是一些心理相异、具有不同消费动机和消费行为的个体游客，因此，在交往中依据每位游客的个性消费特征向他们提供服务，就成为交往的主要方面。但旅游的复杂与特殊现象，使得一些同一阶层、同一文化、同一经济条件、同一职业的人聚集在一起组成同质旅游团，在消费过程中，便出现从众、模仿、暗示、对比等群体消费特征，因此，导游人员在客我交往中必须注意个体与群体的兼顾。

（二）旅游服务的双重性

游客在与导游的交往中不仅期待导游帮助他们解决种种实际问题，而且期待导游成为他们的"知心人"，帮助他们消除种种不愉快感受，获得愉快感受，留下美好记忆。所以，导游人员一方面要为游客提供优质的功能服务，另一方面还要为游客提供优质的心理服务。

旅游服务有双重性：旅游功能服务和旅游心理服务。

旅游功能服务：是指帮助游客解决食、住、行、游、购、娱等方面的实际问题，使游客感到安全、方便和舒适。

旅游心理服务：是指让游客在旅游中经历轻松愉快的人际交往，在人际交往中增加游客的亲切感和自豪感。

要实现优质服务，就要在为游客解决种种实际问题的同时，还能让游客得到心理上的满足；而且即使不能完全按照游客的要求解决他们的实际问题，也要在客我交往中让游客得到心理上的安慰。

功能服务的质量往往受旅游企业物质条件的制约，也取决于旅游服务人员所具有的知识技能；而心理服务的质量主要取决于旅游服务人员是否有爱心、满腔热忱，是否善解人意和具有一定的表现力。

下面仅就旅游心理服务进行探讨。

（三）旅游心理服务技巧

为游客提供心理服务有两条要诀：一是让游客觉得你和蔼可亲，使游客获得更多的亲切感；二是让游客对自己更加满意，获得更多的自豪感。

1. 让游客觉得你和蔼可亲

导游在客我交往中，要为游客提供心理服务，就必须用自己恭敬的态度、敏锐的观察力和有效地运用“有声语言”与“无声语言”，以及周到得体的举止，在游客心中树立一个富有人情味的、和蔼可亲的形象。远在异乡的游客，对导游的一句问候、一个简单的搀扶，都会心存感激。

（1）谦恭的态度

要让游客觉得你和蔼可亲，导游必须首先做到对游客态度谦恭。

谦恭是一种良好的行为方式，是指对游客的感受非常敏感，避免言行上的任何冒犯。当导游没听懂游客的问话时，不要简单地问：“什么？你说什么来着？”而应该这样问话：“请原谅，您能重复一遍吗？”或者：“请您再说一遍，行吗？”不要告诉游客他们必须做什么，而应该采取建议的方式：“我认为（怎样怎样）更合适，您觉得怎样？”

总之，要做到能够使游客感觉你和蔼可亲，这才符合谦恭的行为方式。

（2）讲究措辞

在旅游活动中，游客与导游之间的人际交往主要通过语言进行沟通。说话在塑造良好的客我关系中是极其重要的，导游可以通过训练，改进说话的方式、速度、语调及词句的选择，使游客觉得你和蔼可亲。

导游人员使用“文明礼貌语言”要形成习惯。要知道“同样的话”有哪些“不同的说法”，一般情况下，用肯定的语气说话比用否定的语气说话使人感到柔和一些。在客我交往中，特别是在表达否定性意见时，要尽可能采用那些“柔性”的、让游客听起来觉得“顺耳”的，而不是“刚性”的、让游客听起来觉得“逆耳”的表达方式。

当导游人员要对游客提出某种要求时，最好用肯定的说法，比如可以说“请您（如何如何）”，而不要用否定的说法，比如别说“请不要（如何如何）”。当导游不能马上满足游客的需求时，最好是向游客说明你过一会儿可能为他做什么，而不是仅仅说你现在不能为他做什么。当导游不能接受游客的某个意见或建议时，最好是先复述游客陈述的内容，比如可以说：“您的意见是（什么什么）吧”“您的看法是（什么什么）吧”，这样可以表明导游耐心倾听并且明白了游客的想法，表示出对游客尊重的态度，然后表明自己的想法：“我认为（怎样怎样）也许更合适，您看如何？”绝不要轻易地否定游客的意见或建议。

在拒绝游客的某些要求时，也可以先复述游客的要求，然后表明自己愿意为游客效劳，并说明由于什么原因不能完全遵从游客的要求，最后提出自己的建议，取得游客的谅解。

导游在与游客进行语言沟通时要遵守以下几个原则：

一是要选择准确表达思想内容的语句。“言不在多，达意则灵。”这就要求导游语言准确、实在，具有严密的逻辑性。言语不要啰唆重复，使游客听不出所以然。交谈时要慎重斟酌措辞，不要造成歧义，使游客误解。

二是在语言的运用上，要注意语言的生动性。导游的语言必须生动形象，饶有趣味或发人深省才能起到引人入胜的作用。导游的语言应使情景与语言交融，给人以美的享受。

三是语言交流要符合特定的交往环境。语言要适应不同对象的特点，不同环境采用不同的语言方式。如对文化水平较低者应通俗化，在游客观赏情绪高涨的场合解说应简洁明快。

（3）善于运用“无声语言”

导游在客我交往中不仅要善于运用“有声语言”，而且要善于运用“无声语言”，即体态语言，做到“有声语言”与“无声语言”并用，两种语言互相补充，相得益彰。

眼神、表情、体态、姿势等无声语言的表现，可通过平时训练来提高。

眼神接触是一种有效的体态语言沟通方式，当导游与游客交谈时，注视对方的眼睛，就意味着在集中精力倾听游客说话，表示对游客的尊重。有没有眼神接触还意味着导游是否有信心，一般来说，有信心的人往往正视对方。一个优秀的导游必须培养在与游客说话时正视对方的习惯，这种习惯在客我交往中能够使交往更加顺利地进行。

微笑是各国游客都能够理解和欢迎的世界语言。微笑在客我交往中意义重大，微笑意味着友善，象征着诚意，减少了不安，化解了敌意。当导游和颜悦色、满面春风地对游客笑脸相迎的时候，微笑就向游客传递了“我们对您表示欢迎，我们愿意为您效劳”的信息。真诚的、热情的、发自内心的微笑最能够使游客觉得你和蔼可亲，是赢得游客满意的有效手段。

我国古代就有“非笑莫开店”的俗语，微笑能使游客产生好感，给企业带来财富。如希尔顿酒店集团，是世界上规模最大的旅游饭店集团之一，它的成功秘诀中最重要的一条就是服务人员“微笑的影响力”，希尔顿酒店的微笑服务饮誉全球。希尔顿酒店集团创始人康拉德·希尔顿年轻时接受其母亲的忠告，找到了一种简单易行、不花本钱、行之持久的“法宝”——微笑。在他从业50多年的时间里，无论到分设在哪个国家的希尔顿饭店视察，他对上至总经理下至一线各级员工问得最多的一句话就是：“今天你对客人微笑了没有？”康拉德·希尔顿先生有一个形象的比喻：“如果旅馆里只有一流的设备而没有一流服务员的美好微笑，就好比花园里失去了春天的阳光与和风。”同样如果景区只有一流的风景而没有一流导游人员的美好微笑，也好比花园里失去了春天的阳光与和风。

（4）敏锐的洞察力

要让游客觉得你和蔼可亲，导游人员必须善于洞察游客的情绪变化，及时做出恰当反应。只有充分了解游客的心理，才能做出使游客满意的反应。

2. 让游客获得更多的自豪感

（1）人际交往中，人们相互之间起着“镜子”的作用

人的自我评价与别人对其评价是紧密相关的，如果一个人经常从别人那里获得肯定性的评价，他就会感到自豪；相反，如果经常从别人那里获得否定性的评价，他就会感到自卑。总之，人们都重视自己在别人心目中的形象，而且是从别人对自己如何反映来判断自我形象的。也就是说，人们总是把别人当作自己的一面镜子来看待。所以，我们说在人际交往中，人们相互之间都起着“镜子”的作用。

（2）扬游客之长处，隐游客之短处

导游在为游客提供服务时，必须考虑到自己就是游客的一面“镜子”，游客从我们这面“镜子”中看到了他们的自我形象。为了增加游客的自豪感，导游人员就应该做游客的一面“好镜子”。以恰当的方式发扬游客之长处，隐藏游客之短处，让游客在我们这面“镜子”中看到自己的美好形象。

所谓长处和短处，包括相貌和衣着方面的，言谈话语和行为举止方面的，

知识经验和身份地位方面，等等。

扬游客之长，包括赞扬游客的长处和提供一个机会让游客表现他的长处。但要注意绝不能为了扬某些游客之长而使其他游客受到伤害。隐游客之短，一方面导游人员绝不能对游客的短处感兴趣，绝不能嘲笑游客的短处，绝不能在游客面前显示自己的“优越”；另一方面导游人员应该在众人面前保护游客的“脸面”，在游客可能陷入窘境时，帮助游客“巧渡难关”。

一般来说，客我交往中最敏感的问题是与游客的自尊心有关的问题。因此，导游人员应该牢记：绝不要去触犯游客的自尊心。如果导游能够恰当地为游客“扬其长，隐其短”，做游客的一面“好镜子”，就能够让游客对他自己更加满意。增加自豪感是游客所得到的心理上的最大满足。因此，导游人员应该有这样一个信条：如果你能够让游客对他自己更加满意，他就一定会对你更加满意。

四、不同地区的游客心理及接待技巧

俗话说“一方水土养一方人”，不同地区自然、人文环境的差异，影响着生活在那里的人们的心理，以下通过对不同地区游客“一般”心理特征的分析，旨在为导游工作提供参考，不必公式化地套用在每一位游客身上。

（一）我国内地游客心理及接待技巧

1. 东北地区

主要指黑龙江、吉林、辽宁三省，位于我国高纬度地区，急剧变化的气候条件，以冷湿为基调的自然地理环境，白山黑水的显著自然景观特色，加上丰富多彩的东北民俗风情，造就了东北人鲜明的个性特点。

外向、豪气：“豪爽大气，火辣辣的关东人”是对东北人豪爽、大方、热情的形象描述。大多数东北人到外地旅游，只要经济许可，往往出手大方，不在乎别人算计自己那几个小钱。

讲义气、重朋友：东北人重感情、好交往、讲义气，他们的言语、行动都比较实在。

坦诚、直爽：东北人坦诚，喜欢直来直去，不喜欢绕弯子，有啥说啥。

幽默能侃、不拘泥：东北方言有着特殊魅力和表达方式，语言生动形象，入木三分，极具感染力。东北人能说，说起话来一套一套的。他们“捧起人来”让你张不开嘴，“贬起人来”也让你难有还嘴的余地。

针对该地区游客的心理特点，旅游接待时要注意以下几个方面：

热情大方：与他们协商接待方式时，要充分听取其意见；落实接待价格时要落落大方，特别注意不要斤斤计较。

善于感情投资：东北游客讲义气，重感情，在接待时也要“够哥们儿，够朋友”。

坦诚相待：接待东北游客时，要态度诚恳，语言坦率，同时要注重实际行动，即言行相符，表里一致。在旅游活动中对他们的耿直，中听中行的，要欣然笑纳，巩固友情；对他们不经意中流露出的不满言语、态度，不要太在意，更不要计较。

多用幽默风趣的语言：在导游知识储备丰富的基础上，特别注意语言表达方式，如语音、语调、语速、语意的把握，使游客在听讲解或相互交流中充分感受到生动有趣。

2. 以北京为代表的华北地区

指以北京、天津为中心，包括河北、山西等省区。该地区历史悠久，具有独特的燕赵文化韵味，即粗犷、豪放、激越、慷慨的雄风侠骨。在个性方面，表现出较为突出的地域特点。在此以北京人为代表予以描述。

待人真诚、人情味儿浓：北京人非常实际，不论他们做什么，都给人一种务实的感觉。他们崇尚真诚的人际关系，待人坦诚不欺，鄙薄奸诈不实的作风，具有一种君子风度。北京人的人际关系是最有“人情味”的，他们世世代代都遵循着中国传统观念中“礼之用，和为贵”和“中庸之道”的准则，人与人之间相互尊重，相互谦让，互相帮助。

开朗幽默、能言善侃：北京人的能言善侃让人望尘莫及。“侃”是北京人特有的休闲方式，他们注重的不是“侃什么”，也不是“怎样侃”，只是为侃而侃，即不要形式，大多也没有目的，大到国家大事，小到鸡毛蒜皮，侃的话题极为广泛。

文化素养较高、政治味儿较浓：居住在皇城根下的人们，有一种对“家事、国事、天下事”事事关心的习惯爱好。

注重产品质量和品质消费：北京人消费逐渐向名、优、特转变。他们不赶时髦，但永远创造时髦，他们倾向于名牌、高档商品。

针对该地区游客的心理特点，旅游接待时要注意以下几个方面：

做一个好的倾听者：北京人对政治一往情深并有着自己的一套观点和见解。满足北京人侃的欲望，是打开进一步交往大门的钥匙。

交流话题的文化性：北京人文化素质较高，可谈些有关文化的话题，且留有机会给他们发挥。

品质消费：消费时最好是到品质较高，或是具有浓郁地方特色产品的场所。

另外，华北地区的山东人有着鲜明的个性特征。

中国历史上出思想家及哲学家最多的地方是山东，五岳至尊的泰山也在山东，鲁文化的儒家思想不仅熏陶了民众的性格气质，而且锤炼了他们的心理结构。

人们对山东大汉的印象是：身材魁梧，行侠仗义，面带敦厚，不善言辞，待人诚恳，最讲义气。这些基本上反映了山东人的主要性格特征。山东人常用“实在”二字来自我表白。

山东人大多恋乡恋土，看重家乡和同乡情谊。喜欢同乡结成小团体，人际交往中远近、亲疏分明，甚至本省内各个地区之间也对待有别。山东人思想保守而拘谨，过于耿直，自古多大将、多忠义之士。清朝至民国以山东人为主的闯关东，使得很多东北人与山东人沾亲带故。山东男人责任感强，忠厚直爽，讲究孝道，外粗内秀，家庭观念强。女人勤劳、贤惠、顾家，说起话来实在、亲切。山东人爱吃馒头、煎饼，好吃大葱、大蒜。吃大饼不用菜，有葱就行。

针对山东游客的个性特点，旅游接待时要注重礼节，说话真诚、坦率，多赞美他的家乡。在餐饮方面，尽量以面食为主。

3. 以上海为代表的华东地区

主要包括上海、江苏、浙江等省区。长江流域历史悠久，是中华文化的发祥地之一；江浙一带自古为繁华之地；上海是全国最大的工商业中心，国际著名大都市。

该地区经济繁荣，促进了文化艺术的发展，在优越的自然环境和独特的历史发展过程中，华东一带逐步形成了以灵毓秀雅、尚文崇慧为特色的吴越文化，因此也造就了当地人的个性特点。

恋家情结深：例如上海，由于近百年来是西方经济文化通往中国的窗口，它一直是中国走向世界的重要门户之一。这种中西文化结合地的特殊位置，使上海人形成了一种优越的心理，在他们心中，上海是一流的城市，这自然使他们更热爱、依恋自己的家乡。

江浙人也恋家，“上有天堂，下有苏杭”，江浙的园林和自然山水是华东地区的亮丽名片。江浙多风调雨顺，是才子佳人辈出的地方。江浙男人的儒雅、女人的精巧，温婉的古镇，可口的佳肴，都是江浙人引以为豪的。

婉约缠绵、精明细心：发达的经济造就了上海人的精明，反映在日常生活中，在获取个人利益、维护个人权益方面，该得的他们一分也不让。上海人做事谨慎小心，婉约含蓄，注重细节，喜欢事前先调查了解，充分掌握情况。

文化底蕴深厚：华东地区经济发达，教育也发达。人们的文化水平普遍较高，知识较为广博，喜欢谈论文化方面的事儿。

针对该地区游客的心理特点，旅游接待时要注意以下几个方面：

多谈历史人文话题：该地区游客的文化底蕴比较深厚，可以在接待时，多谈些历史人文的内容，以满足他们的自豪感。

耐心详细的说明、讲解：对游览活动中，增加的项目和所需费用要逐项向他们说清楚。讲解时，要尽量详细些，耐心解答他们提出的问题。

饮食清淡：饮食方面要尽量安排清淡些的食物，适当地加入一些具有当地特色的菜肴。

最后，需要说明的是安徽、江西，虽然在地域上属于华东地区，但安徽人、江西人的个性特征又各自有所不同，他们具有与周边地区类似的边缘性格，使得这两个省区的游客因在本省的地区不同，性格也出现明显差异，具有多样性。如邻近湖北、湖南地区的江西人，无论在饮食还是性格上更显华中人的特点；邻近河南的安徽人无论在语言的语调，还是生活习惯、待人礼仪上更具河南特色。所以，在接待安徽、江西游客时，要根据其来自各省的不同地区因人而异。

4. 以广东为代表的华南地区

主要指广东、福建、海南等省区。相对于中原地区的文化，广东一带是异域色彩浓厚的岭南文化。自 20 世纪 70 年代末改革开放后，广东商贸繁盛，经济发达，集传统和现代于一体，个性特点鲜明。

时间观念强：广州人是中国城市人中最忙碌的一群人，仿佛时间总不够用，永远是行色匆匆。在广东，人人都忙忙碌碌，为生意而忙碌，为挣钱而忙碌。

金钱观念强：在中国人传统的观念里，一般不谈金钱，否则会被认为俗气。然而，广东人的金钱观念却很强烈。为了钱，广东人干得踏踏实实，他们没有心思，也没工夫空谈哲理、人生。

关心经济：广东人远离政治中心，政治似乎对他们的影响不大。即使是赚了大钱，腰缠万贯，他们对政治仍不会表示出太大的兴趣。因此与广东人交往谈论政治引不起广东人的兴趣，甚至可能会被认为华而不实而引起他们的反感。

富有开拓精神，敢为天下先：在广东人的性格中，只有“先”了才有意义，喜欢“头啖汤”。敢为天下先的品质是与勇于开拓、敢冒风险、善于变通、踏实肯干的习性联系在一起的，这使他们易于适应各种环境，一旦遇着机遇，就迅速发达起来。改革开放以来，广东人处处身体力行、敢为天下先，这已成为他们的核心品质之一。广东人喜欢标新立异，喜欢做新的生意。因为新才没有竞争，没有对手。因此，他们一旦看准，敢冒风险，有着“不入虎穴，焉得虎子”

的气势。

开放、包容：经商的传统使华南人性格开放，容易接受新事物，商品经济意识浓厚，和全国其他地方相比，他们排外性不强，通常只是以一种商人的眼光和方式热情接待每一位南来北往的客人。

自我表现意识强，讲面子，重派头：在生意场上，广东人总是以最能显示其实力的一面与你接触，他的服装一定是名牌，他的手表一定是世界名表，与人交往乘车，如有可能也绝不坐档次较低的汽车；办公室一般都豪华漂亮，老板桌尽可能大，沙发尽可能高档；他们首先从外形上充分显示自己有着雄厚的经济实力，即便其账面拮据，他们仍要给人以气派的感觉。

讲究避讳，喜忌心理重：广东人最讲意头，数字要“6”“8”，他们的电话、手机、车牌等号码，尽量选择“6”与“8”。外出旅游的日期、住宿房号、饮食餐桌、购物店铺的门牌号码也以“6”“8”为吉祥、金贵。因为其谐音寓意是“顺”和“发”。

针对该地区游客的心理特点，旅游接待时要注意以下几个方面：

尊重喜忌心理：与广东人打交道很有讲究，“送礼要防‘忌’，说话要注意，多用6与8，处处图吉利”。

尊重面子心理：接待时注意给足他们面子，用车的档次，餐厅的规格，宾馆的级别等都应做好相应安排。

满足美食需求：广东人喜欢美食，晚上可以组织他们去吃吃夜宵，品尝当地的特色菜肴；可以与他们多谈些生意经和饮食文化。

5. 以湖北、湖南等省区为代表的华中地区

秀丽的江南江北风光，传统的荆楚文化，塑造出该地区人群鲜活的个性特点。

倔强不服输：华中人没有北方人的粗犷，但他们不服输的劲儿绝对不比北方人逊色；他们没有江浙人的耐心，但雌雄未决之前，其耐心劲儿是江浙人不能小看的。

刀子嘴，豆腐心：遇到问题说起话来，给人感觉火气冲天，内心却充满包容和宽厚。

重友情，肯帮忙：华中人很看重朋友之间的友谊，一旦有困难找他们帮忙，多半能得到有力的帮助。

爱面子：由于受儒家思想的影响，“保留面子”“名誉比生命更重要”之类的话，是深刻在他们脑海中的。尽管岁月流逝，好面子之风仍然在他们身上体现着。

针对该地区游客的心理特点，旅游接待时要注意以下几个方面：

留有面子，理解习惯：与华中人打交道时，要特别注意别损他们的面子；要充分理解他们说话的习惯，不要误认为是对自己的冒犯。

真诚、热情、友好：即使是短时间的旅游接待，也要做他们的真心朋友。

另外，河南在地域上属于华中地区，但河南人有着不同于湘、鄂地区华中人的个性特点。

河南人勤劳，能吃苦，头脑灵活。生活习惯历来以简朴著称，乡土观念很重。河南人很讲究礼仪，无论是日常生活的迎来送往，还是人生礼仪的重大活动都很注重礼节。

喜欢谈古不喜欢论今。河南有着辉煌的历史，我国十大古都中，4个在河南，分别是安阳、洛阳、开封、郑州。河南人不喜欢论今，因为河南在近几十年来发展速度低于发达地区。

针对河南游客的个性特点，旅游接待时要注意礼节礼貌，多谈历史。

6. 西南地区

主要指广西、云南、贵州、四川、重庆等省市区。西南地区自古以来是多民族聚居地，民俗风情各异，地域文化独特。由于地理和历史上的原因，这一地区的经济比中原和沿海一带相对落后。在个性方面，也有其自身的特点。

淳朴厚道：西南少数民族淳朴憨厚，热情好客，讲究礼貌。总是以自己民族特有的礼仪接待远道而来的客人，给客人献上有地方风味的食品、有民族特色的歌舞。

能歌善舞：西南少数民族能歌善舞，不仅在逢年过节或有客人的时候，在平时，无论走在大街上、田野、山间，你也可以听到那具有浓郁民族风情的悠扬歌声。

勤俭节约、吃苦耐劳：西南地区经济较为落后，因此，勤俭节约是西南民族的传统美德。在日常生活中，除有一些习俗禁忌外，他们对吃住一般都不挑剔。西南人能忍受各种磨难而不颓废，他们鄙视眼高手低、游手好闲、好高骛远的行为，特有的环境使他们养成了自强不息、勤劳朴实、脚踏实地的性格。

谨小慎微：西南人不愿冒险，也不喜欢过于冒险的活动。他们比较热衷于自然风景的旅游，特别是辽阔的大海风光和广袤的草原风情。

针对该地区游客的心理特点，旅游接待时要注意以下几个方面：

热情友好：不能让他们有被冷淡的感觉，若能学些少数民族歌舞，对他们更有亲和力。

不要安排太多购物活动：他们崇尚节俭，购买欲望不是很强烈。

7. 西北地区

主要指宁夏、甘肃、新疆、陕西等省区。另外，内蒙古自治区、西藏自治区虽然在地域上分别属于华北地区、西南地区，但其个性更接近于西北地区，故并入此区介绍。

该地区幅员辽阔，地广人稀，有几十个民族聚居。广阔的荒漠与草原、交相辉映的雪峰与绿洲、充满传奇色彩的丝绸之路古迹、独特的民族风情与游牧文化，赋予了这片土地独特的魅力。有史以来，该地区就是我国以游牧为主的北方少数民族生息繁衍的摇篮和最主要的活动舞台。由此形成了粗犷、豪放、热情的游牧民族个性。

交相辉映的多民族文化：经过历史的演进，该地区有近50个少数民族居住。这些少数民族基本上呈“大分散，小聚居”的分布特点，既有利于保持各自的生活方式与民族特色，又有利于各族之间的接触与交流。由此也形成了本区以传统游牧文化、伊斯兰文化和藏传佛教文化为主要特色的多元民族文化。

粗犷豪放、热情好客：该地区不少民族曾长期在草原上过着逐水草而居的游牧生活，尤以蒙古族为典型。历史上的蒙古人几乎一生都在马背上和蒙古包中度过，由此形成了强壮的体魄和热情、彪悍的性格。生活在这里的许多民族都能歌善舞、精骑善射，无论在他们的音乐舞蹈，还是民间体育活动中，都透露着粗犷、豪放的草原风格。他们特别热情好客，这也是游牧文化的表现之一。

宗教信仰寄情思：本区藏族、蒙古族、土族、裕固族普遍信仰藏传佛教，锡伯族、柯尔克孜族、达斡尔族也有部分人信仰此教；而回族、维吾尔族、哈萨克族、柯尔克孜族、塔吉克族、乌孜别克族、塔塔尔族、东乡族、撒拉族、保安族十个民族均信仰伊斯兰教，信仰者自称穆斯林。甘肃、宁夏、新疆及青海等西北省区是我国穆斯林最主要的分布区域。

针对该地区游客的心理特点，旅游接待时要注意以下几个方面：

尊重他们的民族习惯和宗教信仰：该地区穆斯林非常讲究卫生，在餐饮安排方面要严格注意饮食选择。

热情豪爽、仁义大气：接待来自这一地区的游客，绝不可畏畏缩缩、小肚鸡肠。他们中很多人表面常“生、撑、冷、倔”，实则古道热肠，导游人员要有耐心，以真心换真情。

（二）我国港澳台地区游客心理与接待技巧

香港特别行政区、澳门特别行政区、台湾省位于我国南部亚热带、热带地区，面对广阔海洋，背靠祖国大陆，是我国面向世界的重要窗口。它们在行政管理制度上有一定的特殊性。

1. 港、澳地区

港、澳居民大多为广东移民，生活习惯及风俗与广东相似。由于该地区是我国与海外连接的重要桥梁和纽带，因此，本地区一方面有着深厚的中国传统文化的根基，另一方面又受异域文化的影响，使得该地区人们的文化特征、生活习俗兼具中西方特色。

信奉宗教和神灵：信教、崇拜神灵的习俗在港、澳都比较盛行。香港的宗教大都是由西方传播兴起的。宗教在香港的影响很大。在一些重大礼仪上，香港教区的天主教教主、香港的基督教圣公会会督等排名要列在行政局、立法局首席议员之上。澳门有十余万人信仰佛教和道教，近 3 万人信仰天主教。

香港人好购物，高消费：在香港，人们买东西不是因为旧的坏了，而是嫌旧的过时了；再就是把买东西作为一种业余消遣；还愿意观赏拍卖主持人的幽默、从容风趣。这种喜欢参与商品竞投的习惯，受欧洲特别是英国影响很大，同时也是香港人收入较高、不计较物品价格高低，只求型号、款式合潮流心理的反映。在香港，一般的中产阶层穿着讲型讲款，家中摆设的家具讲究淡雅古朴，就是购买一般的日用品也不去大众商店。高薪阶层讲穿戴，有的去商店一次就花近万美元，一些人用一半的月薪买服装、化妆品等，在这些方面花钱再多，他们也觉得是应该的投资。

喜欢吉祥号码、忌讳多：在香港，人们特别喜欢吉祥号码，电话号码是 666 或 888 的最受欢迎；在香港的单位，特别是家庭使用的车辆很多，人们尤其想配一个吉祥号码，像 2、3、8(粤语谐音“易”“生”“发”)，人们都想得到这样的车牌，正因为人们争抢要这种车牌，运输署就准备了许多吉祥号的车牌，每年进行一次拍卖。在香港忌讳称丈夫或者妻子为“爱人”，因为“爱人”在英语中指“情人”，俗称“相好的”。所以，香港人介绍自己的丈夫或妻子时，总是说“他是我的先生”或“她是我的太太”，称别人的丈夫或妻子时，也是“您的先生”“您的太太”。对中、老年人忌讳称“伯父”“伯母”，因为“伯父”“伯母”与“百无”谐音，就是一无所有的意思。所以，在香港无论商人、公职人员，还是普通家庭主妇，都忌讳这种称呼，而是称“伯伯”“伯娘”。探望病人和亲友时，忌送剑兰、茉莉、梅花等花束，因为“剑兰”与“见难”(意为日后难相见)谐音；“茉莉”和“末利”谐音；“梅”与“霉”谐音，故被视为“倒霉”“不吉利”的花卉。

酒家、饭馆的伙计最忌讳说“炒菜”“炒饭”。因为“炒”字在香港有“解雇”(炒鱿鱼)的意思，不吉利。当然，香港的菜馆、酒家也有少数带“炒”的菜饭，但在菜谱上写的则是“爆 ××”“炸 ××”“干煎 ××”“滑 ××”或“肉饭”“叉烧饭”等，以避其讳。

香港人过节从不说“新年快乐”“节日快乐”，平时写信也不用“祝您快乐”。因为“快乐”与“快落”（失败、破产的意思）谐音，听、说起来都容易混淆，是犯忌讳的词语。所以，一般香港人过年见面时总说“恭喜发财”“新年发财”“万事如意”等。

讲究吃的文化，喜欢新鲜食品。香港人爱吃新鲜食品，最讲究“鲜”字，在餐馆和名菜中，都是鲜字当头。在香港，绝大多数人喜欢吃水果，也会吃水果。据统计，仅属于水果的菜肴就多达200多个，人们每日三餐，餐餐都离不开水果。在澳门，粤式饮食文化与葡式饮食文化发生激烈的碰撞，澳门人民以他们的包容，汲取了西方饮食文化之精华，创造出了独具魅力的澳门饮食文化，最受关注的美食之一是蛋挞。

2. 台湾省

台湾居民在1946年以前，多从福建、广东两省移居而来，因此，台湾的生活习惯、民俗风情、民间节庆与闽粤两省几乎相同，但也有改变和发展。

台湾人民的宗亲情结：半个多世纪以来，大陆与台湾遭到人为的隔离，台湾人民思乡心切，寻根情深。近年来到大陆寻根溯源之旅，更出现了空前的增长趋势，不少台湾同胞到大陆旅游的目的就是寻根认祖，通过寻根祭祖来加深对祖国和家乡的了解，了却他们的思乡之情。

信教、崇拜神灵的习俗比较盛行：台湾主要信奉佛教、道教、天主教和基督教新教。高雄的佛光山是台湾佛教中心。台湾民众极为崇拜天妃娘娘和保生大帝吴夲（tāo），有“出海靠妈祖，安居靠真人”之民谚。台湾庙宇很多，大小庙宇7500余座，“妈祖庙”分布十分普遍，现有400余座。

民俗保持着闽、粤等地的特征。衣食住行、节日庆典、婚丧喜庆、礼赠禁忌等方面，一般仍保持着闽、粤等地的特征。台湾民间送礼禁忌较为鲜明：禁用甜果（年糕）、粽子送人；禁用鸭子赠“坐月子”的人；禁用扇子、手巾（手帕）、雨伞、刀剪、镜子、钟送人；等等。饮食方面，喜欢饭前喝茶、喝汤；喜欢喝粥、好清淡食品；用膳时，不能“美人照镜”（将碟子端起倒菜），喝汤不要出声，餐毕碗中不要留食。喝酒吃菜时，不宜手不离筷。上鱼时，鱼头要对着客人方向；吃鱼时，不要翻转鱼身等。

针对该地区游客的心理特点，旅游接待时要注意以下几个方面：

历史文化与建设成就的宣讲：港、澳、台同胞对祖国的人文历史、改革开放后祖国的巨大发展变化非常感兴趣，应对他们多宣讲这方面的知识和成就。

交往中注意礼仪禁忌：要多了解他们的忌讳，以免产生不必要的误解。

活动安排丰富：他们的经济条件一般比较宽裕，不太在乎花钱。可以考虑多安排一些文娱活动，使他们玩得开心尽兴。

（三）我国主要客源国游客心理与接待技巧

1. 东亚地区

日、韩两国与中国是一衣带水的邻邦，也是近年来华旅游的两大客源国。

（1）日本

日本文化是基于岛国的地理、风土以及历史渊源和日本人的灵感等条件形成的，既有中国文明的痕迹，也有欧洲文明的印记。在多元共存的文化熏陶之下，形成了日本民族独有的个性特征。

该地游客的心理特点（个性特征及主要特点）：

模糊暧昧的语言行为和寡言少语的美德：日本游客多寡言少语、不善言谈，喜欢沉默，并视之为一种至高美德。

日本人与人交谈时喜欢含蓄，留有余韵：多采用非限定意义的表达，如日本人习惯问别人："您住哪块儿？"而不是"您住哪里？"被问话人也习惯回答："……一带。"等不明确的字眼儿。又如在使用数量词时，日本人爱加上表示约数的词，如"15分钟左右后集合"，"大约每小时吃一次"等。日本人说话还有一个特征，就是较少用判断句，多采用推测句来体现说话人的意见观点。如"我想可能会……""恐怕要……吧""可能是……吧"等委婉、暧昧、圆滑的形式来表达说话人已有相当把握的意见、观点。擅长向听话者表达弦外之音、言外之意。如，当听到邻居"您家孩子可真用功，每天练琴到那么晚"的夸奖时，善解人意的听话者会意识到对方是在说琴声打扰了他的休息。相反，如果说话人直接说出自己的不满，则会被视为不懂礼貌，缺乏教养。

注重礼节：见面时一般都互相点头问候，即使是互不认识的人在单独碰面或人数较少时碰面都会相互点头鞠躬，以示礼貌。所以我们经常可以在酒店出入口或是通道里看到两个日本人在互相点头说早上好，但那两个人不一定认识。

很守纪律：日本是一个岛国，山多平原少，在以前农耕社会的时候，需要集体协作才能抵抗旱涝灾害及进行地震后的复耕工作等。所以日本人有很强的集体主义精神。日本人时间观念很强，不必过分担心他们会迟到。

饮食习惯和习俗禁忌：日本的饮食方式有三种，即传统饭菜（又称"和食"）、中国饭菜（又称"中华料理"）和西餐（又称"洋食"）。餐前、餐后喜欢喝绿茶。早餐喜食粥、牛奶、面包；午餐、晚餐的主食则为大米。爱吃鲜鱼，尤其喜欢生鱼片。白米饭佐以酱汤是日本传统式的早餐。日本人一般喜爱吃清淡、油腻少、味鲜带甜的菜肴。爱喝浙江的绍兴酒。

日本人举止庄重，谈吐文雅，图吉利，避凶祸，在日常生活和社会交往中有不少忌讳。忌“4”“6”“9”及由它们组成的数字，如“14”“16”“19”等；忌“13”；忌3人并排合影；忌荷花及荷花图案；忌讳舔筷、掏筷、剔筷等八种用筷子的方法，称“忌八筷”。

（2）韩国

韩国民俗文化丰富，民间歌、舞、剧特色鲜明。韩国人的节日也很多，并且很多节日与我国相似。

该地游客的心理特点（个性特征及主要特点）：

儒教影响较深：韩国受儒教影响较深，在民间，韩国人仍比较讲究“男尊女卑”，重男轻女的思想意识及行为仍较明显。韩国人特别尊重长者，一般起床后，子女必须向父母问安；远行归来须向父母施跪拜礼；父母外出或回归，子女必须迎送并施礼。若遇年长客人临门时，一般父母要率先向客人施跪拜礼，然后令其子女向客人施跪拜礼，以表示对长者的尊敬。

礼貌而含蓄：韩国人交谈时有特殊的习俗。如他们说“是”，不一定表示对你观点的同意，也可能是表达“我听见了”。他们不希望说“不”，故有时用向后仰头并从牙缝中有声响的吸气来表示否定性的答复。韩国人遇到受窘、受伤害、受冲击等尴尬场面时，往往以大声笑来掩盖。

饮食习惯和习俗禁忌：韩国多受中国和日本的影响，饮食习惯近似于我国东北人。他们以大米为主食，爱吃干饭、打糕和汤饺子、冷面等。汤饺子是朝鲜民族传统接待客人的食品之一。副食品肉类多烤制。口味一般不喜欢太咸，爱辣、甜、香、蒜味，喜欢吃中国的川菜。饭后有喝大米炒焦后制成的淡饮料和绿茶的习惯。

韩国人也有诸多爱好与忌讳，如喜欢单数，不喜欢双数；词汇中有很多忌讳，如认为“私”“师”“事”“四”的发音同“死”的发音类同，应尽量避免；受西方习俗的影响，不少韩国人也不喜欢“13”这个数。在解释“李”字的写法时，绝不能解说为“十八子”；在正式场合不要叉腿坐。

针对该地区游客的心理特点，旅游接待时要注意以下几个方面：

一是日韩人都注重礼节，在整个接待过程中，礼节礼貌要周到。

二是日韩人很讲纪律，时间观念和集体主义精神都很强，不必过分担心他们会迟到。如果客人比约定的时间晚得较多时，要注意打电话询问是否需要帮助。

三是在和韩国人交谈时，要避开韩国国内政治、日本贸易摩擦及男主人妻子等话题。

四是韩国人由于受儒教影响较深，对中国文化有较深的敬仰，可多讲些中韩文化交流方面的事情。

五是日韩两国人经济状况较好，可适当安排些文娱、购物等方面的活动。

2. 东南亚地区

东南亚包括中南半岛和马来群岛两大部分。

该地区游客的心理特点（个性特征及主要特点）：

宗教信仰多元：该地区 11 个国家，有多种宗教信仰，信教人数比例大。如佛教的泰国、基督教的菲律宾、伊斯兰教的印尼和马来西亚等。多数国家以伊斯兰教和小乘佛教为背景。

性格多样，普遍温和：新加坡人守规矩，讲秩序。他们喜欢生活有计划、有目标，每一步该怎么做都想要提前确定。“淡定”是很多人对印尼人的最大印象。即使面对举世闻名的“雅加达大堵车”，他们也很少抱怨。越南是东南亚国家中文化最接近中国的，生活习性、节日传统等多与中国类似。相比起印尼人的“淡定”，越南人更开朗热情。泰国被称为“微笑的国度”，受佛教的影响，他们很注重信用和品质。对于商品来说，他们有时看中质量超过牌子。马来西亚人的语言能力相当不错，对马来语、英语、泰米尔语、广东话、客家话等都有不同程度的涉猎。生活中他们比较理性，思考问题比较全面。菲律宾人天生都是乐天的性格，他们相信一切自有天注定，所以遇到麻烦着急也没用。“Bahalana”是他们的口头禅，意思是“一切都会过去”。所以“心很大”的他们即使手头不富裕，也喜欢今天有钱今天花。

饮食习惯和习俗禁忌：东南亚一带，人们以大米为主食，也爱吃面食。副食尤爱吃海味品，喜欢吃香辣的食品。他们喜欢吃川菜、粤菜。

马来人吃饭时不喝汤，而是把汤放在饭里和着吃。菲律宾人在日常生活中嗜嚼槟榔，并以之待客。在新加坡，忌讳说“恭喜发财”，认为发财有“横财”，即“不义之财”之意；不喜欢数字“7”；忌讳乌龟。在马来西亚，忌讳触摸人的头部，认为头部是神圣不可侵犯的；无论在什么场合都不能脱帽，也不能碰头上戴的帽子和头巾。忌讳公开亲热，讲究“男女授受不亲”。忌讳乌龟、狗；忌讳黄色，因为黄色是马来西亚王公贵族的专用色，亦忌用白色纸包装礼品，因为白色与办丧事有联系。在泰国、印度尼西亚、菲律宾，也忌讳触摸人的头部；忌讳进门脚踏门槛，认为门槛下住着神灵，不可冒犯；鹤被视为“色情”鸟，龟被视为“性”的象征，因此，忌讳这两种动物以及印有其形象的物品。忌用左手给别人递东西。交谈时避免政治、宗教问题。

针对该地区游客的心理特点，旅游接待时要注意以下几个方面：

该地区有多种宗教信仰，其教徒恪守自己的宗教禁忌，因此在接待中一定要弄清客人的宗教信仰，以免失礼。

了解来自该地不同国家游客的性格特点，做好个性化服务。

东南亚地区的大多数国家经济不发达，但只要组织和宣传得好，该地区的游客还是有一定购物和参加活动的兴趣的。

3. 太平洋地区

该地区以澳大利亚为主，它是英联邦成员，农牧业发达。

该地游客的心理特点（个性特征及主要特点）：

澳大利亚原是蛮荒之地，当地居民多为外来移民，其习俗和性格特点大都与欧洲人相同，特别是与英国人相似。当然，澳大利亚人也衍生出了自己的一些独特个性，他们散漫而悠闲，从容而平和。

饮食习惯和习俗禁忌：澳大利亚人主食以面食为主。喜欢吃中国菜。他们忌食狗肉、猫肉、蛇肉，不吃动物内脏、头、爪。

澳大利亚人受基督教影响，忌“13”“星期五”。他们特别忌讳兔子，认为碰到兔子是厄运来临的预兆。澳大利亚人好热闹也很随和，但谈话时忌讳工会、宗教、个人问题、袋鼠数量的控制等敏感话题。

针对该地区游客的心理特点，旅游接待时要注意以下几个方面：

自尊心很强的澳大利亚人不喜欢别人把他们与英国人或美国人比较，或者评论他们之间的异同。

澳大利亚人好喝啤酒，喜欢晚上逛夜市。导游人员要提醒游客在夜市购物时注意不要随陌生人而去，不要太晚回酒店等。

接团时，导游人员要注意调整自己的英语发音，澳大利亚英语和英式、美式英语略有不同。

4. 北美地区

（1）美国

美国是世界第一经济强国，历史不长，但发展迅速。拥有世界最大的高等教育规模，在校大学生人数及接纳外国留学生人数均居世界第一。有著名的哈佛大学、斯坦福大学、麻省理工学院、加州理工大学、耶鲁大学等。

该地游客的心理特点（个性特征及主要特点）：

喜欢交流、无拘无束：美国人非常看重别人对自己的印象。他们一致推崇那种受大家喜欢、具有吸引力的人，因此，他们总是希望能同别人无拘无束地接触并结识更多的朋友。

独立进取、讲求实际：美国人互相交往时，不喜欢服从于别人，也不喜欢别人过分地恭维自己。独立进取精神非常强，同时很讲求实际，他们不喜欢依赖别人，也不喜欢别人依赖他们。他们不像法国人那样漫无边际地幻想，也不像英国人那样讲派头、要面子。

重视成功：美国人格外看重成功的价值。人们常说，美国人的性格是在激烈竞争的环境中形成的，生活在这样一个充满角逐的社会中，只有强者方能出头，只有打败所有的对手，才是成功者。在美国人的眼里，重要的不是一个人的家庭背景，而是他本人的才华和能力。

豪爽大方：美国游客的豪爽大方在世界范围内是有名的，在娱乐、购物、餐饮等方面的消费能力强。美国人市场机制观念也极强，如果他们认为服务到位，有给小费的习惯。

饮食习惯和习俗禁忌：美国人在餐饮上比较随便，没有过多的讲究。但他们喜欢"生"（鲜嫩）、"冷"（凉菜）、"淡"（少盐）。美国人惯用西餐，菜肴多用煎、烤、炸法进行烹调。一般把酱油、醋、盐、味精、胡椒粉、辣椒粉等，放在桌上自行调味。他们对带骨的肉类都要尽量剔去骨头。喜欢中国的广东菜。不爱吃肥肉、清蒸和红烧的食品，忌食各种动物的内脏及奇形怪状的食品，如鸡爪、猪蹄、海参等。

美国人一般爱喝冰水、可乐、啤酒等。喝饮料喜欢放入冰块。餐前一般饮番茄汁、橙汁。吃饭时喝啤酒、葡萄酒、汽水。饭后喝咖啡。一般不饮烈性酒。

美国人非常重视个人隐私，这方面的禁忌很多，如忌讳询问他人财产、收入，也忌讳谈论他人的信仰、党派，对女性忌问婚否及年龄等。美国人忌讳"13""星期五"；忌蝙蝠和蝙蝠图案；忌穿睡衣迎接客人；美国人忌"老"，老年人绝对不喜欢别人恭维他们的年龄，对上年纪的人上楼梯、爬山时，不要主动搀扶他们。

（2）加拿大

加拿大是一个移民国家，经济上受美国影响大。

该地游客的心理特点（个性特征及主要特点）：

加拿大居民大多是英国、法国的移民及其后裔，其生活习俗分别与英、法大致相同。加拿大游客同样有美国式的禁忌，也有给小费的习惯。

饮食习惯和习俗禁忌：加拿大饮食习惯与英、法、美相似，其独特之处是特别爱吃烤制食品。加拿大人喜欢饮酒，尤以白兰地、香槟酒为最爱。对饮料中的咖啡和红茶也很有兴趣。忌食虾酱、鱼露、腐乳和臭豆腐等有怪味、腥味的食物；忌食动物内脏和脚爪。

加拿大人不喜欢把他们国家跟美国进行比较，因此谈话时忌谈政治；他们也忌讳谈及死亡、灾难、性等方面的问题；忌“13”“星期五”；忌百合花，认为与死亡相关；忌说“老”字，年纪大的被认为是“高龄公民”，“养老院”被称为“保育院”；白雪在加拿大人的心目中有着崇高的地位，并被视为吉祥的象征与避邪之物。在不少地方，人们甚至忌讳铲除积雪；加拿大女性有美容化妆的习惯，不喜欢服务员送擦脸的毛巾。

针对该地区游客的心理特点，旅游接待时要注意以下几个方面：

一是美国游客计划性强，喜欢了解接待日程表，包括细节，如何时抵达、离开等。导游人员应于每次接待前向游客通报有关情况。

二是“图轻松”是美国人的特色。凡是累、热、饿时，美国人多半都会拒绝游览而要求返回。如果是全体游客提出且领队、全陪同意，可报告地方接待社同意后返回。

三是接待豪华团前，导游人员应做到：不穿无领衫，头发要有型，胡子刮干净，衣服要烫过，皮鞋要锃亮。

四是有些美国游客很喜欢就一些政治问题和导游进行辩论。此时要注意有据、有理、有节，对于原则性问题要态度坚决。

接待加拿大团跟接待英美游客差不多，但加拿大魁北克有独立倾向，不可随便提及魁北克问题。

5. 欧洲地区

（1）英国

英国有不少举世公认的大文豪，也有举世闻名的高等学府，如牛津大学、剑桥大学等。居民多信基督教，教徒占全国人口近半数。

该地游客的心理特点（个性特征及主要特点）：

内敛而自信：悠闲自得，比较保守，生性害羞，但遇到决策时，他们会毫不犹豫地做出决定；遇到纠纷时，也不会轻易地道歉，自信自己的所作所为是完美的。

注意逻辑、惯于社交：凡是所想到的事，他们总是想办法做出逻辑性很强的说明。懂规矩，体谅别人；惯于社交，善于应变；喜欢幽默。

外柔内刚、自主意识强：依自己的想法生活，而不随声附和他人的意思。

注重礼节，珍惜社会公德：英国人常说的两句话是“谢谢”和“对不起”，正是这样，他们的生活很和谐。和英国人说话应多使用些敬语，特别是对有身份的（如被授予爵位的）、年纪大的、职务高的更应如此。

饮食习惯和习俗禁忌：英国人的饮食喜欢清淡、鲜嫩、焦香，量少而精，不爱蘸汁和辣。英国人以面包、三明治、汉堡包或点心为主食。英国人在进餐时，一般都爱先喝啤酒，尤其是苦啤酒或黑啤酒。还喜欢喝威士忌等烈性酒。

英国人特别喜欢喝茶。他们有早晨喝“被窝茶”、午后喝“下午茶”的习惯。他们喝茶比较定时。一般在上午10时或下午4时左右。喝茶时先在杯中放牛奶或糖，然后冲茶水。

和英国人交谈时，忌讳打听女性的年龄、婚否；日常交往不过问别人从哪里来、到哪里去；忌问别人的收入、存款、房租等；也不要把政治倾向作为话题。忌“13”和“星期五”；忌“3”，尤其在点烟时，不论用火柴还是打火机，只能点到第二个人，然后要把火熄灭后，再给第三个人点；同时，英国人也忌讳四人交叉式握手；英国人还忌黑猫、大象、孔雀及其图案；忌墨绿色；忌讳百合花；忌讳把食盐碰洒，忌有人打破玻璃。

（2）法国

法国旅游业发达，文学艺术是世界文学艺术宝库中的重要组成部分，文学家、艺术家群星灿烂，如雨果、巴尔扎克等。

该地游客的心理特点（个性特征及主要特点）：

性格开朗、喜好高雅，注意风度，讲究浪漫：法国人一般性格开朗，天性乐观，热情，脾气直爽，喜欢与人交往，且谈吐风趣，喜好高雅，尤其爱好音乐和舞蹈。“浪漫的法国人”是人们对法国人的评价。

时间观念和计划性很强：法国人在出席宴会和重大活动时从不迟到，也不提前，一般都是准时到达。

乐于助人、彬彬有礼：法国人乐于助人，待人彬彬有礼，平时礼貌用语不离口。法国人很注重在公共场合的形象。在公共场所，不能随便指手画脚，挖鼻孔、剔牙、掏耳朵；男子不能提裤子，女子不能隔着裙子提丝袜；男女一起看节目女子坐中间，男子则坐在两边。

饮食习惯和习俗禁忌：法国人对饮食很讲究，对菜肴和酒的搭配也很讲究，他们习惯饭前喝一杯度数不高的甜酒，称之为“开胃酒”；吃饭时要喝不带甜味的葡萄酒；吃肉时喝红葡萄酒；吃海味时喝白葡萄酒或玫瑰酒；饭后要喝带甜味的“消化酒”；每逢宴请还要喝香槟酒。

法国人讲究菜的色、香、味、形。法国菜是西方菜肴的代表。其特点主要偏重于鲜嫩，喜欢吃略带生、极为鲜嫩的菜肴。口味偏爱酸、甜、咸味。白蜗牛、鹅肝是法国制作名贵菜的原料。不爱吃无鳞的鱼。

在习俗禁忌方面，法国人视菊花为丧花，也忌讳黄色的花；忌灰绿色、墨绿色；忌黑桃、仙鹤图案；忌“13”“星期五”等；忌讳打听别人的隐私。对老年妇女称呼“老太太”被视为一种侮辱性的语言；忌男性在一般情况下向女性赠送香水和化妆品。

（3）意大利

意大利是欧洲文艺复兴的发祥地，著名的文学家有但丁，其代表作为《神曲》。

该地游客的心理特点（个性特征及主要特点）：

无拘无束、热爱生活：意大利人热情，热爱生活，最喜欢的是足球、法拉利赛车。意大利人与法国人相似，无拘无束，喜欢悠闲，不喜欢节奏太快、时间太仓促的旅游行程安排。

平易近人、待人直率：意大利人平易近人，待人直率，有话一般当面直言不讳，出现问题只要及时得到纠正或者力所能及地服务，他们会表示理解。

饮食习惯和习俗禁忌：意大利的烹调艺术具有悠久的历史，被誉为“西菜烹调艺术之母”。意大利菜肴的特点就是味浓，并且原汁原味。意大利菜肴要求六七成熟时就吃，一般都直接用食材内在的鲜味调剂。在吃烧小羊、乳猪时，意大利人通常不用刀叉，而用手抓。喜欢吃面食，仅用通心粉做成的面食就有40余种，如今这种面食广受欢迎。意大利的烤牛排是食中之王，其中数佛罗伦萨的烤牛排为最佳。意大利萨拉米香肠世界闻名。意大利人来中国对广东菜很感兴趣。

在意大利，男女几乎没有不喝酒的。他们在日常生活中，无论午餐还是晚餐都必须喝酒，即使喝咖啡，他们也要掺上一点酒，以增加味香。

向朋友赠送纪念性的礼物时，切不可送手帕。按照习俗，意大利人认为手帕是亲人离别时擦眼泪用的不祥之物；向意大利人送花时，切忌送菊花，甚至连带有菊花图案的礼品也属禁忌之列，因为意大利人认为，菊花是送给死人的。

（4）德国

德国经济高度发达，实力居欧洲之首。德国有着悠久的历史和文化渊源，有“诗人和哲人的国度”之誉（著名文学家如海涅、歌德；哲学家如尼采等），也是音乐之乡。德国教育发达，特别重视基础教育，职业教育尤具特色。

该地游客的心理特点（个性特征及主要特点）：

务实、真诚、勤勉、矜持：务实、真诚是德国人传统的性格特征。德国人待人接物严肃拘谨，即使是对亲朋好友、熟人，见面时一般也只行握手礼，只有夫妻和情侣见面时才行拥抱、亲吻礼。德国人还以勤勉、矜持、有朝气、守纪律、好清洁、爱音乐而著名。

重感情、热情好客：德国人很重感情，也非常好客。对远道而来的客人，他们总是关怀备至，态度热情而坦诚。德国人不喜欢别人直呼其名，所以在称呼德国人时要称头衔。

求实、认真：德国人崇尚“踏实”“诚实”“求实”的准则，在旅游方面也有所体现。德国人旅游时，总要认真选择一个理想的目的地。在旅游过程中，他们要细细领略景物的独到之处。有可能还要到当地博物馆认真考察一番。

饮食习惯和习俗禁忌：饮食方面，德国人除了以面包、土豆为主食外，肉食在一日三餐中占有重要地位。他们对早、午餐比较讲究，晚餐较为简单。他们不喜欢吃鱼、虾等海味，也不爱吃油腻、过辣的菜肴。口味爱清淡、酸、甜。用餐时喜欢关掉电灯，在幽淡的烛光下边饮边聊。德国人用餐很讲究餐具，宴请客人时，桌上要摆满酒杯、刀叉、盘碟等。习惯在喝不同的酒时使用不同的酒杯，吃肉、鱼、奶酪要分别使用不同的刀叉。

在德国，最忌“卐”（因为是希特勒纳粹党“Nazi”的标志）符号。忌讳“13”和“星期五”；忌蔷薇、菊花；忌随意送玫瑰花；忌吃核桃；忌四人交叉握手。

（5）俄罗斯

俄罗斯重工业和军事工业很发达。历史悠久，文化灿烂，尤其是它的文学、音乐、芭蕾舞艺术等在世界上享有极高的声誉，占有重要地位。

该地游客的心理特点（个性特征及主要特点）：

意志坚强、开朗豪放：俄罗斯人具有坚强的意志，性格开朗豪放，能歌善舞，健谈，组织纪律性好，做事情喜欢统一行动。

讲礼貌，有修养：俄罗斯人见面总是先问好，再握手致意，而且见面时要称呼对方的名字和父名，因为他们认为光称呼姓是不礼貌的。朋友间行拥抱礼，并亲面颊。俄罗斯人尊重女性，重视文化教育，热爱艺术；认为给客人吃面包和盐是最殷勤的表现；很爱清洁，习惯洗蒸汽浴。习惯晚睡早起。

饮食习惯和习俗禁忌：俄罗斯人的饮食特点是菜汤加稀粥餐餐上桌，菜肴、小吃、饮料丰富多样。他们以面包为主食，早餐比较简单，有时几片黑面包和一杯酸牛奶就算一顿早餐；午餐、晚餐比较讲究。俄罗斯人不吃乌贼、海蜇、海参和木耳等食物。

俄罗斯人最爱喝的饮料是格瓦斯。酒类，特别爱喝烈性酒，如伏特加，而且酒量偏大。

俄罗斯人认为黑色是不吉利的颜色；也不喜欢黄色，认为黄色是叛徒、分手的象征；忌“13”和“星期五”；忌讳兔子，也不喜欢黑猫；忌讳打翻盐瓶，打破镜子；初次结识忌问私事；忌问女士的年龄。

针对该地区游客的心理特点，旅游接待时要注意以下几方面：

一是导游如果适度表现出绅士风度，较容易博得英国人的好感，如果能讲一些逻辑笑话则更佳。

二是英国人对礼仪礼节特别看重，导游要注意保持整洁的衣着，礼貌的言行。

三是中法两国都有着悠久的历史和灿烂的文化，导游多谈文化方面的话题会受到欢迎。

四是法国人花钱较谨慎，所以对计划外的活动，不要有太高的期望值。

五是意大利人喜欢无拘无束，反映在作风上就是有点散漫。有时候，意大利人也会有些拖拉作风，团队赶时间时导游要对此有所防范。

六是意大利是足球王国，如果导游多讲些足球知识的话题，对带好意大利团有相当大的帮助。

七是德国人作风严谨，组织纪律性强，导游本人要注意遵守时间。

八是德国人崇尚“踏实”“诚实”“求实”的准则，在旅游方面也有所体现，导游需对要讲解的内容做好详细的准备。

九是俄罗斯人性格开朗豪放，对人真诚，男人喜欢喝些烈性酒。导游在用餐时如能礼节性地敬酒，他们会把你当朋友对待。

五、游客投诉心理及处理

游客投诉是指游客认为由于旅游服务工作上的差错，损害了他们的利益，而向有关人员或部门进行反映，或要求给予处理。

旅游投诉具有两重性，一方面，会影响旅游企业的声誉；另一方面，是旅游企业发现自身问题、弥补工作漏洞、搞好旅游工作，从而提高管理和服务水平的一个促进因素。

通过解决旅游投诉，消除投诉者的不良情绪，达到为游客构建美好经历的目的。

（一）引起游客投诉的原因

游客的投诉既可能是旅游服务工作中确实出现了问题，也可能是由于游客的误解。

1. 主观原因

有关服务态度的投诉：导游不尊重游客；待客不主动、不热情；不尊重游客的风俗习惯。

有关服务工作的投诉：导游业务不熟练；游客买到伪劣产品；不按旅游合同操作等。

2. 客观原因

有关设备的投诉：设施设备陈旧、损坏，未能及时更换、修理等。

有关异常事件的投诉：无法买到车、船票；因天气原因飞机不能起飞等引起的投诉。

旅游企业很难控制此类投诉，但游客希望旅游企业能够提供有效的帮助。导游应尽量在力所能及的范围内帮助解决。如实在无能为力，应尽早向游客解释清楚。

（二）游客投诉心理分析

1. 求尊重的心理

游客求尊重的心理每时每刻都是存在的。当游客受到怠慢时就可能引起投诉，投诉的目的就是找回尊严。游客在采取了投诉行动之后，都希望别人认为他们的投诉是对的，是有道理的，他们希望得到同情、尊重，并希望有关人员、有关部门高度重视他们的意见，向他们表示歉意，并立即采取相应的处理措施。

2. 求平衡的心理

游客在碰到令他们感到烦恼的事之后，感到心理不平衡，觉得窝火，认为自己受了不公正的待遇。因此，他们可能就会找到有关部门，利用投诉的方式把心里的怨气发泄出来，以求得心理上的平衡。

3. 求补偿的心理

在旅游服务过程中，如果由于旅游工作者的职务性行为或旅游企业未能履行合同，给游客造成物质上的损失或精神上的伤害，他们就可能利用投诉的方式要求有关部门给予物质上的补偿，这是一种正常的、普遍的心理现象。由于职务性行为所带来的某些精神伤害，在法律上，游客也有权利要求物质赔偿。

（三）投诉的处理方法

旅游工作者要有这种认识：前来投诉我们企业服务质量问题的游客，即使是用夸大的言辞、激愤的态度，甚至带有挑衅的行为，他们的投诉也绝不是浪费我们的时间，反而对我们纠正企业服务质量中的问题大有好处。

接待游客投诉的过程也是向游客进行补救性心理服务的重要组成部分，我们必须耐心而诚恳地接待游客的投诉。

1. 把握正确的处理原则

（1）真心诚意解决问题

以“换位”思考的方式去理解游客的心情和处境，满怀诚意帮助游客解决问题，只有这样，才能赢得游客的信任，才有助于解决问题。

（2）不可与游客争辩

在游客情绪比较激动时，旅游工作人员更要注意礼仪礼貌，给游客申诉或解释的机会，控制住局面，而不能与游客争强好胜，不可与游客争辩。

（3）尊重事实、有理有节

旅游工作人员解答游客投诉意见时，要注意尊重事实，既不能推卸责任，又不能贬低他人或其他部门，避免出现相互矛盾，否则，游客会更加反感。

2. 处理游客投诉的程序

（1）要耐心、认真地倾听投诉人的叙述

游客来投诉时，一般要由领导出面接待，接待时要有礼貌。要耐心地听游客把话说完，游客可能说得比较多，言辞也可能很激烈，这是正常的，因为他的心里痛苦愤怒。作为受理投诉的人员，一定要耐心、宽容地倾听游客的述说，不能轻易打断，也不要急于解释、辩解，更不能反驳。否则，可能会激怒游客。千万不要让游客感到他的投诉无足轻重。要敏感地洞察对方感到委屈、沮丧和失望之处，不能无视对方的情绪。

可以用自己的语言重复一遍游客的投诉或记录投诉要点，这样做，可以使游客知道你在认真倾听他的谈话，并了解了他的问题；能使游客放慢说话速度，避免冲突，平息游客的不满情绪；此外，还可以为自己赢得思考问题的时间。这样的反馈能够降低游客的抱怨，为顺利解决问题奠定基础。

（2）要立即向游客道歉

不管在什么情况下，当游客投诉时，都应该虚心接受，表示歉意。如果是本企业的问题，即使接待的服务人员可能与投诉产生的原因毫无关系，也要代表旅行社表示歉意；感谢游客对本企业的关心，诚恳接受批评；不推卸责任，然后对产生问题的原因再做进一步说明。

美国人际关系学大师戴尔·卡耐基指出：假如我们知道我们势必要受责备了，先发制人，自己责备自己岂不是好得多？听自己的批评，不比忍受别人口中的责备容易得多吗？

有些投诉常常起因于误会，如果是游客误解了，工作人员仍然可以表示歉意，不要阻拦对方提出自己的要求，更不要指责游客错了，也不要马上进行自我辩解，与游客争吵是绝对不会取胜的。游客容易接受工作人员表示歉意的态度。即使游客真的错了，辩解也毫无益处，而道歉是不需要成本的，道歉使投诉者觉得你的态度诚恳，能够消除游客的怨气，怨气下去了，游客是会认识到自己错误之处的。

(3)要对游客表示安慰和同情

前来投诉的游客一般总是觉得自己受到了伤害，是带着一颗“受伤的心灵”，把接待者当作救世主，来要求主持公道的。如果去触撞“受伤的心灵”，一定会遇到强烈的反应。这时，投诉接待者必须对游客表示安抚和同情，比如可以说“我对您感到气愤和委屈的情绪非常理解，如果我是您，我也会有和您相同的感受”。对投诉的游客表示同情和理解，是抚慰其已经受伤心灵的最好办法，也是把他的注意力引向解决问题而不是拘泥于令人烦恼的细节和令人沮丧的情绪的唯一途径。

投诉者所说的事情有时可能不是真实的，但他仍然希望服务人员能够对他表示同情和理解。对于那些夸大其词、喋喋不休的投诉者仍然可以给予他们适当的关注，以安抚他们的情绪。如果他们还要纠缠不休，可以把他们带到上级主管部门，而不能把游客晾在那里置之不理。

如果游客大发雷霆，服务人员一定要镇定，保持冷静，不要计较客人过激的辞令，对他们某些过激的态度表示宽容，要理解他们气愤的感情，让他们宣泄不满的情绪，并设法平息事态。

能够说服游客的往往不是严密的逻辑推理或滔滔不绝的大道理，对游客的情绪表示同情和安慰，才能唤醒游客的理性，引导事态向着双方都有利的建设性方向发展。

(4)客观地确定事实真相，找到解决问题的办法

当游客投诉时，投诉受理者最好把事实经过、原委记录在案，并进行调查核实，以便客观地确定事实真相，及时采取补救或补偿措施。

游客抱怨的最终目的是希望问题得到解决，所以，服务人员必须明白游客的要求，然后根据游客的愿望，提出一个解决问题的办法。

如果问题比较复杂，一时弄不清真相，不要急于表达处理意见，给游客明确解决问题的程序和时间，而且一定要履行承诺。并督促、检查，全力协调解决问题。

(5)主动与游客联系，反馈解决问题的进程及结果

要把解决问题的方法、步骤和最后结果用书信、便条或电话通知有关游客，要确保诺言的兑现，并追踪一下，确定游客是否真正对事情的处理结果满意。

(6)记录全部过程并存档

将整个过程写成报告，存档。

（7）统计分析

处理投诉后，导游人员，尤其是管理人员应对投诉产生原因及后果进行反思和总结，并进行深入的、有针对性的分析，定期进行统计，从中发现典型问题产生的原因，以便尽快采取相应措施，不断改进服务以提升服务品质。

专题十四

旅游突发事件的预防与处理

一、旅游突发事件的定义及分级

根据《旅游安全管理办法》(2016)，旅游突发事件是指突然发生，造成或者可能造成旅游者人身伤亡、财产损失，需要采取应急处置措施予以应对的自然灾害、事故灾难、公共卫生事件和社会安全事件。根据旅游突发事件的性质、危害程度、可控性以及造成或者可能造成的影响，旅游突发事件一般分为特别重大、重大、较大和一般四级。

（一）特别重大旅游突发事件，是指下列情形

（1）造成或者可能造成人员死亡（含失踪）30人以上或者重伤100人以上；

（2）旅游者500人以上滞留超过24小时，并对当地生产生活秩序造成严重影响；

（3）其他在境内外产生特别重大影响，并对旅游者人身、财产安全造成特别重大威胁的事件。

（二）重大旅游突发事件，是指下列情形

（1）造成或者可能造成人员死亡（含失踪）10人以上、30人以下或者重伤50人以上、100人以下；

（2）旅游者200人以上滞留超过24小时，对当地生产生活秩序造成较严重影响；

（3）其他在境内外产生重大影响，并对旅游者人身、财产安全造成重大威胁的事件。

（三）较大旅游突发事件，是指下列情形

（1）造成或者可能造成人员死亡（含失踪）3人以上10人以下或者重伤10人以上、50人以下；

（2）旅游者50人以上、200人以下滞留超过24小时，并对当地生产生活秩序造成较大影响；

（3）其他在境内外产生较大影响，并对旅游者人身、财产安全造成较大威胁的事件。

（四）一般旅游突发事件，是指下列情形

（1）造成或者可能造成人员死亡（含失踪）3人以下或者重伤10人以下；

（2）旅游者50人以下滞留超过24小时，并对当地生产生活秩序造成一定影响；

（3）其他在境内外产生一定影响，并对旅游者人身、财产安全造成一定威胁的事件。

二、突发事故的特征及处理原则

（一）突发事故的特征

突发性：突发性是指事件发生的突然性。旅游者根据旅行社的安排在预定计划中进行旅游活动，由于人力不能抗拒的自然原因、交通工具的技术原因、社会上的不安定因素、旅游服务部门工作人员的责任性不强，甚至旅游者本身的原因都会引发突发性事件。对于突发性事件导游人员一般说来既无足够的思想准备，又无法进行有效预防，它会给旅游活动的顺利进行带来重大困难。

紧迫性：紧迫性是指突发事件发生以后导游人员和旅行社及有关部门必须在尽可能短的时间内对事件做出反应，迅速对事件的后果以及事态的发展做出评估，并且马上采取一切有效的手段和方法把损失降到最低。这对导游人员的应变处理能力提出很高的要求。

威胁性：威胁性是指事件发生以后有可能或者已经给旅游者带来重大损失，同时给事件的处理也带来了许多想象不到的困难，而且已经造成的灾难有可能继续蔓延。

复杂性：复杂性是指处理此类事件及消除其造成的影响需要花费许多物力和财力，而且涉及的部门和环节很多，旅行社要做的工作繁重而艰巨。特别是如果发生了外国旅游者的重大人身伤亡事件，不仅牵涉到有关国内旅行社和当地的有关部门，而且还牵涉到旅游者的亲属和所在国家驻我国的外交机构。

（二）突发事故处理原则

主动性原则：突发事件出现以后，导游人员作为旅行社的代表和处于第一线的工作人员要有高度的责任心，认真仔细地了解事件已经产生的后果和事态可能发展的趋向。导游人员应该主动地与自己的旅行社取得联系，向旅行社通报旅游团当前的处境和旅游者的需求，同时还要提出处理危机的方案。导游人员还要主动与当地的旅行社和有关方面联络，争取多方的救援和帮助，努力降低损失的程度并阻止事态的扩大。

沟通性原则：面对突然降临的灾难，旅游者必然首先想到自己的利益和处境，他们可能会完全从自己的角度出发提出许多要求和解决问题的办法。有些可能是合理而不可行的，有些可能是操作起来比较困难的。为此，导游人员要经常与他们沟通，把自己的想法和愿望告诉旅游者，对他们动之以情，晓之以理，让他们充分理解旅行社在灾难发生后为他们所做的各种努力和承担各种可能的后果。努力争取在旅游者与旅行社之间找到解决问题的平衡点，定出各方面都能接受的解决危机的方案。除此以外，导游人员还要经常主动与旅行社沟通和联系，主动与旅游目的地的有关部门沟通和联系，争取得到各方面的支持和理解。

合法性原则：导游人员在处理突发性事件过程中既要考虑旅游者的利益，也要考虑旅行社的利益，可能还要考虑旅游目的地有关部门的利益，既要合情合理又要合法。所以导游人员必须按照我国有关的法律、法规和规定来处理问题。《旅游法》第 81 条规定，突发事件或者旅游安全事故发生以后，旅游经营者应当立即采取必要的救援和处理措施，依法履行报告义务，并对旅游者做出妥善安排。因此，一旦事故不幸发生，处在接团第一线的导游人员首当其冲成为处理问题，解决危机的主要一员。在事故面前，无论导游人员是否接到旅行社领导的指令，都必须保持清醒头脑，合理合情合法地处理问题，力争让事态的发展回归理性，让其产生的损失和不良影响尽快降到最低限度，既维护了旅游者的合法权益，也保护了旅行社的利益和声誉，确保旅游活动正常进行。

三、骨折症状及处理

(一)症状与体征

骨折，指骨头或骨头的结构完全或部分断裂。一般骨折，伤者的软组织(皮下组织、肌肉、韧带等)损伤疼痛更剧烈，受伤部位肿胀淤血明显。四肢骨折，可见受伤部位变形，活动明显受阻。若是开放性骨折，折断的骨骼会暴露在伤口处，而闭合性骨折，则皮肤表面无伤口。

(二)处理常识

(1)判断骨折。首先要考虑伤者受伤的原因，如果是车祸伤、高处坠落伤等原因时，一般骨折的可能性很大；其次要看一下伤者的情况，如伤肢出现反常的活动，肿痛明显，则骨折的可能性很大；如骨折端已外露，肯定已骨折。在判断不清是否有骨折的情况下，应按骨折来处理。

（2）止血。如出血量较大，应以手将出血处的上端压在邻近的骨突或骨干上或用清洁的纱布、布片压迫止血，再以宽的布带缠绕固定，要适当用力但又不能过紧。不要用电线、铁丝等直径细的物品止血。如有止血带，可用止血带止血，如无止血带可用布带。上肢出血时，止血带应放在上臂的中上段，不可放在下 1/3 或肘窝处，以防损伤神经。下肢止血时，止血带宜放在大腿中段，不可放在大腿下 1/3，膝部或腿上段。上止血带时，要放置衬垫。上止血带的时间上肢不超过 1 小时，下肢不超过 1.5 小时。

（3）包扎。对骨折伴有伤口的病人，应立即封闭伤口。最好用清洁、干净的布片、衣物覆盖伤口，再用布带包扎，包扎时，不宜过紧也不宜过松，过紧会导致伤肢的缺血坏死，过松则起不到包扎作用，同时也起不到压迫止血的作用。如有骨折端外露，注意不要将骨折端放回原处，应继续保持外露，以免引起深部感染。

（4）上夹板。尽可能保持伤肢固定位置，不要任意牵拉或搬运病人。固定的器材最好用夹板，如无夹板可就地取材用树枝、书本等固定。在没有合适器材的情况下，可利用自身固定，如上肢可固定在躯体上，下肢可利用对侧固定，手指可与邻指固定。

（5）搬运伤员。单纯的颜面骨折、上肢骨折，在做好临时固定后可挽扶伤员离开现场。膝关节以下的下肢骨折，可背运伤员离开现场。颈椎骨折，可一人双手托住枕部、下颌部，维持颈部伤后位置，另两人分别托起腰背部、臀部及下肢移动。胸腰椎骨折，则需要一人托住头颈部，另两人分别于同侧托住胸腰段及臀部，另一人托住双下肢，维持脊柱伤后位置移动。髋部及大腿骨折，需要一人双手托住腰及臀部，伤员用双臂抱住救护者的肩背部，另一人双手托住伤员的双下肢移动。伤员在车上宜平卧，如遇昏迷病人，应将其头偏向一侧，以免呕吐物吸入气管，发生窒息。头部应与车辆行进的方向相反，以免晕厥，加重病情。

四、高原反应及处理

（一）症状与体征

高原反应即急性高原病，是人到达一定海拔高度后，身体为适应因海拔高度而造成的气压差、含氧量少、空气干燥等的变化，而产生的自然生理反应，海拔高度一般达到 2700 米时，就会有高原反应。在进入高原后，如果出现了下列症状，应考虑已经发生高原反应。

（1）头部剧烈疼痛、心慌、气短、胸闷、食欲不振、恶心、呕吐、口唇指甲紫绀。

（2）意识恍惚，认知能力骤降。主要表现为计算困难，在未进入高原之前做一道简单的加法题，记录所用时间，在出现症状时，重复做同样的计算题，如果所用时间比原先延长，说明已经发生高原反应。

（3）出现幻觉，感到温暖，常常无目标地跟随在他人后面行走。

（二）预防及处理常识

（1）高原上动作要缓，尤其是刚刚到达的时候要特别注意，不可疾速行走，更不能跑步或奔跑，也不能做体力劳动。

（2）不可暴饮暴食，以免加重消化器官负担，不要饮酒和吸烟，多食蔬菜和水果等富含维生素的食品，适量饮水，注意保暖，少洗或不洗澡以避免受凉感冒和消耗体力。

（3）进入高原后要不断少量喝水，以预防血栓。一般每天需补充4000毫升液体。因湿度较低，嘴唇容易干裂，除了喝水，还可以外用润唇膏改善症状。

（4）学会腹式呼吸，即在行走或攀登时将双手置于臀部，使手臂、锁骨、肩胛骨及腰部以上躯干的肌肉做辅助呼吸，以增加呼吸系统的活动能力。

（5）尽量避免将皮肤裸露在外，可以戴上防紫外线的遮阳镜和撑遮阳伞，在可能暴露的皮肤上涂上防晒霜。

（6）高原反应容易导致失眠，可以适当服用安定保证睡眠，以及时消除疲劳，保证旅游顺利进行。

（7）提前服用抗高原反应药，如红景天、高原康、高原安等。

（8）严重高原反应者，立即送往医院。

五、食物中毒的预防与处理

食物中毒主要是吃了腐烂、变质和不洁食物所引起的疾病。其症状除了腹痛、腹泻、头晕外，还伴有发烧、体力衰弱等。食物中毒潜伏期短、发病快，若抢救不及时，会导致生命危险。一旦发生食物中毒，往往会给旅游者造成极大的身体危害，而且还影响了旅游计划的顺利实施，给旅游企业的声誉造成不良的影响。旅行社还常常要为此承担巨额赔偿。所以作为导游人员一定要防患未然，尽量杜绝这类事故的发生。

（一）食物中毒事故的预防

（1）导游人员应严格按照旅行社的规定在定点餐厅安排旅游者用餐。

（2）在旅游者用餐过程中，如发现饭菜、饮料、水果等不卫生，甚至有变质的情况，导游人员应立即与餐厅联系，要求更换，重新安排保质保量饭菜。必要时可向旅行社领导汇报。

（3）导游人员要多做提醒工作。提醒旅游者不要在卫生状况不好的小摊随意吃东西，提醒少吃生冷食物，提醒旅游者不要采摘旅游景点的野果食用等。

（二）食物中毒事故的处理

（1）发现旅游者食物中毒后，导游人员应设法进行催吐，让食物中毒者多喝水以加速排泄，缓解毒性。

（2）对食品进行留样，并立即将患者送往就近医院抢救，并请医生开具诊断证明。

（3）立即报告旅行社，追究供餐单位的责任。

（4）协助旅行社帮助旅游者向有关部门索赔，有保险保障的，还应该提请保险公司进行相关赔偿。

（5）若事故较严重，旅行社则应如实上报有关部门，通报国内组团社，并由国内组团社通报境外组团社。

（6）如果旅游者集体食物中毒而不得不放弃某些旅游活动，导游人员要事先与旅游者沟通。至于索赔方面的事宜可以参照旅游合同。

（7）导游人员要写出有关书面报告。

六、中暑的预防与处理

中暑是在烈日下或高温环境里，人体内热量不能及时散发，引起机体体温调节发生障碍的一种急性疾病。盛夏酷暑在高温和热辐射的长时间作用下工作、行走或站立，再加上疲劳、空气流通不畅、饮水不足、饥饿、失眠等原因，都容易发生中暑。按中暑程度可分为轻症中暑和重症中暑。轻症中暑的症状有头昏、眼花、耳鸣、面色潮红、胸闷、皮肤灼热、体温升高38℃以上，甚至可出现面色苍白、恶心、呕吐、汗多、脉搏细弱呼吸浅快等早期循环衰竭征象。重症中暑在出现以上症状外往往还会出现昏倒、痉挛或皮肤干热，体温超出40℃。

（一）夏季外出旅游中暑的预防

（1）戴隔热草帽。编织草帽的原料多为空心，里面储藏有一定数量的空气，而空气是热的不良导体。另外，草帽对阳光辐射有一定的遮挡作用。

（2）中午休息。早晨天气凉爽，出发时间应该早些。到了中午就要休息，下午三四点钟以后活动。在气温高又无风的地方不能逗留过久，在沿海地区遇热带风暴前的高温、低气压天气旅游时，一定要紧缩行程安排。

（3）多喝淡盐开水。夏季旅游出汗多，体内盐分减少，而多喝些淡盐开水，可以补充体内失掉的盐分，喝淡盐水时，要少量多次地喝，才能有作用。

（4）准备防暑用品。在夏季出游前一定要准备好预防和治疗中暑的药物，如十滴水、清凉油、人丹等。另外，还应该准备一些清凉饮料，以及太阳镜、遮阳帽等防暑装备。

（二）中暑后的急救措施

（1）迅速将病者抬到通风、阴凉、干爽的地方，使其仰卧并解开衣扣，松开或脱去衣服，如衣服被汗水湿透最好能更换干衣服。同时可用扇子轻扇，帮助散热。

（2）面部发红的病人可将头部稍垫高，对面部发白者头部略放低，使其周身血液流通。

（3）最好在患者头部捂上一块冷毛巾，可用50%酒精、冰水、冷水进行全身擦浴，使末梢血管扩张，促进血液循环，然后用扇子或电扇吹风，加促散热。

（4）患者若已失去知觉时，可让其嗅一些有刺激气味的东西或掐人中，刺激其苏醒，醒后可给喝一些清凉饮料或淡盐水。

（5）轻症患者经上述处理后，待体温降到38℃时可让其回酒店休息；重症中暑患者待体温降至38. 5℃左右，血压、脉搏、呼吸平稳后，可送医院做进一步处理。

七、溺水事故的预防与处理

旅游者在旅游过程中因为游泳、漂流、滑冰或者不慎掉入江河湖海中，人淹没于水中，由于呼吸道被水、污泥、杂草等杂质阻塞，喉头、气管发生后射性痉挛，引起窒息和缺氧，称为溺水。溺水是一种意外事件。在发生溺水或者发现溺水者时要学会自救和对溺水者进行救援。

（一）溺水事故的预防

（1）在旅游活动中，导游人员应劝阻旅游者单独或少数人结伴去偏僻或水情不明的地方游泳；不要在水边或水中孤立的礁石上拍照。

（2）在按照活动日程组织旅游者集体游泳时，应安排旅游者到正规的游泳场所游泳。导游人员应事先对旅游者进行游泳安全常识的提示，并提示旅游者在游泳时，如突然觉得身体不适，要立即上岸或呼救。导游人员应提醒旅游者在下水前要做好准备活动，以防抽筋。

（3）导游人员应劝阻身体过度疲劳、过饱过饿、饮酒后、患有先天性心脏病等情况的旅游者下水游泳。

（4）旅行社在组织旅游者进行水上漂流活动时，应安排他们穿好救生衣，安放好随身物品。

(5)旅行社组织旅游者乘船浏览时，导游人员应注意不要超载，要注意了解救生设备的存放位置和掌握其使用方法。

(6)旅行社及其导游人员不要组织旅游者在河湖封冻初期或解冻期的冰上滑冰或行走，以防落水。

(二)溺水事故的处理

(1)当旅游者发生溺水时，如果导游人员熟悉水性，应尽可能脱去衣裤和鞋，尽快游到溺水者附近。从其背后接近，用一只手托着溺水者的头颈，另一只手抓住溺水者的手臂游向岸边。

(2)如果导游人员不熟悉水性，就应该把木板、救生圈、长杆、绳子等投入水中，让溺水者攀着上岸。同时要紧急呼救。

(3)当溺水者被救上岸后，应立即清除溺水者口鼻内的污物，检查溺水者口中是否有假牙。如有，则应取出，以免假牙堵塞呼吸道。

(4)垫高溺水者腹部，使其头朝下，并压拍其背部，使吸入的水从口、鼻流出。这个过程要尽快，不可占过多时间，以便进行下一步抢救。

(5)检查溺水者是否有自主呼吸，如没有，应马上进行人工呼吸，方法是：使溺水者仰卧于硬板上或地面上，一只手托起其下颏，打开气道，另一只手捏住其鼻孔，口对口吹气，每分钟16~18次。

(6)在做人工呼吸的同时，检查溺水者的颈动脉，以判断心跳是否停止。如心跳停止，则应进行人工呼吸的同时进行体外心脏按压，方法是：双手叠加对溺者心脏部位进行每分钟60~80次挤压。

(7)迅速将溺水者送医院急救，在送医院途中不要中断抢救。

(8)事后导游人员要写出书面报告，内容包括溺水原因、救援经过、救治情况、救治结果和其他旅游者的反应。

八、交通事故的预防与处理

在旅游活动过程中，交通事故主要是汽车交通运输事故。交通事故在旅游活动中时有发生，不是导游人员能够预料控制的。一旦发生交通事故，只要导游人员没有受重伤，神志仍然清楚，就应立即采取措施，沉着、冷静、果敢地处理事故，并做好善后工作。

(一)交通事故的预防

(1)导游人员在接待工作中要具有安全意识，提醒司机做好汽车检查和安全行车工作。

(2)合理安排日程，不要催促司机为抢时间而违章超速行驶。

（3）遇有天气不好（下大雨、下雪、大雾）、交通拥挤、路况不好的情况，特别是在道路狭窄、弯曲的山区行车时，要提醒司机注意行车安全。在危险的地段，必要时让旅游者下车行走。

（4）不在途中与司机交谈说笑，以免分散司机的注意力。但是，在长途行车中，导游人员可以在不打扰司机行车的前提下与司机聊天，以免司机犯困。要着重防范疲劳驾驶的行为发生。

（5）导游人员即使有驾照，也不允许帮司机开车；要提醒司机不能酒后驾车，否则向旅行社汇报，请求更换司机或换车。

（二）交通事故的处理

（1）立即组织抢救。交通事故发生后，作为导游人员首先不能乱了方寸，应立即组织现场人员抢救受伤者，特别是重伤者。导游人员应该请求具有急救知识的人员或者自己运用所学的急救知识来帮助伤者止血、包扎、上夹板或者进行人工呼吸；同时，应立即打电话给救护中心，将伤者送往就近的医疗单位抢救。组织救援时导游人员应该避免二次灾难导致的伤害情况出现，及时将旅游者转移出险，导游人员不能认为有些伤员可能没有再生的希望而放弃救助。

（2）保护现场，立即报案。交通事故发生后，一定要保护好现场和记下肇事车辆的车牌号。导游人员要注意不要在混乱中破坏了现场，应指定专人保护现场，有助于现场取证人员掌握第一手证据及日后责任的认定。并应尽快通知交通和公安部门（交通事故报警电话 122），请求派人前往现场处理。还要及时通知承保的保险公司，请其派人来现场勘察情况。

（3）设立警示牌，迅速汇报。导游人员要提醒司机通过设立警示牌等方法，给其他过往的车辆发出信号，以避免发生碰撞。同时，导游人员还要提醒司机检查并判断旅游车是否有进一步的危险，如起火、爆炸等。在安顿好受伤旅游者后，导游人员应迅速向所在旅行社领导和有关方面报告事故发生地点、原因、经过及所采取的措施、旅游者伤亡情况、团内其他旅游者的反应等，听取领导对下一步工作的指示。

（4）做好其他旅游者的安抚工作。导游人员应及时安定其他旅游者的情绪，若事故不是很严重，有可能的话，要组织其他旅游者继续进行参观游览活动。等事故原因查明后，要慎重地向全团旅游者说明。

（5）做好善后处理工作。协助有关部门做好善后处理工作。导游人员应积极配合交通、治安等有关部门对事故进行调查；协助旅行社有关人员处理善后事宜，如事故原因调查、帮助旅游者向有关保险公司索赔等。

（6）写出书面报告。在事故处理结束后，导游人员应就事故的原因、经过、伤亡情况、旅游者的情绪和对处理的反应、事故责任及对责任者的处理等，写出详细的书面报告交旅行社领导。

九、治安事故的预防与处理

所谓治安事故，是指在旅游活动过程中，旅游者遭歹徒行凶、诈骗、偷窃、抢劫、欺侮等，致使旅游者的身心健康以及财物受到损害的事故。导游人员在接待工作中要时刻提高警惕，采取有效措施，尽量防止治安事故的发生。

（一）治安事故的预防

（1）旅游活动开始前，导游人员应该将旅游目的地的风俗禁忌和旅游者法律须知做简易说明，避免旅游者触犯禁忌或者法律，引发与当地居民的冲突。

（2）导游人员要提醒旅游者不要把自己的联系号码随便告诉陌生人，不要让陌生人或者自称是饭店维修人员的人随便进入房间。提醒旅游者夜间绝不可贸然开门，以防意外，出入房间一定要锁门。

（3）导游人员要建议旅游者把贵重物品存入保险柜，不要携带大量的现金或放在客房内；离开旅游车时，不要把贵重物品和证件留在车内。

（4）旅游者在旅游车上时，不要让小商小贩上车兜售商品；行车时，不要让无关人员上车、搭车，若有不明身份的人拦车，提醒司机不要停车。

（5）在游览场所，导游人员要始终与旅游者在一起，随时注意观察周围环境，发现可疑人员或者在人多拥挤的地方，应该提醒旅游者看管好自己的财物，并随时清点人数。导游人员要告诫旅游者避免在商场、餐厅等公共场所高声喧哗和高调消费，避免引起不法分子的注意。

（二）治安事故的处理

（1）保持冷静和克制。女性不要大声叫嚷，男性也不能贸然反抗。应该看清形势再行动。一旦发生对方持武器抢劫的情况，千万不能过度刺激对方。

（2）保护旅游者人身和财产安全。如果歹徒向旅游者行凶、抢劫财物时，作为在场的导游人员应挺身而出，保护旅游者的安全。迅速将旅游者转移到安全地点，并配合警务人员和在场群众缉拿罪犯，挽回旅游者的损失。如有旅游者受伤，应立即组织抢救。

（3）保护现场，立即报案。立即向公安机关报案（可拨打电话110），保护好现场，协助警务人员破案，报告案件发生的时间、地点、经过，作案人的特征，受害者的姓名、性别、年龄、国籍、伤势，损失物品的名称、件数、大小、型号、特征等。

（4）及时报告旅行社。导游人员应及时将事故发生情况向旅行社领导报告，以便旅行社根据事故性质向有关部门上报和对此作出明确的指示。

（5）做好善后工作。事故发生后，导游人员应及时安抚旅游者的情绪，特别是对当事人，并努力继续旅游活动。同时，根据事故性质，准备好必要的证明文件、材料以及处理好理赔、伤残、死亡等善后事宜。

（6）写出书面报告。导游人员应写出事故的情况报告。报告的内容应包括受害人的姓名、性别、年龄，受害情况，事故的性质，采取了哪些紧急措施，报案及公安部门侦破情况，受害者和旅游团其他成员的反应和要求等。

十、火灾事故的预防与处理

火灾的原因很多，雷电、火山、摩擦、化学反应、爆炸、人为因素都可能引发火灾。在旅游过程中，火灾事故一般多发生在旅游者下榻的饭店内，也可能发生在交通工具上，如旅游车里、客轮里或者候机厅、候车室、候船厅等公共活动场所。

（一）火灾事故的预防

（1）导游人员应提醒旅游者不携带易燃、易爆物品，不乱扔烟头和火种。向旅游者讲明有关行李托运的规定。

（2）为了保证旅游者在火灾发生时能够尽快疏散，导游人员应要求旅游者熟悉饭店楼层的太平门、安全出口、安全楼梯的位置及安全转移的路线，并向旅游者介绍。

（3）导游人员应牢记火警电话（119），掌握领队和本团旅游者所住房间号，一旦火情发生，能迅速通知所有旅游者。

（4）导游人员应掌握如何正确使用灭火器等消防常识。

（二）火灾事故的处理

（1）立即报警，拨打报警电话119。

（2）迅速通知，疏散旅游者。导游人员发现灾情，应立即通知旅游团的领队和全团旅游者。导游人员要迅速与现场工作人员一起疏散旅游者。若着火点在本楼层，应引导旅游者尽快跑向紧急出口；若着火点在上层，应引领他们往楼下跑；若着火点位于下层，应率领他们逃向楼顶平台。导游人员千万不要让旅游者乘电梯或者跳楼逃生，应该带领大家从安全通道疏散。

（3）判断火情，引导旅游者自救。若情况紧急，不能离开火灾现场，如果仅仅身上着火，可以就地打滚或者用厚重的衣服压住火苗；如果有人被浓烟包围，应该让其用浸透的衣物披裹身体，捂住口鼻，贴近地面沿着墙根爬行。因为墙根下不会有火，而且有氧气；如果旅游者在客房内被大火封门而无法逃生，就让其把浸透的衣物、被褥堵住门缝或者泼水进行降温，等待有关人员前来救援。

（4）协助处理善后事宜。导游人员应协助有关组织抢救受伤者；若有死亡者，则按有关规定处理；安顿好其他旅游者，设法使旅游活动继续进行。导游人员还要写出书面报告。旅行社须及时将事故报告呈报上级有关部门。

十一、水灾事故的预防与处理

水害是指一切与水有关的直接或间接伤害，包括洪水、暴风雨、海啸等。

（一）水灾事故的预防

（1）在游览出发前，导游人员要关心当地的气象情况，每天要收听气象预报；向旅游者报告气象消息。

（2）地震是海啸的"排头兵"，如果有较强的震感，就不要靠近海边、江河的入海口，如果听到有关附近地震的报告，就要做好防范海啸的准备。

（3）在预料到洪水或海啸到来前，导游人员要带领全体旅游者马上离开当地。最简单的方法就是让大家努力往高处撤退。导游人员还要考虑让大家带上食物、衣服和在困难时可以依靠的漂浮物。

（二）水灾事故的处理

（1）在洪水到来时，旅游者如果是在坚固的建筑物里，导游人员可以让大家爬到建筑物的上面，同样别忘了带上求生必需品。要提醒旅游者放弃不必要的东西。

（2）利用固定点。如果旅游者正处于急流中，就要想办法抓住看上去还不会马上被冲走的树、石、桩、建筑物等，先让自己停下来。然后向上，保持头部露出水面。

（3）利用漂浮物。如果有人不懂水性，导游人员就要让其想办法利用一切可以漂浮的东西。如果找不到漂浮物可以把两个裤腿扎起来并进行充气，暂时用来作为漂浮物。此外，塑料袋、雨衣也能做成临时的漂浮物。如果有了漂浮物，就抱住漂浮物并用脚打水。

（4）游客被急流冲走，导游人员和救援人员要跑向下游，做好必要的准备，待水流把落水者冲下来时实施搭救。等待期间要一直盯住落水者，并随时调整自己的位置，选择最佳点。如果落水者意识清醒，可以向水中抛投漂浮物、绳子等物品。

（5）顺流而下。如果有人被急流冲到宽阔的水域，水流就会逐渐缓慢下来。这个时候导游人员应该让大家想办法上岸。导游人员要告诫旅游者不能在水里横渡，更不能逆流而游，应该顺着水流的方向，斜着向岸上游去。如果有人感到自己体力不支，而离岸又很远，导游人员可以让其采取漂浮的方法，仰面朝天，头尽量不要埋在水里，两臂展开而慢慢拍水，努力向岸上游去。

(6)如果旅游者处在一艘马上就要下沉的船上，导游人员应该让全体旅游者提前离船下水，千万不要等到最后。因为船在沉没的最后时刻会形成巨大的漩涡，危险性非常大。当然，下水之前别忘了穿好救生衣，或者找好可以依赖的漂浮物。

十二、泥石流事故的预防与处理

泥石流经常发生在峡谷地区和地震火山多发区，在暴雨期间具有群发性的现象。它是一股泥石洪流，瞬间暴发，是山区最严重的自然灾害。泥石流的流速很快，有很大的冲击力，可能对旅游者的生命和财产造成严重损失。

(一)泥石流事故的预防

(1)在雨季或者下雨过程中，导游人员不要让旅游团队在山谷水流汇集处进行活动。

(2)在山地活动或者游览时，如果旅游团队遇到大雨，导游人员必须让大家选择在山脊或者有许多树木的山坡上通过，千万不能行走在两山之间的低谷。

(二)泥石流事故的处理

(1)泥石流最大的危险是埋葬、吞没底部的物体。如果旅游者在泥石流中滑倒，很可能被接下来的泥石流吞没。所以，导游人员一定要让大家保持身体的高度。

(2)如果泥石流较大，可能带动较大的石块冲下来，导游人员一定要提醒全体旅游者注意躲避。如果身边有比较大的树木或岩石，就让大家躲在后面，以防石块撞击。导游人员要帮助大家想尽一切方法避免头部损伤，并防止泥水呛入口中。

(3)在山坡下方，发现有人被困在泥石流当中，又无法直接拉出来，可以通过挖掘泥石流的方法营救。挖掘时注意方向，应该从侧面挖掘，不要垂直挖，以免震动上面的泥石继续下滑，伤害救援人员。

(4)在泥石流运动进行中，应该从侧面，垂直于泥石流的方向直接或者间接拉出遇险者，不要顺着或逆着泥石流方向救援以免越陷越深。

十三、地震事故的预防与处理

因地球内部缓慢积累的能量突然释放而引起的地球表层的振动叫地震。地震是地壳压力的释放方式，是地球自然运动的结果。地震具有范围广、突发性、破坏性强等特征。地震不但直接毁坏建筑，间接的破坏性也不小，如引发山体滑坡、洪水、海啸等。

（一）地震事故的预防

（1）在听到地震预报，或者感觉到地震即将来临时，导游人员应该带领旅游团远离建筑物和耸立的高大物体。在野外，不要进入山洞，以防倒塌；不要待在山顶有碎石的山坡，以防被滑落的石块压伤。水、食物、保暖物品应该放在触手可及的地方。

（2）导游人员要带领全体旅游者远离海滩，以免发生海啸时不能逃生。

（3）在地震发生以前，导游人员要努力在安全地带搭建临时庇护所。

（二）地震事故的处理

（1）如果地震引起晃动，导游人员要让大家保持平衡或通过滚动的方法，逃离建筑物或可能有重物压下来的地方。地震后，导游人员不要马上带领旅游者进入倾斜或有裂缝的建筑物中抢救物品，以防余震发生。

（2）如果旅游团被困在建筑物中，一时无法逃离，可以选择躲在角落或者有较好支持物的位置，如保险柜、结实的家具摆放的位置。导游人员要告诉全体旅游者不能躲在窗户附近，不能躲在厨房里和可能倒塌的物体周围。

（3）地震时如果旅游团在室外，导游人员要告诉旅游者不能靠近楼房、电线杆、树，不要躲进地窖、地下通道内，这都是危险之地。要引导旅游者跑到空地上去。如果在街道上，小巷内，一时跑不到空旷地，应躲到坚固建筑物体下。

（4）如果旅游团正处在行驶的车里，导游人员马上要求司机把车开到远离道路的地方，越远越好。千万不要在桥下或者桥面上停留；也不要在树下、电线杆下、广告牌下停留。如果车在堤坝下，导游人员必须让旅游车马上驶离，以免堤坝决口而带来危险。地震结束之前所有的旅游者必须待在自己的车里。重新上路后，导游人员和司机要注意路上的滚石、裂缝和鼓起的路面。如果地震时整个旅游团正在山区，导游人员要与司机注意滚石、崩塌的泥石、折断的树木等所有可能因地震而变得不牢固的碎块。导游人员还要要求旅游者俯下身来，尽可能使身体低于座椅。

（5）如果被压在废墟中，导游人员要认真分析旅游团的处境，并开始制订逃生计划。如果在覆盖物不多的情况下，要带领大家自己想办法爬出来，移动覆盖物时要试探性用力，以免引起新的倒塌。

（6）地震停止后，导游人员要关心旅游者，必要时实施急救，或者寻求帮助。导游人员要注意不能去搬动伤势特别严重的人。应该找毯子盖住他们并寻求医疗帮助。

十四、突发疫情的防控与处理

(一)导游对疫情的防控与应急处理

1. 预防与预警(旅行社和工作过程中)

(1)按各部门员工摸底了解情况,安排有疫情发生地区或患者接触史的进行隔离,无异常后复岗。

(2)在门岗安排人员对所有进入公司的人员进行体温检测并记录。

(3)员工在国家相关部门宣布应急响应结束前必须按公司要求每天佩戴口罩。

(4)严格控制外来人员进入旅行社,尤其要防备疫情发生地区人员和可能感染的人员进入旅行社,必须进入时使用测温枪进行体温监测无异常登记后佩戴口罩进入,进入后全程必须有人陪同。

(5)加强卫生清扫和消毒杀菌工作。

(6)保持良好的生活习惯,注意饮食卫生,适量运动、注意休息。

(7)办公住宿场所应经常通风换气,保持生活、工作场所干净。

(8)勤洗手、勤晒衣服和被褥。

(9)尽量避免前往空气流通不畅、人口密集的公共场所。

(10)旅行社办公室和综合管理部积极开展疫情防控知识的宣传,使广大员工能及时了解预防知识。

(11)具体预警处置流程:

①预警发布与预警行动

首先,发现传染病疑似病例后,导游立即向公司领导汇报,并每天定时向办公室汇报游客疫情情况(是否有发热病人或疫情接触情况),如有则按处置流程处置。

其次,公司领导根据疑似病例、是否有发热病人或疫情接触情况综合分析判断,向应急指挥部汇报,发布预警通报,通知各部门做好应急准备。

再次,发生传染病或疑似病例后,实施24小时值班制度,导游在上级防疫部门专家的指导下对疑似病人及时进行甄别、抢救和转运,并予以有效隔离,同时向上级疾病控制部门进行报告,根据当地政府有关规定,统一专人专车转运至定点治疗医院进行进一步确诊、医学观察及治疗处理。

最后,协助旅行社制作表格分发到各部门,组织人员对各部门人员的体温进行监测,发现疑似病例及时采取措施。

②预警结束

疑似病人经医学观察诊断为非新冠疫情，或疑似病人经治疗处理后确认康复，旅行社导游及相关人员经过确认无新的病例出现。应急指挥部根据情况，综合分析判断后发布预警结束通报。

2. 信息报告

（1）旅行社应有 24 小时应急值班电话；

（2）当员工发现传染病疫情、群体性不明原因疾病事件时，应立即报告部门负责人。报告内容包括时间、地点、症状、人员数量等；

（3）部门负责人接报告后，立即报告公司相关领导；

（4）确认异常情况属实后由公司领导指定窗口向高新区疾病预防控制中心等地方卫生部门报告；

（5）突发事件发生后，以上所有流程报告间隔每级不得超过 1 小时。

3. 后期处置

（1）突发情况处置结束后，按照把事故损失和影响降低到最低限度的原则，及时做好旅行社工作和生活恢复工作；

（2）导游应协助相关部门负责收集、整理应急救援工作记录、方案、文件等资料，组织各部门对应急救援过程和应急救援保障等工作进行总结和评估，提出改进意见和建议，并将总结评估报告报上级主管部门。

（二）旅行社对疫情的防控与应急处理

为贯彻落实党中央、国务院关于疫情防控战略部署，统筹疫情防控和经济社会发展，切实做好旅行社疫情防控工作，结合当前疫情防控形势，修订形成《旅行社新冠肺炎疫情防控工作指南（第四版）》指南。

1. 总体原则

（1）坚持常态防控。各地文化和旅游行政部门应当按照属地原则，时刻绷紧疫情防控这根弦，坚决克服麻痹思想、厌战情绪、侥幸心理、松劲心态，结合团队旅游涉及范围广、流动性大、链条长等特点，强化关键环节管理，慎终如始做好旅行社疫情防控工作。按照“谁组织、谁管理、谁负责”的原则，压实企业主体责任，把防控责任落实到具体部门和个人，从严从紧、从细从实做好游客招徕、组织、接待等环节的疫情防控工作。

（2）坚持精准防控。地方新冠肺炎疫情防控风险等级和应急响应级别做出调整的，应当按照属地党委、政府要求，科学动态调整旅行社防控策略和措施。要坚持常态化精准防控和局部应急处置有机结合，原则上不对全行业实行“一刀切”。对出现中高风险地区的县（市、区、旗）和直辖市的区（县），立即暂停旅行社及在线旅游企业经营进出该地的跨省团队旅游及“机票 + 酒店”业务。待无中高风险地区后，恢复旅行社及在线旅游企业经营进出该地的跨省团队旅游及“机票 + 酒店”业务。

2. 行前管理

（1）加强风险研判。旅行社要对旅游产品进行安全风险评估，选择具有相应资质且符合当地疫情防控要求的供应商、合作商，确认防疫要求，明确各方权责，满足安全条件。要加强沟通联系，及时了解掌握旅游目的地和客源地风险等级及卫生健康部门疫情防控情况，做好线路设计、产品对接和预订等工作。不组团前往中高风险地区旅游，不承接中高风险地区旅游团队，不组织中高风险地区游客外出旅游。相关区域列为疫情中高风险地区时，未出发的旅游团队必须立即取消或更改旅游行程。组团社和地接社应明确双方疫情防控相关责任，加强协作配合，实现信息共享，确保团队旅游平稳、有序、安全。

（2）控制组团规模。旅行社要严格落实各地防控要求，根据自身运营能力和供应商、合作商接待能力，提前发布组团人数等产品防疫要求，合理确定团队人数，提倡小规模旅游团队。要强化数据分析，科学安排团队旅游线路、规模和出游时间，分时段、分批次、分区域开展旅游活动，避免游客聚集。

（3）配备防护用品。旅行社应当配备数量充足的一次性使用医用口罩、医用外科口罩或以上防护级别口罩、体温检测设备、洗手液、一次性手套、消毒用品等防护用品，为司机、导游和游客提供必要的防护保障。要正确储存和使用消毒物品，远离火源和电源，不得混用、混放，定期检查并及时补充更换。要督促供应商、合作商对旅游包车、酒店客房、餐厅等接待设施和场所进行全面消毒清洁。

（4）加强宣传引导。旅行社要严格落实团队旅游管理各项制度和规范，依法签订旅游合同，明确各方权责。要开好行前说明会，提示游客投保人身意外伤害保险，主动宣传疫情防控知识，及时发布游客出游防控注意事项。要提醒游客增强安全意识和自我防控意识，遵守旅游活动中的安全警示规定，积极配合旅行社做好各项防控措施。

（5）加强行前排查。旅行社要做好游客信息采集、健康档案、检测登记，要求游客报名时如实告知与旅游活动相关的个人健康信息，出示健康码并在出行前再次核验。对没有通过健康码核验的游客要做好解释说明和劝阻工作。要落实体温检测制度，体温异常的游客不允许参加行程，劝导其就医检查并做好登记。

3. 行程管理

（1）加强行程管理。旅行社在行程中要持续关注旅游目的地疫情防控等级信息。相关区域列为疫情中高风险等级时，已经在该县（市、区、旗）和直辖市的区（县）的旅游团队，必须暂停在当地的旅游活动，配合做好相关疫情排查工作。旅行社要进一步落实《旅行社服务通则》《导游服务规范》等标准，明确各方责任，履行合同约定，加强对游客的安全提示和行程管理。应注重防疫措施的反馈完善，不断改进服务漏洞，优化服务流程，提升服务水平。

（2）落实防控措施。旅行社要严格落实各地在交通、住宿、餐饮、游览、购物等方面的疫情防控要求，督促供应商、合作商落实通风、消毒等措施。要强化疫情防控措施，督导旅行社继续落实好日常防控措施。要加强对游客的体温检测，游客乘坐汽车等交通工具应全程佩戴口罩，严格执行景区和文化娱乐场所"限量、预约、错峰"等措施，主动配合接待单位做好疫情防控相关工作。

（3）规范导游防护。导游应接种疫苗，接种疫苗后仍需注意个人防护。导游应每日进行自我健康监测，出现发热、咳嗽、乏力、鼻塞、流涕、咽痛、腹泻等相关症状时，须及时就医，坚决杜绝带病上岗。导游在上岗前要核验游客健康码，随团配备充足的防护用品。工作期间全程戴医用外科口罩或以上级别口罩。口罩弄湿或弄脏后，及时更换。注意个人卫生，避免用未清洁的手触摸口、眼、鼻，打喷嚏、咳嗽时用纸巾遮住口、鼻或采用肘臂遮挡等。保持手卫生，接触污染物品后或就餐前，要及时用洗手液或肥皂在流动水下洗手，或用速干手消毒剂揉搓双手。尽量与他人保持安全距离，不去人员密集、通风不良的场所。在做好个人防护的同时，主动宣传疫情防控知识，做好游客在乘车、入住、购票、游览、就餐等环节的防控提醒，引导游客科学佩戴口罩。

（4）倡导文明旅游。各地要结合疫情防控工作，加强文明旅游宣传，督促和引导旅行社把"坚决制止餐饮浪费行为，切实培养节约习惯"理念嵌入旅游产品设计和服务中，避免团餐浪费。提醒游客保持"一米线"、勤洗手、戴口罩、分餐制、公筷制等卫生习惯，推广"无接触"服务等健康旅游新方式。要加强对游客的宣传引导，倡导讲究卫生、拒绝野味、理性消费，提醒游客规范处理垃圾，树立文明、健康、绿色旅游新风尚。

4. 企业内部管理

（1）加强场所管理。旅行社要落实防控责任，完善企业内部疫情防控方案和应急预案，做好办公场所和旅行社服务网点卫生清洁、消杀和通风等工作。办公场所和旅行社服务网点应当将日常值守、清洁消毒、检测登记、垃圾清理、场地巡查、安全管理等各个防疫环节的责任落实到人，并根据当地疫情防控要求，及时动态调整。

（2）做好员工监测。旅行社工作人员应接种疫苗，接种疫苗后仍需注意个人防护。旅行社要建立工作人员健康监测制度，按照当地要求做好员工健康管理，建立《员工健康记录表》，每日进行体温检测，及时掌握员工健康状态、出行轨迹等情况，定期组织导游等一线工作人员进行核酸检测。员工出现发热、咳嗽、乏力、鼻塞、流涕、咽痛、腹泻等相关症状时，须及时就医，坚决杜绝带病上岗。要在导游上岗前进行健康码核验，要求导游科学佩戴口罩。

（3）加强教育培训。旅行社应当开展常态化疫情防控措施和应急处置等方面的专项培训，开展应急演练，提高处置能力。要督促员工掌握疫情防控、个人防护、卫生健康及应急处置等方面的知识，提高员工疫情防控和应急处置能力。要压实导游责任，细化岗位职责，做好各项服务工作。

（4）建立工作台账。团队旅游行程结束后，旅行社要做好旅游团队档案整理，妥善保管游客和员工的健康信息，建立工作台账，做到可查询可追踪。要建立和完善游客投诉登记记录，认真听取各方意见，适时对自身的旅游产品进行回访、评价，不断改进产品和服务质量。

5. 应急处置

（1）建立协同机制。旅行社应当预先掌握旅游目的地和客源地卫生健康部门、定点医疗机构等相关部门联系方式，并确保导游等服务人员知晓。要加强与合作商、供应商的协调联动，抓住关键环节，注重衔接贯通，特别是畅通疫情上报通道，发现疑似疫情应及时向当地卫生健康、文化和旅游部门报告。

（2）做好应急处置。旅行社应严格执行疫情防控规定，完善企业经营疫情防控方案和应急预案。旅游团队如发现疑似症状人员，旅行社要立即停止该团旅游活动并第一时间向当地卫生健康、文化和旅游部门报告，配合相关部门做好疫情排查和防控措施。旅游团队中一旦出现确诊病例，旅行社要立即落实应急处置预案，按照当地有关疫情防控指引和要求，配合相关部门和单位做好患者隔离、密切接触者追踪等工作，妥善处理善后事宜。

6. 保障措施

（1）加强组织领导。各地文化和旅游行政部门要严格落实属地管理责任，加强与当地卫生健康部门之间的联动，强化旅游目的地和客源地主管部门之间的协作，提升防控和应急处置能力，确保恢复经营工作平稳有序。

（2）加强监督检查。各地文化和旅游行政部门要督促旅行社严格落实“一团一报”制度，在全国旅游监管服务平台填报旅游团队信息，上传电子合同。要加强对旅行社的监督检查，对疫情防控措施落实不力的要及时纠正，严肃查处违法违规经营活动，落实疫情防控要求，维护市场秩序。

（3）加强日常调度。各地文化和旅游行政部门要按照防控方案和应急预案，明确疫情防控、安全突发事件应急措施和处置流程，开展应急演练、隐患排查、风险评估等工作，及时发现苗头性问题并有效处置。发生异常情况要及时上报并暂停有关经营活动。

专题十五

旅游资源

旅游资源指的是自然界和人类社会凡能对旅游者产生吸引力，可以为旅游业开发利用，并可产生经济效益、社会效益和环境效益的各种事物和现象。

旅游资源是旅游业赖以生存和发展的前提条件，是旅游业产生的物质基础，是旅游的客体，是旅游产品和旅游活动的基本要素之一。按旅游资源的成因或其属性分类，将旅游资源分为自然旅游资源和人文旅游资源两大类型。

一、自然旅游资源

(一)自然旅游资源概述

1. 概念

自然旅游资源指凡能使人们产生美感或兴趣的、由各种地理环境或生物构成的自然景观。它们通常是在某种主导因素的作用和其他因素的参与下，经长期的发育演变而形成。

2. 特点

地域性：自然景观是由各种自然要素相互作用而形成的自然环境，它具有明显的地域性特征，如中国风景的“北雄南秀”的特征反映了南北自然景观的总体差异。

天然性：从发生学的角度上看，一切自然景观都是大自然长期发展变化的产物，是大自然的鬼斧神工雕造而成，具有天然赋存的特点，即天赋性，因而它是旅游的第一环境。

科学性：自然景观各个要素之间所具有的各种复杂多样的因果关系和相互联系的特点，反映在自然景观的各个方面。因而自然景观的具体成因、特点和分布，都是有科学道理的。

综合性：从旅游审美的角度上看，一切自然景观都具有自然属性特征的美。在自然景观美中，单一的自然景物，由于构景因素单调，一般来说，它的美是单调的；大多数自然景观美都是由多种构景因素组成的，它们相互配合、融为一体，并与周围环境相协调，体现出综合美的特点。

吸引价值的差异性：自然景观虽是大自然本身的产物，然而“千座山脉难以尽奇，万条江河难以尽秀”，只有具备能引起人们美感属性的自然景观，只有能使观赏者获得美的那部分景观，才是自然美的代表，才具有自然景观美。另外，自然景观之所以能成为人们审美的对象，是与社会的发展水平和人们的综合素质分不开的。

（二）自然旅游资源的类型

根据《旅游资源分类、调查与评价》（GB/T 18972—2017），自然旅游资源分为四大类：地文景观、水域景观、生物景观、天象与气候景观。

1. 地文景观

（1）概念

地文景观是指地球内、外营力综合作用于地球岩石圈而形成的各种现象与事物的总称。地文景观旅游资源是地球内、外动力地质作用的综合产物，是大自然的杰作，它们的形成、发展都有一定的规律性，并蕴含着一定的科学原理。

（2）分类

地文景观分为自然景观综合体、地质与构造形迹、地表形态、自然标记与自然现象。

①自然景观综合体

自然景观综合体包括山丘型景观、台地型景观、沟谷型景观和滩地型景观。

庐山位于江西省九江市庐山市境内。庐山以雄、奇、险、秀闻名于世，素有“匡庐奇秀甲天下”之美誉。庐山主峰汉阳峰，海拔 1474 米。水流在河谷发育裂点，形成许多急流与瀑布。最为著名的三叠泉瀑布，落差达 155 米，有“飞流直下三千尺，疑是银河落九天”之美句。

九寨沟位于四川省西北部岷山山脉南段的阿坝藏族羌族自治州九寨沟县漳扎镇境内，地处岷山南段弓杆岭的东北侧。系长江水系嘉陵江上游白水江源头的一条大支沟。九寨沟自然保护区地势南高北低，山谷深切，高差悬殊。北缘九寨沟口海拔仅 2000 米，中部峰岭均在 4000 米以上，南缘达 4500 米以上，主沟长 30 多千米。九寨沟是中国第一个以保护自然风景为主要目的的自然保护区。九寨沟的得名来自景区内九个藏族寨子，由于有九个寨子的藏民世代居住于此，故名为“九寨沟”。

②地质与构造形迹

地质与构造形迹包括断层景观、褶曲景观、地层剖面和生物化石点。

北京西山是中国地质学的摇篮，门头沟占据着北京西山的主体。从19世纪中期开始，中外地质学家对北京西山进行地质考察，拉开了北京西山地质研究的帷幕。20世纪初期，我国培养的第一批地质专业学生在北京西山进行毕业实习，1920年，其成果由叶良辅编成《北京西山地质志》。该书是我国第一部区域地质志，也是我国第一部具有科学意义的地质著作，享有很高的声誉。我国的地质界老前辈绝大部分在北京西山进行过地质考察研究，以门头沟的地名创名了许多地质名词，很多沿用至今。有一批地质剖面在门头沟创名，成为我国的标准地层剖面。还有一批全国标准地层剖面，在门头沟建立了选层型、副层型和次层型，总共有20余个。这些地质剖面是十分珍贵的地质遗迹，是地质科学的重要成果。

帽天山位于云南省玉溪市澄江县城东南边，因化石而闻名。1984年，中国科学院南京地质古生物研究所研究员侯先光在这里发现了大量寒武纪原始多细胞生物的化石，这些化石有力地证明了地球生物进化史上著名的"寒武纪生物大爆炸"的存在。这里埋藏着大量距今5.41亿年前的寒武纪生物化石，该化石群再现了距今5.41亿年前海洋生物的真实面貌，为揭示地球早期生命演化的奥秘提供了极其珍贵的证据。地球上目前发现的这样的化石地仅有两处（另一处在澳大利亚，并且其化石的丰富程度远不如帽天山），这说明帽天山化石地在世界范围内都是极其稀有和罕见的。帽天山化石带呈带状蜿蜒分布，这条分布带长20千米，宽4.5千米，埋藏深度在50米以上。

花岗岩地貌景观：花岗岩地貌是指在花岗岩体基础上，各种外动力形成的形态特殊的地貌类型。我国许多风景如画的名山大川大都是花岗岩山，如黄山、华山、泰山、衡山、九华山、天柱山、崂山、千山、天台山、普陀山、鼓浪屿、井冈山、五指山等。花岗岩山地的特色有：危峰群立，峰秀如林；峰谷相间，颇为壮观；山峰雄伟、峭拔、险峻，顶部轮廓圆滑。

花岗岩是深成的岩浆岩，它是由地下深处炽热的岩浆上升失热冷凝而成的。其凝结的部位，一般都在地表3千米以下。花岗岩岩浆冷凝成岩并隆起成山，大致可分为3个阶段。第一阶段冷凝成岩和深成阶段。花岗岩岩浆从地下深处向上侵入，到达地壳的一定部位（一般在3千米以下）而冷凝结晶，形成岩体。在冷凝结晶的过程中体积要发生收缩，从而在花岗岩体中产生裂隙，即原生节理。花岗岩中的原生节理一般有3组，彼此近于垂直，3个方向的节理把岩体切割成大大小小的近似立方体、长方体的块体。这些节理裂隙则在地壳运动的作用下，部分发育成为断裂构造。第二阶段上升到接近地表风化阶段。花岗岩体接近地表，地下水作用增强。在地下水作用下，花岗岩中的主要矿物长石变成了黏土矿物。这种变化最易发生的部位是被原生节理切割成的立方体、长方体的棱角处。久而久之，受原生节理切割而成的立方体、长方体，就变成了一个个不太规则的球体，称为“球状风化”，形成的球状岩块称之为“石蛋”。第三阶段继续上升出露地表，形成山地并接近剥蚀阶段。

岩性坚硬、节理丰富、地壳抬升、流水切割、球状风化，花岗岩山地与众不同的景观美感就是在上述内因与外因作用下形成的。

流纹岩山地景观：流纹岩是一种火成岩，是火山的酸性喷出岩石，其化学成分与花岗岩相同，由于形成时冷却速度较快使矿物来不及结晶，一般色浅，多为浅红、灰白或灰红等色，由于在溢出地表后的流动中各种矿物分离、冷却、凝固，大多数流纹岩都具斑状结构，形成流纹构造。流纹岩在中国东南沿海各省有广泛分布，在北方辽宁、内蒙古、河北、山西、山东、吉林、黑龙江也都有分布。以雁荡山为典型。地貌景观主要有造型多变的山峰、壁立如门的嶂谷、阳光照耀下五彩斑斓的崖壁、具有天然画廊之称的熔岩洞。

流纹岩垂直节理、断裂发育，经长期自然风化、水流侵蚀，以及在重力影响下裂隙崩塌的综合作用，形成了挺拔陡峭、岩柱耸立的山峰。沿断裂带形成两峰对峙，空间狭窄幽深的峡谷。

锥状火山群与熔岩台地景观：根据火山喷发的特点和形态特征，划分为遁形火山、穹形火山、锥形火山和马尔式火山 4 种类型。盾形火山，多由熔岩组成，因坡度平缓、顶部平坦宽广而命名。夏威夷岛和冰岛都有熔岩构成的盾形火山。夏威夷岛冒纳罗亚火山是典型的盾状火山，所以盾形火山又称夏威夷型火山。穹形火山，由熔岩组成，多形成在原先的火山口内或火山锥旁侧的喷火口上，由火山喷出极黏稠的熔岩堵塞在火山口内，进而向上隆胀形成。锥形火山，由火山碎屑组成或由火山碎屑和熔岩混合组成，呈圆锥形。由火山碎屑组成的称为火山渣锥，由火山碎屑和熔岩混合组成的称为混合锥。在规模较大的火山锥顶常有平底的大火山口，下一次喷发时，在此火山口内可形成一个新火山锥，其周围是老火山口形成的环形外轮山，新火山锥与环形外轮山之间是一个环形洼地，这种火山称为叠锥状火山。意大利的维苏威火山就是典型的叠锥状火山。有些火山锥上坡发育一些小火山锥，称为寄生火山锥，意大利西西里岛上的埃特纳火山有数百座寄生火山锥。马尔式火山是只有低平火山口、没有火山锥的火山，多因水蒸气爆炸而成。喷发中只有少量火山碎屑在火山口周围堆积，形不成火山锥，火山口常积水成湖。

火山分为活火山、死火山和休眠火山三种。有些火山在人类有史以前就喷发过，但现在已不再活动，这样的火山称之为“死火山”；而有史以来曾经喷发过，但长期处于相对静止状态的火山，仍具有火山活动能力，或尚不能断定其已丧失火山活动能力，人们称之为“休眠火山”；时有喷发的火山被称为“活火山”。火山在地球上分布是不均匀的，它们大多出现在地壳中的断裂带。就世界范围而言，火山主要集中在环太平洋一带和印度尼西亚向北经缅甸、喜马拉雅山脉、中亚、西亚到地中海一带。

火山岩浆活动与地震同是地壳板块运动的表现，主要分布在地壳板块的边界地带。板块边界地带是地壳的破碎地带，这里地下断层非常多，称为地壳薄弱带。因此，板块边界带是地壳深处处于高温高压状态下的岩浆释放能量的首选地带，岩浆沿着岩层中的垂直裂隙上涌、喷发、堆积。当能量释放后，火山处于休眠状态，待能量再次蓄积到一定程度，就会重复上述的过程，火山锥与熔岩台地就是在这样周而复始的过程中堆积而成的。

中国是个多火山的国家，在地质历史时期经历了多次的构造运动，因此，火山较多，已发现的火山有 800 多座，大部分属于死火山。地质学家把中国的火山分布和火山活动划分为两大区域：一个区域是沿我国东部的大陆边缘，那里形成数以百计的火山群和火山堆，它们构成了环太平洋火山链的一部分，如五大连池火山群、长白山火山群、乔官火山群、大同火山群、大屯火山群、广东雷琼及安徽、江苏等地的火山；另一个区域是青藏高原及其周边地区的火山群，如腾冲火山群、新疆等地的火山。最壮观、最著名的是五大连池火山群、长白山火山群和腾冲火山群。

熔岩台地与火山地貌同属于熔岩地貌，是地壳深处的熔融岩浆从地下喷发或漫溢出来，就地堆积所形成的地貌。

熔岩台地平坦开阔，是裂隙式火山喷发方式下形成的熔岩地貌。岩浆沿着地壳中的巨大裂隙不断上涌，以巨大的能量喷出地表，在流动的过程，覆盖流经地区的地面，形成广阔的熔岩台地。台地上，熔岩在流动的过程中翻转、涡旋、沸腾的形态均凝结在地表，丰富的造型任人想象。有的侵蚀后突兀地表，形成方形山，如南京郊区的方山。

丹霞地貌：丹霞地貌即以陆相为主（可能包含非陆相夹层）的红层（不限制红层年代）发育的具有陡崖坡的地貌，也可表述为“以陡崖坡为特征的红层地貌”。丹霞地貌是在巨厚的红色砂砾岩岩层上，由内外营力作用发育而成的方山、奇峰、赤壁、岩洞等特殊地貌。

丹霞地貌主要发育在侏罗纪第三纪的水平或缓倾的红色地层中，始于第三纪晚期的喜马拉雅造山运动。本次构造运动使红色岩层大幅度抬升，并发生倾斜、舒缓褶曲和丰富的断层节理。流水沿岩层垂直节理进行侵蚀，岩层沿垂直节理发生大面积崩塌，形成高大、壮观的陡崖坡，其岩壁因红色而命名为“赤壁”；崖面的崩塌后退还使山体面积范围逐渐缩小，形成堡状残峰、石墙或石柱等地貌。丹霞地貌的特点是丹山碧水、精巧玲珑。

丹霞地貌在我国广泛分布，相对集中分布在东南、西南和西北三个地区。列入《世界遗产名录》的丹霞地貌有：福建的武夷山、泰宁，广东的丹霞山，江西的龙虎山（包括龟峰），湖南的崀山，贵州赤水，浙江的江郎山。其中，广东的丹霞山是面积最大、类型最齐全、造型最丰富的丹霞地貌遗产区。

③地表形态

地表形态包括台丘状地景、峰柱状地景、垄岗状地景、沟壑与洞穴、奇特与象形山石、岩土圈灾变遗迹。

张家界武陵源位于湖南省西北部武陵源山脉中段桑植县、慈利县交界处，隶属张家界市武陵源区。由张家界国家森林公园和国家地质公园、索溪峪、天子山、杨家界四部分组成。属砂岩峰林地貌，素以峰、谷、水、林、洞著称。武陵源独特的石英砂岩峰林在国内外均属罕见，素有“奇峰三千”之称。在 217.2 平方公里的核心景区中，有石英砂岩山峰 3103 座，峰体分布在海拔 500~1100 米，高度由几十米至 400 米不等。武陵源水绕山转，素有“秀水八百”之称。武陵源的溶洞数量多、规模大，极富特色。现已探明的大小溶洞 40 余个，其中最为著名的是黄龙洞，全长 7.5 千米，洞内分为四层，景观奇异，是东南亚岩溶景观的缩影。云雾是武陵源最多见的气象奇观，有云雾、云海、云涛、云瀑和云彩五种形态。

岩溶地貌：喀斯特地貌（岩溶地貌）指的是水对可溶性岩石（碳酸盐岩、石膏、岩盐等）进行以化学溶蚀作用为主，流水的冲蚀、潜蚀和崩塌等机械作用为辅的地质作用，以及由这些作用所产生的地貌现象的总称。“喀斯特”原是伊斯特拉半岛上石灰岩高原的地名，那里有发育典型的岩溶地貌。19 世纪末，斯洛文尼亚学者斯威杰首先对该地区进行研究，并借用“喀斯特”一词作为岩溶作用以及所形成的地貌的名称。1966 年，中国第二次喀斯特学术会议建议将“喀斯特”一词改为“岩溶”。1985 年，为与国际接轨，中国学术名词审定委员会又将其恢复为“喀斯特”，造成两名词并用的现象。

喀斯特地貌在中国广袤的国土上分布很广泛，然而发育最完美，分布最集中的在长江以南的云贵高原及其边缘地区。著名景观有广西桂林山水，云南石林，贵州黎平天生桥和六盘水天生桥，四川黄龙大规模的石灰华，重庆市奉节县天坑、地缝，广西乐业县的天坑群，以及湖南张家界的天门洞等。

喀斯特地貌分为地表喀斯特形态和地下喀斯特形态。地表喀斯特形态包括溶沟和石芽地，峰丛、峰林和孤峰，溶斗和溶蚀洼地，落水洞、干谷和盲谷。

石芽是溶蚀初期的地貌形态，地表水沿可溶性岩石的节理裂隙和层面流动，不断地进行溶蚀和侵蚀，使岩石表面形成沟槽与突起相间分布的状态，突起部位称为石芽，此时地表起伏不大。峰丛是继石芽之后形成的地貌形态。也称“联座峰林”，即整座山体顶部分割、底部完整。峰与峰之间形成“U”形的马鞍地形，峰顶至马鞍地形的高差不超过山体高度的1/3，一般在60米左右。峰丛间岩溶洼地、漏斗、落水洞发育。峰林是继峰丛之后形成的地貌形态。流水继续沿马鞍地强烈溶蚀，最终将山体分割成一个个独立的高耸、峭拔的圆锥形山峰，成群的山峰如林而立。此时，峰顶与地面的相对高差一般在100~200米。山峰四周的坡度一般在45° 以上（山峰岩石碳酸钙的纯度越高，山坡的坡度越大，山峰越陡峭）。山峰的表面继续发育着石芽、溶沟，山体的内部发育着溶洞、落水洞以及暗河，共同溶蚀山体。孤峰是在地壳相对稳定，岩溶地貌发育到后期的地貌形态。部分溶空的山体坍塌，留下来的山峰孤矗在岩溶平原上。孤峰的相对高度一般在十米到百余米，如桂林独秀峰和贵州万峰林。

发育在地表的堆积地貌像梯田一样顺着山坡或山谷阶阶下降，呈白色或淡黄色，这种地貌称作“石灰华”（“钙华”），多分布在岩溶泉露头和泉水流经地区。大规模的石灰华地貌以美国西部的黄石国家公园，中国的黄龙、九寨沟自然保护区、香格里拉的白水台，土耳其的郝拉波利斯等最为典型，

地下喀斯特形态一般为溶洞，又称“洞穴”，它是地下水沿着可溶性岩石的层面、节理或断层进行溶蚀和侵蚀而形成的地下孔道。在洞穴形成的同时，洞内的堆积地貌也在形成，由裂隙渗入的地下水中含有过饱和的碳酸氢钙，在洞顶露头后立刻分解，还原的碳酸钙在洞内形成石钟乳、石笋、石花、石幔、石瀑、石柱、石灰华和泉华等。贵州著名景点安顺龙宫、织金县的织金洞和铜仁的九龙洞就是地下喀斯特地貌的杰作。

天坑是岩溶地貌中的一种负地形，从形态上看是地面上个巨大的坑洞，雄伟的峭壁如斧劈刀削般森然直立，围成坑洞的四壁。其学名叫“喀斯特漏斗”，一般地面开口直径在100米以内，面积为10平方米到几百平方米，是地表水沿地层垂直节理裂隙不断溶蚀并伴有塌陷作用而成，底部往往被溶蚀残余物所充填，并常有落水洞通往地下。岩溶漏斗特别是巨大的漏斗不是在任何石灰岩地层分布区内都能形成的。特别是在低纬度地区发育的天坑，往往是地下原始森林的保留地，是古老的动植物的基因库。因此，天坑的发现不但具有很高的科学研究价值，同时对于开展揭开大自然的秘密的探险旅游也具有很高的旅游开发价值。目前，全世界已有中国、巴布亚新几内亚和墨西哥等国家发现了天

坑。中国是世界上发现天坑最多的国家。坐落于重庆奉节的小寨天坑是目前已知的世界上最大的天坑，而广西乐业是中国天坑分布最多、最集中的地区。

与天坑共存的是另一种奇特的溶蚀地貌——地缝，大都以地下河与天坑相通。这种地形在小寨天坑和乐业天坑群都存在。与小寨天坑相通的天井峡地缝全长 14 千米，地缝两壁陡峭如刀切，是典型的“一线天”峡谷景观。

张家界市天门山景区的“天门”成为一个新的岩溶地貌亮点，从而引人注目。这种地貌在湘西山区中多见，区别在于洞径的大小，洞小的多被称为天生桥。

“魔鬼城”地貌：“魔鬼城”地貌是典型的雅丹地貌区域，“雅丹”是维吾尔语“陡峭的土丘”之意，雅丹地貌以新疆塔里木盆地罗布泊附近的雅丹地区最为典型而得名，是在干旱、大风环境下形成的一种风蚀地貌类型。

“魔鬼城”的形成必须具备两个条件：第一是巨厚的、呈水平状态的河湖相沉积地层；第二是常年多大风且风向恒定。由于构成地貌岩石基础的不同，大致有两种类型，即雅丹地貌和风蚀地貌。

雅丹地貌是在尚未固结成岩的河湖相土状堆积物地区发育的风蚀地貌。这种地貌群在新疆罗布泊附近的雅丹地区发育得最为典型，分布面积最广，因而得名。19 世纪末至 20 世纪初，瑞典人斯文赫定和英国人斯坦因，赴罗布泊地区考察，在撰文中采用了这个词汇。于是，“雅丹”一词就成了世界上地貌学和考古学的通用术语，专指干燥地区的这种特殊地貌。罗布泊地区历史上是个巨大的湖泊，汇集着周围的河水，同时积淀着河水携带的泥沙，现在演变成许多不规则的沟槽与陡坡的土墩相间分布的地貌群。

风蚀地貌是在已经固结成岩的河湖相沉积岩地区发育的风蚀地貌。新疆地区多发育有侏罗纪河湖相红砂岩地层。以克拉玛依市的乌尔禾“魔鬼城”和奇台县将军戈壁上的“五彩城”最为典型。在 1 亿多年前的白垩纪，这里是一个巨大的淡水湖，后来经过两次大的地壳变动，湖泊变成了“戈壁台地”。

“雅丹”和“风蚀”地貌都是风蚀的，只是二者形成所依据的基础不一样而已：前者是土层，后者是岩层。

鸣沙山：鸣沙，就是会发出声响的沙子。鸣沙是世界上普遍存在的一种自然现象。经考察验证，这种现象广泛存在于许多沙漠带。全世界已发现 100 多处，多分布在北美、亚洲、非洲等大的沙漠地带。我国共发现五处：内蒙古自治区达拉特旗境内的响沙湾，宁夏回族自治区东部黄河南岸的沙坡头，甘肃省敦煌市月牙泉边的鸣沙山，新疆维吾尔自治区南疆的塔克拉玛干沙漠，以及北疆准格尔盆地东部古尔班通古特沙漠深处。

关于沙鸣的原因目前有很多解释，比较集中的是四种：第一，电荷说。持这种解释的科学家认为，阳光照射下的石英沙粒会产生静电，带电的沙粒在外力作用下，彼此摩擦发出声音。第二，共鸣说。持这种解释的科学家认为，沙丘的构成状态就像一个天然的共鸣箱，沙粒滚动所发出的声音在共鸣箱的作用下被放大。第三，碰撞说。持这种解释的科学家认为，声音是由于沙粒彼此碰撞而发出的。第四，吐气说。持这种解释的科学家认为，在夏日炎热阳光的烤灼下，沙层增温后，内部的空气因膨胀顺沙粒间隙向外排出，导致声响。

④自然标记与自然现象

自然标记与自然现象包括奇异自然现象、自然标志地、垂直自然带。

秦岭位于陕西省宝鸡市境内，被尊为华夏文明的龙脉，主峰太白山海拔3771.2米，秦岭为陕西省内关中平原与陕南地区的界山。秦岭，分为狭义上的秦岭和广义上的秦岭。狭义上的秦岭，仅限于陕西省南部、渭河与汉江之间的山地，东以灞河与丹江河谷为界，西止于嘉陵江。广义上的秦岭，是横贯中国中部的东西走向山脉，西起甘肃省临潭县北部的白石山，向东经天水南部的麦积山进入陕西。在陕西与河南交界处分为三支，北支为崤山，中支为熊耳山；南支为伏牛山。长1600多千米，为黄河支流渭河与长江支流嘉陵江、汉水的分水岭。由于秦岭南北的温度、气候、地形均呈现差异性变化，因而秦岭—淮河一线成为中国地理上最重要的南北分界线。

2. 水域风光

（1）概念

水域景观是大自然风景的重要组成部分，“灵气”之所在。江河、湖海、飞瀑流泉、冰山雪峰不仅独自成景，更能点缀周围景观，使得山依水而活，天得水而秀。水域风光是动中有静、静中有动。

（2）分类

水域风光分为河系、湖沼、地下水、冰雪地和海面。

①河系

河系包括游憩河段、瀑布和古河道段落。

河流：长江发源于青海省青藏高原的唐古拉山脉各拉丹冬峰西南侧，干流流经青海、西藏、四川、云南、重庆、湖北、湖南、江西、安徽、江苏、上海11个省、自治区、直辖市，于崇明岛以东注入东海，全长6300余千米，在世界大河中长度仅次于非洲的尼罗河和南美洲的亚马孙河，居世界第三位。

黄河发源于青海省青藏高原的巴颜喀拉山脉查哈西拉山的扎曲、北麓的卡日曲和星宿海西的约古宗列曲，呈“几”字形。自西向东分别流经青海、四川、甘肃、宁夏、内蒙古、陕西、山西、河南及山东 9 个省、自治区，最后流入渤海。黄河是中华文明最主要的发源地，被称为“母亲河”。全长约 5464 千米，世界第五大长河，中国第二长河。

大运河是中国东部平原上的伟大工程，是中国古代劳动人民创造的一项伟大的水利建筑，为世界上最长的运河，也是世界上开凿最早、规模最大的运河。始建于公元前 486 年，包括隋唐大运河、京杭大运河和浙东大运河三部分，全长 2700 千米，跨越 10 多个纬度，地跨北京、天津、河北、山东、河南、安徽、江苏、浙江 8 个省、直辖市，纵贯在中国华北大平原上，通达海河、黄河、淮河、长江、钱塘江五大水系，是中国古代南北交通的大动脉，至今大运河历史延续已 2500 余年。2014 年 6 月 22 日，中国大运河在第 38 届世界遗产大会上获准列入世界遗产名录，成为中国第 46 个世界遗产项目。

瀑布：瀑布在地质学上叫跌水，即河水在流经断层、凹陷等地区时垂直地从高空跌落的现象，属于声、形、色并茂的动态水景景观。

瀑布的成因归纳起来大致有以下四种：第一，在软硬岩层交互出现的河床中，由于岩石对流水侵蚀的抗蚀力的不同，在软硬岩石交界处，水流的差别侵蚀形成河床纵剖面上的岩坎，这是河流瀑布形成的主要原因。中国的也是亚洲的第一大瀑布——黄果树瀑布就是这种成因类型的一个典型。第二，由于断层的不均衡升降运动，造成河床纵坡面的天然不连续所形成的瀑布。这是山地景区和沿海山地瀑布形成的普遍原因。这种瀑布又由于河流所处位置的不同，分为地上瀑和地下瀑两种。地上瀑可以形成在任何岩性的山地，河流与瀑布尽收眼底，例如，庐山、黄山、雁荡山的瀑布。地下瀑只形成在石灰岩分布区，为地下暗河水的跌落，如贵州龙宫瀑布，有的瀑布或是吊在溶洞的崖壁上，或是悬挂在峡谷的谷壁上。第三，由于火山的喷发物、满溢的熔岩流、地震崩塌物或泥石流等阻塞河道，形成天然堤坝使上游河水水位提高，从天然堤坝溢出，形成瀑布。最典型的是黑龙江省宁安市南部牡丹江上游，火山熔岩形成的镜泊湖吊水楼瀑布。新疆天山天池则是滑坡泥石流形成的高山湖泊。第四，在第四纪冰川分布区，由于冰川运动对地表不均衡的刨蚀作用，造成沿途地表起伏跌宕。后来河流沿冰川谷地发育，在起伏悬殊的岩坎地带形成瀑布。这类瀑布中，世界上最壮观、最著名的是跨美国、加拿大两国的尼亚加拉瀑布。

黄果树瀑布位于贵州省安顺市镇宁布依族苗族自治县，南盘江支流打帮河流域的白水河上，为黄果树瀑布群中规模最大的一级瀑布，是世界著名大瀑布之一。以水势浩大著称，瀑布宽 101 米，其中主瀑宽 83.3 米。黄果树瀑布属喀斯特地貌中的侵蚀裂典型瀑布。

潮汐：潮汐是在月球和太阳引力作用下形成的海水周期性涨落现象。习惯上把海面垂直方向涨落称为潮汐，而海水在水平方向的流动称为潮流。在白天的称潮，夜间的称汐，总称“潮汐”。

在世界各地，很多海岸地带都会发生涌潮现象，如中国浙江省海宁市的钱塘江、英国的塞文河和南岸的布里斯托尔湾、法国的塞纳河、印度的恒河、巴西的亚马孙河、北美的芬地湾等。国际地理学界将钱塘江与南美州亚马孙河、南亚恒河并列为“世界三大强涌潮河流”，其中，钱塘江涌潮最为典型、壮观，因此，最为著名，被誉为“世界一大奇观”。

每年农历八月十八是钱塘江口全年最大潮发生的时间，吸引数十万中外人士前来观潮。钱塘江大潮是天体引力和地球自转的离心作用，加上杭州湾喇叭口特殊地形所形成的特大涌潮。归纳原因大致有三。第一是天时。农历八月十六至十八日，太阳、月球、地球几乎在一条直线上，所以这天海水受到的引潮力最大。第二是地利。跟钱塘江口状似喇叭形有关。钱塘江南岸赭山以东近大面积围垦地像半岛似的挡住江口，使钱塘江赭山至外十二工段酷似肚大口小的瓶子，潮水易进难退，杭州湾外口宽达 100 千米，到外十二工段仅宽几千米，江口东段河床又突然上升，滩高水浅，当大量潮水从钱塘江口涌进来时，由于江面迅速缩小，使潮水来不及均匀上升，就只好后浪推前浪，层层相叠。其次还跟钱塘江水下多沉沙有关，这些沉沙对潮流起阻挡和摩擦作用，使潮水前坡变陡，速度减缓，从而形成后浪赶前浪，一浪叠一浪。第三是风势。沿海一带常刮东南风，风向与潮水方向大体一致，助长了潮势。

②湖沼

湖沼包括游憩湖区、潭池和湿地。

湖泊：鄱阳湖位于江西省北部，是中国第一大淡水湖，面积有 4125 平方千米，国家 AAAA 级旅游景区。湖区有 41 个岛屿和 7 个自然保护区。保护区内鄱阳湖候鸟有 300 余种，近百万只，其中珍禽 50 多种，是世界上最大的鸟类保护区。鄱阳湖是白鹤的世界，水鸟的天堂。鄱阳湖是长江江豚重要栖息地和种质资源库，江豚数量稳定，种群结构合理，属于长江江豚的优质种群。截至 2016 年，鄱阳湖有江豚数量为 450 头左右，是洞庭湖拥有江豚数量的 5 倍，占全中国的一半。

湿地：若尔盖国家湿地公园位于青藏高原东部，北与甘肃玛曲、碌曲、卓尼、迭部四县相邻，海拔 3000 多米，被赞为“中国最美的湿地”。主要由白河和黄河主河道构成，总面积为 2662.7 公顷，是世界上面积最大、保存最完好的高原泥炭沼泽湿地。2016 年 9 月，若尔盖湿地公园正式转为“国家湿地公园”。

地表水景：地表水是指陆地表面上动态水和静态水的总称，亦称“陆地水”，包括各种液态的和固态的水体，主要有河流、湖泊、沼泽、冰川、冰盖等。

水本身无色，自然界丰富的水色是由于它自身的物理性质、它所在的地理环境以及水生植物和水中所含的泥沙与矿物结晶体的颜色等诸多原因造成的。纯净的水体对阳光的光波具有吸收和散射的物理作用，其对光波吸收的强度与光波的长度成正比，散射的强度与光波的长度成反比。自然水体所呈现的色彩与其水深密切相关。当水体很浅，不足以体现它的吸收与散射作用时，水是无色的透明体。当阳光射入较深的水体时，三原色中的红色光波首先被全部吸收。此时水色表现的是水体对剩余的两原色黄、蓝光波所构成的绿色系光波散射的结果，绿色的深浅度视水深由浅向深变化。这个变化的过程就是黄色的光波被逐渐吸收、削弱的过程。当黄色的光波也被全部吸收后，水体散射的就只有蓝色的光波了。纯净水面还具有一种独特的物理性质，就是像镜子一样，对周围物体的成像作用，倒映出影像的色彩。这种色彩的体现流传与观景的角度密切相关，只有在你能看到水中的倒影时才能看到。

九寨沟的水有很多颜色，因深浅、季节、光照和沉积物的不同，而不断变换色调，显现出不同的美景。九寨沟水体色彩形成的原因，第一是水体选择性吸收效应及大气和水体的瑞利散射效应的产物。景区内水质值主要偏弱碱性，属碳酸盐型水，有利于高寒岩溶水在饱气带运移过程中对碳酸钙的溶解。而碳酸根含量升高，又增加了微量元素的溶解。这些微量元素阳离子大多具有染色性。因此，进入水体中的元素离子呈现蓝、绿、紫等色。第二是钙华原因。景区为碳酸盐岩分布区，发育有大量钙华湖泊和瀑布，是纯净水体形成的主要条件，有利于色彩的反射透视。同时景区内的地貌条件也是有利因子，地形上的高低起伏，有利于人们感知蓝色水体。第三是生态系统原因。湖底、湖水中物体的反射透射是水体色彩变化的基础，低透明度高纯度是湖泊蓝色的主要特征。此外，九寨沟五彩斑斓的水还由特殊的自然环境条件所决定，其中包括洁净的空气、周围的植被、生长的藻类植物及含色素离散等，较高海拔也是其原因之一。上述种种原因，使得九寨沟湖泊呈现五彩斑斓，如梦如幻的色彩。

黄龙五彩池颜色非常鲜艳，这是因为池中的碳酸钙在沉积过程中与各种有机物和无机物结成不同质的钙华体，再加上光线照射的种种变化，便形成了池水的不同颜色。

③地下水

地下水包括泉和埋藏水体。泉是地下水天然出露至地表的地点，或者地下含水层露出地表的地点。

泉以什么状态出露取决于地下含水地层的状况，以及在地壳板块结构中所处的位置。由于泉水出露于地表时方向的不同，泉分为下降泉和上升泉两种。下降泉又称为山地裂隙水，即山体中含蓄的水体在地心引力的作用下，沿着山体中的裂隙自上而下地流出或滴落。喷泉与涌泉都属于上升泉，这一点是相同的。但两者出露地表后的景观和动力来源截然不同。天然涌泉多为冷水泉，天然的喷泉多为间歇性的热水泉。

涌泉是地下承压水的露头。含蓄承压水的地层均倾斜呈楔状，含水层被上下两层不透水地层夹在中间，其中所含蓄的水就像在水管中一样，可以从高处流向低处。处于倾斜含水层低处的水承受着上部静水的压力，一旦低处的含水层暴露在地表，承受压力的水就会涌出地面，涌出水头的高度因承受的压力而异。只要倾斜含水层上部持续有水的补给，涌泉就不会停息。有泉城之称的济南市的七十二泉就是这类泉。

喷泉多分布在地壳板块的边缘地带，即地壳活动地带。这里地热非常丰富，地壳的裂隙也非常丰富，这些裂隙成为地层间水或汽彼此流通的通道。地表水可以顺着裂隙渗入地下，在空隙的地方积聚。地层深处远超过沸点的地热使水变成过热的蒸汽在地下蓄积。巨大的蒸汽压力在寻找释放的途径中，沿着裂隙向地表冲去，同时将聚集在通道中的水一起呼啸着喷到数十米的空中。到地下能量释放完，喷泉也就停息了。喷出的水又回流、渗入地下，酝酿着下一次的喷发。著名的美国黄石国家公园和中国西藏羊八井地热区有大量的间歇性喷泉，也是世界著名的旅游地。

人们通常按泉水的温度将其分为冷泉（<25℃）、微温泉（25℃~33℃）、温泉（34℃~37℃）、热泉（38℃~42℃）、高热泉（43℃~99℃）、沸泉（>100℃）等类型。热泉和高热泉常被称为“汤”。温泉形成的原因一般有两种：一种是埋藏较深的地下水，受地热作用而升温。这种温泉的水温取决于地下含水地层的深度。在温带地区地壳常温层（温度不受大气温度季节性变化影响的地层）通常在地下 30 米处，在常温层以下，深度每增加 100 米，地温升高 3℃。中国内陆的温泉多属于此种类型。比较著名的有黄山温泉、唐朝著名的皇家行宫华清池温泉、清朝皇家的龙脉温泉北京小汤山等。另一种是受岩浆作用的地下水，这种温泉分布在地壳活动地带，即地壳板块的边缘地带，多与火山群或地热分布区相伴生。在世界陆地上集中分布在纵横两条地带上。纵向带为环太平洋带，著名的有美国黄石国家公园中的温泉群，日本国内的温泉群，中国东北的长白山温泉群，内蒙古阿尔山温泉以及福建、台湾沿海地区的温泉。横向带西起阿尔卑斯山系，经喜马拉雅山系，横断山脉，一直延伸到东南亚。中国境内集中分布在西藏的狮泉河—雅鲁藏布江大断裂带和云南的腾冲地区。这种温泉的水温普遍较高，多在 70℃~80℃。有些甚至超过 100℃，以蒸汽的形式喷出。温泉除了温度高以外，还因地质背景不同，含有各类矿物质和稀有元素、气体等，可以用于疗养治病。有些地区开采深层地下水，属于地热水，而不能称作温泉。不过，近年人工在地热水中加入一些有益的矿物质元素，形成新的仿温泉用于疗养健身。

④冰雪地

冰雪地包括积雪地和现代冰川。

中国雪乡国家森林公园位于中国黑龙江省牡丹江市海林市长汀镇。因贝加尔湖冷空气与日本海暖湿气流在此频繁交汇，以及山高林密的小气候影响，形成了夏无三日晴，冬雪漫林间的景象，每年十月开始降雪至次年四月，雪期长达 7 个月，积雪厚度可达 2 米，雪量堪称中国之最，且雪质好，黏度高，素有“中国雪乡”之称。皑皑白雪在风力的作用下随物具形，无论是初冬的冰花还是早春的雾凇，无时无刻不散发着雪的神韵。

云南丽江玉龙雪山是欧亚大陆纬度最低的一座有现代冰川的分布的雪山。在其东麓，有四期更新世古冰川作用的遗迹分布在南北长 15~16 千米，东西宽 4~5 千米的冰川公园范围内，有一个面积不大但类型十分齐全多样的现代冰川和古冰川遗迹，可说是浓缩了全球中低纬度山岳冰川的主要精华，在我国是十分罕见的，其对冰川研究，生态环境保护及旅游、科学考察研究都具有极为重要的作用。

3. 生物景观

（1）概念

生物的存在使得世界变得精彩，各种动植物使地球表面生机勃勃。各种动植物让人类得到赏心悦目的感受，也有很多具有宝贵的科学研究价值、美化和净化环境的作用。

（2）分类

生物景观包括植被景观、野生动物栖息地生物景观。

①植被景观

植被景观包括林地、独树与丛树、草地、花卉地。

兴安岭位于黑龙江两岸，由大兴安岭、小兴安岭和外兴安岭组成。黑龙江南岸、嫩江以西称大兴安岭；嫩江以东称小兴安岭；黑龙江以北、位于俄罗斯境内的称外兴安岭，俄语称斯塔诺夫山脉。大、小兴安岭北起黑龙江岸，南抵松花江岸和西拉木伦河上游，为我国古老山地之一，海拔 300~1400 米。大、小兴安岭山体相连，构成黑龙江省北部和东北部的天然屏障。属寒温带气候，其北段是我国北部最寒冷地区，冬季最低气温零下 50℃左右。森林、矿藏、动植物资源丰富。大兴安岭被誉为“绿色林海”，小兴安岭素有“红松故乡”之称。

呼伦贝尔草原位于内蒙古自治区东北部，大兴安岭以西，因呼伦湖、贝尔湖而得名。呼伦贝尔草原是新巴尔虎右旗、新巴尔虎左旗、陈巴尔虎旗、鄂温克旗和海拉尔区、满洲里市及额尔古纳市南部、牙克石市西部草原的总称，地势东高西低，总面积约为 10 万平方千米，3000 多条河流纵横交错，500 多个湖泊星罗棋布。地跨森林草原、草甸草原和干旱草原三个地带。除东部地区约占本区面积的 10.5% 为森林草原过渡地带外，其余多为天然草场。呼伦贝尔草原是世界著名的天然牧场，被称为世界上最好的草原，也是中国当今保存完好的草原，水草丰美，有碱草、针茅、苜蓿、冰草等 120 多种营养丰富的牧草，有“牧草王国”之称。

②野生动物栖息地生物景观

野生动物栖息地生物景观包括水生动物栖息地、陆地动物栖息地、鸟类栖息地和蝶类栖息地。

长江上游珍稀特有鱼类国家级自然保护区是在原“长江合江—雷波段珍稀鱼类国家级自然保护区”的基础上经过调整，2005 年，由国务院批准成立的。保护区跨越四川、云南、贵州、重庆三省一市，为维护长江上游鱼类种群多样性和长江上游自然生态环境。

羌塘国家级自然保护区位于西藏自治区北部，昆仑山、可可西里山以南，冈底斯山和念青唐古拉山以北，总面积为 24.712 万平方千米。主要保护对象为保存完整的、独特的高寒生态系统及多种大型有蹄类动物。保护区珍稀野生动物种类十分丰富，共分布有国家一级保护野生动物 10 种、国家二级保护野生动物 21 种，被誉为“野生动物的乐园”。羌塘国家级自然保护区是中国国第二大自然保护区，为仅次于格陵兰国家公园的世界第二大陆地自然保护区，也是平均海拔最高的自然保护区。

青海湖位于青藏高原东北部、青海省境内，为中国最大的内陆湖、咸水湖。青海湖长 105 千米，宽 63 千米，湖面海拔 3196 米，面积达 4456 平方千米。鸟岛是亚洲特有的鸟禽繁殖所，是中国八大鸟类保护区之首，青海湖有水鸟 44 种、3.9 万余只。湖中盛产全国五大名鱼之一——青海裸鲤（俗称湟鱼），为国家重要名贵水生经济动物。

4. 天象与气候景观

（1）概念

天象与气候景观主要指千变万化的气象景观、天气现象以及不同地区的气候资源与岩石圈、水圈、生物圈旅游资源景观相结合，再加上人文景观旅游资源的点缀，构成的丰富多彩的气候天象旅游资源。长时间保持的大气物理状况，如宜人的气候资源，还有美丽的高山冰雪景观，短时间的气象景观一般分为经常发生的雨景、云雾景、冰雪景、明月、日出、云霞和偶然发生的佛光、海市蜃楼、雾凇、雨凇等。

（2）分类

天象与气候景观包括天象景观和天气与气候现象。

①天象景观

天象景观包括太空景象观赏地和地表光现象。

极光：极光出现于星球的高磁纬地区上空，是一种绚丽多彩的发光现象。地球的极光是来自地球磁层或太阳的高能带电粒子流（太阳风）使高层大气分子或原子激发（或电离）而产生的。在南极被称为南极光，在北极被称为北极光。

极光一般呈带状、弧状、幕状、放射状，这些形状有时稳定有时作连续性变化。科学家按极光形态特征将其分成五种：一是底边整齐微微弯曲的圆弧状的极光弧（或称弧状极光）；二是有弯扭褶皱的飘带状的极光带（或称带状极光）；三是如云朵一般的片朵状的极光片（或称片状极光）；四是像面纱一样均匀的帐幔状的极光幔（或称幕状极光）；五是沿磁力线方向的射线状的极光芒（或称放射状极光）。当人类用太空的视角来观察极光现象时，则呈现为环带状极光。

极光不仅形态丰富，更令人叹为观止的是极光的色彩。自然本色是红、黄、蓝三原色以及它们彼此搭配所形成的红、橙、黄、绿、青、蓝、紫七色。然而，极光却像一个变幻莫测的万花筒，将色彩深浅浓淡、隐显明暗搭配、组合，根据不完全的统计，目前能分辨清楚的极光色调 160 余种。极光最经常出现的地方是南北地磁纬度 67° 附近的区域内，大多数极光出现在地球上空 90~130 千米处。极光产生的条件有 3 个：大气、磁场、高能带电粒子。这三者缺一不可。极光是稀薄的大气层中产生的复杂电现象。这种电现象与霓虹灯的发光原理是相同的。即电流通过稀薄的气体时，电子撞击气体的分子或原子而产生的发光现象。高层大气是由多种气体组成的，不同元素的气体受轰击后所发出的光的颜色不一样，因而极光就显得绚丽多彩，变幻无穷。极地上空撞击气体分子或原子的带电粒子来自太阳活动放出的太阳风。作为太阳风的一部分荷电粒子在到达地球附近时，被地球磁场俘获，并使其沿磁力线飞向两极。地球磁场形如漏斗，尖端对着地球的南北两个磁极，因此带电粒子沿着地磁场这个“漏斗”沉降，逐渐形成密集的粒子群进入地球的两极地区。两极的高层大气，受到太阳风的轰击后发出光芒，形成极光。极光形成的规模与太阳的活动息息相关，每逢到太阳活动盛期，可以看到比平常年更为壮观的极光景象。在许多以往看不到极光的纬度较低的地区，也能有幸看到极光。如 2000 年 4 月 6 日晚，在欧洲和美洲大陆的北部，出现了极光现象，就是一个实例。

黑龙江省漠河县位于北纬 53.5° 的高纬度地带，是中国北疆唯一可以看到极光现象的地方。在这里，北极光虽然一年四季都出现，然而唯有在每年的夏至前后 9 天内易看到。在有中国“北极村”之称的漠河县，除“北极光”外还有另一个天然奇景——极地“白夜”。“白夜”现象也以夏至前后半个月最甚，每晚只有子夜时分一两个钟头，天色稍微昏暗一些，随后又是朝霞似锦，旭日高悬，黑夜变成了“白夜”。白夜的存在为看极光提供了有利条件。此时节的漠河气候温和，天气晴朗，是人们最佳的旅游观光季节。人们在观赏北极光和白夜奇观的同时，还可以看到晚霞与朝晖连成一片的红彤天宇。每逢夏至，前来观赏“北极光”和“极昼”的游人络绎不绝。目前，每年 6 月 18—22 日，漠河县都要举办“大兴安岭漠河北极光旅游节”。

蜃景：蜃景即海市蜃楼，是地面或水面景物反射的光线，在密度不同的稳定大气中传播，发生折射和全反射而形成的幻景景观。蜃景多出现在海洋、大江、大湖的水面上空或沙漠地带的陆面上空。蜃景的种类很多，根据它出现的位置相对于原物的方位，可以分为上蜃、下蜃和侧蜃；根据它与原物的对称关系，可以分为正蜃、侧蜃、顺蜃和反蜃；根据颜色可以分为彩色蜃景和非彩色蜃景。“上现蜃景”和“侧现蜃景”是水面上空出现的海市蜃楼成正像。“下现蜃景”是沙漠地带出现的海市蜃楼，成倒像。

在水面或陆面上空的稳定大气层中，由于在垂直方向或水平方向上气温的急剧变化，空气密度也随之变化。当底层空气密度高，而上层密度低时，在实际景物上方的远处就会出现它的影像，此即“上现蜃景”。上现蜃景易出现在有逆温气层的水面上空。在中国渤海和黄海北部沿海以及江河、大湖的水面曾多处发生海市蜃楼现象。如辽宁大连，河北北戴河，山东蓬莱、长岛、青岛等地沿海的海面上，江苏南通的长江水面上，湖南洞庭湖上空等。出现的时间一般在春夏之交，其中以“蓬莱仙境”最为著名。“蓬莱仙境”出现在山东省蓬莱市丹崖山对面的渤海海面上。“蓬莱仙境”之所以最为著名，是由于这里是中国海市蜃楼出现最多的地方，以至古人在丹崖山巅建起蓬莱阁，创造了人间的“仙境”。春夏之交的季节，渤海与黄海北部沿海是暖冷洋流交汇处。在蓬莱市丹崖山面对的渤海海面上，冷洋流靠近海岸，暖洋流远离海岸。受冷水面的影响，沿岸底层空气降温，并出现上暖下冷的逆温现象，致使空气密度下高上低差别显著，为“上现蜃景”的发生提供了最佳条件，因此出现频率高。

当底层空气密度低，而上层密度高时，在实际景物的下方出现它的倒影，此即“下现蜃景”。“下现蜃景”多出现在夏季的干旱地区。特别是沙漠地带。白天，因地面强烈增温，近地面空气受热上升，出现空气密度下低上高的垂直递增现象，为“下现蜃景”的形成提供了最佳条件。

当水平方向上空气密度急剧变化时，在实际景物的一侧就会出现它的影像，此即“侧现蜃景”。世界上“侧现蜃景”景观最著名的是日内瓦湖。由于该湖被山体围绕，山体阳坡在太阳的照射下强烈增温，受热空气膨胀，密度变低，于是在水平方向上出现空气密度由低向高的递变现象，为“侧现蜃景”的形成提供了最佳条件。

霞：霞是日出、日落前后天空及云层上因日光斜照而出现的彩色光象或彩色的云。从太阳升起或降落的地方顺天空向周围展现的扇形彩带，是由接近地平线的阳光经大气中的灰尘、水汽和气体分子散射后的剩余色光造成的。由于大气微粒对短波光线散射的强度大，并且接近地平线的大气层的厚度远大于天顶，所以在阳光穿过厚厚的大气层时，光线较短的各色几乎全部被散射掉，剩下的只是光波较长的红、橙、黄等色光。天边的云量越大，霞光的红色越浓。当霞光染红大地，与风物景致交相辉映时，常构成一幅幅壮美的画卷。霞光具有对未来天气发展趋势的预示作用。中国早就有“朝霞不出门，晚霞行千里”农谚之说。中国大部分地区处于中纬度，阴雨天气系统一般自西向东移动。日出前后出现鲜红的朝霞，预示未来天气会转阴雨。日落前后出现红色或金黄色的晚霞，预示笼罩在本地上空的雨云即将东移，天气就要转晴。

虹：虹是光线以一定角度照射在大气中无数的水滴，再经过折射、分光、内反射、再折射等光学过程所造成的大气现象。大气中的小水珠经日光色散所形成的圆弧形彩带由外圈到内圈呈红、橙、黄、绿、蓝、靛、紫七种颜色。出现在和太阳相对着的方向，叫“彩虹”。在虹的外侧，有时还能看到色序与虹相反，宽度约为虹的两倍，亮度比虹弱的光环，称为霓。虹与霓的形成原理为：当平行线的太阳光束以一定入射角射入水滴，经过两次折射和水滴中一次内反射，七色光波被分散后又投射在空中，形成虹。若入射的光波经过两次折射和两次内反射后投射在空中，便形成霓。通常雨滴越大，彩虹的色彩越鲜艳明亮。除去雨后可以看见虹景外，在阳光入射角度得到满足的瀑布上空也可看见美丽的彩虹。虹景同样对未来天气发展趋势有预示作用。《诗经》中记载“朝隮（jī）于西，崇朝其雨”，意思是说早晨看到西方有虹，不久就会下雨。

②天气与气候现象

天气与气候现象包括云雾多发地、极端与特殊气候显示地和物候景象。

云海与云瀑：云海指的是俯视时看到的如海涛起伏的云，云瀑是流云在垂直方向上的一种动态景观。当流云顺着风向在飘移的过程中遇到山口、悬崖或翻越山岭时，就会由于重力因素跌落，像水一样倾泻而下，形成云瀑。云海与云瀑是温暖湿润的山区或山区温湿季节所出现的气象奇观。在中国诸多的风景名胜山地都有规模不同的云海、云瀑现象，如泰山、衡山、峨眉山的云海，庐山、武陵源的天子山的云瀑等。但以黄山的云海、云瀑最壮观。

在黄山云、松、峰、泉“四绝”中以云海为首。黄山云海之绝，其一绝在云量之大，其二绝在云雾变换之快，其三绝在云日之多。黄山每年约有250天有云雾形成。

云海的形成，有其原因和规律。黄山山高谷低，林木繁茂，日照时间短，水分不易蒸发，因而湿度大，水气多。雨后常见缕缕轻雾，自山谷升起。黄山云海是由低云（云底高度低于2500米）和地面雾形成的。黄山每年11月至次年3月，有97%的云海由层积云形成，只有3%由层云或雾形成。6—9月，有淡积云和浓积云形成的云海，约占这个时期云海总数的6%。冬、春季节，大气中低层的气温低，层积云的凝结高度低（800~1200米），冷空气活动频繁。过程性天气活动明显，在雨雪天气后，常出现大面积的好云海，尤其是壮观的云海日出。入夏后渐进梅雨季节，随着气温升高，云的凝结高度升到1500米左右，云层高度超过或接近大部分峰顶，这时候云雾笼罩，不易看到云海。7—8月为黄山盛夏，这段时间常受太平洋副热带高压控制，气温上升，低云的凝结高度也上升到全年的最高度。山的阴面，湿度大，容易形成对流。上午到午后，山头周围常有淡积云和浓积云形成，但由于云层高于峰顶，因而云海少见。在傍晚或早晨，偶尔可以看到由积云、层积云形成的云海，但由于环流影响，极易破坏，云海维持的时间较短。入秋以后的9—10月，由于北方冷空气的影响，气温下降，低云的凝结高度也随之下降。冷空气过后，常出现层积云较高的大面积云海。

黄山云海分为南海、北海、东海、西海和天海，登天都峰、莲花峰和光明顶，可纵观黄山五海，神韵无限。黄山年均降雨日数183天，多集中于4—6月，此间，云海、云瀑景观发生的频率最高。观黄山云海以宿雨初晴时最好，这时地面水分丰富且蒸发动态容易，云量最大；同时，雨后的山区处于高气压的控制下，受上空逆温层的影响，云块既不易消散也不能上升。

佛光：“佛光”是一种特殊的物理现象，叫作“日晕”，是在多云天气，强烈的阳光照射在云层表面时形成的一种衍射现象。这种景观在湿润的山区、林冠茂密的林区和高空云层的上方都能发生。如中国的峨眉山、黄山、庐山、武夷山、东北林区和四川西岭雪山的密林中，都有佛光出现的记载，但以“峨眉佛光”最著名。国外则以德国哈茨山脉的布罗肯峰最著名，称“布罗肯宝光”。

佛光是大气中光通过折射、衍射而形成的一种奇幻景观，在山区常出现在观测者的前方或前下方。佛光出现的条件为太阳的高度不大；观测者的前方要有云雾，天空晴朗无风，云雾层稳定；太阳、观测者与云雾排列在一条直线上，观测者位于中间。此时，人影投在前方的云幕上，若云滴间的空隙满足了光波衍射的现象发生的要求，奇观便呈现在观测者的面前。光环的大小与云滴间空隙的直径成反比，即满足衍射发生的空隙直径越小，光环的直径越大，反之越小。佛光出现的次数光环美丽的程度，因云雾日的多少、空气湿度的大小以及大气的稳定程度而不同。“峨眉佛光”之所以著名，是由于峨眉山云雾天数多、空气湿度大、风速小，因此，佛光现象出现的次数最多，色彩也最鲜艳。据记载，峨眉山金顶每年可以出现七八十次佛光现象。最佳观景点在金顶的舍身崖。最佳观景时在上午日出后半小时至九点左右，下午三点后至日落前一小时。此时，若金顶被白云围绕，人处于云海之上的舍身崖边，必可见到佛光奇观。

二、人文旅游资源

(一)人文旅游资源概述

1. 概念

人文旅游资源是人类创造的、反映各时代、各民族政治、经济、文化和社会风俗民情状况，具有旅游功能的事物和因素。

2. 特点

综合性：旅游资源的综合性首先表现为旅游资源多是由不同的要素组成的综合体。如山岳景观是由高耸挺拔的山体与林地、云雾等组成；峡谷景观是由谷地、河水及林地组成；一些气象、天象景观更是多种因素共同作用的结果，如彩虹、夕阳、佛光等，都是阳光光线与一定质量的大气作用的结果。由于这些景观形成因素都有相对不确定性，因此对其开发利用应注意不同因素作用条件的满足。人文旅游资源也具有综合性的特点。如古村落作为一种旅游资源，它是由多种物质或非物质要素共同作用下形成的。概括起来可称为生态、物态、文态、情态要素。生态要素是指影响村落与环境的关系的要素，如风水、地貌、水文条件等；物态要素指村落的建筑物和构筑物体系，如牌楼、民居、宗祠等；文态要素指形成古村落的文化艺术及思想内容，如牌匾、绘画、雕刻等；情态要素指村落社会生活的各个方面。以上四方面在古村落整体景观的形成上缺一不可，某一方面的破坏，可能导致整个景观的破坏。

旅游资源的综合性还表现在旅游资源开发上。由于单一资源的开发往往对旅游者的吸引力有限，在实践过程中，常将不同类型的旅游资源结合起来共同开发，以形成互补优势。如西湖风景区虽然以湖泊为主，但还包括山丘、林地、古建、古桥等一系列资源类型。这些资源类型上虽有所不同，但开发中都应服从于一致的主题，资源类型间达到协调统一。

综合性要求旅游资源的开发与保护中都应具备整体的眼光，用联系的方法来看待问题。开发中不能只见树木不见森林，进行破坏式开发建设；保护不能头痛医头，脚痛医脚，而应从联系中寻找解决问题的方法。

地域性：地域性是指旅游资源分布具有一定的地域范围，存在地域差异，带有地方色彩。旅游资源的地域性是由以下方面引起的：首先，由于地域分异因素（纬度、地貌、海陆位置等）的影响，自然环境因素如气候、地貌、水文、动植物出现地域分异，从而导致自然旅游资源出现地域性。如赤道雨林景观、温带大陆内部的荒漠景观、南极的冰原景观等分别出现于不同的地表区域。其次，由于人文景观与自然环境有紧密的联系性，这种联系性在农业社会及其以前的历史时期，甚至表现为强烈的依赖性，自然景观的地域性也导致了人文景观的地域性。如不同民族具有风格各异的文化活动、风俗习惯、村镇民宅等。

地域性是旅游流产生的根本因素。不同地方有不同的自然与文化环境，而旅游者天生有求新、求异的心理需求，这使得旅游者在一定的条件下跨越空间限制前往异地游览。现代旅游开发中，要求要充分挖掘资源特色，开发独特的旅游产品，因为在旅游市场竞争越来越激烈的今天，特色就是旅游产品拥有市场的法宝。可见，正确认识和评价区域旅游资源条件，突出自身特色，是资源开发中的重要内容。

不可移动性：旅游资源一般在地域上是固定的，不可移动的，这样便形成了旅游资源的地域垄断性。旅游资源的不可移动性可以从以下方面来理解：第一，自然旅游资源是大自然的杰作，它们都是在一定自然地理环境下形成的，由于其规模往往巨大或与地理环境的紧密联系性，使其难以发生空间位移。如长江三峡、壶口瀑布、桂林山水等资源产生于特定的地理环境，无法用人工力量来搬迁或异地再现。第二，人文旅游资源是在特定的地域环境和特定的历史条件下的人类社会产物，它们的价值主要体现在包含人类社会、历史信息的丰富性上。由于这类资源与其生成环境紧密联系，人为割裂其环境联系，势必会影响到旅游资源所承载信息的完整性、原生性和真实性，使资源的价值降低。如中国巍巍群山中蜿蜒不断的万里长城，意大利罗马古城中的斗兽场，埃及茫茫沙漠中的金字塔，都是与其自然和人文环境紧密联系的。第三，在现代经济和技术条件下，在其他地方仿制有名的旅游资源是可能的，如微缩景观、园林建筑等，但由于脱离了历史和环境，仿制品往往失去了原有的魅力和意义，其生命力非常有限。

（二）人文旅游资源的类型

根据《旅游资源分类、调查与评价》（GB/T 18972—2017），人文旅游资源分为四大类，即建筑与设施、历史遗迹、旅游购品和人文活动。

1. 建筑与设施

（1）概念

建筑与设施的定义是融入旅游的某些基础设施或专门为旅游开发而建设的建筑物和场所。包括人文景观综合体、实用建筑与核心设施、景观与小品建筑。

（2）分类

人文景观综合体：人文景观综合体包括社会与商贸活动场所、军事遗迹与古战场、教学科研实验场所、建设工程与生产地、文化活动场所、康体游乐休闲度假地、宗教与祭祀活动场所、交通运输场站、纪念地与纪念活动场所。

刘公岛，位于中国东部山东半岛东端威海湾湾口，岛面积 3.15 平方千米，岛岸线长 14.95 千米。为威海市海上天然屏障，在国防上有着极其重要的地位，素有“东隅屏藩”和“不沉的战舰”之称。岛内人文景观丰富独特，上溯千年的战国遗址、下至清朝北洋海军提督署、水师学堂、古炮台等甲午战争遗址，还有众多英国租借地时期遗留下来的欧式建筑。明、清至中华人民共和国成立前诸多海上战事发生于此，特别是甲午战争留下了深刻的历史印迹。

广州市长隆旅游度假区位于广东省广州市番禺区汉溪大道东与长隆地铁大道交会处，创立于 1989 年。广州长隆旅游度假区是综合性主题旅游度假区，集旅游景区、酒店餐饮、娱乐休闲于一体，有长隆欢乐世界、长隆国际大马戏、长隆野生动物世界、长隆水上乐园、广州鳄鱼公园、长隆酒店、香江酒店、长隆高尔夫练习中心和香江酒家等设施。2007 年，广州市长隆旅游度假区被评为国家 5A 级景区，是国家文化部命名的“文化产业示范基地”，连续多年游客人数、经营指标为广州市第一，接待量居世界各国主题公园的前列。

实用建筑与核心设施：实用建筑与核心设施包括特色街区，特性屋舍，独立厅、室、馆，独立场、所，桥梁，渠道、运河段落，堤坝段落，港口、渡口与码头，洞窟，陵墓，景观农田，景观牧场，景观林场，景观养殖场，特色店铺，特色市场。

杭州清河坊历史文化特色街区位于浙江省杭城市南部吴山脚下，占地13.66公顷，作为杭州目前唯一保存较完好的旧城区，正是杭州悠久历史的一个缩影。清河坊自古是杭州的繁华地段，位于杭州上城区老城区，有丰富的历史人文遗产和文化底蕴。河坊街新宫桥以东，是南宋时期宋高宗寝宫——德寿宫遗址。南宋时被封为清河郡王的张俊住宅就在当时称之为御街的太平巷，故这一带被命名为"清河坊"。南宋时期，清河坊商铺林立、酒楼茶肆鳞次栉比，是杭城的政治文化中心和商贾云集之地。历经元、明、清及民国时期，直至解放初期，这一带仍是杭城商业繁华地带。杭州的百年老店，如王星记、张小泉、万隆火腿栈、胡庆余堂、方回春堂、叶种德堂、保和堂、状元馆、王润兴，义源金店、景阳观、羊汤饭店等均集中在这一带。

莫高窟，俗称"千佛洞"，坐落在河西走廊西端的敦煌。它始建于十六国的前秦时期，历经十六国、北朝、隋、唐、五代、西夏、元等历代的兴建，形成巨大的规模，有洞窟735个、壁画4.5万平方米、泥质彩塑2415尊，是世界上现存规模最大、内容最丰富的佛教艺术地。莫高窟与山西大同云冈石窟、河南洛阳龙门石窟、甘肃天水麦积山石窟并称为"中国四大石窟"。

明十三陵坐落于北京市昌平区天寿山麓，地处东、西、北三面环山的小盆地之中，陵区周围群山环抱，中部为平原，陵前有小河曲折蜿蜒。自永乐七年（1409年）五月始作长陵，到明朝最后一帝崇祯葬入思陵止，其间230多年，先后修建了13座皇帝陵墓、7座妃子墓、1座太监墓。共埋葬了13位皇帝、23位皇后、2位太子、30余名妃嫔、2位太监。已开放景点有长陵、定陵、昭陵、神路。

景观与小品建筑：景观与小品建筑包括形象标志物，观景点，亭、台、楼、阁，书画作，雕塑，碑碣、碑林、经幢，牌坊牌楼、影壁，门廊、廊道，塔形建筑，景观步道、甬路，花草坪，水井，喷泉，堆石。

苏州古典园林的历史可上溯至公元前6世纪春秋时期吴王的园囿，私家园林最早见于记载的是东晋（4世纪）的辟疆园，历代造园兴盛，名园日多。明清时期，苏州成为中国最繁华的地区，私家园林遍布古城内外。苏州园林总数达到108座，苏州由"园林之城"正式成为"百园之城"。苏州古典园林宅园合一，可赏、可游、可居、这种建筑形态的形成，是在人口密集和缺乏自然风光的城市中，人类依恋自然，追求与自然和谐相处，美化和完善自身居住环境的一种创造。拙政园、留园、网师园、环秀山庄这四座古典园林，反映了这一时期中国江南地区高度的居住文明，曾影响到整个江南城市的建筑格调，带动民间建筑的设计、构思、布局、审美以及施工技术向其靠拢，体现了当时城市建设科学技术水平和艺术成就。

2. 历史遗迹

（1）概念

历史遗迹是经过人类有意识加工的，能够反映当时人类的活动。遗迹是考古学研究的重要内容之一。古代居址能够提供关于研究社会生产力发展和社会生活状况方面的完整的、重要的资料，据此可以阐明这一遗址当时人们生活的各个方面的特征和内容。发掘古代墓葬，可以研究不同种族的体质特征，了解古代埋葬风俗及墓葬形制；同时通过随葬品可以了解古代工艺水平及社会经济生活与意识形态等方面的情况。通过各种遗迹及遗物的综合研究，对于了解古代社会的发展史有很大帮助。

（2）分类

历史遗迹包括物质类文化遗存、非物质类文化遗存。

物质类文化遗存：物质类文化遗存包括建筑遗迹、可移动文物。

圆明园是清代大型皇家园林，坐落在北京西北郊，由圆明园、长春园和绮春园组成，所以也叫“圆明三园”。此外，还有许多小园，分布在东、西、南三面，众星拱月般环绕周围。占地面积3.5平方千米，共150余景，有“万园之园”之称。清朝皇帝每到盛夏就来到这里避暑、听政，处理军政事务，因此也称“夏宫”。圆明园始建于康熙四十六年（1707年），最初是康熙帝给皇四子胤禛的赐园。在清室150余年的创建和经营下，曾以其宏大的地域规模、杰出的营造技艺、精美的建筑景群、丰富的文化收藏和博大精深的民族文化内涵而享誉于世，被誉为“一切造园艺术的典范”，被法国作家维克多·雨果称誉为“理想与艺术的典范”。1860年10月，英法联军洗劫圆明园，抢掠文物、焚烧建筑。同治帝时欲修复，后因财政困难，被迫停止，改建其他建筑。在遭到八国联军劫掠之后，圆明园又遭到匪盗的打击，终变成一片废墟。

非物质类文化遗存：非物质类文化遗存包括民间文学艺术、地方习俗、传统服饰装饰、传统演艺、传统医药、传统体育赛事。

中国剪纸是一种用剪刀或刻刀在纸上剪刻花纹，用于装点生活或配合其他民俗活动的民间艺术。剪纸在中国具有广泛的群众基础，交融于各族人民的社会生活，是各种民俗活动的重要组成部分。其传承赓续的视觉形象和造型格式，蕴含了丰富的文化历史信息，表达了广大民众的社会认知、道德观念、实践经验、生活理想和审美情趣，具有认知、教化、表意、抒情、娱乐、交往等多重社会价值。

3. 旅游购品

（1）概念

旅游购品是由旅游目的地向旅游者提供的商品，是旅游者在旅游活动中所购买的富有民族、地方和游览地特色的，对旅游者具有强烈吸引力以及具有纪念性、针对性、艺术性和礼品性的物质产品，也就是旅游者所购买的商品。

（2）分类

旅游购品包括农业产品、工业产品、手工工艺品等。

农业产品：农业产品包括种植业产品及制品、林业产品与制品、畜牧业产品与制品、水产品及制品、养殖业产品与制品。

鹿是人们熟知的一种珍贵野生动物，自古以来就被人们视为吉祥长寿的象征。远在汉代，即有“鹿身百宝”之说，民间用鹿产品向皇帝进贡，皇帝也用鹿产品做祭祀。而鹿产品，顾名思义，是鹿身上的东西，主产品或副产品的总称。据《本草纲目》记载，鹿茸、鹿角、鹿角胶、鹿角霜、鹿胎、鹿胎盘、鹿血、鹿脑、鹿尾、鹿肾、鹿筋、鹿脂、鹿肉、鹿头肉、鹿骨、鹿齿、鹿鞭等都可入药。其中，鹿茸作为一种补益圣品，具有很高的药用价值和保健功能，可以预防和治疗很多疾病，成为治疗百病方剂中的重要组成部分。随着时代的发展，现代鹿产品的种类更加丰富，除了古代文集中所记载的各种可入药的鹿产品外，鹿粪，作为农业可持续发展的重要组成部分，已经常用于农业种植领域。鹿皮，作为皮革原材料，已经成为引领皮革界高端消费的“皮革界贵族”。鹿角，不仅可以入药，同时，作为工艺品，也已走进了国际市场，成为众多工艺制品加工厂的原材料首选，经过各种加工工艺，既有艺术品美的体现，又是吉祥福禄的代名词。

工业产品：工业产品包括日用工业品、旅游装备产品。

片仔癀是中国著名的中华老字号，片仔癀珍珠膏有滋养、护肤活性成分，促进肌肤新陈代谢，增强皮肤细胞活力和皮肤弹性，保湿、柔润肌肤。具有除痘去斑的作用，对面部青春痘、色斑、皮肤瑕疵、皲裂尤为适合，并能减少高温、低温、风沙等恶劣环境对皮肤的伤害，令肌肤白皙红润、娇嫩可人。片仔癀具有“消炎杀菌、活血化瘀、祛毒除疤”的奇效，可祛斑抗皱防衰老，抑制消除粉刺、淡化黑色素，产品一直远销日本、美国、英国、法国、德国等地。

手工工艺品：手工工艺品包括文房用品，织品、染织，家具，陶瓷，金石雕刻、雕塑制品，金石器，纸艺与灯艺，画作。

玉雕是中国最古老的雕刻品种之一。玉石经加工雕琢成为精美的工艺品，称为玉雕。玉雕的品种很多，主要有人物、器具、鸟兽、花卉等大件作品，也有别针、戒指、印章、饰物等小件作品。中国的玉雕作品在世界上享有很高的声誉。一直以来考古界认为，公元前5000年的河姆渡文化时期，我国就已出现了玉璜、玉珠等玉器，这是人类历史上最古老的玉文化。中国当代玉雕工艺，从大的流派来说，可分为南北两派，北派以北京为代表，涵盖辽宁、天津、河北、部分河南、新疆等北方各省市，南派则包括长江沿岸及以南地区，并分为几个支派，包括以上海为代表的“上海工”，以苏州为代表的“苏州工”，以扬州为代表的“扬州工”，此外还有“广东工”和“福建工”。上海玉雕以白玉为主，也有少量的翡翠制作。

4. 人文活动

（1）概念

人文活动是中华民族向社会展示民族文化传统的重要组成部分。人文活动可以帮助人们从人的社会行为角度，了解中国各民族的风貌。

（2）分类

人文活动包括人事活动记录、岁时节令等。

人事活动记录：人事活动记录包括地方人物、地方事件。

林则徐（1785年8月30日至1850年11月22日），字元抚，又字少穆、石麟，晚号俟村老人、俟村退叟、七十二峰退叟、瓶泉居士、栎社散人等，福建侯官县人，是清朝时期的政治家、思想家和诗人。官至一品，曾任湖广总督、陕甘总督和云贵总督，两次受命钦差大臣；因其主张严禁鸦片，在中国有“民族英雄”之誉。1839年，林则徐于广东禁烟时，派人明察暗访，强迫外国鸦片商人交出鸦片，并将没收鸦片于1839年6月3日在虎门销毁。虎门销烟使中英关系陷入极度紧张状态，成为第一次鸦片战争英国入侵中国的借口。尽管林则徐一生力抗西方入侵，但对于西方的文化、科技和贸易则持开放态度，主张学其优而用之。根据文献记载，他至少略通英、葡两种外语，且着力翻译西方报刊和书籍，主持编译了《四洲志》。

岁时节令：岁时节令包括宗教活动与庙会、农时节日、现代节庆。

庙会，又称“庙市”或“节场”。是中国民间宗教及岁时风俗，一般在农历新年、元宵节、二月二龙抬头等节日举行。也是中国集市贸易形式之一，其形成与发展和地庙的宗教活动有关，在寺庙的节日或规定的日期举行，多设在庙内及其附近。最初的庙会起源于远古时代的宗庙社郊制度。为了求得祖先及神灵的保佑，先民们选择了在宫殿或房舍里通过供奉与祭祀的方式，与之进行对话。每逢祭祀之日，为渲染气氛，人们还会演出一些精彩的歌舞，即社戏，也称“庙会戏”，庙会便由此形成。庙会流行于全国广大地区。庙会是古老的传统民俗文化活动。除一般年俗外，庙会则为旧时北京过年的主要习俗。随着时代的发展，国内各地每逢春节都会有一系列的庙会活动，除了人们所熟悉的“厂甸”之外，“五显财神庙”（初二至十六）、“东岳庙”（初一至十五）、“白云观”（初一至十九）、“万岁山春节大庙会”（初一至十六）都是国内有名的庙会，最富有过年的特色。

中国旅游日是每年的5月19日，该节日起源于2001年5月19日，浙江宁海人麻绍勤以宁海徐霞客旅游俱乐部的名义，向社会发出设立“中国旅游日”的倡议，建议《徐霞客游记》首篇《游天台山日记》开篇之日（5月19日）定名为中国旅游日。

三、世界遗产

（一）世界遗产的概念

1972年11月，联合国教育、科学及文化组织（简称“教科文组织”）在巴黎通过了《保护世界文化和自然遗产公约》，同时决定建立《世界遗产名录》。凡被通过加入《保护世界文化和自然遗产公约》的缔约国，其国家级的文化与自然遗产均可申请列入《世界遗产名录》，一经列入则作为全人类的共同遗产得到保护。

1975年，根据公约的规定成立了“世界遗产委员会”和“世界遗产基金会”。该委员会的联合国实施公约的管理机构负责审定各国准备列入《世界遗产名录》和《濒临危险的世界遗产名录》的遗产清单，以及支配基金援助列入名录的遗产保护。当时确定，世界遗产分三种类型，即文化遗产、自然遗产、文化与自然双重遗产。截至2021年7月16日，世界遗产地总数达1153处，分布在世界167个国家。

中国于1985年12月12日加入《保护世界文化和自然遗产公约》。中国于1986年开始向联合国教科文组织申报世界遗产项目。1999年10月29日，中国当选为世界遗产委员会成员。截至2021年7月，中国拥有世界遗产地56处，居世界第二。意大利的世界遗产数量为58项，排名第一。排在第三的是德国（50项），然后是法国和西班牙（各49项）。

世界遗产是指被联合国教科文组织和世界遗产委员会确认的人类罕见的、目前无法替代的财富，是全人类公认的具有突出意义和普遍价值的文物古迹及自然景观。

（二）世界遗产的类型

根据《保护世界文化与自然遗产公约》的规定，世界遗产仅分为自然遗产、文化遗产（文化景观是包含于文化遗产中的一个特殊类型，并不是单独一类）、文化与自然双重遗产三项。由联合国教科文组织世界遗产中心负责日常运作同属联合国教科文组织旗下的人类口头非物质文化遗产项目、世界记忆项目由另外的国际公约设立，且均独立运作，不属于世界遗产系统。另外，如国际重要湿地、世界灌溉工程遗产、全球重要农业文化遗产等项目则全都不属于联合国教科文组织旗下，均不是世界遗产的范畴。

截至2021年7月25日，中国拥有的56项世界遗产地，其中文化遗产38项（含文化景观遗产5项）、自然遗产14项、文化与自然双重遗产4项。

1. **文化遗产**

（1）概念

文化遗产包括文物、建筑群及遗址。文物指的是从历史、艺术或科学角度看，具有突出的普遍价值的建筑物、碑雕和碑画，具有考古性质成分或结构，铭文、洞穴以及其综合体。建筑群指的是从历史、艺术或科学角度看，在建筑式样、分布均匀或与环境景色结合方面具有突出的普遍价值的单立或连接的建筑群。遗址指的是从历史、美学、人种学或人类学角度看，具有突出的普遍价值的人造工程或人与自然的联合工程以及考古遗址地方。

文化遗产的评定标准有：①代表一种独特的艺术成就，一种创造性的天才杰作；②能在一定时期内或世界某一文化区域内，对建筑艺术、纪念物艺术、规划或景观设计方面的发展产生过重大影响；③能为一种已消逝的文明或文化传统提供一种独特的或至少是特殊的见证；④可作为一种建筑或建筑群或景观的杰出范例，展示人类历史上一个（或几个）重要阶段；⑤可作为传统的人类居住地或使用地的杰出范例，代表一种（或几种）文化，尤其在不可逆转之变化的影响下变得易于损坏；⑥与具有特殊普遍意义的事件或现行传统或思想或信仰或文学艺术作品有直接和实质的联系（委员会认为，只有在某些特殊情况下或该项标准与其他标准一起作用时，此款才能成为列入《名录》的理由）。

（2）中国列入世界文化遗产的项目

长城（黑龙江、吉林、辽宁、河北、天津、北京、山东、河南、山西、陕西、甘肃、宁夏、青海、内蒙古、新疆，1987.12）；

莫高窟（甘肃，1987.12）；

明清皇宫（北京故宫，北京，1987.12；沈阳故宫，辽宁，2004.7.1）；

秦始皇陵及兵马俑坑（陕西，1987.12）；

周口店北京猿人遗址（北京，1987.12）；

拉萨布达拉宫历史建筑群（大昭寺、罗布林卡）（西藏，1994.12）；

承德避暑山庄及其周围寺庙（河北，1994.12）；

曲阜孔庙、孔林和孔府（山东，1994.12）；

武当山古建筑群（湖北，1994.12）；

庐山（江西，1996.12）；

丽江古城（云南，1997.12）；

平遥古城（山西，1997.12）；

苏州古典园林（江苏，1997.12）；

北京皇家祭坛——天坛（北京，1998.11）；

北京皇家园林——颐和园（北京，1998.11）；

大足石刻（重庆，1999.12）；

龙门石窟（河南，2000.11）；

明清皇家陵寝［明显陵（湖北）、清东陵（河北）、清西陵（河北），2000.11；明孝陵（江苏）、明十三陵（北京），2003.7；盛京三陵（辽宁），2004.7］；

青城山—都江堰（四川，2000.11）；

皖南古村落（西递、宏村）（安徽，2000.11）；

云冈石窟（山西，2001.12）；

高句丽王城、王陵及贵族墓葬（吉林、辽宁，2004.7）；

澳门历史城区（澳门，2005.7）；

安阳殷墟（河南，2006.7）；

开平碉楼与村落（广东，2007.6）；

福建土楼（福建，2008.7）；

五台山（山西，2009.6，文化景观类）；

登封"天地之中"历史古迹（河南，2010.8）；

杭州西湖文化景观（浙江，2011.6，文化景观类）；

元上都遗址（内蒙古，2012.6）；

红河哈尼梯田文化景观（云南，2013.6，文化景观类）；

大运河（北京、天津、河北、山东、河南、安徽、江苏、浙江，2014.6）；

丝绸之路：长安—天山廊道的路网（河南、陕西、甘肃、新疆，2014.6）；

土司遗址（湖南、湖北、贵州，2015.7）；

左江花山岩画文化景观（广西，2016.7，文化景观类）；

鼓浪屿：历史国际社区（福建，2017.7）；

良渚古城遗址（浙江，2019.7）；

泉州：宋元中国的世界海洋商贸中心（福建，2021.7）。

2. 自然遗产

（1）概念

从美学或科学角度看，自然遗产指的是具有突出、普遍价值的由地质和生物结构或这类结构群组成的自然面貌。从科学或保护角度看，自然遗产指的是具有突出、普遍价值的地质和自然地理结构以及明确规定的濒危动植物物种生境区。从科学、保护或自然美角度看，自然遗产指的是具有突出、普遍价值的天然名胜或明确划定的自然地带。世界自然遗产包括地质和生物结构的自然面貌、濒危动植物生态区和天然名胜。

自然遗产的评定标准有：①构成代表地球现代化史中重要阶段的突出例证；②构成代表进行中的重要地质过程、生物演化过程以及人类与自然环境相互关系的突出例证；③独特、稀少或绝妙的自然现象、地貌或具有罕见自然美的地带；④尚存的珍稀或濒危动植物种的栖息地。

（2）中国列入世界自然遗产的项目

黄龙（四川，1992.12）；

九寨沟（四川，1992.12）；

武陵源（湖南，1992.12）；

三江并流（云南，2003.7）；

四川大熊猫栖息地（四川，2006.7）；

中国南方喀斯特（云南、贵州、重庆、广西，2007.6 一期;2014.6 二期）；

三清山（江西，2008.7）；

中国丹霞（贵州、福建、湖南、广东、江西、浙江，2010.8）；

澄江化石地（云南，2012.7）；

新疆天山（新疆，2013.6）；

神农架（湖北，2016.7）；

可可西里（青海，2017.7）；

梵净山（贵州，2018.7）；

黄（渤）海候鸟栖息地（第一期）（江苏，2019.7）。

3. 文化与自然双重遗产

（1）概念

文化与自然双重遗产指的是按照《实施保护世界文化与自然遗产公约的操

作指南》，只有同时部分满足《保护世界文化与自然遗产公约》中关于文化遗产和自然遗产定义的遗产项目才能成为文化与自然双重遗产。

（2）中国列入文化与自然双重遗产的项目

泰山（山东，1987.12）；

黄山（安徽，1990.12）；

峨眉山—乐山大佛（四川，1996.12）；

武夷山（福建，1999.12；江西，2017.7）。

四、非物质文化遗产

（一）概念

1997 年 11 月，联合国教科文组织通过了建立“人类口头和非物质遗产代表作”的决议，联合国教科文组织将在各成员国申报的基础上，每两年宣布一次《人类口头和非物质遗产代表作》，每次每个成员国可有一个项目入选。2001 年、2003 年和 2005 年，联合国教科文组织先后公布了 3 批《人类口头和非物质遗产代表作名录》，共计 90 个非物质文化遗产文化表现形式或文化空间。

2003 年 10 月 17 日，联合国教科文组织第 32 届大会通过了《保护非物质文化遗产公约》（以下简称《公约》）。《公约》第四章“在国际一级保护非物质文化遗产”明确由缔约国成员选举的“政府间保护非物质文化遗产委员会”（以下简称“委员会”）提名、编辑更新《人类非物质文化遗产代表作名录》《急需保护的非物质文化遗产名录》，以及保护非物质文化遗产的计划、项目和活动（优秀实践名册）。《公约》在第八章“过渡条款”中明确：委员会应把在公约生效前宣布为“人类口头和非物质遗产代表作”的遗产纳入《人类非物质文化遗产代表作名录》。

根据《公约》中的定义，非物质文化遗产指被各社区、群体，有时是个人，视为其文化遗产组成部分的各种社会实践、观念表述、表现形式、知识、技能以及相关的工具、实物、手工艺品和文化场所。这种非物质文化遗产世代相传，在各社区和群体适应周围环境以及与自然和历史的互动中，被不断地再创造，为这些社区和群体提供认同感和持续感，从而增强对文化多样性和人类创造力的尊重。

非物质文化遗产包括五类：一是口头传统和表现形式，包括作为非物质文化遗产媒介的语言；二是表演艺术；三是社会实践、仪式、节庆活动；四是有关自然界和宇宙的知识和实践；五是传统手工艺。

联合国教科文组织还根据非遗项目的濒危程度和保护现状把非遗项目分

为三个名录,《急需保护的非物质文化遗产名录》《人类非物质文化遗产代表作名录》及非物质文化遗产优秀实践名册。

《保护世界文化和自然遗产公约》中确定了“具有历史、艺术、科学价值”这三个标准是非物质文化遗产认定的基本标准。所谓历史价值，是指文化遗产是一定历史时期人类社会活动的产物，是当时历史的具体而真实的实物见证，是历史文化的重要载体。所谓艺术价值，是指文化遗产所体现出来的人类的审美意识和艺术创造性，它反映了一个国家和民族的文化艺术传统和历史。所谓科学价值，是指文化遗产所反映出的科学、技术的水平。任何文化遗产都是人们在当时所掌握的技术条件下创造出来的，因而直接反映文物创造者认识自然、利用自然的程度，反映当时的科学技术与生产力发展的水平。

（二）中国列入非遗名录的项目

截至2020年12月，中国列入联合国教科文组织非物质文化遗产名录（名册）项目共计42项，总数位居世界第一。其中，人类非物质文化遗产代表作32项；急需保护的非物质文化遗产7项；优秀实践名册1项。

1. 人类非物质文化遗产代表作项目（34项）

昆曲（2001）；

中国古琴艺术（2003）；

蒙古族长调民歌（2005，与蒙古国联合申报）；

新疆维吾尔木卡姆艺术（2005）；

中国蚕桑丝织技艺（2009）；

福建南音（2009）；

南京云锦（2009）；

安徽宣纸（2009）；

贵州侗族大歌（2009）；

广东粤剧（2009）；

藏族《格萨尔》（2009）；

浙江龙泉青瓷（2009）；

青海热贡艺术（2009）；

藏戏（2009）；

新疆《玛纳斯》（2009）；

蒙古族呼麦（2009）；

甘肃花儿（2009）；

西安鼓乐（2009）；

朝鲜族农乐舞（2009）；

中国书法（2009）；

中国篆刻（2009）；

中国剪纸（2009）；

中国雕版印刷（2009）；

中国传统木结构营造技艺（2009）；

中国端午节（2009）；

妈祖信俗（2009）；

京剧（2010）；

中医针灸（2010）；

中国皮影戏（2011）；

中国珠算（2013）；

二十四节气（2016）；

藏医药浴法（2018）；

太极拳（2020）；

送王船（2020，与马来西亚联合申报）。

2. 急需保护的非物质文化遗产（7 项）

羌年（2009）；

黎族传统纺染织绣技艺（2009）；

中国木拱桥营造技艺（2009）；

麦西热甫（2010）；

中国水密隔舱福船制造技艺（2010）；

中国活字印刷术（2010）；

中国赫哲族伊玛堪说唱艺术（2011）。

3. 优秀实践名册（1 项）

福建木偶戏后继人才培养计划（2012）。

五、记忆遗产

（一）概念

世界记忆遗产指的是符合世界意义、经联合国教科文组织世界记忆工程国际咨询委员会确认而纳入的文献遗产项目。世界记忆文献遗产是世界文化遗产保护项目的延伸，侧重于文献记录，包括博物馆、档案馆、图书馆等文化事业机构保存的任何介质的珍贵文件、手稿、口述历史的记录以及古籍善本等。

记忆遗产反映了语言、民族和文化的多样性，它是世界的一面镜子，同时也是世界的记忆。但是，这种记忆是脆弱的，每天都有仅存的重要记忆在消失。因此，联合国教科文组织发起了世界记忆计划，来防止集体记忆的丧失，并且呼吁保护宝贵的文化遗产和馆藏文献，并让它们的价值在世界范围内广泛传播。世界记忆名录分为世界、地区和国家三级，申报文献遗产根据其地域影响力，分别列为不同级别的名录。

中国被联合国教科文组织认定为世界上第一个建立世界记忆国家名录的国家。

（二）中国列入《世界记忆名录》的项目

中国传统音乐录音档案（1997，中国艺术研究院音乐研究所）；

清朝内阁秘本档——有关17世纪在华西洋传教士活动的档案（1999，中国第一历史档案馆）；

纳西族东巴古籍文献（2003，云南丽江东巴文化研究所）；

清代科举大金榜（2005，中国第一历史档案馆）；

清代“样式雷”建筑图档案（2007，中国国家图书馆等）；

《本草纲目》——1593年金陵版（2011，中国、日本、美国的图书馆）；

《黄帝内经》——1339年胡氏古林书堂印刷出版（2011，中国国家图书馆）；

侨批档案——海外华侨银信（2013，广东省和福建省的档案馆等）；

元代西藏官方档案（2013，西藏自治区档案馆）；

南京大屠杀档案（2015，中央档案馆、中国第二历史档案馆、辽宁省档案馆、吉林省档案馆、上海市档案馆、南京市档案馆和侵华日军南京大屠杀遇难同胞纪念馆等）；

甲骨文（2017，中国国家博物馆等）；

近现代苏州丝绸样本档案（2017，苏州市工商档案管理中心）；

清代澳门地方衙门档案——1693—1886年（2017，澳门档案馆和葡萄牙东波塔国家档案馆）。